JN052075

A
Comprehensive
English
Grammar
Reprinted Edition

Gakken

英文法詳解

杉山忠一

新装復刻版

まえがき

　本書の旧版『英文法の完全研究』が出版されたのは30年ほど前のことで，絶版になってからもかなりの年月が経った。今回版を改め，書名も『英文法詳解』と改題して刊行するに当たって，与えられた時間は十分とはいえないが，その30年間にますます顕著になってきたアメリカ英語の進出による英語の変容に対応して，必要と思われる修正・追補を行うとともに，外来の関係図書雑誌などを参照して新しい事項を追加した。

　本書が一応対象として考えている読者は，旧版と同様に，大学受験レベルの人たちであるが，当時とは事情が変わって，授業として英文法を体系的に学ぶことがないようなので，初歩的な事項や解説も多数含めてある。一方ではしかし，受験には不要と思いながらも，数多くの細かい事柄も紹介して，多様な読者の幅広い要求に答えようと努めた。まだ文法に自信のない人は，各章末の「まとめ」にあるような主要事項だけをまず読んで英文法の大筋をつかんでほしいが，文法をおもしろいと感じる読者にはそれなりの箇所を読んでもらいたいと思う。

　この改訂版執筆の方針は，旧版のときと同じで，

　　①英文読解，和文英訳の役にたつこと《実用性の重視》

　　②英語の実情に則した文法であること《独断的なルールの排除》

　　③日本語を中心にしての解説

である。そのために短い時間の中で精一杯の努力をしたが，多少なりとも読者のお役にたつなり，文法への理解と興味を深める一助ともなれば幸いである。

著者しるす

本書は弊社より 1998 年 4 月に刊行された『英文法詳解』を新装復刊したもので，2012 年 2 月発行の第 16 刷を底本とした。

本書の特色と使い方

(1) 英文読解と和文英訳の実際に役だつことを第一目標とした。

たとえば,「抽象名詞＋of ～」や動詞の用法の型は, 通常, それぞれの名詞・動詞の意味として, 辞書にまかされ, とくに問題とされていないが, 本書では, これらも取り上げて,その訳し方や解説を与えてある。

一方これに対して, 形容詞や副詞の詳細な分類など, 英文の理解上あまり問題にならない事項は簡単にすませた。

また, He was busy *writing*. の writing が分詞であるか動名詞であるかといった問題も, 深入りはしていない。このような分類が問題なのではなく, このような-ing の用法があることを知り, そして, この文の意味がわかれば, それで十分と考えるからである。この writing を分類して, それで万事解決と考え, 類似の文の意味がとれなかったり, 和文英訳に当たって, このような文が書けないようなら, それは本末転倒であろう。

同じ理由から, 本書に用いた文法用語は, 一般の高校教科書にある程度のもので, それ以外は, 一応用語の解説をするくらいにとどめた。むずかしい用語を知らなくても, 文法はわかるものである。

(2) 実際に当たって問題点を調べる場合の便利さを十分配慮した。

たとえば,「have ＋目的語＋to なしの不定詞」の意味は不定詞の項,「have ＋目的語＋過去分詞」の用法は分詞の項, というように, 密接な関連のあるものを2個所に分けて述べるのは, 理解上からも不適当であり, 和文英訳の場合に参照するにも不便であろうと考え, ここでは一括して have の項で扱ってある。

また,「may〔might〕＋完了形」などが表す意味も, 助動詞の意味を助動詞の項で, 完了形の意味は時制の項で述べるだけで, あとは, 読者に, それを総合して考えることを要求するのでは不親切であろう。本書では, それらを1つの項目として取り上げ, その表す意味と訳し方を示し, 実際に当たって困った場合には,「さくいん」によってその項を見ればよいようにした。

(3) 多数の事項について詳細な解説を加えた。

単に定義を与え, いくつかの例文

をあげ，その例文によって，読者自身がこまかい文法的な事実をとらえるようにする，という書き方は，それなりに有効であるかもしれないが，学校の授業の補充のために本書を利用しようとする人や，授業の進度よりも先に新しい知識を追求したいと思う人には，それでは不十分と判断し，各項ごとに，要点と例文を掲げたあと，くわしく解説をほどこした。

したがって，本書では，ページを追って読み，内容を記憶していけばよいのであって，各ページごとに多くの時間をかけて，内容を理解することに努力をそそぐ必要はないはずである。

　補足　は，各項の§に続く要点の記述だけでは理解のしにくい場合に，それを補い理解を助けるため，具体的にわかりやすく解説したものである。

《注意》では，説明の追加補充のほか，関連の参照事項を示し，知識の整理と充実をはかった。

研究 では，その項に付随する，いっそうこまかい規則や，例外その他の重要事項などを述べてある。

参考 は，すでに十分な知識がある人や，とくに文法に興味を持つ人のために加えたもので，ぜひ必要な重要事項はあまり含んでいない。

(4)　学力の低い人にも高い人にも利用できるような扱い方をした。

自分の学力に自信のとぼしい人は，例文を見ながら，随所に掲げてある　補足　をよく読んでもらえば，問題点を理解できるであろう。

いくつか並んでいる例文は，短くて簡単なものが先で，やや複雑なものがあとになっているから，あとのものは，2回目に読み直すときに考えればよい。それから次に 研究 を一読してほしい。

学力のある人は，　補足　はとばして，すぐ 研究 や 参考 にはいってもよい。

(5)　例文は現代作家の実際の文章から適当なものを選んで用いた。

きわめて簡単な例文を除き，英米の小説・エッセイの中の文を，適当な長さにまとめ，不必要と思われる難語などは除いて，例文として用いた。 参考 の項に掲げたものの中には，出典を明示しておいたものもある。

例文は，なるべく，必要な成句などを含むものを用いて，語句の知識もあわせて高めることをねらった。また，問題点がまったく同一である例文を，2つ以上列挙することは避けるようにして，そのスペースの分だけ，解説を充実させることを心がけた。

⑹　米語の語法その他，従来取り上げられることのなかった表現も扱ってある。

現在における米語の重要性にかんがみて，多くの米語用法を，**研究**その他で触れてある。また，進行形の変形ともいうべき，There *was* a boy *working* on the farm.のような構文，He lay on his side.のような言い方，face upwards のような型の副詞句など，多くの記憶すべきタイプの構文・表現を収容した。

⑺　文章編にも相当の紙数をあててある。

ふつうの文法は，品詞論だけにとどまり，例文はたいてい短く，そして単純化されているため，現実の英文との間には，一種の隔りができて，文法の実際への応用が，スムーズにいきにくい面があることを考え，実際の場合に接するような，複雑な構文をもつ sentence を，文章編において扱い，品詞編の知識の活用と，現実の英文への習熟をはかった。

⑻　練習問題を多数与えてある。

問題は各章末につけて，復習と知識の定着をはかった。

⑼　要点がすぐ目にはいるように，段階別の解説をしてある。

各項ごとに，その要旨は大きな活字や太字で示し，その中でも中心的な事項は色版を用いて，すぐ目につくようにした。一応文法をマスターしたあとで，知識の整理や，簡単な復習をする場合には，それらの色版の部分や大型活字の項だけをひろって，速読すればよいであろう。

⑽　各章末にまとめを入れ，最重要事項をわかりやすく整理した。

各章末に約1ページずつ本文の最重要事項を「まとめ」として入れ，全体の要点がすぐつかめるように配慮した。

⑾　さくいんをくわしくした。

最初から通読して，文法の大要を理解するのに利用するばかりでなく，ページ数も少なくないことであり，必要に応じて，必要な個所だけを参照するにも便利なように，文法事項，および，用いられている語句の，くわしいさくいんを付して，テキストを読む場合，和文英訳の場合などに当たって，調べたい事項は，さくいんを用いて該当の個所を見れば解決できるようにはかってある。

目次

Ⅰ. 品詞編

第**1**章　名詞

第**2**章　冠詞と名詞

第**3**章　名詞の数・格・性

第4章　代名詞

第**5**章　疑問詞

第**6**章　関係詞

第**7**章　動詞

第**12**章　不定詞

第**13**章　分詞

第**14**章　分詞構文

第**15**章　動名詞

第**16**章　話法

第**17**章　形容詞

第**18**章　副詞

第**21**章　接続詞

第**22**章　間投詞

Ⅱ. 文章編

第**1**章　句

第**2**章　節

I

品詞編

第**1**章

名　詞

英語の名詞は日本語とちがって，数えられる名詞と
数えられない名詞があるなど，注意すべき点が多い。

§1　名詞とは何か，その種類

事物の名称を表す語が**名詞**（Noun）である。名詞には，次の5種類
がある。

① 普通名詞（Common Noun）　⎫
② 集合名詞（Collective Noun）⎭　可算名詞（Countables）

③ 固有名詞（Proper Noun）　　⎫
④ 物質名詞（Material Noun）　⎬　不可算名詞（Uncountables）
⑤ 抽象名詞（Abstract Noun）　⎭

《注意》 **1**. 可算名詞・不可算名詞とは，数えられる名詞・数えられない名詞
ということで，いいかえれば，前者は複数になれる名詞，後者は通常複数にな
れない名詞ということである。

　2. 同一の名詞でも，ある意味・用法では普通名詞で，別の意味・用法では抽
象名詞になる，というように，1つの名詞が，2つ以上の種類に属する場合が
少なくない。

　⎰ democracy（民主主義）　　　〔抽象名詞〕
　⎱ a democracy（民主主義国）　〔普通名詞〕

§2　名詞の特性

① a, an, the《冠詞》のつくことが多い。
② 形容詞・代名詞の所有格を伴うことができる。
③ 前置詞をつけることができる。

④ 's をつけて所有格を作ることがある。

⑤ 多くの場合，複数にすることができる。

⑥ 文の**主語**(Subject)になることができる。

The **door** opened.　｜　とびらが開いた。

補足　**主語**とは，陳述の主題をなすもので，通常，動詞の前にくる。日本文では，「は」「が」を伴うことが多い。

⑦ **補語**(Complement)・**目的語**(Object)になることができる。

He is my **son**.　｜　彼は私のむすこです。　〔補　語〕

I love my **son**.　｜　私はむすこを愛しています。

｜　〔目的語〕

補足　**補語**とは，動詞の意味を補って叙述を完全にする働きをするものであり，**目的語**とは，広い意味で，動詞の表す動作を受けるものである。詳細はあとで述べる。(p. 207，p. 209 参照)

⑧ 呼びかけに用いられる。

Boys, be ambitious !　｜　青年よ，希望を大きく持て。

⑨ 他の名詞の前に加えて，それを修飾する形容詞のように用いることがある。

stone wall（石べい）　　　　**traffic** signal（交通信号）

country boy（いなかの少年）　**police** box（交番）

《注意》 このように用いられた名詞は，あとで述べる形容詞と区別のつきにくいことも多く，辞書によっては，形容詞として扱っていることもある。

§3　普通名詞

普通名詞は，同種類のものに共通する名称で，だいたい一定した形または限界があり，1つ，2つ，または1回，2回などと数えることができる。

〔一定した形のあるもの〕　man, dog, desk, house, book, etc.

〔限界があるもの〕　　　　day, mile, event, unit, pound, etc.

補足　1つ1つの家には大きいものや小さいもの，木造・石造などさまざまあるが，家(house)という語はそれらのどれにも用いることができる。これが「同種類のものに共通する名称」ということである。また，house といえば，屋根があるとか，周囲を壁などで囲まれているとか，ほぼ定まった形があって，それをこわしてしまえば，「家」ではなくなり，ただの木材やかわらになってしまう。「一定の形」があるというのはこの点である。これに対し，形はないが，day なら24時間といった区切りがある。「限界」とはこのことである。

《注意》　普通名詞を文中に用いるときは，原則として，**a, an, the** を前につけるか，または複数にしなければならない。例外的な場合については，p.64 以下を参照。

研究　voice (声)，smell (におい) などの語も，英語では普通名詞，つまり a を伴って用いられるほうがふつうである。

He shouted in *a* loud *voice*.	彼は大きな声で叫んだ。
There is *a smell* of cooking.	料理をしているにおいがする。

参考　次のように，他の品詞から転化した (臨時の) 普通名詞もある。

He was a *somebody*.	彼はひとかどの<u>人物</u>であった。
His argument has too many '*ifs*.'	彼の議論にはあまりにも「<u>もしも</u>」《仮定条件》が多すぎる。
The government was in his thoughts a remote and malevolent "*they*."	政府とは，彼の考えでは，縁の薄い悪意に満ちた「<u>第三者の集り</u>」であった。

§4　固有名詞

　固有名詞は，ある特定の人やものにつけられた名称で，文中に出てくるときにも大文字で書き始められる。通常 a, an をつけたり複数にすることはないが，固有名詞の中には，the を伴うものもある。

(p.54以下参照)

〔人名・地名〕　Elizabeth, King George, London, America, Mt. Fuji, the Pacific (Ocean), the (River) Thames, etc.

〔国民・国語名〕　Japanese, English, German, etc.

〔月・曜日・祝祭日名〕　January, Sunday, Christmas, etc.

〔その他〕　　　Tokyo University, Hyde Park, Westminster, the New York Times, Mars (火星), etc.

補足　country (国) は，フランス・イギリスなど多くの国に同じように当てはまる名称だから普通名詞であるが，France は 1 つの特定の国だけをさす名称だから固有名詞なのである。これが普通名詞と固有名詞の基本的な相違点であるが，現実には，この両者の境界線はそれほど明確ではないことも多い。しかし，実際に当たっては，文中で大文字で始まっている名詞は，固有名詞または固有名詞的に扱われたものと考える程度で十分である。

研究　**1. sun, moon, earth, universe** なども唯一のものの名称といえるが，これらは通常，普通名詞に扱われる。**spring, summer** など四季の名も

同様である。しかし，童話などでは，これらを固有名詞扱いするときがある。

2. father，mother，uncle など血族関係を表す語や，**god，devil** などは，しばしば固有名詞扱いをすることがある。

(参考) 本来は固有名詞でないものが擬人化されて固有名詞的に扱われることもある。大文字が用いてあるから，比較的気がつきやすいはずである。

Then *Fortune* suddenly smiled on him.	そのとき，幸運(の女神)が急に彼にほほえみかけた。
And *Death* stalked among the soldiers.	そして死(神)が兵士たちの間をのし歩いた。《兵士たちが次々に死んでいったということ》

§5　集合名詞

いくつか，または，いく人かのメンバーから成り立つ集合体の名称が，集合名詞である。

family（家族）　　people（人びと）　　cattle（牛，家畜）
crew（乗組員）　　committee（委員会）　　audience（聴衆），etc.

[補足] forest（森）は「木の集合体」であり，train（列車）は「客車の集合体」，だから，広い意味で集合名詞だが，これらは普通名詞と見るのが通例である。とにかく，次に述べるような，用法上問題になる集合名詞は，**すべて人間またはそれ以外の生物に関する語**であることに注目せよ。

(1) 集合名詞の注意すべき用法

(a) 集合名詞は，その集合体を1つのまとまったものと考えるときは，普通名詞と同じように扱い，

① a，an をつけ，または複数にすることができる。

② 単数形のときは，動詞も単数形にして，それをさす代名詞も it 《語によってはまれに he 》を用いる。

There was a small **audience** in the auditorium.	講堂には少数の聴衆がいた。
He addressed **audiences** on his tour.	彼は旅行先で何回か聴衆に向かって演説した。《この複数は「多数の聴衆」ではなく，「いくつかの聞き手の集り」の意味である》
His **family** is a large one.	彼のうちは大家族だ。
The **committee** is ready to hold its meeting.	委員会はさっそくにも会合を開くつもりである。

| The ship carried a **crew** of 976 men. | その船には，976人の乗組員が乗っていた。 |
| The **jury** consists of twelve persons. | 陪審員は12人から成り立っている。 |

(b) 集合体全体よりも，それを構成する個々のメンバーのほうに重きをおいて考える場合には，形は単数形のままで複数扱いをうけ，

① a, an をつけたり，複数形にすることはできない。

② それをさす代名詞も，動詞も，複数形にする。

The **audience** *were* deeply impressed when *they* learned about it.	そのことを知って，聴衆は深い感銘をうけた。
His **family** *are* all well.	彼の家族はみんな元気だ。
The **committee** *have* decided to adopt the plan.	委員会はその案を採用することに決めた。
The **crew** *were* saved.	乗組員たちは救われた。
The **jury** retired to *their* room and talked it over, but *were* unable to agree.	陪審員は自室にさがって協議したが，意見の一致をみることができなかった。

研究 **1.** ある集合体を，1つのまとまったものと見るか，中に含まれる個々のメンバーに重きをおいて見るか，については，すべての場合に一定不変の規則があるわけではない。見方の相違に従って，ある人は単数扱いをし，ある人は複数扱いをする，ということもときどき起こる。次に例を追加しておこう。

clergy（聖職者たち）　　fleet（艦　隊）　　　　nobility（貴族階級）
company（会　社）　　gentry（紳士階級）　　party（党，一行）
couple（夫　婦）　　government（政府）　　peasantry（農民たち）
crowd（群　衆）　　infantry（歩兵隊）　　police（警　察）
enemy（敵　軍）　　majority（過半数，大多数）
firm（会　社）　　mankind（人　類）

2. いつも複数に扱われる集合名詞とそうでないものとがある。前者にはmany,（a) few のほか，these, those, 数詞なども加えることができるが，後者では，「大勢の」「少数の」をいうのに large, small を用いる。

many people（多くの人びと）　　a **large** family（大家族）
a few cattle（少数の牛）　　a **small** fleet（小艦隊）
these vermin（これらの害虫〔獣〕）

these family, *many* fleet ; *four* family（4人家族），*six thousand* crowd（6千人の群衆）などとはいえない。しかし，*ten* cattle, *twenty* people, *fifty* police（50人の警官）などはいえる。なお，people が「国民」を意味するときは a people という。

> **参考** 集合名詞が関係代名詞の先行詞になるときは，それが単数扱いの場合には関係代名詞は which，複数扱いのときは who を用いるのが通則である。しかし例外もないことはない。
>
> ┌ the *party which was* against the reform（改革に反対だった党）
> └ the *party who were* walking before him（彼の前を歩いていた一行）

(2) 物質名詞に近い集合名詞

集合名詞の中には，次の語のように，①複数形を作ることがなく，いつも単数扱いで，② a, an をつけることもなく，③数量をいうのに much, (a) little, a piece of で表す，ものが少数ある。

furniture（家具）　　footwear（はきもの類）　　produce（農作物）
clothing（衣類）　　merchandise（商品）　　machinery（機械類）
jewel(le)ry（宝石類）

He bought *little* **furniture**.	彼はたいして家具を買わなかった。
There were a few old *pieces of* **furniture**.	いくつかの古い家具があった。
They were supplied with *much* **clothing**.	彼らはたくさんの衣料を支給された。
How *much* new **machinery** has been installed ?	新しい機械類がどれくらいすえつけられましたか。

> **参考** ここにあげたような名詞を物質名詞と見る人もある。

(3) その他の集合名詞

(a) 次のような語は，a, an をつければ1つを表す普通名詞に用いうるが，そうでなければ，集合名詞として用いることもできる。

┌ *a* hair（1本の頭髪）　　┌ *a* youth（1人の青年）
└ one's hair（髪の毛全体）　└ the youth（青年たち）
┌ *an* enemy（1人の敵）
└ the enemy（敵軍）

> **研究** 1. 以上のうち，**hair** はいつも単数に扱われ，物質名詞と見る人も多いが，それ以外の語は複数扱いをすることもある。
>
> 2. 普通名詞として用いたものを複数形にして，**hairs**, **youths** などとする

ことも，もちろん可能である。また，いうまでもなく，the youth〔enemy〕などが，「特定の1人の青年〔敵〕」を意味する場合もある。

(b) 次のような語は，もともと，普通名詞であるが，臨時に集合名詞的に用いられることがある。複数に扱うときも，単数に扱うときもある。

All the **village** know(s) it.	村じゅう(の人びと)がそれを知っている。
The whole **table** were surprised.	テーブルについていた人びと全部がびっくりした。

研究 その他，**school, town, world, parish** などが，そこにいる人びとの意味に用いられることがある。前に the がつき，さらに all, whole などを伴っていることが多い。

(c) 次のような言い方も，of の前の語だけをとれば，なるほど単数だが，全体の内容を考えて複数に扱うことが多い。(p. 201 の例も参照せよ)

a **group** of boys (少年たちの群れ)
a **swarm** of bees (みつばちの群れ)
the **rest**〔**remnant**〕of the women (残りの女たち)

参考 これらを単数扱いするのは，おもに感情を含めない固い文章においてであるという人もある。

§6　物質名詞

一定した形をもたず，通常，ものを構成する材料になるものを表す名詞が物質名詞で，次の特徴がある。
① a, an をつけることができない。
② 複数にしない。
〔金属〕gold (金)，silver (銀)，iron (鉄)，copper (銅)，etc.
〔液体〕water (水)，wine (ぶどう酒)，blood (血)，oil (油)，etc.
〔気体〕air (空気)，gas (ガス)，smoke (煙)，oxygen (酸素)，etc.
〔材料〕wool (羊毛)，cotton (綿)，wood (木)，timber (木材)，etc.
〔土・石〕mud (どろ)，stone (石)，earth (土)，cement (セメント)，etc.
〔食品〕butter (バター)，cheese (チーズ)，bread (パン)，etc.

〔紙・布〕cloth（布）, lace（レース）, paper（紙）, cellophane（セロハン）, etc.
〔肉類〕meat（食肉）, flesh（肉）, beef（牛肉）, bacon（ベーコン）, etc.
〔糸の類〕thread（糸）, string（ひも）, wire（針金）, etc.
〔その他〕chalk（チョーク）, wax（ろう）, coal（石炭）, money（かね）, etc.

補足　ここでは，物の見方に対する日本語との相違点を認識しておくことが，とくに重要である。われわれは，「油」「バター」などといえば，容器にはいって売っているものをすぐ思い浮かべるから，それらが数えられるもののように思いやすいが，英語の oil, butter は，その容器の中身をなしている物質だけを表している語であることを知らなければならない。

《注意》　1. thread, string などは普通名詞に用いるときもある。
　2. 気体であっても，wind（風）, breeze（微風）などとその類語は，普通名詞である。

（1）まちがえやすい物質名詞
訳語から判断すると，普通名詞のように誤解しやすい物質名詞がある。

（a）小さな粒状のもの：われわれは，一粒一粒を考えやすいが，英語ではこれらは物質名詞で，「粒」を表す語ではない。
sand（砂）, barley（大麦）, wheat（小麦）, rice（こめ）, corn（《米》とうもろこし，《英》穀物）, salt（塩）, dust（ほこり）, powder（粉）, etc.

《注意》　oats（からす麦）だけは複数形をもっぱら用い，動詞もしばしば複数である。seed（たね）は物質名詞としても普通名詞としても用いる。

（b）その他：次のような語も物質名詞であることに注意したい。

〔物質名詞〕	〔普通名詞〕
baggage《米》, luggage《英》(手荷物)	parcel, (bag, suitcase)（包み）
grass（草）	blade（草の葉）, leaf（葉）
ivory（象げ）	tusk（きば）
linen（リンネル製品）	sheet（敷布）, towel（タオル）
shade（陰, 光がさえぎられている所）	shadow（影）
soap（石けん）	
tobacco（タバコ）	cigar（葉巻き）, cigarette（紙巻きたばこ）

研究　以上のほかにも，たとえば，**cash**（現金）, **money**（かね）は物質名詞だが，**salary**（給料）は普通名詞，**debt**（借金）, **coin**（貨幣）も普通名詞によく用い，stone, fire に対し，**pebble**（小石）, **flame**（ほのお）は普通名詞であ

るなど，内容に共通するものがありながら，名詞の種類を異にするものは少なくない。

(c) つねに複数形をとるものがある。(p.76，(c)も参照)

ashes（灰）　　　　embers（燃えさし）　　victuals [vítlz]（食物）
wages（賃金）　　savings（貯金）　　　　dregs（かす）

研究 これらの語が主語のとき，その動詞は単数も複数もあって一定してはいないが，**wages** は現在，「賃金」の意味のときは複数に扱われる。

(2) 物質名詞の注意すべき用法

(a) 物質名詞は **a，an** もつけず複数にもしないのが原則であり（ただし p.27 の(3), p.58, § 8 , (2)を参照），そのもの全般をいうときには，そのままの形で用いる。

Wine is made from grapes.	ぶどう酒はぶどうから作られる。
I prefer **beef** to **pork**.	私は豚肉より牛肉のほうが好きだ。

《注意》　しかし，特定のものをいうときは the をつける。

The wine is not very good.	そのぶどう酒はあまりよくない。
We made use of *the gas*.	われわれはそのガスを利用した。

(b) そのもの全体をいうのではなくて，それのある分量を念頭においていうときには，**some**《肯定文》, **any**《否定・疑問文など》を加えるのがつねである。しかし，これらを日本文に訳す必要はない。

Give me *some* **water**.	水を(少し)ください。
Do you have *any* **money** with you ?	お金の持合せがありますか。

研究 「多くの」「少しの」の意味は，much, (a) little などで表す。

(c)「単位を示す語＋ of ＋物質名詞」として，その前に **a, an,** または数詞をつけて数える。この場合の単位を示す語は，あとの名詞によりさまざまである。

a **glass** of water（コップ1杯の水）　　a **cup** of tea（1杯のお茶）
a **loaf** of bread（パンひとかたまり）　a **pile** of wood（一山のたきぎ）
a **cake** of soap（石けん1個）　　　　a **piece** of chalk（チョーク1本）
two **bottles** of milk（牛乳2本）　　two **sheets** of paper（紙2枚）
two **spoonfuls** of sugar（砂糖2さじ）

a **sum** of money（ある金額）

two **handfuls** of sand（2つかみの砂）

a **pound** of butter（バター1ポンド）

a **can** of oil（1かん分の油）　　a **fill** of tobacco（タバコ一服）

beads of sweat（玉の汗）　　　　《パイプに1回つめた分量》

a **column** of smoke（一条の煙）　a **wisp** of smoke（ひとすじの細い煙）

a **puff** of breath（プーッと吹く一息）

《注意》 mouthful（一口分の量），armful（ひとかかえの分量），bucketful（バケツ1杯の量）などは単位を表す名詞であって，-ful で終わっていても形容詞ではない。

(参考) a coffee（コーヒー1つ），two cheeses（チーズ2つ）などと全然いわないわけではない。店員に注文するようなときにはふつうに用いられる。

(3) 物質名詞と普通名詞

物質名詞の中には，意味が変わると普通名詞になるものがある。

The bridge is made of **stone**.	その橋は石造りである。〔物質名詞〕
He threw **a stone** at me.	彼は私に石を投げた。〔普通名詞〕
Light travels very fast.	光は非常に速く進む。〔物質名詞〕
Bring me **a light**.	あかりを持って来い。〔普通名詞〕
He set **fire** to his house.	彼は家に火をつけた。〔物質名詞〕
A fire broke out.	火事が起こった。〔普通名詞〕
Wrap it in **paper**.	それを紙に包め。〔物質名詞〕
He bought **a paper**.	彼は新聞を買った。〔普通名詞〕

〈類例〉

〔物質名詞〕	〔普通名詞〕
bone《材料としての》骨	1本の骨
copper《金属としての》銅	1個の銅貨
iron《金属としての》鉄	アイロン
tin《金属としての》すず	（ブリキの）缶（イギリス英語で）
nickel《金属としての》ニッケル	ニッケル貨幣，5セント貨幣
wood《材料としての》木材，たきぎ	森

(研究) 同じ語が物質名詞・普通名詞の両方に用いられても，訳語の上では変わらないこともある。

be in **a sweat**（汗をかいている）

be covered with **sweat**（汗だらけである）

$\left\{\begin{array}{l}\text{write with } \textbf{a pencil}（鉛筆で書く）\\ \text{write in } \textbf{pencil}（同　上）\end{array}\right.$

> （参考）　**樹木の名**《oak, pine, cedar, willow, etc.》は通常1本の木《普通名詞》にも，その材《物質名詞》にも用いられる。**くだものの名**《apple, pear, orange, grape, etc.》は普通名詞である。cabbage, potato など野菜の名は，それが畑にあるときは普通名詞だが，料理して形状が変わってしまえば物質名詞になる。

§7　抽象名詞

　事物の性質・状態・動作などを表す名詞が抽象名詞で，一定の形がなく，数えることができない。抽象名詞にも次の特徴がある。

① a, an をつけることができない。

② 複数形を作らない。

〔性質〕honesty（正直），kindness（親切），wisdom（英知），etc.

〔状態〕silence（沈黙），happiness（幸福），poverty（貧困），etc.

〔動作〕speech（言論），invention（発明），destruction（破壊），etc.

> 補足　抽象とは「抜き出す」ということである。たとえば，われわれは，幸福な状態の人などを見ることはできるが，「幸福そのもの」を見たり聞いたりはできない。つまり，happiness というのは，そういう状態の人などを見て，人間が頭の中でそれから「人」を取り除き，その状態だけを「抜き出し」て，作り上げたものなのである。したがって，抽象名詞は，目や耳ではとらえられず，人の頭の中だけで考えることができるものである。

(1) 抽象名詞の作り方

　抽象名詞は，他の名詞と違って，その人部分が形容詞や動詞などの語尾を変化させることによって作られる。

① 接尾辞(suffix)を加えるもの

free → free**dom**（自由）　　　move → move**ment**（運動）

just → just**ice**（正義）　　　differ → differ**ence**（相違）

② もとの動詞・形容詞の音を変化させるもの

hot → h**ea**t（熱，暑さ）　　　advise → ad**vice**（助言）

believe → belie**f**（信念）　　　sell → s**ale**（販売）

③ 接尾辞を加えたうえ，さらに音が変化するもの

strong → streng**th**（強さ）　　know → kn**owledge**（知識）

poor → p**overty**（貧困）　　　maintain → maint**enance**（保持）

《注意》　以上は単に一例であって，抽象名詞の作り方には一定した規則はない。

それぞれの動詞・形容詞に対応する名詞形《つまり，それらから作られた抽象名詞》が何であるかは，英文を読みながら辞書によって1つ1つ記憶し整理していく以外に道はない。しかし，この知識は，書き換え問題を解くには絶対に必要なものなのであるから，確実に記憶しておかねばならない。

研究 1. 以上のほかに，動詞と同形の抽象名詞《love（愛），fear（恐怖），etc.》，普通名詞から作られた抽象名詞《boy**hood**（少年時代），friend**ship**（友情），etc.》，最初から抽象名詞であるもの《beauty（美），glory（栄光），etc.》もある。

2. 同じ動詞から，**意味の違う2つの抽象名詞**が派生する場合がある。

succeed → success（成功），succession（継続，連続）

observe → observation（観察），observance（遵守）

affect → affection（愛情），affectation（気取り）

attend → attention（注意），attendance（列席，出席）

参考 1. 抽象名詞を作る場合の語尾の変え方のうち，次のようなタイプを記憶しておくことは，ある程度の役にたつ。

① 形容詞語尾→抽象名詞語尾 〔例〕

-ent → -ence，(-ency)	sil*ence*, abs*ence*, effici*ency*, etc.
-ant → -ance，(-ancy)	dist*ance*, brilli*ance*, vac*ancy*, etc.
-ble → -bility	possi*bility*, a*bility*, responsi*bility*, etc.

② 動詞語尾→抽象名詞語尾

-ceive → -ception	de*ception*, con*ception*, re*ception*, etc.
-duce → -duction	pro*duction*, intro*duction*, etc.
-ify → -ification	class*ification*, simpl*ification*, etc.
-ize → -ization	civil*ization*, organ*ization*, etc.《ただし，recog*nize* → recog*nition*, etc.》
-ct → -ction	prote*ction*, distra*ction*, constru*ction*, etc.
-ide, -ude → -ision, -usion	di*vision*, de*cision*, pro*vision*, conclu-*sion*, intru*sion*, etc.《ただし，re*side* → re*sidence*》
-sist → -sistence, -sistance	in*sistence*, per*sistence*, as*sistance*, resis-*tance*, etc.

2. -ou-を含む語の名詞形では，-ou-がしばしば-u-になる。

ab**ou**nd → ab**u**ndance（豊富） pron**ou**nce → pron**u**nciation（発音）

prof**ou**nd → prof**u**ndity（深遠）《ただし，ann**ou**ncement》

(2) 抽象名詞の基本的用法

抽象名詞は, だいたいにおいて, 物質名詞と同じ扱い方をすると考えてよい。

(**a**) 広くそのもの全体をいうときはそのままの形で用いる。「～というもの」と訳してもよい場合である。

Honesty is the best policy.	正直は最善の策。〔ことわざ〕
Necessity is the mother of invention.	必要は発明の母なり。〔ことわざ〕

《注意》 しかし, 特定の場合についていうときには, the をつける。これは, 抽象名詞に形容の文句がついたときによく起こる。上の例文の necessity は「およそ必要(性)というものは」という意味だが, 次の文では「きみを援助する」という特定の「必要性」なので the がつくことになる。

He did not see ***the*** **necessity** *of helping you.*	彼はきみを援助する必要を認めなかった。

(**b**) ある程度の分量を頭においていうときは, **some**《肯定文》, **any**《否定・疑問文》を加える。

He showed *some* **interest**.	彼は多少の興味を示した。
Do you want *any* **help**?	手助けがいりますか。

研究 1. 「多くの」「少しの」というには, **much**, (a) **little** を用いる。

2. 直接 a, an をつけて数えることは原則としてできないから, **a piece of** news (1つのニュース) などの言い方をかわりに用いる。

（参考） **majesty, highness, excellency, worship, honor** などの抽象名詞は敬称に用いられることがある。その場合, その本人に向かって用いるときは, これらの語の前に your を, そうでなければ his, her などをつける。

　　His (Imperial) Majesty the Emperor (天皇陛下)

(3) 抽象名詞と普通名詞

元来は抽象名詞である語も, 意味が変化して普通名詞になることが多い。

The trees add **beauty** to the building.	樹木がその建物に美しさをそえる。
She was **a** wonderful **beauty**.	彼女はすばらしい美人だった。
He lost the **sight** of the left eye.	彼は左目の視力を失った。
It was **a** pleasant **sight**.	それは楽しいながめであった。

〈類例〉

	〔抽象名詞〕	〔普通名詞〕
acquaintance	知合い関係	知人
addition	付加	付加物
authority	権威	権威者
government	政治	政府
passage	通行,経過	通路，廊下
room	余地	へや

	〔抽象名詞〕	〔普通名詞〕
composition	合成	作文
eminence	著名	丘
failure	失敗	失敗者
speech	いうこと	演説
weakness	弱さ	弱点
work	働き,仕事	作品

研究 抽象名詞は，ほとんどすべて，場合に応じて普通名詞に転用され，**a, an** をとりうると思ってよい。p.33, (3), (a)も参照せよ。

参考 **1.** 次のように，意味の類似した語でも，一方は抽象名詞，他方は普通名詞のことがあるから注意する必要がある。

〔抽象名詞〕	〔普通名詞〕	〔抽象名詞〕	〔普通名詞〕
laughter（笑い）	smile, laugh	scenery（けしき）	view, scene
work（仕事）	job（仕事，職）	poetry（詩）	poem（一編の詩）

scenery はある地域のけしき全体をいう集合名詞に近い抽象名詞である。

2. age(老人たち)，youth(青年たち)など，抽象名詞を集合名詞「～の人びと」に用いることは現在ではまれである。

cf. He exposed these facts to the gaze of an indignant *citizenship.* (Dreiser)

彼はこれらの事実を憤激する<u>市民たちの目</u>に暴露して見せた。

3. まず絶対に a, an をつけない抽象名詞は以下のようなものである。

behavior（ふるまい），conduct（行状，行動），equipment（設備），evidence（証拠），fun（愉快），homework（宿題），information（情報），news（ニュース），progress（前進），research（研究），sunshine（日ざし），traffic（交通）

§8 名詞の注意すべき用法

今まではおもに単独の名詞について述べたが，以下では，名詞が他の品詞などと結合した諸種の場合について，重要度の順に話を進めることにする。

(1)「of ＋抽象名詞」＝形容詞 《頻出する言い方である》

a man **of wisdom** ＝ a *wise* man（賢人）

a matter **of great importance** ＝ a *very important* matter（非常に重要なことがら）

a thing **of no use** ＝ a *useless* thing（無用のもの）

「of ＋抽象名詞」は補語として用いることもできる。

It is **of no value** (= not valuable) to us.

それはわれわれにとって何の価値もない。

The book was **of little profit** (= hardly profitable).

その本はたいしてためにならなかった。

〈類例〉

of beauty = beautiful (美しい)　　of courage = courageous (勇敢な)

of interest = interesting (興味ある) of moment = momentous (重大な)

of consequence = consequential (重要な) of virtue = virtuous (有徳の)

of significance = significant (意味深い)　　of wealth = wealthy (富裕な)

研究　　**1.** この抽象名詞に形容詞を加えることもできる。それを書き直した場合には，形容詞は副詞になる点を注意せよ。《前頁の no → not ； little → hardly ； great → very *or* greatly も参照》

> of **historical** importance → **historically** important （歴史的に重要な）
>
> a man of **exceptional** talent → an **exceptionally** talented man （まれに見る才能を有する人）

2. his〔my, your〕などが加われば，「～のような」と訳せばよい。

> a man *of* **your** *experience*　　　（きみのような経験ある人）
>
> a man *of* **his** *ability*　　　　　　（彼のような手腕家）

3. **of late**「最近」(= recently), **of necessity**「必然的に」(= necessarily) は例外で，副詞の働きをする。

(2)「with〔in, by〕＋抽象名詞」＝副詞《この用法もきわめて多い》

① with care = carefully (注意深く)　　with ease = easily (容易に)

with diligence = diligently (勤勉に)　with precision = precisely (正確に)

with kindness = kindly (親切に)　　with success = successfully (首尾よく)

② in public = publicly (公然と)　　in earnest = earnestly (真剣に)

in surprise (びっくりして)　　in despair = desperately (絶望して)

③ by accident = accidentally (偶然に)　by mistake = mistakenly (誤って)

by good luck = luckily (幸いにも)　by chance (偶然に，ふと)

研究　　**1.** with *more* care （もっと注意深く）, in *great* surprise （非常に驚いて）のように形容詞が付加されていることも多い。

2. *without* any difficulty （なんの苦労もなく）, *without* hesitation （ちゅうちょなく）など without を用いたものも，以上の簡単な応用である。

参考　　3つの前置詞のうちのどれをどの語に用いるかは，習慣的にきまっていると考えてよく，とくに by を用いる成句はそうであるが，そのほかでは，物事のやり方・

態度などをいうときは with, （心の）状態に関する語の前では in が用いられるのがふつうといってよいであろう。

(3) 抽象名詞の注意すべき意味

(a) 動詞性《抽象性》の強い場合と名詞性《具体性》の強い場合

動詞から作られた抽象名詞は，「～すること」という動詞の意味が強い場合と，「～したもの」「～されたもの」という名詞の意味が強くなって用いられている場合とがある。訳すに当たって，その区別を明りょうにさせなければならないことが多い。

They began the **construction** of a new bridge.	彼らは新しい橋の<u>建設</u>を始めた。
It was a solid **construction**.	それはしっかりした<u>建造物</u>だった。
The **possession** of wealth means the **possession** of safeguards against insecurity.	富の<u>所有</u>は不安から守ってくれるものを<u>所有すること</u>を意味する。
Mt. Fuji is our proudest **possession**.	富士山はわれわれのもっとも誇りとする<u>所有物</u>である。
Water is used for the **production** of electricity.	水は発電用に〔電気の<u>生産</u>のために〕用いられる。
This is the highest **production** of scientific research.	これは科学研究の最高の<u>産物</u>である。

《注意》　上例の名詞性の強い場合は，もう普通名詞に用いられているのである。このようにして多くの抽象名詞が普通名詞に転化する。形容詞から作られた抽象名詞についても似たようなことが起こるが，それは p.58, § 8, (2)以下の例文を参照。

(b) 能動の意味と受動の意味

他動詞から作られた抽象名詞には，通常，「～する〔した〕こと」「～する〔した〕もの」〔能動〕と「～される〔た〕こと」「～される〔た〕もの」〔受動〕の2つの意味がある。日本文に訳す場合，この区別をはっきりさせないと訳文が不完全になることもある。

He deserves **recognition**.	彼は<u>認められる</u>価値がある。
There is a chance of **discovery** in our going out together.	われわれがいっしょに出かけると，<u>見つけられる</u>可能性がある。
They tilled the soil without **challenge**.	彼らは<u>文句</u>をいわれずにその土地を耕した。

研究 **1.** 自動詞から作られた抽象名詞には，以上の問題は起こらない。また，他動詞から作られたものでも，たとえば，The *decision* is not wise.（その決定は賢明ではない）などでは，decision を「決められたこと」と解しても「（人が）決めたこと」と解しても，内容上たいした相違はない。「決定」という訳語にも，この両方の意味があるのである。このように簡単にすませられる場合も多い。

2. want, need の目的語，under の次の抽象名詞は，しばしば受動の意味になるが，和訳には問題にしないでよいことも多い。

His statement **needs** *correction*.	彼の陳述は<u>訂正（されること）</u>を必要とする。
He is **under** *arrest* 〔*suspicion*〕.	彼は<u>逮捕されて</u>〔<u>容疑をかけられて</u>〕いる。

(4) 抽象名詞の注意すべき訳し方

(a) 抽象名詞を訳すには，desire（欲望），thought（思想）などのような，多くの辞書にあげられている漢文的な熟語をそのまま用いたのでは，訳文がまとまらないことがしばしばある。

He had no **desire** to go with them. 《「欲望」→「したいと思うこと〔気持〕」》	(1) 彼は彼らといっしょに行く<u>欲望</u>を持たなかった。 (2) 彼は彼らといっしょに行き<u>たいとは思わ</u>なかった。
I knew of his **presence** in the next room. 《「存在」「出席」→「いること」「あること」》	(1) 私は隣室における彼の<u>存在</u>を知っていた。 (2) 私は隣室に彼が<u>いること</u>を知っていた。
He trembled at the **thought**. 《「思想」「思考」→「考えること」》	(1) 彼はその<u>思想</u>に身ぶるいした。 (2) 彼はそう<u>考える</u>と身ぶるいした。
He denied his **knowledge** of the letter. 《「知識」→「知っていること」》	(1) 彼はその手紙の<u>知識</u>を否定した。 (2) 彼はその手紙のことは知らないといった〔<u>知っていること</u>を否定した〕。
She regretted her **inability** to read the novel.	(1) 彼女はその小説を読むことの<u>不能</u>を残念に思った。

《「不能」「無能力」→「できないこと」》

(2) 彼女はその小説を読むことができないことを残念に思った。

> 補足　元来, inability は be unable (to) を, knowledge は know を, それぞれ名詞化したものであるから, 日本語でも, 「できない」「知る」をそれぞれ名詞化した「できないこと」「知ること」が, 英語のこれらの抽象名詞の訳語としてよく当てはまるのに何も不思議はない。

(b)「他動詞から作られた抽象名詞＋of」

この場合の of の次の語は, 大多数の場合に, 前の抽象名詞に含まれている動詞の動作に対して目的語の関係にたつ。したがって, この **of** を「を」と訳すこともできる。

the **discovery of** America (アメリカの発見→アメリカを発見したこと)

the **expression of** feelings (感情の表現→感情を表すこと)

the **education of** boys (少年たちの教育→少年たちを教育すること)

They shivered at the mere **thought of** his fate.
彼らは彼の運命を思っただけで身ぶるいした。

He was overcome by **admiration of** his friend.
彼はつくづく友人をりっぱだと思う気持になってしまった。

Such an act will be **punishment of** innocent people.
そんな行いは罪のない人たちを罰することであろう。

> 補足　これらは, discover(ed) America, express(ed) feelings などという言い方全体を名詞化したものだが, discovery America とはいえないから of がはいる。日本語の「の」も目的語の関係を表すことがあるから, この of を「の」と訳して日本文がまとまることも少なくない。

研究　1.「自動詞から作られた**抽象名詞＋of**」の次にくるものは, もちろん目的語の関係にはならず, 通常, 意味上の主語である。

the **arrival of** a visitor (来客の到着→客が到着すること)

2. もちろん, 時に例外もある。the **love of** his parents は「両親を愛すること」とも「両親が(子どもを)愛する気持(＝両親の愛情)」の意味にもなりうる。前後の関係を見きわめることを忘れてはならない。

3.「**in＋抽象名詞＋of**」の形式をとる数多くの成句も, 上で扱ったことの1つの応用にすぎない。

in (the) hope(s) of ～(～を希望して)　in fear〔dread〕of ～(～を恐れて)
in search of ～(～を捜して)　　　　in memory of ～(～を記念して)

$$\text{cf.}\begin{cases} \text{The boy is } \textit{in possession}\\ \quad \textit{of} \text{ the land.}\\ \text{The land is } \textit{in the posses-}\\ \quad \textit{sion of} \text{ the boy.} \end{cases}$$

	その少年がその土地を<u>所有してい</u>る。
	その土地はその少年<u>の持ちもの</u>になっている。

(c)「所有格＋他動詞からの抽象名詞＋of」

さらに，抽象名詞に含まれた動作の(意味上の)主語になるものを示すには，通常，所有格または **by** ～を用いる。これらが加わっているときは，of を「を」と訳したほうが訳文のまとまることが多い。

his discovery of America （彼のアメリカ(の)発見→彼<u>が</u>アメリカ<u>を</u>発見したこと）

his production of fruits （彼のくだものの生産→彼<u>が</u>くだもの<u>を</u>作ること）

the **cultivation of** land **by** the people （その人びとによる土地の耕作→その人びと<u>が</u>土地<u>を</u>耕作すること）

《注意》 これらは，he produces〔produced〕fruits など，動詞を含む文句全体を名詞化したもので，文の書き換えに広く応用できる事項である。

研究 **1.** of ～がなくて所有格だけがついている場合には，次のように注意の必要なこともある。

 his praise （彼の称賛〔彼<u>が</u>ほめること〕）または（彼<u>を</u>ほめること）

 his memory （彼の記憶〔彼<u>が</u>覚えていること〕）または（彼の思い出〔彼<u>を</u>思い起こすこと〕）

 his loss （彼の損失〔彼<u>が</u>失ったこと〕）または（彼<u>を</u>失ったこと）

そのほか，**his wrong** （彼の受けた不当な扱い），**his murder** （彼が殺されたこと，彼の殺害）など，習慣的に定まっていて，「彼が行った～」の意味にはまずならないものもある。

2. 所有格が its, their などで，これらが「人」ではなく「もの」をさしているときには，たいてい目的語の関係である。

He demanded **their** *delivery*.	彼はそれらの引き渡し〔それら<u>を</u>引き渡すこと〕を要求した。
I am glad of **its** *discovery*.	私はそれの発見を喜んでいる。

(5) その他

(a) a kind of ～（一種の～）型の言い方

of の前の語から先に訳すと訳文がまとまる言い方である。

a sort of dog（一種の犬）　　**a series of** events（一連の事件）
a train of thoughts（一連の考え）
a touch of humor（ちょっとしたユーモア）
a variety of roses（いろいろなバラ）
a cloud of dust（もうもうたるほこり）

I could not get **a wink of** sleep.	私は一睡もできなかった。
They exported **great quantities of** cotton.	彼らは大量の綿花を輸出した。

研究　**1.** これらは物質名詞の数え方（p.26,(2),(c)）の延長と考えてよい。だいたい，**分量・程度・様態**に関する語がこのように用いられる。

その他，やや難解なもので，*an expanse of* water（広ばくたる水〔海〕），*a streak of* bad luck（打ち続く不運），*a tangle of* vegetation（からみ合った草木），*a flow of* speech（よどみない弁舌）などもある。（p.66,(9)も参照）

2. a〔what, this〕kind of の次の名詞にa(n) のついた例も見られるが，これを非難する人も多いから，われわれとしては，a(n) をつけないと記憶したほうが無難であろう。sort の場合も同様である。

3. ～ **of a kind** というときは，やや軽べつの意味を含み，「名ばかりの～」といった気持である。

　　a kind of gentleman（一種の紳士）
　　a gentleman **of a kind**（紳士とは名ばかりの男，えせ紳士）

（**参考**）　**what kind〔sort〕of と what kind〔sort〕of a** の違い：意味上差があるという人もある。それによると，たとえば，what kind of workman ではその職人が専門としている仕事の種類を問う気持であり，a がはいれば，その職人の技量・能力を問うことになるという。

(b)「on one's ＋からだの部分を表す名詞」
この種の表現は，直訳では日本語にならないから注意が必要である。

He lay **on his stomach**.	彼はうつぶせに寝ていた。
The bus lay **on its side**.	バスは横倒しになっていた。
I lay **on my back**.	私はあおむけに寝た。
She fell **on her face**.	彼女はうつぶせに倒れた。
He went down **upon his knees**.	彼はひざまずいた。

補足　第一の文の直訳は「彼は自分の腹部の上に横たわっていた」である。

研究　この種の言い方では，**主語と on** の次の所有格とは同一の人間または

ものでなければならない。*A huge rock* lay on *his* back.（大きな岩が彼の背中に乗っていた）では，his は rock をさしてはいないから，上の構文とは別である。また，前置詞は必ず on〔upon〕である。cf. The bus lay *at* its side.（バスはその側に横たわっていた）《bus≠its》

参考　次の例のように，目的語と his が同一人物のこともある。上の構文の応用である。

I turned *him* over *on his back*.	私は彼をころがしてあおむけにした。
A slide brought *him on his back*.	すべって彼はあおむけに倒れた。

(c)「抽象名詞＋ of ～」＝形容詞～

I saw a small white sail on the great **clearness of** the horizon.	大きく澄みわたった水平線上に小さな白い帆が見えた。
He gazed at the **immense shimmer of** the sea.	彼はちらちら光る広大な海を見つめた。

《注意》　比較的まれであるが，やや調子の高い文章などを訳すときには利用できることもある。これはまとまりのよい訳文を作るための要領であって，英語としての意味はあくまで「水平線の大きな澄みきった状態」なのである。

(d)「普通名詞＋ of a ～」＝形容詞～

that angel of a girl（あの天使のような女の子）

a huge mountain of a wave　（大きな山のような波）

He was *a thickset bull* of a man with dark hair.	彼は黒い髪のがっしりした雄牛のような男だった。

研究　of の次の名詞には，必ず a, an がつくと思ってよいが，まれには前後関係によって the のこともある。

(e)「all ＋抽象名詞〔複数の普通名詞〕」＝「very ＋形容詞」

She is **all kindness**.	彼女はとても親切だ。
He was **all mirth**.	彼はまったく陽気だった。
I was **all ears**.	私は全身を耳にしていた。
He was **all smiles**.	彼はまるきりえびす顔だった。

研究　同じ意味で「抽象名詞＋ itself」もある。

(f) 上記以外の用法

He left *last night*.（彼はゆうべ出発した）のような副詞句用法（p. 611 以下），He is *Mr. Smith, our teacher.*（彼は私たちの先生のスミス氏です）の同格用法（p.659 以下）など，その他の用法については，それぞれの項にくわしく述べてある。

まとめ　1

Ⅰ　名詞の種類・特徴

1．普通名詞　① 一定の形・限界があるものをいう名詞。

② 単数では a (n)（不定冠詞）をつけることができる。

③ 複数形を作ることができる。

2．集合名詞　① 同種類のものの集団をいう名詞。

② 大部分は単数で a (n) をつけ，複数も作れる。

③ 見方により，単数・複数どちらにも扱われる。

3．固有名詞　① 特定の人・ものの名称。

② 大文字(capital letter)で始まる。

③ the がつくものと，つかないものとがある。

④ 複数になることもある。

4．物質名詞　① 材料など，一定の形をもたないものをいう名詞。

② a (n) をつけることはできない。

③ 複数にすることもないのがふつう。

5．抽象名詞　① 性質・動作など，無形のものをいう名詞。

② a (n) をつけたり，複数にすることはできない。

③ 動詞・形容詞から作られたものが多い。

Ⅱ　名詞の転用　抽象名詞・物質名詞 ⇨ 普通名詞の転換は非常に多い。

（例）　stone　石(材)　⇨ a stone （1つの）石

　　　　fire　火(というもの)　⇨ a fire　火事，たき火

　　　　kindness　親切(というもの)　⇨ a ～ （1回の）親切

　　　　invention　発明(すること)　⇨ an ～　発明(したもの)

Ⅲ　その他

1．集合名詞と物質名詞の中間的な名詞がある。

（例）　furniture, clothing, machinery, など

2．「of＋抽象名詞」＝形容詞；「with〔in, by〕＋抽象名詞」＝副詞

（例）　of use＝useful；with care＝carefully など

Exercise 1

解答は p.667

(1) 次の接尾辞のうち適当なものを選んで，下の動詞・形容詞から抽象名詞を作りなさい。

　　ア．-ence　　イ．-ion　　ウ．-ment　　エ．-ness　　オ．-y

　　1．act　　　2．agree　　3．announce　　4．careful　　5．depend
　　6．differ　　7．difficult　8．disappoint　9．discuss　　10．happy
　　11．honest　12．invent　　13．kind　　　14．punish　　15．suggest

(2) 次の各文の空所に下の語句から適当なものを選び，記号で答えなさい。

　　1．彼らは火をおこして，そのまわりにすわった。
　　　　They built (　　) and sat down around it.
　　2．地球上の全国民が熱心に平和を望んでいる。
　　　　All the (　　) of the earth eagerly hope for peace.
　　3．私はシェイクスピアの初期の作品を読みたい。
　　　　I want to read early (　　) of Shakespeare.
　　4．彼はその家に火をつけようとしていた。
　　　　He was going to set (　　) to the house.
　　5．彼女はその問題に関係しているという話だ。
　　　　(　　) say that she is concerned with the matter.
　　6．彼の家族はそろって休暇で出かけているだろう。
　　　　All his (　　) will be away on vacation.
　　[語句]　ア．a) people　b) peoples　　イ．a) family　b) families
　　ウ．a) fire　b) a fire　　エ．a) work　b) works

(3) 次の各組の英文が同じ意味になるように,(　　)に適語を入れなさい。

　　1. { He will give expression to his conviction.
　　　　{ He will (　　) his conviction.
　　2. { Do you know the height of the mountain?
　　　　{ Do you know how (　　) the mountain is?
　　3. { These things are of no use to us.
　　　　{ These things are not (　　) to us.
　　4. { Her discovery of radium is a well-known fact.
　　　　{ It is a well-known fact that she (　　) radium.

(4) 次の文には誤りがそれぞれ1つあります。それを訂正しなさい。

1. He shouted in loud voice.
2. In the fall my cat likes to lie in a sun. (注：the fall＝秋)
3. She left all the furniture and clothings to her sister.
4. It was getting dark, and he turned light on.
5. There was a many audience in the hall.

(5) 下線の部分に注意して，次の各組の英文を和訳しなさい。

1. a) He was writing something on <u>paper</u>.
   b) He was asked to sign some <u>papers</u>.
2. a) I saw <u>smoke</u> going up from the chimney.
   b) Let's take a rest and have <u>a smoke</u>.
3. a) He is an authority on the history of <u>China</u>.
   b) He is an authority on old <u>china</u>.
4. a) There were piles of <u>wood</u> beside the hut.
   b) <u>The wood</u> is inhabited by many animals and birds.
5. a) The peasants woke up before <u>light</u> appeared in the east.
   b) I held a cigarette between my fingers and asked him to give me <u>a light</u>.

(6) 次の語群から適当なものを選んで，下の文の空所に入れなさい。

cup, flock, glass, pair, slice

1. She washed a (　　) of socks.
2. Will you have a (　　) of milk?
3. Please give me a (　　) of bread.
4. Let's have a (　　) of coffee.
5. I saw a (　　) of sheep near the hut.

(7) 次の英文を和訳しなさい。

1. I hate the sight of him.
2. Camels are of great value to people living in a desert.
3. She did not understand the insistence of her son on attending a university in the United States.

第2章

冠詞と名詞

冠詞は a, an, the しかないが，日本語にはないものなので，その使い方には十分な注意が必要である。

§1 冠詞の種類

冠詞(Article)には次の2種類がある。

① 不定冠詞(Indefinite Article)：a, an

② 定冠詞(Definite Article)：the

a, an の使い分けは，そのすぐあとに続く語の発音が母音で始まるときは **an**，そうでない場合は **a** を用いる。

> 補足 **母音**(Vowel)とは，ひと口にいえば，日本語のアイウエオ，およびそれに近い音で，発音記号 [ɑː, æ, ʌ, a, ə；i；u；e, ɛ；ɔ, o] などで表される。

《注意》 後続する語の発音が問題であって，つづり字は問題でないことに注意。また，[j] [w] は母音に近いが母音ではないから，an はとらない。

a university [jùːnivə́ːrsíti]　*an* uncle [ʌ́ŋkl]

a European [jùərəpíːən]　*an* envelope [énviloup]

a wood [wud]　*an* M. P. [émpíː] (国会議員；憲兵)

a house [haus]　*an* honor [ɑ́nər]

a young [jʌŋ] man　*an* ignorant [ígnərənt] man

> 参考 **1.**「h＋アクセントのない母音」で始まる語の前では，a のかわりに an が用いられることもある。
>
> 　*a(n)* hotél (ホテル)　　　　　　*a(n)* habítual action (習慣的行為)
>
> 　*a(n)* histórian (歴史家)　　　　*a(n)* histórical study (歴史的研究)
>
> そのほかの場合の h，および [j] [w] の前に an を用いるのは古い用法である。
>
> 　**2.** ふつう a または the をつけて用いられる名詞が無冠詞のときには，ゼロ冠詞がついているということがある。〈例〉go to *school*

§2　a, an, the の発音

　a, an は[ə],[ən]と発音されるが，とくに強調するときは[ei], [æn]
となる。

　the は，母音の前では[ði]，それ以外では[ðə]と発音される。とく
に強調するときは[ðiː]（または[ðʌ]）となる。

I said **a**[ei] man, not **the** [ðiː] man.	私は<u>1人の</u>男といったので，<u>その</u>男といったのではない。
She gave me **the**[ðə] cake and **the**[ði] eggs.	彼女は<u>その</u>ケーキと卵を私にくれた。

　研究　**1.** a, an が強調されることはまれである。the が強調されることは
それよりも多い。強調する目的は，上例のように，他のものとの対照をはっき
りさせるため，または誤解を避けるためである。

　　2. 強調された the は，そのほかに，the best などの意味を含むときもあ
る。(p. 49 , (2)参照)

He said this was **the**[ðiː] book on Napoleon.	これはナポレオンについての<u>いちば</u><u>んよい</u>本だと彼はいった。

　参考　強調の意味を含めずに a を[ei]と発音することも，とくにアメリカでは，と
きどきある。また[j]の前で the を[ði]と発音する人もある。

§3　不定冠詞の用法

　可算名詞の前だけに用いられる。

　(1) ばく然と不特定のものと考えられた単数の普通名詞・集合名詞
の前《[副詞＋]形容詞があれば，通常その前》に習慣的に加えられる。

She has **a** *beautiful* **flower**.	彼女は美しい花を持っている。
He was **a** *very old* **man**.	彼は非常に年老いた男だった。

　補足　「不特定の」というのは，「今話題にしている人」とか，「そこにある花」など
　　　という定まったものではなくて，単に「人〔花〕とよばれるもの(の1つ)」とい
　　　う意味である。

　《注意》　**1.** 不定冠詞はこの用法がいちばんふつうのものである。このときの a,
an は「1つの」にはちがいないが，その意味はきわめて弱く，訳す必要はない。

　　2. 補語に用いられた名詞につく a(n)はすべてこの用法である。

(2)「1つ」(= **one**)の意味がはっきり出る場合《**one** より意味は弱い》

in **a** word（一言で[いえば]） for **a** moment（一瞬の間）

at **a** glance（一目見て） at **a** bound（一とびに）

in **a** day or two（1日2日で） in **an** instant（一瞬のうちに）

Rome was not built in **a** day.	ローマは1日にして成らず。〔ことわざ〕
There was not **a** soul to be seen.	人っこ1人見えなかった。
Almost to **a** man they are his supporters.	ほとんど1人残らず〔1人に至るまで〕彼の支持者だ。

《注意》 この用法では，one よりは意味が弱いが，「1つ」の意味を訳に出さなければならない。これと(1)の用法とは，前後の内容から判別するよりない。

研究 **1.** 「1日2日」は **a** day or two がいちばんふつうである。day をあとにおけば，**one** or two days といい，a は用いない。

2. He spoke **never a** word.（彼は一言もいわなかった），**Not a** dog barked at him.（犬は1匹たりとも彼に向かってほえることはなかった）のように，すぐ前に否定語があるとき，**a ～ or two** など数量を表す語を伴うとき，などのaは，まず，この用法である。

(3)「ある」(**a certain**)の意味に用いられる場合

in **a** sense〔way, manner〕（ある意味で[は]）

A doctor operated on him yesterday.	<u>ある</u>医師が昨日彼を手術した。
Once upon a time there was a boy in **a** small village.	むかしむかし，<u>ある</u>小さな村に1人の少年がいました。

《注意》 **1.** a（ある）とはいっても，必要があれば名前などをいうこともできる「医師」「村」である点が(1)の場合とちがう。

2. (1)と(3)のどちらの用法かまぎらわしい場合もある。She wants to marry a millionaire.（彼女は大金持と結婚したいと思っている）では，ある定まった大金持を意味している((3)の用法)のか，だれとは定まっていないが大金持の意味か，この文だけでは判断できない。

(4) その種類に属するもの全体を代表する意味をもつ場合

A dog is a faithful animal.	犬は忠実な動物である。
An island is a piece of land surrounded by water.	島とは，水にかこまれた一郭の陸地のことである。

《注意》 この用法では，日本文でも「～というもの」と全体をひとまとめにするような訳し方をしてもよい。

(参考) このa dogは，結局犬という動物全体について述べているのであるが，ただその場合に，「1匹の犬」を全体の代表として取りあげる気持でいうのが，この言い方である。その意味で，このaはany（どれでも）に近いといわれるが，the dogで全体を表すのと微妙な差がある。(p. 49，(参考) 参照)

(5)「～につき」(= **per**)の意味の場合

once **a** week（週に1度）	three hours **a** week（週に3時間）
It costs fifty yen **a** pound.	1ポンドにつき50円かかる。
The boat makes an average speed of 25 knots **an** hour.	その船は平均時速25ノットの速力を出す。
He smoked the last of the ten cigarettes allowed him **a** day.	彼は許された1日（につき）10本のタバコの最後の1本をすった。

(研究) この用法は，上例のように，前に数に関する語がくるから気がつきやすい。

(参考) **1.** そのほかにも，once *in an* hour（1時間に1度），twice *in the* day（1日に2回），fifty kilometers *to the* hour（1時間あたり50キロ），ten dollars *the* bushel（1ブッシェルにつき10ドル）などの言い方もする。最後の2つは比較的まれである。

 2. ここのaは，元来は，前置詞on などに由来するものである。

(6)「同じ」(= **the same**)の意味の場合

Birds of **a** feather flock together.	同じ羽の鳥たちはいっしょに集まる〔類は友を呼ぶ〕。〔ことわざ〕
These boots are of **a** size.	これらのくつは同じ大きさです。
Two of **a** trade seldom agree.	同じ商売の2人はめったに意見が合わない。　〔ことわざ〕

《注意》 この用法はまれであるが，aの前に必ずofがある。

(7)成句において慣用的に用いられる場合

at **a** loss（当惑して）	on **an** average（平均して）
to **a** certainty（確かに）	in **a** hurry（急いで，あわてて）
(all) of **a** sudden（突然に）	with **a** vengeance（猛烈に）

《注意》 以上は一例であって，このような成句全部をここにあげることはできない。また，in *a* hurry（急いで，あわてて）に対し in haste（急いで）にはaがなかったり，単に習慣的に定まっているだけで，理屈では説明困難な面が，冠詞の用法にはあることも記憶しておかなければならない。

§4 定冠詞の用法

可算名詞・不可算名詞どちらの前にも用いられる。

Ⅰ. 特定のあるものをさす用法

(1) 前に出てきたものをさす場合

① There lived *a* boy on *a* farm. **The** boy worked on **the** farm with his father.

ある農場に<u>1人</u>の少年がいた。<u>その</u>少年は父親といっしょに<u>その</u>農場で働いた。

② I saw *a* man with *a* stick on my way there, but on my way back I found **the** man with **the** stick gone.

私はそこへ行く途中で棒切れを持った男を見たが、帰り道には、その棒切れを持った男はいなくなっていた。

> **補足** ②でいえば、最初は「ある1人の男」と、ばく然という気持で話を切り出すからaであるが、そのあとでは、どんな男でもよいわけではなく、「今話題にした男」という特定のものをさすからthe になる。①の文で、2行目のThe boy を A boy にすれば、この boy は1行目の boy とは別の少年をさすことになる。

《注意》 このような the は、「その」と訳さなければ特定のものをさしていることがわからないようなら、そう訳さなければいけない。しかし、日本語訳の前後関係ではっきりわかれば、いちいち「その」と訳す必要はない。

（参考） 短編小説などでは、話の最初からいきなり the が用いてあることもある。そのときは「今これから話題にするその～」といった気持である。

(2) 前後関係、その場の状況などから、さすものが明らかな場合

(a) 形容語句がついているため、名詞が特定のものをさす場合

the day *after tomorrow*（明後日）
the *best* advice（最善の忠告）

the *only* way（唯一の方法）
the *first* thing *to do*（第一になすべきこと）

He walked up to **the** door *of his room.*

彼は自分のへやのドアのところへ歩み寄った。

I am reading **the** book *that you gave me yesterday.*

私はきのうあなたにもらった本を読んでいます。

> **補足** どれでもよい「あるドア」ではなく、「彼のへやのドア」と定まったものである点に注目せよ。

研究 1. しかし、形容語句があっても、それだけで the を使うことにはな

らない。ほかに同種のものが多数考えられれば，a を用いる。

He is **a** writer *of novels.*	彼は小説家だ。《小説家は多数いる》
I saw **a** mountain *covered with snow.*	私は雪におおわれた山を見た。《雪の山はほかにも多数考えられる》
A man (*who*) *I met in the street* showed me the way.	通りで会った人が道を教えてくれた。《会ったのは1人だけではない》

　上の例文で「彼はこの小説の著者《特定の1人の人物》だ」というのなら *the* writer of this novel となる。また，「前に話をした山」「私が会うのをきみも見ていた例の男」といった内容なら，*the* mountain, *the* man となる。明りょうに，あるいは暗黙のうちに，相手に了解されていること，または了解できるものを「それ」「例の」とさす気持が，the には多少なりともつねに存在しているので，それが含まれない場合には用いることができない。

　2. しかし，the は，そのさすものがただ1つではなくても用いられる。

He is **the** *son* of Mr. Smith.	彼はスミス氏のむすこだ。
Toward evening we came to **the** *bank* of a river.	夕刻にわれわれは，とある川の堤のところまでやって来た。
He hid himself in **the** *corner* of his shop.	彼は店の片隅に身をかくした。

　Smith 氏のむすこが1人ではない場合も，上のようにいうことができる。また，川の堤も店の隅も1つではない。同種類のものがほかにありながら，the を用いうるのは，それらが不特定の多数ではなく，おのずから限度のある少数《堤なら2つ，隅なら4つ》だからであろう。もちろん，場合により，これらは(c)の用法の the でもありうる。

(b) 元来1つしかないものの場合

The sun rises in **the** east.	太陽は東からのぼる。
He looked to **the** right.	彼は右のほうを見た。

　補足　形容語句はなくても，ある場所で東・右といえば，1つしかない。

(c) 話している当事者にはよくわかっているものの場合

Send for **the** doctor at once.	すぐ医者を呼びにやれ。
Will you open **the** window?	窓をあけてくれませんか。
The fact is that he knows nothing about it.	実はそれについて彼は何も知らないのだ。
That's not **the** point.	それは要点〔問題点〕ではない。

　補足　the だけとれば，「例の」「現在自分たちに関係のある」といった意味で，上

例は，「かかりつけの医者」「きみのそばの窓」などの気持。

(参考) 詠嘆的に *The* villain！（あの悪党め），*The* audacity！（なんてずうずうしいんだろう）というときの the もここに扱った用法に属する。

(d) 前述したことに関連して用いられる場合

① He walked up to the door and took out **the** *key*.

彼はドアのところまで歩み寄って（その）かぎを取り出した。

② I hate doctors, and I don't want to have anything to do with **the** *profession*.

私は医者がきらいだから，医者という職業（の人たち）とはかかわり合いを持ちたくない。

③ Lend you money？ No, I shall do nothing of **the** *kind*.

金を貸すだって？　いやぼくはそういったことはいっさいしません。

④ He realized how much his work meant to him. **The** *knowledge* was like a fire at which he warmed himself.

仕事が自分にとってどれほど意味のあるものかを彼は悟った。それを知ったことは，自分の心を暖める火のようなものであった。

⑤ The natural instinct of man, as of other animals, is to investigate every stranger of **the** *species*.

人間の自然本能は，他の動物（の本能）と同じように，同じ仲間でも見知らぬ相手は，すべてよく調べてみ（ようとす）るのだ。

補足 これは(1)と似ているが，それよりは関連が明りょうでない場合である。①の the key は，前の door を受けて「そのドアのかぎ」の意味である《そのドアに関係のない単なる「かぎ」なら a になる》。②も前の doctors に関連している。③ the kind は「金を人に貸すといった種類」という意味。④ the knowledge は，単に「その知識」では前文との関連が不明りょう。「how much 〜 to him を知ったその知識」という意味である。⑤ the species（その種類）は，③の the kind と似ているが，ここでは前に人間とその他の動物が話に出ているから，人類その他の動物の類をいうことになる。

Ⅱ．特定のあるものをさすのではない用法《「その」と訳さない》

(1) その種類に属するもの全体を表す場合

The lion is the king of beasts.

ライオンはけだものの王である。

Of all flowers I like **the** rose best.

すべての花のうち，私はばらがいちばん好きだ。

研究 man を「人間（全体）」の意味で用いるときは冠詞をつけない。

Man is mortal.	人は死すべきもの。
Men perish, but **man** shall endure.	個々の人間は滅びるが，人類は存続するであろう。

　無冠詞で man を「男性(全体)」，woman を「女性(全体)」の意味で用いることは現在ではまれ。一方，a man, men などが全体を表すのに用いられることも皆無ではない。

研究 doctor, lawyer(弁護士), child, Italian(イタリア人)など，ある部類に属する人全体をいうときには，「the ＋単数形」ではなくて，冠詞なしの複数形《p.78 §8,(1)》を用いるのがふつうである。

参考 種類全体を表す a と the の相違点：不可算名詞と一部の集合名詞を除き，ある種類に属するもの全体をいうには，a と the を用いる方法がある《そのほかに，無冠詞の複数形を用いる方法もある (p.78 §8, (1)) 参照》。どちらも可能な場合も多い《《例》 The [A] rat is larger than the [a] mouse.》が，そうでないときもある。両者の使い分けは概略次のとおりである。

　① 主語のときは a, the どちらも用いるが，主語以外の場所では a を用いることはまれ。

　② 一般に a のほうが the よりも口語的でくだけた言い方である。

　③ 各種のタイプに属する人間《詩人・軍人などのように》，動植物名，文化的諸産物《機械的製品・楽器・度量衡の単位など》，宝石類などは the をとるほうが多い。

　④ mountain, lake, house, brother などは，もっぱら a をとる。

　⑤ 比較のときは a が通例。〈例〉 as busy as *a* bee (みつばちと同じほど忙しい)，etc.

　⑥ その他，前後関係から，a では「(ある)1つの」の意味に誤解されたり，the では特定のものをさすと誤解される恐れのあるときは，誤解の生じないほう《または無冠詞の複数形》を用いる。

(2) **the ＝ the typical, the best, the real, etc.の意味の場合**

Caesar was *the* general of Rome.	シーザーこそローマ随一の名将であった。
He is quite *the* gentleman.	彼こそ紳士の<u>典型</u>だ。
California is *the* place for me.	カリフォルニアこそ私に<u>ちょうどうってつけ</u>の場所だ。
That's (just) *the* word [thing]!	(今の場合)それが<u>いちばんよいこ</u>とば[もの]だ[そいつだ。そのとおりだ]。

《注意》 この用法の the はイタリック(斜体)で書かれていることが多い。発音は原則として[ði:]である。(p.43, **研究** 2 参照) しかし，最後の例のように，頻繁に用いられる型の定まった文句では[ðə]である。

(3)「the ＋普通名詞」が抽象名詞に近い意味をもつ場合

The pen is mightier than **the** sword.	ペン〔文〕は剣〔武〕よりも強い。
The sight roused **the** mother in her.	その光景は彼女の<u>母性愛</u>を呼び起こした。

the cradle（ゆりかご＝幼年期）	**the** grave（墓＝死）
the woman（女らしさ）	**the** poet（詩想，詩人のような心）
the beggar（こじき根性）	**the** plow〔plough〕（農業，農耕）

《注意》 日本語の「筆を折る」，「刀を捨てる」などを参照。

研究 この用法は，比較的狭い範囲でしか認めない文法書も多いが，もう少し拡大して，次のようなものもこれに含めるほうが，英文の理解上便利である。

He played **the** *fool*.	彼はばかなまねをした。
The voice sounded pleasant to **the** *ear*.	その声は耳〔聞き取る働き〕に快く響いた。

(4) 成句の中で習慣的に用いられる場合

(a)「by the ＋単位を表す語」＝「～単位で」の場合

The cloth is sold **by the** *yard*.	その布は1ヤードいくらで売られる。
They work **by the** *hour*.	彼らは時給〔1時間いくら〕で働く。
We caught fish **by the** *hundred*.	私たちは何百となくさかなをとった。

研究 最後の文は「百を単位で」から訳文のような意味になる。この意味のときは，by *hundreds*, by *the hundreds*《複数》もよく用いられる。

(b) 次のような対照的な言い方の場合

in **the** morning（午前に）	in **the** afternoon〔evening〕（午後〔夕方〕に）
in **the** past（過去において）	in（**the**）future（将来において）
in **the** light（明るい所で）	in **the** dark（暗い所で，不明で）
in **the** sun（日なたで）	in **the** shade（日陰で）
in **the** right（正しく）	in **the** wrong（まちがって）
in **the** distance（遠くに）	in **the** neighborhood〔vicinity〕（近所に）
on **the** one hand（一方において）	on **the** other（hand）（他方において）
on **the** increase（増加中で）	on **the** decrease（減少中で）

ただし，{ beside **the** question（本題からはずれて，問題外で）
　　　　 { in question（問題の，問題になっている）

(c) その他の場合

on **the** contrary（これに反して；それどころか）

on **the** whole（だいたいにおいて）　in **the** end（結局）

in **the** meantime（とかくする間に）on **the** alert（警戒して），etc.

《注意》 the ＋形容詞，the ＋比較級，catch him by *the* arm の用法は，形容詞（p.475 以下）・比較級（p.539 以下）・動詞（p.215 ）・代名詞（p.110 ）を参照せよ。

研究 **(mid)night, noon** など，at を用いるものは通常 the をとらない。また，**morning** なども，afternoon, evening などと対照的に用いれば限定されて the がつくが，多数の朝の中の１つと考えるときは，on *a* fine morning（ある天気のよい日の朝に）のように a をとる。

■ **the** についての総体的注意

1. 実際の英文中の the が，上の諸用法のどれに該当するかを判断するには，広くその前後の内容を検討する必要がある。

① He went to **the** *theater.*	彼は芝居に行った。
② She is very fond of **the** *piano*.	彼女はピアノがとても好きだ。
③ They sent the villain to **the** *scaffold*.	彼らはその悪党を絞首台へ送った。
④ The plain stretched as far as **the** *eye* could reach.	平原は目のとどくかぎり広がっていた。

などの文では，前後関係により二様の解釈が可能である。

① 特定の《または町にある唯一の》劇場，または抽象的に「芝居」

② 特定の《母の遺品などの》ピアノ，その部屋に置かれているピアノ；抽象的に「ピアノ音楽」，または総称的な「ピアノというもの」

③ 特定の絞首台，または抽象的に「絞首刑」

④ それを見ている人の目〔視力〕，または一般的な「目」〔視力〕

この相違は，しかし，和訳する上にはたいして問題にならないことも多い。

2. 冠詞は，もっとも難解な問題の１つであるが，文体により，またそれぞれの人の見方の違いにより，微妙な意味の違いはあるのであろうが，a, the のどちらも用いることができる場合もあることを知っておくことが必要である。

■ 冠詞についての追記

基本的な事項についてはすでに述べたが，参考までに，筆者の所見をまじえて多少の追加をしておきたい。

① **sun, moon, sky** などは，ふつう特定の唯一のものと考えられるから，**the** がつくことが多いが，形容詞がつくと特に **a** をとることが多い。

 a red sun(赤い太陽) **a** low sun(地平線に近い太陽) **a** blue sky (青い空) **a** brilliant moon(こうこうたる月) **a** new moon (新月)

 これは，その時どきで異なった様相を見せる太陽——ある時の太陽の1つの形態——をいうからである。the sun はしばしば，われわれがイメージとして頭に描く「太陽」のことであるが，a がついたときはもっと具体的な太陽になる。moon は満ち欠けがあって様相の変化はなおさらはっきりしている。

 from **a** prehistoric past (有史以前の昔から)

 a past that had irretrievably vanished (もはや消え去ってしまって，とり戻すことのできない昔)

 past(過去)はふつう the をとる。現在から昔へと遠くさかのぼる時の流れ全体をいう「過去」なら the をとる。しかし，「過去」とよばれる時期の一部分——特に何か記憶に残るできごとなどのあった時期——を意味するときはa past となる。(ここでも形容詞〈節〉がついている)

cf. $\left\{\begin{array}{l}\text{in **the** future (将来において)　〔現在からある程度離れた時期に〕}\\ \text{in future　　(今後)　　　〔現在の直後から始まる時期に〕}\end{array}\right.$

② at **a** speed of fifty miles an hour (時速50マイルで)

 fly at **an** altitude of 20,000 feet (2万フィートの高度で飛ぶ)

のような言い方では，of ～がその前の語を限定しているから冠詞は the にするのがよいと感じられそうだが，of ～は限定しているわけではない。2万フィート以上でも以下でも飛べるのだが，いろいろ選べる高度のうち，たまたま2万フィートという含みで，2万フィートが「特定の」高度ではないからan なのである。しかし，もし規則や命令などで高度が定められていて「2万フィートで」というのなら，the が使われることになるだろう。

③ (1)He greeted me with **a** warmth that was surprising. (彼はびっくりするほど温かく私を迎えた)

  (2)He greeted me with **the** warmth that I was accustomed to. (彼はいつもどおりの温かな態度で私を迎えた)

 関係詞節があとに続いていても，その先行詞に **the** がつくとはかぎらない。(1)では that ～は warmth の描写をしているのであって，それを限定し，特定化しているのではない。いくつかある warmth の様相のうちの1つだから，a なのである。一方(2)では，「私」だけがいつも経験す

る warmth だから，特定のものになる。もちろん，「私」が he の「びっくりするような」warmth について以前に聞き手に話していれば，(1)でも the を用いることができる。なお，上の文で関係詞節がなければ，当然冠詞も消えることになる。

§5　冠詞と複数の名詞

(1)「**a ＋複数名詞**」

(a) 成句・特定の数詞の場合

a great〔**good**〕**many** *boys*（非常に大勢の少年たち）

a few *books*（数冊の本）　　　　**a thousand** *men*（1,000 人）

(b) 時間・距離・金銭に関する語の場合

for **a** full ten *minutes*（たっぷり 10 分間）

for **a** long nineteen *months*（長々と 19 か月の間）

a good four *miles* of a walk（たっぷり 4 マイルの歩行）

a miserable two hundred and fifty *pounds* a year（すずめの涙ばかりの年 250 ポンド）

《注意》 a には多少なりとも「1つ」の意味があるから，複数が続くのは特殊な場合にかぎる。(b)では，1つのまとまったものと見るから a がつくが，a の次には必ず何か形容詞などがあると思ってよい。(p.126 (参考) 1 参照)

(2)「**the ＋複数名詞**」

　特定の人びと・もの《複数》を 1 つのまとまったものとしてさす。

《§4, Ⅰの用法》

She was writing letters to **the** *relatives* of the boy.	彼女はその少年の縁者たちに手紙を書いていた。
The *children* in the audience scarcely paid any attention to the lecture.	聴衆のうちの子どもたちは，その講演にはほとんど耳をかさな〔注意を払わな〕かった。

(研究) 　1.「 the ＋複数形」は「全部」の意味を含むという人もいるが，それは必ずしも正しくない。一部をいうときも多いのである。《上例中の relatives, children が「少年の血縁者全部」「聴衆中の子ども全部」を意味すると考えるべき根拠はない》全部か一部か，は前後関係から判断する。*The* boys hit *the* girls.（少年たちが少女たちをなぐった）という文は，少年のうちの 1 人が少女 1 人をなぐっただけでも成立するのである。また，たとえ全部をさすときでも，

allなどがいっしょに用いてなければ，訳文に「全部」と出すのはよくない。

　2. 科学関係の著作物では「the＋複数形」が種類全体を表すことがあるが，一般にはそのような用法はない。

§6　冠詞と集合名詞

　複数扱いの集合名詞がばく然とその種類のもの全体をさすときは冠詞をとらない《しかし特定のもの全体ならもちろんtheが必要》。そのほか，元来抽象名詞に由来するもの，物質名詞に近いもの（p.23, (2)）も，ばく然と全体をいう場合には無冠詞である。それ以外では既述の冠詞の用法がそのまま当てはまる。

Mankind is〔are〕 corrupted.	人類は腐敗している。
People say that he is ill.	彼は病気だという話だ。
Posterity will be grateful for that.	子孫はそのことに対して感謝するであろう。

§7　冠詞と固有名詞

I.「**a(n)**＋固有名詞」

(1) 1つの家族・団体などの一員をいう場合

　an Englishman（イギリス人）　　**a** Stuart（スチュアート家の一員）
　a Communist（共産党員）

(2)「もう1つの」（＝another），「〜のような人・もの」（＝one like
〜）の意味

He is **an** Edison.	彼はエジソンのような人物だ。
Little deeds of kindness make this earth **an** Eden.	小さな親切がこの世をエデンの楽園(のような所)にする。
It was John true enough, but **a** completely altered John.	それはたしかにジョンではあったが，すっかり変わりはてたジョンだった。

　研究 同一名称で呼ばれるものがほかにあったり，考えられたりするために，以上の場合にはaが可能なのである。同様に，曜日の名も，多数の月曜日を考えて，その中の「とある月曜日に」の気持なら on *a* Monday という。

(3) 人名につけて「〜という人」（＝a certain）の意味を表す。

A Mr. Brown wants to see you.	ブラウンさんと(か)いう方がお目にかかりたいそうです。

研究 a のかわりに a certain；one を用いてもよい。また，Mr. がなければ，a を用いずに *one* Brown という。

(4) 著書・作品などをいう場合

a Rodin（ロダンの作品の１つ）

a Ford（フォードの自動車）

《注意》 上の(1)～(4)の固有名詞は普通名詞化しており，複数にもできる。

three *Toms*（３人のトム）

many *Edisons*（多数のエジソン〔のような発明家〕）

II．「the ＋固有名詞」

　定冠詞と固有名詞の関係は非常に複雑で，英米人にとってもしばしば困難な問題である。人によって the をつけたりつけなかったりする例も見られる。これは，しかし，英文の理解の上からも，またわれわれの英文を理解してもらう上でも，そう神経質になる必要はない問題なので，以下ではこれだけは必要という程度にとどめ，その他のやや特殊なことは，興味のある人のために《注意》，**研究** などの項にあげた。

(1) 人名・地名・国名：次の場合以外，通常 the はつかない。

(a) ある時期またはある状況におけるその人・国などをいう場合

He is not **the** *John Manson* she married.	彼は彼女が結婚した(ときの)ジョン・マンソンではない。

the *Italy* of Mussolini（ムッソリーニ時代のイタリア）

(the) *England* of the eighteenth century（18世紀のイギリス）

《注意》 地名・国名ではとくに，the のないこともある。

(b)「～に当たるもの」の意味の場合

Osaka is **the** Manchester of Japan.	大阪は日本のマンチェスター（というべき工業都市)である。
I was the only Englishman there — yes, **the** Robinson Crusoe among the savages.	私はそこでただ１人のイギリス人でした。ええ，野蛮人の間のロビンソン・クルーソーでした。

《注意》 I，(2)の場合と違い，形容語句で限定されている点に注目せよ。

(c) 形容詞のついた場合，人名ではしばしば the がつく。地名・国名では通常 the はつかない。

the *late* Mr. Smith(故スミス氏) **the** *ambitious* Caesar(野心家のシーザー) *poor* Dick(かわいそうなディック) *young* Kate（若きケート）
incomparable Paris（比類なきパリ） *modern* Japan（現代日本）

研究 **1.** 形容詞が真の意味で人名を形容し，その人の性格などを示すときは the がつき，むしろいう人の感情をこめて用いられるもの《little, old, poor, dear, young, etc.》では the はつかない。しかし，これらの形容詞も，感情的色彩なしで用いれば the をつける。《the poor Dick（貧しいディック）を上例の poor Dick と比較せよ》

2. 国名も new がつくと，次のようによく the がつく。

the *new* Germany（新しいドイツ）

(2)国民・国語名：国民は，全体をいうときは **the** がつく。国語名は，通常 **the** はつかない。

the English （イギリス人）   **the** Americans （アメリカ人）
English （英語）   German （ドイツ語）

研究 **1.** 国民全体をいうとき，複数形になるもの《cf. the Germans, the Russians, etc.》と単数形のままのものとあることに注意せよ。また，1人をいうときは語形の違うものもある。cf. an Englishman, a Frenchman. (p. 477 参照)

2. 国語名も，次に word, original（原書）が省略されているときは the がつく。

the Japanese for 'man'（man に対する日本語〔の単語〕)
translated from **the** Russian （ロシア語〔の原書〕から訳された）

(3) 複数形の固有名詞：例外なく the がつくと思ってよい。

〔家族名〕 **the** Smiths（スミス家の人びと；スミス夫妻〔父子〕）
〔国名〕 **the** United States (of America)（アメリカ合衆国），
          the Netherlands （オランダ），etc.
〔山脈名〕 **the** Alps（アルプス山脈），**the** Rocky Mountains〔**the** Rockies〕（ロッキー山脈），etc.
〔群島名〕 **the** Philippines （フィリピン諸島），**the** Hawaiian Islands （ハワイ諸島），etc.

研究 **1.** 家族名は複数に扱われる。国名では，アメリカ合衆国はもっぱら単数扱いであるが，Netherlands は，ときにはオランダとベルギーをあわせてさすのに用い，複数扱いになることもある。その他は，中に含まれる個々のものを考えるか，全体を考えるか，によって扱いが変わる。

2. 単独の山・島の名には the はつかない。cf. Mt. Everest（エベレスト山）；Sicily（シシリー島），etc. ただし，p. 58，（参考）を参照。

(4) 川・海・海峡など：the をつけるのが通則。

the Amazon （アマゾン川）　　**the** Pacific （Ocean）（太平洋）
the Dardanelles （ダーダネルス海峡），etc.

（研究） **1.** アメリカでは，通常 the Mississippi River のようにいうが，イギリスでは，the River Thames と River を前におく。上例のように River を略すことは，どちらでも行われる。またアメリカでは，Niagara River のように，the がつかないときもある。

2. 湾・湖水・港の名などは一般に the はつかない。
　　Hudson Bay （ハドソン湾）　　Lake Michigan （ミシガン湖），etc.
　運河・半島などの名は通常 the がつく。
　　the Suez Canal （スエズ運河）**the** Iberian Peninsula （イベリア半島），
　　etc.

(5) 船・鉄道など：the をつけるのが通例である。

the Titanic （タイタニック号）　　**the** Nihon Maru （日本丸）
the Tokaido Line （東海道線），etc.

(6) 定期刊行物《新聞・雑誌》：新聞名は the がつく。雑誌も一般に the がつくが，例外も少なくない。

the New York Times （ニューヨーク・タイムズ紙）
the Asahi （朝日新聞）**the** Readers' Digest （リーダーズダイジェスト）

（研究） **1.** *Life*（ライフ誌），*Vogue*（ヴォーグ誌）のように the のつかないものも多い。*New Statesman*（ニュー・ステイツマン），*Spectator*（スペクテイター）は，以前は the がついたが今はない。定期刊行物の the は消える方向にあるのかもしれない。

2. 「雑誌を1冊」というには，雑誌名に直接a をつけるのではなく，**a copy of** 〜という。新聞も同様である。また「〜の3月号」なら **the** March **issue** 〔**number**〕**of** 〜という。

(7) 公共的な建築物など：一般に the がつくが，例外も少なくない。

the British Museum（大英博物館）**the** Red Cross Hospital（赤十字病院）
the Hilton Hotel（ヒルトンホテル）　**the** Foreign Office（外務省）
the University of New York （ニューヨーク大学），etc.

（研究） 駅・公園・橋の名は一般に **the** はつかない。また **street** の名も一般

には the はつかない。そのほか，**Westminster Abbey**（ウェストミンスター寺院），**Cambridge University**（ケンブリッジ大学）など the のないものも多い。

参考 1. 以上のほかに，次のような一般的傾向を知っておくことも一応役にたとう。もちろん，例外はつねに存在すると思わなければいけない。

① 普通名詞に由来する固有名詞は通常 the がつく。

② 「普通名詞＋of＋固有名詞」《地名など》で表されるものも通常 the がつく。(例) *the* Bay of Tokyo《ただし，Tokyo Bay》, *the* Isle of Wight（ワイト島）, etc.

③ 国内にあるものには the がつかないときでも，英米以外の国にある同種のものには the のつくことが多い。(例) *the* Matterhorn（マッターホルン山）, *the* Kremlin（クレムリン宮殿）, *the* Emperor Showa（昭和天皇）《ただし，King George》, etc.

④ あとに普通名詞が略されていると感じられるものも the をつける。(例) *the* Sahara〔Desert〕, *the* Daimaru〔Department Store〕, *the* Waldorf-Astoria〔Hotel〕, etc.

2. 上の(1)～(7)の例外を参考のために列挙しておく。

⑴ the Argentine（アルゼンチン），The Hague（ヘーグ。オランダの都市） ⑶ Kensington Gardens（ケンジントン公園。ロンドンにある） ⑷ Behring Sea（ベーリング海），the Lake Leman（レマン湖。スイスにある），the Persian Gulf（ペルシア湾）, etc.

§8 冠詞と物質名詞・抽象名詞

(1) the と物質名詞・抽象名詞

この場合の the の用法はすべて§4に述べた用法であり，すべての物質名詞・抽象名詞に用いることができる。ただ，その種類のもの全体をいう用法の **the** は，これらの名詞の前には用いられない。(なお，それぞれの名詞の項および次の(2)を参照せよ)

《注意》 the がつけば，もちろん，大なり小なり限定されるのである。次のような相違を参照せよ。

air（物質としての空気）
the air（われわれの周囲にある大気）

blood（物質としての血液）
the blood（体内を流れている血液）

(2) a と物質名詞・抽象名詞

次のような場合には，これらの名詞の前に **a** を加えることができる。これはほとんどすべての抽象名詞と一部の物質名詞についてしばしば起こる。**a** がつけば，これらはすでに普通名詞に転化したと見てよい。

なお，定まったものをさす場合には，この **a** のかわりに the が用いられることはいうまでもない。

(a)「一種の」(= a kind of)，「～の一例」(= an instance of ～)
を意味するとき

This is **an** excellent *coffee*.	すばらしい(品種の)コーヒーだ。
Temperance is **a** *virtue*.	節制は美徳(の一種〔一例〕)だ。
They don't employ boys from the slum — they have **a** *reputation*.	スラム街の少年たちを人はやとい入れはしない。(ある種の)評判がたっているからだ。

(b) 一回の行為，一時的な状態などをいう場合

He did **a** *kindness* to the stranger.	彼はその見知らぬ人に親切なことをした。
I took **a** long *breath*.	私は深く息を吸った。
He dashed out of the house in **a** *fury*〔*panic*〕.	彼はかんかんになって〔あわてふためいて〕家から飛び出した。
The ship was sunk by **an** *explosion*.	船は爆発のために沈没した。

(c) 形容詞がついた場合には **a** がつくことが多い。

He felt **a** *faint warmth* round his heart.	彼は胸のあたりに，かすかなぬくもりを感じた。
In some things she had **a** *peculiar insistence*.	ものごとによっては，彼女はみょうにしつこいところがあった。
There was **a** *mortal sadness* in her eyes.	彼女の目には，はげしい悲しみの色があった。

《注意》 これらの用法はいつも明りょうに区別できるとはかぎらず，その境目にあるような実例も少なくない。事実，(b)，(c)は(a)の1つの場合と考えてもよい。a kindness は kindness の一例といえるし，mortal sadness は sadness の一種ともみることができるからである。

研究 **1.** 色彩を表す語も，形容詞がつくと a をとることが多い。
　　a dirty *yellow*（よごれた黄色）　　**a** dark *red*（濃赤色），etc.

　2. いくつかの種類を頭においている場合は，cheeses（チーズ），grasses（草），soils（土）のように複数にもなる。また，1回でなければ kindnesses, several absences(数回の欠席)などとなる。

(d)「ある(一定の)分量の」(= some, a certain)，「ある期間の」などの意味のとき

a *length* of wire（ある長さの針金） **an** open *space*（あき地）
at **a** *distance*（少し離れたところに）

Again there was **a** *silence* in the room.	へやの中では，また一時話がとだえた〔しばしの沈黙があった〕。
I bought her **an** *ice cream.*	彼女にアイスクリームを買った。

《注意》 §3.不定冠詞の用法(3)(p.44)，および p.27，(2)，(c) ⓐ参考 を参照。

(e) 抽象名詞の表す性質を備えたもの，できごと，または，抽象名詞の表す動作をするもの，受けるものなどを表す。《類例多数》

〔aなし〕〔aがつくとき〕	〔aなし〕〔aがつくとき〕
beauty 美しさ；美人，美しいもの	rarity 希少；めったにないもの
absurdity ばからしさ；珍妙なもの	luxury ぜいたく；ぜいたく品
mystery 神秘；不可解な事件	weight 重さ；重いもの
curiosity 好奇心；珍しい物，骨董品	exhibition 陳列；陳列品
impossibility 不可能；不可能なこと	convenience 便利；便利な施設
illustration 図解；さし絵	height 高さ；高い所，山

《注意》 抽象名詞と普通名詞(p.30)にも類例があるから参照せよ。

§9 冠詞の位置

(1) 冠詞は，名詞（と，それを修飾するすべての語《形容詞・副詞》）の前におくのが原則である。

the very beautiful flower（非常に美しい花）

a tall, thin, very rude young country boy（背が高くやせていて非常に無作法ないなか育ちの少年）

(2) しかし，次の語があるときは，冠詞はそのあとにおかれる。

all, both, what《感嘆文で》,such,(half, double, quite, rather, many)

all **the** boys（少年たち全部）	*such* **a** good man（あんなよい人）
both **the** boys（その少年2人とも）	*quite* **a** good man（まったくよい人）
half **an** hour（半時間）	*double* **the** price（倍の値段）
many **a** day（いく日も）	

That's *rather* **a** coarse joke.	だいぶ下品な冗談だ。
What **a** nice view!	なんていいながめだろう。

🔲研🔲究　**1. all, both** には a が伴うことはない。また，**such, what** は the

といっしょに用いられることはない。**quite, rather** も，だいたいそうだと思ってよい。**many** は，the なら *the many* people のようにいう。**many a** ～はやや文語的な言い方である。

2. **quite, rather** は，*a quite* [*rather*] good man のようにも，いくらもいう。ただ，形容詞が伴わなければ，必ず *quite* [*rather*] a gentleman となる。

3. **half** は *a half* mile とも *half a* mile ともいう。同じことだが，後者のほうが口語的で，よりふつうの言い方と思われる。*a half* moon（半月）のように，本来の「分量などが半分」の意味から離れていれば，a が前になる。**double** も，*a double* chin（二重あご）のように，「2倍の」の意味と異なる場合は冠詞が前にくる。なお，half, double は a も the も伴う。

(参考) 'all a' の例が皆無なわけではない。He had *all a* negro's prejudice against us. （彼は黒人がわれわれに対してもっている偏見をすべてもっていた）（= all the prejudice of a negro）

(3) so, as, too, how (ever) のあとでは，「形容詞＋a」の順になる。

so old **a** man〔as he〕（〔彼のように〕そんなに年をとった人）

as old **a** man〔as he〕（〔彼と〕同じくらいの老人）

too old **a** man〔to do it〕（〔それをするには〕年をとりすぎた人）

How old **a** man〔he is〕! （〔彼は〕なんて年をとった人〔だろう〕）

however old **a** man〔he is〕（〔彼が〕どんなに老人でも）

研究 1. これらの語は，the を伴うことはない。

2. 「so ＋形容詞＋a ～」は文語的な固い言い方である。

(参考) made *a so* deep impression that ～（非常に強い印象を与えたので～）(Galsworthy) のような例もまれにはある。また too も，あとに「to ＋動詞」を予想しない場合には，*a too* strong cigar のようにいうことがよくある。

§ 10　冠詞の反復と省略

I . 冠詞が反復されるときと，その一方が省略されるとき

この問題は，次の2つの場合に生じうる。

　{ 名詞＋ and〔or〕＋名詞
　{ 形容詞＋ and〔or, etc.〕＋形容詞＋名詞

冠詞を重ねて用いるかどうかは，①意味の誤解を生じないようにすること，②1つ1つを強調するかどうか，がその基準になる。

(1)「名詞＋and〔or〕＋名詞」の場合

(a) 1組になったものをいうのならば冠詞は反復しない。

a *cup and saucer* （受けざらつきのカップ）

a *watch and chain* （くさりつきの時計）

a *needle and thread* （糸を通した針）

🈩🈔 *a* cup and *a* saucer ならば，「カップ1つと受けざら1つ」で，1組になっていないものをいうことになる。

(b) 2つの名詞のさすものが同一のもの・人である場合には，冠詞を反復しないときも，するときもある。

He is **a** *poet and statesman*.	彼は詩人でまた政治家でもある。
He was **a** *pianist and a skill-ful painter*, too.	彼はピアニストであり，かつまたじょうずな画家でもあった。

🈩🈔 **1.** 誤解のおそれのある場合を除き，冠詞を反復するほうが多いように思われる。

2. 上例は He is〔was〕とあるから，あとの2つの名詞が同一人をさすことは明りょうで，冠詞は反復してもしなくてもすむが，次のような場合には誤解の可能性があるから注意が必要になる。

The *novelist and doctor* came to the party.	小説家で医者である人がパーティへ来た。《1人》
The *novelist and* **the** *doctor* came to the party.	小説家と医者がパーティへ来た。《2人》
She had **a** *home and school* in the suburbs.	彼女は<u>自宅兼校舎</u>を郊外に持っていた。《校舎の一部に住んでいる》
She had **a** *home and a school* in the suburbs.	彼女は<u>自宅と学校</u>を郊外に持っていた。《自宅と校舎は別個の建物》

(c) 2つの名詞が異なるものをいうときは，冠詞を反復するのが原則であるが，誤解のおそれがなければ，一方を省略することも多い。

There were **a** *pen and a pencil* on the desk.	机の上にペンと鉛筆があった。
I saw **a** *boy or girl* in the distance.	遠くに男の子か女の子が見えた。
He tried to look at the world with **the** *eyes and mind* of God.	彼は神の目と心をもって世界を見ようとした。

研究　この場合，それぞれを個別的に考える気持なら冠詞をくり返す。逆に，冠詞を反復しなければ，通例両者をひとまとめに考えているのである。なお，前の名詞の前に both をつければ，冠詞は反復させるのがふつう。

(2)「形容詞＋ and〔or, etc.〕＋形容詞＋名詞」の場合

(a) 2つの形容詞が同一物〔人〕にかかるときは冠詞は通常反復しないが，個々の形容詞を強調するために反復させることもある。

It was **a** *dark and quiet* night.	暗くて静かな夜であった。
He was **a** *faithful and* (**a**) *polite* boy.	彼は忠実で礼儀正しい少年であった。

研究　a〔the〕red and white rose(赤色と白色のまじったばら)のような場合は，a〔the〕red and *a*〔*the*〕white rose とすると，「赤いばら1つと白いばら1つ」の意味となるので，冠詞を反復することはできない。

(b) 2つの形容詞に修飾されるものが2つのものであれば，冠詞を反復するのがふつうである。しかし意味上の誤解のおそれがなければ，一方を省略することも多い。

The *elder and* **the** *younger* son of Mr. Brown *were* there.	ブラウン氏のむすこ兄弟がそこにいた。
You must not do **an** *unjust or* (**an**) *unkind* act.	不当な，あるいは不親切な行いをしてはならない。
I read **the** *first and second* chapter(s).	私は第1章と第2章を読んだ。

研究　**1.** 最初の例でいえば，2つの形容詞が1つの名詞にかかってはいるが，むすこは結局2人である。その点が上の(a)の場合とは違う。

2. 次の例のように，**the** を重ねた場合はあとの名詞が単数になる点に注目せよ。

the first and **the** second *chapter* ＝ **the** first and second *chapter*(s)

the 19 th and **the** 20 th *century* ＝ **the** 19 th and 20 th *century*〔*centuries*〕

参考　上の**研究**2のような場合，the を重ねなければ名詞を複数にする，とはかぎらない。cf. this first and second *evening* (Dreiser). また *a*〔*the*〕red and white rose で「赤いばらと白いばら」の意味に全然使わないわけでもない。さらに，*the* red and white *roses* となれば，赤白まだらのばら数輪とも，赤ばら・白ばら各数輪ともとれる。この問題では，結局，前後関係に注意するのが最良の策である。

Ⅱ. 冠詞が省略される場合

冠詞は，次の場合には，つねに，または，しばしば省略される。

(1) 次のような語がつく場合(p.125,「不定代名詞と冠詞」参照)

this, that, each, every, one, some, any, no, either, neither, what 《疑問詞》, which, my, your, etc.

this dog（この犬）　　　　　　**every** boy（すべての少年）
my desk（私の机）

研究 **1.** 代名詞ではないが，**next, last** がついて，現在を基準に *last* week（先週〔に〕），*next* month（来月〔に〕）などというときも冠詞は略される。しかし現在以外を基準にして「その翌日」などというときは，通常 the がつく。

2. 名詞の所有格が前についている名詞も冠詞をとらない。my father's *house*（私の父の家），the man's *book*（その人の本）

(2) 呼びかけのとき

| May I come in, **doctor**? | 先生，はいってもいいですか。 |
| Come here, **young man**! | ここへ来たまえ，きみ。 |

(3) 食事名・病名・スポーツ名・四季名はしばしば無冠詞で用いる。

He went home for **supper**.	彼は夕食をしに家に帰った。
He is suffering from **influenza**.	彼は流感にかかっている。
We played **baseball**.	われわれは野球をした。
Spring has come.	春が来た。

研究 **1.** これらの語も，特定のものをさしていう場合には the をつける。また headache など -ache に終わる病名には a がつくのがつねである。

2. part も，しばしば a を略して，**part of ~**（~の一部分）と用いる。

(4) 官職・称号・血族関係を表す語が，①固有名詞の前におかれたとき，②固有名詞と同格におかれたとき，③補語に用いられたとき。

① **King** John（ジョン王）　　　**Lord** Byron（バイロン卿）
　 Judge Gray（グレー判事）　 **Professor** Pyles（パイルズ教授）

② Victoria, **Queen** of England（イギリス女王ビクトリア）
　 Dr. Brown, **chairman** of the committee（委員長ブラウン博士）
　 John Webbs, **son** of George Webbs
　（G.ウェブズの子息J.ウェブズ）

③ He was **Prime Minister** at that time.

彼はその当時首相であった。

They elected him **President** of the United States.

彼は合衆国大統領に選ばれた。

He was appointed **principal** of the school.

彼はその学校の校長に任命された。

研究　②，③については例外も少なくない。通常あとに of, to などが続いて意味が限定されているときに冠詞が略されるので，単独ならば冠詞のあることが多い。また，その官職・身分にある人がほかに何人もいる場合は，a のつくことが多い。(例) He is *an M.P.*（彼は国会議員だ）そうでないときも，しばしば the がつく。

参考　1. ①の場合でも英米以外の国の称号は the がつく。（例）*the Tsar* Alexander Ⅱ（ロシア皇帝アレキサンダー2世）また，Reverend《牧師の名につける敬称》のように，時おり the のつくものもある。

2. 貴族の称号の Sir は，直接その人の姓にはつけず，名だけか，または「名＋姓」につける。だから，Winston Churchill は Sir Winston (Churchill)で，Sir Churchill とはしない。

(5) その他の普通名詞も，**補語**や**同格**に用いられると無冠詞になることがある。

He turned **traitor**.

彼は裏切り者になった。

I am **friend** to you.

ぼくはきみの友人だ。

He is less (a) **statesman** than (a) **scholar**.

彼は政治家というよりむしろ学者だ。

O'Hara, **writer** of plays, was invited, too.

劇作家オハラも招待された。

研究　enough の前の名詞の冠詞が略されるのも，この場合の一例である。

He was **man** *enough* to face it.　｜　彼は男らしくもそれと対決した。

(6) 資格を表す as（～として）のあとの名詞も無冠詞になることがある。これと類語の **by way of** ～などの場合も同様である。

He entered the bank **as** *manager*.

彼は支配人としてその銀行にはいった。

I used it **by way of** *sign*.

私はそれを看板に使った。

参考　(4)～(6)の用法では，名詞は一個の人間としてよりは，むしろその性質・働き・資格などに重きをおいて見られるため，抽象名詞に接近し，したがって冠詞が落ちるのだと説明できよう。

(7) 特定の譲歩《～けれども》の構文で(p. 597，p. 619の各 **研 究** 2
参照)

Hero *as* (= though) he was, he wept at the news.	英雄ではあったが，彼はその知らせを聞いて泣いた。

(8) 動詞に追加して，そのときの状況・態度などを付随的に説明する文句の中では，しばしば冠詞が省略される。

He was walking **with lowered head**.	彼は首をたれて歩いていた。
He stood, **pipe in mouth**, at the foot of the stairs.	彼はパイプをくわえたまま階段の下のところに立った。

《注意》 後者の構文については，p. 613を参照せよ。

(9) of の次の名詞も冠詞が省略されることがときどきある。(p. 36
(5)(a)も参照)

in the cold light **of** *morning* (朝の冷たい光の中で)

at this time **of** *day* (1日のうちの今ごろ)

the soiled flap **of** *envelope* (封筒のよごれたたれぶた)

a stretch **of** *main road* (まっすぐ伸びる幹線道路)

a long curve **of** *beach* (カーブをなした長い砂浜)

a cloudless dome **of** *sky* (雲一つない丸屋根のような空)

(10) 2つの名詞が対照的に並んで用いられている場合も，冠詞はしばしば省略される。

man and **wife** (夫婦)	**day** and **night** (日夜，昼も夜も)
from **morning** till **night** (朝から晩まで)	**bow** and **arrow** (弓矢)
day after **day** (毎日毎日)	from **town** to **town** (町から町へ)
The warm nights of summer he spent in **field** or **wood**.	暖かい夏の夜は，彼は野原や森で過ごした。
I could not tell where **cloud** ended and **sea** began.	どこまでが雲でどこからが海なのか，私にはわからなかった。

(11) 「前置詞＋名詞」の名詞が，具体的なものでなくて，そのものの機能など，抽象的な意味で用いられている場合も通常無冠詞になる。

go *to* **school** (学校に行く)	go *to* **church** (教会に行く)
be *at* **table** (食事中である)	send *to* **prison** (投獄する)
be *in* **hospital** (入院中である)	be *at* **sea** (航海中である)

研究　**1.** 建物だけを考えて「学校〔教会・刑務所〕のところまで行く」のならば the がつく。「勉強〔礼拝・刑期をつとめること〕のために行く」という意味を含めていう場合に冠詞が省略されるのがふつう。しかしその意味のときでも the のつく例もあるという。

　　2. school は *School* is over.（学校〔授業〕が終わった）のように単独でも無冠詞で用いられる。また，town は無冠詞で用いることが多くなっている。

(12) その他，成句の場合

by train（列車で）　　　on foot（徒歩で）　　　at hand（手近に）
in bed（就寝中）　　　take place（起こる）　set sail（出港する）
cast anchor（投錨する）at least（少なくとも）at first（最初は）
under way（進行中で）　for example（たとえば），etc.

《注意》(10)の一部と(11)の言い方を成句の中に含めることもできる。

参考　**1.** 成句またはそれに準ずる言い方の中には，次のように，冠詞を入れたり入れなかったり一定していないものもある。

　　at this time of (the) year（1年のうちの今ごろに）
　　in (the) course of ～（～の進行中に）　in (the) place of ～（～のかわりに）
　　in (the) hope of ～（～を望んで）　　　in (the) face of ～（～に直面して）
　　look out of (the) window（窓外を見る）in (the) near future（近い将来に）
　　これらのほかにも，冠詞の用法・省略には，個人差による面もあることを承知しておくことが必要である。

　　2. ever, never の次の名詞は冠詞を略すことがある。《文語的な表現》

Never *master* had a more faith-　｜　これほど忠実な召使を持った主人はな
　ful servant.　　　　　　　　　　　｜　　かった。

そのほか，the Japanese for *"boy"*（boy に当たる日本語）のように，**単にことばとして用いたとき**，本などの**題名**，簡潔を旨とする**掲示**などで冠詞が通常略されることは，改めていうまでもなかろう。また，会話などでは，*Fact* is ～（実は～）のように，**冒頭の語の冠詞が省略される**ことがある。

ま と め 2

Ⅰ 不定冠詞の用法・意味 （普通名詞・集合名詞に用いる）

　1．漠然と「1つの」の意味。〈和訳不要〉　2．「1つの」　3．「ある（1つの）」　4．種類全体をさして。　5．＝ per（～につき）

　6．＝ the same《まれ》

　《例外的な場合》　①**a** great many boy**s** ; **a** hundred year**s** など。　②a＋固有名詞：「～のような人〔もの〕」「～家の人」「～とかいう（名の）人」　③a＋物質名詞・抽象名詞：「一種の」「ある種の」「一回の」「ある分量の」《形容詞がついているとaのつくことが多い》

Ⅱ 定冠詞の用法・意味 （物質名詞・抽象名詞にも用いる）

　1．「今述べたその～」「問題の～」の意味で。　2．状況からわかるものをさして。　3．当事者の間でわかるものをさして。　4．唯一のものをさして。　5．種類全体をさして。　6．「最上の」「典型的な」

　《例外的な場合》　①川・海・船の名称，複数形の固有名詞につける。その他の固有名詞では明確な規則はない。　②「the＋普通名詞＝抽象名詞」の意味のこともある。

Ⅲ 冠詞の位置

　1．「冠詞＋（副詞＋）形容詞＋名詞」がふつうの語順。

　2．all, such など，冠詞の前におかれる語がある。

　3．so, as, too, how は「形容詞＋a＋名詞」の前におく。

Ⅳ 冠詞の反復と省略

　1．「冠詞＋名詞＋and〔or〕＋冠詞＋名詞」では，誤解のおそれがなければ，あとの冠詞は省略することがある。

　2．一組の場合はあとの名詞は無冠詞。(例) a cup and saucer その他，次の場合も通常またはしばしば無冠詞。

　3．称号・官職名(時には普通名詞も)を，補語・同格・as ～（～として)のあと，に用いるとき。

　4．四季・食事・病気・スポーツの名称。　5．対句的な表現。(例) man and wife　6．付帯的状況をいう句で。　7．〈名詞＋as（＝ though)...〉構文で。　8．成句をなす場合。

Exercise 2 解答は p.667

(1) 次の空所に適当な不定冠詞を入れなさい。

1. (　) ear　　2. (　) only child　　3. (　) year
4. (　) hour　　5. (　) young man　　6. (　) university
7. (　) hospital

(2) 次の英文の冠詞の誤りを正しなさい。

1. 森の中に古い小屋があった。
   There was old cottage in the woods.
2. 私はふつう 7 時に朝食をとる。
   I usually take a breakfast at seven.
3. 彼は委員会の議長に任命された。
   He was appointed a chairman of the committee.
4. 彼はその問題について私によいアドバイスをしてくれた。
   He has given me a good advice on the matter.
5. その詩人の書斎には非常にたくさんの書物があった。
   The poet had great many books in his library.
6. その邸宅は石塀で囲まれていた。
   The residence was surrounded with the stone walls.
7. その少年はヨットで太平洋を横断した。
   The boy sailed across Pacific Ocean in an yacht.
8. われわれはその会社の財政状態について信頼できる情報を得た。
   We have gained a reliable information on finances of the company.
9. 彼は朝から晩まで一生懸命に働いた。
   He worked hard from the morning till the night.
10. 先生は自分のクラスの生徒の名前を全部知っている。
    The teacher knows all names of students in his class.

(3) 次の英文の必要な箇所に適当な冠詞を入れなさい。

1. It was such good plan that we decided to adopt it.
2. You don't need to be in hurry to do it.
3. It is too good chance to lose.

4. I was thirsty, so I had glass of beer.
5. What splendid castle it is !
6. He was hurt in right leg.
7 Although he was mere child, he helped to defend his town
8. I have never seen so beautiful sight.
9. It is fact that no one is willing to take care of the children.
10. Fact is that no one is willing to take care of the children.

(4) 次の文の（　）の中に a , the のどちらを入れても文は成り立つが，意味は同じにはならない。その違いをなるべく簡単に書きなさい。

1. Don't go ;（　）train is coming.
2. We got to the town later than we had expected and it was almost nine before we found（　）hotel.
3. A student was standing outside the gate. After a little while （　）student came up to me and asked my name.

(5) 次の英文を和訳しなさい。

1. The dog is a friend to man.
2. The doctor visits the people once a week.
3. The part-time girls are paid by the week.
4. We are all of an age.
5. The number of the dead was nearly one hundred.
6. My wife has not fulfilled her duties as a mother and wife, but she has established herself as a capable businessperson.
7. A bird in the hand is worth two in the bush.
8. The train was running at a rate of a hundred miles an hour.

第**3**章

名詞の数・格・性

英語の名詞には単数・複数という数，主格・所有格
などの格があるが，性では日本語と似ている。

§1　数とは何か

　数(すう)(Number)とは，あるものが1つであるか，2つ以上であるか
の区別を示す語形上の変化をいい，英語には，単数(Singular)と複数
(Plural)の2種類がある。単数形はその名詞の表すものが1つである
ことを，複数形は2つ以上であることを示すのが原則的な用法である。

> 補足　日本語にはこの2つの語形の区別がない。「1人の男」でも「3人の男」でも，
> 「男」という語は変化しない。ただ，「親たち」「山々」「木々」といった複数の
> 言い方もあるという程度である。しかし，英語の名詞は，必ず単数形か複数形
> かのどちらかを用いなければならず，日本語の名詞のようにどっちつかずです
> ませることはできない。

　《注意》複数になるのは，もちろん，可算名詞だけである。ただ，不可算名詞・
固有名詞も，普通名詞化した場合《つまり，不定冠詞をつけることができる用法の
場合》には，いくらも複数にすることができる。

§2　規則的な複数形

　(1)　**-s** を語の終りにつける。《以下にあげる場合のほか，複数形はすべ
てこの方法で作られる》

　　　book － book**s**　　　hand － hand**s**　　　pen － pen**s**

　　　cat － cat**s**　　　bell － bell**s**　　　dog － dog**s**

　(2)　**-s, -x, -sh, -ch, -z** で終わる語，および，**-o** で終わる語の一
部，は **-es** をつける。

class － class**es**　　box － box**es**　　bush － bush**es**

match － match**es**　buzz － buzz**es**　　tomato － tomato**es**

ただし，[k]と発音される **ch** のあとでは，-s だけをつける。

epoch － epoch**s**　　stomach － stomach**s**

研究　-o で終わる語には，-s をつけるもの，-es をつけるもの，どちらでも よいもの，があって一定しないが，次の規則が一応のよりどころになろう。

① 「母音字＋ o」で終わる語には，-s をつける。《例外なし》

studio**s**（スタジオ），bamboo**s**（竹），cuckoo**s**（かっこう鳥），etc.

なお，母音字とは，a, i, u, e, o,（y）のことである。

② ごくふつうに用いられる語なら一般に -es，専門用語などでは通常 -s だけ。

hero**es**, negro**es**, potato**es**, echo**es**（こだま），octavo**s**（八つ折判），

etc.《例外： piano**s**（< pianoforte），photo**s**（< photograph）などの 省略形は -s だけ》

(3)-f, -fe で終わる語は，これらを ve にして -s をつけるものと， 単に -s だけつけるものとがある。

〔-ves〕　leaf － lea**ves**　　knife － kni**ves**　　life － li**ves**

〔-f(e)s〕 dwarf － dwarf**s**　safe（金庫）－ safe**s**　　chief － chief**s**

研究　1. -ves, -fs の使い分け：個々の語について記憶しなければならない が，一般に，① -ief，② -oof，③ -ff(e) で終わる語は-s だけをつけるのが ふつうである。

① bel**iefs**, handkerch**iefs**, gr**iefs**, misch**iefs**《例外： thief － thie**ves**》

② r**oofs**, pr**oofs**, h**oofs**《hoo**ves** もある》

③ blu**ffs**（絶壁），cli**ffs**, gira**ffes**, cu**ffs**, sheri**ffs**, etc.

2. **wharf**（波戸場），**scarf** は -ves, -s どちらも用いられる。**staff** には意 味により，staffs（全職員），staves（つえ）の2つがある。**beef** も通常 beefs （牛肉），beeves（食肉牛）で意味上の区別がある。

(4)「子音字＋ y」は **y** を **i** にかえて-es をつけ，「母音字＋ y」では そのまま -s をつける。《a, i, u, e, o 以外が子音字である》

〔子音字＋ y〕 baby － bab**ies**　　enemy － enem**ies**　　fly － fl**ies**

〔母音字＋ y〕 boy － boy**s**　　　monkey － monkey**s**　　day － day**s**

（**参考**）次の場合は例外である。①**人名**は「子音字＋ y」でも通常 -s だけ。　（例） Mary － Mary**s** ② -quy で終わる語は -quies。（例）soliloquy（ひとり言）－ soliloqu**ies** ③**臨時**に**名詞**に使われた語は -s だけ。（例）many "why**s**" なお，**fly**（馬車の一種）の複 数形は fly**s** である。

§ 3 -s, -es《複数語尾》の発音

(1) 単数形が[p, t, k, f, θ]で終わる語では[s]と発音する。

ho**pes** [houp**s**], boa**ts** [bout**s**], la**kes** [leik**s**], cli**ffs** [klif**s**], mon**ths** [mʌnθ**s**], etc.

研究 「二重母音およびその他の長い母音＋θ」で終わる語：-s をつけると，[-ðz]と発音されるもの，[-θs]と発音されるもの，どちらにも発音されるもの，がある。その間に一定の規則はない。

mou**ths**[mauð**z**], pa**ths**[pɑːð**z** /《米》pæð**z**], ba**ths**[bɑːð**z** /《米》bæð**z**], etc.

grow**ths** [grouθ**s**], fai**ths** [feiθ**s**], hear**ths** [hɑːrθ**s**], etc.

ただし，「**短い母音＋θ**」「**子音＋θ**」のときは，必ず[θs]である。

(2) 有声音《母音および，にごった音》のあとでは[z]と発音する。

be**ds** [bed**z**], da**ys** [dei**z**], na**mes** [neim**z**], hi**lls** [hil**z**], etc.

補足 **1.** 基準は単数形の発音であって，つづりではないことに注意。
2. 有声音とは，アイウエオに類する音，かなで書くと濁点のつく子音，および[l, m, n, w]の総称と思ってよい。簡単なしらべ方は，のどに指を当てて発音してみることで，指に振動が伝われば有声音，伝わらなければ無声音である。

《注意》 -ves は[vz]と発音する。(例) wharves[*hwɔːrvz*]< wharf[*hwɔːrf*]

(3) [s, z, ʃ, ʒ《tʃ, dʒ を含む》]のあとでは[iz]と発音する。

bo**xes**[bɑ́ks**iz**], voi**ces**[vɔ́is**iz**], ro**ses**[róuz**iz**], musta**ches**[məstǽʃ**iz**], mira**ges**[mirɑ́ːʒ**iz**], ma**tches**[mǽtʃ**iz**], bri**dges**[brídʒ**iz**], etc.

補足 単数語尾の発音されない e も，-s がつくと[iz]となる点に注意。

研究 **1. house**[haus]だけは，複数になると[háuziz]と発音される。
2. この[iz]の[i]は，「イ」と「エ」の中間ぐらいに発音するのがよい。

§ 4 不規則な複数形《§ 2 の方法によらないもの》

(1) 単数・複数が同形のもの

① fish(さかな), sheep(ひつじ), deer(しか), salmon(さけ), etc.

② Japanese(日本人), Chinese(中国人), Portuguese(ポルトガル人), etc.

③ pair(1 対(ｿ)), dozen(ダース), score(20), hundred(100),

thousand（1000），etc.

④ means（手段），series（連続），species（種類），etc.

研究 これらの語も個々に記憶しなければならないが，①には，食用とする目的などで漁猟の対象になる鳥・けもの・さかななどの名称が多く含まれる。a deer — two deer などと，複数でも -s をつけない。fish は，いろいろな種類を頭においていうときは fishes という。②は，**-ese で終わる国民名**である。③は，**前に数詞がくるとき単数になるもの**で，単位に関する語である。(例)*six dozen* (of) eggs, *three hundred* men, etc.　ただし，pair は two *pairs* of 〜と複数になることもある。数詞がこないで，ばく然と多数をいうときは，*dozens* 〔*hundreds, thousands*〕of 〜と複数にする。

参考 five *foot* ten（5 フィート10インチ），these *kind* of roses（これらの種類のばら）などの言い方も見かけるが，feet, kinds も用いる。horse（騎兵），foot（歩兵），sail（船〜隻）も　thirty sail（船30隻）などと無変化で複数に用いる。

(2)母音の変化その他によるもの《ごく少数の名詞にかぎられる》

man — m**e**n　　　　woman — wom**e**n　　foot — f**ee**t
mouse — m**ice**　　louse — l**ice**（しらみ）　tooth — t**ee**th
goose — g**ee**se（がちょう）　ox — ox**en**（去勢牛）　child — child**ren**

(3)外国語の複数形がそのまま用いられるもの

多くは専門用語である。ごくふつうのものをあげるにとどめる。

on[ən]→ **a**[ə]：phenomen**on**（現象）— phenomen**a**
　　　　　　　　criteri**on**（基準）— criteri**a**

is[is]→ **es**[iːz]：analys**is**（分析）— analys**es** bas**is**（基底）— bas**es**
　　　　　　　　cris**is**（危機）— cris**es**　　　oas**is**（オアシス）— oas**es**
　　　　　　　　hypothes**is**（仮説）— hypothes**es**

um[əm]→ **a**[ə]：dat**um**（資料）— dat**a**　medi**um**（媒介物）— medi**a**

us[əs]→ **i**[ai]：radi**us**（半径）— radi**i**　fung**us**（きのこ）— fung**i**

eau[ou]→ **eaux**[ouz]：bur**eau**（局）— bur**eaux**

《注意》　このほか，ind**ex** → ind**ices** のような複数形もあるが，以上のうちきわめてよく行われていると思われるのは，on → a, is → es 型である。それ以外は，規則的に -(e)s をつけて複数を作った例もまれではない。

§5　複合語の複数形，その他

(1)ハイフンで結ばれた名詞《複合語》の複数の作り方

① その中の主要な語《通常は名詞》に -s をつける。

② man, woman を含む場合は，これらともう1つの名詞を複数にする。

③ 名詞を含まない複合語は，最後の語に -s をつける。

① father**s**-in-law(義父)，passer**s**-by(通行人)，etc.

② m**e**nservant**s**（下男），wom**e**n-suffragist**s**（婦人参政権論者），etc.

③ forget-me-not**s**（忘れな草），merry-go-round**s**（回転木馬），etc.

(2)文字・数字などの複数形は，**-'s** をつけて作る。**略語**の複数形は，**-s**，または **-'s** をつける。

two **i's**（2つの i），three **7 's**（3つの7），1950**'s**(1950年代)，M. P. **s** 〔M. P. **'s**〕(代議士たち)，Dr**s**.（= Doctors），etc.

《注意》 略語(の最後の文字)を重ねて複数形を作るものもある。(例) p.(= page) → pp.(= pages)；l.(= line)→ ll.(= lines)，etc.

(3)敬称などの複数形

Mr.— **Messrs.**[mésərz]　　Mrs.— **Mmes.**[meidɑ́ːm,**(仏)** madam]

Miss — **Misses**[mísiz]

Messrs. Smith and Brown = Mr. Smith and Mr. Brown

Profs. A and B = Professor A and Professor B

《注意》 **1**. Mmes. はめったに使われない。Messrs. も商業用の手紙などで用いるほかは，比較的まれである。

 2. *Misses* Brown(ブラウン嬢たち)のかわりに，*Miss* Brown*s* ということも，口語にはよくある。

§6　注意すべき複数形

(1) 2種類の複数形をもつ語

brother ： brothers（兄弟），brethren（同胞，同門の信徒）

penny ： pennies《貨幣の数》，pence《金額》

genius ： geniuses（天才），genii [dʒíːniai]（守り神）

《注意》 これらは，語形が違うと意味の相違がある語である。これらのほか，-fs, -ves；-os, -oes のどちらも使える語，外来語の複数形と -s の両方用いる場合，などについてはすでに述べたので省略する。

(参考) **cloth** に対し clothes(衣服)，cloths(布)；**pea** に対し pease, peas の2つの複数形をいう人も多い。語源的にはそうであるが，a clothe などという名詞は存在しないのだから，clothes, pease は単数をもたない別個の語と扱うのが順当と考える。

(2)語尾につねに -s のつく語

(a)互いに類似した2つの部分からなりたつ衣服・器具など

trousers (ズボン)	scissors (はさみ)	spectacles (めがね)
bellows (ふいご)	scales (はかり)	glasses (めがね)
pincers (ペンチ)	tongs (ひばし), etc.	

研究 数え方：これらのものを数えるには，pair を用いて a **pair** of trousers(ズボン1本)，two **pair**(s) of scissors(はさみ2ちょう)のようにいうのがいちばんふつうであるが，a scissors などという例も皆無ではない。

参考 この言い方の類推で，flannels（フランネル製のズボン），dungarees（ダンガリー布製のズボン），jeans(ジーパン)のように，布地の名称を複数にして，それで作ったズボンをいうことがある。

(b)多数の学術名

physics(物理学)　economics(経済学)　mathematics(数学), etc.

(c)一部の物質名詞

riches (富)	savings (貯金)	victuals (食物)
remains (残り)	alms (施しもの), etc.	

《注意》 このような物質名詞については，p.26，(1)，(c)を参照せよ。

(d)その他

billiards (玉突き)	thanks (感謝)	headquarters (司令部)
amends (賠償)	measles (はしか)	news (ニュース)
summons (召喚)	odds (勝ち目)	shambles (と畜場)
links (ゴルフ場)	gallows (絞首台)	tidings (たより), etc.

《注意》 §4，(1)，④にあげた例も参照せよ。

参考 (a)〜(d)の語は，文法書で「つねに複数に用いられる語」としてよく扱われているが，これは誤解を与えやすい言い方である。語源的にはとにかく，単数扱いされるものも多いのである。個々の語が，単数に扱われるか複数に扱われるかは，時代により人により一定してはいない。次に述べることは，だいたいの傾向であって，例外もしばしばあると思わなければならない。

(a)に属するものを数えるには，pair of を用いるのがふつうで，pair の前の数詞に従って単数または複数に扱う。pair of がついていないときは，単数にも複数にも扱われて一定していない。しかし，直接不定冠詞がつけば単数扱いである。bellows はしばしば a bellows という。

(b)の語は，多くの場合，単数扱いであるが，時に例外もある。

(c)では，riches は複数扱い，alms は単複同形で単数にも複数にも扱われる。remains もまず複数扱い，その他は一定していない。

(d)では，odds, tidings は通常複数扱い，thanks もだいたいそうである。headquarters はどちらの扱いもする。それ以外はつねに単数扱いである。

　単数扱いといっても，不可算名詞《physics, billiards, news, etc.》ならば，a はつかない。可算名詞ならば，もちろん，a がつく。複数形は，summonses, gallowses のような例は見ることもあるが，一般に -s のあとにさらに-es をつけた複数形を用いることはないといってよい。

(3) 複数形が単数形にはない新しい意味をもつ名詞

	〔単　数〕	〔複　数〕		〔単　数〕	〔複　数〕
air	空気	気どり	letter	文字	文学,学問
arm	腕	武器	manner	態度,方法	行儀作法
bearing	関係,態度	方角,位置	pain	苦痛	ほねおり
color	色	軍旗	part	部分	才能
content	満足	内容	premise	前提	屋敷,構内
custom	習慣	関税	quarter	4分の1	宿所,地区
drawer	引出し	パンツ	regard	敬意	よろしくと
feature	特徴	顔			のあいさつ
force	力	軍隊	sand	砂	砂原
good	善，利益	貨物，商品	work	仕事	工場

《注意》　(2)，(a)の glasses, spectacles も同類。また，p.60 の「a＋抽象名詞」の複数形も，もとの抽象名詞とは異なった意味をもつことになる。

研究　これらの語も，複数になった場合に，単数形のときの意味をすべて失ってしまうというわけではないのである《air, good などは例外》。たとえば，colors, pains が「種々の色〔苦痛〕」の意味で用いられている場合はいくらもある。

参考　**1**. cards（トランプ），marbles（おはじき）のように，ゲームで用いられる道具を複数形にすると，そのゲームそのものをさすことが多い。これも上記のような名詞の一例といえる。
　2. 上記の意味に用いられた複数形が主語の場合，動詞は複数にすると思ってよい。ただ，works は，英国では単数扱いで，a もよくつく《米国では通常複数扱い》。quarters, arms は単数扱いの実例もある。

(4) しばしば複数形で用いられる語

われわれには，とくに「2つ以上」という感じがしないのに，しばしば複数で用いる名詞がある。

I'll dash out his **brains**.	あいつの脳天をぶちわってやる。
I don't like the **look(s)** of things.	様子がどうもおもしろくない。
It lives in the **tropics**.	それは熱帯地方に住んでいる。

He went on through the **wood**(**s**).┊彼は森をぬけて進みつづけた。

研究 1. **brain** は単数・複数どちらも意味に大差なく用いることが多い。**eye, ear** は「視力」「聴力」の意味ではよく複数にする。**bowels**（腸），**entrails**（はらわた）は通常複数である。

2. **nerve**（神経）は，平静でない状態の神経をいうときは，通常複数になる。

3. tropics 以外にも，ある「地域」をいう語はよく複数になる。**suburbs**（郊外），**environs**（周辺，近郊），**borders**（国境地帯），**depths**（奥深いところ），**recesses**（奥まった場所），などがその例といえる。

4. **woods** は，いくつかの森ばかりでなく，1つの森をいうのにも用いられる。米語ではむしろ複数形のほうがふつうである。また，a woods も見られる。

§7 複数名詞が他の名詞を修飾する場合

一般に，語尾の -s を落として形容詞的に用いるのがふつうである，といわれている。

custom house（税関）　　**billiard** table（玉突き台）
five-**year**-old boy（＝ boy of five *years*）（5歳の少年）

しかし，例外は多く，ことに§6のような語の場合にそうである。

goods train（貨物列車）　　**gallows** rope（絞首刑用のなわ）
the new **headquarters** seat（新しい司令部所在地）
the United **States** Government（合衆国政府）
plains Indians（平原地帯に住むアメリカ先住民たち）

参考 customs house もいう。five *years* old boy ということはきわめてまれだが，実例がないわけではない。近ごろとくに米語では，複数形のままで修飾語に用いるほうがむしろ多いようである。

§8 複数の特殊な用法

2つ以上のものをいうのに用いるのが基本的用法であることは，すでに§1で述べた《a boy － *two* boys》。ここで扱うのは，それ以外の用法である。

(1) その種類に属するもの全体を表す

① **Owls** cannot see well in the daytime.┊ふくろうは日中よく目が見えない。

② I like **horses**.　　　　　　　　私は馬が好きだ。

研究　**1**.「(不)定冠詞＋単数形」にも同じ用法があった（pp.44 , 48）。両者はどちらも用いうる場合（上例①）もあるが，そうでない場合（上例②）もある。「a〔the〕＋単数」では場合によって「(ある)1つの」「特定の」の意味に誤解されるおそれもあるから，②では複数形で全体を表すのが適当といえよう。

　2. 無冠詞の複数形が①のように用いられているのかどうかは，文の意味や前後関係から判断しなければならない。

　　　She bought *apples*, not *grapes*.

　　　（彼女はリンゴを買ったんだ。ブドウじゃない）

では①の用法ではなくて，apple という名の果物をいくつか買った，の意味なのは常識でわかる。無冠詞複数はむしろこのような用い方のほうが多い。

（**参考**）　次の例のように，1つのものが話題に出たあとで，さらに話を進めてそういうもの全体について述べるときは，複数形を用いるのがふつうである。

　　He was *a young prince* of great　　若い王子というものはよくそうだが，
　　promise, as *young princes* often　　彼は非常に前途有望な若い王子であ
　　are.　　　　　　　　　　　　　　った。

(2)強めの気持で用いられる場合

分量・大きさなどが非常に大きいという気持，その他多少とも意味を強めるために，複数形が用いられることがある。

　　I did not respect his **wish-**　　　私は彼の希望を尊重しなかった。
　　es.

　　The ship was sailing across　　船は海の上を走っていた。
　　the **waters**.

　　Don't waste your **energies**　　そんなことにきみの精力を浪費す
　　upon such a thing.　　　　　　るな。

《**注意**》 同様に，**fears, hopes, joys, skies, heavens, fires** など，類例は少なくない。このように用いられるのは，主として物質名詞・抽象名詞である。

(3)つねに複数形を用いる成句

たとえ動詞の主語・目的語が単数でも，次のような成句の中では複数形が用いられる。

　　be〔make〕**friends** with ～（～と友人である〔になる〕）

　　call ～ **names**（～をののしる，～に悪態をつく）

　　shake **hands** with ～（～と握手する）

　　be on ～ **terms** with …（…と～《良好な，など》の間がらである）

　　take **turns**（交代でする）

throw ～ to the **winds**（～《思慮分別など》を捨て去る）

《注意》 take to one's *heels*（逃げ去る），get to one's *feet*（立ち上がる）
など，本来2つあるものの場合に複数形が用いられるのはいうまでもない。

§9　一見不合理な単数・複数の組合せ

(1)each の意味を含めて考えるべき場合

We talked over **a cup** of tea.	お茶を飲みながら話した。
The little **villas** were all built alike, with **a balcony** in front.	それらの小さな別荘は，みな同じような建て方で，前にバルコニーがついていた。

補足　「われわれ全体」に対して「お茶1杯だけ」ではない。もちろん各人に1杯ずつなのである。第2の例も同様。これらは常識的に判断すべきである。幸いにして日本語は，単数形・複数形の区別がないから，訳文を作る上ではほとんど問題にならない。

研究　**1.** **人間のからだの一部分**をいう語の場合は，They shook their *heads*.（彼らは首を振った）のように，2人以上なら複数形にするのが現在はふつうである。しかし，少し古い英語では，これらが単数形のこともある。現在でも，目・手足のように2つあるものは，All my brothers lost *an arm*.（私の兄弟はみんな片腕を失った）のように単数になる。arms では「両腕」と誤解されるから。

2.「**交換**」をいうときは必ず複数にする。（例）change *trains*（列車を乗りかえる），exchange *seats* with him（彼と席をかわる）

3. 名詞の性質により**単数形をもっぱら用いる場合**もある。

The *visitors* always took *their* **breakfast** there.	客たちはいつもそこで朝食をとった。

(2)集合的・総称的に用いられる単数形の場合

I saw **the top** of the *clouds* 〔*trees*〕 far below.	はるか下のほうに雲の上部〔木々のこずえ〕が見えた。
They devoted *their* **life** to the work.	彼らはその仕事に生涯をささげた。
They rested under the **shade** of the old *trees*.	彼らは老木の木陰にはいって休息をした。

《注意》 **1.** 個々の雲を考えて，その上部というつもりなら，もちろん tops とすることも可能。だが，そこまで個別的に意識せずに，全体を単数でいうこと

もできるのである。このような用法が可能か否かは，それぞれの名詞の意味・用法による。上例の shade などは，まず複数形にはしない。

2. life は，個人個人それぞれの生活をいうのなら複数にするが，上例のように，共同の，または，共通する面をもつ生活なら，単数形にすることが多い。なお，上例のような位置に抽象名詞が用いられれば，もちろん，単数形である。

(3)含まれている個々のものの意識がとぼしい複数

He lives in the **mountains**.	彼は山の中に住んでいる。
They found *him* dead and cast in the **streets**.	彼が死んで通りに捨てられているのが見つかった。
The *hotel* stands on the **shores** of the lake.	そのホテルは湖のほとりに立っている。

補足 he《1人の男》が，mountains《複数》の中に住むというのは，理屈からいえば，たしかにおかしい。他の例にも同様のことがいえる。この場合の複数は，1つ1つの山・通りの意識はとぼしく，いくつかの山・通りを含む地域全体をひとまとめに考えているので，「山岳地帯」「戸外」などというのに等しい意味なのである。この場合の複数は，§6，(4)；§8，(2)の場合に類似している。上例の shores などはそれである。

参考 主語が複数だから補語なども複数でなければならない，ということはない。

Our *children* are **a grief**.	われわれの子どもは悲しみの種です。
He fancied *the sea* to be green **fields**.	彼は海を緑の野と思った。
I am all the **daughters** that you have.	あなたの娘はこの私だけです。《シェイクスピアからの例。現在ではいわない》

§ 10   格とは何か

文中で(代)名詞が他の語に対して有する関係が**格**(Case)である。英語の格には，通常次の3種類が認められている。

① 主格（Nominative Case）
② 目的格（Objective Case）
③ 所有格（Possessive Case）

補足 日本語では，動詞の表す動作をするものには「は」「が」，動作を受けるものには「を」などの助詞が加わって，語と語の関係を示している。英語には助詞はないが，文中の名詞と動詞の間に同様の関係は存在する。格とは，だいたいこのような関係を問題にするものと思ってよい。

《注意》 名詞では，主格と目的格はいつも同じ語形である。したがって，両者を識別するには，文の意味，文中におけるその名詞の位置など，による以外に方法はない。

（参考） 主格と目的格を合わせて**通格**(Common Case)と呼ぶ人もある。目的格を**与格**(Dative Case)（「～に」の意味）と**対格**(Accusative Case)（「～を」の意味）に分けることもある。所有格は**属格**(Genitive Case)と呼ばれることも多い。

§11 主格の用いられる場合

日本語に訳すとふつう「は」「が」という助詞がつく名詞の格が**主格**である。主格は次の場合に用いられる。
① 文の主語（Subject）（p.19参照）
② 主格補語（Subjective Complement）（p.209 参照）
③ 呼びかけの場合（p.19参照）
④ 分詞構文の意味上の主語（p.420 参照）

§12 目的格の用いられる場合

日本語に訳した場合，「を」「に」などの助詞がつく名詞の格が，ふつう，**目的格**である。目的格は次のようなときに用いられる。
① 他動詞の目的語(Object)（p.207 参照）
② 目的格補語(Objective Complement)（p.209 参照）
③ 前置詞の目的語
《注意》 **1.** 前置詞の目的語とは，前置詞のあとにおかれ，意味上それと直結する語のことで，He is in the *room*. の room などがそれである。

2. worth（～の価値のある）など，形容詞の中には目的語をとるものが少数ある。そのときの目的語の格も目的格である。《この worth を前置詞と考える人もある》

3. 目的格は，目的語になるばかりでなく，不定詞・動名詞などの意味上の主語であることも多い。

4. **同格**(Apposition)というのは，2つの名詞またはそれと同等のものが並んでいて，一方が他方の説明になっているような場合であって，ここでいう格には含まれない。主格と同格の名詞なら主格，目的格と同格の名詞は目的格である。

（参考） 以上のほか，one day（ある日），all day long（1日じゅう）などのように，

前置詞を伴わず副詞句に用いられている名詞は目的格であって，**副詞的目的格** (Adverbial Objective) と呼ばれる。これらは，副詞句 (p.611) の項で扱う。また，His hair is a light *brown*. などの文で，補語の働きをしながら純粋の補語とはやや性格を異にする名詞も目的格であって，**記述の目的格**(Objective of Description)と呼ばれる。これについては，p.209 以下の補語の項を参照せよ。

§13 所有格の作り方，発音

(1)名詞の語尾に **-'s** をつけて作るのが原則である。この -'s は，前が無声音なら[s]，有声音なら[z]，[s, z, ʃ, ʒ《tʃ, dʒ を含む》]なら[iz]，と発音される。

> wi**fe's**[waifs]   servan**t's**[sə́ːrvənts]   lad**y's** [léidiz]
> chil**d's**[tʃaildz]   hoste**ss's**[hóustisiz]   Geor**ge's** [dʒɔ́ːrdʒiz], etc.

> |補足| -'s の発音の仕方は，複数のときの- (e)s とまったく同じである。つづりの上での相違点は，①「子音字＋ **y**」や -f(**e**) で終わる語でも単に **-'s** をつけるだけで，②**-es** という語尾は絶対に用いない，の２点である。複数形の作り方・発音とよく比較して，知識を正確にしておきたいものである。

(2)**-s** で終わる複数名詞には(')(**Apostrophe**)だけをつける。発音する上で，この(')を無視することは(1)の場合と同じである。

> servant**s'**[sə́ːrvənts]   ladie**s'**[léidiz]   wive**s'**[waivz]
> hostesse**s'**[hóustisiz]

> |補足| したがって，発音の上からでは，複数形・単数の所有格・複数の所有格は，大部分の語の場合には区別がつかない。

研究 複数形でも -s をとらない語《不規則な複数形》では -'s をつける。だから，これらの語の場合には，上記の３つの語形を発音上区別できる。

> cf. children, child's, children's ; women, woman's, women's

(3)**-s, -x (-z)で終わる固有名詞**では -'s を用いるときと(')だけのときとあって一定していない。この -'s の発音の仕方は(1)の場合と同じである。(')は一般に，これのないときの発音と同じであるが，場合により，誤解を避けるため[iz]と読むこともある。

研究 1. for *goodness'*〔*conscience'*〕 sake(どうか後生だから)のように sake の前の抽象名詞が[s]の音で終わるときも(')のみをつける。ときにはそれもつけない例もある。

2. 現在の英語では，ギリシア・ローマ時代の人名以外は，-s で終わってい

てもさらに -'s をつけるほうがふつうのようである。

§14 -'s〔-s'〕で所有格を作れる語の範囲

(1) -'s で所有格を作れる名詞は，主として**人間**《まれにその他の動物》を表す語である。無生物を表す名詞に -'s をつけることは，原則としてできない。

　　a man**'s** legs〔正〕　　　　a chair**'s** legs〔誤〕
　　a lion**'s** share〔正〕（[イソップ物語の]ライオンの分けまえ；うまい汁）

(2)**無生物**でも次の場合には -'s をとることができる。

① **擬人化**または**習慣的用法**：the **sun's** rays（日の光），a **needle's** eye（針の目），etc.

② **時間・距離・重量・金額**に関する語：**today's** paper（きょうの新聞），at a **stone's** throw（石を投げてとどく程度のところに），a **shilling's** worth of tobacco（1シリング分のタバコ），etc.

③ **end, sake** などを含む**慣用句**：at one's **wit's**〔**wits'**〕end（途方にくれて），for **mercy's** sake（後生だから），etc.

研究　**1.** **詩**などの文学作品や**新聞**などでは，諸種の必要上，以上のほかにも，-'s で所有格を作ることがしばしばある。最近では，しかし，それだけにとどまらず，一般にも the book's cover（本の表紙），the train's arrival（列車の到着），the table's corner（テーブルの角(かど)），science's influence（科学の影響力）など，無生物に -'s をつけた所有格が増加してきている。

2. ②の場合はかなり広く -'s が行われているが，①，③の場合は型の定まった言い方にかぎると思うのが安全である。作文などで，われわれが勝手に類推して -'s を用いるのは危険である。

3. 時間・距離などに関する語がそのあとの名詞を修飾するとき，必ず -'s が用いられるというわけではない。a *three miles'* drive（3マイルのドライブ）のほか，a *three miles* drive, a *three-mile* drive ともいう。（§7参照）

§15 of を用いた所有格

所有格の意味を表すのに「of＋名詞」がよく用いられる。ことに無生物を表す名詞では，§14の場合以外にはまずこれを用いなければならない。しかし，無生物でなくても，of は頻繁に用いられる。

the legs **of a chair**〔正〕　the legs **of a man**〔正〕
the father **of the boy** = the **boy's** father

《注意》　ほかに，名詞を形容詞に用いて（p.19，⑨）所有格とほぼ同じ意味になることがあるから，たとえば「教会の屋根」というには，次の3つの言い方が可能である。the roof *of the church*；the *church's* roof；the *church* roof. なお，所有格ではないが，the key *to* the door（ドアの鍵），the belt *to* the dress（その服のベルト）のように，to で所有格と同等の意味を表せる言い方もある。

§16　-'s 所有格の表す意味

所有格は，その名称どおりの所有の意味のみならず，以下のような種々の意味を表すが，日本語の「の」にも同様の意味を表す働きがあるから，和訳する上では「の」と訳してすむことが多い。

(**1**)広い意味での所有・所属などの関係を表す。
Tom's book（トムの本）　　　my **son's** teacher（むすこの先生）
the **world's** history（世界の歴史），etc.

研究　-'s は単に「持っている」の意味だけではない。Tom's book は「トムが読んでいる本」かもしれないし，Bob's train は「ボブが運転する列車」「ボブが乗る予定の〔乗ってくる〕列車」などの意味にもなる。前後関係に注意することが必要。

(**2**)著者・発明者などの関係を表す。《起源の所有格といわれる》
Hardy's novels（ハーディの小説）
his **Majesty's** command（陛下の命令）

(**3**)目的《ための》の意味を表す。
men's hats（男の帽子）　　　**children's** books（子ども〔向き〕の本）

研究　1. (3)の用法は，(1)の用法の中に含まれるともいえる。文中の前後関係により，(3)は「男〔子ども〕たちの持っている帽子〔本〕」の意味にもなる。
　2. この用法の -'s をいいかえるには，of ではなくて「for＋名詞」を用いなければならない：hats *for men*；books *for children*.
　3. (3)の用法では，所有格とあとの名詞の間に形容詞などを入れることはない《それ以外の用法ならば my son's *good* teacher などといえる》。形容詞がぜひ必要ならば，上記2の for を用いる方法でいう。また，所有格の前にある

冠詞などは,その所有格にかかるのではなくて,そのあとにくる名詞にかかる。

    the child's book（子ども向きの<u>その</u>本）

    cf. *the child's* teacher（<u>その子</u>の先生）《(1)の用法》

    もちろん, **研究** 1で述べたように,「その子どもの持っている本」と the が child にかかる場合もあるが, そのときは(1)の用法になる。

(4) 主語の関係を表す。

    his **father's** absence（彼の父の留守→彼の父<u>が</u>いないこと）

    the **lady's** arrival（その婦人の到着→その婦人<u>が</u>到着したこと）

(5) 目的語の関係を表す。

    his **son's** education（彼のむすこの教育→彼のむすこ<u>を</u>教育すること）

    the **boy's** murderer（少年の殺害者→その少年<u>を</u>殺した者）

《注意》(4), (5)については, p.35以下を十分参照せよ。そこの用例の所有格は代名詞が多いが, 名詞の所有格におきかえても同じことである。

研究 **1.** 主語関係のときは, あとに続く名詞は自動詞・形容詞《(4)の場合は, absent, arrive 》からきた抽象名詞であることが多く, 目的語関係では, 他動詞《(5)の場合は educate, murder 》からきた名詞・行為者を表す名詞であるのがふつうであるが, しかし例外もある。(p.36以下参照)

2. (4), (5)は of を用いて the absence *of* his father ; the education *of* his son と書き直すこともできる。ことに, 目的語関係の場合は of を用いるほうがはるかにふつうである。主語関係は, 他動詞からきた名詞のときは, by で示されることも多い。(例) the discovery *by the doctor* = the *doctor's* discovery. ただし, 後者は目的語関係ともとれてまぎらわしいこともある。

§ 17 -'s 所有格と of 所有格の相違点

どちらも同じように用いることができる場合も少なくないが, 一方, 次のような用法上の相違もある。

(1) -'s は所有・所属を表すのに用いることが圧倒的に多いが, **of** はそれ以外に, ①部分, ②材料, ③同格, などの意味にもよく用いる。

    ① two **of** *the students*（その学生〔のうち〕の2人）, the King **of** *Kings*（王の王）《神；キリストのこと》, etc.

    ② a house **of** *stone*（石の家）, a herd **of** *cattle*（牛の群れ）, etc.

    ③ The City **of** *Tokyo*（東京のまち＝東京<u>という</u>まち）, etc.

研究 **1.** これらの場合に the students' two などとはいえない。

2. 話し手にとって関係の深い人などの場合，-'s を用いるほうがふつうである。

my brother**'s** shirt（兄〔弟〕のシャツ）

Tom**'s**〔the lady**'s**〕car（トム〔その夫人〕の車）

Mary**'s** school（メアリーの学校）　　mother**'s** shoes（母の靴）

これらを the car of Tom などのようにいうのはおかしい。しかし，修飾語句がつけば the car of the boy next door（隣の家の少年の車）のように of を用いる。

また，上例のように所属・所有するものが具体的なもののときは -'s，抽象的・比喩的なものであれば of ～ がふつうという人もある。

(2) -'s を重ねて用いることは一般に避けられるが，of をいくつか重ねて用いることはふつうに行われる。

the chair **of** the teacher **of** the child
the chair **of** the **child's** teacher
}（その子どもの先生のいす）

研究 **1.** the *child's teacher's* chair とはあまりいわない。

2. 主語関係と目的語関係を表す2つの所有格がいっしょに用いられるときも同じことが起こるが，その場合は目的語関係は of で示す。

the policeman's treatment *of the boy*（その警官の少年の扱い方）

(3) 本来の名詞ではない語が名詞に用いられても -'s はつけない。

the life **of** *the poor*（貧しい人々の生活）

(4) 次のように -'s 所有格と of 所有格では意味が違う場合もある。

{ ① *Mr. A*'s picture　　　（A氏所有の絵〔写真〕）《時に＝②》
　② a picture **of** *Mr. A*　（A氏を描い〔写し〕た絵〔写真〕）

{ ① the **King's** English　（純正英語）
　② the English **of** *the King*（国王の話す〔書く〕英語）

{ ① **Nelson's** life　　　（ネルソンの生涯）
　② the life **of** *Nelson*　（＝①，または「ネルソンの伝記」）

{ ① the **world's** end　　（世界のはて，地のはて）
　② the end **of** *the world*（世界の終り，世の終り）

§18　やや特殊な所有格

(1)「語群＋-'s」の場合

意味上密接に結びついた語群の末尾に -'s をつけて，語群全体を所

有格にすることがある。これを**群所有格**(Group Possessive)という。

① **the King of England's** palace（イギリス国王の宮殿）

② **Tom and Dick's** room（トムとディック〔共用〕のへや）

③ **my friend Brown's** book（友人のブラウンの本）

④ in **a year or two's** time（1, 2年たつと）

> 補足 上例では，-'s は太字の部分全体を所有格にしている。だから，England's palace の国王とか，「トム」および「ディックのへや」の意味ではない。

研究 1. 上例に対し，*Tom's and Dick's* room は2人別々のへやを意味するのがふつうであるが，共用を意味するときもあるから，前後関係に注意しなければならない。ただ，別々のへやを意味する場合は rooms と複数にするほうがよい。

2. 代名詞でも **each other's**（お互いの），**somebody else's**（だれかほかの人の）のような群所有格が用いられる。

3. 同格の場合は，短ければ③のように -'s 所有格を作れるが，あまり長いときは of を用いる。また，the men present(列席の人びと)のように，**形容詞があとにきているときも of** を用いなければならない。

(2)単独で用いられる所有格

所有格は，それの修飾する名詞がすぐあとにくるのがふつうであるが，時によってそういう名詞がないことがある。これは**独立所有格〔遊離所有格〕**(Absolute Possessive)と呼ばれる。

(a)その前かあとに出ている名詞が重複を避けるため省略される場合

These books are his **uncle's** (= uncle's books).	これらの本は彼のおじさんの(本)だ。
She put her arm through her **mother's**.	彼女は自分の腕を母の(腕)に通した。
Peggy's was a miserable life.	ペギーの(生活)はみじめな生活であった。

(b)家・店などの語は前後にその語がなくても習慣上省略される。

①I stayed at my **uncle's** (house).	ぼくはおじさんのところに泊まっていた。
②There was a **tobacconist's** (shop) at the corner.	かどにタバコ屋があった。

研究 1. ①のように**血縁関係**を表す語の場合は，必ず前置詞を伴って用い，

②のように主語や他動詞の目的語として用いることはできない。

 2. その他, **the dentist's** (office)（歯科医）, **St. Paul's** (Cathedral)
（セントポール寺院）, **St. Luke's** (Hospital)（聖路加病院）など, 類例も少
なくない。

参考 **1**. 同格名詞のあるときは, Where is Brown〔Brown's〕the tobacconist's ?
（タバコ屋のブラウンの店はどこだ）となる。

 2. dentist's, tobacconist's のように, -'s をつけると語尾が〔sts〕となる語の場合
は, 発音しにくいため, -'s をつけずに単に dentist などとすることもある。

(3)「of ＋-'s の所有格」の場合

人間《まれに他の動物》を表す名詞の独立所有格が of のあとにおかれ
る場合で, **二重所有格**(Double Possessive)と呼ばれる。

That is a book **of my broth-er's**.	あれは私の兄〔弟〕の本だ。
I am studying English with some friends **of Mary's**.	私はメアリーの友人数人といっしょに英語を勉強している。
It was no fault **of the doc-tor's**.	それは医師の過失ではなかった。
That son **of my neighbor's** ruined my roses.	隣りの家のあのむすこが, うちのバラを台なしにした。

《注意》 **1**. この構文は文法的にまだ満足すべき解明がなされていないが, ま
ず次のように考えてよかろう。たとえば, Jim's friend のように所有格を前に
おくと, ちょうど定冠詞をつけたと同じように, 聞き手にわかっているはずの
ある特定の友人をいうことになる。これに対し, ジムのある友人《聞き手が知
らない不特定の1人の友人》をいうためにa friend *of Jim's* を用いるのだと。
いいかえれば, Jim's a friend とはいえないから, この言い方が用いられるわ
けである。a 以外に some, no, that がついている場合も同じことがいえる。

 2. of に続く所有格は, 特定化された, 人を表す語《the, my などがつくも
の, 固有名詞など》でなければならない。したがって, a book of *a* student's
などは不可。

研究 **1**. of の前の名詞に the をつけることは, 現在の英語ではしない。

 2. of の前の名詞に不定冠詞がついていれば, 「～のうちの1つ」という「部
分」の意味 (p.86, §17, (1), ①) が多少とも含まれる。しかし, some, no,
that, this などがついている場合は, この「部分」の意味はない。

 3. a friend of Tom's と one of Tom's friends は結局同じことだが, 前者

では Tom の友人は1人だけか，またはそれ以上ということになる。後者では当然2人かそれ以上である。

4. of の次の名詞に修飾語句が加わって長い場合，-'s はつけない。

5. of の前の名詞に that, this がついたときは，軽べつなど《時にはそれ以外》の感情が含まれていることが多い。(p.113，(2)参照)

6. 二重所有格はもっぱら所有・所属関係・主語関係(§16参照)を表し，目的語関係を表すことはない。そこから次のような意味の違いを生ずる。

$\left\{\begin{array}{l}\end{array}\right.$ a picture **of my father**（私の父の肖像画）（§17，(4)参照）
a picture **of my father's**（私の父の所有している絵）

$\left\{\begin{array}{l}\end{array}\right.$ a fair estimate **of Jack**（ジャックを公平に評価すること）
a fair estimate **of Jack's**（ジャックが行った公平な評価）

$\left\{\begin{array}{l}\end{array}\right.$ a student **of Jespersen**（イェスペルセンの研究者）
a student **of Jespersen's**（イェスペルセンのもとで勉強した人）

7. なお代名詞にも同じ構文が見られる。p.113，(2)を参照せよ。

(参考)　**1.** of の前の名詞が不定冠詞をとる場合，-'s 所有格になる語は，ほとんど，話し手と深いつながりのある人物をさす名詞である。そうではない名詞の場合には，of のあとは目的格になり，-'s はつかない。「シェークスピアの劇」というようなときは，ちょうどその境目で，a play of Shakespeare も Shakespeare's も成り立つ。

2. ある人の son, daughter, (grand)parent；eye, tooth, finger など，1つ〔1人〕ではないにしても，おのずからその数が明確であるべきもの (p.47 参照) は驚きを表すような文の中以外では，*a son of my uncle's* などの言い方をしない《*that* son of 〜ならいう》。my uncle's son，または one of my uncle's sons となる。これに対し，cousin, uncle, aunt などは，いくらも an aunt of my mother's という。

§19　性とは何か

(代)名詞における，文法上の**男性**(Masculine)，**女性**(Feminine)，**中性**(Neuter)の別を**性**(Gender)という。

① **-ess** で男女の別を示すもの

$\left\{\begin{array}{l}\end{array}\right.$ emperor（皇帝）
empr**ess**（女帝，皇后）

$\left\{\begin{array}{l}\end{array}\right.$ duke（公爵）
duch**ess**（公爵夫人）

$\left\{\begin{array}{l}\end{array}\right.$ heir（相続人）
heir**ess**（女相続人）

$\left\{\begin{array}{l}\end{array}\right.$ god（神）
godd**ess**（女神）

$\left\{\begin{array}{l}\end{array}\right.$ prince（王子）
princ**ess**（王女）

$\left\{\begin{array}{l}\end{array}\right.$ lion（ライオン）
lion**ess**（雌のライオン）

② 別の語を加えて男女の別を表すもの

manservant（下男）　　　**he**-wolf（雄のおおかみ）
maidservant（お手伝い）　**she**-wolf（雌のおおかみ）

pea**cock**（雄くじゃく）
pea**hen**（雌くじゃく）

研究 1. 男女で全然別個の語が用いられる場合はきわめて多いが，これは1つ1つの単語として記憶すべきである。次に少数の例をあげておく。

man － woman　　　son － daughter　　　nephew － niece
father － mother　　uncle － aunt　　　　king － queen

2. 男女の区別のないものもある。これらの語は**通性**（Common Gender）と呼ばれることもある。

parent（親）　　　　youth（若者）　　　　horse（馬）
cousin（いとこ）　　foreigner（外国人）　friend（友人），etc.

3. **-ess** は女性を表す接尾辞であるが，どの名詞にもつけられるわけではない。actress, waitress などはごくふつうに使われているが，Negress（黒人女性）などは不快感を与える語だという。**-trix** も同じ働きをする接尾辞だが，まれである。ほかに，hero － hero**ine** ；widow**er** － widow のように，語尾変化をとどめた少数の語がある。

4. 男女平等の意識の反映なのか，authoress（女流作家）などはすたれ，woman author, woman doctor（女医），female student（女子学生）などの言い方が優勢になってきているようである。

参考 gender は，本来，われわれの考える男女・雌雄の別（sex）とは，全然無関係な文法上の区別であったが，英語では現在両者の別は失われ gender ＝ sex になっている。それとともに，gender はただ単語の意味だけの問題となり，文法上は問題にはならなくなった。

ま と め 3

Ⅰ　複数形の作り方：下記の場合を除き，**名詞の末尾に -s** をつける。

　1．s, x, sh, ch [tʃ], z で終わる語；o で終わる語の一部⇨ -es

　2．f, fe で終わる語⇨ ves [vz] にする，または -s だけつける。

　3．子音字＋y で終わる語⇨子音字＋ ies

　　《-(e)s の発音》①単数形が澄んだ音 [p, t, k, f, θ] で終わる語の
　　-s は [s]。

　　② [s, z, ʃ, tʃ, ʒ, dʒ] の音で終わる語では [iz]。

　　③上記以外の音で終わる語では [z]。（例外）houses [-ziz], paths
　　[-ðz]

Ⅱ　不規則な複数形

　1．単数・複数同形：sheep, Japanese ; means, series, etc.

　2．母音が変化：woman — wom**e**n, foot — f**ee**t, etc.

　3．外来語の複数形：phenomenon — phenomen**a**, crisis — cris**e**s

　4．複合語：passer-by — passer**s**-by

　　その他，始めから s のつく語がある。news, riches, scissors, etc.

Ⅲ　複数形の特殊用法

　1．その種類のもの全体，2．強意，3．単数形にない意味を表す
　もの。（3の例）customs, pains, goods, etc.

　　その他，単数と複数の関係が一見不合理な構文もある。

Ⅳ　格：主格，所有格，目的格の3つがある。

　1．所有格の作り方

　　①語尾に -'s をつける；-s で終わる複数形は ' だけつける。《おも
　　に人を意味する語》　②その他では of を使用。　③時間・距離・
　　金額などをいう語，慣用表現でも -'s を用いることがある。

　2．所有格の意味

　　①所有・所属　②著者・製作者など　③主語関係　④目的語関係
　　of ～は上記以外に部分，材料，同格などの意味のときもある。

　3．やや特殊な用法

　　（例）　a car **of my brother's** ／ **The King of England's**
　　palace ／ a picture **of Tom**　cf. **Tom's** picture

Exercise 3   解答は p.668

(1)　次の名詞の複数形を書きなさい。

1．baby　　2．leaf　　3．life　　4．hero　　5．roof　　6．dish

7．tooth　8．mouth 9．bench 10．oasis　11．piano 12．chief

13．bomb　14．valley　15．policeman　16．phenomenon

(2)　次の語の単数形を書きなさい。

1．buses　2．armies 3．shoes　4．deer　　5．means 6．mice

7．canoes　8．halves 9．bridges 10．geese 11．examples

12．enterprises　13．crises　14．oxen　15．echoes　16．prairies

(3)　次の文の空所に，下の語句から適当なものを選び，記号で答えなさい。

1．彼は私に数本の古いナイフを見せた。

He showed me a few old (　　).

　　a．knife　　b．knives　　c．knifes

2．よければぼくの車に乗せていってあげましょう。

I'll give you (　　) if you like.

　　a．lift　　b．a lift　　c．the lift　　d．lifts

3．丘の中腹にたくさんのひつじが見える。

I see a lot of (　　) on the hillside.

　　a．sheep　　b．sheeps　　c．the sheep　　d．the sheeps

4．メアリーと親しくなってほしいと思う。

I hope you'll make (　　) with Mary.

　　a．friend　　b．a friend　　c．friends　　d．the friends

5．私たちは上野駅で乗り換えなければならない。

We have to change (　　) at Ueno Station.

　　a．train　　b．a train　　c．the train　　d．trains

6．彼は同僚たちからの強い圧力に屈した。

He gave (　　) to heavy pressure from his colleagues.

　　a．way　　b．a way　　c．ways　　d．the way

7．彼女は列車を降りて友人と握手をした。

She got off the train and shook (　　) with her friend.

　　a．hand　　b．hands　　c．her hand　　d．the hands

(4) 次の語と反対の gender の語を書きなさい。

1．son　　2．god　　3．hero　　4．host　　5．king　　6．male
7．lady　8．actor　　9．bride　　10．uncle　　11．widow
12．prince　　13．nephew　　14．husband　　15．landlady

(5) 次の各組の英文が同じ意味になるように，（　　）に1～4語を入れなさい。

1．{ He was looking through children's books.
　　　He was looking through books （　　） children.

2．{ I am staying at my uncle's.
　　　I am at the （　　） of my uncle.

3．{ You can get some flowers at a florist's.
　　　You can have some flowers at a florist's （　　）.

4．{ The parents often discussed their son's education after he
　　　　went to bed.
　　　The parents often discussed the （　　） after he went to bed.

5．{ I was afraid of John's refusing to join us.
　　　I was afraid that John （　　） to join us.

(6) 次の英文を和訳しなさい。

1．Lions are noble beasts.

2．The letter is from some friend of Henry's.

3．I am sure my car runs faster than Charlie's.

4．He held the power that had once been the Pope's.

5．The corporation is not an invention of God's ; it is an invention
of man's.

6．The name of Claridge's is known all over the world as a first-
rate hotel in London.

7．After an hour and a half's discussion, we have reached the con-
clusion.

8．She was very sad when she learned about the teacher of music's
retirement.

9．I don't think my mother ever had a good night's sleep while
my cousins were with us.

10．He is convinced that the enemy forces are certain to surrender
in the event of the city's capture.

第4章 代名詞

この章では代名詞のうち，人称代名詞，指示代名詞，不定代名詞について学ぶ。

§1　代名詞とは何か，その種類

代名詞(Pronoun)とは，名詞のかわりに用いて，名詞を用いても表せるものをさす語である。代名詞には次の5種類がある。

① 人称代名詞(Personal　Pronoun)
② 指示代名詞(Demonstrative　Pronoun)
③ 不定代名詞(Indefinite　Pronoun)
④ 疑問代名詞(Interrogative　Pronoun)
⑤ 関係代名詞(Relative　Pronoun)

これらのうち，疑問代名詞と関係代名詞は章を改めて扱うことにする。

§2　代名詞の特性

① 文の主語・補語・目的語になることができる。
② 前置詞の目的語になることができる。
}名詞と共通する点

③ 代名詞の数は一定していて，きわめて少数である。
④ 通常，冠詞・形容詞を伴わない。《one, other, something など は例外》
⑤ 複数で-s をつけることがない。《one, other は例外》
⑥ 一部の代名詞は，主格と目的格で語形が違う。
⑦ 一部の代名詞では，人称(§3参照)の区別がはっきりしている。

§3 人称とは何か

人称(Person)とは，話し手，聞き手，およびそれ以外のすべてのもの，の区別をいう文法用語で，話し手を **1 人称**(**First Person**)，聞き手を **2 人称**(**Second Person**)，話し手と聞き手以外のものすべてを **3 人称**(**Third Person**)という。

《注意》 人称の区別がはっきりしているのは人称代名詞だけあって，「私(たち)」をいう代名詞が1人称，「あなた(たち)」の意味の代名詞が2人称である。それ以外の代名詞は3人称である。

研究 名詞は，1，2人称の代名詞と同格におかれたとき，1，2人称になるが，そのほかの場合は，すべて3人称である。

§4 人称代名詞

次の表にあげる代名詞が人称代名詞である。名詞と同じように，数・格の区別があるほか，人称・性の区別がある。

人称・性 ＼ 数・格	単　　数			複　　数		
	主格	所有格	目的格	主格	所有格	目的格
1人称	I	my	me	we	our	us
2人称	you	your	you	you	your	you
3人称 男性	he	his	him	they	their	them
3人称 女性	she	her	her	they	their	them
3人称 中性	it	its	it	they	their	them
古い2人称	thou	thy	thee	ye	your	you

《注意》 **1.** 数・格が違いながら同一語形が用いられる場合にとくに注意せよ。

2. 古い2人称は，聖書からの引用文句などで見られるほかは，現在の英語に

は現れない。

研究 人称代名詞を並べるときは，you, he and I のように，1人称をあと
におくのがつねである。複数形のときは，ふつう we, you, they の順序にする。

§5 格の用法

名詞の3つの格の用法と基本的には同じだが，次の点が違っている。

(1) 代名詞の所有格は次に必ず名詞が続き，名詞のような遊離所有
格(p. 88,§18,(2)) としては用いない。(p. 112,§14 所有代名詞を参照)

He is staying at **my** *house*[**my** *uncle's*].　〔正〕

He is staying at **my**.　〔誤〕

参考 人称代名詞の所有格はつねに形容詞のように用いるので，**所有形容詞**
(Possessive Adjective)とも呼ばれる。

(2) 目的格が主格のかわりに用いられることがときどきある。

It is **me**.	それは私です。
"I enjoyed it." "**Me**, too."	「おもしろかった」「ぼくもだ」

研究 It is me. のかわりに It is I.というのは今では不自然な言い方になる
が，あとにまだ文が続いて It is I that want to ~(~したいのはぼくだ)のよ
うになれば I を用いるのがふつうである。

参考 口語では I のかわりに me を用いることがしばしばある。そのほかの代名詞に
ついても同じような言い方が見られることがある。なお，"Who else wants to go?"
(ほかに行きたい人はだれだ) のような質問に1語で答える場合は，"Me." "Her." な
どのように目的格を用いる。2語なら "I do." "She does." などとなる。

(3) 目的語関係(p. 35 以下)またはそれ以外でも，名詞は「of＋名詞」
をよく用いるが，代名詞は所有格をよく用いる。(p. 111, (2)も参照)

in the midst **of the people**[**them**]	(人びと〔彼ら〕の真中に)
in **their** midst	(彼らの真中に)
take the place **of the sergeant**	(その軍曹にかわる)
take **his** place	(彼にかわる)

§6 1人称の人称代名詞

日本語の「私」「われわれ」に当たるきわめてふつうの用法のほかに，we
には次のような用法がある。

(1) ばく然と「人は」「人間は」という広い意味で用いられる場合

We must not tell a lie.	人間〔われわれ〕はうそをついては ならない。
We ought to obey **our** parents.	われわれは親に従うべきである。

研 究 ばく然と「人間は」という意味とはいっても，we の本来の意味がすっかり消えたわけではなく，その「人間」の中に「自分」も含まれているときにだけ，上の用法が可能である。

(2)著者・講演者・編集者・国王などがⅠのかわりに用いる場合

We owe an apology to **our** readers.	われわれ〔編集者〕は読者におわび しなければならない。

《注意》 著者・編集者などが用いるこの we を **Editorial 'we'** という。社説などには習慣的に用いられるが，それ以外ではⅠを使うことも多い。

参考 1. 国王の用いる we は **Royal 'we'** と呼ばれるが，現在ではほとんどすたれてしまっている。

 2. 以上のほかにも「自分個人」という意味が強く表面に出るのを避けて，とくに命令文の場合に，単数の意味で複数形《we, us》を用いることがある。

 3. 子ども・病人などに対し，we を you のかわりに用いることがある。**Paternal 'we'** と呼ばれる。また，皮肉・ひやかしの意味で we＝you の意味に用いることもある。

Can't *we* open *our* mouth a little wider ?	もう少しお口を大きくあけられないの。 《子どもに向かって》
How touchy *we* are !	ずいぶんプリプリしてるのね。《皮肉》

 4. my, our は所有・所属関係ばかりでなく，1人称と何らかの関連があるだけの既述の人・ものの前に加えられることもある。その場合，「私(たち)の」と訳すのはまずい。

I took a loathing to *my* gentle- man at first sight.	私は一目見てその〔今いった〕男にぞっと するくらいの嫌悪をおぼえた。

§7 2人称の人称代名詞

聞き手をさして「あなた(たち)」の意味で用いるふつうの用法以外に，次のようなものがある。

(1)聞き手だけにかぎらず，ばく然と「人」「人間」をいう場合

You cannot tell what **you** do not know.	知らないことは話せない。
How do **you** get from here to New York ?	ここからニューヨークまでどうや って行くのかね。

研究　**1.** このように you を用いるのは，口語的なくだけた言い方である。日本語訳には「あなた」を出さないほうが訳がまとまる。

2. いつでも成り立つような，一般的あるいは習慣的なことがらをいうのに用いる。一時的な行為やできごとをいうのには用いない。下記のように，聞き手が含まれるはずのない遠い過去のことをいう場合にも使われる。

You always wore bowties back then.	当時はいつも蝶ネクタイをしていたのだ。

(2) 結局**自分自身**《1人称》のことをいっている場合

I've been hiding where they never think of finding **you**.	私は人が隠れているとは，とうてい彼らが考えないような所に隠れていた。
That's how fees should be paid. **You** get **your** patient right, he sends **you** something he made.	医者の勘定はこうして払うべきだ。こっちは患者を直してやり，患者は自分の作ったものを何かとどけてよこすというわけさ。

《注意》　自分というものを表面に出さずにぼかしていう言い方で，よく見られる用法である。日本訳で「きみ」とするのはおかしい。ばく然と「人」と訳すか《日本語の「人」には，「人のものに触るな」など，間接的に「私」をいう用法がある》，または訳文には出さないようにするのがよい。

参考　your が「世のいわゆる」というような意味で用いられることがある。そのときは，しばしば，けなしたり，ひやかし半分のような気持を伴っていることも多いが，これはやや古めかしい用法のように思われる。

Your learned men commit a lot of errors.	いわゆる学者なんてやつは，たくさんまちがいをやらかす。

§8　3人称の人称代名詞—— **he（his, him）, she（her, her）**

前に述べた人をさして「彼」「彼女」と用いるふつうの用法以外に，次のように用いる。

(1) **he** は次のようなものをさすのに用いられることがある。

① **人間・大きな動物**で，性別を問題にせずに用いられているもの。

② **太陽・死**など強大なものや男性的な印象を与えるもの。

③ 日常用いたり，取り扱っていて**愛情や親しみ**を持っている品物。

The sun made **his** appearance.	太陽が現れた。

The camel lives in a desert; **he** has strong powers of endurance.	ラクダは砂ばくに住んでいて，強い耐久力をもっている。

研究 1. **doctor**, **teacher**, **person**, **lecturer**(講演者)など性別のない語をさすには通常 he であるが，時には正確を期して he or she ともいう。もちろん，これらの語のさす人物が女性であるとわかっていれば，she を用いる。

If *a person* touches it, **he or she** will be punished.	もし(人が)それに触れれば，(その人は)罰せられるだろう。
I met his *teacher*. **She** is pretty young.	私は彼の先生に会いました。かなり若い人です。

2. **川・山・戦争**なども he で受けることがある《ふつうは it》。これらは②と同様に擬人的用法で，文学的表現だから，模倣してはならない。

(2) 次のようなものの代名詞には，**she** が用いられることがある。

① **雌の動物**のほか，**小鳥・オウム・ネコ**など，かわいいとか女性的な感じを与える動物。

② **月・春・国の名・都市・大地・大自然・好運・自由**など。

③ すべての**船**《軍艦・潜水艦なども含む》。

④ 日常自分が愛用している**機械類**《とくに自動車・飛行機など動くもの》。

The ship sank with all **her** crew.	船は全乗組員もろともに沈没した。
The driver of *the taxi* hoped that **she** would not break down.	タクシーの運転手は車がこわれないでくれるといいと思った。

研究 1. ②は文学的表現で，われわれの作文では it を用いるほうが安全である。動物の名も，自分にとくに親しみのないものなら it がふつうである。

2. ③を she で受けるのは無難であるが，④はわれわれがまねをするのは危険である。こういう用法のあることを知っておくだけにとどめたい。

(3) he, she のさす名詞が代名詞よりあとに出ているときもある。

Though **he** was poor, *Mr. Brown* was very kind.	貧乏だけれども，ブラウンさんはとても親切だった。

研究 1. このような用法は，文頭にくる比較的短い従属節の中に現れることが多いが，そうときまったわけではない。

2. 以上のほかに，**he who ~**の構文の he は一般的に「人」の意味のこと

が多いが，これは古い言い方である《この he がある定まった人をさす場合も
あるがこれも古い言い方》。現在では，**a man〔person〕who** ～〔口語体〕,
one who ～〔文語体〕が用いられる。

He *who* is born a fool is never cured.	ばかに生まれたものは治らない〔ばかにつける薬はない〕。　〔ことわざ〕

（**参考**）　he, she が結局 you の意味で用いられることもある。

Poor little girl, did *she* knock *her* head ?	まあかわいそうに。頭をぶつけちゃったの？
"I am your honored guest." "Oh, *he* ? *He* is no guest."	「おれはこの家の賓客だぞ」「ああ，あんた？　あんたなんかお客さんじゃないわよ」

　これは，いたわり・軽べつ・皮肉・ひやかし・謙そん・卑下などの感情をこめて用いられる。前にある名詞《通常3人称》を he, she で受ける形をとる場合もあるが，いきなり3人称の代名詞が出てくるときもある。前後の脈絡から判断するより方法はない。

§9　3人称の人称代名詞—— **they**（**their, them**）

　すでに話の中に出た複数の人・もの《集合名詞を含む》をさす用法のほかに次のように用いる。

（1）ばく然と広く「人びと」を意味する場合

They say it is dangerous.	それは危険だという話だ。
Do **they** speak English in Canada ?	カナダでは英語を話していますか。

研究　**1**. they の意味する「人びと」には，話し手と聞き手は含まれない。その点で we, you の類似した用法と相違する。（§6，§7参照）
　2. この用法は they だけで，their, them をこのようにはまず用いない。
　3. 和訳文では，「人」と訳すか，または全く主語を省略するのがよい。

（2）文脈・周囲の事情から察せられるある組織・団体または当事者たちをばく然とさす場合

At school **they** taught us mathematics.	学校ではわれわれに数学を教えた。
How much did **they** ask for the hat ?	その帽子はいくらしましたか。
They arrested the criminal last night.	犯人はゆうべ逮捕された。

| 補足 | これは⑴に比べて，they のさす人の範囲がはるかに狭く限られている場合である。上例の they はそれぞれ，学校の教職員，問題の商店などの人びと，警察当局者，などを結局さしていることになる。

研究 ある数の人びとが集まって1つの仕事をしているようなもの《政府・会社など》をさすのによく用いられる they で，口語的な言い方にとくによく見られる。they を訳文に出さずに日本文をまとめることが必要。

参考 **1.** they who ～ の構文で they は「人びと」の意味に用いられることがあるが，古い言い方である。現在は those who ～（p.123）などの言い方を用いる。

2. everyone, nobody, anyone など，内容的には複数の意味を含む代名詞を受けるには they がよく用いられる。全体をいう単数形も，まれに they で受けることがある。

He made *everybody* at **their** ease.　彼はみんなをくつろがせた。

3. 俗語では，those cars などの those のかわりに them をよく用いる。

§ 10　3人称の人称代名詞── it の諸用法

(1) 前に出ている動植物・無生物などを表す単数名詞をさすほかに，**文全体**またはその**一部分**(の趣旨)をさすのにも用いられる。

He wanted *to come with me,* but **it** was impossible.	彼もいっしょに来たがったが，それは不可能であった。
If *you accept the offer,* **it** will please him very much.	きみがこの申し出を承知すれば，彼は非常に喜ぶでしょう。
She came back yesterday. **It** is known to everybody.	彼女はきのう帰って来た。それはみんなに知れわたっている。

《注意》 この用法では，とにかく「それ」と訳してみるのがよい。そこまでの訳が正しければ，訳文の内容から it が何をさすか判断がつく。

研究 **1.** **that** もこの it としばしば同じように用いられる。

2. 人間を表す語でも **baby, child** などは，その性別がわかっていないか，または性別に無関心な場合には，it で受けるのがふつうである。また，ある行為をした人などの**名まえ・身分**をきく〔いう〕場合にも it を用いる。

I heard the bell ring. Go and see who **it** is.	ベルの鳴るのが聞こえた。だれだか行って見なさい。

3. 前に出ている名詞を受けるのに it ではなく one を用いねばならぬ場合がある。p.141，**参考** 3を参照せよ。

参考 **1.** "Who said it ?" "I don't know (who said it)." のように，あとに間接疑問を補えるような文では，I don't know *it.* とはいわずに，I don't know. となる。

remember, forget, tell などの場合に同じことがよく起こる。cf. You need some rest and you know *it*. (きみは休養が必要だ。自分でもわかっているだろう)

2. She is (a) very clever (girl), but does not look *it*. (彼女はとてもりこうな(子な)のだが，そうは見えない) のように，so と同じように用いられることもある。

3. The one I dislike is Mary, **it** isn't Alice.
(私が嫌いなのはメアリーだ。アリスじゃない)

I saw a young man murdered this afternoon. **It** was a friend of yours.
(きょうの午後若い男が殺されているのを見た。きみの友人だったよ)

のような文では，it が人間をさしているように見えるが，あとに that I dislike ; that I saw murdered が省略されていると考えればよい。(p. 105，(b)参照)

(2)「it ~ to ＋動詞」の構文

① **It** is not easy **to** *learn English*.	英語を学ぶことは容易ではない。
② **It** will do him good **to** *read the book*.	その本を読むことは彼のためになるでしょう。
③ I think **it** wise **to** *obey him*.	彼のことばに従うのが賢明と思う。
④ He makes **it** a rule **to** *go to bed at ten o'clock*.	彼は10時に床につくことにしている。

《注意》 この構文では，「to ＋動詞~」をさす it が主語の位置におかれる場合(①，②)と，目的語の位置におかれる場合(③，④)とがある。前者の it を**仮主語**または**形式主語**(Formal Subject)，後者の it を**仮目的語**または**形式目的語**(Formal Object)という。ことに形式主語の it の例は頻出するから，「It is ＋形容詞＋ to 動詞」という書き出しの文なら，まずこの構文ではないかと考える必要がある。

研究 **1.** it を形式目的語としてこの構文をよく作る動詞には，**find, think, believe, imagine, make** などがある。

2. この構文と次の構文とをまちがえないように注意しなければならない。
《しかし，時にはどちらの構文にも解釈できる例もある》

It is easy **to** *find*.	それは見つけやすい。
It is impossible **to** *prove*.	それは証明できない。

この場合の it は前の文にある名詞をさし，to 以下をさすのではない。したがって，it をたとえば The flower におきかえても文として成立する。この構文は上記の「it is ~ to ＋動詞」と違って，「**to ＋目的語を欠いた他動詞(句)**」であり，It is easy to find *it* [*the flower*]. ともいえる。(p.384，(c)参照)

3.「to ＋動詞」に意味上の主語が加わることもある。(p.386，(3)参照)

(参考) **1.** 形式目的語の it は省略されることもある。やや古い構文である。

Nobody thought proper **to** *pub-lish the results.*	だれもその結果を公表することを，適当とは思わなかった。

2. 次のように，it とそれをさす to 以下が直接続くのは，例外的な場合である。

They were hard put to **it to** *fill the orders.*	彼らはその注文にみんな応じるのにほねをおった。

(3) it ～ that …の構文
(a) it ＝ that ～の場合

① Is **it** true **that** *he is ill*?	彼が病気だというのはほんとうか。
② **It** is a notorious fact **that** *he betrayed his friend.*	彼が自分の友人を裏切ったということは悪評高い事実だ。
③ People take **it** for grant-ed **that** *silence means consent.*	人は沈黙しているのは当然承諾を意味すると思いこんでいる。
④ They gave **it** as their opin-ion **that** *the experiment was worth trying.*	彼らは，その実験はやってみる価値があるということを，自分たちの意見として述べた。

《注意》 **1.** ①，②の it は形式主語，③，④のは形式目的語で，それぞれ以下の that ～ をさしている。頻出する構文であって，とくに「It is ＋形容詞＋that ～」という書き出しの文ならば，必ずこの構文だと思ってよい。

2. (2)の it ～ to …では to のあとの動詞に主語がなく，ここの構文では that のあとに主語がある点に注意しておくこと。《it ～ for … to でも，for には「～にとって」という本来の意味が残っていて，that のあとの主語ほど明確な主語の働きはしない》 なお，以下の(参考)2を参照。

(研究) **1.** 次のような挿入の場合もこれの変形と考えてよい。

He is young, **it is true**, but he is very competent.	なるほど彼は若いが，非常に有能である。

2. it is は省略されることもある。

No wonder **that** *he is angry.*	彼がおこるのも不思議ではない。
What a pity **that** *it has to be burnt*!	それを焼かねばならぬのはまったく残念だ。

3. 口語の場合には，that を省略することもある。

It was lucky *he came back*	彼が早く帰宅したのは幸運であった。

home early.

(参考)　**1**. この構文では，it と that 以下との間には何か語句がはいるのがつねであるが，「動詞＋前置詞」の成句では，まれに，it と that が接続することがある。

> I'll see to it that *he is duly* │ 彼がしかるべき罰を受けるようにしま
> *punished.* │ す。

2. 「it ~ that ...」と「it ~ to ＋動詞」の相違点：it ~ to ...の構文は，ある「行為をすること〔状態にあること〕」が文の主語・目的語になるのに対し，it ~ that ...は「~という事実〔ことがら〕」が主語・目的語になる。したがって，it is に続く語の意味によってどちらの構文を用いるかが定まるので，**easy**, **hard**, etc. は行為についてはいえるが，行為をするという事実が easy とはいえないから，次に that ~はこない。また，**true**, **clear**, **obvious**, **fortunate**, etc. などは行為する〔した〕事実についていう語だから，あとに to ~はこない。一方，**possible**, **wrong**, **natural**, **a pity** など両方の構文が可能な語もある。

(b) 強調構文の場合

文中の種々の語句は，それを It is と that の間に移すことによって，強めることができる。たとえば，

He asked me for help when we were there.

(彼は私たちがそこにいたとき私の援助を求めた)

は，各部分を次のように強めることができる。

> *It was* **he** *that* asked me for │ 私たちがそこにいたとき，私に援
> help when we were there. │ 助を求めたのは彼であった。
>
> *It was* **me** *that* he asked for │ 私たちがそこにいたとき，彼が援
> help when we were there. │ 助を求めたのは私にであった。
>
> *It was* **for help** *that* he asked │ 私たちがそこにいたとき，彼が私
> me when we were there. │ に求めたのは援助であった。
>
> *It was* **when we were there** │ 彼が私に援助を求めたのは，私た
> *that* he asked me for help. │ ちがそこにいたときであった。

《注意》　**1**. 強調構文なのかどうか，はっきりしない場合もある。前後関係で判断するよりない。**It** is the woman **who** cleans the house. は，「家のそうじをするのはその女だ」(強調)なのか，ノックの音を聞いて，そばにいる人に向かって「(来たのは) 家のそうじをする女性だ」といっているのか，この文からだけでは判断できない。

2. 強調構文といっても，これは会話や叙述の中で自然に生まれるものであって，いきなり何かを力説強調する構文ではない。たとえば，It was Tom who broke the cup. という場合，「だれかがコップを割った」とか「割ったのはジ

ョンだろう」といったような会話がその前にあったことを思わせる。そしてそのあとで「割ったのはトムだった」というのがこの表現の含みである。この例でいえば,「だれか」や「ジョン」と対比させ,それらを否定する形でトムが持ち出されるところに「強調構文」といわれる理由がある。対比がこの構文成立の不可欠の条件とはいえないだろうが,それが裏に含まれている例はきわめて多い。次に,強調されるものは,それ自身,または,文の内容によって,十分に明確な特定のもの,または「ことがら」であることが必要である。ばく然としたものではこの構文は使えない。

3. 上例の構文をとる文は cleft sentence (分裂文)とよばれる。

研究 **1.** that のあとの動詞が過去の場合でも,It was のかわりに It is ということもあるが,両方の動詞の時制を一致させるのが無難であろう。

2. 強調される語がもとの文の主語であれば,that の次の動詞はそれに合わせるのがよい。しかしそうでない例も見られる。

| It is **I** that **am** to blame. | 悪いのは私です。 |

3. 強調される語が人間を表す語であれば,that のかわりに **who** を用いる傾向が強まっている。なお,whose, whom は使えない。

| It was my brother **who** did it. | それをしたのは私の兄〔弟〕だ。 |

4. 強調されるものが「物」に関する語句の場合は,that のかわりに **which** が用いられることもある。

5. 強調される語が**疑問詞**であれば,it is の前にくる。

| *What* **is it that** you want me to do ? | 私にしてもらいたいというのは何ですか。 |
| I wonder *why* **it was that** he suddenly went abroad. | 彼が突然外国へ行ったのはなぜなのかしら。 |

6. 口語では,この場合の that を省略することがある。

| **It is** me you ought to punish. | きみが罰すべきはこの私だ。 |
| **It was** Jim did it. | それをやったのはジムだった。 |

7. この構文で強調されることが多いものを順に並べると,(1)名詞,代名詞,(2)前置詞句(特に時間・場所に関するもの),(3)副詞(句),副詞節,であろう。間接疑問文(名詞節)あたりが(3)に続くものといえそうで,形容詞,名詞節の that ~,補語に用いられた名詞,などが強調されることはきめてまれである。

8. この構文で強調することができないのは次のようなものである。(1)some, any, every, no のついた名詞,不定代名詞(特定されていない),(2)as ~節,「~だから」の since ~の節,分詞構文(意味が多様である),though ~節,(3)文

全体を修飾する副詞, greatly, deeply, completely など度合いを強める副詞, always, continuously など長期間の継続を表す副詞《it is only recently that ～は時おり見る言い方》, (4) for ＋(代) 名詞＋不定詞 (「for ＋(代) 名詞」がなければ可能), など。

　9.　2 つの it ～ that ...構文の識別法：根本的な着眼点は, (a) の it ＝ that ...の構文では, that 以下には文として必要な要素が全部そろっているのに対し, (b) 強調構文では, 強められるものが that の前に出るため, that 以下だけを見れば, 主語・目的語など何か欠けたものが必ずあるということである。

　次に, 強調構文ではいつも it is ...であるが, (a) の構文では is 以外の動詞もよく用いる。また, is と that の間に形容詞があれば, まず (a) の構文である。

　it is と that の間にあるのが名詞の場合は, 文の意味や前後関係で判断するよりない。

（参考）　**1.** it ～ that ...の強調構文に似たものとして, 口語では次のような構文もある。
　　That's a nice pipe you have there. (きみの持っているのはいいパイプだね)
　　This is an ugly thing we're doing.(われわれのやっているのはけしからぬことだ)
　2. that〔who〕を用いないで, 分詞を使った例もある。
　　It was Max *caught* trying to force open the door.
　　(ドアをむりやりあけようとしてつかまったのはマックスだった)

(c) It seems that ～ 型の構文

It seems〔appears〕 that he was in a hurry.	彼は急いでいたらしい。
It may **be that** they are in the right.	あるいは彼らは正しいのかもしれない。

（研究）　**1.** この it は次に (5) で述べる用法の it であって, that 以下とかその他何か特定のものをさしているのではない。

　2. 次のように it のさすものがある場合と区別する必要がある。

It seems certain **that** *he has failed*.	彼が失敗したことは確からしい。《(a) の構文》

　3. (a) の構文との中間にあるようなものもある。

It (so) happened **that** she was out.	たまたま彼女はるすだった。

　4. It is not that ～(～というわけではない)の場合には, It is を省略することが多い。

Not that I don't want it.	それが欲しくないわけじゃない。

(4)その他 it があとにくる語句をさす場合

it は to ～, that ～ のほかにも, 後続の名詞, -ing, what, who, where, when, how, whether などで始まる語句をさすことがある。

It was amazing *the strength he had in those thin arms.*	あのやせ腕にひそむ彼の力は驚くべきものであった。
It is no use *crying over spilt milk.*	こぼれた牛乳を見て泣くことはむだだ〔覆水盆に返らず〕。 〔ことわざ〕
It does not matter *what he says.*	彼が何をいうか〔彼のいうこと〕は問題ではない。
It is a mystery to me *how it happened.*	どうしてそれが起こったのか, 私にはさっぱりわからない。
It is your own concern *whether you believe me or not.*	私のいうことを信ずるかどうかは, きみ自身の問題だ。

《注意》 it ～ to ..., it ～ that ...の構文に比較すれば, これらの構文は用いられることが少ない。it をやめて, そこに it のさす語句を移すこともできる。

(5)とくにはっきりしたものをささない it

日本文と違って英文は, 主語を省略した文は原則として成立しないこともあって, 次のような場合には, ほとんど無意味な it を主語の位置にすえる。

(a)天候・明暗などをいう文で

It snowed〔rained〕heavily.	大雪〔雨〕が降った。
It is blowing hard.	ひどい風が吹いている。
It began to get dark.	暗くなり始めた。
It looks like snow.	雪が降りそうだ。
It thunders in the distance.	遠くで雷が鳴る。

研究 これらは it を用いていうことが多いが, it でなければいえないわけではない。次例を参照。

There was〔We had〕a heavy snow〔rain〕.	大雪〔雨〕が降った。
A cold wind was blowing.	寒い風が吹いていた。
The rain began to fall.	雨が降り出した。
The thunder rumbles in the distance.	遠雷がごろごろ鳴る。

（参考）　「霜がおりた」は It frosted. といえるが，「露がおりた」は It dewed. とは
いわず，The dew fell. または There was a heavy dew. などという。

(b) 時間・曜日などをいう文で

It is spring〔ten o'clock〕now.	今は春〔10時〕です。
It was a dark night.	暗い夜であった。
It is Tuesday today.	きょうは火曜日です。
It is time to go.	出かける時間だ。
It is five years since she died.	彼女が死んでから 5 年たつ。

（研究）　次のように It を用いない言い方もある。

We are in spring now.	今は春です。
Today is Tuesday.	きょうは火曜日だ。
Now is the time to go.	今こそ行く時期だ。

（参考）　*It* takes two hours to go there. (そこへ行くには 2 時間かかる)のような文
の It は，この用法なのか，to ～ をさすのか，断定しにくい。

(c) 距離をいう文で

How far is **it** to Tokyo?	東京までどれだけありますか。
It is ten miles from here to Tokyo.	ここから東京まで10マイルです。

（研究）　What is the distance to Tokyo? (東京までの距離はどれだけか)と
いうことも可能。

（参考）　以上(a)～(c)の **it** は非人称の **it**(Impersonal 'it')と呼ばれる。

(d) 事情・状況などをばく然とさす場合

Do you like **it** here?	ここは好きですか。
It is all over with him.	彼はもうおしまいだ。
It's stuffy here.	ここはむんむんする。
There is nothing for **it** but to go back.	引き返すよりほかしかたがない。
You will catch **it**.	きみはおこられるよ。

《注意》　1. ここの it は，結局，当事者どうしの暗黙のうちに理解し合ってい
るその場の状況，そのときの事情，現在問題にしていることがら，などをさし
ていると考えてよい。**状況の it**(Situation 'it')とも呼ばれるが，上の非人称の
it とはっきり区別できない場合も少なくない。

　2. この種の it はたいてい型の定まった言い方で用いるから，そういう言い
方そのものを覚えることが必要。ことに口語的表現に多い。

3. 最後の類例は, fight *it* out（戦いぬく）, let ～ have *it*（～をこらしめる）, go *it*（大いにやる）, lord *it*（いばる）など多数ある。

(参考) That's *it*.（それですよ；そのとおりだ）, In a cigar *it* is fragrance.（葉巻きはかおりだ）などのように, it が「(問題の)核心」「要点」の意味に用いられることもある。

§ 11　人称代名詞と形容詞

人称代名詞に形容詞がつくことはない(§ 2, ④参照)が, 臨時に名詞化して形容詞を伴うことがある。(p.20, § 3, (参考)の例参照)

That's *the real* **you**.	それでこそほんとうのあなただ。
We *here present* are your friends.	ここにいるわれわれは, あなたの友だちです。

《注意》 日本語では「やせて背の低い私は」のように代名詞に形容詞のつくことは多い。これらを英訳するには, したがって, 同格・分詞構文などを用いることを考えるべきである。

(参考) 形容詞, 関係詞節で修飾されている例がないわけではない。

we from the civilized world（文明世界から来たわれわれ）

you that's never done a stroke of work in your life (Maugham)
（これまで何1つ仕事をしたことのないおまえ）

§ 12　所有格〔所有形容詞〕にかわるもの

所有格のかわりに次のようなものが用いられることもある。

(1)定冠詞

① Shall I take a little off **the** (＝ your) beard, sir ?	ひげを少々刈りこみましょうか。
② I've been poorly, so **the** (＝ my) wife told me to consult you.	からだの調子が悪いので, 家内があなたに診察してもらうようにいいました。
③ He hit me on **the** chin.	彼は私のあごをなぐった。

研究 **1.**「だれそれの」という所属関係にこだわらずに単にそのものをいう場合, 特定の個人を表面に出さずに一般的にいう気持の場合, 所有格を頻繁にくり返すのが耳ざわりになる場合, などには the を用いることがある。

2. ③のような構文では the が通則である。ただし, hit *my* chin ももちろんいえる。類例は p.214 , (4), (a)を参照。②のように血縁関係にあるものに the

を用いるのは口語的表現である。

(2)「of＋目的格」

① I cannot understand it for the life **of me**.	私にはどうしてもそれを理解することができない。
② That will be the end **of you**.	それできみは一巻の終りだ。
③ It is the very image **of her**.	それは彼女にまるで生き写しだ。
④ She could smell the rank odor **of him**.	彼女はその男の不快なにおいをかぐことができた。

〔補足〕 for the life of me は，直訳すれば「私の命と引きかえでも（～ない）」の意味で，not に伴って否定を強める言い方。日本語の「死んでも（いえない）」などに類するものといえる。

研究 1. his, etc. と of him, etc. の使い分けは，名詞の場合の-'s 所有格と of 所有格の差について述べたこと (p.86) がそのまま当てはまると考えてよい。ただ代名詞の場合には，誤解のおそれがなければ，目的格関係のときにも所有格を用いることが多い。（§5，(3)）

2. 単純に考えれば my のかわりに of me でもよさそうだが，of ～が用いられるのは，だいたい，①，②のような慣用的語法の場合にかぎると思うべきである。ことに，所有・所属関係を表すとき of ～ はまれである。

3. ③で所有格を用いると「彼女所有の」の意味になる。このような誤解のおそれがあれば当然 of ～ を用いてそれを避けることが必要になる。cf. *his* sight（彼の視力），the sight *of him*（彼を見ること）

参考 1. 上の最後の例では，his rank odor ともいえる。このように両方可能なときでも，of本来の意味《上例ならば「彼から発する」〔由来〕とか，「彼のうち（他のことはさておき(その)悪臭）〔部分〕などの意味》が多少とも加わって微妙な意味の相違を生ずるように思われる。in the deep heart *of her*（彼女の胸の奥に）(Murdoch)，the parents *of them*（彼らの親たち）(Priestley) などの言い方に出会うことがあるが，あくまで，ふつうの言い方ではない。愛情，嫌悪，悲哀などの感情を含むものと思われる。

2. just for the fun *of it*（ただおもしろ半分に）などのような「状況の it」の場合，これを *its* fun とすることはできない。

§13 代名詞によらない代示

名詞の表すものが2度めに話題にのぼるとき，それをさすのに別の

名詞が用いられることがある。

He told *Thomas* to open the door. **The old footman** produced the key at his leisure.	彼はトマスにそのとびらをあけよといった。その老従僕はゆっくりとかぎを取り出した。
When the *plane* landed, they gathered around **the ma-chine**.	飛行機が着陸すると，彼らはその回りに集まった。

> 補足 上例では，Thomas ＝ old footman; plane ＝ machine である。英語では，代名詞を用いず，他の名詞でいいかえることがときどきある。かならず the がついて，前出のものをさしているのに注目。

《注意》 代名詞を用いては，いくつかの名詞のうち，どれをさすかが不明りょうになるとき，とくにこのようなことが行われる。

§ 14　所有代名詞

次の表の語が**所有代名詞**(Possessive Pronoun)である。これも人称代名詞の一部をなす。

人称 数	1人称	2人称	3人称		
			男性	女性	中性
単数	mine	yours	his	hers	(its)
複数	ours	yours	theirs		

《注意》 **1.** 人称代名詞の所有格(§ 4 参照)を所有代名詞に含める人もある。

2. 辞書などには its を所有代名詞に用いると書いてあるが，実際にはまったくないと考えてよい。また，who の所有代名詞は **whose** である。

3. 2人称の古形，thou の所有代名詞は **thine** である。

§ 15　所有代名詞の用法

一言でいえば，名詞の所有格の独立用法と同じである。(p. 88, § 18, (2))

(1)「所有格＋名詞」に代用する場合

① These pencils are **yours**.　　こ(れら)の鉛筆はきみのだ。

②I put my hand over **hers**. ｜ 私は手を彼女の手の上においた。
③**Mine** is a tough job. ｜ ぼくのはほねのおれる仕事だ。

補足　上例の①を These pencils are *my brother's*.（この鉛筆は<u>私の兄の</u>だ）と比較すれば，所有代名詞の働きがわかろう。上例では，yours＝your pencils; hers＝her hand; mine＝my job である。辞書には yours に「あなたのもの」といった訳語が与えてあるが，この訳語をそのまま日本語訳に使えることはまれである。

研究　**1.** 名詞の所有格は，stay at *my uncle's*（おじの家に滞在する），go to the *dentist's*（歯医者へ行く）のように用いることができる（p.88）が，所有代名詞は，その前に house, office などの語が出ていないかぎり，stay at *mine*, go to *his* のように用いることはできない。

2. 所有代名詞は単数にも複数にも用い，主格・目的格は同形である。

3. 所有代名詞の人称はつねに3人称である。（③を参照）

(2)「名詞＋ of ＋所有代名詞」の場合

He is *a friend of* **hers**. ｜ 彼は彼女の友人（の1人）だ。
It is no *business of* **yours**. ｜ それはきみの関係したことではな
（＝ It is none of your ｜ 　い〔よけいなお世話だ〕。
business.) ｜
I am not fit for this wicked ｜ 私はわれわれのこの邪悪な世界に
world of **ours**. ｜ 　は向かないのだ。

研究　**1.** a, the, this, no などと所有格を併用する場合は，a her friend; no your business などということはできないから，この言い方を用いる。二重所有格（p.89）で述べたことはここにも当てはまるから参照せよ。

2. *that* son of his〔Brown's〕（あの彼〔ブラウン〕のむすこ）のように，of の前の名詞に that をつければ軽蔑を含む言い方になる。人名につけたときも同様。this をつければ好意的なものになる。

(3) 既出の名詞をさすのではない場合

It did no harm to me and ｜ それは私にも<u>私の家族のもの</u>にも
mine. ｜ 　害を与えなかった。

研究　**1.** この用法では，前に「代名詞＋and」が必ずあると思ってよい。

2. 手紙の結びの文句の **Yours sincerely; Truly yours** などの yours もこの用法に属する。

参考　その他，やや特殊な用法として，*yours* of the 17th（17日づけの<u>あなたの手紙</u>），It is not *mine* to judge.（さばくのは<u>私の仕事</u>ではない）などもある。

§ 16 「所有格＋ own」の意味・用法

(1) 次に名詞を伴う用法も，伴わない用法もある。意味は，① 所有の**意味を強調**する場合，② 他のものとの**対照を強調**する場合，がある。

① This is **my own** house.	これは私の家だ。
The house is **his own**.	その家は彼の(持ち家)だ。
② That's **your own** affair.	それはきみ自身の問題だ。
She has an idea of **her own**.	彼女には彼女自身の〔独自の〕考えがある。

　|補足|　①は，その人の所有する家であって，借りて住んでいるのではない，という意味が裏に含まれる。その点で This is *my* house. よりも所有の意味が強く出る。②は，「私には関係のない」「人とは違った」といった，他との対照の気持を含む。

《注意》「所有格＋ own」を，通常 one's own という形で表す。これは場合に応じて，one's のかわりに適当な代名詞の所有格を入れよ，との意味である。

　研究　own の前には必ず代名詞《時には名詞》の所有格がつくと思ってよい。例外は，**own brothers**（同じ両親から生まれた兄弟）などの場合だけである。own を強めて **very own** とすることもできる。

(2) 和訳に注意すべき場合

He cooks **his own** meals.	彼は自分で食事をこしらえる。
She loved her mother in **her own** way.	彼女は彼女なりに〔彼女独特の方法で〕自分の母を愛していたのだ。
He always wanted to have **his own** way.	彼はいつも自分の思いどおりにし〔我を通し〕たがった。
I am **my own** master.	私はだれのさしずも受けない〔自分の思いどおりにできる〕。

《注意》　1. (1)の用法から発展して，「独特の」「独自の〔に〕」「他人の援助〔干渉，など〕を受けない(で)」という意味を含んで用いられることも少なくない。その場合「～自身の」では訳文がすっきりしないのがふつうである。

　2. 最初の例文で own がなければ，his は主語の He とは別人の男性をさす可能性があるのに注目。

　3. **on one's own**（独力で），**keep one's own counsel**（自分の考え

を自分の胸だけに秘めておく，人に相談をかけない）などは，比較的よく用いられる成句である。

§ 17 再帰代名詞

-self, -selves で終わる次の語が**再帰代名詞**（Reflexive Pronoun）である。

1人称 { 単数：myself　複数：ourselves }　2人称 { 単数：yourself　複数：yourselves }

3人称 { 単数：《男性》himself　《女性》herself　《中性》itself　複数：《男，女，中性》themselves }

《注意》　1．再帰代名詞も人称代名詞に所属するもので，**複合人称代名詞**（Compound Personal Pronoun）とも呼ばれる。

　2．再帰代名詞の主格と目的格は同形である。所有格はなく，one's own を代用する。一般的な形は oneself で表す。

（参考）　国王・編集者が自分1人をさすのに用いる we（p. 98 参照）に対し，**ourself** という再帰代名詞もある。また，古い2人称に対しては **thyself** がある。

§ 18 再帰代名詞の基本的用法

再帰代名詞の用法は，① 再帰用法，② 強意用法，の2種類である。ただし，ときには両者の中間のように用いられている場合もある。

（参考）　He is not *himself*.（彼はいつもの〔正常な状態の〕彼ではない）のような用法は，このどちらにも属さないが，これは少々例外的なものである。

(1)再帰用法：動詞（句）の（意味上の）主語と同じものが，その目的語におかれる場合に用いる。

① **She** looked at **herself** in the mirror.	彼女は鏡の中の自分の姿を見た。
② **They** defended **themselves** against the attack.	彼らはその攻撃に対して身を守った〔防戦した〕。
③ He told **her** to take care of **herself**.	彼は彼女に体に気をつけろといった。

補足　①で herself を用いずに，単に her とすれば，この her と主語の she とは別人を意味し，「彼女は鏡に映った（自分とは別の）その女を見た」ということになる。

②についても同じである。③では take care of の意味上の主語は her《told の目的語》だから, herself を her にすれば2つの her は別人をさすことになる。この誤解を避けるために, 再帰代名詞を使わなければならないのである。(§19参照)

研 究 古くは再帰代名詞を目的語にしていた動詞も, しだいにそれを省略して自動詞に用いられる傾向がある。その結果, 全然再帰代名詞をとらなくなったものもあるが, 次のように, 現在どちらの構文も可能なものもある。

She knows how to **behave** (*herself*).	彼女はどのようにふるまうべきかを心得ている。
He **worried** (*himself*) about it.	彼はそのことについて心配した。
It will take her long to **dress** (*herself*).	彼女は着物を着るのに手間どるだろう。

その他, **engage (oneself) in ~** (~に従事する), **indulge (oneself) in ~** (~にふける), **trouble (oneself) to〔do〕** (わざわざ〔~〕する), などもそうである。

cf. $\begin{cases} \text{He } \textit{recovered slowly.} \text{ (彼は徐々に〔病気が〕回復した)} \\ \text{He soon } \textit{recovered himself.} \text{ (彼はまもなくわれにかえった)} \end{cases}$

(2)強意用法：名詞・代名詞のあと, または文末などにおいて,「(…)自身(で)」と強調する用法である。

① She made it **herself**.	彼女は自分でそれを作った。
② The doctor **himself** denied the possibility.	その医者自身その可能性を否定した。
③ I do not **myself** care for the change.	私自身(は)その変更を好まないのです。

補足 この用法のときの訳し方は,「自分で」「自身(が)」などでよい。(1)の用法との区別は, 訳をつけてみて判断する以外に, 再帰代名詞のおかれている位置でたいていわかる。つまり, (2)の用法なら上に述べたような位置に通常おかれ, (1)の用法なら動詞・前置詞のあとにおかれている。

cf. $\begin{cases} \text{I } \textit{myself} \text{ made a cup of tea. (私自身がお茶を入れた)} \\ \text{I made } \textit{myself} \text{ a cup of tea. (自分が飲むためにお茶を入れた)} \end{cases}$

研 究 **1.** この場合の再帰代名詞は, それぞれの(代)名詞と同格で, 通常強めて発音される。なお, ①のように, これを文末におくほうが口語的で, 主語のすぐあとにおくのは文語的な言い方である。

2. 再帰代名詞を単独で文の主語に用いるのは正しい言い方ではない。She herself ~のように人称代名詞に伴って用いるのが正しい。ただし, My brother and *myself* (＝ I) were ～のように並列された主語として用いるのならよい。

　3．強意用法の再帰代名詞はしばしば，even（さえ）の意味に近い。(②参照)また，「自身としては」(＝ for one's part) のような意味(③)を含むこともある。その他，次のような訳し方をする場合もある。これらの再帰代名詞の位置は変えられない。

　　I handed it to the chairman *himself.*
　　(それをじかに議長〔議長本人〕に渡した)
　　Oh, you've been to London? I've been there *myself.* （ほう，ロンドンへ行ったことがあるの？　私も(＝ too)行ったことがあるよ)

§ 19　再帰代名詞と人称代名詞の目的格

　この２つの代名詞《me, etc.と myself, etc.》の使い分けは必ずしも明確ではないが，概略は次のとおりである。根本原則は，要するに，文意の誤解の生じないようにすることである，といってよいであろう。

　(1) 主語と同じものが，動詞，または，「動詞＋前置詞」などの成句の目的語になるときは，必ず再帰代名詞を用いると思ってよい。(§18, (1)の例文および 補足 参照)

　（参考）　俗っぽい言い方では，I lay *me* down on the bed.（私はベッドに横になった）などの例もある。ことに，間接目的語の場合は，I will get *me* a new one.（新しいのを買おう）のような例もしばしば見られる。

　(2) 問題になるのは動詞の**意味上の主語**であって，文の主語とはかぎらない。

①I begged **him** to help **me**.	私は彼に手を貸してくれと頼んだ。
②I told **him** to warm **him-self** at the fire.	私は彼に火のところでからだを暖めろといった。

　補足　①では，訳文でわかるとおり，help するのは him であって文の主語の I ではない。したがって，help の意味上の主語《 him 》と目的語《 me 》が違う人物であるから，me を用いる。文の主語の I とは無関係。②は「彼が(私にいわれて)彼のからだを暖める」のだから himself になる。

cf.
Tom asked him to give *him* time.	トムは彼に待ってくださいといった。《*him* = Tom 》
Tom asked him to give *himself* time.	トムは彼にゆっくりやってくださいといった。《him = *himself*》

　　注：give (a person) time 「(人)に猶予を与える」

(3)動詞と結合して成句をなしているのではない前置詞のあとでは，-self のつかないほうがもっぱら用いられる。

I have no money with **me**.	私はお金の持合せがない。
She looked about **her**.	彼女はあたりを見まわした。
He shut the door behind **him**.	彼はうしろのドアをしめた。
We looked at the stars above **us**.	われわれは頭上の星を見た。

研究 とくに，「前置詞＋代名詞」が方向・場所などを表すとき，また，それが動詞から比較的離れている場合には，上例のようになるのがふつうである。「持っていく〔来る〕」という意味の動詞とともに用いられているときもそうである。しかし，対照・強調の意味で再帰代名詞を用いることもないわけではない。

She took her dog with **her**.	彼女は犬を(一緒に)連れて行った。
He kept it near **him**.	彼はそれを身近においておいた。

(4)like, than などの次では，me, etc. のかわりに再帰代名詞がよく用いられる。

The reform will seriously affect people *like* **yourself**.	その改革はあなたのような人たちに重大な影響を与えるだろう。
No man is more suited for the work *than* **myself**.	私ほどその仕事に適しているものはいない。

研究 myself はとくに，以上のほかの場合でも，I, me のかわりに用いられることがしばしばある。

参考 1. Wrap the blanket around you(rself)./I drove the flies away from me 〔myself〕. などの文について，native speakers の間でも目的格・再帰代名詞のどちらを使うべきか，意見は分かれたという報告もある。どちらでもいい場合もあることはまちがいない。

2. He dropped (himself) into the pool. のような場合，himself がなければ落ちる意志はないのに「プールに落ちた」のであり，himself があれば自分の意志《何かを捜すため，子どもを喜ばせるため，など》で「落ちた」のである。

§20　再帰用法の注意すべき訳し方

たとえば，hide *oneself*（姿をかくす），devote *oneself*（一身をささげる），forget *oneself*（われを忘れる）のように，再帰代名詞をほぼ直訳して日本訳がまとまる場合は問題ないが，そういうときばかりはない。以下に扱うのは，直訳のきかない場合の基本的な訳し方である。

(1)「他動詞＋再帰代名詞＝自動詞」のように訳すとよい場合

① It **showed itself** after dark.	それは暗くなってから<u>現れた</u>。《現す→現れる》
The bullet **buried itself** in the wall.	弾丸は壁に<u>めりこんだ</u>。《埋める→埋まる》
I could **make myself useful** as an office boy.	私は事務所の給仕として<u>役にたつ</u>ことができた。《役だたせる→役だつ》
② He **killed**〔**supported**〕 **himself**.	彼は<u>自殺</u>〔自活〕した。《自分を殺す〔養う〕→自殺〔活〕する》
He **taught himself** English.	彼は英語を<u>独習した</u>。《自分に教える→独習する》
A plan **formed itself** in my head.	1つの案が私の頭の中に<u>でき上が</u><u>った</u>。《自分を作る→できる》

補足 ①は比較的簡単に，語尾だけを変えれば日本語では自動詞ができる場合であるが，②はそれより複雑で，別の単語を考える必要のある例である。

研究 この訳し方は非常に利用の範囲が広い。以下に類例を少しあげておく。

accustom oneself（慣れる）　　satisfy oneself（納得する）

change oneself（変わる）　　　hurt oneself（傷つく）

divide oneself（分裂する）　　present oneself（現れる）

shut oneself（閉じこもる）　　suggest oneself（［考えなどが］浮かぶ）

spread oneself（広がる）

(2)「～される」《受身》と訳すとよい場合

The sight **impressed itself** upon my mind.	その光景は私の心に<u>やきつけられ</u><u>た</u>。《印象づける→づけられる》
The hills **wrapped themselves** in a thick mist.	丘は濃い霧に<u>つつまれた</u>。《つつむ→つつまれる》

《注意》 この訳し方は，再帰代名詞のさすものが無生物のときに利用できることがあるが，⑴ほど広くない。

(3)何かほかに語を補って訳すのがよい場合

The fact is so plain that it **explains itself**.	事実は簡明だから<u>自然に</u>説明がつく〔ことさら説明を加えなくてよい〕。

He **allowed himself** to be taken upstairs.	彼はおとなしく2階に連れて行かれた。

《注意》 cry oneself hoarse(声がかれるまで泣く)のような用法については p.210 , §16,(1)を参照せよ。

(参考) 自動詞または受身に訳すのがよいというのは，あくまで訳文を作る上でのことであって，英語の自動詞・受身におきかえても全然意味に変化がないということではない。再帰代名詞を目的語にした場合は，通常，「他のものからの働きかけを受けずに自分自身の意志〔努力〕で」といった気持が含まれる。再帰代名詞が無生物のときは，意志ということはほとんど問題にならないが，たとえば，(1)，②の form itself なら，人間がまとめる努力をしないのに，plan が自然に自分だけでまとまる，という気持である。また，再帰代名詞を用いても用いなくてもいえる場合《たとえば，get (one-self) out of water（水から出る）など》には，再帰代名詞を用いたほうが，主語になるものが，「努力して（やっと）～する」といった気持が，強く表現されることも少なくない。

§ 21　再帰代名詞を含む注意すべき成句

(1)再帰代名詞だけを目的語にとる動詞
　　absent oneself (from)（[～に]欠席する）
　　avail oneself of ～（～を利用する）
　　pride oneself on ～（～を自慢する), etc.

(研)(究)　その他，**be-**, **over-** のつく動詞はしばしば再帰代名詞を伴う。
　　betake oneself（行く）　　**oversleep** oneself（寝過ごす）
(参考)　このような動詞を**再帰動詞**(Reflexive Verb)という。

(2)そのほかの動詞の場合

He **found himself** reduced to poverty.	彼はいつのまにか貧乏になっていた。
I **found myself** on the bed.	気がついてみると私はベッドの上にいた。

apply oneself to ～（～に専心する)　help oneself to ～(～を自由にとる)
enjoy oneself（楽しむ)　　　　　repeat oneself（くり返す)
excuse oneself（言い訳する)　　　revenge oneself on ～
　　　　　　　　　　　　　　　　　　　　（～に復しゅうする)
flatter oneself（うぬぼれる)　　　say to oneself（内心思う)
cannot bring oneself to〔do〕（[～する]気になれない), etc.
《注意》 say to oneself が「(声を出して)独りごとをいう」という意味に用いられることはまれである。

(3)「前置詞＋再帰代名詞」

beside oneself（われを忘れて，気違いのようで）

between -selves（～の間だけで）

by oneself（＝ alone）（単独で）

in spite of oneself（[自分の意志に反して]思わず知らずに）

in oneself（それだけで[は]）

for oneself（自分で）

of oneself（ひとりでに）

《注意》 for oneself は，強意用法の oneself とたいして変わらない。また，これは，文字どおり「自分自身のために」という意味で用いられることもある。

§ 22　指示代名詞

次の２つが**指示代名詞**（Demonstrative Pronoun）である。

　{ 単数：**this** —— 複数：**these**
　{ 単数：**that** —— 複数：**those**

《注意》 **1.** このほか，such, same, so なども指示代名詞に加える人もあるが，本書では，これらは不定代名詞（p.125 以下）の項で扱うこととする。

　2. *this* book（この本）のように名詞につけば，この this は**指示形容詞**ということになるが，それも一括してここで扱うこととする。

§ 23　This, That の用法

(1) this（これ）は近くの，**that**（あれ）は遠くの，人・ものをさす気持で用いるのが原則である。

　at **this** moment（目下）—— at **that** moment（あの瞬間に）

　in **these** days（このごろ）—— in **those** days（当時）

両者が対照的に用いられることもある。（§24,(1)も参照）

This book is mine, and **that** (book) is yours.	この本は私ので，あれはきみのだ。

研究 **1.** this, that が，次に名詞を伴わずに単独で人間をさすのに用いられるのは，This is my son.（これは私のむすこです）のように，This〔That〕is で始まる文の場合だけである。ただし，these, those はそれ以外でも人間を意味するのに用いられる。(p.123 参照)

2. 前後関係を考え，慣用語法に注意して，this, that が何をさしているのかを見きわめることが必要である。単に機械的に「これ」「あれ」と訳すだけでは正しい訳文を作れないことも少なくない。次例を参照。

Let's get out of **this**(= this place).	ここを出ようよ。
What day of the week is **this** (= this day)?	きょうは何曜日だ。
Who is **this**?	どなたですか。《電話の相手をさす《米語》》(英国なら that)
This is George Opp speaking.	こちらは G. Opp です。《自分》
This is your new teacher.	こちらが新しい先生です。《第三者》

そのほか，「こんなふうに」の意味では like **this** 以外に like **that** もある。

(参考) this, that が対照的に用いられているときは別として，this が「近」，that が「遠」とはかぎらない。話し手の主観によって，同じものについてどちらも使えることがある。

(2) ①前に話題に出た名詞のほか，②文（の一部分）またはその大意をさすのにも用いる。②の場合，**this** はすでに述べたことの内容，またはこれから述べることのどちらをさすのにも用いるが，**that** は前に述べたことをさすのに用いられるだけである。

① His *shrewdness* was amazing, and **this** was a rare quality among the people.	彼の抜けめのなさは驚くばかりだったが，これはその人びとの間ではまれな性質だった。
A fence divided his *garden* from **that** of the next house.	さくが彼の庭と隣の家の(それ)とを仕切っていた。
② I wonder what made him say all **this**.	なぜ彼はそういうことをいったのかしら。
What I want to tell you is **this**.	私がきみにいいたいと思うことはこう〔次のこと〕だ。
He promised to help you, but you must not tell **that** to any one.	彼はきみに力を貸すと約束したが，そのことはだれにもいってはならない。

研究 ①の用法の this は比較的まれであるが，that のこの用法はきわめて多い。例文のように，次に of のくることがとくに多いが，そうではない場合もいくらもある。次の例を参照。なお，this をこのようには用いない。

> the *books* on the table and **those** on the floor
> （テーブルの上の本と床の上のそれ〔＝本〕）
> the *door* opposite to **that** opening into the garden
> （庭へ出るドアと向かい合っているドア）

次のように，複数を that《単数》で受けること，またその逆もできる。

We cannot endure such *inequalities* as **that** (= the inequality) which exists among them.	私たちは彼らの間に存在する（不平等の）ような不平等には耐えられない。

「that〔those〕＋前置詞〔分詞・関係代名詞〕」のときは，だいたい，that を一応「それ」と訳し，その日本文から「それ」が何をさすかを考えればよい。

（参 考） ②の用法の this は，前に述べたことを要約する気持であり，that は述べた文句をそのままくり返す気持でふつう用いられる。

(3)those ＝ people の意味に用いる場合

Those present were very glad.	その場にいた人びとはとても喜んだ。
Heaven helps **those** who help themselves.	天はみずから助くるものを助く。〔ことわざ〕

研究 those who はやや固い言い方。口語体ならば people who である。なお，a person who の意味で that who とはいえない。

(4)this ＝ thus; that ＝ to that degree の場合

I know **this** much.	これだけはわかっています。
It was **this** big.	それはこのくらい大きかった。
I can't walk **that** far.	そんなに遠くまでは歩けない。

《注意》 this, that の副詞用法で，口語ないし俗語の言い方。次が形容詞や副詞だから一見してわかるはずである。

（参 考） その他，やや特殊な用法を，簡単に次にあげておく。
① 非難・軽べつ・好意・称賛などの感情を含んで用いられるときがある。(p.113 ,(2) **研究** 2 参照)

These inexperienced maids are always breaking dishes.	慣れないお手伝いってやつは，のべつさらを割るんだ。

② 俗語では，There was a girl ～ を，There was *this* girl ～ などという。

③古風な用法では, *that* which (＝what) seemed promising (有望そうだった
こと) のように, that を a thing; something の意味に用いる。

④that (those) があとにくるものをさす例もまれにはある。

　　in *those* two most conservative institutions, the church and the universities
　　(もっとも保守的な2つのあの伝統ある施設, 教会と大学において)

⑤that Mary のように人名に that をつけると軽視や, けなす含みになることがある。

⑥p.102, §9(2) (参考)1 を参照。

§24 指示代名詞に関する成句的表現

(1)this (後者)〜 that (前者)

The dog and the cat are both useful; **this** keeps mice away and **that** watches through the night.	犬とねこは両方とも役にたつ。後者(＝ねこ)はねずみを寄せつけず, 前者(＝犬)は夜のあいだ番をする。

研究　複数名詞をさすには these, those を用いる。また, この this, these のかわりに the latter を, that, those のかわりに the former も用いる。

(2)this ... and that (あれやこれや)

We were talking **this** and **that**.	われわれはあれこれ (いろいろなことを) 話していた。
He looked **this** way and **that** (way).	彼はあちらこちらを見た。

(3)その他

I must consult him, **and that** at once.	私は彼に相談しなければならないそれも〔しかも〕さっそくにだ。
He was very young **at that**.	その上彼は非常に若かった。

　　that is (to say) (すなわち) (＝in other words)

　　for all *that*〔*this*〕 (それにもかかわらず)

　　That's right. (そのとおりだ), etc.

研究　at that には,「それを聞く〔見る〕と」「それでも」の意味もある。

(参考)　1. *that* is to say のかわりに *this* is to say ということもある。

　2. **this, that; these, those と it, they の相違点** :

　this, that は, 前に述べたこと・ものをさすのに用いられる点で, it, they などと共通する点があり, 事実, どちらも使える場合もあるが, 訳語の上での相違は別として, 両者には次のような相違がある。

① 前に述べたこと(の要旨)をさすには, 一般に this, that のほうが it より強い。

② §23,(2),㊅㊆の例の that〔those〕のかわりに it, them は使えない。

③ it は前に一度述べたことをさすのに用いるだけで, 何かを指さして「それ」という意味には用いない。この場合は指示代名詞に限る。

④ 一度話題に出た複数名詞を they で受けるのはふつうだが, 目前にある人間以外のものを指さして they(それら)とはいわない。そのときは these, those を用いる。

§ 25　不定代名詞——種類と用法の概要

どういう語を不定代名詞と認めるかについては, 人により, 見解に大きなひらきがあって一定しない。本書では, 一応次の語をここで扱うこととする。

all, every, each; both, (n)either; some, any, one, none; no; other, another; such; same; -body, -one, -thing で終わる語

《注意》 以上のうち, none, -body, -one, -thing で終わる語以外は, そのあとの (形容詞+)名詞にかかる形容詞用法をもっていて, その場合には不定形容詞(Indefinite Adjective)と呼ぶのが正しいことになるけれども, 以下では便宜上, 両者を一括して扱うことにする。

(参考) 次のようなものまで不定代名詞に含めている人もある。

many, much, few, little, certain, enough, a man, a good deal, etc.

(1)不定代名詞と冠詞

不定代名詞が形容詞的に用いられ, 後続の名詞にかかる場合, その前後に冠詞がおけるものと, おけないものがある。《例文は以下を見よ》

冠詞を伴うことができないもの	冠詞とともに使えるもの			
	the のあと	a のあと	the の前	a の前
every, each, (n)either, some, any, none, no, another ; -body, -one, -thing で終わる語, (one)	other one same	one	all both	such

《注意》 1. 冠詞とともに使える語も, 冠詞を伴いうるというだけで, same 以外は, 後続の名詞の性質などにより, 冠詞を伴わないことも多い。

2. one と冠詞の関係についてのくわしいことは p.138 以下を参照せよ。

3. *either* 〜 or; *none* the less のように，後続の名詞にかかるのではない用法の場合は，ここに述べたことは当てはまらない。

4. the を伴える語は，this, that を伴うこともあるが，*this* other 〜，*this* same 〜，*those*〔*these*〕ones などは比較的，またはきわめてまれである。

（参考） **1.** all a 〜もやや特殊な場合にはある。a のつく語はつねに所有格である。
pick up *all a* tramp's ways（浮浪者のくせをすべて身につける）

2. such は，a なら〈such a ＋名詞〉の語順だが，one なら one such idea のようになる。また，the first〔only〕such error, the clearest such cases（もっとも明白なそういう事例）のように，直接でなければ the がつくこともある。

(2)不定代名詞と人称代名詞の所有格

所有格を伴うことができないもの	所有格を伴うことができるもの	
	前におくもの	あとにおくもの
each, (n)either, some, any, none, no, another, such, same, -body, -one, -thing で終わる語	all（§ 26） both（§ 29）	every（§ 27） other（§ 36）

研究 **1. one** は，通常 my(etc.) one とはいわずに mine(etc.) とするが，形容詞が間にはいれば，my(etc.) old one などということができる。

2. my, etc. を伴わない語の場合は，of を用いて，*each*〔*none*〕 of his pupils（彼の生徒のそれぞれ〔だれも〜ない〕）；*such* an idea *of yours*（きみのそんな考え）のようにいう。

3. He lost *his all*.（彼はすべてを失った）のような言い方もあるが，この all は完全に名詞化していて，あとの名詞にはかからない。

(3) 不定代名詞の格・数

不定代名詞はすべて，主格・目的格は同形である。また，①所有格《-'s》，②複数形《-s》，を作れるのは次の語だけである。

①を作れるもの	one, other, another; -body, -one で終わる語
②を作れるもの	one, other

研究 other's, others', another's という所有格は，each other's, one another's の場合以外はまれである。通常は，そのかわりに of を用いたり，other men's

など，名詞の所有格を加えた言い方をする。

(4)不定代名詞相互の配列順序

2つ《または3つ》の不定代名詞を並べるときは，次の表の若い番号に属する語から先に並べる。

① all, every, some, any, no,〔none, each〕

② other〔another〕　　③ such　　④ one

〈例〉　every other day（1日おきに）

　　　some such accident（何かそんな事故）

　　　other such men（ほかのそういった人びと）

研究　1.（n)either, both, same および -body, -one, -thing で終わる語は，通常，他の不定代名詞と並べて用いることはしない。《all the same という言い方の all は通常代名詞ではない》また①の語を2つ重ねて用いることもしない。

2. one(s) は all, both, none の直後には用いないが，それ以外の上掲の語および same, either の次には用いる。《例：the other one, no one, etc.》such のときは such *a* one となる。

3. each other, each one はいう。each such はいわないが，次に名詞が続けばいう。

4. **none such**（= none like that）は文語的な言い方で，次に名詞を伴わない。これに対し，**no such** は次に必ず名詞を伴って用いる。

5. **none other** は，次に名詞を伴わず用いるが，やや古い語法。

6. such と (an)other の配列は，あとに名詞を伴わないときは，such others, such another となるのがふつうである。

§ 26　All の用法

(1)3つの用法：all には，①単独で用いて「すべての人〔こと・もの〕」を意味する，②前後の(代)名詞にかかる，③「すっかり」「まったく」の意味で形容詞・副詞にかかる，の3用法がある。

① **All** are dead except Tom.	トム以外はみんな死んだ。
All was still outside.	外はすべて静かであった。
② **All** things have an end.	すべてものには終りがある。
③ He lived **all** alone.	まったくひとりで暮らしていた。
The end came **all** too soon.	終末はあまりにも早く訪れた。

研究 ①では，**all** が人を意味する場合には複数に扱い，人以外のものをいう場合は単数に扱うのが原則であるが，後者の場合でも，前後の関係から all の中に含まれるものが多数であることがはっきり意識されているときは，複数に扱われる。

(2) all のかかる(代)名詞は単数のときも複数のときもある。

all (the) *day* （1日じゅう）　　**all** these *days* （これら毎日の間）
all the *town*（町全体〔の人びと〕）　**all** the *towns* （それらの町全部）
all *this* （こういうことすべて）　**all** *these* （これらのものすべて）

研究 **1.** 「**all＋単数名詞**」の場合の all は whole の意味で，1つのまとまったもの全体をいう。all だからといって，次が複数とはかぎらない点に注意せよ。

2. 否定文では all day を用い，the はつかない。

参考 all の2つの異なる用法を明りょうに示すものとして，次の例がよくあげられる。

① *All* the angles of a triangle are 180°.	3角形の角の<u>総和</u>は180°だ。
② *All* the angles of a triangle are less than 180°.	3角形の角は<u>みんな</u>〔どれも〕180°以下だ。

現在 all は，②の「どれもみんな」（＝ every）の意味に用いられるのがふつうで，①の「全部合わせた」の意味のときは，together, combined などを加えて誤解を避けることが多い。

(3) 名詞・指示代名詞にかかる all は，通常その前におく。人称代名詞にかかるときは，通常そのあとにおく。

① Soon he saw **all** *this*〔*it* **all**〕.	まもなく，彼にはこういうことがみんな〔そのことすべてが〕わかった。
② **All** *these* young students love him.	この若い学生たちはすべて彼を愛している。
③ *We* **all** love him.	私たちはみな彼を愛している。

研究 **1.** ①で this all や all of this はいえるが，all it はいえない。

2. ②では，*All of* these ～ ということもできる。また，These young students **all** love ～ も可能である。しかし *all of* young students《the なし》とはいわない。

3. ③は *All of us* love ～ または *We all of us* love ～ も可能。

4. be または助動詞を含む文では，次のようにいう。

| They were **all** gone. | 彼はみんな行ってしまった。 |
| They'll **all of them** be killed. | 彼らは全部殺されるだろう。 |

5. all はその次にくる代名詞の所有格にはかからない。したがって，all our joy は「われわれの喜び全部」の意味であって，「われわれ全員の喜び」ではない。後者を意味するには，the joy *of us all* としなければならない。

(4) all の注意すべき訳し方

(a)「だけ」と訳すとよい訳文になることがある。

| That is **all** I know. | 私が知っているのはそれだけだ〔それが私の知っているすべてだ〕。 |
| **All** you have to do is (to) wake me up at six. | きみがしなければならないことは私を6時に起こすことだけだ。 |

🅡🅡 このように all を訳すとよいのは，あとに関係代名詞《上文ではそれが省略されているが》が続く場合に，だいたいかぎられる。

(b) not 〜 all （全部が〜ではない）〔部分否定〕

| **All** books are **not** good. | すべての本がよいとはかぎらない |
| **Not all** books are good. | 〃　　〃　　〃 |

🅡🅡 この2つの文の意味は同じことであるが，始めから部分否定であることを明示する not all 〜 を用いるほうがふつうである。

（参考） not 〜 all；all 〜 not が，例外的に全部否定のこともある。

| He did *not* turn up *all* the three months I was there. | 彼は，私がそこにいた3か月間ずっと顔を見せなかった。 |

(5) all を含む成句

(a) not 〜 at all （全然〜ではない）

| He was **not** surprised **at all**. | 彼は全然驚かなかった。 |
| He is **not at all** suitable for the post. | 彼はその地位には全然向いていない。 |

🅡🅡 at all だけは「いかなる程度〔点〕でも」という意味である。それに否定が伴うと上記の意味になるが，否定の伴わないときも少なくない。

| If he is **at all** suitable for the post, I'll employ him. | 彼が多少でもその職に向いているのなら，雇いましょう。 |

(b) after all （結局）； all but （ほとんど，もう少しで）

| **After all** it is not so bad. | 結局それほど悪くもないんだ。 |

The job is **all but** impossible.	その仕事はほとんど不可能だ。

研究 1. all but ＝ almost は, その直後に形容詞・動詞がくる場合の意味で, それ以外では, 通常文字どおり「～を除いたすべて」を意味する。

2. 「**all ＋抽象名詞**」などの言い方については p.38を参照。

§27 Every の用法

(1) every はつねに, それによって形容される語《もっぱら単数形の名詞》があとに続くことを必要とし, 単独で代名詞に用いることはできない。

　every day（毎日）　　　　in **every** way（あらゆる点で）
　Tom's **every** word（トムのことばすべて）

研究 1. ただし, every の次に**数に関する語**《おもに数詞》**の続く**ときは, 複数の名詞を伴うことができる。((2), (b)の例を参照)

2. 「every ＋単数名詞」に対する**動詞は単数形**を用いるのが原則だが, これを受ける代名詞は複数形が用いられることも少なくない。

3. **every now and then**(時おり), **every which way**(四方八方に)のように, 例外的に, 名詞でないものが続くこともある。

(2)注意すべき訳し方

(a)not ～ every（全部～のわけではない）〔部分否定〕

I can**not** invite **every** boy.	全部の少年は招けない。
He does **not** come **every** day.	彼は毎日来るわけではない。

(b)「ごと(に)」と訳すのがよい場合

　every other day（1日おきに）**every** few hours（数時間ごとに）
　every moment（一瞬ごとに, 今か今かと）
　(at) **every** three miles（＝ **every** third mile）（3マイルごとに）

With **every** cough I felt a great deal of pain.	せきをする<u>ごとに</u>私は非常な痛みを感じた。

《注意》 every の次が three なら複数, third なら単数, であることに注目。

研究 **every other ～**は「他のすべての～」の意味にも用いられる。
　　Every other boy agreed.（ほかの少年はみんな同意した）

(c) ＝ **all possible**（ありとあらゆる）の意味の場合

There was **every** reason for them to marry.	どう見ても彼らが結婚するのは当然であった。
He has **every** chance of making a career for himself.	彼はどこから見たってりっぱな将来のある男です。

研究 こう訳す場合の every の次の名詞は，無形の抽象的なものである。

§ 28 **Each の用法**

(1) 3つの用法： each には，① 「それぞれの人〔もの〕」の意味で単独に用いる，②前後の(代)名詞にかかる，③ 「めいめいに」と副詞に用いる，の3つの用法がある。《all と比較せよ》

① **Each** had his own room.	各自じぶんのへやを持っていた。
Each of them bowed to me.	彼らの1人1人が私におじぎした。
② He shook hands with **each** student.	彼はそれぞれの学生と握手をした。
We〔The boys〕**each** have our〔their〕own opinion.	われわれ〔少年たち〕にはめいめい自分の意見がある。
③ We received five dollars **each**.	われわれはめいめい5ドルもらった。

研究 1. all（§26，(3)）と同様に，We *each of us* have ～（われわれは各人～を持つ）ともいえる。また，be や助動詞などを含む文では，We are *each*（*of us*）right.（われわれはそれぞれ正しい）ともいう。

2. each は原則として**単数扱い**であり，「**each of＋複数**」も単数扱いが正しいといわれている。しかし，後者の場合は，複数扱いされることもまれではない。②の第2の例のような場合は，当然複数扱いになる。

3. each は **not** といっしょには用いない。そのときは，neither, no one, not every one などが用いられる。

（参考） ③の言い方は，同じ時にいっしょに5ドルもらう意味である。②に従った We *each* received ～ならば，別々のときに各人がもらった場合でも当てはまる。

(2) each other の用法

They loved **each other**.	彼らは互いに愛しあった。
We clasped **each other's** hand.	互いの手をにぎりしめた。

研究 1. each other は「お互い」という代名詞であって，「お互いに」という副詞句ではない。したがって，「互いに親切にする」なら be kind *to* each other のように前置詞が必要である。

2. これは 2 人または 2 つのものに関して用いると一般にいわれているが，3 つ以上について用いた例も時おり見られる。

3. each other は目的語にはなるが，動詞の主語にはなれない。その場合は次の例のように，each と other を分離していう。

Each looked at **the other**.	互いに相手(の顔)を見た。
They **each** understood **the other's** thoughts.	彼らは互いに相手の考えを理解し合った。

後者は，They understood *each other's* thoughts. ともいえる。

（**参考**） **all, every, each** の相違点：すでに述べた以外に，all は中に含まれる個々のものよりも全体の意識が強く，そして文語的表現に比較的よく用いる。every は比較的口語的な表現に多く，all と大差ないこともあるが，all よりは個々のものに対する意識《「どれもこれも」といった気持》が強い。

cf.
$$\begin{cases} \text{give him ten dollars for } \textit{all} \text{ the books he has} \\ \text{(彼の本全部〔ひとまとめ〕で 10 ドル払う)} \\ \text{give him ten dollars for } \textit{every} \text{ book he has} \\ \text{(彼の本どれもこれもに〔各 1 冊につき〕10 ドル払う)} \end{cases}$$

each は個々のものを意識して用いるだけで，それらを合わせた全体は意識しない点が all, every と異なる。また，each は 2 人〔2 つ〕またはそれ以上について用いうるが，あまり多数については用いない。every は 3 つ以上のものでなければ用いない。

§ 29 Both の用法

(1)「両方とも」の意味を表し，①単独用法，②(代)名詞にかかる用法，とがある。

① **Both** are brave men.	両名とも勇敢な男である。
② We **both**〔**Both** of us〕saw it.	われわれ 2 人ともそれを見た。
They are **both** (of them) well off.	彼らは両方とも暮らし向きが楽だ。

《注意》 **1.** この用法の both は副詞的には用いない点を除き，all, each の用い方とよく似ている。それらと比較せよ。

2. both の位置その他については §25 を参照せよ。

研究 **1.** ②の第 1 の例文で，we のかわりに名詞がくれば，both (the) boys, both of the boys, the boys both, のように 3 種の言い方が可能であるが，代名詞のときに both we とは現在ではいわない。なお，名詞の場合で

も,「両端・両側」など対照的な関係にあるものは, both ends〔sides〕といい, of は入れない。

　2. be または助動詞を含む文では, both はそのあとにおくこともある。

(**参考**)「あの2人の人の妻たち」(= the wives of both of them) の意味で*both their wives*《both は their にかかる》ともいうが, 正しくない語法とされている。

また, They are gentlemen *both*. (彼らは2人とも紳士だ) のように both を用いるのはまれである。

(**2**) not 〜 both ...（両方とも〜のわけではない）〔部分否定〕

I can**not** read **both** of them.	ぼくは, それを両方とも読むことはできない。

(**3**) both 〜 and ...（〜も…も両方とも）〔相関語句〕

用例・説明は p.583 , § 4 ,(1)を参照。なお, この場合の both は副詞。

§ 30　Either, Neither の用法

(**1**) 2つのものについて用い, either は「(両者のうち) **どちらでも1つ**」, neither「**どちらも〜ない**」を意味する。

Either (pen) will do.	どちら(のペン)でもよい。
Do you want **either** of the books ?	その本のうちどちらかほしいか。
Neither (boy) went to school.	どちら(の少年)も学校へ行かなかった。

(**研究**)　1. (n)either の次の名詞は単数形であるのに注意。

　2. 疑問文の中の either は, 上例のように,「どちらか(一方)」と訳すのが適当である。それ以外のときは, 通常,「どちらでも」がよい。

　3. either は結局「一方」を意味するから, *either* of us 〔the boys〕 *is* 〜のように単数扱いするのが正しい。われわれが英文を書くときはそうするのが無難だが, 複数に扱った実例も少なくない。

(**2**) not など否定を表す語と結合すれば,「(両方) **どちらも〜ない**」の意味になる。not 〜 either のかわりに neither を用いることもある。

I do **not** agree to **either** opinion.	私はどちらの意見にも不賛成だ。
Neither of them succeeded.	彼らのどちらも成功しなかった。

研究 1. not ～ both〔部分否定〕との区別をはっきり記憶せよ。

2. not either, neither は「も～ない」と副詞にも用いる。これに対し，**not ～ too〔also〕**は「も～のわけではない」〔部分否定〕である。

He did **not** go, **either**.	彼も行かなかった。
If you don't go, **neither** shall I.	きみが行かなければ，ぼくも行かない。

3. neither of them などは単数に扱うのが正しいはずであるが，意味上は「両方とも～ない」と複数だから，複数扱いされることも多い。

(3)「**両方とも**」(＝ both)「**どちらも**」を意味する場合もあるが，だいたい成句的な定まった言い方のときにかぎられる。

At **either** (＝ each) end of the street was a lamp.	その通りの両端には街灯があった。

on **either** (＝ each) side (of) the street (通りの両側に)
on **either** bank (＝ both banks) of the river (川の両岸に)

研究 この either は，対をなしているものに関してだけ用いるのがふつうであるが，米語では，それ以外でも either ＝ both に用いることがある。

(4) either ～ or ... (～か…かどちらか)

> **not either ～ or ...**
> **neither ～ nor ...** ｝ (～も…も両方ともない)〔相関語句〕

例文・説明は pp.584 , 585 を参照せよ。なお，この either は接続詞である。

§ 31　Some の用法

(1) 通常，不特定のある数・量を表す。次にくる語によって意味が違う点に注意せよ。

(a) 単独で**代名詞**に用いる場合

① **Some** say yes, and **some** say no.	一部の人たちはイエスといい，一部の人たちはノーという。
② He had a lot of money and lent me **some**.	彼はたくさんお金を持っていて，私にいくらか貸してくれた。
③ **Some** of the rooms were vacant.	一部のへやは〔へやはいくつか〕あいていた。

研究　**1**. ②のように既出の名詞《ここでは money 》に関して「その一部」(= some of it *or* them) の意味に用いられるときは，some は人・ものどちらにも用いうるが，そうでなくて，いきなり some (①) といえば，つねに「ある数の人びと」を意味する。

2. ①，③のように，可算名詞に関連して用いた some は複数に扱われるが，不可算名詞に伴った some は単数扱いである。(例) *Some* of the money *was* given him.

3. some of ～ のかわりに **part of** ～ もよく用いられる。

4. some ～ some ...と対照的にいう(①)かわりに，**some ～ others** ...も用いられる。

(b)後続の名詞にかかる場合

① There was **some** *water*.		いくらかの水があった。
② **Some** *boy* broke it.		だれか男の子がそれをこわした。
③ **Some** *boys* broke it.		何人かの少年がそれをこわした。
④ **Some** *twenty* boys came.		およそ20人の少年が来た。

補足　この場合を公式化していえば，次のようにいえよう。
　　①「**some ＋不可算名詞**」《したがって単数》の場合→「いくらかの」「一部の」の意味。前者の場合は，日本語に訳さなくてよいときが多い。
　　②「**some ＋単数の可算名詞**」の場合→「ある」の意味。「はっきりしたことは不明だが，だれ〔何〕かある～」という気持。
　　③「**some ＋複数の名詞**」の場合→「いくつかの」「一部の」の意味。
　　④「**some ＋数詞**」の場合→「およそ」(= about)の意味。

研究　**1**. **some** と **a certain** の相違点：同じように「ある」を意味する a certain と②の some の相違点は，たとえば *a certain* boy なら，その少年がだれかわかっているが，いう必要がないなどの理由で，わざと「ある」という意味であり，*some* boy は，少年であることはわかっているが，だれであるか不明な場合の「ある」である。

2. ②よりさらに不明確さを強めるために，or other を加えることもある。some ～ or other で「なんらかの～」などと訳せばよい。

He was dismissed for *some* reason *or other*.		彼はなんらかの理由で〔どういうわけか〕首になった。

3. a は単数形の冠詞，some は複数形の冠詞ともいわれる。She bought *some* apples.（彼女はリンゴを《いくつか》買った）のような文で some をはぶくのは英語としておかしい。Give me *some* water. で some をはぶくのも「水をくれ」といった不作法な言い方になるようである。

参考 1. **補足** ④の some を副詞と見る人もある。また，数詞以外に，some few, some little などともいうが，これらは some と同意と考えてよい。

2. 特に米口語では，He is *some* pianist. (なかなかうまいピアニストだ)，I like her *some*. (とても好きだ) のようにも用いる。

(2)「一部の(人びと)」を意味する some は，「(中には)〜のものもある」「〜によっては…するものもある」などと訳すと日本文がまとまることが多い。

Some modern art is worth looking at.	近代美術(の中)には，見る価値のあるものもある。
There are **some** who do not understand it.	人によってはそれを理解しない人もある。

《注意》 sometimes も「〜するときもある」と訳すとよいことがある。

(3) some は否定文《not などを含む文》・疑問文では用いないと一般にいわれているが，

① "yes" の答えを期待またはいわせようとする疑問文

② 人に何かをすすめる言い方《「〜しませんか」》の疑問文

③ 部分的な否定の文

には some が用いられる。

① Don't you have **some** friends ?	だれか友だちがいないのかい。
② Will you have **some** tea ?	お茶を飲みませんか。
③ I do **not** like **some** of these books.	これらの本の中には好きでないのもある〔一部を好まない〕。

《注意》 any との比較については p.138 を参照せよ。

§ 32　Any の用法

(1)「どれでも」「どんな〜でも」の意味で，単独で代名詞に用いることもあるが，次に名詞または of 〜を伴うことが多い。

① **Any** of us can do it.	われわれのうちだれでもできる。
② You may read **any** book.	きみはどんな本を読んでもよい。
③ I don't want **any** of these flowers.	この花はどれもほしくない。

④ Are there among the books **any** that would interest me ?

その本の中に私の興味のあるようなものが何かありますか。

⑤ Do **any** think it wise ?

だれか〔だれでも〕それが賢明と思いますか。

《注意》　**1**．some の用法とよく比較せよ。

　2．any は 3 つ以上のもののうちの「どれでも」の意味に使う。「 2 つのうちどれでも」には either を用いる。

研究　**1**．⑤のように単独の **any** が「人」をさすことは，現在はきわめてまれである。その場合は，anybody などをふつう用いる。any of ～ ならいう。

　2．④のように，単独の any が先行する名詞《ここでは books 》に関して用いられることも，比較的少ないように思われる。

　3．「**any ＋名詞**」の場合の名詞は，単数のときも複数のときもある。

　4．any は**疑問文**（上例④）・**条件**《～ならば》を表す節の中によく用いられる。そのときは「何か」「いくらか」など，some と同じように考えて訳せばよいことも少なくない。

　5．**not ～ any** は全部否定《どれも～ない》に用いる（上例③）が，any を主語にして Any ～ not とはいわず，かわりに nobody, nothing, no ～ などを用いる。一般的に英語は否定を示す語はなるべく文頭に近づけるのである。

(2)「少しでも」（＝ in any degree）の意味の副詞として比較級の前に用いられる。

Is he **any** better today ?

彼はきょうは多少ともいいかね。

We do not think **any** the less of him for it.

われわれはそれでもやっぱり彼を尊敬する。

注：think little of「軽んずる」

《直訳：そのため少しでも彼をそれだけ軽んずることはない》

参考　I don't like it *any* （＝ at all）. （私はちっとも好きではない）のように，上記以外でこのような any を用いるのは米口語用法である。

(3) 注意すべき用法・訳し方

① It may change (**at**) **any moment**.

それは今すぐにも変化するかもしれない。

② He may come back **any day**.

彼は今日にも帰るかもしれない。

③ You can buy **any number of** horses here.

きみはここでいくら〔何頭〕でも馬を買うことができる。

補足 ①,②では,「(現在の瞬間でも次の瞬間でも)どの瞬間にでも」「(きょうでもあすでも)いつの日にでも」が直訳で,訳文のような意味になる。③では,「(20頭でも30頭でも)どんな数でも」が直訳である。不可算名詞なら **any amount of ～** となる。いずれも成句的表現である。

研究 *every* moment (刻一刻と), *every* day (毎日), *every* number (全部の数)のように *every* を用いた場合との相違に注意。any には「全部」の意味は含まれない。 any は「A でも B でも C でもどれでも(1つ)」の意味で,every は「A も B も C もどれもみな」の意味である。

参考 any と some の相違点：some は「ある(一定の)数量の」を通常意味し,「どんな(数量の)～でも」の any とは,根本的に意味が違う。否定文・疑問文などに any がよく用いられるのは,これらの文では一般に any の上記の意味のほうが適合するからにすぎない。「水がありますか」とわれわれがいう場合,通常ある一定の分量《some》の水を予想してではなく,分量は問題にせず,どんな分量《any》でもいいから水が,という気持でいうのだから any が用いられるのである。

人にすすめる場合,Will you have *some* tea? (§31, ⑶, ②) といえるのは,相手に対しある程度の関心を持ち,その飲む tea の量《1杯なり2杯なり》を予想する気持があるからであり,もし何の関心も持たず,単なる事務的な聞き方なら any が用いられる。これなら,「分量などは問題にせず,ただとにかく tea を」といった気持である。

否定の場合も同様で,「水がない」といえば,ある一定量《some》の水がないというのではなく,どんな分量《any》の水もないという意味だから,当然 any が適合する。もし「ある一定量のものがない」というのなら,*Some* people do *not* like it. のように,some ～ not としなければならない。次の例を比較せよ。

- { *some* time (いつか)
  { *any* time (いつ<u>でも</u>)

- { find *some* excuse (何か口実を見つける)
  { find *any* excuse (<u>何でもいいから</u>口実を捜す)

- { Will you have *some* more? (<u>もっと</u>ほしいですか)
  { Will you have *any* more? (<u>まだ</u>ほしいですか)

- { Didn't I lend you *some* books? (本を<u>何冊か</u>貸したんじゃなかったかな)
  { Didn't I lend you *any* books? (本を<u>全然</u>貸さなかったかな)

- { He is the only man around here with *some* money.
    (このあたりで<u>多少</u>金を持っているのは彼だけだ)
  { He is the only man around here with *any* money.
    (このあたりで<u>多少でも</u>金のあるのは彼だけだ)

§33 One の用法

one には「1つ(の)」という数詞としての用法もある。それと代名詞としての one との境目は必ずしも明確ではない。ここでは,one man, one day (＝ on a certain day) のように次の名詞にかかる用法と,はっきり数詞の意

味に用いている場合は除外する。

(1) 一般的に「人」(＝ any man) を意味する場合

One should do **one's** duty.	人は自分の義務を果たすべきだ。
It gives **one** useful information.	それは人に有益な知識を与える。

研究　1．この one の所有格は one's, 目的格は one, 再帰代名詞は oneself であるが，米語ではふつう his, him などが代用される。

2．この用法では複数形の ones は用いない。複数にすることが必要なら people などにかえねばならない。

3．代名詞であっても，この one は，前に出た名詞をさすのではない。

4．one のさす「人」の中には1人称が含まれる気持である。1人称の経験などに無関係なことがらをいう場合には，この one は用いられない。

5．この one が，結局 I の意味で用いられている場合も少なくない。

You needn't squeeze **one's** arm so.	人の腕をそんなにぎゅっとつかむことはないよ。

自分というものを表面に出すのを遠慮した言い方であるが，気取った言い方になることもある。日本語の「人(＝私)の足を踏むな」などと比較。

参考　1．この one は，we, you, they が一般に「人びと」の意味で用いられる場合 (pp. 97〜101 参照) と共通する点があるが，これらの代名詞にいつもおきかえうるわけではない。one のこの用法は文語体であって，口語，特に米語では，かわりに you をよく用いる。

2．一般的真理とまではいかなくても，ふつうに広く妥当するような(習慣的)事実について述べる文の中で，しばしばこの用法の one が見かけられる。

(2) 1人の「人」(＝ a person) をいう場合

① She was **one** to be trusted.	彼女は信頼すべき人間だった。
② He is *a* knowing **one**.	彼は頭のいい人だ。
③ You are *the* **one** to make her happy.	きみこそ彼女を幸福にする男だ。

《注意》　one ＝ a person の意味ならふつう冠詞はつかない(①)が，形容詞が前につけば a がつく(②)。また，1つしかないもの《the Holy *One* (神)》，限定された特定のもの，なら the がつく。③の the は「まさにその」といった意味の the (p. 49 参照)である。

研究　1．前出の名詞をささない点で(1)と一致するが，次の点で相違する。
① 必ず形容の語句がついていて，単独では用いない。冠詞も加えうる。

② この one を受ける代名詞は one ではなく，he, she である。

2. この one も，形容詞のついていない場合には，複数形にすることはないといってよい。その必要があるときは別の語《たとえば men, those など》を用いるのがふつうである。

3. little *ones*, young *ones* (子供たち)にかぎって，動物の子どもにも用いる。

(参考) 1. many *a one* (= many people)は文語だが，I am *a one* for plain speaking. (私ははっきりものをいうのが好きな男だ) など，直接 a がついた例が会話の文ではしばしば見られる。

2. catch〔give〕him *one* (彼に一撃くらわせる)，That's a good *one*. (それはおもしろい冗談〔話〕だ)のように成句的な少数の言い方では，前出の名詞をささない one が「人」以外を意味することもある。

(3) 前またはあとにある**可算名詞**をくり返すかわりに用いる場合
この場合は，人・ものどちらをさすにも用いることができる。

① She was picking *flowers*, and gave me **one**.	彼女は花をつんでいた，そして私に1本くれた。
② If you want a *pencil*, there is **one** on the desk.	鉛筆が必要なら，その机の上にあります。
③ He is now a *popular novelist* and looks **one**.	彼はいまや人気作家で，しかも見るからにそうだ。
④ The *car* was an old **one**.	その車は古いものであった。
⑤ The *room* was similar to the **one** I stayed in.	そのへやは私の泊まっているへやと似ていた。
⑥ The older *boys* are supposed to take care of the younger **ones**.	年上の少年たちは年下のものたちの世話をすることになっている。

研究 1. ①～③は one が単独で用いられた場合，④～⑥は形容語句がついている場合であるが，両者には次のような相違点がある。

(i) ④～⑥の one は複数で ones となるが，①，②の one に対する複数は some である。また，③に対する複数はない。次の例を参照。

If you want pencils, there are *some* on the desk.

(ii) ①～③の one は主語になることができない。

2. such a one を除き，one に直接 a のつくことはないが，the はつくことがある(⑤)。「形容詞＋one」なら，a, an が当然つく(④)。

3. ③の one は，that, such または so に変えることもできる。

4. 次の場合には **one(s)** は用いない。

(i) 先行の名詞が不可算名詞のとき。(例) I like red wine better than white.
(白ぶどう酒より赤ぶどう酒のほうが好きだ)《white one ではない》

(ii) 名詞・代名詞の所有格の直後。my one などとはいわず mine を用いる。しかし形容詞がはいって my *old* one などとはいえる。

(iii) own のあと。my own one などとはいわない。

(iv) 最上級の形容詞のあと，対照的に用いた 2 つの形容詞の 2 番めのもののあと，でも通常省略される。The story is the best.（その話がいちばんよい），old friends and new（古い友人と新しい友人）で best *one*, new *ones* はまれ。

(参考)　**1.** 形容語句を伴ったときの one《(2)にあげたものも含む》は一般に**支柱語**(Prop-word) と呼ばれる。

　2. **that**(p.122 ,(2)参照) と **the one** との相違点：
　　どちらも先行する名詞をさすのに用いるが，次のような使用区分がある。

(i) the one のほうが口語的な言い方である。

(ii) 人間を表す名詞をさすときは that は用いない。

(iii) 次に of ～がくるときは that を用いる《例：The climate of this country is like *that of* France.》が，それ以外では，可算名詞をさすのなら，the one もよく用いる。上掲⑤の例文の the one I stayed in のかわりに that I stayed in ともいえる。

(iv) that は不可算名詞をさすのにも使える。(例) This milk is better than *that*(＝ the milk) we had yesterday.

(v) the ones who〔that〕～とはあまりいわず，those who〔that〕～ がふつう。

　3. **it** と **one** の相違点：
　前に出た，人間以外のものを表す名詞は，it で受けることはいくらもあるが，例文②の a pencil を it で受けることはできない。前出の名詞が表すものそのものをいうなら it，前出の名詞の表すものと同種類であっても，同一物でなければ one で受けるのである。

cf. {
If you don't have *a pencil*, you must buy *one*.　｜　鉛筆を持っていないのなら，(1 本)買わなければいけない。
If you have *a pencil*, let me use *it*.　｜　鉛筆を持っているなら，(それを)使わせてくれ。
}

§ 34　None の用法

(1)「**not one**(＋名詞)」または「**not any**(＋名詞)」(だれ〔何〕も～ない) を意味し，one と同様に，①先行の名詞を受けないときは「人」，②受けるときは人・ものどちらについても用いる。

① **None** know(s) what hap-pened.　｜　何が起こったかだれも知らない。

He is second to **none** in diligence.	勤勉さでは，彼はだれにも負けない。
② There were many people, but **none** that he knew.	大勢の人たちがいたが，彼の知っている人は<u>1人</u>もいなかった。
You have money and I have **none** (＝ no money).	きみは金を持っているが，私は（金を）持っていない。

研究　1．none が受ける先行の名詞は単数・複数どちらでもよい。また，不可算名詞を受ける《最後の例文》こともできる点が one と違う。

　2．上の例文のように none を用いるのはおもに文語的な言い方で，口語では，**nothing, nobody, no one, not any**（＋名詞）などをよく用いる。

　3．「人」について用いた none はしばしば複数扱いをするが，不可算名詞を受ける none はもちろん単数扱いである。

　4．all, each などの場合と同様に，We *none of us* knew it.（われわれはだれ1人それを知らなかった）などの言い方もある。

参考　上掲のほか，次のような言い方もまれに見られる。*Sounds* there were **none**.（物音は何もしなかった），*Money* I have **none**.（お金は私は一文もない）その他，none other than ～（ほかならぬ～）など古めかしい語法もある。

(2)none of ～は not any〔one〕of ～（～のうちどれ〔だれ〕も…ない）の意味にも用いるが，not ～ at all と同様に否定の意味を強調する働きをすることが多い。

None of them are here.	彼らのだれもここにはいない。
He is **none of** my friends.	彼は私の友人などではない。
That's **none of** your business.	それはきみの関係したこと〔知ったこと〕ではない。

《注意》　この **none** の数の扱いは，(1)，**研究** 3に準ずる。

(3)「the ＋比較級」「so〔too〕＋形容詞〔副詞〕」の前について強い否定《not at all》を表す。

I am **none** *the happier* for it.	それだからといって私は前より少しも幸福ではない〔やっぱり不幸だ〕。
He is **none** *so young*.	彼はちっとも若くなんかない。
The salary is **none** *too high*.	給料は少しも高すぎやしない。

《注意》　1．この none は副詞。all, any などの類似用法と比較せよ。

　2．「none the ＋比較級」については p.540 を参照せよ。

§ 35　No の用法

(1)not any（どんな～も…ない）の意味で，必ず次に「（形容詞＋）名詞」を伴って用いられる。《その点で every と同じである》

No boy answered the question.	どの少年もその質問に答えなかった。
We have **no** information.	私たちはなんの情報も持たない。

> 補足　頭の中で，*Any* boy *did not* answer ～，We have *not any* ～のようにおきかえて，「ない」が動詞に接続するように訳すと日本文がまとまる。

《注意》 no の次の名詞は単数・複数・可算名詞・不可算名詞どれでもよい。

(2)単なる打消しにとどまらず，no のかかる「（形容詞＋）名詞」とは反対のことを暗示する場合もある。

He is **no** fool.	ばかじゃない〔抜けめはない〕。
I am in **no** hurry.	（けっして）急いでなどいない。
She has **no mean** talent.	なかなかたいした才能がある。

研究　**1.** この用法の no は，とくに動詞 be といっしょによく用いられる。

2. be no good〔different〕（だめだ〔少しも変わらない〕）のような成句的な表現にかぎって no が形容詞だけにつくことがある。

副詞として比較級の前に用いられる no については p. 538 参照。

§ 36　Other の用法

(1)「ほかの（もの）」を意味し，前《ときにはあと》にある名詞に関連して用いるときは，人・ものどちらもいうが，そうでなければ「ほかの人」の意味に用いるのが原則である。形容詞としても用いる。

① Do to **others** as you would be done by.	自分がしてもらいたいように他人にもせよ。
② The box is too small; give me the **other** (one).	この箱は小さすぎる。もう１つのほうをください。
③ He loved this book and **others** of the same kind.	彼はこの本やこれと同種のほかの本も好きだった。
④ I have some **other** things to do.	ほかに（いくつか）仕事がある。

研究 1. ②では，箱が2つあって「その残りの1つ」だから the other である。多数あって「もう1つ」の意味ならば another《§37》を用いる。

2. other's, others'（他の人〔たち〕の）という所有格もある。しかし口語では，other man's, other people's などというほうがふつうである。

3. 次のような場合の訳し方に注意せよ。《other ＝ farther 》

on the **other** side of the bay（湾の対岸に）

at the **other** end of the gorge（峡谷のむこうの端に）

参考 other の複数形は others であるが，of を伴って「〜のうちの他のものたち」という場合にかぎって，many *other* of the men のようにいうこともある。

(2) 次に名詞を伴ったときの other は他の不定代名詞に比べていっそう形容詞に近く，次のような語を前におくことができる。

〔所有格〕*his* other friend　〔指示代名詞〕*this* other boy

〔疑問詞〕*what* other means〔不定代名詞〕*any* other thing

研究 1. any〔no〕other thing などのかわりにむしろ anything〔nothing〕else などがよく用いられる。なお，§25を参照せよ。

2. *an* other（＋名詞）とはいわないが，*one* other（＋名詞）はいう。

3. 数詞といっしょになるときは，the other two (men)，the two other men，the two others のいずれも用いられる。

参考 other と the ：

① 前に this, any など冠詞と両立しない語がくれば，もちろん the はつかない。

② 次に名詞がくれば other を純粋の形容詞と考えてよく，その名詞の意味・用法によって the の有無はきまる。したがって抽象名詞などがくれば，無冠詞のことが多い。

③ 一定数のうち一部を除いて「残り（全部）」なら the others《2つのうちの一方なら⑴，**研究** 1のように単数》，不特定の数の「他のもの」なら the はつかないのが原則。

④ 代名詞として単独で用いた other《単数形》には，次の場合を除き the がつく。

(i) one or other: by *one* means *or other*（何らか〔どちらか〕の方法で）

しかし，はっきり2つの方法について「どちらか」というなら the がつくことも多い。

(ii) some or other:（例文は p.135，**研究** 2を見よ）

(iii) other than: I do not bend the knee to *other than* God.（私は神以外のものにひざを屈することはしない）《まれな言い方である》

(3) other を含む成句的な言い方

(a) one 〜 the other …（1つは〜残り〔もう1つ〕は…）

There were two books; **one** was thick and **the other** was thin.	2冊の本があって，1冊は厚く，もう1冊は薄かった。

(研)(究)　**1．** この one に the がつくこともある。

2． この言い方のかわりに，one ～ one ...ということもある。

(b) the　one ～ the　other ...（前者は～後者は…）

| There were a thick book and a thin one; **the one** was his and **the other** was mine. | 厚い本と薄い本とがあった。前者は彼ので，後者はぼくのだった。 |

(研)(究)　この the one は，通常「前者」をさすが，ときにはこれが「後者」をさし，the other が「前者」をいうこともあるから前後関係に注意せよ。the former（前者）～ the latter（後者）を用いればそのまぎれはない。

(c) some ～ others ...（一部のものは～一部のものは…，～のものもあり…のものもある）

| **Some** men agreed and **others** disagreed. | 人によって賛成するものもあり，しないものもあった。 |

(研)(究)　**1．** かわりに **some ～ some** ...という言い方もある。

2． some or other (p.135, (研)(究) 2) と混同してはならない。

3． sometimes ～ at other times〔sometimes〕 ...（～のこともあり…のこともある）も，これの1つの場合である。

(d) on the one hand ～ on the other（hand）...（一方では～他方では…）

| **On the one hand** I have to study, **on the other hand** I have a lot of visitors. | 私は一方では勉強しなければならないし，また一方ではたくさんの来客がある。 |

《注意》 on the one hand は文の中に出ていないことが多い。

(e) other than ～（～とはちがった；～とは別の）

| Any men **other than** yourself cannot manage it. | あなた以外のだれもそれをやってのけることはできない。 |
| It was no〔none〕 **other than** the queen. | それはほかならぬ女王その人であった。 |

(参考)　other (than)＝ in any other way (than)（＝ otherwise）のときもある。

(f) その他

the **other** day（先日）　one after the **other**（次々に）
somehow or **other**（なんとか）

§ 37 Another の用法

(1)「もう1つの(もの)」「別の(もの)」を意味する。

I'll take **another** cup of tea.	もう1杯お茶を飲もう。
That's **another** story.	それは別の話だ。

《注意》 文により，上記のどちらの訳語を用いても大差ない場合もある。

研究 **1.** an と other が1語になって作られた語だから other に準じて考えてよいが，冠詞と両立できない語《some, this など》は伴わない。また次にくる語は，特別な場合を除き単数である。そのほか§25を参照。

2. 最初から2つと定まっているもののうち，「もう1つのほう」なら the other である。another は，はっきり数の定まっていないものについて，そのうちの「もう1つ」(= one more) というときである。

《参考》 数詞または few のついた複数の前につけることはできる。
another ten(= ten more) years(もう10年)，**another** few dogs(もう数匹の犬)

(2)訳し方に注意すべき場合

He is a fool and you are **another**.	彼はばかだし，きみもそうだ。《cf. ... and so are you.》
He will be **another** Edison.	彼は第二のエジソンになるだろう。

《注意》 「a(n)＋固有名詞」(p.54, § 7, I) と比較せよ。

(3)成句的な言い方

(a)one thing ～ another ...（～と…は別のこと〔無関係〕だ）

It is **one thing** to know, and (it is) **another** (thing) to teach.	知っているということと教えるということは別物だ。

(b)one another（お互い）

We shook hands with **one another**.	われわれは互いに握手をした。

《注意》 原則として3つ以上のものについて用いられるが，each other (p.131)と同じ意味で2つのものについて用いることもある。用法は each other に準ずる。

(c)one after another（次々に）

The boys came in **one after another**.	少年たちは次々にはいってきた。

研究 **1**. *One* city *after another* was captured. (都市が次々に攻略された) のように離して用いられることも多い。

2. そのほか，of *one* kind *and another*（さまざまの種類の）; in *one* way *or another*（なんらかの方法で）（= some ～ or other）などがある。

§ 38 Such の用法

(1)①代名詞として単独で「そんなもの〔人〕」を意味するほか，②次の名詞《単数・複数・可算名詞・不可算名詞いずれでもよい》にかかる形容詞として，「そんな」「こんな」の意味に用いる。

① **Such** were the results of his labor.　　彼の苦心の結果はこの〔上に述べた〕ようなものであった。

②I have never seen **such** a beautiful sight.　　私はこんな美しいけしきを見たことがない。

この用法は such 本来の用法であるが，現在《特に米語》では，文語的な固い言い方として，日常ふつうには用いられなくなっている。

研究 **1**. ①はとくに古風な言い方。ここの such は補語。

2. 代名詞としての such は，さしているものが複数ならもちろん複数の扱いを受ける。（例）He took taxis, whenever any *such were* available.（彼はおよそタクシーというものが利用できるときはいつも使った）

3. 冠詞とその他の語との配列順序は§25, ⑷参照。

4. 数詞などは such の前におく。（例）*two*〔*many*〕*such* men

5. 口語では，「すばらしい」「とてもひどい」などの意味で such を用いる。現在ではこの用法のほうがふつう。これでは「そんな」という，何かをさす意味は含まない。

We had **such** a good time !　　われわれはとても楽しかった。

He is **such** a liar.　　彼はひどいうそつきだよ。

The crowd was **such**, I couldn't get in.　　人だかりがひどくてはいれなかった。

参考 特定の人・物を実例にして「…のような～」の意味でI don't like such a man. / I like a pie *such as*〔*such* a pie *as*〕she used to make.（彼女がいつも作っていたようなパイが好きだ）というのは，今では文語的な表現になっている。that sort of man, a man like him; a pie like she used to make のようにいうのがふつうである。一方，such を「想像以上に…な」といった気持を裏に含んだ強調《**研研**》

5の例文》的な意味で用いる傾向は強まっているようである。

(2) とくに注意すべき相関的用法

(a) such that ～ （～ほどのもの；たいしたものなので～）

　　　 such that … （しても なので ； ほどに ）

① **Such** was the noise **that** we could hardly hear him.	騒音は彼のことばが聞こえないほど（のひどさ）だった〔とてもひどくて…はほとんど聞こえなかった〕。
② He talked in **such** a way **that** they were moved to tears.	彼らが感動して涙を流すような話し方で話をした〔話し方が巧みなので感動の涙を流した〕。
③ She was **such** a nice girl **that** they loved her.	彼女はとてもよい娘だったのでみんな彼女を愛した。

《注意》 この相関語句は結果・程度を表す。訳し方は，上掲のうち，日本文としてまとまりのよいほうを選べばよいが，なお，p.594 を見よ。

研究 **1.** 次のような文をこの構文と取り違えないように注意せよ。

It was *such* questions *that* I wanted to ask him.	私が彼に聞きたかったのはそんな質問だった。《It ～ that の強調》

2. that より前の部分に no, not などが含まれている場合には注意して訳さねばならない。「～ほど」と that のあとからさかのぼるようにして訳すのが比較的安全である。(p.596，**参考** 4 参照)

I am **not such** a fool **that** I believe every word he says.	私は彼のいうことをみんな信じるほどばかではない。

「～ので」と訳すならば，that 以下でも否定をくり返すことが必要で，「ばかではないから彼のいうことをみんな信じはしない」とする。

3. ①のような such《次に名詞がない》は文語用法である。

参考 **1.** この that は省略されていることもある。

She wore *such* thin clothes it is no wonder she caught cold.	彼女はとても薄い着物を着ていたのだから，かぜをひいたのもむりはない。

2. 学術書などでは下掲のような such that がめずらしくない。学者臭のある固い表現である。

every triangle *such that* two sides of it are equal（2辺が等しい〈ような〉すべての三角形）/ a semantic relationship between the two clauses *such that* one action does not occur without the other one（2つの節の間にある，一方の行為

がなければもう一方の行為も生じないという〈ような〉意味関係)

(b) such ～ as ...（…のような～）

such as ～（～のようなもの〔人〕）

① I like **such** men **as** he.	私は彼のような男たちが好きだ。
② They never had **such** a warm reception **as** that.	彼らはそんなに盛んな歓迎を受けたことがなかった。
③ **Such as** are rich should help others.	金のあるような人たちは他の人びとを援助すべきである。
④ The sound was **such as** they have never heard.	その物音は彼らが聞いたこともないようなものであった。
⑤ Many European languages, **such as** French, Italian and Spanish, are from Latin.	多くのヨーロッパの言語，たとえばフランス語・イタリア語・スペイン語は，ラテン語からきている。

《注意》　①では，as の次が he と主格であるのに注意。次に is を加えてもよい。③の such は such people as または those who の意味で複数扱いである。⑤のように「コンマ＋such as」のあとにいくつかの名詞が並ぶのは，「たとえば～のような」（＝ for example）と例をあげる言い方である。

研究　**1.** *such* men *as* he のかわりに men *such as* he ともいう。

2. ⑤を除いて，その他は多少とも文語的な言い方である。とくに③，④はそうである。口語ならば，men *like* him などという。(p.147,（**参考**）を参照)

（**参考**）　**1.**「such＋無冠詞の名詞」は，「わずかばかりの」「つまらぬ」などといった軽侮的な意味を含んで用いられることもある。(例) *such* plot *as* he framed (彼がたくらんだようなけちな陰謀)

2. such（～）that と **such（～）as** の相違点：

① as 以下は such（～）の内容をはっきりさせるために追加された説明であるが，that 以下は通常結果を表す。(この as については関係代名詞の項(p.186)を参照)

② as の次には動詞のないこともあるが，**that 以下には必ず動詞**が含まれる。

③ as のあとにくる部分は，主語・動詞・目的語などのどれかを欠いていて文として成り立ちえないが，that の次にくるものはそれらを全部備え，文を成すことができる。

しかし，訳し方からもわかるように両者は共通する面もあって，次の例のようにどちらの構文も使える場合もある。ただ that 以下は as 以下にない語を含むのに注意せよ。

He made *such* an excellent speech　{ *that* everybody admired *it*.
　　　　　　　　　　　　　　　　　　 { *as* everybody admired.

The lecture is *such* $\begin{Bmatrix} that\ it \\ as \end{Bmatrix}$ can be easily understood.

なお，正しくない言い方とされているが，that のかわりに as を用いた例，または
その反対の例も，やや古い英語ではことにしばしば見られる。

(c) such ～ as to＋動詞（…するような～；…するほどの～）
such as to＋動詞（…するようなもの〔人〕）

① I am not **such** a fool **as to** believe every word he says.	私は彼のことばをみんな信ずるほ<u>どの</u>ばかではない。
② His language was **such as to** be intelligible to us.	彼のことばはわれわれにわかる<u>よ</u><u>うな</u>ものであった。

《注意》 ①と(a) 研究 2の文を比較せよ。①は such （～） that を簡略にし
た言い方で，内容的には同じことになる。結果を表すのが原則であるが，訳は
上例のように，to の次から訳したほうがまとまりやすい。

研究 (a) 研究 2の文のように，that の前の部分の主語と that 以下の部分
の主語が同じものである場合，上の例文のように短縮できる。②を書き換えれ
ば，... such that *it* (＝ his language) was intelligible ～ となる。

(3) such を含む成句的表現
(a) as such（そういうものとして；それだけで［は］）

He is a foreigner and must be treated **as such**.	外国人だから外国人（＝<u>そういう</u><u>もの</u>）として扱わねばならない。
Wealth, **as such**, does not matter much.	富は<u>それだけでは</u>たいしたもので はない。

(b) such as it is（たいしたものではないが）

The law, **such as it is**, must be respected.	法律は<u>たいしたものでもないが</u>， 尊重されねばならない。

《注意》 law が単数だから，それをさして単数の it を用い，such as it is とな
るが，もし複数の名詞が前にあれば，もちろん such as *they are* となる。

(c) such and such（これこれの）《名まえを出さずにいう》

It happened in **such and such** a place.	それは<u>これこれ</u>の場所で起こっ た。

§ 39　Same の用法

　単独で代名詞としても，また，次に名詞を伴って形容詞としても用い，「同じ[もの]」を意味し，必ず the がつく。「～と同じ」の「と」に当たる語には，通常 as または that が用いられる。

He has the **same** book **as** you.	彼はきみと同じ本を持っている。
The watch is the **same as** he showed me.	そのとけいは，彼がぼくに見せたのと同じものだ。
She is the **same** girl **that** I saw yesterday.	彼女は私がきのう会った(少女)と同じ少女だ。

《注意》　この as, that は関係代名詞。性質・用法については pp.173,186 参照。

研究　1. 第1の例文では as you have と have を加えることもある。

　2. 次のような言い方にも注意せよ。

　　the very **same**（まったく同じ）　　much the **same**（[質が]ほぼ同じ）
　　one and the **same**（同一の[もの]）

It is **all the same** to me.	それは私には全然同じことだ。
He is a rascal **all〔just〕the same**.	でもやっぱり彼は悪党だ。

参考　1. same（～）as と same（～）that の相違点：
　　① the *same* watch *as* I lost（私がなくしたのと同型のとけい）
　　　 the *same* watch *that* I lost（私がなくした[その同じ]とけい）
のように，same ～ as は種類は同じだが物は違う場合，same ～ that は物も同一である場合，に用いるといわれている。しかし例外もある。
　　② as なら次の動詞の省略《第1の例文》が可能だが，that では不可能である。
　2. as, that のかわりに who, which, where など，他の関係詞を用いた例も見られる。しかし，which を用いるのはよくないという人が多い。
　3. that が省略されていることもある。
　　I came here for *the same* reason ∧ you came.
　　（私はきみ〈が来たの〉と同じ理由でここへやって来たのだ）
　4. 次のように the same が副詞として用いられることもある。

I felt *the same*（= in the same way）about it.	私はそのことについて同じように感じた。

　5.　I received the gift and thanked him for *(the) same*（= it).のように用いることもあるが，よい言い方ではないとされている。なお，same に the をつけないのは，卑俗な英語または商業文である。

§ 40 -body, -one, -thing で終わる語の用法

(1)既述した some, any, no, every に「人」を意味する one, body,「もの」を意味する thing が加わったものと考えればよい。ただし,no one だけは 2 語に書く。《または none を用いる》

〈例〉 anybody, anyone（だれでも）　　　　anything（何でも）
　　　somebody, someone（だれか[ある人]）　something（何か）

研究 1. some, any の意味・用法上の違いはここにも当てはまる。

2. ここに属する代名詞は単数扱いで,動詞は単数形をとる。しかし,nobody, everybody などを受ける人称代名詞には they が時おり用いられる。

3. every one, any one などのように 2 語に分けて書かれた場合と,はっきり区別することが必要である。これらは,1 語に書いたときと同じ意味のこともあるが,*every one* of the apples（そのりんご全部）のように,この one が前後に出ている「もの」をさすときもある。ただし,*no one* of the apples とはふつういわず,none を用いる。

参考 -one と-body では使い方が違う。someone は身近な親しい人たちのうちの「だれか」であり,somebody はばく然とそうではない人たちの集団の中の「だれか」を意味するのが通例。「だれか助けて」なら somebody,「電話よ,だれか出て」なら someone が適語である。同じことは anyone, -body; everyone, -body; no one, nobody にも当てはまる。

(2)これらの代名詞につく形容詞はそのあとにおく。

　　something *new*（何か新しいもの）　anything *good*（何でもよいもの）
　　someone *alive*（だれか生きている人）anyone *else*（ほかのだれでも）

研究 1. -one, -body で終わる語の場合は,else, alive などのように本来あとにおかれる形容語句は上例のように用いるが,それ以外の形容詞のときは any good man などのようにいいかえる。

2. これらの代名詞は名詞に転用されることもある。そのときはもちろん形容詞は前におかれる。

　　a *mere* nobody（ほんのつまらぬやつ）
　　a *wonderful* something（何かすばらしいもの）, etc.

(3)注意すべき成句的表現

He is **something of** a poet.	彼は<u>ちょっとした</u>詩人である。
He is **anything but** a poet.	彼は<u>およそ</u>詩人<u>ではない</u>。
He eats **nothing but** potatoes.	じゃがいも<u>以外何も</u>食べ<u>ない</u>。

He is **nothing but** a child.	彼はほんの子どもにすぎない。
He is **something like** his father.	彼は多少父親に似ている。

《注意》　**1**. 最後の例文の something は副詞に用いられている。

　　2. anything but（＝ not at all）と all but（＝ nearly, almost）(p.129)とを混同しないようにせよ。

　　3. something like は次のようにも用いる。動詞が複数形なのに注目。

Something like 30,000 jars *were* found in the cave.	約3万個のかめがその洞くつの中で見つかった。

ま と め　4

Ⅰ　人称代名詞の注意すべき用法

　1．me：主格に用いることがある。(It is **me**.)

　2．we：① 一般に「人」の意味。　② 著者などが‘I’のかわりに。

　3．you：ばく然と「人」(間接的に自分をさすことも)

　4．he：(雄の)大型動物，強いもの，太陽，死などをさすことも。

　5．she：雌の動物，小動物；船；愛用品；国，町；自然など。

　6．they：① ばく然と「人びと」　② 団体，組織体。

　7．it：① 天候・時間などをいう文で。　② it〜to, it〜that の構文。

Ⅱ　所有代名詞：a friend **of mine**, a car **of his own** などの表現。

Ⅲ　再帰代名詞　　1．defend **oneself**（自分を守る）　　2．強調用法
（自分で）

Ⅳ　指示代名詞　　1．this：前述・後述どちらのものもさす。

　2．that：前述のものだけをさす。　　3．those＝people の用法。

Ⅴ　不定代名詞　　(not 〜 all〔every, both〕は部分否定になる)

　1．all：① 単複どちらにもなる。　② 形容詞，副詞にも使う。

　2．every：つねに単数名詞を伴い，単数扱い。

　3．each：①「それぞれ(のもの)」　② each other（お互い）

　4．either：①「どちらでも1つ」　neither：「どちらも〜ない」
　　② either 〜 or ...（〜か…かどちらか），on either side of 〜
　　（〜の両側に）

　5．some：①「いくらかの(人・もの)」　②「一部の」　③「ある〜」

　6．any：①「どんな〜でも」「どれでも」　② not〜any は全部否定。

　7．one：① 一般的に「人」。　　② 前出の可算名詞の代用。

　8．none：① ＝ no one　② ＝ not any（＋名詞）

　9．no：「(形容詞＋)名詞」の前につけて，＝ not any

　10．other：①「ほかの(人・もの)」　② other than ; one 〜 the
　　other

　11．another：①「もう1つの(もの)」　②「別の(もの)」

　12．such：①「そんな(もの・人)」　② such(〜)as ; such(〜)
　　that 構文。

Exercise 4 解答は p.668

(1) 次の各組の文が同じ意味になるように，(　　)に適語を入れなさい。

1. { All of us live in this town.
   { We (　　) live in this town.

2. { Both of the boys are students.
   { The boys (　　) (　　) students.

3. { Each girl was given a flower.
   { Each of (　　) (　　) was given a flower.
   { The girls were (　　) given a flower.

4. { Every boy of my class can play the guitar.
   { Every (　　) of (　　) boys of my class can play the guitar.

(2) 下線の語の意味に注意して，次の英文を和訳しなさい。

1. { You can borrow <u>some</u> books here.
   { You can borrow <u>any</u> books here.

2. { <u>Some</u> company made these polo shirts.
   { <u>Some</u> companies made these polo shirts.

3. { <u>Someone</u> will help him.
   { <u>Anyone</u> will help him.

4. { I don't like <u>some</u> of them.
   { I don't like <u>any</u> of them.

5. { <u>They</u> say that all is fair in love and war.
   { <u>They</u> came from Texas yesterday to attend her wedding.

6. { He stretched his hands and grasped <u>her</u>.
   { He stretched his hands and grasped <u>hers</u>.

7. { I <u>myself</u> don't care if he doesn't join us.
   { I don't care about <u>myself</u> if I can save my boy.

8. { Let's go fishing <u>sometime</u> this month.
   { We <u>sometimes</u> go fishing in summer.

(3) 次の英文の誤りを正しなさい。

1. I must carry the ladie's suitcase to her room.

2. Yesterday my father allowed my brother and I to drive his car.
3. I walked the all way to school.
4. The girls stared each other in surprise.
5. You should blame you rather than your brother.
6. His personality is quite different from his brother.
7. I need a box for these books. I'll make it myself.
8. Stay off the highway, or a truck will knock yourself down.

(4) 日本文に合う英文になるように，（　　）に適する語を下の[　　]内から選んで入れなさい。

1. 彼は偉大な科学者だ。だれもが認めている。

He is a great scientist; everybody admits (　　).

[him, he, it, so]

2. 同じことをいく度もくりかえし聞かされるのはいやなものだ。

(　　) don't like to be told the same thing again and again.

[One, They, You]

3. 好運な星の下に生まれる人もあり，そうでない人もある。

Some are born under lucky stars; (　　) are not.

[another, others, the other]

4. 彼はへやに集まった人を前にして短い演説をした。

He made a short speech before (　　) who gathered in the room.　[men, those]

5. 子どもたちはその犬をこわがって，だれも近づかなかった。

The children were so afraid of the dog that (　　) of them approached it.　[no, nobody, none]

6. 友人が貸家を探していたので，私が見つけてやった。

A friend of (　　) was looking for a house for rent, so I found (　　) for him.　[me, mine, it, one]

7. 知っているのと教えるのとは全然別のことだ。

To know is one thing, and to teach is quite (　　).

[other, another, the other]

8. ウサギの耳はネコよりも長い。

The ears of a rabbit are longer than (　　) of a cat.

[one, ears, that, those]

(5)　次の英文に1語を加えるか，または文中の1語を削除して，正しい文に
直しなさい。

1. Each a girl had a rose in her hand.
2. Both of girls were playing tennis.
3. He drives same car as mine.
4. These books are very easy to read them.
5. Will you have an apple ? Here is nice ripe one.
6. When I took her to a concert, she enjoyed very much.

(6)　次の語句から適当なものを選び，必要に応じて人称を改めて，以下の文
の空所に入れなさい。

oneself,　by oneself,　for oneself,　of oneself,
in oneself,　beside oneself

1. Leisure is not of much value (　　　).
2. He enjoyed the long vacation all (　　　).
3. She was almost (　　　) with joy.
4. He found himself obliged to speak (　　　).
5. The movement will come to an end (　　　).
6. He knew his wife was not (　　　) with the growing anxiety.

(7)　次の英文を和訳しなさい。

1. Those present were all moved to tears.
2. The moon has no light of its own.
3. Reading is easy, and thinking is hard work, but the one is use-
less without the other.
4. This is no business of yours.
5. The bag was so heavy that none of the children could lift it.
6. Both tried to open the door, but neither of them succeeded.
7. He is a foreigner, and you should treat him as such.
8. One should do one's best to perform one's duty.
9. I've always been an honest politician and it is that that I want
to remain.
10. As we grow older the pleasures of life become fewer, but my
experience is that one enjoys more those that remain.

第5章 疑問詞

疑問文で活躍する疑問詞には, wh-で始まる who, what, which, where, when, why と how がある。

§1 疑問詞の種類

疑問詞には大別して**疑問代名詞**（Interrogative Pronoun）と**疑問副詞**（Interrogative Adverb）があり，次の語がこれに属する。

疑問代名詞：who（だれ），what（何），which（どちら）

疑問副詞：where（どこに），when（いつ），how（どのように），
why（なぜ）

《注意》 who は「人」に, what と which は「人」「もの」両方に用いる。

研究 how と why はどちらも「どうして」と訳せることが多いが，本来前者は方法・程度などを問い，後者は理由・原因などをきくのに用いる。

参考 1. 以上のほかに，古くは **whence**（どこから），**whither**（どこへ），および **whereby, wherein** などの「where ＋前置詞」（＝前置詞＋ what）の形をとる疑問副詞もあったが，現在では特殊な場合のほか用いられない。

2. what と how は，時により，ほぼ同じような意味に用いられていることもある。

What〔*How*〕do you mean ?（〔それは〕どういうことですか）《違いは訳出困難》

What〔*How*〕do you call it ?（それは何というのですか）《what が正しい》

cf. $\begin{cases} \text{What do you think of it ?（きみはそれをどう思うか）} \\ \text{How do you like it ?（それはどうですか〔それをどう思うか〕）} \end{cases}$

§2 疑問代名詞の数・格・人称

① 疑問代名詞は単数・複数同形で，そのままの形で複数に扱うこともできるはずであるが，実際には，ほとんどいつも単数に扱われ

る。

② who だけが次のように格の変化をする。

主格：who　　所有格：whose　　目的格：whom

what, which は主格と目的格が同形であって，所有格はない。

③ 疑問代名詞の人称はすべて 3 人称である。

《注意》 現在では，特に形式ばった文の場合を除いて，whom は使わないで，目的格にも who を用いる。（なお，§ 4 ,(2),(a)参照）

研究 1. 疑問副詞は副詞であるから，数・格・人称の問題は存在しない。

2. whose は「だれのもの」の意味にも用いられる。cf. mine, etc.

Whose is this umbrella ?　｜　このかさはだれのだ。

§3　疑問詞の性質・用法

(1)通常，単独で用いるが，what, which, whose は次に名詞を伴って「どんな〜」「どっちの〜」「だれの〜」と形容詞にも用いる。その場合，これらを**疑問形容詞**(Interrogative Adjective)という。

What are you reading ?　｜　きみは何を読んでいるのだ。
What book are you reading ?　｜　どういう本を読んでいるのだ。
Which do you like ?　｜　きみはどちらが好きか。
Which dress do you prefer ?　｜　きみはどちらの着物が好きか。

《注意》 疑問副詞はもちろん次に名詞を伴うことはなく，通常単独で用いるが，how は次にしばしば形容詞や副詞を伴って用いる。（§ 5 , (4)参照）

(2)疑問詞を用いた疑問文は，**Yes** や **No** では答えられない。

"**Who** is he ?""He is Mr. Smith."　｜　「彼はだれですか」「（彼は）スミス氏です」

"**Where** does he live ?" "He lives in Kyoto."　｜　「彼はどこに住んでいますか」「（彼は）京都に住んでいます」

(3)疑問代名詞が主語に用いられている疑問文では，**do〔does, did〕**を用いない。したがって，語順はふつうの文と同じになる。

What happened ?　｜　何が起こったか。
　cf. *Why did* it happen ?　｜　（それはなぜ起こったか）
Who said that ?　｜　だれがそういったのか。
　cf. *What did* he say ?　｜　（彼は何をいったのか）

《注意》　疑問副詞は副詞だから，もちろん主語にはなれない。したがって，疑問副詞で始まる疑問文では，つねに do〔does, did〕が用いられる。

(4)疑問代名詞には形容詞はつかないが，「前置詞＋(代)名詞」が形容の文句として加えられることはある。

Which *of you* is his friend ?	きみたちのどちらが彼の友人か。
Who *of the five men* is right ?	その5人のうちだれが正しいか。

《注意》　*What else* did he say ?（彼はほかに何といったか）のように疑問詞に else の続くことは多いが，else は副詞である。

§4　疑問詞の位置

(1)疑問詞は，原則として，文の最初におかれる。

Who(**m**) did you see ?	きみはだれを見たのか。
When did he come ?	彼はいつ来たのか。

補足　「きみは彼を見たのか」ならば，Did you see *him* ?となって，目的語は see の次にくる。上例では「彼を」のかわりに「だれを」となっているだけだが，疑問詞だからそれが文頭に出ているわけである。

(2)次の場合には，しかし，疑問詞の前に他の語句をおける。

(a)疑問代名詞が前置詞を伴う場合

Of whom are you speaking ?	だれのことを話しているのか。
By which train did he go ?	彼はどちらの列車で行ったのか。

研究　**1.**　このような「前置詞＋疑問詞」の言い方は文語的な表現で，口語ではこの前置詞を文末におく。その場合には **whom** のかわりに **who** が用いられる。《前に前置詞をつければ必ず whom 》

Who are you speaking **of** ?	**Which** train did he go **by** ?
What did he do that **for** ?	彼はなぜ〔何のために〕ああいうこと
(What ... for = For what	をしたのか。
... = Why ...)	
Who is he talking **to** over	彼は電話でだれに話をしているの
the telephone ?	か。
(Who ... to = To whom)	

2.　疑問副詞は副詞だから前置詞がつくことはない。ただ，口語では時おり **Where** did they go **to** ?（彼らはどこへ行ったのか）のように，本来不要であるべき to がついた言い方もある。この場合，To where ～とはしない。

(b) 間接疑問文の場合

① Do you know **what** he said ? ｜ 彼が何をいったか知っているか。

② I asked her **how** she pro-nounced the word. ｜ 私は彼女にその語をどう発音するかときいた。

③ I am not sure **which** is better. ｜ どちらがよいか自信がない。

〔補足〕 間接疑問文とは，疑問文全体が動詞などの目的になっているものであるが，これは正規の疑問文《何かについて質問してその答えを求める文》ではない点に注意せよ。①は「知っているかどうか」をきいているのであって，「彼が何をいったか」ときいているのではない。②も，語の発音の仕方について答えを求めているのではない。これらの文では，Do you know *it* ?（きみはそれを知っているか），I asked her *a question.*（私は彼女に質問をした）の it, question が動詞の目的語であるように，what ... said, how ... word が目的語になっているのである。

《注意》 話法(p.449)の項も参照せよ。

研究 **1.** 疑問詞は間接疑問文の冒頭におかれるが，それが主語でない場合でも，do, does, did は用いないし，? もつけない。つまり疑問詞の位置以外はふつうの文と同じになる。cf. What *did* he say ? How *did* she pronounce the word ?

2. 間接疑問文が前置詞の目的になるとき，その前置詞はしばしば省略される。sure は be sure *of* it のように用いるのがふつうであるのに，③で of がないのはそのためである。次例を参照。

I have no idea（of）who he is. ｜ 彼がだれか見当がつかない。

It depends（on）how you do it. ｜ それはきみがどうやるかによる。

I wonder who he is. ｜ 彼はだれかしら。《wonder *at* ～》

（参考） 以上のほか，会話の文などでは，ふつうの代名詞・副詞がおかれる位置に疑問詞がおかれることも時おりある。

He said *what* ? ｜ 彼が何といったって？

また，次のような場合には，一方の疑問詞は当然あとにおかれなければならない。

I don't understand *which is which.* ｜ どっちがどっちだかわからない。

What did you put *where* ? ｜ 何をどこにおいたんだ。

§5 とくに注意すべき用法

(1)what と **how** は感嘆の意味を表すのにも用いられる。

① **What** a fool he is！	彼はなんてばかなんだろう。
② **What** a beautiful flower it is！	なんて美しい花なのだろう。
③ **How** beautiful(a flower) it is！	なんて美しい(花な)のだろう。
④ **How** fast it can run！	ずいぶん速く走ることができるんだなあ。

研究 　**1**．**what** を用いて感嘆文を作るには，次に名詞がくることが必要である。その名詞には，形容詞がついていてもいなくてもよい（①，②）。

　2．その名詞が単数の可算名詞ならば a がつく。この点が疑問文の場合と違うところである。（§3，⑴の第2の例文参照）しかし，複数名詞・不可算名詞の場合はもちろん，a はつかない。

　3．**how** を用いて作る感嘆文には，原則として，次に形容詞または副詞が必要である。その形容詞の次には，③のように，まれには名詞のくることもある。そのときはa の位置に注意しなければならない。

参考　**1**．感嘆文でも，主語の長い場合はとくに，「動詞＋主語」の語順をとる。
　　 How pleasant *is this voyage*！ 　│　この航海はまったく楽しいなあ。
　2．*How* it blows！（なんてひどい風だろう）のように，副詞のないこともある。

(2)人間に関して用いた who と what

Who is he？	彼は<u>だれ</u>ですか。
	《名まえ・素性など》
What is he？	彼は<u>どういう男</u>ですか。
	《性格・職業・身分など》

《注意》　一般に上の《　》内に書いたことをきく場合に，それぞれ who，what を用いるといわれているが，この区別は必ずしも厳密ではない。"Who is he？" "He is our teacher."《職業》のようにも，いくらもいう。また，時によって無礼にひびくためか，what を用いることは比較的少なく，性格・身分などを問うのには，別の言い方を用いるほうが多いように思われる。

(3)疑問詞の位置をとくにまちがえやすい場合

① Do you know **what** he said？	彼が何といったか知ってますか。
② **What** do you think he said？	彼が何といったと思いますか。
③ Can you tell me **how** he felt？	彼がどう感じたかわかるか。
④ **How** do you imagine he felt？	彼がどう感じたと思うか。

《注意》　②，④は「思うか」と聞くのだから，答えは「私は…と思う」となり，

Yes や No では答えにならないことは，訳文からもわかる。そのときは疑問詞が文頭にくる（§3,(2)参照）。①，③は「知っているか」「わかるか」ときくのだから，「知っている《Yes》」「知らない《No》」, etc. が答えになり，Yes やNo で答える疑問文では，疑問詞を文頭にはおかないのである

研究 一般的にいって，**know, tell, hear, ask** などの動詞では疑問詞はそのあとにおかれ（①，③），**think, believe, suppose, imagine, say** などでは文頭に疑問詞がくる。しかし，*How* do you *know* that he is lying ?（どうして彼がうそをついていることがわかるか）のような場合もあるから，上の《注意》に述べた方法で，それぞれの場合に応じて考えることが必要である。

(4)「how ＋形容詞〔副詞〕」の構文

さまざまな疑問を表すのにこの構文が用いられる。

How many books do you have ?	あなたはどれだけ本を持っていますか。《数をきく》
How much (money) did it cost you ?	それはどれだけ(お金が)かかりましたか。《金額・分量をきく》
How often do you ring him up ?	彼に何度電話をかけるか。《回数》
How long did you stay there ?	そこにどれだけ〔いつまで〕滞在したのですか。《期間をきく》
How far is it from here to the station ?	ここから駅までどれだけありますか。《距離をきく》
How soon can I get it ?	いつまでにもらえますか。《期限》

《注意》 そのほか，How old《年齢》, How high《高さ》などもあるが，いずれも，一応「どれだけ年をとって〔高い〕」などと直訳してから訳文を考えてもよい。

(5)疑問詞を強める方法

疑問詞のあとに次のような語句を加えてそれを強めることがある。訳文では「いったい」などという語をそえれば一応足りる。

on earth	in the world	the hell
the devil	ever	in the name of God〔goodness〕

Who **in the world** is he ?　｜　あの男はいったいだれだ。

《注意》 疑問詞を ever で強める場合，離して書くのが正しいとされているが，しばしば，whoever, whatever のように1語に書いた例も見られる。

§6 疑問詞を含む成句的表現

What about it ?	それはどうなのか。《意見をきく》
How about going for a walk ?	散歩に行かないか。《提案・勧誘》
What of that ?	それがどうしたというんだ。
What if it is true ?	もしそれがほんとうならどうだろう。 ほんとうならどうだというんだ。
Why not go at once ?	どうしてすぐ行かないのか。 すぐ行ったらどうだい。
Why should we obey him ?	なんで彼のいうことをきく必要があるのか。《反語》

《注意》 次のような言い方はそれぞれの項を参照せよ。「no matter ＋疑問詞」(p.190)；「疑問詞＋不定詞」(p.385)；it is 〜 that ... による疑問詞の強調(p.106)

研究 **1.** what about と how about は同じ意味で用いることもある。

2. what of には what about と同意の用法もある。

参考 **1.** *How came* you to be there ? (きみはどうしてそこにいたんだ)(= *How comes* you were there ?= *How come* you were there ?) は，米語ではよく見られる言い方である。最後の言い方は口語語法。

2. やや古い用法では how = that(ということ)の意味に用いることもある。

He told us *how* he had read it in the paper.	彼はそれを新聞で読んだと私たちに話した。

3. 次のような言い方は，まれに見られる少々変わった言い方である。

They were partners *for I don't know how long.*	彼らはどれだけとも知れぬくらい長い間相棒であった。
He sighs for *he knows not* 〔*God knows*〕 *what.*	彼は自分でも何だかわからないものにあこがれている。

ま と め 5

I　疑問詞：

疑問代名詞	1．who：①「だれが」　②whomの代りに使うことがある。
	2．whose：①「だれの」次に名詞が続く。②「だれのもの」
	3．whom：①「だれを〔に〕」　②現代口語ではwhoを使う。
	4．what：①「なにが〔を〕」　②次に名詞が続いて「どういう」。「どんな」。③感嘆文で「なんという」。
	5．which：①「どっちが〔を〕」　②次に名詞がきて「どっちの」。

疑問副詞	6．where：「どこに」「どこで」（場所）
	7．when：「いつ」（時間）
	8．why：「なぜ」「どうして」（理由）
	9．how：①「どのようにして」（方法）　②「どんなふうで」（状態）　③「どれほど」（程度）　④感嘆文で「なんて」。次に形容詞・副詞がくる。

II　疑問詞の位置：文の最初におくのが原則
　（例外）　1．前に前置詞のつくことがある（文語体で）。
　　　　　　2．間接疑問文のとき。
　　　　　　3．次のような文に注意（動詞の意味によってきまる）。
　　　　　　　　　Do you *know* **what** he said？
　　　　　　　　　（あなたは彼が何といったか知っていますか）
　　　　　　　　　What do you *think* he said？
　　　　　　　　　（あなたは彼が何といったと思いますか）

Exercise 5

解答は p.669

(1) 次の日本文に合う英文になるように，下の単語を並べかえなさい。

1. 彼女が京都に住んでいるとだれがいったのか。

in, she, who, said, Kyoto, lived

2. きみはだれからそのことを聞いたのか。

you, did, who, from, that, hear

3. だれが彼にその本をやったと思うか。

do, him, the, who, you, book, gave, think

4. どうしてきみはそれを持っていたいのか。

do, it, to, for, you, keep, what, want

5. どこでそれを見つけたのか，彼はきみに教えたか。

he, he, it, you, did, had, tell, found, where

6. いつどこでその外国人を見たのかと，ぼくは聞かれることだろう。

I, me, saw, and, the, ask, they, when, will, where, foreigner

(2) 次の英文の（　）に適する語を入れなさい。

1. How （　） is it from here to Tokyo ?
2. How （　） are you going to pay him ?
3. I wonder （　） he has accepted their proposal.
4. （　） did he write the letter for ?
5. I do not care （　） they think of me.
6. I knew what to say, but not （　） to begin it.
7. （　） did you manage to escape from the sinking boat ?

(3) 次の英文が答えとなるような疑問文を，下線の語（句）を疑問詞におきかえることで作りなさい。

〔例〕 He saw a dog. → What did he see ?

1. His son saw a man coming out of the room.
2. She bought a big table yesterday.
3. He did not come because he had a cold.
4. The girl has been in hospital for two weeks.
5. There were five students in the library.

6. The mountain is 2,500 meters high.

7. It is his idea to have a party tomorrow.

(4)　次の英文に誤りがあれば正しなさい。

1. Do you think what is the cause of the trouble ?

2. Who of you two took the child to the zoo ?

3. I called him up and asked when could I see him.

4. Do you know what a color her eyes are ?

5. Which team did win the prize ?

(5)　次の英文を和訳しなさい。

1. How long does it take to go to the city by train ?

2. What brought him to your office ?

3. Why should I not speak for my friend ?

4. What is your new teacher like ?

5. How do you think he discovered the new virus ?

6. I do not know what he has to do with this case.

7. What did the boys say they had found in the cave ?

8. When does his letter say he is coming home ?

9. The retired professor lay on the bed thinking what he would do with the rest of his life.

10. It is not easy for me to realize what a lot of courage they needed to perform their task.

第**6**章
関 係 詞

関係詞は日本語にはないものなので，その用法や訳し方には注意すべき点が多い。

§1　関係詞の種類

　関係詞(Relative)には，**関係代名詞**(Relative Pronoun)と**関係副詞**(Relative Adverb)とがある。

　関係代名詞：who, which, that, as, etc.

　関係副詞：when, where, why, etc.

　《注意》 前章で扱った疑問詞はすべて，関係詞としても用いられる。

§2　関係代名詞の種類と格変化

主　格	who	which	that
所有格	whose	of which *or* whose	なし
目的格	who(m)	which	that

　《注意》 **1**．関係代名詞には，ほかに what, but, as などがある。(p.184 以下参照)

　2．than を関係代名詞と見る人があるが，本書では接続詞として比較の項 (p.533 以下)で扱うことにする。

　3．-ever のつく関係詞は §19 で扱う。

　4．疑問詞の場合と同じように関係代名詞でも，現在，特に米口語では，whom のかわりに who を用いるのがふつうになっている。しかし，形式ばっ

た文章や関係代名詞の前に前置詞をおく場合には，whom が使われる。

§3　関係代名詞の性質と基本的な働き

　関係代名詞は，それに先行する名詞・代名詞をさす代名詞であると同時に，それが率いる動詞を含む一群の語句を，その名詞・代名詞《先行詞(Antecedent)という》の形容の語句にする働きをする。

| He is the boy **who** showed me | 彼が私に道を教えてくれた少年で |
| the way. | す。 |

補足　日本語には関係詞と同じ働きをする単語は存在しないから，「ところの」などという訳語を覚えただけでは，関係代名詞のほんとうの理解にはならない。
　　　上例で説明すると，関係代名詞 who の働きは次の2つである。
　　　① showed ... way を boy にかかる形容の語句にする。
　　　② boy をさす代名詞（boy ＝ who）で，showed の主語である。
　　　したがって，これをそのまま日本語に直訳すれば，

　　　『彼はその少年 | 彼（＝ who ＝ boy）は私に道を教えた | である』となる。

　　　とくに注目すべきは，□□□内に「彼」（＝ boy）という代名詞がくり返されている点で，これが，のちに述べる関係代名詞の格を理解するかぎになる。
　　　次に上の直訳文を，次の要領にしたがって直せば訳文が完成する。
　　　① □□□内の代名詞「彼は」《つまりは関係代名詞》を除去する。
　　　② □□□内の動詞〔形容詞〕を連体形にし名詞にかけられるようにする。
　　　③ 全体を，形容される語「少年」の前におく。→『彼は私に道を教えた少年です』

§4　関係代名詞の数・人称

　関係代名詞は単複同形で，人称によって語形が変わることもない。関係代名詞の数・人称は，それによって形容される語〔先行詞〕の数・人称と一致する。

　　a boy **who** *is* studying（勉強している少年）〔単数〕
　　boys **who** *are* studying（勉強している少年たち）〔複数〕

《注意》　先行詞が1，2人称の代名詞であることはあまりない。したがって，関係代名詞が1，2人称であることもまれである。

§5 関係代名詞の格

　関係代名詞の格が主格・所有格・目的格のうちのどれになるかは，先行詞とは無関係で，先行詞を形容する語句の中で関係代名詞の果たす役割によってきまる。

① She is the girl **who** helped me.	彼女が私を助けてくれた少女です。
② She is the girl **who(m)** I helped.	彼女が私の助けてやった少女です。
③ She is the girl **whose** picture you saw in the paper.	彼女が新聞できみが写真を見た少女だ。
④ I saw a mountain the top **of which** (= *whose* top) was covered with snow.	私は頂上が雪におおわれている山を見ました。(p 171, 研究 3 参照)

　補足　ここでは，和文英訳の立場から，上の例文の順序を追って格の問題を解説する。§3, 補足 に述べた手続きの逆を行うのである。

彼女が少女です。　　　　　　　　She is the girl.
　↑＿＿私を助けてくれた　　　　　↑＿＿helped me

　次に□□□の中に代名詞を入れる。先行詞が「少女」なのだから「彼女」でよいが，□□□の部分が文として意味をなすには，「彼女は」「彼女を〔に〕」「彼女の」のどれがよいかを考える。この場合は「**彼女は**《主格》私を助けてくれた」でなければ日本語にならない。だから，英文にはいる代名詞《つまり関係代名詞》のほうも helped の主語になるわけで，主格にしなければならない。

①彼女が少女です。
　↑＿＿彼女は私を助けてくれた　　　｝　｛「彼女は」→「助ける」の主語→関係代名詞も主格→ **who**

②彼女が少女です。
　↑＿＿私は〔が〕彼女を助けた　　　｝　｛「彼女を」→「助ける」の目的→関係代名詞も目的格→ **who(m)**

③彼女が少女です。
　↑＿＿きみが彼女の写真を新聞で見た　｝　｛「彼女の」→所有格→関係代名詞も所有格→ **whose**

④私は山を見た。
　↑＿＿それの頂上が雪におおわれている　｝　｛「それの」→所有格→関係代名詞も所有格 **whose** *or* **of which**

《注意》　1. whose, of which については pp. 171, 173, 174 も参照のこと。
　2. 関係代名詞が間接目的語の場合は p. 206, 研究 4 の第2の例を参照せよ。

研究　1. ②の例文で girl は補語で，したがって格は，ここでは主格であるが，関係代名詞(whom)の格はそれとは無関係である点に注目せよ。
　2. ④は，次のようにもいえる。

I saw a mountain *of which the top* was covered with snow.

cf. There are many islands *the names of which* I don't know.＝ There are many islands *of which* I don't know *the names*. (私が名まえを知らないたくさんの島がある) この文では the names (of which) は know の目的だから, of which と離せば末尾にくる。

参考 than の次では, than whom のように, つねに目的格が用いられるが, これは文語調である。He loved his wife, *than whom* there never was a kinder heart. (彼は妻を愛していたが, 彼女ほどやさしい心の人はいなかった) 関係代名詞でなければ, There never was a kinder heart than *she*.となるところ。

§6 「前置詞＋関係代名詞」の場合

the house **in which** he lived (彼が住んでいた〔ところの〕家)
＝ the house *which* he lived *in* ＝ the house *that* he lived *in*

| It was a fact **of which** he was sure〔＝ *which* ... sure *of*〕. | それは彼が確信している事実であった。 |
| He is the man **on whom** they are dependent〔＝ *who*(m) ... dependent *on*〕. | 彼は彼らが頼りにしている男である。 |

補足 これらの関係代名詞に前置詞がつく理由は次のとおりである。

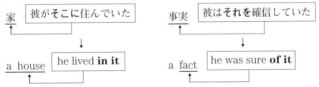

このit を目的格の関係代名詞におきかえて先行詞の次に移すわけだが, 前置詞はそのままやはり残るのである。この前置詞は, 一般に, 元の所に残しても, 関係代名詞の前においてもよい。

研究 **1.** that の場合は, 前置詞をその前におくことをしない。なお, 前置詞を関係代名詞の前におくのは, 格式ばった文語的な言い方である。cf. p.160, §4, (2), (a)

2. 「前置詞＋関係代名詞」はないものに考え, それ以下を先行詞にかけるように訳せば, 日本文はたいていまとまる。

3. 上の例文の of which と§5 の例文④の of which を比較し, 後者では「名詞＋名詞＋ of which」という構文をとり, which の先行詞は前の名詞である点に注目せよ。これは, 関係代名詞の所有格としての of which と, そうでない of which を見分けるときの着眼点である。

(参考) **1.** 前置詞が, 関係代名詞で始まる形容の文句中の動詞や形容詞と密接に結びついて成句をなし, 本来の意味を失って《cf. *run into* him (彼とであう)》いる場合は, それを上記のように, 関係代名詞の前におくことはできない。また, 次のような場合は, 口語のときでも, 「前置詞＋関係代名詞」にしなければならない。

the diligence *with which* he works (彼の働きぶりの勤勉さ)

the way *in which* he did it (彼がそれをやった方法)

これらは work with / diligence ではなく, work / with diligence (＝ diligently) と, with は名詞と強く結合しているからである。時間・場所・態度・方法などに関する語の場合に, よくこういうことが起こる。

また, 個々の前置詞をあげれば, **besides, beyond, during, except, opposite, round** などは必ず関係代名詞の前におかれる。**as to, by means of** など2語以上で1つの前置詞のように働くものもそうである。**near, up, down** も通常前におく。

2. 古い英語では,「前置詞＋関係代名詞」のかわりに,「where ＋前置詞」《whereof, wherein, etc. cf. p. 158, §1, (参考)1》を用いることもあった。

§7　先行詞に関して注意すべき事項

(1) 先行詞は1つとはかぎらない。

He bought the *house*, the *farm* and all the *cattle* **that** belonged to the old man.	彼はその老人の持ちものである家農場およびすべての牛を買い取った。

補足　常識的にいって, 先行詞は house, farm, cattle の3つと考えられる。しかし, cattle だけが先行詞で, that ... man はそれだけにかかることも不可能ではない。どちらが正しいかは, 前後関係で判断するのである。

(2) 先行詞と関係代名詞の間には, ほかの語を入れないようにするのが原則であるが, 種々の理由でこの原則の守られないこともある。

I saw a *man* in the park **who** was wearing a black hat.	彼は公園の中で, 黒い帽子をかぶった男を見た。《先行詞は man》
He is the only *one* of the soldiers **that** came back alive.	彼はその兵士たちのうち, 生きて帰っただだ1人の兵士である。

補足　あとの文の先行詞は one と考えなければ意味がおかしい。このように「～のうち(の)」という意味の of がある場合は, 先行詞と関係代名詞が離れることがよくある。cf. He is one of the soldiers *who* came back alive. (彼は生還した兵士のうちの1人だ)《先行詞は soldiers》the mountain the top *of which* ～ (§5)なども同じである。

(3) who, which の先行詞には, ときどき, それに呼応する that [those]がつくときがある。これを「あの」と訳す必要はない。

| He was one of **those** men **who** were in favor of the plan. | 彼はその計画に賛成する人たちの1人であった。 |

(4) 先行詞として人称代名詞・指示代名詞が用いられることは，まれである。ただし，those だけは例外である。(p.123 参照)

《注意》 日本語では「それに失敗した私は」などの表現はめずらしくないが，英語では，I who ～とはあまりいわない。

(参考)　that which (＝関係代名詞の what, p.184, §16) は文語調の文で見られることがある。he who ～は p.100,(3), (研究) 2 を参照。

(5)「先行詞＋関係代名詞」を疑問詞のように訳すと日本文がすっきりする場合がある。

| I don't know **the extent** 〔**use**〕**to which** it will be applied. | それがどこまで適用〔何に応用〕されるのか私にはわからない。 |

補足　「適用されるところの程度〔用途〕」が直訳で，結局，上訳のような内容になる。

(研究)　先行詞が「知る」「思う」などの意味を持つ動詞の目的語になっている文の場合に，この訳し方を利用できることが多い。

§ 8 Who, Which, That の用法

(1) 一般的にいって，① **who** は先行詞が人間を意味する語，② **which** は先行詞が人間以外，③ **that** はどちらの場合にも用いる。

| I know the man **who** sold it. This is the ship **which** he talked about. | 私はそれを売った男を知っている。これが彼が話をした船です。 |

(研究)　**1**. baby, child が先行詞のときは which, 飼っている**動物・国名・都市**などには，who を用いることもある。(p.100 以下を参照)

2. 先行詞が人の場合でも，who は補語としては用いない。((3)を参照)

3. whose は§5の例文のように，人間以外の先行詞の場合にも用いるが，of which を用いるほうが多い。なお，whose の次には，それのかかる名詞が必ずくる。

4. whose と of whom は his と of him の違い (p.111) と同じである。a boy *whose* mother is dead を a boy the mother *of whom* is dead とは

いわない。また，some of which（そのうちのいくらか）など，of which が
部分の意味のときも，これを whose にはおきかえられない。

(参考)　古くは a person〔persons〕who のかわりに who を用いることもあった。

　　Whom the gods love die young.　｜　神の愛する人たちは早死をする。

　この用法では，You are not *who*(= the person) I thought you were.(あなたは
私が考えていたような人ではない)のように，主格補語に使われる例は現在でも見られる。

(2) 先行詞が次のものである場合は，もっぱら **that** を用いる。

① 最上級の形容詞がついている場合　② 疑問詞が先行詞のとき

③ 人と人以外のものの両方が先行詞のとき

> ① He is one of *the greatest*
>   men **that** Japan has
>   produced.
>
> ② *Who* **that** ever knew him
>   could help liking him ?
>
> ③ *The men and manners*
>   **that** he describes are
>   unfamiliar to us.

彼は日本が生んだ最大の偉人の1
　人である。

およそ彼を知るほどの人なら,だれが
　彼を好きにならずにいられたろう。

彼が描いている人間や風習は私た
　ちの知らないものです。

《注意》　**1**．上記の規則には，時おり例外も見かけられる。

　2．*It* is ～ *that* ...の強調構文の that も関係代名詞である。p. 105 を参照。

研究　**1**．上記の場合以外は，先行詞が人間のときは who で，that はまれで
ある。that は，その人をやや見下げた感じもあるようである。

　2．**the only, the first, all, any** などが先行詞についている場合も，
that を用いるという人もいるが，その先行詞が人間を意味する語のときには当
てはまらないことがきわめて多い。

(参考)　that には，次のようなやや特殊な用法もある。

> Who is *that*（= that who）called
>   just now ?
>
> The superstition has *not* died
>   yet, *that I know of.*

今訪ねて来たのはだれですか。

私の知るかぎりでは，その迷信はまだ滅
んでいない。《前に否定の語を伴う》

(3) 人を意味する語が先行詞であっても，次の場合には who(m)で
はなくて，which, that を用いる。（(1)の **研究** 1も参照）

① 人の集まり全体に重きをおいていうとき《集合名詞の場合》

② 関係代名詞が補語になるとき

③ 人間よりも，その地位・職業・性格などを頭におく場合

① He joined the party **which** was in power. / 彼は与党に加入した。

② He is not the man **that** his father wanted him to be. / 彼は父親がなってほしいと思っていたような男ではない。

He revealed himself as the man **that** he really was. / 彼は本領〔本性；彼が実際にあるところの人物〕を現した。

③ He is the man **which** such an education was likely to form. / 彼はそんな教育が作り上げそうな人物だ。

研究 集合名詞も，含まれている個人個人に重きをおくときは who を用いる。cf. the party *who were* leaving（出発しかけている一行）

参考 Fool *that* I was !（ほんとうにばかだった），Mrs. B *that was*（もとB夫人），Mrs. B *that is to be*（B夫人になるべき人）などの成句では，必ず that である。

§9 関係副詞の種類と用途

関係副詞は次の5つである。

種　類	用　　　　　途	関係代名詞で書き換えると
when	**時間**に関して用いる	at〔on, in〕which
where	**場所**に関して用いる	at〔in, on, to〕which
why	**理由**に関して用いる	for which
how	**方法・様態**に関して用いる	the way in which
that	when, why, in〔at〕which などのかわりに用いる	

《注意》 これらの語はその用法に従って(疑問)副詞，接続詞，名詞などに分類されるが，ここでは，煩雑な分類にこだわらず，用法の解説だけを行うことにする。

研究 1. **when, where, why** は，先行詞があるときも，省略されているときもある。**how** は先行詞を伴わずに用いるのがつねである。**that** には必ず

先行詞がある。

　2. 先行詞のない場合の関係副詞は，間接疑問に用いられた疑問副詞と明確に区別できないときもある。また，when の場合は，接続詞に扱われる when との境界線があまりはっきりしないこともある。

（**参考**）　古くは **whence, whither**，および「**where ＋前置詞**」の形をとる多くの語も関係副詞として用いられた。

§10　関係副詞の用法

　(1)先行詞がある場合：「前置詞＋関係代名詞」と同じものと考えて扱えばよい。

> the day **when**（= on which）I was there（私がそこにいた日）
> the house **where**（= in which）he was born（彼が生まれた家）
> the way **that**（= in which）he accomplished it（彼がそれをなしとげた方法）

That is the reason **why** 〔*that*〕 he cannot succeed.	それが彼が成功できない理由である。
He cursed the day **that**（= when）he was born.	彼は自分の生まれた日をのろった〔生まれてこなければよかったと思った〕。

　研究　**1. when** の先行詞は time, day, occasion など「時」に関する語，**where** の先行詞は「場所」に関する語である。**why** の先行詞は **reason** だけであるが，現在ではそれも省略されていることが多い。

　2. この場合の that はしばしば省略される。（§11参照）

　(2)先行詞のない場合：when ＝ the time when ；where ＝（in *or* to）the place where ；how ＝ the way in which のように先行詞を補うか，または書き換えて考えればよい。

He's changed from **when** I used to know him.	彼は昔私が知っていた<u>ころ</u>とは変わった。
That's **where** you're wrong.	そこがきみのまちがっている<u>点</u>だ。
I'll go **where** you are going.	きみの行く<u>ところ</u>へ私も行こう。
Where there is a will, there is a way.	意志のある<u>ところ</u>には<u>道</u>がある。 《ことわざ》

That's **why** he cannot succeed.	それが成功できない<u>理由</u>だ〔それ だから成功できないのだ〕。
That's **how** he accomplished it.	それが彼がそれをなしとげた<u>方法</u>だ〔<u>そうやって</u>やりとげた〕。

《注意》　**1.** この場合は，間接疑問の疑問副詞と区別しにくいときもある。

　　2.「～するときに」(＝ *at* the time when)の意味の when は一般に接続詞として扱われるので，本書もそれに従うことにする。

§ 11　関係代名詞・関係副詞の省略

(1) 動詞または前置詞の目的語にあたる関係代名詞は省略することができる。特に，口語では省略されることが多い。

　　the girl (**whom**) I helped（私が助けてやった少女）
　　the house (**which**) he lived in（彼が住んでいた家）
　　a fact (**which**) he was sure of（彼の確信していた事実）

This is the best book ∧ I have ever read.	これは私が今まで読んだうちで，いちばんよい本だ。
He paid the debt ∧ his father had run into.	彼は父親がこしらえた借金を払った。

研究　**1.** 関係代名詞の省略はとくに口語的な言い方に多いが，その省略の結果，上例からわかるように，「**名詞＋代名詞《主格》**」または「**名詞＋(冠詞・形容詞)名詞**」という語順を生じ，その両者の間にコンマはない。英文中にこのような語順がある場合は，関係代名詞の省略であることがかなり多いものである。

　　2. 省略された関係代名詞が前置詞の目的語である場合は，その前置詞は例文のような位置におくのであって，the house *in* he lived などとはいえない。

参考　**1.** 次の場合には目的格であっても関係代名詞を省略しないのが通例である。

　　① that《those は含まない》および人称代名詞が先行詞の場合。《What is that (＝ that which) you are saying ?（cf. § 8, (2) **参考**）のような構文を除く》

　　② § 6, **参考** 1 のような，前置詞を必ず関係代名詞の前におかねばならない場合。

　　2. 関係代名詞の省略の場合は，**研究** 1 で述べたように，先行詞とそれを形容する語句の主語とが隣接するのがつねであるが，I'll do the best for her *I can.* (Cronin)（彼女のために私のできるベストを尽くそう），Do you know who that was *she brought in* ?（彼女が連れこんで来たのがだれか知っているか）のように両者が離れる例もきわめてまれにはある。

(2) 関係代名詞が補語の場合もしばしば省略される。

He is not the man∧he was.	彼は昔の彼〔彼が以前にあったところの男〕ではない。
They talked like the old comrades∧they had once been.	彼らはかつて〔彼らがあったところ〕の戦友らしく語り合った。

《注意》 こんな場合，直訳はふつううまくいかない。上訳および，p.173,(5)を参照。

You must see the kind of person∧he is.	彼がどんな男か〔あるところの人の種類〕を見抜かなければいけない。

(3) 関係副詞の **that** もしばしば省略される。時間に関する語《とくに time 》および way が先行詞の場合にとくに多い。

by the time∧you arrive （きみが到着するまでには）

all the time∧I was there （私がそこにいた間じゅう）

the day∧he was supposed to start （彼が出発することになっていたその日〔に〕）

the same night∧it began （それが始まった同じ夜〔に〕）

in the way∧he did it （彼がやったやり方で）

one reason∧I loved her （彼女を愛した1つの理由）

《注意》 この結果，by the time, every time, the moment などはそれぞれ，「～するまでには」「～するたびごとに」「～するやいなや」（= as soon as）などを意味する接続詞の働きをすることになる (p.588, (2)参照)。the way も，米語では *the way*(= as) I see it （私の見方では）のように接続詞的によく用いられる。

(参考) **1.** 時間に関する語の場合ほど多くはないが，次のような実例もある。

    at the pace (at which) we were going ; in the posture (in which) I lay ; in the crevice (in which) they had left him.

これでは，that というよりも，直接「前置詞＋関係代名詞」が省略されたというべきかもしれない。(　)内はそれを補ったものである。

  2. 関係代名詞・関係副詞の省略は，英米とも増加してきている。

(4) 次の場合には主格の関係代名詞も省略されることがある。

① There〔Here〕is, It〔That〕is で始まる文の中で

② 関係代名詞の直後に there is がくる場合

① **There is** a boy∧wants to see you.	あなたに会いたいという少年が来ています。
It is not every boy∧gets a chance like this.	少年たちがみんなこんな機会をえるわけではない。

② I've told you all∧ **there is** to tell.
　　いうべきことはみんなあなたにいった。

That's all∧ **there is** to it.
　　それだけのことさ。

《注意》　この省略は口語的な言い方で，米口語で特によく見られる。

§ 12　関係代名詞・関係副詞の限定用法と連続用法

who，which，when，where には，直接先行詞にかかって，これを形容し，同種類のものの中の一部のものだけをぬき出す限定用法（Restrictive Use）と，先行詞に関して付随的な記述を挿入的に加える連続用法（Continuative Use）とがある。限定用法ではその関係詞の前にコンマをおかないが，連続用法では通常コンマがおかれる。

① The two passengers **who** *were seriously injured* were taken to hospital.
　　重傷を負った2人の乗客は病院へ連れて行かれた。

② The two passengers, **who** *were seriously injured,* were taken to hospital.
　　その2人の乗客は，重傷を負っていて，病院へ連れて行かれた。

③ In the afternoons **when** *it was too hot* they would retire indoors.
　　あまり暑さのひどい午後には，彼らは家の中に引っこむのがつねであった。

④ In the afternoons, **when** *it was too hot,* they would retire indoors.
　　午後には，あまり暑さがひどいので，彼らは家の中に引っこむのがつねであった。

補足　①，③が限定用法，②，④が連続用法である。前者では，関係詞以下の部分を先行詞にかけて訳すのに対し，後者はそうでない点を注目せよ。

　　2つの用法の相違点：両者の違いは，必ずしも明りょうでない場合も少なくないが，ここには，それがはっきりわかる例を示した。すなわち，①は，乗客は問題の2人以外にもいたという含みである。乗客と呼ばれる同種類の何人かのうち「重傷の2人」と限定しているのである。②は，乗客はもともと2人であったのか，または，ほかにいてもその人たちは考慮の対象に入れないで，問題にした「その2人が〜」という気持である。③では，「午後」という時は毎日あるわけだが，そのうちの「あまり暑い午後には」と，一部の「午後」を選び出している。裏返していえば，「あまり暑さのひどくない午後には引っこまなかった」という含みである。これに対し④は，一部の午後をぬき出すのではなく，「午後はどの日の午後も暑すぎるから〜」という意味が含まれている。

《注意》 関係詞のすべての場合の用法が，この2つの用法のどちらかにはっきり分類できると思ってはならない。両者の中間的な実例も少なくないのである。

研究 1. **why, how**，および関係代名詞の省略されている場合は，つねに限定用法である。

2. 限定用法の場合は関係詞の前後で声の調子を変えないが，連続用法のときは関係詞の前で軽く切り，そのあとは声の調子を少し下げて発音する。

(参考) 1. 限定用法を**制限(的)用法**と呼ぶ人もある。また連続用法は**継続用法・追叙用法・非制限的用法**(Non-restrictive Use)などともいわれる。

2. **that** は限定用法だけに用いられると一般にいわれているが，例外もある。

§13　連続用法の意味・訳し方

連続用法は説明などを追加または挿入する言い方であるから，その気持で訳せばよいのであるが，ふつう，次の4つの訳し方がある。

① 「～だが」「～で」　　　　② 「そして」(＝ and ＋代名詞)

③ 「～から」(＝ because ＋代名詞)

④ 「けれども」(＝ though ＋代名詞)

where, when の場合は，これらをそれぞれ there, then におきかえればよい。

① The ladies, **who** know him well, say that he is very honest.

その婦人たちは彼をよく知っているが〔いて〕，彼は非常に正直だといっている。

This fact, **which** you admit, condemns you.

この事実をきみは認めているが，これはきみを不利な立場におく。

② He helped the old man, **who** (＝ and he) thanked him.

彼はその老人を助けてやった。すると老人は彼に礼をいった。

He came back at six, **when** (＝and then) we were at supper.

彼は6時にもどって来たが，そのときわれわれは夕食中だった。

We traveled together as far as Paris, **where** (＝ and there) we parted company.

われわれはパリまでいっしょに旅をして，そこで別れた。

③ He forgave the servant, **who** (＝because he) had never made such an error.

彼はその下男を許してやったが，それは彼がそんなまちがいをしたことはなかったからだ。

④ My uncle, **who** (= though he) will be seventy tomorrow, still works on his farm.

私のおじは明日で70になる<u>けれど</u>，まだ自分の畑へ出て働く。

<u>補足</u> ①の訳がもっとも利用度が高い。その要領は，第2の例文でいうと，まず関係代名詞を先行詞におきかえ，それで始まる部分《例文では which ... admit 》を訳す。次にそのあとへ「が＋先行詞をさす代名詞《ここでは「これは」》」を加えるのである。

《注意》 どの場合に上掲のどの訳し方を用いるかについての規則はない。もっともまとまりのよい訳が作れるものを選べばよい。

研究 **1.** 連続用法が文末に出ている場合は，②，③の訳し方，文中に挿入されている場合は，①，④の訳し方が適することが多い。

2. when は，前に時間の意味を含む語句がなくても and then 《関係副詞》（するとその時）の意味に用いることがあって，接続詞の when（〜するときに）と区別しにくいが，それぞれを用いた訳文を比較して判断する。

The car was gathering speed, **when** it exploded.

その自動車は速力を増しつつあったが，そのとき爆発を起こした。

この用法では when の前にコンマがおかれ，主節《speed までの部分》には進行形を使ってあるのがふつうである。そして，最も力をこめて伝えようとしているのは，when 以下の部分である。

3. 関係副詞には③，④の用法は比較的まれのように思われる。

4. 連続用法は主として文語的な言い方である。

§14 連続用法の場合の **which** の特殊な用法

連続用法の which には，限定用法にはない次の用法がある。

① 次に名詞を伴い，**関係形容詞**(Relative Adjective)として用いることができる。

② それまでに述べたことから，またはその一部《ときにはこれから述べること》をさすことがある。

① He came after tea, **at which time** all the guests were assembled.

彼はお茶のあとでやって来たが，その時間にはお客はみんな集まっていた。

② I said nothing, **which** (= and it) made him still more furious.

私が何もいわなかったので，それが彼をさらにいっそうおこらせた。

| He saw, **which** his wife had failed to see, that much more had been intended. | 彼の妻は気がつかなかったが, もっとたくさんの目的があったことが, 彼にはわかった。 |
| It is reported that he is incompetent. **Besides which** I might add that he is not too punctual. | 彼は無能だと報じられているが, その上に彼はあまり時間を守らないとつけ加えてもよかろう。 |

補足　①の at which time は and at the time (when he came after tea) の意。②の which の先行詞にあたるものは, それぞれ, I said nothing ; that ... intended ; It is ... incompetent. である。いずれも文語体の表現。

《注意》　1. which を一応「それ〔その〕」と訳して, この場合の「それ」が何をさすかを, 日本文を基準にして考えてみるのがよい。

　2. 関係形容詞には, ほかに whichever, what(ever) がある。(p.185, §16, (2); p.187, §19 参照)

§15　関係代名詞を含むやや難解な構文

(1) 関係代名詞の次に **I think** などが挿入される場合

| I met a man **who** *I thought* was a doctor. | 医師だと思われる〔私の思う〕1人の男に会った。 |
| There's some wine **which** *I am convinced* will be to your taste. | きっとあなたの好みに合うと思うぶどう酒があります。 |

補足　この文は次のようにしてでき上がる。

研究　1. I thought, I am convinced はちょっと挿入された形で, 関係代名詞はそのあとの was, will be の主語である。

　2. 現在の英語では, この挿入的な文句の前後にコンマをおくことも, また I thought that のように that を入れることも, まずない。

　3. 挿入されるのは, ふつう「思う」「いう」という意味を含む動詞である。

　4. I thought *he was* a doctor. のかわりに, I thought *him to be* a doctor. ともいえるから, 上の例文は I met a man *who(m)* I thought *to be* a

doctor. ということも可能である。

(参考)　**1.** 上記の例文の場合の関係代名詞は主格であるべきだが，thought などの目的語と誤解されて whom を用いたり，さらにそれが目的格であるため，省略されているような構文も時には見られる。また逆に，John, *who I hope* you will see soon のように，see の目的であるにもかかわらず whom になっていないような例も時おりある。

　2. 関係代名詞が目的格のときは次の例のように接続詞の that がはいる。the trick (which) I believe that he used（彼が使ったと私の信じているごまかしの手口）

(2) 中に **it ～ to** ...の構文が含まれる場合

| ① He was seen by a girl **whose** duty *it* was *to* sweep the room. | そのへやのそうじをするのが務めになっている娘に，彼は姿を見られた。 |
| ② She was given a wonderful opportunity **which** *it* would be folly *to* lose. | 彼女は，これを見のがすのはばかだというような，すばらしいチャンスを与えられた。 |

補足　①では it のさす to 以下の主語に対し，whose duty は補語。②では，which は lose の目的で，it は to lose which をさす。なお，whose duty の次の it をはぶくことも可能。そうすれば to 以下が補語になるわけだが，文の内容は実質上同じことである。

(3) 変形した成句が含まれている場合

| ①He thanked her for the good *care*(**which**) she *took of* the child. | 彼は彼女がその子どもの世話をよくしてくれることを（彼女に）感謝した。 |
| ② It depends on the *use* (**that**) you *make of* the technique. | それはきみのその技術の利用のし方しだいだ。 |

補足　①でいうと，「took ＋目的語 which（＝先行詞 care）＋ of」という構文になるから，ここは take care of の変形なのである。中に名詞を含む成句は，ときどきこのような変形で現れることがある。

　この場合の扱い方は，まず成句の変形であることに気づくのが第一だが，

　(i)（省略されている）関係代名詞を先行詞におきかえ，それ以下の形容の文句を訳す。②でいうと，「きみがその技術を利用する」。

　(ii) 次に，その文句のあとへ，「仕方」または「こと」を加えて全体を名詞化する。つまり，「きみがその技術を使用する仕方〔こと〕」とする。

　(iii) それから文の他の部分へ結びつける。「仕方」「こと」は結びつきのよいほうを選ぶ。

研究　そのほか，the use (that is) made of the technique のように受動形や分詞のときもあるが，上記の扱い方がそのまま当てはまる。

(4) その他の場合

(a) 先行詞を形容する語句があとにもある場合

She did not like the *way*∧*he had* of hunching his shoulders.	彼女は彼の(持っている)ねこ背にならくせは好まなかった。

> 補足　he had と of ～がそれぞれ way を修飾し，had と of は直接関係がない。関係詞の中にはいる文句が短いときによくある構文。

(b) if, when などの接続詞で始まる文句を含む場合

That's a matter **which**, *if you want to remain friends with him,* you must not refer to.	それは，もしきみが彼と引きつづき友人でいたいのなら，ふれてはならない問題である。

> 補足　which は refer to の目的語。

《注意》　二重限定その他，もう少し複雑な例については，p.618以下を見よ。

（参考）　そのほか，an ideal *which* he finally succeeded in realizing（彼がついに実現に成功した理想）《which は realizing の目的》, the goal *to attain which* he sacrificed everything（それに到達するために彼がすべてを犠牲にした目標点）のように前置詞以外のものが関係詞の前にくる例，などもある。

§ 16　関係代名詞 what の用法

(1) what は先行詞と関係代名詞が結合したもので，直訳式にいえば，「ところのもの〔こと〕」である。a thing〔things〕which，または，anything that と同じと考えてよい。

① That's not **what** I meant to say.	それは私のいおうとしたこと〔真意〕ではない。
② Tell me **what** you know about it.	それについてきみの知っていることを私に話せ。
③ I don't need any more stamps; **what** I have are quite sufficient.	私はこれ以上切手はいらない。持っているので十分だ。

《注意》　**1**. この what は，間接疑問(p.160)に用いた疑問詞の what と区別のつきにくいこともある。その場合は，二様に和訳して日本文としてとおりのよいほうを選べばよい。

　2. ②の what は，単に things which よりは，「知っていること何でも」（＝anything）と解するほうがよい。どちらに解するかは前後関係で判断する。

　3. ③のように，前の名詞《stamps 》に関連して用いることもある。そのとき

は，前の名詞が複数ならば what も複数扱いになる。それ以外は通常単数扱い
である。

(2) 次に名詞を伴って関係形容詞《cf. §14》として用いることもある。

I gave him **what** (*little*) help I could.	私は，わずかながらもできるだけの援助を彼に与えた。

研究 この用法の what には「わずかな数[量]の」の意味が含まれるので，
little[few] を加えてもたいして意味は変わらない。

(3) しばしば，挿入文句の最初に用いられる。

He is a good scholar, and **what** *is better still*, a skillful teacher.	彼はりっぱな学者であり，<u>さらにいっそうよいことには</u>，練達した教師である。
And, **what** *greatly encouraged me*, he positively promised to help me.	それに，<u>私を大いに勇気づけてくれたことだが</u>，彼ははっきり私を助けることを約束したのだ。

研究 1. この用法では，ほとんど必ずこの挿入文句の前後にコンマがある。

2. 最初の例文のように〈what ～ 比較級〉の形をとる場合が圧倒的に多い。

(4) what は，次のような成句またはそれに近い表現を作る。型のき
まった言い方として記憶することが望ましい。

She is not **what she was** [**used to be**].	彼女は<u>昔の彼女</u>ではない。
What matters is not **what he has** but **what he is**.	問題なのは<u>彼の財産</u>ではなくて，<u>彼の人物</u>である。
The outcome is not **what it ought to be**.	結果は<u>理想どおりのもの</u>〔そのあるべきもの〕ではない。
He is not satisfied with **what things are**.	彼は現状〔事態のあるところのもの〕に満足してはいない。
You must learn **what language really is**.	<u>言語の本質</u>〔真にどういうものであるか〕を知らねばならない。
What with teaching and (**what with**) writing, my time is fully taken up.	教えること<u>やら</u>書くこと<u>やら</u>で，私はすっかり時間をとられている。
An unreliable man **is to** society **what** a bit of rotten timber **is to** a house.	信頼できぬ男の社会に<u>対する関係</u>は，くさった木の家に<u>対する関係と同じ</u>である。

what is called a politician（いわゆる政治屋）
what we call democracy（いわゆる民主主義）

《注意》　上例の中には，疑問詞と見ることもできる what もある。

研究　**1.** what with のほかに **what by** もあるが，訳し方は同じことである。あとの what　with〔by〕は略すこともある。

　　2. 最後の例文では，what 以下を is と to　society の間に入れて考えれば，直訳でも一応意味がとれよう。なお，what … house を冒頭に出す言い方もある。意味は同じことである。

参考　俗語では，what を who, that と同じような関係代名詞としても用いる。

§17　関係代名詞 but の用法

　関係代名詞としての **but** は，**that〔who〕〜　not** と同じであり，それより前の部分に必ず no, not など否定の語，または否定の意味，の含まれた文中で用いられる。《現在ではきわめてまれ》

① There is *no* one **but** knows it.	それを知らないものはいない。
② I saw around me *none* **but** were shipwrecked.	私の周囲には，難船者以外の人は見られなかった。

《注意》　従位接続詞の but, but that などの用法（p.586）とも比較せよ。

研究　**1.** that と同じように，but の前に前置詞をつけることはしない。

　　2. ①のような構文では，冒頭の There is はよく省略する。

　　3. but の前に no, not などがないかわりに反語の構文をとることもある。

参考　but は上例のように主格に用いられることが多いが，目的格に用いたときは，とくに，次例のように，そのあとに代名詞がくり返されることがしばしばある。

There is no beautiful thing on earth *but* I love *it* from my heart.	この世に，私が心から愛さないような美しいものはない。

§18　関係代名詞 as の用法

(1)先行詞に **same, such** があるとき，それと対応的に用いる。
　the **same** watch **as** mine〔I lost〕（私〔がなくした〕のと同じとけい）
　such books **as** I do not understand（私にはわからないような本）
　such an animal **as** a lion（ライオンのような動物）

《注意》 **1.** これについては，それぞれ such(p.147), same(p.150)の項を参照せよ。

2. as 〜 as の言い方については，p.527 を見よ。

(2) 挿入的に用いられる文句の冒頭におかれる。先行詞になるものは単一の名詞のこともあるが，それまでに述べたこと，または，これから述べることであることが多い。通常「〜だが」と訳せばよい。

① Pip, **as** they called him, slept regularly on the floor.	彼らはその男をピップと呼んでいたが，彼はきまって床の上に寝た。
② He was late for school, **as** was usual with him.	いつものことだが〔ように〕，彼は学校におくれた。
③ **As** had been expected, he played his part admirably.	期待されていたとおり〔ことだが〕，彼はみごとにその役割を果たした。

補足 ①ではピップ，②では，He ... school が先行詞にあたる。このときは，§14，②の which の用法と同じである。③では先行詞に当たるものは he 以下ということになる。which, what の挿入的用法と比較せよ。

《注意》 **1.** この as を関係代名詞とは考えず接続詞とみる人も多い。

2. 「〜ように」の意味で用いられる接続詞の as と区別のつきにくい場合もある。

参考 俗語では，as をふつうの関係代名詞として，who, that などと同様に用いる。

§19 複合関係代名詞と複合関係副詞の用法

複合関係代名詞(Compound Relative Pronoun)とは，関係代名詞の who (whose, whom), what, which に -ever《または -soever》のついたものであり，**複合関係副詞**(Compound Relative Adverb)は，where, when, how にそれのついたものをいう。このうち whatever, whichever は，関係形容詞にも用いる。

《注意》 **1.** whose の場合は，whose-ever, whosoever などと書くが，ほかに who-ever's という所有格もある。しかし，いずれもめったに用いられない。これらのかわりに whatever person's がふつう用いられるようである。

2. 文語以外では，whomever のかわりに whoever をふつう用いる。

参考 **1.** whenever は接続詞とみる人もあるが，便宜上いっしょに扱う。

2. これらの関係詞を不定関係詞と呼ぶ人もある。

(1)「**any** ＋先行詞＋関係代名詞〔副詞〕」（～するどんな～も）とおきかえて考えればよい。関係形容詞としての whatever, whichever も同じように考えてよい。

You must obey **whatever** (＝ anything that) he tells you.	彼のいうどんなことにも，きみは従わなければならない。
He got angry with **whoever** (＝ anyone who) opposed him.	彼は自分に反対するものだれにでも，腹をたてた。
You may go **wherever** (＝ to any place where) you want to go.	きみは行きたいところどこへでも行ってよい。
She weeps **whenever** (＝ (at) any time when ; every time) she hears such a story.	彼女はそんな話を聞くときはいつでも泣く。
Take **whichever book** (＝ any one of the books that) you like.	どちらでもきみの好きな本を取りなさい。
I will pay **whatever price** (＝ any price that) is asked of me.	私は要求のあるどんな代金でも〔どれだけの代金を要求されてもそれを〕支払うつもりです。

補足 who の先行詞が人であるように，whoever も書き換えるときは「人」を先行詞にする。その他も同様で，whatever なら「もの」，whenever なら「時」で，これを any と関係詞の間に入れ，ふつうの関係詞に直して考えればわかりやすいだろう。ただ whichever のときは，「どちら」という疑問詞のときの意味が含まれて either〔any one〕that ～（～するどちらでも）とおきかえる。最後の2例のように名詞を伴うときは，単なる「もの」ではなく，その名詞を先行詞にするのである。

研究 **1.** however には，ここにあげたような用法はない。

2. 複合関係代名詞の格は関係代名詞と同じで，たとえば，第2の例文で，whomever にはしない。また，主語に用いられたときは単数扱いである。

3. 複合関係代名詞《関係副詞は違う》で始まるこの文句全体は，文の主語や目的語になり，その前や末尾にコンマはない。この点(2)の用法と違う。

4. 最後の例文などで whatever price *that* is asked のようなまちがいをする人もよくあるから注意せよ。

5. whatever little help I could などというときの whatever は，§16，(2)
の what とほぼ同じことになる。

(2)「～にせよ；～であるにしても」《譲歩》の意味を表す。

Whatever he may tell you, you must obey it.	彼がたとえどんなことをいっても きみはそれに従わねばならぬ。
Whoever may say it, I shall not believe it.	だれがそういうことをいっても， 私は(それを)信じない。
Whichever book you may read, you will find it interesting.	どちらの本を読んでも，おもしろ いと思うでしょう。
Wherever he may be, he will be happy.	どこにいるにせよ，彼は幸せでい るだろう。
However hard we (may) try, we cannot satisfy him.	どんなにいっしょうけんめいやっ てみても，彼を満足させること はできない。

補足 (1)と(2)の最初の例文を比較せよ。whatever ～は(1)では obey の目的語である が，(2)では副詞節である。そのかわり，(2)では obey の目的語として it が加わ っている。構文上はこういう差異があるが，内容はほぼ同じであることは日本 語訳からいってもわかろう。いつもこのように二様の構文ができるわけではな いが，(1)，(2)の用法には，日本語訳で見るよりも密接な意味のつながりがある ことに注意したい。事実，wherever, whenever の場合は両者の区別はつかな い場合が多い。「行く<u>ところどこでも</u>」(= wherever one goes)は結局「<u>どこへ</u> 行っ<u>ても</u>」ということと同じなのであるから。

研究 **1.** この用法の複合関係代名詞〔副詞〕のあとの動詞に **may** のつくこと は多いが，必ずつくとはかぎらない。

2. however の次にはたいてい形容詞か副詞がくる。しかし However you try（どんなにやってみても）などともいう。なお，上例を *However* we try *hard* としないように注意せよ。

3. however のあとに名詞が続くときは冠詞の位置に注意せよ。however good *a* book you may read（どんなによい本を読んでも）のように形容詞の あとにおく。(p.61，(3)参照)

4. 次のように，動詞が省略されていることもある。

Whatever its defects∧ the room was spotlessly clean.	どんな欠点があるにせよ，へやは汚 れ一つないほどきれいだった。

You must not touch it *in* **however cautious a way** (it is).	どんなにそっとでも, それに触れてはならない。

5. この構文と同等の内容を表すものとして, 次のようなものもある。

① -ever のかわりに **no matter** ～ を用いる。上の例文をいいかえれば,

No matter what (= Whatever) he may tell you ～

No matter who (= Whoever) may say it ～

No matter how (= However) hard we may try ～などである。

ただ, no matter ～は(1)の意味には用いないから注意せよ。

② 「**動詞(～)関係詞**」《how は除く》の構文を用いる。2 人称以外ならば let も用いうる。しかし現在では以前ほどには用いられない。p.293 参照。

whatever he may *say* = (**let him**) **say what** he will

whoever may *deny* it = **deny** it **who** will = **let any one deny** it

wherever you *go* = **go where** you will

however (hard) you may *try* = **try** (as hard) **as** you will

however humble it may *be* = **be** it **ever so** humble

（参考） (1), (2)の用法はきわめて密接な関係にあるので, 和訳の場合は, 文法上の構造にこだわらず, 日本語としてまとまりのよい訳し方のほうを用いればよい。

He told it *whoever* came along. 「来る(ところの)だれにでも→来る人だれにでも→だれが来ても彼はその話をした」

I'll approve *whichever course* you decide upon. 「きみの定める(ところの)どちらの方針も→きみがどっちの方針に定めても(それを)私は承認する」

(3) その他の注意すべき用法

(a) 挿入的に用いられた場合

Her pique, **or whatever it was**, seemed to have passed away.	立腹だかなんだか知らないが, (それは)おさまってしまったらしかった。
He left on a dogcart, **or whatever you call it**.	彼は, dogcart (二輪馬車)というのか何というのか知らないが, そんなものに乗って出発した。

（参考） 挿入ではないが, 次のような場合にも利用できよう。

He sold it for *whatever* it would bring. 彼はそれを値段に〔いくらになるかわからないが〕かまわず売った。

(b) whatever = at all で否定・疑問を強める場合

| There is no doubt **whatever** about it. | それについて<u>全然</u>疑問の余地はない。 |
| Is there any hope **whatever** ? | <u>多少でも</u>望みがありますか。 |

《注意》　この用法の場合は，①名詞・代名詞のあとに加えること，②文頭にはこないこと，などから，すでに述べた用法との区別はつきやすいはずである。

(c) **however**（＝ nevertheless）（しかしながら，でも）

| Later, **however**, he decided to go. | でも，あとになって，彼は行くことにきめた。 |

《注意》　この用法の however が文頭におかれることは比較的まれである。

(d) **whatever ... ? ＝ what ever ... ?**, etc. の場合

疑問詞の強めとして -ever のつく語を用いることは，p.163, (5)を参照。

ま と め 6

関係詞： ① 関係代名詞 ② 関係副詞

Ⅰ 関係代名詞 who, which, that の格と使用区分

主格	所 有 格	目的格	先行詞	用　法
who	whose	who(m)	人	限定用法・連続
which	whose/of which	which	人以外	用法どちらも
that	なし	that	どちらも	限定用法のみ

　(例外)　1．who を使わない場合：① 関係代名詞が補語になる
　　　場合，② 先行詞の地位・性格などに重点をおく場合。
　　　　2．次の場合は that を用いる。① 先行詞に最上級の形容詞が
　　　あるとき，② 先行詞が疑問詞，または「人＋人以外のもの」
　　　のとき。

Ⅱ 関係代名詞の省略：次の場合には関係代名詞は省略できる。
　　1．目的語になるとき(時には補語になるときも)。
　　2．there〔here〕is, that is のあとの主格の関係代名詞。

Ⅲ 関係副詞：〈前置詞＋関係代名詞〉で書き換えられる。

when	where	why	how	that
時間	場所	理由	方法・様態	=in which

(注)　how は先行詞なし。
　　　that はしばしば省略。

Ⅳ 連続用法〔＝継続用法，非制限用法〕：追加説明的に挿入する用法。
　　1．通常，関係詞の前にコンマがある。訳は「～で」「～から」など。
　　2．この用法の which では，① 文の一部〔全部〕が先行詞の場合，
　　② 名詞を伴った形容詞用法の場合がある。

Ⅴ その他の関係代名詞
　　1．what：「(～する)もの〔こと〕」の意味。先行詞はない。
　　2．as：same, such との相関用法，挿入句の最初，に用いる。

Ⅵ 複合関係詞： who, which, what；when, where, how に -ever がつ
　いた語
　　1．whatever, whichever は次に名詞を伴って形容詞的にも用いる。
　　2．however は次に形容詞・副詞が続くのがふつう。

Exercise 6 解答は p.669

(1) 次の英文の( )内から適する語(句)を選びなさい。

1. This is the best story (that, which) I have ever read.
2. I passed a boy and a dog (that, who) were going up the hill.
3. This is the girl (who, whom, of whom) I told you the other day.
4. You should have such friends (as, that) can benefit you.
5. She was not the little girl (that, who) she used to be.

(2) 次の2文について，下線の語を関係詞に変えて1つの文にまとめなさい。

1. We welcomed a friend of my son's. <u>He</u> lives next door.
2. He received a letter. He had been waiting for <u>it</u>.
3. I picked up a magazine. Someone had left <u>it</u> on the bench.
4. This is a fact. We are well aware of <u>it</u>.
5. She lives in the house. You see <u>its</u> roof among the trees.

(3) 下線の語に注意して各組の英文を和訳しなさい。

1. a) That is the reason <u>that</u> he gave us for his absence.
   b) He absented himself for the reason <u>that</u> his mother was seriously ill.

2. a) <u>Whoever</u> asked her advice left her office satisfied.
   b) <u>Whoever</u> asked him to attend the meeting, he would not.

3. a) <u>When</u> the leaves of trees began to turn red or yellow, we soon have the first snow of the season.
   b) The poor father and son left home in autumn, <u>when</u> the leaves of trees were turning red and yellow.

4. a) <u>What</u> do you think she bought at the store ?
   b) She refused to show me <u>what</u> she had bought at the store.

(4) 次の文にはそれぞれ1つ誤りがあります。それを訂正しなさい。

1. I want a book which my children will be glad to read it.
2. Such was his honesty as everyone trusted him.
3. You can go on a picnic with whomever is willing to go with you.

4. A man should not lead an idle life, however he may be rich.

5. His father, who was a wealthy gentleman, gave him the nice home that he and his wife live now.

(5) 次にあげた関係詞の中から適当なものを選んで，以下の文の空所に入れなさい。同じものを2回以上用いてもよい。

　　as, how, that, what, when, where, which, whoever

1. Father has made me (　　) I am.

2. He is one of the fastest runners (　　) we have.

3. There are many houses standing now (　　) his orchards were.

4. (　　) wants to succeed must work hard.

5. The day will never come (　　) we will have no war.

(6) 下に与えられている語句に，さらに適当な1語を追加した上で，それらを正しい順序に並べると，日本文と同じ意味の英文になります。その適当な1語を書きなさい。

1. それはまったく彼らの知らない秘密だった。

　　　1) they knew　　2) that was　　3) nothing　　4) a secret
　　　5) which

2. 彼はたくさんのひつじが餌を食べている小さな盆地を見た。

　　　1) a lot of　　2) a small valley　　3) he　　4) were feeding
　　　5) which　　6) sheep　　7) saw

3. 彼女が，彼と結婚している女性だ。

　　　1) he is　　2) the girl　　3) married　　4) whom　　5) she is

4. 私は彼らが業務を処理する能率のよさに驚いた。

　　　1) they were managing　　2) the efficiency　　3) I was
　　　4) at　　5) their affairs　　6) which　　7) surprised

第**7**章
動　　詞

動詞は英文の構造を決定するもので，その種類や性
質を理解することは英語学習の根底ともいえる。

§1　動詞とは何か，その種類

　動詞(Verb)は主語である人・事物などの動作・状態などを述べる語
で，基準の立て方により，次のように種々の分類ができる。

① 活用 { 規則的なもの：規則動詞(Regular Verb)
　　　　 不規則なもの：不規則動詞(Irregular Verb)

② 目的語 { あるもの：他動詞(Transitive Verb)
　　　　　　　《完全他動詞・不完全他動詞の2種類ある》
　　　　　 ないもの：自動詞(Intransitive Verb)
　　　　　　　《完全自動詞・不完全自動詞の2種類ある》

③ 人称・数などの支配 { 受けるもの　　：定形動詞(Finite Verb)
　　　　　　　　　　　 受けないもの　：非定形動詞
　　　　　　　　　　　　　　　　　　　　　(Non-finite Verb)

④ { 非定形動詞としては用いないもの　：助動詞(Auxiliary Verb)
　　 定形・非定形の両形があるもの　　：本動詞(Main Verb)

《注意》 **1.** それぞれの動詞については，以下の各項でくわしく述べる。

　2. 定形動詞とは，文法上の主語を伴って，文や節の中に用いられる動詞で，
時制・人称などに従って変化するもの，**非定形動詞**とは，準動詞形(Verbal *or*
Verbid)とも呼ばれ，不定詞・分詞・動名詞の総称である。

　3. be, have, do などは本動詞にも助動詞にも用いる。

§2　動詞の活用

動詞には，原形(Root Form *or* Base)，過去(Past)，過去分詞 (Past Participle)の３つの基本的な変化形(three principal parts) がある。この語形の変化を**動詞の活用**(Conjugation)という。

《注意》　原形とは，「to＋動詞」の場合の動詞の形をいう。簡単にいえば，辞書に見出し語としてあげられている語形である。

参考　厳密にいえば，-ing, -s のついた場合も動詞の活用形に含まれるのであるが，この２つはあまり問題にしないのがふつうである。

§3　規則動詞の活用

① 「原形＋**-ed**」で過去・過去分詞を作るのが基本である。

原形：look　　　過去形：look**ed**　　　過去分詞形：look**ed**
　〃：learn　　　　〃　：learn**ed**　　　　〃　：learn**ed**

② 原形の語尾に **e** があれば **-d** だけを加える。

原形：like　　　過去形：like**d**　　　過去分詞形：like**d**
　〃：move　　　　〃　：move**d**　　　　〃　：move**d**

③ 原形が「子音字＋**y**」で終わるものは **y** を **i** に変えて**-ed** をつける。しかし「母音字＋**y**」ならば，そのまま**-ed** をつける。

原形：try　　　過去形：tr**ied**　　　過去分詞形：tr**ied**
　〃：play　　　　〃　：pla**yed**　　　　〃　：pla**yed**

④ 「母音字１つ＋子音字１つ」で終わるものは，その子音字を重ねてから**-ed** をつける（なお，研究4を参照のこと）。しかし，発音される母音が２つ以上ある動詞の場合は，最後の母音にアクセントのあるものだけがこの規則に従い，それ以外は末尾の子音字は重ねない。

原形：stop　　　過去形：stop**ped**　　　過去分詞形：stop**ped**
　〃：plan　　　　〃　：plan**ned**　　　　〃　：plan**ned**
　〃：stir　　　　〃　：stir**red**　　　　〃　：stir**red**
　〃：contról　　　〃　：control**led**　　　〃　：control**led**
　〃：omít　　　　〃　：omit**ted**　　　　〃　：omit**ted**
　cf.　límit　　　〃　：limit*ed*　　　　〃　：limit*ed*

研究　**1**．そのほか，**c** で終わる動詞は-ked をつける：picnic — picnic**ked**
　2．③ の規則は複数の作り方の規則と共通している。(p.72 参照)

3. ④の規則の子音字には，**r** も含まれる点に注意。上例のほかに，例をあげると，occúr — occur**red**, prefér — prefer**red**. ただし，énter — enter*ed*.

4. これに対し，④の子音字には，w, x は含まない。したがって，slow*ed*, fix*ed* であって，この w, x を重ねることはしない。

5. ③，④とも発音ではなくつづりが問題であるのに注意。だから，たとえば，cook[kuk]（料理する）は母音は短くても母音字は１つではないから cook*ed* である。

6. -ed はときにより 'd と書かれていることもある。

（参考） wórship, trável, márvel は前の母音にアクセントがあるが，英国では末尾の子音字を重ねて-ed を加え，米国ではそのまま-ed をつける，のがふつうである。しかし，hándicap は，英米とも p を重ねて-ed をつける。fócus は s を重ねるときも重ねないときもある。

§4 -ed の発音の仕方

①「無声音＋**ed**」のときは［t］：stopped［stɑpt］, wished［wiʃt］, laughed［læft,《英》lɑːft］, etc.

②「有声音＋**ed**」のときは［d］：planned［plænd］, played［pleid］, stirred［stəːrd］, etc.

③ ただし，［**t**］［**d**］＋**ed** のときは［id］：wanted［wántid］, admitted［ədmítid］, ended［éndid］, etc.

《注意》 無声音と有声音の区別については p.73 , §3, (2)［補足］参照。

（参考） 過去分詞が純然たる形容詞となった場合には，語尾の-ed は，以上の規則にかかわりなく[id]と発音するのがつねである。(例) learned［ləːrnid］, blessed［blésid］, etc. しかし，old-fashioned, good-natured などの複合語の場合は上記の規則に従う。

§5 不規則動詞の活用

不規則動詞は上記の方法以外で過去・過去分詞形を作る。基本になるものは約200で，ひんぱんに使用される１音節の動詞である。

《注意》 個々の不規則動詞の活用については，英和辞書の巻末を見よ。

（研究） **1.** 不規則動詞に**種々の接頭辞**《a-, be-, out-, over-, re-, un-, with- など》がついて新しい動詞を作っている場合も，その活用はもとになる不規則動詞の活用に従うのが原則である。

2. 不規則動詞も，不規則の中にある程度の規則性はある。次の規則は記憶

しておいて役にたつかもしれない。

① **-end** で終わるものは **-ent** となる。《send — sent — sent など》

② **-ind** で終わるものは **-ound** となる。《find — found — found など》

③ **-ow** で終わるものは，通常 **-ew, -own** となる。《blow — blew — blown など，例外：show》

④ 無変化の動詞《cut — cut — cut など》はすべて **t, d** で終わっている。

3． 次のような過去・過去分詞形は発音をまちがえやすいから注意。

said [sed]《cf. paid 》, read [red], shone [《米》ʃoun ；《英》ʃɔn], risen [rízn], driven [drívən]

4． 意味の相違により活用の違う動詞がある。

$$\begin{cases} \text{hang（掛ける）— hung — hung} \\ \text{hang（絞首刑にする）—~ed —~ed} \end{cases}$$ $$\begin{cases} \text{lie（横たわる）— lay — lain} \\ \text{lie（うそをつく）— lied — lied} \end{cases}$$

$$\begin{cases} \text{bear（生む）— bore — born} \\ \text{bear（運ぶ）— bore — borne} \end{cases}$$ $$\begin{cases} \text{abide（住む）— abode — abode} \\ \text{abide (by)（守る）—~d —~d} \end{cases}$$

5． 同一の語形が二様に用いられることもあるから注意。

$$\begin{cases} \text{find（見出す）— \textbf{found} — \textbf{found}} \\ \textbf{found}\text{（設立する）—~ed —~ed} \end{cases}$$ $$\begin{cases} \text{lie（横たわる）— \textbf{lay} — lain} \\ \textbf{lay}\text{（横たえる）— laid — laid} \end{cases}$$

$$\begin{cases} \text{see（見る）— \textbf{saw} — seen} \\ \textbf{saw}\text{（のこぎりで切る）—~ed —~ed} \end{cases}$$ $$\begin{cases} \text{bind（結ぶ）— \textbf{bound} — \textbf{bound}} \\ \textbf{bound}\text{（はねる）—~ed —~ed} \end{cases}$$

$$\begin{cases} \text{fall（倒れる）— \textbf{fell} — fallen} \\ \textbf{fell}\text{（切り倒す）—~ed —~ed} \end{cases}$$ $$\begin{cases} \text{wind（巻く）— \textbf{wound} [waund]— \textbf{wound}} \\ \textbf{wound} \text{[wuːnd]（傷つける）—~ed —~ed} \end{cases}$$

§6　現在分詞の作り方

① 原形に -ing を加える。

walk — walk**ing**　　cry — cry**ing**　　fight — fight**ing**

② ただし，語尾の e は取って -ing をつける。

make — mak**ing**　　live — liv**ing**　　take — tak**ing**

③ **-ie** で終わる語は，これを **y** に直して -ing をつける。

tie — t**ying**　　　　die — d**ying**

④「母音字1つ＋子音字1つ」で終わるものは，その子音字を重ねてから -ing をつける。しかし発音される母音が2つ以上ある動詞では，最後の母音にアクセントがあるものだけがこの規則に従い，それ以外のものは子音字を重ねない。

stop — stop**ping**　　get — get**ting**　　run — run**ning**

stir — stir**ring**　　begín — beginn**ning**　prefér — preferr**ring**

cf. límit — limit*ing*　énter — enter*ing*

補足　④は§3,④にあげた規則とまったく同じであることに注目せよ。ただ,get, run などの不規則動詞もここに含まれてくる点が違うだけである。なお,§3 の研究 3〜5 に述べたことは,-ed を -ing におきかえれば,そのままここに 当てはまる。

研究　**1. c で終わる動詞**には-king をつける：　picnic — picnic**king**

　2. be, see など発音される **e(e)** はそのまま残す：be**ing**, see**ing**

　3. -oe で終わるときは,その e は落とさない：sho**eing**, etc.

　4. 誤解を避けるため **e** を残すものもある：dy**eing**, sing**eing**, cf. dying, singing.

§7 一　致

一致(Concord *or* Agreement)とは,動詞を主語の人称・数に合った語形にすることである。

(1)人称との一致

(a)be の現在形・過去形を主語の人称に合わせる場合

　I　**am〔was〕**　　　　　　You《単数》**are〔were〕**

　He〔She, It〕**is〔was〕**　We〔You, They〕**are〔were〕**

(b)それ以外の動詞は,3人称単数・現在時制のときにかぎり,-(e)s をつける。ただし,その場合,have は has とする。

上記以外の場合には,人称の一致を考慮する必要はない。

　I see — he see**s**　　you try — she tr**ies**　we go — it go**es**

　cf. I saw — he saw　you tried — she tried

研究　**1.** 3人称単数・現在の -(e)s のつけ方とその発音の規則は,名詞の複数を作る場合の -(e)s のつけ方・発音の規則と同じである。p.71 以下を参照せよ。ただ,**-f(e)で終わる動詞も単に -s を加えるだけで** -ves とはしない点が違う。(例) he chafe**s** (彼がこする), it engulf**s** (それが飲みこむ)

　2. says, does の発音は [sez][dʌz]であって,[seiz][duːz]ではないことに注意せよ。

(2)数の一致

これについては,集合名詞の項(p.21, §5)などでもすでに触れた。以下

では，これまでに扱っていない事項だけについて述べることにする。

(**a**)「単数＋ and ＋単数」が主語ならば動詞は複数になる。

He and she *are* absent.	彼と彼女は欠席だ。
His uncle and aunt *are* here.	彼のおじとおばはここにいる。

研究 　1. Two and two *is*〔*makes*〕 four.（2＋2＝4）は，単数の動詞がふつうのようであるが，しかし are〔make〕もいう。

　　2. 名詞の場合にかぎらず，A red and a white rose *are* 〜 (p.63参照)のように，形容詞の場合もこれに準じて考える。冠詞はない場合もある。
cf.　Sacred and profane wisdom *agree* in 〜 （聖なる知恵も汚れたる知恵も〜において一致する）

(**b**)しかし，「単数＋ and ＋単数」が，同一のもの，または，1つのまとまったものをさす場合は単数の動詞をとる。（例文は p.62参照）

研究 　並列されたいくつかの単数名詞が主語になっている場合，その1つ1つを個別的に考えていうために単数の動詞を用いている例もある。

(**c**) 時間・距離・金銭に関する語に，数詞がついて複数になっている場合は，それが1つのまとまった量・額などを表すと見られるときは単数の動詞をとる。(p.53, (1), (b)；p.146 , §37, (1)(参考)参照)

Fifty dollars *is* too much for the service.	その仕事に対して50ドルでは高すぎる。
Ten years *is* a long time.	10年は長い。

研究 　Two five-dollar bills *were* in his pocket.（5ドル紙幣が2枚，彼のポケットにあった）のように，金額をいうのでなければ複数になる。

(**d**)(either 〜)or ; neither 〜 nor で結ばれた主語では，動詞は
(n)or の次の語に一致するのが原則である。

Either you **or** I *am* to go.	きみかぼくが行かねばならない。
Neither you **nor** he *is* wrong.	きみも彼もまちがってはいない。

研究 　neither 〜 nor の場合は，結局「両方とも」の意味だから，複数の動詞を用いることが少なくない。また，動詞の数の問題を避けるために，*Either* you are to go, *or* I am. のような言い方をすることも多い。

(**e**) *A* **as well as** *B*（B と同様に A も）；**not only** *A* **but** (**also**) *B*（A だけでなく B も）の場合，動詞は，前者では A に，後者

ではＢに一致する。《しかし例外もある》

He **as well as** you *is* ready. ｜ きみと同様彼も準備できている。

Not only the boys **but**（**also**） ｜ 少年たちばかりでなく，その父
their father *has* come. ｜ 親もやって来た。

(**f**) **more　than　one** は単数の動詞をとる。《時に例外もある》

More　than　one person *is* ｜ ２人以上(の人間)がこれにかか
involved in this. ｜ わり合っている。

《注意》 more *persons* than one《複数の名詞がある》なら複数扱いになる。

(**g**) **a　number of**（＝ many *or* several）など「２つ以上」の意味を
表す形容詞と同等の内容を持つものは複数の動詞を伴う。

A number of girls *were* there. ｜ 多数の少女たちがそこにいた。

A lot of houses *are* vacant. ｜ 多くの家があき家である。

🈔🈞　1．第１の例文と次の例を比較せよ。

The number of girls *is* not known.（少女たちの数は不明だ）

　2．「**many　a＋単数名詞**」は，「**many＋複数**」と内容上変りはないが，単
数の動詞を伴う。（例）*Many a* man *has* thought so.

　3．これと類似の言い方は，**a　crowd of**　people（人びとの群れ）；**a　pile
of** books（本の山）；**a　bunch　of** bananas（ひとふさのバナナ）；**a　variety
of** reasons（種々の理由）などきわめて多い。集合名詞と同様に，全体に重きを
おいて見れば単数の動詞，中に含まれるもの《複数》を頭におけば複数の動詞を
とるわけであるが，実際にはその境目はあまりはっきりはしない。人により，
同じものを単数に扱う人も，複数に扱う人もある。

(**h**)「**half**〔**rest, part, most**〕**＋ of ＋複数(代)名詞**」の表すものは
実質上複数であるから，複数の動詞がくる。

Half of the cattle *are* dead. ｜ 牛の半数は死んだ。

The rest of them *are* good for ｜ 彼らの残りのものたちは何の役
nothing. ｜ にもたたない。

cf. Half of the *time* **was** wasted. ｜ その時間の半分はむだになった。

（**参考**）　１つのものについて，$\frac{1}{3}$, $\frac{1}{4}$ など１以下の単位をいう場合，動詞は単数であ
るが，たとえば $\frac{1}{4}$ が２つという場合，それらを個別的に考えていうなら複数になる。
$1\frac{1}{2}$ など１以上であれば動詞は複数にするようである。

(**i**)口語では **There　is, Here　is** のあとには，時によって複数の名
詞がくることもある。

> **There is** some *things* I can't　｜　私にはしないではいられないこ
> resist.　　　　　　　　　　　　　｜　とがいくつかある。

■数の一致についての全般的な注意

　一般的にいって，英語の数の一致には次のような傾向があることを記憶
しておくのがよいと思う。

① 主語が2つあるとか複数形だとかいうことよりも，その中身が複数で
　あるかどうかを考えて動詞を一致させる。

② 単数の主語と動詞の間に他の複数の名詞があったり，補語が複数だっ
　たりすると，複数の動詞が用いられていることが時おりある。

§8　自動詞と他動詞

　目的語をとる動詞を他動詞，とらない動詞を自動詞という。英語の
動詞はほとんどすべて，他動詞にも自動詞にも用いられる。

> ｛ A bird can **fly**.　　　　　　　｜　鳥は飛ぶことができる。〔自動詞〕
> ｛ He **flew** pigeons.　　　　　　｜　彼ははとを飛ばした。　〔他動詞〕
> ｛ He cannot **speak**.　　　　　　｜　彼は口がきけない。　　〔自動詞〕
> ｛ He **speaks** English.　　　　　｜　彼は英語を話す。　　　〔他動詞〕

《注意》 1. **appear**(現れる), **belong**(属する), **exist**(存在する), **happen**
(起こる)など必ず自動詞に用いられる動詞や，一部の再帰動詞のように必ず他
動詞に用いられる動詞もあるが，一般的にいって，1つの動詞をこれは自動詞，
これは他動詞とはっきり割り切って覚えることは危険である。自動詞《または
他動詞》としての用法が圧倒的に多いという動詞はいくらもあるが，どちらか
一方にしか用いない動詞というのはきわめて少数にかぎられる。

　2. 第3の例文では，次に a word などの目的語を補うこともできる。それ
があればもちろん，この speak は他動詞であるが，ない以上これを他動詞とは
いえない。文の上に現れただけのものから判定しなければならない。

　3. laugh at ～(～を笑う), search for ～(～を捜す)のように，「動詞＋
前置詞」が一個の他動詞として働く場合も，laugh, search だけを取り上げて
いえば自動詞である。

研究　次のように，自動詞・他動詞で語形の似ているものに注意。

　　sit（すわる）〔自動詞〕　──　set（すえる）　〔他動詞〕

　　lie（横たわる）〔 〃 〕　──　lay（横たえる）〔 〃 〕

　　rise（あがる）〔 〃 〕　──　raise（あげる）〔 〃 〕

§9 自動詞と他動詞の転換

（1）自動詞と他動詞で意味がかなり違う場合がある。

The coat does not **become** you.	その上着はきみに似合わない	〔他〕
He **became** an artist.	彼は芸術家になった。	〔自〕
He **failed** in business.	彼は商売に失敗した。	〔自〕
He **failed** his friend.	彼は友人を見捨てた。	〔他〕
A house **stands** on the hill.	丘の上に家が立っている。	〔自〕
I can't **stand** the heat.	私は暑さに耐えられない。	〔他〕
He **suffered** much loss.	彼は大きな損失を受けた。	〔他〕
He **suffered** from poverty.	彼は貧困に苦しんだ。	〔自〕

（2）通常他動詞として用いられる動詞が自動詞に用いられ，受身のような意味になる場合（p.250，§13，II 参考 も参照）がある。

The book **sells** well.	その本はよく売れる。
The letter **reads** like a threat.	その手紙は脅迫のように読み取れる。
The meat **cuts** tough.	その肉は切ってみるとかたい〔切るのがほねだ〕。

研究　この用法では，上例のように，動詞の次に well など，何か語句がこなければならない。単に動詞だけで，The book sells.などとはいえない。

（3）通常自動詞に用いられる動詞が他動詞になると，**使役**（～させる）の意味になることが多い。

　　grow potatoes（じゃがいもを作る）　**work** them（彼らを働かせる）
　　walk the man（その男を歩かせる），etc.

《注意》　自動詞の他動詞への転換については§13も参照せよ。

研究　**sit** a horse（馬に乗る），**talk** sense（筋のとおった話をする），**wait** one's turn（自分の順番を待つ）など，通常は自動詞として用いられる語も，成句的表現では目的語をとることがあるのに注意。

§10 完全自動詞と不完全自動詞

補語を伴わなければ意味の完結しない自動詞を不完全自動詞（Incomplete Intransitive Verb)，補語を必要としないものを完全自動詞(Complete Intransitive Verb)という。

He **arrived** yesterday.	彼はきのう着いた。〔完全自動詞〕
The storm **passed** over.	あらしが過ぎた。　〔完全自動詞〕
He **is** a student.	彼は学生である。〔不完全自動詞〕
It **grew** dark.	暗くなった。　　〔不完全自動詞〕

> 補足　a student ; dark が補語である。これを除いた「彼はである」「それはなった」では意味をなさない点に注目。

研究　**1.** 同じ動詞が両方に用いられることもある。

The plant **grows** fast.	その植物は早く育つ。　〔完全自動詞〕
{ He **looked** up.	彼は上を見た。　　　〔完全自動詞〕
{ He **looked** young.	彼は若そうだった。　〔不完全自動詞〕
{ I **remained** in Tokyo.	私は東京に残った。〔完全自動詞〕
{ I **remained** silent	黙ったままでいた。〔不完全自動詞〕

2. 以上のほか，次の動詞は，不完全自動詞としてよく用いられる。

appear, seem ; turn, get ; continue, keep ; prove ; sound ; taste ;　smell, etc. (§16,(1)も参照せよ)

§11　完全他動詞と不完全他動詞

目的語を伴うだけで文意の完成する動詞が完全他動詞 (Complete Transitive Verb)，目的語のほかに補語が加わらなければ意味のまとまらない動詞が不完全他動詞(Incomplete Transitive Verb)である。完全他動詞には，目的語を1つとるものと，2つとれるものとがある。

(1)目的語1つ(＋補語)の場合

He **found** a cave.	彼はどうくつを見つけた。〔完全他動詞〕
He **found** the cave very interesting.	彼はそのどうくつを非常に興味深いと思った。〔不完全他動詞〕
I **made** a rule.	私は規則を作った。　〔完全他動詞〕
I **made** him one of my best friends.	私は彼を親友の1人にした。〔不完全他動詞〕

研究　「～を…と思う」「～を…にする」という意味《またはそれに近い意味》

を含む動詞は，不完全他動詞として用いられることが多い。例をあげれば，上
例のほかに，**think, consider ; elect, render**, etc.がある。

(2) 目的語を 2 つとれる場合

I **gave** him a watch.	私は彼に時計をあげた。
She **asked** me a question.	彼女は私に質問をした。
He **told** the villagers a very strange story.	彼はその村人たちに非常に不思議な話をした。

研究　**1.** これらの動詞は「～に」「～を」という 2 つの目的語を持つことが
多い《しかしつねに 2 つあるとはかぎらない》。「～に」と訳されるものを間
接目的語（Indirect Object），「～を」と訳されるものを直接目的語（Direct
Object）という。《ask の場合には異説もある》

　2. この種の動詞は，通常**授与動詞**（Dative Verb）と呼ばれ，ほかに次のよ
うなものがある。必ずしも「与える」という意味を含む動詞にかぎらない。

　bring, buy, deny, lend, offer, pay, send, show, spare, teach, etc.
(p.206，**参考** 3,4 を参照)

参考　間接目的語を与格，直接目的語を対格と呼ぶこともある (p.81，§10参照)。ま
た授与動詞のかわりに与格動詞ともいう。

(3) 直接目的語と間接目的語の配列方法

① 「に・を」《間接目的語＋直接目的語》の順序に並べることも，② 「を・
に」の順序に並べることもできるが，②の順序の場合には，間接目的
語の前に **to** 〔**for**〕が必要である。

① He **sent** his son a camera.	彼はむすこにカメラを送った。
I **bought** her a new hat.	私は彼女に新しい帽子を買った。
She **paid** me ten dollars.	彼女は私に10ドル払った。
② He **sent** a camera **to** the boy.	彼はその少年にカメラを送った。
I **bought** a book **for** my son.	私はむすこに本を 1 冊買った。
She **paid** ten dollars **to** the driver.	彼女はその運転手に10ドル払った。

研究　**1.** 2 つの目的語が両方とも名詞のときは，原則として①，②どちら
の順序でもよいが，②のほうがふつうである。しかし，形容の語句などが加わ
って長くなっている場合は，その長いほうの目的語をあとにおく。

　2. 直接目的語《「を」》が代名詞で，間接目的語《「に」》が名詞のときは，必ず
②の順序になる。

| He gave **it** *to the boy.* | 彼はそれをその少年に与えた。 |
| We told **it** *to the people.* | その人びとにそれを話した。 |

3. 目的語が2つとも代名詞のときは②のほうがふつうであるが，英国の英語では give it him（彼にそれを与える）のように，前置詞を用いずに「を・に」の順序にすることもある。その場合には him にアクセントがおかれる。米語では必ず to him となる。

4. 間接目的語は，①のように直接目的語の前におかれる場合以外は，前置詞がつくと思ってよい。

To him I told everything. 　 彼には私はすべてを話した。

the boy **to whom** I gave a dog （私が犬をあげた少年）

5. buy 以外に②の語順で for をとる例をあげておく。

get him a seat → **get** a seat **for** him （彼に席をとってやる）

cook him something → **cook** something **for** him （彼に何か食べ物を作ってやる）

for をとるか **to** をとるかは，それぞれの動詞《ある場合はそのときの用法》によってだいたい定まっている。一般的にいって，「～に対して」という意味が当然含まれる動詞《send, give, show, etc.》では to を用いる。これに対し「～のかわりに」「（～に与える）ために」の意味を含んで用いられる場合は for を用いる。bring, fetch のようにどちらにも解しうる動詞では，その場合に応じて to も for も用いられる。なお，*play* him a trick → *play* a trick *on* him （彼にいっぱいくわせる），*ask* him a question → *ask* a question *of* him （彼に質問する）のような例もある。《ただし，後者の of を用いた言い方はかなりまれ》

参考 **1.** ②の場合の to〔for〕がついた語は，間接目的語と同じ働きをしているが，厳密には，間接目的語とはいえない。

2.「動詞＋副詞」が成句的に用いられている場合，間接目的語が代名詞であれば，その中間に挿入されることが多い。しかし，前置詞をつけてあとへ回すこともできる。

| She *brought* them *in* two cups of tea. | 彼女は彼らにお茶を2つ持って来た。 |
| I *paid* him *back* the debt. | 私は彼に借金を返した。 |

3. 目的語が2つある場合，いつも①，②の2つの語順が可能なわけではない。次のような動詞・語法では，②の語順をとることは，ほとんどあるいは全然ない。

forgive him his sin （彼の罪を許す）　*cost* him his life （彼に命を失わせる）

keep him company （彼の相手をする）　*do* him a favor （彼に親切にする）

save me trouble （私の労を省く）　*envy* him his success （彼の成功をうらやむ）

It *took* me a year to do it. 　 それをするのに私は1年かかった。

4．いわば臨時的に目的語を2つとることがある動詞はきわめて多く，動詞だけの意味からでは察しのつかないものもある。注意を喚起するため，少数の例を次に掲げておく。

> *strike* him a blow（彼に一撃を加える）*lose* him his title（彼に称号を失わせる）
> *grudge* him pleasure （彼に楽しみを与えたがらない）
> *obtain* him some degree of credence （ある程度の信用を彼に得させる）
> *banish* him (from) his realm （彼を国から追放する）《今では from を入れる》

§12　目的語とは何か，その性質

目的格をとり，他動詞の表す行為などの対象になるものを意味する語が目的語（Object）である。《実例は§11の例文を参照》

《注意》 動詞の目的語に前置詞はつかない。逆にいえば，前置詞がついている語は動詞の目的語ではない。たとえば，inhabit a city（町に住む）と live in a city は意味上ではよく似ているが，あとの city は動詞の目的語ではない。ただ，send for him （彼を迎えにやる），look at her （彼女を見る）のように，「動詞＋前置詞」が密接に結合して成句《動詞句》をなして1つの他動詞の働きをし （cf. §8,《注意》3），それが目的語をとることはいくらもある。しかし，ある目的語が動詞句をなした「動詞＋前置詞」の目的語の場合と，単に前置詞だけの目的語の場合との境目はあまり明確ではない。

研究 1．目的語は他動詞の直後におくのが原則であるが，他の語句がその中間に挿入されたり，主語の前に倒置されていることもある。（p.653参照）

2．日本語訳では，目的語は通常「～を」《間接目的語なら「～に」》となるが，つねにそうとはかぎらない。次のような例に注意。

enter the room （へやにはいる）	survive him （彼より長生きする）
marry her （彼女と結婚する）	outrun it （それより速く走る）

3．次例のように，目的語は名詞・代名詞にかぎらない。

He wanted **to go**.	彼は行くことを望んだ。	〔句〕
I know **that he is right**.	彼が正しいことを知っている。	〔節〕

4．他動詞のほか，前置詞と少数の形容詞は目的語をとる。（p.474 参照）

§13　注意すべき目的語

通常は自動詞として用いられる動詞も，時により，次のような目的語をとって他動詞に用いられることがある。（なお，p.203も参照）

(1) 動詞と同形または語源的に関係のある名詞。《このような目的語を同族目的語(Cognate Object)という》

He **slept** a peaceful **sleep**.	彼は安らかに眠った。
She **lived** a happy **life**.	彼女は幸福な生活をした。
He **died** a violent **death**.	彼は横死〔非業の死〕をとげた。

研究 **1.** 同族目的語には何か形容詞がついているのがふつうである。しかし，sleep a sleep などのように形容詞のない言い方も皆無ではない。

2. 動詞と同語源でなくても，意味上それの**類語**になるような名詞も同族目的語に準じて用いられる。

run a race（競走する）　　strike a blow（一撃を加える）

fight a battle（戦闘を行う）　weep hot tears（熱い涙を流す），etc.

3. 同族目的語に最上級の形容詞がつくときは，その同族目的語は省略されるのがつねである。

breathe one's last (breath)（息を引きとる）

try one's hardest (try)（精いっぱい努力する），etc.

(2)「～によって…を示す」と訳すのがよい場合

He **nodded** his **approval**.	うなずいて承認の意を示した。
He **spat** his **disgust**.	つばをペッとはいて不快さを示した〔不快そうにつばをはいた〕。

研究 **1.** これらは nod *a nod of* his approval の同族目的語が略されたものと考えてもよい。時おり見かけられる言い方である。

2. 次のような言い方も同種と考えてよいであろう。

sob (out) a negative（すすり泣きながら打ち消す）

stammer (out) an apology（どもりながらわびをいう）

flash fury（[目が]きらりと怒りの色を放つ），etc.

(3) 目的語が，動詞の表す動作の**道具**や**結果**を表す場合

① He **fired a hole** through the window.	彼は鉄砲を撃って窓に穴をあけた。
② He **rapped the ferrule of his stick** against the floor.	彼はステッキの石突きで床をこつこつとたたいた。
③ I **thumped my fist** on the table.	私はこぶしでテーブルをどんとたたいた。

補足　fire a revolver(拳銃を撃つ)なら問題ないが，上例の hole は，発射されたものではなく，発射の結果できたものである。このような目的語は，日本語に

もいくらもある《「めしをたく」，「穴を掘る」, etc. cf.「米をたく」「土を掘る」》
が，例文のように，日本語にはないようなものもある。②, ③は目的語が道具の
場合である。「机の上でこぶしをたたく」ではない。これらは thump the table
with my fist などともいえる。(p.215,(5)参照)

《注意》 **1.** このような目的語をとる動詞は，(1), (2)の場合と違い，本来他動
詞である。

2. 時間・距離などに関する語は，前置詞を伴わずにそのまま副詞句として
よく用いられる。それらを目的語と取りちがえないように気をつけなければな
らない。もっとも，時には両者の区別が不明確なこともある。

He walked〔went〕 **three miles**.	彼は3マイル歩いた〔行った〕。
He left **the day before yesterday**.	彼は一昨日出発した。
Don't speak **that way**.	そんな話し方をするな。

(参考) way が目的語の言い方には，上例に類するものが時おり見られる。
beg one's *way*（物乞いしながら行く） fight one's *way*（戦いながら進む）
grope one's *way*（手さぐりで進む） force one's *way*（しゃにむに押し進む）
work one's *way*（ほねをおって進む）, etc.

§ 14 補語とは何か，その種類

不完全自〔他〕動詞といっしょに用いて，その叙述を完成する語が補
語(Complement)である。主語についての叙述を完全にするものを主
格補語(Subjective Complement)，目的語についての叙述を完全に
するものを目的格補語(Objective Complement)という。主格補語は
動詞の直後，目的格補語は目的語のあと，に通常おかれる。(なお，§10,
§11参照)

She is **kind**〔**an actress**〕.	彼女は親切〔女優〕だ。〔主格補語〕
I thought it **interesting**〔**an interesting book**〕.	私はそれをおもしろい〔おもしろい本だ〕と思った。〔目的格補語〕

(研究) **1.** 主格補語は不完全自動詞と，目的格補語は不完全他動詞といっし
ょに通常用いられるが，不完全他動詞が受動態になった場合には，目的格補語
は主格補語に変わる。

They made him **king**.	彼らは彼を王にした。〔目的格補語〕
He was made **king**.	彼が王にされた。　〔主格補語〕

2. 補語になれるものは，名詞・代名詞・形容詞のほかに，次のようなもの
もある。

My job is **to look after them**.	私の仕事は彼らの世話をすることだ。
That seems **what he wants**.	それが彼の望むことらしい。
I thought it **of no value**.	私はそれを無価値と考えた。

3．主格補語の格は主格，目的格補語は目的格が原則である。

§15　補語の特質

　主格補語の場合には「主語＝主格補語」，目的格補語であれば「目的語＝目的格補語」の関係がほぼ成り立つ。

> 補足　たとえば，He became a teacher.（彼は先生になった）といえば，その結果 He ＝ a teacher（He was a teacher.）という関係が成立したわけである。He remained silent.（彼は黙ったままだった）でも，「黙ったままでいる」結果，He was silent.とは多少違っていても，He ＝ silent の関係がほぼ成立している。また，I found the task easy.（私はその仕事が容易であることを知った），They elected him President.（彼らは彼を大統領に選んだ）でも，the task ＝ easy, him ＝ President の関係が成立することがわかるであろう。前の2つは主語とイコールだから主格補語，あとの2つは目的語とイコールだから目的格補語である。
>
> 　　cf.　{ make him king （彼を王にする）《him ＝ king 》
> 　　　　 { make him a present （彼に贈り物をする）《him ≠ present 》
>
> したがって，king は目的格補語だが，present は直接目的語で，補語ではない。

§16　注意すべき補語，またはそれに類するもの

(1) 結果を意味する補語（p.120 , §21, (2) も参照）

① The door swung **open**.	ドアがぐうーっとあいた。
② It was baked **dry**.	それは焼けてからからに乾いていた。
③ She wiped the plate **clean**.	彼女はさらをきれいにふいた。
④ They beat him **black and blue**.	彼らは彼を袋だたきにして，青あざだらけにした。

> 補足　become, grow, turn(～になる), make, render(～にする)のような動詞といっしょに用いられた補語は，動詞の意味から，当然，結果を表し《「王になる」なら，補語の「王」はなった結果を表す》，問題は少ないが，上例のように，そういう意味をもたない動詞でも，結果を意味する補語を伴うことがある。③でいえば，wipe した結果 clean になったのである。一定の公式的な訳し方はないが，

結果の意味が訳文に出るようにすればよい。

（参考）　通常，自動詞に用いられる動詞が，「再帰代名詞＋補語」を伴って用いられることがある。この場合の補語も，行為の結果を表す。

| He *worried himself sick*. | 彼は気苦労のあまり病気になった。 |
| She *cried herself hoarse*. | 彼女は泣いて声をからした〔声のかれるほど泣いた〕。 |

(2) be, seem などのようにつねに補語を必要とする動詞もあるが，一方，いわば**臨時に補語を伴って用いられる動詞**も少なくない。

① The natives *go* **naked**.	原住民たちは裸でいる。
② He *lived* **a bachelor**.	彼は独身で暮らした。
③ We *parted* **friends**.	私たちは仲よく別れた。
④ They *brought* back the box **undamaged**.	彼らはその箱をいためずに持ち帰った。
⑤ The baby *was born* **dead**.	赤んぼうは死んで生まれた。
⑥ The food *tastes* **good**.	その食べ物はよい味である。
⑦ His story *sounds* **true**.	彼の話は本当らしく聞こえる

《注意》　ここでも「主語〔目的語〕＝補語」の関係が成り立つことがわかろう。

（研究）　**1.** ②，③では，その前に as（〜として）を補って考えてもよい。なお，p.662，⑷に述べる構文も参照せよ。

2. 補語と副詞：補語が名詞なら問題は起こらないが，それが形容詞の場合には，誤って副詞を用いやすい。副詞は「〜の方法で」（＝ in a 〜 way），「〜の程度に」（to a 〜 extent）などの意味で動詞にかかり，補語は主として「〜の状態で」を意味して主語〔目的語〕とイコールの関係になることを基準にして判断するのがよいであろう。

「ゆっくり行く」「注意深く箱を持ち帰る」などでは，行き方・持ち帰る方法が「ゆっくり」「注意深い」のだから，当然 go slowly（＝ in a slow way），bring back the box carefully（＝ in a careful way）となる《ただし米語では，slow ＝ slowly のようにも用いる》。これに対し①は，「歩き方が裸」とか，④は，「無傷の方法で持ち帰る」のではなく，「裸の状態で」「無傷の状態で」とならなければ意味をなさない。したがって，nakedly, undamagedly などと副詞にはしないのである。

taste, sound, feel, smell など感覚器官に関する語では，「主語＝補語」の関係を認めることはできるが，上記の区別は，これほど明確に感じられない。したがって，⑥，⑦のようにいうほうがふつうではあるが，そのほか tastes *well*, sounds *oddly* など，副詞を用いた例もある。feel *bad*(*ly*)（いやな気持

がする)，The sun shines *bright*(*ly*).(太陽が明るく輝く)も同様である。最後に次の例を比較せよ。

> ┌ I found it **easy**.　(それが容易であるのを知った)　《it = easy 》
> └ I found it **easily**.　(それを簡単に見つけた)　《見つけ方が容易》
>
> ┌ He judged it **successful**.　(それを成功と判断した)《it = successful 》
> └ He judged it **successfully**.　(うまくさばいた)《さばき方が成功》
>
> ┌ He looked **sad**.　(彼は悲しそうな顔つきをしていた)
> └ He looked **sadly** (at me).　(彼は悲しそうに[私を]見た)

(3) 時間・年齢・金銭・距離・色・大小などに関する名詞は，「主語＝主格補語」でない場合にも補語に用いられることがある。

① You have been **a long time**.	ずいぶん長かったね。
② We are **sixteen**〔**the same age**〕.	われわれは16歳〔同じ年齢〕だ。
③ The flat was **five hundred pounds** a year.	そのアパートは年500ポンド(の家賃)だった。
④ The leaves turned〔were〕**a bright red**.	木の葉はあざやかな赤色に変わった〔であった〕。
⑤ It is **no use** trying.	それはやってみてもむだだ。

> 補足 これは英語の be と日本語の「である」「です」の相違に関する問題でもある。英語の be は，原則的には「主語＝補語」の関係がなければ用いることができないので，たとえば，③では「アパート《へや》」と「500ポンド《金額》」とは全然質が違うから，本来なら be では結合できないものである。その他も同様で，論理的にはイコールになるはずのないものが，例外的に be で結合できる例である。
>
> これに対し，日本語の「です」は be よりも用途が広く，上の訳文もふつうの日本文だし，そのほか，「彼は学校です」「ぼくは紅茶です」などとさえ用いられる。だから，ここに扱った事項は，英文和訳上は問題にするに及ばない。

研究 **1.** これは補語が名詞のときに問題になるだけで，補語が形容詞ならば，He is *wise*.(彼は賢明です)のようにいくらもいえる。次に man, one などがあると考えれば理屈は合うわけである。《もちろん He is *wisdom*. は he ≠ wisdom だから不可》

2. 上例の一部は，We are **of** the same age. / were **of** a bright red / It is **of** no use ～ のように of を伴う言い方もある《上例の言い方はこの of が落ちたもの》。これならば，of use = useful (p.31)のように，of 以下が形容詞と同じ働きになるから，合理的なわけである。なお，材料を表す場合にこの of を略すことはまれである。

| The house is *of brick*. | その家はれんが(造り)です。 |
| He is *of* a *kind nature*. | 彼は親切な性質です。 |

そのほか，I am **of**（**the**）**opinion** that ～（私は～という意見です）もよく用いられる言い方である。

3. He is kindness itself.（彼は親切そのものだ）(p.38) のような場合は，彼を親切心の権化と見ているので，イコール関係は成立している。

§17 目的語と補語の相違点《目的語と補語のまとめ》

目 的 語	補 語
「＝主語」の関係なし	「＝主語〔目的語〕」の関係あり
形容詞はなれない	形容詞もなれる
受動態の主語になれる	受動態の主語になれない

§18 動詞の注意すべき用法

(1) 通常，前置詞を伴って用いられる動詞も，**that** ～を目的語にする場合はその前置詞を略して用いる。

I **thought** *that* you were right.	私はきみが正しいと思った。
cf. I **thought** *of* it.	
He **informed** me *that* they were gone.	彼らがいなくなったと彼は私に知らせた。
cf. He **informed** me *of* it.	
He **insisted** *that* I should come.	彼は私にぜひ来いとしきりにいった。
cf. He **insisted** *on* my coming.	

《注意》 間接疑問でも同様のことが起こる。p.161，**研究** 2 を参照せよ。

研究 形容詞の場合にも同じことが行われる。(p.474，§ 7，(2)参照)

| He is **aware** *that* it is wrong. | 彼はそれがまちがっているのに気がついている。 |
| cf. He is **aware** *of* it. | |

(2) 「他動詞＋目的語＋ **to** ＋動詞」の構文では，目的語は，意味上 to の次の動詞の主語に当たることが多く，したがって，これを「～が」

と訳してよいことがしばしばある。

He **wanted** *me* **to come**.	彼は私が来ることを望んだ。
I **helped** *her* **to make** it.	私は彼女がそれを作るのを手伝った。
I **believe** *him* **to be** honest.	私は彼は正直だと信じる。

研究　1. 使役(～させる)・命令などを意味する動詞では，ふつうどおり，「～に」と訳さなければならない。

I **told** him to come.	私は彼に来いといった。

　2. 使役動詞《make, let》および，**see, hear** など感覚の働きを表す他動詞の場合は，目的語の次の動詞の to は略される。p.392, §15参照。

(3)「取り去る」という意味を含む動詞は，日本文で「～から」に当たる語を目的語におく構文をとることが多い。

He **deprived** me **of** my right.	彼は私から権利を奪った。
She **rid** herself **of** the habit.	彼女はそのくせを直した〔自分自身からそのくせを除去した〕。
They **cheated** him **of** his money.	彼らは彼から金をだまし取った。

研究　**rob**(奪い取る)，**strip**(はぎ取る)，**cure**(〔病気を〕直す)，**deliver**(述べる，分べんさせる)，**relieve**(〔負担など〕取り去る)，**clear**(取り除く)，**empty**(からにする)などの動詞はしばしば同じように用いられる。

(4)日本語では1つの目的語ですむところを，英語では2つに分析していうことがしばしばある。

(a)身体の一部分を表す語を含んでいる場合

① I hit **him on the head**.	私は彼の頭をたたいた。
② He caught **the thief by the arm**.	彼はどろぼうの腕をつかんだ。
③ It wounded **him in the arm**.	それは彼の腕を傷つけた。

研究　1. on *the* head のように定冠詞を用いる点に注目せよ。しかし，やや古くは，ここに his など所有格を用いた例もある。

　2. 英語には上例のような言い方以外にないわけではない。hit his head, catch his arm なども可能である。次例を参照。

He kissed **her** on **the forehead**.	彼は<u>彼女の額</u>にキスした。
He kissed **her forehead**.	〃　　〃
He patted **me** on **the shoulder**.	彼は<u>私の肩</u>をたたいた。
He patted **my shoulder**.	〃　　〃

この言い方は，②の例《直訳は「どろぼうを腕の部分で捕えた」》でいえば，どろぼうを捕えることが第一の問題で，腕だろうと足だろうと，つかむ場所は第二義的であるような場合に用いるのが原則であるが，その点が明りょうな用例ばかりではないようである。

3. look one's destiny **in the face**（自分の運命を直視する），**shake** him **by the hand**（彼と握手する）（＝shake his hand；shake hands with him）なども，訳し方は違うが，構文は同じである。

(b) その他の場合

① He thanked **the lawyer for the advice**. | 彼は<u>弁護士の助言</u>に感謝した〔弁護士に助言のことで礼をいった〕。

② They crossed **the river at its narrowest part**. | 彼らは<u>川のいちばん狭いところを</u>〔狭い部分で川を〕渡った。

③ We congratulated **him on his success**. | われわれは<u>彼の成功</u>を祝した〔成功に関して彼に祝いを述べた〕。

④ It influenced **them in their thought**. | それは<u>彼らの考え</u>に〔彼らに考えの点で〕影響を与えた。

補足　日本語では，人ではなくて，（人が）やった行為などを感謝・祝賀する言い方をするが，英語では，上例のように，人間を目的語にするのである。

研究　**blame**（とがめる），**punish**（罰する），**scold**（しかる），**praise**（賞賛する），**comfort**（慰める）などの動詞も，①と同じ構文をとって用いる。

(5) 同じ内容を表現するのに，2つの言い方が可能な動詞がある。

$\left.\begin{array}{l} \textbf{supply} \text{ milk } \textbf{to} \text{〔} \textbf{for} \text{〕 them} \\ \textbf{supply} \text{ them } \textbf{with} \text{ milk} \end{array}\right\}$（彼らに牛乳を供給する）

$\left.\begin{array}{l} \textbf{hang} \text{ a picture } \textbf{on} \text{ the wall} \\ \textbf{hang} \text{ the wall } \textbf{with} \text{ a picture} \end{array}\right\}$（壁に絵を掛ける）

$\left.\begin{array}{l} \textbf{inspire} \text{ confidence } \textbf{in} \text{ him} \\ \textbf{inspire} \text{ him } \textbf{with} \text{ confidence} \end{array}\right\}$（彼に自信を吹きこむ〔つけさせる〕）

spread butter **on** bread ⎫
spread bread **with** butter ⎭ （パンにバターを塗る）

研究　**1.** このような2種の構文が可能な動詞は意外に多数ある（cf. §13,
(3)thump）。上例はそのごく一部にすぎない。注意すべき点を要約すると,

① 動詞の目的語と前置詞の目的語を入れかえることができるが, ふつう,
短いほうの目的語が動詞の目的語になっている。

② 2種の言い方のうち, 一方では必ず with が用いられる。

③ この with を「～で」と直訳しては日本文がまとまらないから, 思い切
って「～を」などと訳すことが必要である。

2. そのほかにも次のような例は少なくないが, 一定の型はなく, 個々の動
詞の用法として記憶しなければならない問題である。

ask some money **of** him ⎫
ask him **for** some money ⎭ （彼にいくらか金をくれという）

《for を用いる言い方のほうが圧倒的に多い》

prevent him **from** coming ⎫
prevent his coming ⎭ （彼が来るのを妨げる）

(参考)　2つの言い方が可能でも, その2つの間に多少の意味の違いのある場合もあ
る。He **loaded** hay **on** the wagon. （彼は荷馬車にほし草を積みこんだ）と, He
loaded the wagon **with** hay.では, 前者は他にも何かが積んであって, その上に
ほし草も積みこんだ, という含みであり, 後者では荷馬車の荷は(ほとんど)ほし草だ
けである。

(6)「他動詞＋目的語＋前置詞～」の構文では,「前置詞～」が動詞
の表す動作の結果, 到達する状態などを表すことがある。その場合,
日本語訳では, 動詞を2つ用いると訳文がまとまることが多い。

① **freeze** water **into** ice（水を凍らせて氷にする）

② **follow** him **up** the stairs（彼について階段を登る）

③ **tie** a rope **in** a knot（ロープをゆわえて結びめを作る）

④ **persuade**〔**force**〕her **into** marriage（彼女を説得して〔強制して〕
結婚させる）

⑤ **scare** him **to** death（彼を死ぬほどふるえ上がらせる〔おびえさせて
死ぬほどまでにする〕）

補足　①でいえば, freeze water(水を凍らせる)の結果, 生じる状態が ice である。
「水を氷に凍らせる」「階段の上へ彼に従う」などが直訳。

研究　**1.** これは和訳の要領であって, このように訳さなければいけないと
いうのではない。*translate* it *into* English（それを英語に翻訳する〔＝それ

を翻訳して英語にする]), *burn* him *to* death（彼を焼き殺す〔＝彼を焼いて死なせる〕）など, 直訳でそのまま日本文になる場合も少なくない。

2. ⑤は通常, 誇張した言い方で, 実際に死ぬのではなく,「死ぬほど」の意味であるのがふつうである。cf. *love* him *to* distraction（気が狂うほどまでに彼を愛している）

(7) 扱い方は(6)と類似しているが, ①他動詞がふつうとは違う目的語をとる場合, ②本来自動詞である語が用いられる場合, もある。

　　talk him **into** consent（彼に話して同意させる）
　　argue money **out of** him（何のかのいって彼に金を出させる）
　　laugh him **off** the platform（嘲笑をあびせて彼を壇から去らせる）
前置詞ではなく, 副詞の場合もある。

　　wave the people **aside**（手を振って人びとをかたわらに寄らせる）
　　bow him **in**（おじぎして彼を送りこむ）

研究　**1.** これらの動詞は, 次のように, 本来なら前置詞を伴うべきであるのに, ここではそれがない点に注目せよ。(§13, (2)参照)

　　talk **to** him（彼に話をする）　　　　　wave **to** him（彼に手を振る）
　　laugh **at** him（彼を笑う）　　　　　　bow **to** him（彼に会釈する）
　　argue **about** money（金に関し議論する）

　　ただし, wave one's hand（手を振る）, argue him（彼を説得する）では前置詞を必要としない。

　　2. 公式的にいえば, この構文は「—することによって…を〜させる」と訳すのがよい。〜の部分は, 用いられている前置詞または副詞の意味によって, into なら「中にはいる」, off なら「離れる」など, 一定しない。したがって, 最初の例でいえば,「話すことによって彼を同意の中にはいらせる」となる。あとはこの直訳文をふつうの日本語の表現に直せばよい。

まとめ　7

Ⅰ　動詞の種類⑴　活用による分類：1．規則動詞　2．不規則動詞
　規則動詞の活用　want ～ want**ed**〔id〕／try：(he)tri**es**, tried／
　stop ～ stop**ped**, stop**ping**／prefer ～ prefer**red**, prfer**ring**

Ⅱ　人称・数の一致　1．3人称単数現在で -s (go は -es)。
　　2．be, have は例外。
　　3．一見単数形でも意味上複数ならば，動詞は複数になることが多い。
　　4．時間・距離・金額などをいう語は，複数形でも単数扱いになる。

Ⅲ　動詞の種類⑵　機能による分類

自動詞(vi)〔目的語なし〕──┬─完全自動詞(S＋V)
　　　　　　　　　　　　　　└─不完全自動詞(S＋V＋C)

他動詞(vt)〔目的語あり〕──┬─完全他動詞(S＋V＋O〔＋O〕)
　　　　　　　　　　　　　　└─不完全他動詞(S＋V＋O＋C)

Ⅳ　自動詞⟷他動詞の転換
　　1．1つの用法だけの動詞はまれ。
　　2．用法が転換すれば，動詞の意味が大きく変わることもある。
　　　(例)　Birds **fly**.：**fly** a kite (V⟷V＋O)
　　　　　　It will **grow**.：**grow** dark：**grow** rice (V⟷V＋C⟷V＋O)
　　　　　　find it：**find** it good (V＋O⟷V＋O＋C)

Ⅴ　目的語　1．「～を」「～に」と訳すことが多いが例外もある。(例：
　　marry her)
　　2．その他，(ⅰ)同族目的語，(ⅱ)道具・結果を表す目的語，(ⅲ)「～す
　　ることによって…を示す」と訳す場合。

Ⅵ　直接目的語・間接目的語の順序
　　1．一応は(ⅰ)「～に…を」(ⅱ)「…を～に」どちらも可能といえる。
　　2．ただし，「～に」を後におく場合は to〔for〕をつける。

Ⅶ　補　語　1．主格補語(S＋V＋**C**)　2.目的格補語(S＋V＋O＋**C**)
　ほぼ，主格＝主格補語，目的語＝目的格補語の関係にある。

Ⅷ　動詞の用法について　1．目的の that ～に前置詞はつかない。
　　2.〈vt＋O＋to 不定詞〉で O はふつう to 不定詞の意味上の主語。
　　3.各動詞特有の用法に注意。

Exercise 7 解答は p.670

(1) 次の動詞の過去形を書きなさい。
   1. work   2. study   3. offer   4. choose   5. wait
   6. bury   7. occur   8. fight   9. compel   10. stop
   11. pray   12. miss   13. limit   14. stand   15. drive

(2) 次の動詞の過去形で，語尾の -ed を，1.[d]と発音するもの，2.[t]と発音するもの，3.[id]と発音するものを選び，記号で答えなさい。
   a. stayed   b. watched   c. passed   d. looked   e. hoped
   f. rested   g. changed   h. breathed   i. rubbed   j. advised

(3) 次の動詞の現在分詞形を書きなさい。
   1. cut   2. give   3. prefer   4. begin   5. lie   6. cover

(4) 下線の動詞に注意して，次の各組の英文を和訳しなさい。
   1. ｛a. He <u>remained</u> behind.
      ｛b. He <u>remained</u> silent.
   2. ｛a. He <u>turned</u> to me.
      ｛b. He <u>turned</u> pale.
   3. ｛a. Father <u>left</u> me nothing.
      ｛b. Father <u>left</u> it unsaid.
   4. ｛a. Crusoe <u>made</u> him a faithful servant.
      ｛b. He <u>made</u> her a nice pair of shoes.
   5. ｛a. He says they <u>found</u> a hospital with the endowment.
      ｛b. They <u>found</u> a cave near the stream.
   6. ｛a. He could not <u>stand</u> on the stool.
      ｛b. He could not <u>stand</u> such nonsense.
   7. ｛a. We <u>saw</u> him off at the airport.
      ｛b. When you <u>saw</u> off the branches, I'll help you.
   8. ｛a. They <u>kept</u> the promise faithfully.
      ｛b. They <u>kept</u> the conquered tribes faithful to them.
   9. ｛a. A brook <u>wound</u> through the woods.
      ｛b. She is afraid of making remarks that <u>wound</u> his feelings.

(5) 次の英文の（　　）に適する語(句)を a〜d から選び，記号で答えなさい。

1．He or I (　　) likely to be punished.

  a. is   b. am   c. did   d. were

2．I don't think she (　　) her mother.

  a. resembles b. is resembling   c. resembles to

  d. resembles with

3．This hall (　　) as many as five hundred people.

  a. is contained b. is containing   c. contains   d. contains of

4．Please keep me (　　) any developments in the situation.

  a. inform   b. informed   c. informed of   d. informing

(6) 次の英文の誤りを正しなさい。

1．Ten dollars are too much for the service.

2．The flowers on the table smelled sweetly.

3．A number of cars was parked on the street.

4．They rid the wicked men of their town.

(7) 次の各組の英文が同じ意味になるように，（　　）に適する語を書きなさい。

1． { I bought my son a bicycle for a Christmas present.
{ I bought a bicycle (　　) my son as a Christmas present.

2． { She planted a variety of roses in her garden.
{ She planted her garden (　　) a variety of roses.

3． { My wife insisted that I should invite them to the party.
{ My wife insisted (　　) (　　) inviting them to the party.

4． { My opinion is that it is not easy to do.
{ I am (　　) the opinion that it is not easy to do.

(8) 次の英文を和訳しなさい。

1．She dreamed a pleasant dream.

2．He lived a saint and died a martyr.

3．She read the children a fairy tale.

4．We could not talk his mother out of her decision.

5．He struck his hand upon his knee.

6．We were working late into the night, and the boss sent us in coffee and sandwiches.

第**8**章

時　　制

時制には現在時制・過去時制・未来時制の基本3時
制に完了時制・進行形を加えて全部で12種類ある。

§1　時制とは何か，その種類

　主として過去・現在・未来などの時間的な関係をことばの上に表す
ために，動詞《通常定形動詞》に助動詞を加えたり，または，その語形
を変化させることが時制(Tense)である。英語の時制には次の12種類
がある。

現在時制（Present Tense）⎫
過去時制（Past Tense）　　⎬ 単純時制（Simple Tenses）
未来時制（Future Tense）　⎭ 〔基本時制（Primary Tenses）〕

現在完了時制（Present Perfect Tense）⎫
過去完了時制（Past Perfect Tense）　 ⎬ 完了時制（Perfect Tenses）
未来完了時制（Future Perfect Tense）⎭

現在進行形（Present Progressive Form）
過去進行形（Past Progressive Form）
未来進行形（Future Progressive Form）
現在完了進行形（Progressive Present Perfect Form）
過去完了進行形（Progressive Past Perfect Form）
未来完了進行形（Progressive Future Perfect Form）

《注意》　わかりやすくいえば，時制で扱う問題は，動詞の現在形・過去形・完
了形などの用法である。そして，しっかり覚えておいてほしいことは，これら
は単に動詞の語形につけた名称であって，たとえば，現在時制では現在形が用
いられるけれども，現在時制〔現在形〕がいつも，われわれの考える時間として
の現在を表すとはかぎらない，ということである。文法でいう時制は，必ずし

も時間と一致するわけではないのである。

(参考) Past Tense を Preterite Tense, 進行形のことを Expanded Tense (拡充時制), Past Perfect Tense をさして Pluperfect などと呼ぶ人もある。

§2 現在時制

I. 形 式

現在時制の語形については，「人称との一致」(p.199) の項を参照せよ。人称によっての be の変化, 3 人称単数の場合の-(e)s が問題点である。

《注意》 **1.** am, are, is は, 口語体の場合, 前の(代)名詞と合して, 'm, 're, 's と書くときもある。

2. are not, is not は aren't, isn't; have not, has not は haven't, hasn't と書くときもある。am〔are, is〕not および have〔has〕not を ain't とするのは俗語である。

(参考) **1.** it is を'tis とするのは古い言い方である。《現在の英語では it's 》

2. 古い2人称の thou (p.96) が主語の場合には, 現在形に-(e)st の語尾がつく。ただし, be は art, have は hast となる。また, 古い英語の3人称単数現在時制では, -(e)s のかわりに -th がつく。(例) doth (= does), hath (= has), etc.

II. 基本的用法 《仮定法現在(p.297)も参照》

(1) 現在の事実《できごと，または状態》を表す。

I **see** a man at the window.	窓のところに人が見える。
He **likes** reading.	彼は読書が好きだ。
He **is** a good swimmer.	彼は水泳がじょうずだ。

研究 現在形がこのように用いられる動詞は，おもに，①状態を意味する動詞《live, belong, know, have など》，②**感情・知覚に関する動詞** 《like, hate; see, hear, smell, feel など》である。それ以外の動詞では，通常，現在進行形が用いられる。

(参考) **1.** 次のような，多少とも型のきまった表現でも用いられる。I *beg* your pardon. (もう一度いってください), Here he *comes*. (そら，彼が来た), I *apologize*. (失礼しました), I *say* you're wrong. (きみがまちがっているんだよ).

2. 特定の場合に限られた用法として，次のようなものがある。

①現在でも興味の対象になるような過去のできごと，古典作品，その作家，などに関連する叙述において。Gibbon *tells* us in his history that... (ギボンはその歴史書の中で…といっている) (補足 も参照)

②スポーツの実況放送などで。Joe *passes* the ball to Bill. (ジョーはボールを

ビルにパス）ただし，個人技のないボートレースなどでは用いられない。

③ 手品，料理，物品販売などの実演で，実演者が1つ1つの行為にコメントをつける場合。

④ 新聞の見出しで。

(2) 現在の習慣的な行為，反復される動作を表す。

| He **gets** up at six every morning. | 彼は毎朝6時に起きる。 |
| She often **comes** to my office. | 彼女はよく私の事務所へ来る。 |

研究 能力があるという意味を含んで用いる場合は，習慣・反復の意味は薄れ，したがって，それを表す副詞(句)も伴わない。この用法は(3)の用法に近いものといえる。

| He **speaks** English very well. | 彼は英語を非常にうまく話す。 |
| "**Do** you sing ?" "A little." | 「歌をおうたいですか」「少しばかりね」 |

(3) 現在にかぎらず，過去・未来についても成立する事実をいうのに用いる。時間の観念をほとんど伴わない用法である。

| All men **die**. | 人はすべて死ぬ。 |
| A rolling stone **gathers** no moss. | 転石こけむさず。 〔ことわざ〕《「職を変えてばかりいては大成しない」の意味》 |

補足 これはふつう，永遠の真理を表す用法といわれているものであるが，別にそれほど大げさなことでなくても，いくらも用いられる。

| Milton *defends* the liberty of the press in his work. | ミルトンはその著書の中で出版の自由を弁護している。 |

弁護したのは過去のことであるから，ここに過去形を用いてもよい。しかし，今でも残っているその著書を見れば，単に過去にかぎらず現在も将来も依然として弁護している点に，現在形の用いられる理由がある。どちらを用いるかは，その筆者の判断しだいである。

(4) 確定的な未来のことがらを表す。

He **arrives** tomorrow.	彼はあす着く。
Tonight we **meet** again.	今夜われわれはまた会う。
The first man that **comes** in **takes** the consequences.	最初に中にはいった男はどんな目にあっても知らんぞ。《 take the consequences「自分の行為の結果を甘受する」》

研究　1. 確定的な未来のことがらを表すのに未来時制を用いることも可能であるが，現在時制だと，すでに予定が組まれていて確定的なことがらであるとか，述べる人の確信・意志などの気持が強く含まれた表現になる。

　2. 上例のように用いられるのは，往来・発着を表す動詞がもっともふつうであるが，それ以外にも広まってきている。

| I **dine** with him next week. | 来週彼といっしょに食事をする。 |
| What **do** I do next ? | 次は何をしますか。 |

　しかし，すべての動詞の現在形を，未来の表現に用いることができるわけではない。

参考　hope のあとでは，しばしば未来代用の現在時制が用いられる。

| I **hope** we *get* a good summer next year. | 来年の夏はいい夏であってほしい。 |

(5)未来の時や条件を意味する副詞節の中で，未来時制のかわりに用いる。

Stay here till he **comes** back.	彼が帰るまでここにいなさい。
As soon as he **arrives**, you can leave.	彼が着いたらすぐきみは出かけてよい。
If it **is** fine tomorrow, we will have a picnic.	あす天気がよければ，われわれはピクニックをする。

補足　第1の文では，彼が帰るのはこの文が述べられる時間より先であるから未来の時制になるはずが，till ～が時に関する副詞節であるため現在時制になっている。

研究　1. この副詞節には冒頭に次のような語句があるのがふつうである。

時に関するもの：when, whenever, before, till, after, by the time, as soon as, etc. (p.587 § 6 参照)

条件を表すもの：if, unless, provided, etc. (p.597, §10, (2)参照)

　2. when が疑問詞または関係副詞の場合，および，if が「～かどうか」(= whether) の意味の場合は，それらに導かれるものは副詞節ではないから，上記のことは当てはまらない。

| I do not know **when**〔**if**〕he **will come**. | 彼がいつ来るか〔来るかどうか〕知らない。 |

　3. will は単に未来を表すほかに，主語の意志を表すこともある (p.228)。その場合は時・条件の副詞節の中でも用いられる。

| **If** he **will** do so, I must punish him. | 彼がそうするつもりなら，彼を罰しなければならない。 |

(参考) **1.** 上述の副詞節中に shall を用いることはある。(p. 234 参照)

2. 時には, *if* it will be fine など, 上記の規則に反する例も見られる。

3. 様態(〜のように)を表す節でも用いられる。

Next time I'**ll** do as he **says**. (今度は彼のいうとおりにやろう)

(6) 現在完了と同等の意味を表す。

I **hear** he has been success-ful.	彼は成功しているという話だ〔成功していると聞いた〕。
I **see** what you mean.	きみがいおうとすることはわかった。
I **forget** how to do it.	そのやり方を忘れた。

補足 上例では, これらの文を述べる前にすでに聞いて知っており, 忘れてしまっているのである。その点で現在完了の意味になる。

研究 **1.** どんな動詞でも上例のように使えるわけではない。同じように用いるおもなものは, 次のような動詞である。

come, hear, see, find, learn, forget, tell, understand, etc.

2. A, B, C 3 人がいて, A が B の話を聞きとれないで, C に「彼(= B)は何といったのか」と聞く場合, "What *does* he say ?" と現在時制を用いることもある《もちろん, What *did* he say ?ともいえる》。

(7) 過去のことがらを, 聞き手の目の前で起こっているかのように生き生きと表現するために用いられることがある。

He *heard* something stir behind the curtain. Instantly he **whips** his rapier out and **cries**.	彼はカーテンのうしろで何かが動く音を耳にした。たちまち彼は剣を引き抜いて叫ぶ〔んだ〕。

《注意》 **1.** この用法を**史的現在** (Historical Present), または**劇的現在** (Dramatic Present)という。

2. このほか対話の相手に向かって, 自分の話に酔ったように旅行談などを長々と聞かせる人が, 話の中でしばしば現在形を使うことがある。これは上記のような効果をねらったものとは違う。

§3 過去時制

I. 形 式

過去時制の語形についてはp. 196 以下を参照せよ。be 以外の動詞につい

ては人称・数の一致を考える必要はない。

II. 基本的用法《仮定法過去(p. 297)も参照》

(1) 過去のできごと，状態，習慣的な行為を表す。

I **received** his letter last week.	私は先週彼の手紙を受け取った。
He **came** here every evening.	彼は毎晩ここへやって来た。
She **left** at five o'clock.	彼女は 5 時に出発した。

《注意》　§ 2，(1)，(2)と比較せよ。

研究　次のように，現在時制と対照的に用いられた場合の訳し方に注意。

Life **is** not so pleasant as it **was**.	人生は昔ほど楽しくない。

（参考）　過去形はかなり以前のことばかりでなく，たとえば，東京へ行っていると思いこんでいた人に突然路上で会ったような場合，I *thought* you were in Tokyo. (きみは東京にいると思っていた) という。この thought は会う一瞬前のことをいうわけである。

(2) 時制の一致のために過去形が用いられる場合がある。日本文では現在に訳してよいのがふつうである。

① He said it **was** his house.	それが自分の家であるといった。
② I thought he **knew** the boy.	その少年を知っていると思った。
③ When did you say he **was** coming ?	彼がいつ来るときみはいったのですか。

補足　①でいうと，「彼がいった」のは過去の事実だから said でよい。ところで，「その家は彼の家である」のは，said と違って，現在でもそうかもしれない。しかし，これは彼がいった文句であり，いいかえれば said の目的語になるものである。そういう場合に英語では，日本語と違って，その目的語に当たる部分の動詞も，通常，過去時制の said に一致させて過去形にする。したがって，この過去時制は，形は過去でも意味まで過去のこととはかぎらない。(p.454，(3)参照)

《注意》　次の例も同様であるが，これは，確実な未来を表す現在形（§ 2，(4)）が，時制の一致により過去形になったものである。

He told them that they *sailed* on Feb. 3 .	彼は彼らに，2 月 3 日に出港するといった。

（参考）　死んだ人に関して述べられた文の中では，たとえ一瞬前に死んだ人の場合でも，過去形を用いるのが通例である。

(3) 過去完了と同じ意味を表すことがある。

① I went out after he **left**.	彼が去ったあと私は外へ出た。

| ② She turned pale as soon as she **heard** the news. | その知らせを聞くやいなや，彼女は青くなった。 |

補足 ①で left は went out よりもあとにきているが，この2つの動作の行われた時間は left のほうが前である。したがって，left は過去の時までに動作の完了したことを表す過去完了時制と同等の意味を表しているといえる。なお，§11，Ⅲ，(4) **研究** を参照。

参考 **1.** 依頼などの場合，ていねいな言い方として過去形《意味は現在》を用いることがある。

"**Did** you want me ?" "Yes, I *wondered* if you'd carry this to my room." (「私にご用ですか」「ええ，これを私の部屋まで運んでもらえないかしらと思って」)

Do you want ～では横柄に聞こえるおそれもある。wonder if ～はそれなりにていねいな言い方だが，過去形にすればいっそうそうなる。同じように過去形で使われる動詞としては hope, think がある。

2. 未来のことを話している場合に，未来時から見て過去——話をしている時点からは未来——のことをいうときには過去形が用いられる。これは日本語でも同じ。次の例は Maugham, *The Razor's Edge* の冒頭に近い文の一部。文中の his は現存の人ということになっている。

Long after his death perhaps, it may be realized that there *lived* in this age a very remarkable creature. (あるいは，彼が死んでずっとたってから，この時代に真に驚嘆すべき人物が生きていたということがわかるかもしれない)

§4 未来時制

《注意》 英語には未来時制はないという説も有力である。英語には純粋に未来だけを表す言い方はなくて，will, shall は未来時を意味するにとどまらず，意志その他の意味が多少とも含まれることが多いからである。しかし，本書では従来の扱い方に従うことにする。

Ⅰ. 形　式：will〔shall〕＋動詞の原形

Ⅱ. Will, Shall の基本的用法

《注意》 **1.** この項の用例は，will, shall の他の用法の例とあわせて，§5以下に一括してあげてある。

2. will には，未来時制の助動詞のほかに，純粋の動詞としての用法もある。そのときはもちろん，未来時制とは無関係である。

(1)単純未来（「～でしょう；～だろう」）

(a)疑問文以外の文で		(b)　疑　問　文　で	
①1人称	will	③1人称	Will ～?《おもに米》, Shall ～?《英》
②2，3人称		④2，3人称	Will ～ ?

研究 **1.** ①の場合，南部イギリス英語では shall も用いられる。やや古くは，それが正しい言い方とされていたが，現在では4：1ぐらいの比率で will の用いられることが多く，意味の違いはほとんど全くないという。

2. ③では，**Shall I** be in Oxford in time for ～ ?（～にまにあうようにオクスフォードに着くだろうか）**Will I** be in the way ?（おじゃまでしょうか）のような例もあるが，1人称主語のこのような疑問文はかなりまれである。

3. ④ **Will you** be able to ～ ?（きみは～できるだろうか）のような場合は単純未来だが，Will you ～ ?は未来以外に意志などのほかの意味を含んでいることが圧倒的に多い。②の You will ～は逆に単純未来がきわめて多い。

(2) 意志未来

(a) 話し手《1人称》の意志を表す		(b) 文の主語の意志を表す	
①1人称	will「～するつもりだ」	③1,2,3人称 will	「～しようとする」
②2,3人称	shall「～させるつもりだ」		「～するつもりだ」

《注意》 ①の疑問文はない。話し手が自分の意志を他人に聞くということはありえないから。しかし "Will you come with me ?" "**Will I** ?"「いっしょに来るかい」「来るかだって（もちろんさ）」のように聞き返したり，付加疑問（p. 629 参照）の場合は別である。

研究 ②の用法は，**You〔He〕shall** not enter my house again.（おまえ〔彼〕は二度とこの家にははいらせないぞ）のように用い，約束・おどしなどを表すが，現在では古風な格式ばった言い方で，法律文書などにほぼ限られている。また，これの疑問文も今では用いられない。

(c)　相手《2人称》の意志を聞く場合			
①1人称	Shall ～ ?「～しましょうか」	③3人称	Shall ～ ?「～させましょうか」
②2人称	Will ～ ?「～しますか」「～しませんか」「～するつもりか」		

《注意》 **1.** ③は，上記(a)②と同じように，今では用いられる場合はきわめてかぎられている。

2. この場合の①の言い方は，単純未来の場合と違って，アメリカでも用いる。

参考 イギリス英語では，②とほぼ同じ意味で Shall you ～ ?が使われているときがある。

《注意》 **1.** 口語体では will, would を省略して he'll (＝ he will), he'd (＝ he would) と書くことが多い。《he'd は he had の略のこともあるから注意》 shall の場合には'll と略すのは正しくないという人が多いが，この省略形も時には見られる。

2. 口語体では，will not, shall not を won't[wount], shan't〔ʃɑːnt〕とつづることも多い。ただし後者は，もっぱらイギリス英語にかぎられる。

(参考) thou が主語の場合は，will は wilt, shall は shalt となる。

§5 Will の用法《§4も参照せよ》

(1)1人称の場合

①1人称の意志，②単純未来を表す。

I **will** give the book to the boy. 〔意志〕	私は本をその少年にやろうと思う〔与えるつもりだ〕。
I **will** never solve the problem. 〔単純未来〕	私にはどうしてもその問題は解けないだろう。
We three **will** get there first. 〔単純未来〕	われわれ3人がそこへ最初に着くだろう。

研究 **1.** 「1人称＋will」《単純未来》の疑問文はまれである。アメリカ英語ではたまに見られるが，イギリス英語では Will we～？はごくまれにあるが，Will I～？はそれ以上にまれで，かわりに Shall I〔we〕～？のほうがよく用いられるようである。

2. either of us; John and I; you and I など，他の（代）名詞が伴うときにも，単純未来を表すには will が用いられる。

3. 次例も意志を表す用法であるが，単に「～つもりだ」では日本文にならない。このように，訳し方を多少くふうしなければならない場合もある

I'll trouble you for the salt.	塩を取ってください。《直訳：塩のためにきみに迷惑をかけようと思う》

(2)2人称の場合

①単純未来，②2人称の意志，③軽い命令，④現在における推測，⑤習慣，を表す。また，疑問文では，①，②の用法のほかに，⑥要求・依頼，⑦勧誘などを意味する。

You **will** get there by ten o'clock. 〔単純未来〕	きみは10時までにそこへ着くでしょう。
Will you be sixteen on your next birthday？〔単純未来〕	きみは次の誕生日で16歳になるのですか。
There's plenty to do, if you **will** only look for it. 〔意志〕	きみが捜す気がありさえすれば，することはたくさんある。

You **will** not go out; you **will** stay in and work. 〔命令〕	外へ行ってはいけない。家にいて勉強しなさい。
You **will** be Mr. Brown, I reckon. 〔現在の推測〕	あなたがブラウンさんなのでしょうね。
You **will** smoke all day long. 〔習慣〕	きみは1日じゅうタバコをすっている。
How long **will** you stay here? 〔you の意志を聞く〕	いつまでここに滞在するつもりですか。
Will you lend me the book? 〔要求〕	その本を私に貸してくれませんか。
Will you come with me? 〔勧誘〕	いっしょに来ませんか。

研究　**1.** 意志を表す用法は，決意・覚悟などのほか，強情さ・頑強な態度なども表す。その場合，will にアクセントをおくのがつねである。

2. will で命令の意味を表すのは，命令法を用いるのに比べると，おだやかな言い方であるが，自分と同年輩であっても特に親しくしてはいない人などに向かって用いるのは不適当である。

3. will が習慣を表す場合は比較的まれであり，意志を表す用法と区別のつきにくいこともある。

4. 現在時制で習慣を表す場合（p.223）は，単に事実として述べるだけであるが，will を用いた場合は，「何をいっても強情に～する」といった，**非難・当惑**などの感情が含まれるのがふつうである。

5. Will you ～ ?が要求・勧誘などの意味を表すのは，2人称の意志をたずねる言い方からきたもので，前後の関係・動詞の意味などによって，そのような内容を表すことになるのである。この場合，日本語では「～しませんか」と否定を入れるとよいことが多い。もっとも英語でも Won't you ～ ?ともいうが，これは Will you ～ ?よりも強い勧誘になる。なお，**Will** you **not** touch it ?（それにふれないでくれ）《要求・命令》では Won't は使えない。

6. 要求・勧誘などを表すには，will you をあとにつけて，Lend me the book, *will you* ?ともいう。

(3) 3人称の場合

①単純未来，②主語《3人称》の意志，③習慣，④現在の推測，⑤能力，を表す。疑問文では，もっぱら①の意味だけに用いる。

He **will** be glad to hear it. 〔単純未来〕	彼はそれを聞いて喜ぶでしょう。

He **will** have his own way. 〔he の意志〕	彼はどうしても自分の思いどおりにやろうとする。
He **will** sit for hours doing nothing. 〔習慣〕	彼はよく何もせずに何時間もすわっている。
He **will** be upstairs. 〔推測〕	彼は2階にいるでしょう。
The hall **will** seat five hundred. 〔能力〕	そのホールは500人収容できる（座席がある）。
Will they need your help ? 〔単純未来〕	彼らはきみの援助を必要とするだろうか。

研究 **1.** 3人称に用いられた will は，疑問文の場合も含めて，大多数が単純未来を表す。意志を表すのは，① no, not などを含む文のとき，②間接話法のとき，にもっともよく見られ，上例のような場合は比較的少ない。意志を表す will は通常強く発音される。

He **will** *not* listen to me.	彼は私のいうことに耳を貸そうとしない。
The door **will** *not* open.	ドアはどうしても開かない。
He says he **will** go with us. 〔間接話法〕	彼は私たちといっしょに行く（つもりだ）といっている。

2. 能力を表す例はまれであるが，この用法は疑問文でも用いる。

3. 習慣を表す場合は，「だから偉い〔だめだ〕」など，話し手の気持を含んでいることが多い。上例なら「困ったやつだ」といった含みがあるのがふつうである。また，次のような，ことわざに類する言い方でよく見られる。この場合は，意志を表す用法と区別のつきにくいことも多い。

Accidents **will** happen.	事故というものは（どうしても）起こるものだ。
A drowning man **will** catch at a straw.	おぼれるものはわらをもつかむ。 〔ことわざ〕

4. will do の will も能力を表す用法といえるが，むしろ成句として覚えるのがよいだろう。

Either **will do**.	どちらでもよい。
That **will** not〔won't〕 **do**.	それではだめだ。

参考 **1.** Will he ～ ?で彼の意志をたずねることも皆無ではない。

2. 店員などが That *will* be ten dollars. (10ドルになります) のようにいうとき，will be は is と同じことだが，will のあるほうがていねいな言い方になる。

■ **will** についての注意

　will は1～3人称を通じて単純未来・意志未来の両方の意味に用いられる。《p. 229 参照》　たとえば, He *won't* cut the grass. は, この文だけを見れば「草刈りをしないだろう」《単純未来》か, 「しようとしない」《意志》かはわからない。どちらの用法なのかを判断するには, 会話の行われている状況, 文脈などによるしかない。一応の手がかりとしては, ①主語が人間である, ②意志を伴う行為をいう動詞がある, ③条件・時をいう節(if ～, when ～など)の中, ④ you が主語の疑問文, ⑤否定を含む文, の will は意志をふくんでいることが多いといえよう。しかし, これも絶対的なものではない。純粋に単純未来または意志未来の例はむしろまれで, 2つの用法がまじり合っていて判断に迷う場合が少なくないのである。

§ 6　Shall の用法《§ 4 も参照せよ》

(1) 1 人称の場合

①単純未来《イギリス英語》, ②予定・決意を表す。疑問文では, ③単純未来《イギリス英語》, ④相手の意志を聞く, のに用いる。

I **shall** have to sit for the examination. 〔単純未来〕	私はその試験を受けなければならないでしょう。《イギリス英語》
I **shall** attend the meeting tomorrow. 〔予定・決意〕	私はあすその会合に出席します。《イギリス英語》
Shall I〔we〕be able to understand it ? 〔単純未来〕	私〔われわれ〕にそれが理解できるでしょうか。《イギリス英語》
Shall I open the window ? 〔相手の意向を聞く〕	窓をあけましょうか。

研究　**1. I will**《意志》と **I shall**《決意》：I will は, 話をしているそのときに決心したことがらについて用い, I shall は, 自分の信念・根深い感情などに基づいて, 以前からかねがね心にきめていることを表すのに用いる。したがって, 意志の堅さの点では, I shall のほうが I will 以上の場合も少なくない。この用法の shall はまれには米語でも見られる。また否定文・疑問文でも用いる。**Shall I** be compassionate or **shall I** be uncompassionate ? (同情したものか, それとも同情しないのがいいか) (Faulkner)

　2. 米語でも, I shall を英国式に単純未来の意味で用いる人が皆無ではない

が，形式ばった言い方であり，気どっている，えらそうな顔をしている，という印象を与えやすいという。

3. Shall we 〜 ? で人の意向を聞く場合，この we の中に含まれていない人物の指示を求めることもありうるが，むしろ，we の中に含まれている人の意見を聞く意味であることが多い。

"Where **shall we** go ?"	「どこへ行こうか」
"Let's go to the park."	「公園へ行こう」

4. 相手の意志を聞く場合，現在では Shall Ⅰ 〜 ?よりも〈Would you like me to ＋原形動詞...?〉のようにいうほうがふつうである。

(2) 2人称・3人称の場合

①話し手の意志を表す。②間接話法の場合は，単純未来を表すこともある。③ Shall he 〜 ?は相手(＝ you)の意志を聞くのに用いる。

《注意》 shall は現在では1人称といっしょに用いられるだけ，といってよい。したがって上記の用法はどれも**今では古い**もので，すでに消滅したか，または限られた場合に見られるだけである。ただ，20世紀初期ごろまでの著作には出てくるので，一応解説を加えておく。

You〔He〕 **shall** learn the truth. 〔1人称の意志〕	きみ〔彼〕にはほんとうのことを教えてやる。
He says he **shall** never succeed. 〔間接話法〕	自分は絶対成功しないだろうと彼はいっている。
When **shall** he come ? 〔相手の意向を聞く〕	いつ彼を来させましょうか。

補足 You〔He〕shall 〜 といえば，このことばを述べる人が，その話し相手（＝ you）または第三者（＝ he）に「〜させる」「〜させてやる」と保証することを意味する。You〔He〕が自分で「〜しようとする」（＝ will, 主語の意志）とは違う点に注意。

研究 **1.** You〔He〕shall 〜は，次に続く動詞の意味により，**保証・約束・脅迫・命令**などを意味する文になる。次の例から和訳の要領を理解せよ。

He **shall** die.「彼を死なせてやる」→「彼を殺してやる」〔脅迫〕

You **shall** not have it.「おまえにそれを持たせない」→「やらない」

なお，以下の(参考)の項も参照。

2. 単純未来の意味で Shall you 〜? ということはイギリス英語でもきわめてまれで，Will you 〜? がふつうである。やや古くは，I shall の返事を期待しているときには，Shall you 〜? という聞き方をすることがあったようである。

3. ①の用法の shall は，法律文書・布告などで 3 人称といっしょに使われることがあるが，2 人称といっしょにはもう使わないようである。また，③の用法も現在ではすたれている。

4. 上例の間接話法での shall は，直接話法 "I shall..." の I だけを he に変え，shall はそのまま残したもので，もちろん will にかえても正しい。

参考　以上のほか，shall には次のような用法もある。いずれもやや古風な言い方，または堅苦しい文章などに表れるものである。

①予言の **shall**：運命・神の意志などによる必然，または将来についての厳粛な予言を表す。古い用法であって，be sure to ～（きっと～する），must などにおきかえたのとほぼ同じ意味と考えてよい。

Heaven and earth *shall* pass away, but my word *shall* not pass away.	天地は過ぎゆかん，されどわがことばは過ぎゆくことなし。（聖書）

②法律・規則などの文に用いる。これは現在でも行われている。

All members *shall* pay a subscription of two guineas.	会員はすべて会費 2 ギニー（＝42シリング）を納入すべし。

③命令・決定・意志・提案などを意味する動詞の目的語になる that ～の文句の中に用いられる。しかし，現在のイギリス英語では should を用いる。

It is proposed that the new method *shall* be adopted.	その新方式を採用することが提案されている。

以上の 3 つの用法は，(2)，①の 1 人称の意志を表す用法とかなり密接な関係があって，それと区別しにくいこともある。

④関係代名詞に続く文句，when, before などで始まる時間に関する副詞節，if などで始まる条件を表す文句，の中に用いられることがある。これも古風な用法である。和訳するときには無視してよい。

There will I hide thee, till life *shall* end.	命終わるまでなんじをかしこに隠さん。
Build me a good ship that *shall* laugh at all disaster.	あらゆる海難を嘲笑する〔ものともせぬ〕ようなりっぱな船を私に作ってくれ。

この場合，関係代名詞に続く文句は，目的または結果の意味を含むものである。

⑤Who shall ～？は反語の意味に用いられ，通常「だれに～できようか」となる。

Who shall tell of what he was thinking ?	彼が何を考えていたかだれにわかろうか。

§7　Will, Shall によらない未来の表現

(1) 現在時制が未来の意味を表すのに用いられることがある。

(p.223 参照)

(2)「**be ＋-ing**」《進行形》が未来の意味を表す場合がある。

(p.251 参照)

(3)「**be going to ＋動詞**」を用いて(比較的近い)未来を表す。これは口語的な言い方で，きわめてひんぱんに用いられる。

I'm afraid it**'s going to** rain.	雨になるのではないかと思う。
Are you **going to** visit him tomorrow ?	きみはあす彼を訪問するのですか。
I **am going to** climb to the top.	私は頂上まで登ります〔登るつもりです〕。

研究 **1.** この going には「行く」という意味はない。be going to で一種の助動詞のように考えてよい。事実，これを未来時制の助動詞扱いをしようとする人もある。

2. (1)，(2)の方法で未来を表せるのは一部の動詞にかぎられるが，be going to はほとんどすべての動詞に用いることができる。

3. この言い方は，人が主語のときには通常，主語の意志を含んで用いられ，時には強い決意，おどしを意味する文で使われることもある。したがって，訳す場合にも，「～する」「～するつもりだ」などと訳すとよいことが多い。

4. もちろん，たとえば I am going to pay for it. が，「払うつもりだ」のほかに，「払うために行くところだ」の意味のこともありうるから，前後関係に注意しなければならない。なお，p.250 以下の「現在進行形」の項参照。

5. be going to go とはあまりいわないが，米語ではたまに見られる。

6. 時間をいう語句を伴っている場合は，比較的遠い未来について用いることがある。**Within a few years** Paris *is going to* look like London. (数年以内にパリはロンドンに似てくるだろう)

7. was〔were〕going to ～ と過去形になれば，「～するはず〔つもり〕だった(がしなかった)」の意味になるのがふつうである。

参考 **1.** if ～の副詞節を伴う文では，be going to が用いられることは少なく，will を用いるほうが多い。

2. 米国の俗語では，going to のかわりに gonna[ɡɔ́nə]とすることも多い。

3. will と **be going to** の違い：どちらも単純未来にも意志未来にも用いられ，意味にはっきりとした違いのない場合もあるが，It *is going to* rain this afternoon.(午後には雨になる)といえば，黒い雲が出てきたとか，地元の天候の癖をよく知っている，といった理由・根拠に基づいての発言であり，これが will ならそんな根拠は何もなしに単に推測を述べているのである。また，will の場合は，文脈の上には出てい

なくても，多少とも if 〜の含みがあることが多い。たとえば He *will* sell his house. ならば「高く売れるなら」というような，未来に起こるかもしれないことを条件にして「売るだろう」といっているのがふつうだが，is going to ならば，売るために奔走している，金に困っているらしい，といった，現在存在している事実から「家を売りに出すよ」と述べているのである。be going to を用いる話し手は，自分が既に知っている事情からほぼ必然的に生じると信じる結果《未来》をいっているのである。以上と関連することだが，意志を含む be going to の場合，その意志は突然固まったものではなくて，ある程度前から固まっていたものである。家を売るのに奔走し始めた人は，その時以後その意志を持ち続けているはずだから。これに対して，荷物を運ぶのに困っている人を見て手を貸してやるような，急に心に定めた場合なら，I *will* help you.であって be going to は使えない。

(4) きわめて近い未来を表すのには，次のような言い方が用いられる。

He **was about to** start.	彼は今にも出発しようとしていた。
He **was on the point of** stepping into the room.	彼はそのへやの中に足を踏み入れるところであった。

研究 be about to は，be going to に比べて，いっそう近いさし迫った未来を表すが，使われる頻度はずっと少ない。be just going to とすれば be about to とほぼ同じ意味になる。

参考 be **not** about to《米語》は「〜しない決意である」「〜する気はない」の意味になる。

(5) 「**be to ＋動詞**」は**予定**を表すのに用いられることがある。その場合は未来の意味を含むといえる。（予定以外の用法は p. 379参照）

She **is to** come tomorrow.	彼女はあす来ることになっている。
We **are** all **to** gather next week.	われわれは全員来週集まるはずになっている。

補足 この言い方は，「〜する手はずがついている」という意味を表し，最初の例文でいえば，彼女が来るのは，主語の she 以外の人がその手はずを定めた結果そういうことになる，といった感じを含む。彼女の意志は問題になっていないのである。

§8　現在完了時制

Ⅰ. 形　式：**have〔has〕＋過去分詞**

《注意》　**1.** この have と過去分詞の間には，他の語句《副詞など》がはいっている場合も多い。

　2. 「be ＋過去分詞」が現在完了の意味を表すときもある。（p.244 ,⑸参照）

3. 「have＋(代)名詞＋過去分詞」という構文と混同してはならない。この構文については pp. 319, 320 で扱う。

4. 口語体では, have は 've《I've》, had は 'd《he'd》; not がつけば haven't, hasn't, hadn't のように略すこともある。

II. 基本的用法

(1) 現在までに動作・行為が完了していることを表す。

【訳し方】「～した(ところだ)」「～してしまった」

I **have** just **returned** from Tokyo.	私はちょうど今東京から帰って来たところだ。
Have you **finished** your dinner yet ?	あなたはもう夕食をすませましたか。

(2) 過去に行われた動作の, 現在における結果を意味する。

【訳し方】「～してしまった」「～してしまっている」

I **have lost** my watch.	私は時計をなくしてしまった。
He **has gone** to America.	アメリカへ行ってしまっている。
Have you **paid** off your debts ?	借金を払ってしまいましたか。

研究 **1.** 完了を表す場合は, 現在よりちょっと前に「～してしまった」という意味を表し, 結果を表す場合は,「現在～してしまった状態でいる」ということを意味するわけであるが, この2つは必ずしも明確に区別はできないことが多い。

2. (1)と(2)の用法の現在完了は, 次のような副詞を伴うことが多い。

already(すでに)　　**just**(ちょうど)　　**lately**(最近, 近ごろ)
now(今, もう)　　**recently**(最近)　　**of late**(＝lately)
not yet(まだ～ない)　**yet**(もう)《疑問文で》, etc.

3. 打消し《not》を伴う場合は,「(まだ)～し終わっていない」などと訳せばよい。

4. just now(今しがた, たった今)には, just および now と違って, 通常, 過去時制の動詞を用いるが, 現在完了を用いた例もないわけではない。同じ意味の **even now, but now** についても同様である。もちろん, just now が「ちょうど目下のところ」を意味する場合は, I *am* busy *just now*.のように, 現在時制が用いられる。

(3) 過去のある時から現在までの間における経験を表す。

【訳し方】「～したことがある」

He **has been** in England.	彼はイギリスにいたことがある。
I **have** never **seen** such a wonderful scene.	私はあんなにすばらしい情景を見たことがない。
I **have stood** on the hilltop in the blaze of sunlight on an October morning.	私は, とある10月の朝, 輝かしい太陽の光を浴びて, その丘の頂上に立っていたことがある。

研究　経験を表す場合には, 次のような副詞を伴うことが多いが, それのない時もある。

> **before**（以前に）　　**ever**（かつて）　　**never**（いまだに～ない）
> **often**（しばしば）　**once**（かつて, 一度）　**seldom**（めったに～ない）
> **sometimes**（ときどき）, etc.

これらのうち, often, sometimes のように, 1回以上の回数をいう語とともに用いられた現在完了は, はっきり反復の意味を表すことになるが, それがなくても, 用いられている動詞や文全体の意味から反復の意味と判断される場合がある。

(4) 一部の動詞（**研究** 2 参照）の場合, 過去のある時からの状態, 時によっては動作, が現在まで継続していることを表す。

【訳し方】「（今まで）ずっと～している」「～してきた」

| I **have known** him since he was a schoolboy. | 私は, 彼が学校の生徒だったときから, 彼を知っている。 |
| He **has lived** here for ten years. | 彼はここに10年住んでいる〔住みついてから10年になる〕。 |

研究　**1.** 継続を表す現在完了には, 継続期間を表す **since ～, for ～, always, these ten days**（この10日間）, **how long**（いつから, どのくらいの期間）, **so far**（今までのところ）などの語句が伴うのがつねである。時によっては, 文の上にはっきり出ていないで, 前後関係から期間が暗示されている程度のこともある。とにかく, 期間を意味するものが全然ない場合に, 現在完了が継続を意味することはまずない。次の例文を比較せよ。

| I *have been* here. | 私はここにいたことがある。〔経験〕 |
| I *have been* here **for ten days**. | 私はここに10日間いる。　〔継続〕 |

2. 完了形で継続の意味を表すことができる動詞は, もっぱら, 上例の **know**（知っている）, **live**（住んでいる）のように, 本来継続の意味が含まれている動詞である。ほとんど瞬間的に終わってしまうような動作を表す動詞《finish

（終わる），hit（打つ），etc.》や，ある程度は続いても，やがては終了することが予想される行為の全体を意味する動詞《read（読む），write（書く），build（建てる），etc.》の完了形は，§10,⑴にあげるようなやや特殊な場合を除き，⑴〜⑶の用法になり，継続を意味することはない。（なお，§10,⑴,**研究**2参照）

（参考） **1.**「（過去のある時）から」「（現在）まで」を表す語句があれば，当然継続の気持を含むので，現在完了をいっしょに用いるのがふつうである。しかし，話す人の考え方により，「ずっと今まで」という継続の意味を特別はっきり出さずに，現在形を用いている例もある。（§10,⑵,**研究**2も参照）

| *To this day* it *is* an unsettled question. | 今日まで，それは解決のつかない問題である。 |

2. 文全体の主語が非人称の it（p.109,⒞（参考））の時は，完了形も単純時制も用いる。それ以外の時でも，since 〜のある文で主節の動詞だけが現在形のこともある。be, seem のような，状態を表す動詞の場合に多い。また，くだけた話し方のアメリカ英語では，現在完了のかわりに過去形を使うことがある。これはイギリス英語でも時には見られる。

(5)時・条件を表す副詞節《when, if などで始まる》の中で，未来完了のかわりに用いられる。

| Please wait till I **have fin-ished** my letter. | 私が手紙を書き終わるまで，どうか待ってください。 |

《注意》 同じ場合に，現在形が未来形に代用されることは前に述べた（§2,Ⅱ,⑸）。これもそれに準ずるものと考えればよいであろう。

§9 過去時制と現在完了時制

(1)過去時制と現在完了時制の根本的な相違点は，過去時制が過去の動作・状態を現在とは切り離された無関係のものとして表すのに対し，現在完了は，それらを現在と結びつけて述べる点である。

| I **have written** a letter. | 私は手紙を書い（てしまっ）た。 |
| I **wrote** a letter. | 私は手紙を書いた。 |

補足 wrote のほうは，「手紙を書いた」というだけで，それは1年も前のことかもしれず，その結果，自分が現在どんな状態であるかなどについては，何の暗示も与えない。完了形のほうは，書き終わった手紙がそこにあるとか，その結果，今は手がすいている《過去の動作の現在における結果》といった現在と結びつく意味が一方に含まれている。

研究 **1.** 上例は完了・結果の現在完了の例であるが，経験・継続を表す場

合も同様である。ただ，これらの場合は，次の例文でわかるように，日本語の
訳文の上からでも，過去との区別はかなりはっきりしている。

I **saw** him then.	私はそのとき彼を見た。
I **have seen** him before.	私は以前に彼を見たことがある。
I **lived** here（for）six years.	私はここに6年住んでいた。《過去のこと，今は住んでいない》
I **have lived** here（for）six years.	私はここに6年住んでいる。《現在も住むことが継続している意味》

2. 補足 で述べたような相違はあるが，過去も現在完了《継続の場合を除く》も動詞の表す動作〔状態〕そのものは，過去において起こったものである点は共通している。したがって，ある過去の動作を，単に過去のこととして述べるか，現在との結びつきを考えに入れて述べるかは，その当人の見方しだいという場合も少なくない。米語，とくに口語では，現在完了のかわりに過去をしばしば用いる。

Who（**has**）**invited** you here？	だれがおまえに来いといった。
I **came**（= have come, *or* come）here to spend my vacation.	私は休暇を過ごすためにここへやって来た。　《現在もいる状態で》
"He just loafs." "But you **married** him."	「あの人はぶらぶら遊んでるだけなの」「でも夫婦になったんだよ」　《今も married の状態の女に》

　しかしながら，§8の **研究** の各項にあげたような副詞（句）のある場合には，だいたい必ず現在完了を用いると思ってよい。

参考 上述のような両時制の基本的な相違のほかに，次のような場合にも，その違いが認められる。

Did you ever *see* anything more wonderful？	きみはこれ以上すばらしいものを見たことがあるかい？
Have you ever *seen* anything more wonderful？	きみはこれ以上すばらしいものを見たことがありますか。

　後者は経験の有無をきく平板な言い方であるが，前者は「見たことはないだろう」といった気持を裏に含んだ情緒的な言い方である。

When I *have been* in London, I *have seen* him often.	ロンドンへ行くことがあると，よく彼に会った。　《何回も行った意味》
When I *was* in London, I *saw* him often.	ロンドンへ行ったときに，よく彼に会った。　《1回だけ行った意味》

（2）現在完了時制を用いることができないのは次の場合である。

(a) はっきりした過去のある時を示す語句のあるとき

{ He **has** just **started**.　　きみは出発したばかりだ。

{ He **started** a moment ago.　彼はちょっと前に出発した。

> 補足 この文の内容はほぼ同じであるが, a moment ago は, たとえ一瞬でも, はっきりと過去の時期を表すから, 現在完了を用いることはできない。

研究 **1.** 明らかに過去のある時期を示す語句とは, たとえば, **yesterday, last night** など last のつく語, **a week ago**, などである。これに対し, **before**（以前に）, **once**（かつて）, **recently**（最近）などは, 現在以前の時期をばく然とさすだけなので, 現在完了・過去のどちらも伴うことができる。

2. today, this morning, this week〔**month**, etc.〕のように, 現在を含むある長さの時間を表す語句では, 話す人の見方により, 過去も現在完了も可能である。家に帰った人が, I *had* a very busy day *today*.（きょうは1日とても忙しかった）といえば, その日の過ぎた時間中に起こったことを考えていっているのであり, I *have had* a very busy day *today*.といえば, 忙しかった結果の現在の状態《疲れている, など》を多分に頭においていう気持である。

(b) **when**（いつ）《疑問詞》のある場合

　When did you come ?　　　きみはいつ来たのですか。

　When did she buy the dress ?　いつそのドレスを買ったのか。

> 補足 来て現在もそこにいる場合, あるいは, 買ったドレスを今も着ている場合でも, 現在完了は用いない。これも, 明らかに過去のある一点の時期を聞いているからで, その点で(a)と共通する。

参考 **1.** recently, lately はともに「最近」の意味だが, recently は現在完了・過去のどちらの時制にも用いるが, lately は現在完了とともに用いられるだけである。

2. 明らかに過去を意味する語句があっても, それがはっきりした時をいっているのでなければ, 次のように現在完了を用いていることもある。

　Religions *have served* some purpose *in the past*.

　　（宗教は過去においてなんらかの目的に役立ったことがある）

　He asked me about what *I've said years ago*.

　　（彼は何年も前に私がいったことのあることについて尋ねた）

また, 影響などが現在まで続いている場合も, 現在完了を用いることはできる。

　Shakespeare *has written* impressive dramas.

　　（シェークスピアは深い感銘を与えるいくつかのドラマを書いている）

そのほか, 死者について述べるときは過去形がふつうであるが, 話し手にとって忘れがたいような記憶を話す場合には, 現在完了が用いられることもある。

3. 現在完了と過去とが同じ文中に用いられていることもある。

　There *have been* times when I *wished* you were here.

（きみがここにいてくれたらなあ，と思った時が何度もあった）

4. 例外的に when といっしょに現在完了を用いた例もある。ただ，これは反語であって純然たる疑問文とはいえない。

When *have* I *asked* you for sympathy ? (Nordhoff and Hall, *Mutiny on the Bounty*) （いつきみの同情を求めたことがあるかい）

§10　現在完了に関して注意すべき諸点

(1) 継続を意味する現在完了は，直訳ではよい日本語にならないことがときどきある。

① He **has been** dead only (for) a month. (≒ He died only a month ago.)	ほんのひと<u>月前に</u>死んだばかりだ〔死んで<u>からわずか1か月だ</u>〕。《直訳：わずか1か月間死んでいる》
② They **have** long **ceased** to respect him. (≒ They ceased to respect him long ago.)	彼らは<u>ずっと前から</u>彼を尊敬しなくなっている〔尊敬するのをや<u>めてからずいぶんになる</u>〕。《直訳：長い間尊敬をやめている》
③ She **has departed** these two days. (≒ She departed two days ago.)	彼女が出かけ<u>てから2日になる</u>〔<u>2日前から</u>出かけている〕。《直訳：この2日間出発している》

研究　**1.** このような文を和訳するには，上の訳文に下線で示したように，① 期間を表す語句を「〜前に〔から〕」と訳す，または，②「〜してから《期間》になる」とするのがよい。

2. ②，③のような場合にだけ，瞬間的に終わる動作を表す動詞の現在完了も継続の意味を表す。（§8，Ⅱ，(4)参照）

(2) since の基本的用法は，現在完了を伴う用法と現在を伴う用法である。（p.590 (5)も参照）

① Two weeks **have passed** **since** we came here.	私たちがここへ来てから2週間たった。
② It **is** two weeks **since** we came here.	私たちがここへ来てから2週間になる。

補足　①のように，期間を表す語句を主語にすれば現在完了，It を主語にすれば，②のように，is《現在》を用いるのが原則である。

研究 **1. since** は ten years *since*（＝ ten years *ago*）のようにも用いる。その場合は，もちろん，過去時制を用いる。

2. from（〜から）も，「〜から今まで」と継続の気持で用いるときは，現在完了も用いるが，I *know* him *from* his childhood.（子どものときから彼を知っている）のように現在を用いた例も多い。

(3)「〜へ行ったことがある」《経験》を表すには，一般に，have gone to ではなく，**have been to** を用いるとされている。

I **have been to** Kyoto.	私は京都へ行ったことがある。
cf. He *has gone to* Kyoto.	彼は京都へ行ってしまった〔行っている〕。　　〔完了・結果〕

研究 **1.** have〔has〕been to は，「〜へ行って来た（ところだ）」という意味のこともある。

I **have been to** the station to see him off.	私は彼を見送りに駅まで行って来た。

2. have been *to* のほかに，have been *in* という言い方がある。

He **has been to** Italy.	彼はイタリアへ行ったことがある。
He **has been in** Italy.	彼はイタリアにいたことがある。

to を用いれば，イタリアを旅行の目的地と考え，in ならば，滞在地・居住地と考えた言い方である。したがって，to のほうが短期間の滞在をいう。

参考 **1.** have gone to は，経験を表すのには用いない，と従来の文法ではやかましくいわれていたが，米語では，これを経験の意味に用いた例もしばしば見られる。

I *have gone* there four times.	私はそこへ 4 回行ったことがある。

2. have been を次のように用いた例もある。

Has Mrs. Webb *been* to see you ?（ウェブ夫人がきみに会いに来たかい）

(Marquand)

(4) have〔has〕got は，本来の現在完了の意味は薄れて，have〔has〕と同じ意味で用いられる。

He **has got** a nice car.	彼はいい車を持っている。
We**'ve got** to carry out his plan.	われわれは，彼の案を実行に移さなければならない。

研究 **1.** have got は，もっぱら，口語体の文中で用いられる。

2. 生来備わっているような特質については，have got は通常用いず，一時的な所有と見られるものに用いる。

3. そのほか次のような場合には have を用い，have got は用いない。

①助動詞《will, shall, may など》がつくとき，② Yes, I *have*.のように，次の目的語が略されているとき，③ have a look（＝ look），have a smoke（一ぷくタバコをすう），のような成句をなすとき

4. 過去形の had got は用いられることはまれである。

5. have〔has〕got の have〔has〕は，省略されることもある。

6. 米語では，ほかに have gotten という言い方もある。これは上記の have got ＝ have とは違って，have obtained（手に入れた〔ている〕）の意味である。

(5)「**be ＋過去分詞**」が現在完了に用いられることがある。この場合，用いられるのは自動詞の過去分詞であり，動作の結果生じた状態に重きをおく言い方である。

① He **is gone**.	彼はいない〔行ってしまっている〕。
② Spring **is come**.	春が来た。
③ People **are gathered**〔**assembled**〕in front of the door.	人びとがそのドアの前に集まっている。
④ She **is determined** to go.	彼女は行く決心でいる。

補足 ②でいえば，has come が「来る動作が完了した」という含みを伴うのに対し，is come は「来て現在いる〔現在春である〕」という気持であって，動作の完了の意味はほとんどない。

研究 **1.** この完了形は，口語では be gone〔come〕ぐらいしか用いないが，文章語では be arrived, be returned, be agreed など，種々の自動詞にも用いることがある。ことに往来・発着を表す動詞のときが多いようである。

2. この完了形は，③のような他動詞・自動詞の両方に用いられる動詞の場合には，受動態と区別がつきにくいこともある。そのときは，前後関係から判断するより仕方がない。

§11 過去完了時制

Ⅰ. 形 式：had ＋過去分詞

Ⅱ. 基本的用法：現在完了が現在を基準にするのに対し，過去完了は，過去のある一定の時を基準にし，その時までの，①動作の**完了**，②動作の**結果**，③**経験**，④**継続**，を表す。

By seven o'clock they **had finished** their work.

彼らは7時までには，仕事を終わってしまっ(てい)た。〔完了・結果〕

I recognized him at once, because I **had seen** him before.

以前に彼に会ったことがあったから，すぐに彼がわかった。〔経験〕

I **had been** in bed for an hour, when he came back.

床にはいってから1時間たつと彼が帰って来た。《直訳：彼が帰ったときには，1時間寝ていた》〔継続〕

補足 上例では，「7時」「彼を認めたとき」「彼が帰ったとき」が，それぞれ，基準になる過去の時であって，それまでにおける完了・経験などが，過去完了によって表されているわけである。

《注意》 **1.** 基準になる時間を現在から過去へ移しさえすれば，現在完了について述べたことは，そのまま過去完了にも当てはまると思ってよい。

2. 過去完了の基本的な訳し方も，同様に，現在完了の訳し方を過去に直せばよいが，Ⅲ, (2)も参照せよ。なお，継続を表す場合は，§10, (1)に述べた訳し方も参照せよ。

Ⅲ. その他の用法

(1) ある過去の動作・行為が，他の過去の動作・行為より以前に行われたことを示す場合

① She *lost* the watch that I **had given** her on her birthday.

彼女は，私が誕生日にあげた時計をなくした。

② He *said* he **had played** tennis that afternoon.

彼はその日の午後テニスをした，といった。

補足 それぞれ，「失った」「いった」より以前に「与えた」「テニスをした」ことが，過去完了によって示されている。ただし，①では，完了・結果を表す用法とも無関係ではない。②で単に played とすれば，「テニスをするといった」の意味になってしまう。(p.454, (3)「時制の一致」を参照)

研究 **1.** 現在完了は，明らかに過去の一定時を意味する語句といっしょには用いられない(p.241)が，過去完了は，過去の時を明示する語句《on her birthday など》を伴うことができる点に注目せよ。もちろん，それらの語句を必ず伴うというわけではない。

2. できごとを時間的な順序を追って話す場合には，この過去完了は用いら

れない。すなわち，第1の例文を，

> I **gave** her a watch on her birthday, but she **lost** it.
>
> 彼女の誕生日に時計をあげたが，彼女はそれをなくした。

のようにいうなら，動作が行われた順序どおりに述べているから，gave を had given とはしない。本文の例では，先に行われた行為が，文中では，あとに述べられているから，その時間的な関係をはっきりさせるために，過去完了が用いられているのである。なお，(4)も参照せよ。

3. 次のように，はっきり過去時制と対照的に用いた場合は，日本語訳を多少くふうする必要がある。(p. 226，**研究** を参照)

> He *put* it where it **had been**.
>
> 彼はそれを<u>もと</u>あったところに置いた。

(2) expect, hope, intend, think, want などの過去完了は，期待・意志などが実現されなかったことを表すことがある。

> ① We **had hoped** he would succeed.
>
> われわれは彼が成功すればよいと思っていたのでした。
>
> ② I **had intended** to write to you.
>
> 私はきみに手紙を書くつもりだったのです。

補足　実際には彼は成功しなかったし，私は手紙を書かなかったのである。

研究　**1.** この過去完了のかわりに過去を用いれば，「希望した」「意図した」というだけで，それが実現したかどうかについては何も触れない言い方になる。

2. この用法は比較的まれである。とくに②のように，次に「to＋動詞」のくるときは，I intended to *have written* ～のようにいうほうがずっとふつうに見かけられる。(p.391，(2)参照)

3. 過去完了が仮定法に用いられる場合については，p. 299を参照。

参考　**1.** 過去完了を過去のかわりに用いて，意外・不安などの感情を表すことや，ある行為がすぐに終了してしまったことを強調することがある。

> "Then, you will lose your citizenship." "I *had*n't *thought* of that."
>
> 「そうしたら，きみは市民権を失うよ」「そんなことは思ってもみなかった」
>
> Before he could shoot I *knocked* the gun out of his hand, and the next instant *had kicked* it into the sea.
>
> 彼が撃つよりも早く私は彼の手から銃をたたき落として，次の瞬間にそれを海へけ落としてしまった。

2. 次の例のように，時を表す副詞節の中で未来完了のかわりに用いられた現在完了（§8，(5)参照）が，さらに時制の一致によって過去完了になっていることもある。

> She would be more attractive,
>
> 少しやせたら，彼女はもっと魅力的だ

he thought, when she *had fined* down a little.

ろう，と彼は思った。《thought に一致させて has → had 》

(3)直訳では日本文としてまとまりの悪い場合

① I **had** not long **been** there, before I noticed it.

そこに来てからまもなく，私はそれに気づいた。《直訳：それに気づく前に，そこに長くはいなかった》

② They **had settled** there one year, when the war broke out.

そこに落ち着いて1年すると戦争が始まった。《直訳：戦争が起こったときそこに1年定住していた》

③ After the preparations **had been** under way for some time, I got a ship to China.

準備が始まってしばらくしてから私は船で中国へ渡った。《直訳：準備がいくらかの時間進行中であったあと，… 》

《注意》 **1.** §10, (1)の現在完了の場合の訳し方を参照。

2. scarcely〔hardly〕〜 before〔when〕などに伴う過去完了の例・訳し方については p. 589 , (4)を参照せよ。

(4)過去完了時制と過去時制

次のような場合には，過去完了のかわりに，過去がよく用いられる。

① 前後の内容から，動作の時間的な順序が当然理解でき，まぎらわしさの生じるおそれのないとき

② 完了形の表す完了・継続などの意味を，とくにはっきり表現する必要のないとき

① By that time he **was** back.

その時までに彼はもどっていた。

② He retired to the village where he **was** born.

彼は生まれた故郷の村に引っこんだ。

③ Till the third century her trade **was** that with Greeks.

3世紀までは，その国の貿易はギリシャ人と(の貿易)であった。

④ He **inherited** the property his father **had left** him when he **died**.

彼は父親が死ぬときに彼に残した財産を相続した。

　She **said** she **had married**

彼女は18のときに彼女の今は亡き

her late husband when she **was** 18 and they **lived** in his mother's home.	夫と結婚し，2人は夫の母親の家で暮らしていましたといった。

補足 ①は，動作を表す動詞ならば過去完了でいうのがふつうだが，be は状態を表すから，過去形でいう。②は，「生まれた」ほうが retire より先なのは当然の理で，これが過去完了ではかえっておかしい。また，古い過去のことについては，現在までの継続の場合よりも継続の意識が弱く，③のように，単に過去ですませることが多い。④では，died, lived は当然 inherited, said よりは以前のできごとだから，過去完了形であっていいはずであるが，その前にすでに過去完了が使われていて時間関係にとくに誤解のない場合には，単純過去を用いるほうがふつうである。

研究 **1.** after, when, before, till, as soon as などで始まる副詞節では，口語の場合，または，瞬間的な動作を示す動詞の場合はとくに，過去完了のかわりに過去を用いることが多い。(§3，(3)参照)

2. 過去と過去完了が，場合によって，たいした差を生じないことは，次のような例からもわかろう。意味は両方とも同じことである。

I **saw** him before he **had seen** me. I **had seen** him before he **saw** me.	(彼が私を見る前に，私は彼を見た)

最初の文は，「彼が私を見ることが完了する前に，私が彼を見た」の意味であり，あとの文は，「彼が私を見る前に，私は彼を見(てしまっ)た」という内容である。なお，前者の had seen は完了の意味《もしこの文が現在なら，これは，時の副詞節中に用いられた未来完了の代用の現在完了になるところ》，後者の had seen は，saw 以前の過去の時(に動作の完了したこと)を表す用法である。

§ 12　未来完了時制

Ⅰ. 形　式： will〔shall〕have ＋過去分詞
《注意》 この will, shall の使い分けは，未来時制のときと同じである。
Ⅱ. 基本的用法： 過去完了の場合とは逆に，こんどは，未来のある一定時期を基準として，その時までの，①動作の**完了・結果**，②**経験**，③**継続**，を表す。

I **will**〔**shall**〕**have written**	きみが着くまでには，それを書い

it by the time you arrive.

If he climbs the mountain again, he **will have climbed** it three times.

By next Monday, he **will have lived** here for exactly two years.

てしまっている〔書いてしまう〕だろう。　　〔完了・結果〕

もし彼がその山にもう一度登れば，彼は3回登ったことになるだろう。　　　　　　〔経験〕

今度の月曜日で，彼はちょうど2年ここに住んでいることになるだろう。　　　　　〔継続〕

| 補足 | 基準になる未来の一定時期とは，上の例文では，それぞれ，「きみが着くとき」「その山にもう一度登るとき」「次の月曜日」である。

研究　　**1.** 未来完了はかなりまれなものである。とくに，経験を表す用法は非常にまれである。完了などの意味をとくにはっきり表現せざるをえない場合は別として，それ以外のときは，未来時制ですませたり，次の例のように be を用いた別の言い方を利用することが多い。とくに口語ではそうである。

I *shall be through with*(＝ shall have finished) the work.

He'*ll be back*(＝ will have come back) by then.

　　2. 上例の継続の場合の訳し方は，現在完了・過去完了で述べたことを応用して，「今度の月曜で，彼がここに住むようになってから，ちょうど2年になる」と訳すこともできる。

　　3. 時を表す副詞節では，現在完了が未来完了のかわりとして用いられる（§8，⑸）。しかし，古めかしい言い方では，「shall have ＋過去分詞」が用いられていることもある。（§6，⑵，**参考**④参照）

III.「**will have ＋過去分詞**」のその他の用法

過去の動作・状態の推測を表す。

① It is eleven o'clock.　She **will have gone** to bed.

11時だ。彼女はベッドにはいってしまっているだろう〔はいっただろう〕。

② The furniture **will have been** good when it was bought, though it is getting shabby now.

今はみすぼらしくなってきているけれど，その家具は，買ったときはりっぱだったろう。

| 補足 | ①は，現在完了に現在の推測を表す will（§5，⑶）が加わったものといえる。②は，when it *was* とあるから，明らかに過去のことを推測している用法である。しかし，和訳する上で両者を区別する必要はない。どちらも「ただろう」で十分である。

§13　現在進行形

I．形　式：be ＋ -ing《現在分詞》

《注意》 **1.** この be が，主語の人称・数に従って，am, are, is になることは，現在時制のときと同じである。

　2. be と -ing の間には，副詞などが挿入されていることもある。

　3. 受動態の進行形は「be being ＋過去分詞」であるが，発音のひびきがよくないということで，用いたがらない人もあるようである。

II. 基本的用法

(1)現在行われつつある行為，行動または進行中のできごとを表す。

【訳し方】「～している(ところだ)」「～しつつある」，etc.

① He **is teaching** English to the students.	彼は学生たちに英語を教えている。
② She **is knocking** at〔on〕 the door.	彼女はドアをたたいている。
③ A huge rock **is sliding** toward the river.	巨大な岩が川のほうへすべっていく。

　|補足| 和訳の文からもわかるように，上例の teach, knock などの行為は，これらの文が述べられた時よりも以前に始まって，述べ終わったあとまで続くことを暗示している。つまり，その行為がまだ**終わっていない**ことを表している。これが進行形の基本的な意味の1つである。①なら，教えることが目の前で行われている場合，彼の声だけが聞こえる場合，時間からいって英語の授業中だという場合，などが考えられる。これを He teaches...とすれば，そのような場合は考えられず，現在の習慣を表すことになり，彼は彼らの英語の先生だ，というのとあまり違わない意味になる。

　研究 **1.** ①の teach は，read, speak などの動詞と同じように，ふつう，ある程度の時間続く行為である。そのような動詞の進行形では，上に記したような基本的な意味がよく表れる。②の knock は，hit, kick などと同じように，瞬間的に終わる行為をいう動詞なので，進行形になると反復——続けざまにたたく——を表すことになる。③は無生物だから，できごとを述べているわけだが，この動詞もある程度の時間続くもので，その点，teach に似ている。

　2.「状態」を表す動詞，感覚器官や心の働きをいう動詞はふつう進行形を作らない。次のような動詞がそれだが，これらも，基本的な意味からずれた用い方の場合には進行形になることもある。《肩に＊のあるものは進行形で用いら

れることは全くないといってよいだろう》，believe（信じる），belong＊（属する），concern＊（～に関係する），consist＊ of ～（～から成り立つ），contain＊(含む)，cost（支払わせる），deserve（～に値する），hate＊(きらう)，have（所有している），know＊（知っている），like（好む），love（愛する），matter＊（重要である），need＊（必要とする），owe＊（借りている），please（喜ばせる），possess（所有する），remember（覚えている），resemble（似る），seem（～に見える），sound（～に聞こえる），suffice＊（十分である），suit＊（似合う），want（欲する），wish（望む）

3. 進行形は必ずしも，ある行為を休みなく続けているという意味ではない。I **am reading** Hamlet now.(今ハムレットを読んでいる)では，本を広げて今読んでいる場合もあるが，今は読みかけで，あすまた先を読む，という場合もある。**Is** someone **sitting** there?は，劇場などの空席を見つけたとき，その隣の人などに聞くのに使われる。

4. ある状態から別の状態へ移ることを意味する動詞では，多少訳のくふうが必要である。The train **is leaving**.（列車は出ていくところだ），He **is reaching** the summit.（彼は頂上に到達しかけている）

5. 進行形は，be ＋-ing の形式をとるが，逆に **be** ＋-ing とあれば必ず進行形かというと，そうではないこともある。次の例を参照。

His story **is amusing**.	彼の話はおもしろい。
Doing nothing **is doing** ill.	何もしないことは悪いことをすることである。　〔ことわざ〕
She **is** in her room, **weeping**.	彼女は自分のへやで泣いている。
He **is** long **answering**.	彼はなかなか返事をしない。

これらの-ing は，のちに述べる動名詞や，形容詞に用いられた現在分詞が，たまたま be といっしょに用いられたもの。進行形との識別方法は，日本文に訳してみて，それが内容的に，または，前後関係上，おかしくないかどうか，によって判断するしかない。

（参考）　一部の動詞の進行形は，受動態の意味に用いられることがある。

The bridge *is building*.	橋は建造中だ〔建造されつつある〕。
Dinner *is cooking* now.	夕飯は今できかけている〔作られつつある〕。

現在時制で The bridge builds.などとはいえず，is built としなければならないが，進行形では上例のような言い方もできる。ただし，これは特定の動詞だけである。

(2)近い未来を表すのに用いられることがある。

They **are arriving** tomorrow.	彼らはあす到着する。
I **am leaving** tonight.	私は今夜出発します。
Are you **dining** with her next week ?	きみは，来週彼女といっしょに夕食をするんですか。

研究　**1.** be going to も未来を表すが，これについては p. 235 参照。

2. 上例のように用いられるのは，come, go, leave などの運動を表す動詞であるといわれていたが，現在では，とくに口語体において，それ以外の多くの動詞の進行形が，近い未来を表すのに用いられる。

We **are having** guests next Friday.	来週の金曜日にはお客さんが来る。〔人を招いてある〕。
He **is speaking** on the radio tomorrow evening.	彼はあすの晩ラジオで講演をする。
He **is reading** to his son after he comes home.	帰宅後に彼はむすこに本を読んで聞かせる。

上の having は inviting の意味で，状態の意味ではない。

3. この用法の進行形の主語は，必ず「人間」であると思ってよい。「もの」が主語であることはほとんどない。

4. *Are you dining* 〜?と *Are you going to* dine 〜?では，前者が事実をたずねるだけであるのに対し，後者は，you の意志を問う気持が多分に出る。そして，*Will* you dine 〜ならば，「夕食をしてくれませんか」〔依頼〕や「夕食をしませんか」〔勧誘〕の意味に解される可能性が多い。

5. 確定的な未来を表す現在時制（§2,⑷）と，上記の用法の進行形とでは，後者のほうが口語的であるほかに，**I am leaving** 〜には，自分がそのつもりである《意志》という含みがある。I leave 〜は定められた予定などに従って出発することを暗示し，進行形に比べて，出発はより確定的な言い方である。

6. 本来状態を表す動詞が進行形で用いられた場合，それが未来を表すことはない。

7. It is time to **be going** home. （家に帰る時間だ），He is eager to **be dancing** with her. （彼はしきりに彼女と踊りたがっている）のような不定詞の進行形も，文の意味から考えて近い未来をさす用法といってよかろう。口語表現である。

(3)現在進行形と現在時制

(a)現在時制は，永続的なことがらや，習慣的な行為を表し，現在進行形は，通常，目前で行われつつある一時的な行為などを表す。

{ I **go** to school every day.　　私は毎日学校へ行く。　〔習慣〕
{ I **am going** to school.　　　私は学校へ行くところだ。
{ He **reads** the *Times*.　　彼はタイムズ新聞を読む。〔習慣〕
{ He **is reading** the *Times*.　彼はタイムズ新聞を読んでいる。

[補足]　上例の現在時制を用いた文は,「私は学生だ」「彼はタイムズ新聞の読者だ」というのと,実質的には大差ない。しかし,進行形のほうは,見かけたその瞬間に「登校の途上である」「タイムズを読んでいる」ということを述べているだけである。

研究　**1.** live, lie, stand, sit は,進行形ならば一時的な状態,単純形なら持続的な状態《または習慣》を表す。He **lives** in Tokyo.は,彼が現在東京に住んでいて,どこかへ移る予定などのないことを思わせるが,is living なら東京が一時的な住所であることを暗示する。A statue **is standing** in the park.ならばその像は臨時に公園に置かれていて,やがてどこかに移されるか片づけられることを思わせる。stands ならそれはない。

[比較] { The river **flows** through the center of town.
　　　 (川は町の中央を貫流している)
　　　 The river **is flowing** unusually fast today.
　　　 (今日はいつになく流れが速い)

2. ふつう進行形を作らない動詞 (p. 250 **研究** 2) も,一時的な状態を意味する時には進行形になる。

①He **is being** patient.　　彼は(今)がまんしているのだ。
②I **am liking** this town.　この町が気にいってきているんだ。
③I **am believing** every　おまえのいうことはみんな本当だと
　　word you say.　　　　　 思っているんだぞ。

①の he はがまん強い男とはかぎらない。何かよからぬ目的のために,そのときだけ辛抱しているのかもしれないのである。②③は like, believe する気持が次第に強まっていくことを表している。

3. more and more など,増加・減少を意味する副詞(句)があると,進行形の用いられることがきわめて多く,ふつう進行形にならない動詞も進行形になることがある。

She **is resembling** her mother　彼女はますます母親に似てきてい
　　more and more.　　　　　る。
Fewer and fewer people **are**　このごろは新車を買う人たちがます
　　buying new cars these days.　ます減ってきている。

4. see, hear, smell, taste など感覚に関する動詞は，光景・音・におい
などが自然に目・耳・鼻などにはいってくる，という意味の場合は進行形にし
ない。しかし，人が積極的に感覚器官を働かせて，それらをとらえようとする
場合には，進行形になりうる。ただし，目・耳については，後者の場合には，
look, listen が用いられる。しかし，目などにはいってくる状態が持続すると
いう場合は，I **am seeing**〔**hearing**〕 it better now. (前よりよく見える〔聞
こえる〕ようになってきた) といえる。

5. 痛み，かゆみなど，身体の感覚をいう動詞は，ふつう進行形にしないが，
進行形にしても意味はほとんど変わらない。

> My back **aches**〔**is aching**〕. (背中が痛い)

(b)進行形には話し手の感情が含まれることがある。

進行形はその性質上，ある行為や出来事を1つのまとまったものとして，
いわば鳥瞰図的に述べる単純現在に比べ，より描写性が強く，感情がこめ
られやすい。そのため，進行形が，適切な文構成やイントネーションととも
に用いられると，いっそう強調などの気持がよく表される。

① I **am telling** you the truth.	ぼくは本当のことをいっているんだ。
② What **are** you **thinking** of ?	おまえは何を考えているんだ。
③ He **is** always **smoking**.	彼はのべつタバコをすっている。

研究 **1.** ①②では話し手のいらだちが含まれている。ただし，②では are
に強勢をおいて上昇調(rising tone)で発音した場合にその意味になるのであ
って，what に強勢があればふつうの疑問文である。

そのほか，He **is going** to work every day.(毎日仕事に行っている)のよ
うな場合，それまで病気などで働きに出られなかったことと対比させて，強調
的に「今は元気で」といっている感じである。強調などを含むかどうかは，書
かれた文の場合はなおのこと，はっきりとわかりにくいことが多い。(a)の
研究 2の例文も多少とも強調を含んでいそうである。

2. ③のように always を伴った場合は「だから困る〔いやだ〕」などの感情を
含む表現になる。always のかわりに continually, constantly, for ever など
でも同じである。この場合，進行形のもつ「一時性」の含みはなくなる。

(参考) **1.** I *am hoping* you will join us. (私たちの仲間にはいってほしいのです
が) は I hope 〜というよりも遠慮がちなていねいな表現になる。hope 〜といえば，
自分の頼みごとを全部正面きって述べていることになり，押しつけがましく思われか
ねないが，進行形なら希望は一時的であり，まだ全部を述べてはいない，という含み
があるからと思われる。

2. まれには命令文に用いることもある。*Be doing* your homework when your

parents arrive home. (両親が帰宅するときには宿題をやっていなさい)

§14 過去進行形と未来進行形

Ⅰ. 形　式：過去：**was**〔**were**〕**＋-ing**《現在分詞》
　　　　　　未来：**will**〔**shall**〕**be ＋-ing**《現在分詞》

Ⅱ. 基本的用法：過去または未来のある瞬間を基準として，そのときに進行しつつある〔あった〕動作・状態を表す。

【訳し方】過去：「～していた」「～しているところだった」
　　　　　　　　　「～しつつあった」
　　　　　未来：「～している(ところ)だろう」

When I came back, he **was taking** a bath.	私が帰ったとき，彼はふろにはいっていた。
He **will be taking** a bath when you come back.	きみが帰って来るころには，彼はふろにはいっているだろう。

研究　**1.** 現在進行形では，基準になる時を表す語(句)のないことも多いが(§13, Ⅱ, (1)[補足])，過去・未来進行形では，通常，それが文中に表現される。上例では，「帰って来た〔来る〕とき」が基準になる瞬間である。

2. 上例で，進行形を用いずに，he took および he will take とすれば，「帰ってから入浴をした〔する〕」という意味になる。(cf. §11, Ⅲ, (4) 研究1)

Ⅲ. その他やや特殊な用法

(1) 基準になる時を現在から過去へ移せば，現在進行形の項で述べたことは，そのままここにも当てはまる。

You **were always finding** fault with me.	きみはいつも私のあらさがしをしていた。
She said he **was coming** that evening.	夕方に彼が来ると彼女はいった。
The plane **was landing**.	飛行機は着陸するところだった。

《注意》　現在進行形の例文と比較せよ。

(2) 過去進行形は，ある期間，**動作・状態が継続**していた意味を表すことができる。

Yesterday, from six to seven, I **was listening** to the radio.	きのうは6時から7時まで，ぼくはラジオを聞いていた。

Last week, we **were staying** with the Smiths.	先週私たちはスミスさんのところに泊まっていました。

研究　**1.** この場合，もちろん，単純に過去時制を用いて，listened, stayed ともいえる。ただ，進行形のほうが生き生きした口語的な表現になる。

　2. 現在進行形にはこれに当たる用法はない。be listening〔staying〕は，話をしている瞬間に「聞いている〔滞在している〕」というだけで，もし「6時〔先週〕から現在まで」という継続を意味するならば，have been listening〔staying〕のように現在完了進行形(§15)を用いなければならない。

(3) 未来進行形は純粋の未来を表す。

① We **will be seeing** the island tomorrow morning.	あすの朝その島が見えるでしょう。
② He **will be writing** to you soon.	彼はまもなくきみに手紙を書くでしょう。
③ **Will** you **be visiting** him tomorrow ?	あなたはあす彼を訪問するのですか。

研究　**1.** 未来進行形は，意志や計画とは無関係に自然な成り行きである出来事が起こるだろうという意味を表す。①で will see とすれば，we の意志を含むように解される可能性があるが，進行形ならば，このままの速度で船が進めば当然見えてくるだろう，という意味になる。②も write ならば「書く気だ」と受けとられるおそれもないではないが，進行形なら「書くことが起こるだろう」ということになる。③も，visit なら you の意志を聞くことになるが，進行形ならその意味はない。「訪問があるのでしょうか」のほうが，直接，意志を確かめるよりも，あたりのやわらかいていねいな言い回しになる。

　しかし例外的に，When he goes, **I'll be going** with him.（彼が行くときには私もいっしょに行く）など，意志を全く含まないとはいいきれない例もある。また，It **will be raining**.のように人間が主語ではない場合は，It will rain.でもたいした違いはない。

　2. 未来進行形の表す未来は，現在進行形を用いて表す未来よりは遠い未来であるのがふつうである。しかし，例外もある。

　3. 未来進行形は《他の進行形も同様であるが》くだけた言い方である。だから，「それじゃまた(会いましょう)」の意味で，I'll *see* you.とも I'll *be seeing* you.ともいうが，後者は，目上の人などには用いない。

§15　現在完了進行形

Ⅰ. 形　式： have〔has〕 been ＋-ing《現在分詞》

Ⅱ. 基本的用法：現在完了では継続の意味を表すことができない動詞（§8, Ⅱ, (4) **研究** 2 参照）について，その**動作の継続**を表す。

【訳し方】「～し（続け）ている」「～し（続け）ていた」

① I **have been reading** to him since ten o'clock.
　　私は10時から彼に本を読んでやっている。

② He **has been painting** the door.
　　彼はドアにペンキを塗っていたんです。

③ Somebody **has been watching** our movements.
　　だれかが私たちの動静を見守っていたのだ。

研究　**1.** 進行形にならない動詞は，当然，現在完了進行形も作らない。

　2. 現在完了進行形で表されている動作《③でいえば watch 》は，それを含む文《③でいえば，この文全体》が述べられるときにも，まだ完了していない場合もあり，また，完了している場合もある。①のように，その動作の開始された時期や継続期間を明示する語句が含まれている場合，または前後関係からそれがわかる場合は，その動作は，その文が述べられるときまで続いていて，まだ完了していない意味《「～している」と訳す》であることが多い。これに対し，②③のように，そういう語句のない場合は，その動作は，その文が述べられるときまでには完了してしまっている《「～していた」と訳す》のがふつうである。②では，この文を話した時点ではまだ塗り終わっていないのかもしれないが，ペンキを塗り終わって汚れた服のまま彼が出てきたので妻が言い訳をしているのかもしれない。③ではおそらく，この発言の少し前に watching は終わったのであろう。

　3. 進行形が，反復的動作を示したり，諸種の感情を含む言い方，生き生きした言い方，に用いられる（§13, Ⅱ, (3), (b)など参照）と同様に，完了進行形もそのように用いられることがある。

Where **have** you **been meeting** them ?
　　どこで彼らと会っていたのだ？
　　　　　　　　　《会う行為の反復》

What **have** you **been doing** ?
　　おまえは何をしていたんだ。
　　　　　　　　《いらいらした気持》

最初の例文で did you meet とすれば，1 回会ったことになる。

参考　用いられる動詞によって，現在完了進行形には，次のような場合もある。和

訳するのには注意が必要である。

He *has* always *been coming*.	彼はいつも来よう来ようとしている（がまだ来られない）。

III. 現在完了と現在完了進行形

状態を表す動詞《本来継続の意味を含む》の継続を表すには現在完了, 動作を表す動詞の継続・反復を表すには現在完了進行形, を用いるのが原則であるが, そのほか, 両者には次のような相違点がある。

(1) 状態を表す動詞も, しばしば現在完了進行形をとる。この場合には, 現在完了形を用いたのと, 実質上の差異はないといわれる。

I **have lived** here (for) two years.	私はここに2年住んでいる。
I **have been living** here (for) two years.	私はここに2年間住み続けている。
We **have** now **stood** here (for) two hours.	われわれはもう2時間ここに立っている。
We **have been standing** here (for) two hours.	われわれは2時間ここに立ちどおしだ。

研究 **1.** 現在完了進行形は, 一刻一刻, 1日1日とその**状態が連続する**のを強調する気持であり, これに対し現在完了は, 問題の**期間をひとまとめに考える気持**であるが, このほか sit, lie, wait, sleep, rest など, 積極的な行動を意味しない動詞の場合, 継続を意味するのに完了進行形を用いることが多い。

なお, 上の have lived の例文は, 上の訳のほか「2年間住んだことがある（が現在は住んでいない）」《経験》の意味にもなりうる。一方, 進行形の文は, そのときまで住んでいる意味だが, 一時的なものでいずれ転居することを思わせる。

2. p.251にあげた進行形を作らない動詞の場合は, 継続の意味は, もちろん, 現在完了で示される。

I have now seen Paris, which I **have** long **wished** to see.	かねがね見たいと思っていたが, 私はこれでパリを見た。
I **have believed** it ever since.	それ以来そのことを信じている。

3. 状態を表すとはいえないが, 長期間にわたって持続することが可能で, 動作の終結を予想させないような動詞の場合にも, 上例のように2種類の言い方が可能である。

He **has worked** for me nearly ten years.	彼は私のところでほぼ10年間働いている〔働いてくれた〕。

He **has been working** hard all day.	彼は1日じゅうせっせと働き続けている〔続けた〕。
They **have run** the business for quite a while.	彼らはずいぶん長いことその商売をやっている。
They **have been running** the business for quite a while.	彼らはずいぶん長いことその商売を続けている。

1で述べた現在完了進行形と現在完了の相違は，この場合にも当てはまる。

(2) not を伴うときには，現在完了と現在完了進行形の相違はかなりはっきりする。

He **has not spoken** since 3 o'clock.	彼は3時からずっと口をきいていない。
He **has not been speaking** since 3 o'clock.	彼は3時からずっと話し続けているわけではない。

《注意》　両者の相違点は日本訳から十分わかるであろうが，has spoken は継続の意味は表せないのに対し，これに not が加わると，「ずっと沈黙状態でいる」という，継続の意味が含まれてくる点に注目せよ。

§16　過去完了進行形と未来完了進行形

Ⅰ. 形　式：過去：had been ＋ -ing

　　　　　　未来：will〔shall〕have been ＋ -ing

Ⅱ. 基本的用法：過去または未来のある時点までの**動作の継続**または**反復**を表す。

【訳し方】過去：「～していた」「～し続けていた」

　　　　　未来：「～し(続け)たことになるだろう」

She **had been waiting** for an hour, when they came back.	彼女が1時間待ち続けていると，彼らが帰って来た。
He rose from the sofa where he **had been sitting**.	彼は(それまで)すわっていたソファから立ち上がった。
She **will have been waiting** for more than an hour by the time they come back.	彼らが帰るまでには，彼女は1時間以上も待ち続けたことになるだろう。

補足　基準になる時点は，上例でいうと，それぞれ，「彼らが帰って来たとき」「ソファから立ち上がったとき」「彼らが帰る時間」である。そのときまで wait, sit し続けた〔続ける〕という意味である。

研究　**1.** 基準になる時点が過去または未来におかれる点が違うだけで，その他の点は現在完了進行形と同じである。

2. §15, Ⅲ の場合と同様に，過去完了と過去完了進行形が実質的には同じ内容を表すこともある。その場合の違いについては，上記の個所で述べたことがそのまま当てはまると思ってよい。ただ，現在完了進行形に比べて，過去完了進行形の用いられ方は少ないように思える。

3. 未来完了進行形は，実際にはめったに用いられない。

4. 過去完了進行形は，現在完了進行形(have been ＋ -ing)が時間的に一段階さかのぼったもののときもあり，過去進行形(was ＋ -ing)が一段階さかのぼったものの場合もあるが，次の文のように，はっきりした時点を示す語句が含まれていれば，それは過去進行形が過去完了進行形になったものである。

　She *had been playing* on the piano **at the time of the explosion**.
　(その爆発のとき彼女はピアノの演奏をしていたのだった)

参考　進行形は15世紀の初めごろに現れ，次第に発展してきた表現である。その使用頻度は，シェークスピア (1564 - 1616) の作品におけるそれと比べると，現代ではその何倍かになっている。そしてその発展，いわば勢力の拡大は，現在でも続いているように感じられる。とにかく，文法書が一般に進行形を作らないと記している動詞が，下のように進行形で用いられている例が時折見られるので，参考までに掲げておく。

　I'*ll be having* to ask him for a job one of these days. (J. Hilton)
　(いずれ近いうちに，彼に仕事の口を頼まなければならないだろう)

　He had to remember that this man ... *was knowing* the meaning of loneliness. (C. P. Snow) (この男には孤独の意味がわかってきているのだ，ということを彼は記憶しておかねばならなかった)

　Women who once possessed only one suit *were owning* several. (V. Packard)
　(以前はスーツを一着しかもっていなかった女性たちが，数着の持ち主になりつつあった)

まとめ 8

時　制：12種類あって，以下のような意味を表す。

1. 現在時制　① 現在のできごと・状態　② 現在の習慣的行為　③ 時間に支配されない事実　④ 確定的な未来のできごと　⑤ 時・条件の副詞節(if〜，when〜など)で未来の代用　⑥ 現在完了と同等（少数の動詞に限る）

2. 過去時制　① 過去のできごと・状態・(習慣的)行為　② 時制の一致で　③ 過去完了のかわり(時間関係についてまぎれがないときに)

3. 未来時制　(pp. 227, 228の一覧表を参照)　ほかに，be going to, 現在進行形なども未来を表す。

4. 現在完了時制　① 行為の完了　② 過去の行為の現在における結果　③ 現在までの間の経験　④ 現在までの状態の継続
   《注》 a)(i)「過去のある時」を明示する語句があるとき，(ii) When 〜 ? の文中，には用いない。

   b)「be ＋自動詞の過去分詞」は現在完了を意味することがある。

5. 過去完了時制　① 過去のある時までの完了，結果，経験，継続　② ある過去の行為以前の行為　③ 期待・意図の非実現(had hoped 〜など)

6. 未来完了時制　① 未来のある時までの完了，結果，経験，継続(比較的まれ)　② 現在の時点からの過去のできごとの推測

7. 現在進行形：① 現在進行中のできごと・行為　② 近い未来
   《注》 状態動詞は，一時的状態の場合以外ふつう進行形にしない。

8. 過去進行形　過去のある時期に進行〔継続〕中であった行為・状態

9. 未来進行形　未来のある時に進行していると推測される行為・状態

10. 現在完了進行形　過去に始まって，現在か現在以後まで継続・反復する状態・行為

11. 過去完了進行形　過去のある時までの行為の継続または反復

12. 未来完了進行形　未来のある時までの行為の継続または反復
    《注》 用いることはきわめてまれである。

Exercise 8

解答は p.670

(1) 次の日本文に合う英文になるように〔　　　〕内の語を並べかえなさい。
　　ただし，不要な1語を除外すること。

　1．彼は友人を見送りに駅まで行ってきたところだ。
　　〔 to, he, to, off, his, the, has, see, been, gone, friend, station 〕

　2．私が帰宅してみると，彼はもう立ち去っていた。
　　〔 I, I, he, to, had, when, home, left, found, already, returned 〕

　3．その娘は自分で作った服を着ていた。
　　〔 a, on, was, she, the, had, girl, made, dress, herself, wearing 〕

　4．きのう彼女はかさを電車の中に忘れてしまった。
　　〔 in, has, the, she, her, left, train, umbrella, yesterday 〕

　5．彼は，その本を読み終わったら，すぐぼくに貸してくれるだろう。
　　〔 he, it, me, as, he, to, as, the, has, soon, will, book, lend, reading, finished 〕

(2) 次の日本文の意味に一致するように，英文の誤りを正しなさい。

　1．私はまだその手紙を読んでいない。
　　I do not read the letter yet.

　2．私は彼を訪ねて，起こったことを全部話した。
　　I called on him to tell all that happened.

　3．きみはいつこの町へ来たんだ。
　　When have you come to this town ?

　4．あす雨が降れば彼は来ないだろう。
　　He will not come if it will rain tomorrow.

　5．私が帰るまでには，彼らはその仕事を終わっているだろう。
　　By the time I come back, they will finish the work.

　6．彼は先日誇らしげに競技で獲得したメダルを私に見せた。
　　The other day he showed me proudly the medal that he won in the contest.

(3) 次の英文の( )に適する語(句)を a～d から選び，記号で答えなさい。

1. The song had a melody that ( ) like this.
   a. was gone　　b. was going　　c. had been going　　d. went

2. They proposed that he ( ) a special committee on the problem.
   a. form　　b. formed　　c. would form　　d. should have formed

3. If you come at seven this evening, we ( ) dinner.
   a. will already finish　　b. have already finished
   c. had finished　　d. will already have finished

4. The sign says that the police will take your car away if you
   ( ) it here.
   a. are going to park　　b. have parked　　c. park　　d. parked

(4) 次の各組の英文を，その意味の違いに注意して和訳しなさい。

1. { a. We'll be very glad if he comes.
     b. We'll be very glad if he will come.

2. { a. I have read the book before.
     b. I have been reading the book since ten.

3. { a. I have been in the United States.
     b. I have been to the United States.

4. { a. The building belonged to my father.
     b. The building has belonged to my father these ten years.

5. { a. When I looked at her, I saw that she was weeping.
     b. When I looked at her, I saw she had been weeping.

6. { a. If he takes the six p.m. train, he will be back here by eight.
     b. You will be back here by eight o'clock, because it is the
     rule of the school.

(5) 意味の通る英文になるように，( )内の動詞の時制を変えなさい。

1. When I opened the door, he (study) at his desk.

2. I (see) him weeks ago, but I (not see) him since.

3. He (be) ill for a week, when he was sent to hospital.

4. I was able to sing the song because I (hear) it before.

5. When young, he often (take) a walk in the park.

6. They (build) our school for several months but it is not com-
   pleted yet.

第**9**章

態

他動詞には能動態と受動態〔受身〕という態がある。
この章では受動態を中心に態について学ぶ。

§1　態とは何か，その種類

　態(Voice)とは,動詞の表す動作・行為などの主語に対する関係をいうもので，英語の態には，**能動態**(Active Voice)と**受動態**(Passive Voice)の2種類がある。

　能動態は，主語が動詞の表す動作などを行う場合の形態である。

　受動態は，主語が動詞の表す動作などを受ける場合の形態である。

> 補足　ひらたくいえば，日本文で「…が《目的語》を～する」という場合が能動態，「…が～される」という場合が受動態である。ただ，日本語の能動態・受動態が，そのまま英語でも能動態・受動態になるとはかぎらない点に注意しなければならない。(§10参照)

《注意》　**1.** 能動態は，動詞を，人称・時制に従って変化させただけで，そのまま用いればよい。つまり，前章までにあげた例文は，少数の例外を除き，全部能動態である。したがって，これについては，とくに本章で新しく説明を加える必要はないので，以下では，もっぱら受動態について述べることにする。

　2. 受動態は，しばしば，「受身」とも呼ばれる。

§2　受動態の基本的形式と訳し方

形　式：**be**＋過去分詞

【訳し方】 ｛「～(さ)れる」　　　《動作をいう場合》

　　　　　｛「～(さ)れている」　《状態をいう場合》

① The lake **is covered** with thick ice. | その湖水は厚い氷におおわれ(ている)る。

② She **was loved** by everyone.　┆　彼女はみんなに愛され(てい)た。

《注意》　上にあげたbeは，主語の人称・数に従って，am, are, is, were, was になることは，いうまでもない。

研究　**1.** 前章で述べた諸種の時制は，次表のように，受動態にも存在する。

現　在 完　了	have has ⎱ been＋過去分詞	現　在 進行形	am are is ⎱ being＋過去分詞
過　去 完　了	had been＋過去分詞	過　去 進行形	was were ⎱ being＋過去分詞
未　来 完　了	will (shall) ⎱ have been＋ 過去 分詞	未　来 進行形	will (shall) ⎱ be being＋過去分詞

　一見複雑そうだが，「be＋過去分詞」を1つの動詞と考え，完了形なら，このbeを過去分詞beenにしてhaveに加える，進行形なら，このbeを現在分詞beingにしてbeに加えるのだ，と覚えておけばよいのである。

　なお，能動態では，現在〔過去・未来〕完了進行形がある。受動態でも同じもの《have been being＋過去分詞という形》があってもよさそうであるが，実際には，このような受動態の完了進行形は，まず用いられない。

　2. 上にあげたそれぞれの時制の用法は，前章で述べたことがここにも当てはまる。つまり，完了受動態も，能動態のときと同様に，完了・結果・継続・経験の意味を表し，受動進行形も動作の進行中であることを表す。したがって，訳し方は，それぞれの時制の訳し方と「～(さ)れる」「～(さ)れている」を適当に組み合わせればよい。次の例を参照。

It **has been given** to his son.　┆　それは彼のむすこに与え<u>られている</u>〔与え<u>られてしまった</u>〕。　〔結果〕

A house **was being built** by them.　┆　彼らによって家が建て<u>られていた</u>〔建て<u>られつつあった</u>〕。

〔進行中〕

　3. 受動態が，動作を表すのか状態を表すのかの問題は，動作を表す動詞の場合に起こるが，これは前後関係から判断しなければならない。前ページの①の文は，これだけでは，「現在おおわれている」〔状態〕と解するのが自然であるが，「毎年」というような語が加われば，「おおわれる」〔習慣的動作〕と解するのが適当ということになる。これに対して，②のloveのように，通常，進行形にならない動詞《状態を表す動詞》の場合は，受動態になっても，状態を表すのがふつうである。

The door **was shut** with a bang.	ドアはバタンと閉ざされた。〔動作〕
The door **was shut** all day.	ドアは終日閉ざされていた。〔状態〕
She **is** always **dressed** by her mother.	彼女はいつも母親の手で着つけをされる。〔動作〕
She **is dressed** in black.	彼女は黒い服を着ている。〔状態〕

　上の例文のうち〔状態〕のほうの過去分詞は，純然たる過去分詞というよりは形容詞に近づいていると考えられる。(p.275 **研究** を参照)

参考 すべての動詞の「be＋過去分詞」が状態を表せるわけではない。たとえば，be arrested (逮捕される)，be elected (選挙される)，be introduced (紹介される)，be run over ([車に]ひかれる)，etc. は動作の意味にしか用いられない。

§3　態の転換の基本公式

能動態を受動態に書き換える基本的な方法は，次のとおりである。

① **目的語を主語の位置**に移す。《その場合，目的語が代名詞なら，主格に変えることが必要》

② 動詞を「**be＋過去分詞**」に変えて，①による新しい主語の次におく。《be はその主語の人称・数に一致させるとともに，もとの文の時制と同じ時制にする》

③ 能動態のときの主語を **by** の次におき，文末にまわす。《代名詞ならば，目的格に変える》

例1.　He　　　　saw　　　　them.　（彼は彼らを見た）
　　　目的格にする　be seen　　主格にする
　　　　　　they に一致，saw と同時制
　　　They　　　were seen　　by him.　（彼らは彼に見られた）

例2.　She　　　has written　　a novel.　（彼女は小説を書いた）
　　　A novel　has been written　by her.　（彼女によって小説が書かれた）

《注意》 上述したことからわかるとおり，受動態を作れるのは，目的語のある

文，つまり，他動詞が用いられている場合にかぎられる。

(参考) 上記の能動態⇄受動態の転換は，基本的には，英文法および英文構造の理解の一段階と考えておきたい。実際の英文では，by ～のない文のほうが受動態の構文の70～80％に達する。受動態でも He *was born* in 1980.（彼は1980年に生まれた）/He *was taken* ill.（彼は病気になった）のように，by ～のつけようがないものもあり，能動態でも He blinked his eyes.（彼は目をまたたいた）のように，日本文でも受動態にするとおかしい文もある。

また能動態・受動態どちらでもよいということはむしろまれで，どちらか一方が，その前後関係の中では不自然に感じられることが多いものである。とにかく，能動態⇄受動態の転換が純機械的に可能なものと思いこんではならない。

次に，1つの文の能動態と受動態は，意味の点では結局同じだと考えてよいわけだが，例外もないことはない。たとえば，Jim *met* Dick at the airport.（ジムは空港でディックに会った）は，偶然出会った，または，出迎える約束で会った，のどちらにも解することができるが，Dick *was met* by Jim ～. ならば，会ったのは前もっての打合せによると解するのがふつうである。

§4 受動態を作る場合に注意すべき諸事項

(1)**we, you, they, people, one** 《someone, anyone, no one を含む》が，特定の人間をささずに，ばく然と人，または人びと，の意味で主語に用いられている(第4章参照)文では，受動態にした場合，by ～は省略する。

We〔**You, One**〕 must respect freedom of speech. Freedom of speech must **be respected**.	われわれ〔あなた，人〕は言論の自由を尊重しなければならない。 言論の自由は尊重されなければならない。

(2)「自動詞＋前置詞」「他動詞＋名詞＋前置詞」など，いくつかの語が集まって1つの他動詞と同じ働きをしている《動詞句(verb phrase)と呼ばれる》場合は，それを1つの他動詞として扱って受動態を作る。

He **laughed at** her. She **was laughed at** by him.	彼は彼女のことを笑った。 彼女は彼に笑われた。
People **sent for** the doctor. The doctor **was sent for**.	人びとは医者を呼んだ。 医者が呼ばれた。
He**'ll take care of** the dog. The dog **will be taken care of** by him.	彼がその犬の世話をするだろう。 その犬は彼の世話を受けるだろう。

They **had** soon **lost sight of** their original purpose.	彼らはほどなく最初の目的を見失ってしまったのであった。
Their original purpose **had** soon **been lost sight of**.	彼らの最初の目的はほどなく見失われてしまったのだった。

研究　**1.** このように扱われる動詞句は，辞書に成句として通常あげられている。数はきわめて多いが，次に例を少数追加する。

bring about（生じさせる）　　deal with（処理する）
look into（調べる）　　　　　　think of（考える）
do away with（取り除く）　　look forward to（待ちこがれる）
take advantage of（利用する）　pay attention to（注意する）
find fault with（非難する）　　make use of（利用する），etc.

2. 前置詞がそれ本来の意味をもっていて，上記の場合ほど密接に動詞と結びついているとは思えない「動詞＋前置詞」も，同じように扱われることがある。

The bed **has** never **been slept in**.	ベッドは全然人の寝た形跡がない。
I don't want to **be sat next to** by a total stranger.	まったく見ず知らずの人に隣にすわられたくない。

このような受動態に使われている前置詞は，場所(in, on など)，道具(with など)を意味するものが多い。なお，go into, arrive at なども，抽象的または比喩的な用法のときには，受動態も可能である。

3.「動詞＋前置詞」の成句でも，abound in ～（～が豊富である），belong to ～（～に属する），consist of ～（～から成り立つ）のように，ある行動が目的語に対して行われるという意味を含まないものは，受動態にはできない。

4.「他動詞＋名詞＋前置詞」の型の動詞句では，この名詞は前の動詞の目的語であるから，これを主語にして受動態を作ることもないことはない。しかし，次の②のように，その名詞に形容詞がついているとき，または，③のように成句の変形(p.183, (3)参照)のとき以外は，比較的まれである。とくに中に含まれた単語の結合が緊密な動詞句《catch hold of ～（～をつかむ）など》では，必ずこれを1つの動詞に扱うと考えるべきである。

① **Advantage is taken of** opportunities for it. (Russell)	そのための機会が利用される。《←take advantage of》
② **Good care** must **be taken of** them.	彼らを十分に世話しなければならない。《←take good care of》

③ They wondered at the **use** 彼らはそれの利用の仕方〔され方〕
    that **was made of** it. に驚嘆した。 《←make use of》

これに対して,「他動詞＋名詞」の結合がそれほど強くない場合,つまり,make allowance for ～（～を考慮する）, raise objection to ～（～に異議をとなえる）, etc. のように,完全な成句までいかずに,個々の語の本来の意味から容易に理解できるような言い回しは,動詞句に扱わないのがふつうである。しかし,両者の境目は必ずしも明確ではない。

5. think well of ～（～をよく思う,尊敬する）, speak well of ～（～をよくいう,ほめる）など,「動詞＋副詞＋前置詞」が成句的に用いられている場合は,受動態にすると,副詞はbeと過去分詞の間におかれるのがふつうである。

    We *are* **well** *thought of* in われわれは自分たちの町で尊敬され
    our town. ている。

その他の場合でも,look after her *well*（よく彼女の世話をする）→She is *well* looked after. のように,副詞の位置が受動態になると変わることは多い。

（参考） make up for it(その埋合せをつける)の受動態は,ふつうforを略して,It must be *made up* another day.(別の日に埋合せをしなければならない) のようにいう。

(3)使役（～させる）を意味するmake,**感覚器官の働きを表す動詞**《see, hear, feel, etc.》など,能動態であとに動詞の原形を伴う動詞(p.392参照)は,受動態にした場合,その原形動詞の前に **to** をおかなければならない。

    ⎰ They **made** him *go*. 彼らは彼を行かせた。
    ⎱ He **was made to** *go*. 彼は行かされた。
    ⎧ The boy **saw** him *leave* the その少年は彼が小屋を出るのを見
    ⎪   hut. た。
    ⎨ He **was seen to** *leave* the 彼は小屋を出るのをその少年に見
    ⎩   hut by the boy. られた。

研究 ただし,let（～させる）の受動態では,動詞の原形にtoはつけない。

    ⎰ We **let** the prisoner **go**. われわれは囚人を釈放した。
    ⎱ The prisoner **was let go**. 囚人は釈放された。

しかしながら,letの受動態は,let ～ fall（落とす）, let ～ go（放す）, let ～ slip（のがす）のような成句的表現の場合以外,ほとんど用いられず,be allowed toなどをそのかわりに用いる。

(4)動詞を文頭においた命令文は,**let** を用いて受動態にすることが

できる。

Do it at once.	すぐにそれをやれ。
Let it **be done** at once.	すぐにそれをやれ。《直訳：すぐにそれがされるようにせよ》

(5)疑問文を受動態にした場合，「(前置詞＋)疑問詞」は，やはり文頭におかなければならない。

Who shot him ?	だれが彼を撃ったのか。
By whom was he shot ?	彼はだれに撃たれたのか。
〔**Who**(**m**) was he shot **by**?〕	
What did they find there ?	彼らはそこで何を見つけたのか。
What was found there ?	何がそこで見つかったのか。

(6)動詞を含んだ文句《節(Clause)という》が目的語である場合は，仮の主語としてitを用いるのがよい。

She knew *that he was coming*.	彼女は彼が来るのを知っていた。
It was known to her **that he was coming**.	彼が来るということは，彼女にわかっていた。
They asked *whether it was right or not*.	彼らはそれが正しいかどうかをたずねた。
It was asked **whether it was right or not**.	それが正しいかどうかが質問された。

《注意》　§5，(2)も参照せよ。

§5　2つの受動態が作れる場合

(1)直接目的語と間接目的語の両方を有する文のうち，一部のものは，そのおのおのを主語にして受動態を作れる。

She gave **him a bicycle**.	彼女は彼に自転車を与えた。
① **A bicycle** was given (to) him by her.	1台の自転車が彼女から彼に与えられた。
② **He** was given a bicycle by her.	彼は彼女から自転車をもらった。

《注意》　2つの目的語のうち，一方は，上例のように，もとの位置にとどまる。

これを保留目的語(Retained Object)という。

研究　**1.** 間接目的語が保留目的語になる場合には，前置詞がつくのがふつうであるが，イギリス英語ではつけないこともある。この場合に用いられる前置詞は，2つの目的語を，直接目的語・間接目的語の順序に並べたとき，間接目的語につく前置詞(p.205, (3)参照)と同じものである。

The post was offered **to** the man.	その地位がその人に提供された。
A dress was bought **for** her.	彼女のために着物が買われた。
A question was asked **of** him.	彼に質問が行われた。

2. 目的語を2つとれる動詞は多いが，そのどちらでも主語にして，受動態2つを作れる動詞は，**show, offer, tell, teach, give, grant** など一部のものに限られ，次のような文の間接目的語《斜体字》を主語にして受動態を作ることは正しくないと考える人もあって，一般的ではない。

I wrote *him* a long letter.	私は彼に長い手紙を書いた。
They did *him* an injustice.	彼らは彼に不当な仕打ちをした。

いっぽう米語では，上のような例文の直接・間接どちらの目的語も主語にできるから，2つの受動態を作れる場合は多い。しかし米語でも，envy *him* his success（彼の成功をうらやむ）The mistake lost *him* his job.（その過失が彼に職を失わせた）などの文で，him を主語に受動態は作れないであろう。

3. save（はぶく），**spare**（免れさせる）は，受動態を作るときに，間接目的語を主語にするのがふつうで，直接目的語を主語にするのはまれである。

It *saved* 〔*spared*〕 **us** a lot of trouble.	それで私たちは大いに手間がはぶけた。《直訳：それは私たちに多くの労力をはぶかせた》
We were *saved* 〔*spared*〕 a lot of trouble.	私たちは大いに手間がはぶけた。

4. 目的語が2つある文と，「目的語＋目的格補語」を含んでいる文 (p.209 参照)とを混同してはならない。後者ではもちろん受動態は1つしか作れない。

5. inform *A* of *B* (AにBを知らせる)，rob *A* of *B* (AからBを奪う)，etc.では，日本文ではBを目的語のように訳すが，英語としては，動詞の目的語はあくまでAである。したがって，Aを主語にする受動態よりほかに作れない。

参考　banish（追放する），dismiss（追い出す），expel（追い払う）なども，受動態を作るには，間接目的語を主語にする。

| He was *banished* the realm. | 彼はその国から追放された。 |

cf. to banish *him* the realm（その国から彼を追放する）

ただ，これは古い用法で，banishedの次に今ではfromを入れる。

(2) that ～（～ということ）が目的語になっている文のうち，一部のものは，受動態を 2 つ作ることができる。

① Everyone expects *that she will speak the truth.*	だれもかれも彼女が真実を述べるだろうと期待している。
1. **It is expected** (by everyone) *that she will speak the truth.*	彼女が真実を述べるであろうということが（すべての人によって）期待されている。
2. **She is expected** (by everyone) **to** *speak the truth.*	彼女は真実を述べると（すべての人に）期待されている。
② People said〔believed〕*that he was innocent.*	人びとは，彼は無罪だといった〔信じた〕。
1. **It was said〔believed〕** *that he was innocent.*	彼は無罪であるといわれた〔信じられていた〕。
2. **He was said〔believed〕 to** *be innocent.*	彼は無罪であるといわれた〔信じられていた〕。

補足 1 ではit ～ that... の構文を用い，that以下はもとの構文をそのまま，2 では，that ～の中の主語を主語とし，その中の動詞を「to＋動詞」にするわけである。1 の書き出しはit, 2 はitでない点に注意せよ。

研究 **1.** 文全体の主語とthat ～の中の主語が同じ人，またはものである場合，たとえば，*He* said that *he* was innocent.（彼は自分は無罪だといった）のようなときは，上述したことは当てはまらず，受動態は作れない。

2. that ～を目的語にする動詞が現在，that ～の中の動詞が過去の場合，2 の書き換え方法では，「to have＋過去分詞」を用いる。

| People **say** that he **was** innocent.→ He *is said to* **have been** innocent. | 彼は無罪だったという話だ〔といわれている〕。 |

3. このように 2 つの受動態が作れる動詞はかぎられていて，**believe, expect, report**（報じる）**, say, know, think,** etc.である。これらの動詞は，sayを除き，(i) that ～を目的語にする構文，(ii)「名詞・代名詞《目的語》＋to＋動詞の原形」を伴う構文(p. 213 ,§18 ,(2)参照)，の 2 種類が可能な動詞であり，したがって受動態も 2 つ作れるのである。

しかし，say だけは，(ii)の構文が不可能である。だから，He *was said to be* ~を能動態にするには，*They said that* he was ~とすることができるだけで，They said him to be ~としては誤りである。

なお，tell, want など多数の動詞は tell〔want〕him to go とはいうが，tell〔want〕that he ~とは使えないから，意味がたとえ似ていても，受動態は1つ《He is told〔wanted〕to go.》しか作れない。

know は，People *know* that he is a liar.（人びとは彼がうそつきなのを知っている）は He *is known* to be a liar.と It *is known* that he ~.に書き換えられる。後続の不定詞は be にかぎられるようである。しかし現在完了または過去形のあとでは，He *has been known* to lie.のように，be 以外のこともある。なお，能動態で *know* him *to be* a liar は形式ばった言い方である。

think は，They *think* that she is clever.（人は彼女がりこうだと思っている）は，She *is thought* to be clever. / It *is thought* that she ~.が可能である。

蛇足だが，能動態になおして *think* her *to be* clever はあまり用いない固い言い方になる《形容詞が一時的な状態をいうものであれば，この言い方はできない》。この場合 *think* her clever がふつうである。

　4. ①のように，that ~ 中の動詞の表す動作が，この名詞節を目的語にする動詞の表す動作よりも未来のことである場合には，文意などから，この2つの動詞の意味する時間的関係が明りょうなとき以外は，(2)の書き換えはできない。つまり，①では，expect されている動作《speak》が，expect するという行為そのものよりも未来に行われるということは，この動詞の意味から当然わかる《「期待する」というからには当然未来の意味を含む》からよいが，They *know* that she *will speak* the truth.は，know が「現在知っている」の意味しか表せないから，She *is known to* speak ~という受動態にはできない。これでは，「彼女は(いつも習慣的に)真実を語ることが知られている」の意味になり，原文と一致しなくなるからである《しかし，speak するのは未来であるということを示す副詞などがあれば可能になる》。

（**参考**）　不定詞のように，形式上はっきりした主語をそなえていない動詞では，原則として，態の転換はできないが，次のように，例外的にそれができるときもある。

They are sure〔certain〕*to* *blame you*.	彼らはきっときみを責める。
You are sure〔certain〕*to be* *blamed*.	きみはきっと責められる。

$$\left\{\begin{array}{l} \text{They are likely } \textit{to find} \text{ it.} \\ \textit{It} \text{ is likely } \textit{to be found}. \end{array}\right.$$ 　彼らはそれを見つけそうだ。
それは見つかりそうだ。

$$\left\{\begin{array}{l} \text{He is supposed } \textit{to do} \text{ it.} \\ \textit{It} \text{ is supposed } \textit{to be done} \text{ by} \\ \quad \text{him.} \end{array}\right.$$ 　彼はそれをすることになっている。
それは彼の手で行われることになっている。

　上例では，(i) are sure to ＝ surely, are likely to ＝ possibly などを意味すること，(ii) 不定詞の意味上の主語は文の主語と同一であること，に注目せよ。

　また，appear, happen, seem, tend などのあとに「to＋原形の他動詞」が続くときも，文によっては，その他動詞を受動態にできることもある。

He *happened to find* the box.→ The box *happened to be found* by him.
She *seems to encourage* her sons to try it.
→ Her sons *seem to be encouraged* to try it by her.

§6　by～以外が用いられる場合

(1) 受動態で「～によって」を表すのは by が多いが，～が道具などを表すときは **with** が用いられる。

He was hit **with** a stick. 　彼は棒切れでたたかれた。
The bottle was filled **with** water. 　びんは水で満たされた。
It was broken **with** a hammer. 　それはハンマーでこわされた。

研究　**1.** 上の文にさらに by ～を加えていうこともできる。

He was hit **by the man** with a stick. 　彼はその男に棒切れでぶたれた。
It was broken **by him** with a hammer. 　それは彼によってハンマーでこわされた。

　by ～はその行為をした人を示し，with ～は，その人が用いた道具を意味するわけである。ただ，上例では，その by ～が略されているのである。

　2. 一般的にいって，人間のように自分の意志で行為をするもの，またはそう見られるものの場合は by，そうでなければ，with が用いられるといえよう。しかし，両者の境目はあまり明確ではなく，意味上大差なくどちらも用いられている例もある。ただ，古い英語を除いて，with の次に人間を表す語がくることはまずない。（ただし，以下の(2)の最後の例文を参照）

　3. 次のように，人ならば by，ものならば with という区別がはっきりしている動詞もある。

$$\left\{\begin{array}{l} \text{be accompanied } \textbf{by} \text{ a person （人と同行する）} \\ \text{be accompanied } \textbf{with} \text{ pain　　（苦痛が伴う）} \end{array}\right.$$

$$\begin{cases} \text{be struck } \textbf{by} \text{ a person} \quad (人にぶたれる) \\ \text{be struck } \textbf{with} \text{ terror} \quad (恐怖の念におそわれる) \end{cases}$$

4. withの訳し方は，通常「で」でよいが，p.215，(5)にあげた動詞の受動態では，能動のときと同様「を」としなければならない。

He **was provided with** some money.	彼はいくらかの金を与えられた。

(2)主語《受動態の》に向かって積極的にある行為を行うという意味が弱い場合には，**by** 以外の前置詞が用いられる。

His name *is known* **to** everybody.	彼の名はあらゆる人たちに知られている。
We *were caught* **in** the rain.	われわれは雨にあった。
The boy *was killed* **in** the accident〔war〕.	その少年はその事故〔戦争〕で死んだ。
I *was surprised* **at** the news.	私はその知らせに驚いた。
I *am pleased* **with** my new secretary.	私は新しい秘書に満足している。

補足 最初の2つの文でいえば，「すべての人」が積極的に彼の名を知ろうとしたわけでも，「雨」がわれわれをおそおうとしたわけでもない。偶然に彼の名があらゆる人たちの耳にはいり，われわれが雨にあったのにすぎない。つまり，前置詞のあとにきている語は，そのつもりで積極的に行動をしているのではない。その点がbyの用いられない理由である。しかし，第1の文で米語ではbyも使われる。

《注意》 上例のような言い方は，むしろ成句として記憶しておくほうが，実際上は便利であろう。

研究 **1.** これらの場合および以下の例文の過去分詞の中には，動詞というよりは形容詞に近いと見てよいものも少なくない。それらはmuch ではなくvery で強められていることからわかる。

2.「～を手がかりにして知られる」という場合ならばbe known *by* ～が用いられるが，この場合のby ～は能動態の主語ではない。

A man **is known by** the company he keeps. (つき合う仲間によって，その人間がわかる)(このbyは判断の根拠を示す)

→**One knows** a man **by** the company he keeps.

3. そのほか類例をあげれば，次のようなものがある。

be acquainted **with** ～ （～と知り合いである）

be disappointed **in**〔**at, with**〕～ （～に失望する〔している〕）

be interested **in** ～ （～に興味をもっている），etc.

そのほか，喜怒哀楽などの感情に関する動詞《amuse（楽しませる），displease（不快に思わせる），grieve（悲しませる），rejoice（喜ばせる），satisfy（満足させる），etc.》の過去分詞の場合，by以外の前置詞が用いられるのがふつうである。

4.「恐怖させる」という意味の動詞の受動態は，しばしばofをあとに伴う。

He was *terrified* **of** his employer.	彼は自分の雇い主を恐れた。

同様に，be frightened *of*, be scared *of* なども用いられる。古くはbyのかわりにofが用いられたので，これはそのなごりである。

§7 受動態が能動態よりも好まれる場合

(1)能動態の主語になるべきものが不明りょうな場合

The city **is** well **supplied** with water.	その市は水の供給が十分である。
I **was tempted** to go on.	私は先へ進んでみたい気がした。

(2)相手に対する気がねなどから，主語《とくに１人称》を表面に出すことを避ける場合

The matter will **be discussed** later.	その問題については後ほど論じます。
Applications may **be obtained** from the secretary.	申請書は書記からお渡しいたします〔入手できます〕。

研究 **1.** これらの場合には，by 〜で能動態の主語を文の上には出さない。（公文書，学術論文などの文章によく見られるものである。）

2. そのほか，文体上の理由などによって，受動態のほうが用いられることも多い。なお，受動態は口語よりも文語においてひんぱんに使われる。

3. 能動態の主語よりも，受動態の主語のほうに関心が集まっている場合に受動態が用いられる，という人もあるが，必ずしも正しくない。次の文を能動態でいえば，a woman は，受動態のときほど強調されない。

The car was driven by a woman.	その自動車は女性が運転していた。

§8 受動態でない「be＋過去分詞」

(1) 自動詞の完了形である場合

be gone〔come〕などの場合であるが，これについてはすでに述べた（p.244を参照せよ）。受動態と区別のつきにくいこともあるが，そのときは，前後関係から判断するより仕方がない。

(2) 過去分詞が形容詞化している場合

You **are mistaken** in this.	きみはこの点で考え違いをしている。
He **is determined**〔**resolved**〕 to do so.	彼はそうする決心でいる。
The emperor **is possessed** of absolute power.	皇帝は絶対権力を持っている。
I **am opposed** to his plan.	私は彼の計画に反対である。

補足 「きみがまちがえられている」「彼がきめられている」という受動の意味ではないから，これを受動態とはいえない。

研究 **1.** このような例はそれほど多くはないが，いずれも動作ではなく，状態を意味し，(1)の場合，または§6，(2)の言い方との境界線はあまり明確ではない。

I *am done*〔*finished*〕with him.（彼とは縁切れだ）などは，(1)に属するものであろう。

2. 上文と次の文を比較せよ。次の例は純然たる動詞で受動態である。

He *was mistaken* for a foreigner.	彼は外国人とまちがえられた。
The plan *was opposed* by him.	その計画は彼に反対された。

§9 受動態を作れない他動詞

(1) 再帰代名詞，**each other** が目的語のとき

再帰代名詞の場合，自動詞と実質的に同じなので，-self を主語に受動態を作ることはできないわけである。例文はp.115を参照せよ。

研究 **1.** avail oneself of ～（～を利用する）なども動詞句だが，再帰動詞なので受動態にはならない。

2. 次のような場合は，一見，能動態と受動態のようであるが，これらは例外，ないしは本来成り立ちが異なる言い方と見るべきである。

He **seated himself**.	彼はすわった。	〔動作〕
He **was seated**.	彼はすわっていた。	〔状態〕
He **devoted himself** to it.	彼はそれに献身した。	〔動作〕
He **was devoted** to it.	彼はそれに熱中していた。	〔状態〕

3. each other とは違うが，marry, equal のような動詞も受動態は作れない。He married her.＝She married him. であり，*A* equals *B*.＝*B* equals *A*. の関係だからである。resemble も同類といえよう。なお，be married to ～は「～と結婚している」と状態の意味。完全な受動態ではない。

(2)「to＋動詞の原形」が目的語になっている大部分の場合

He wanted **to go**.	彼は行くことを望んだ。
She began **to sing**.	彼女は歌い始めた。
They refused **to help me**.	彼らは私を助けるのを断った。

これらの文を，*To go* was wanted by him. とか，*It* was refused (by them) *to help me.* などと受動態にすることはできない。

研究 **1.** しかし，次のように，動詞によっては受動態の作れるときもある。そのときは，It ～ to... の構文を用いる。ただし，もとの文と多少意味がずれる場合がある。

We *attempted* to do it.	われわれはそれをしようと試みた。
It **was attempted** to do it.	それをすることが試みられた。
They *decided* to go.	彼らは行く決心をした。
It **was decided** to go.	行くことが決められた。

2.「目的語＋to＋動詞」の場合(p.213参照)も同様である。

| They told *me to come back*. | (彼らは)私に帰って来いといった。 |
| →**I was told** to come back. | 私は帰って来いといわれた。 |

はよいが，to come back を主語に受動態は作れない。

(3) that ～(～ということ)が目的語の場合の一部

§5, (2), およびその **研究** 1 を参照せよ。

(4) 一部の特殊な動詞，または特殊な用法の場合

① 受動態を作れない他動詞には次のようなものがある。

befall(～の身に起こる) **cost**([金銭が]かかる) **fit**(～にぴったりである)
lack (～を欠く) **possess** (所有する) **resemble** (～に似る)

suffice（～に十分である） **suit**（適合する） **weigh**（重さが～ある），etc.

② 名詞とかたく結合して成句をなす場合も受動形は作れない。

keep word（約束を守る） **lose** heart（落胆する）

take leave（いとまごいをする） **take** place（起こる），etc.

《注意》 ふつう冠詞をとる名詞が無冠詞なのに注目せよ。

③ p.208（(2)）にあげたような，臨時に他動詞に用いられた動詞も受動態にはしない。

《注意》 §4，(2)，**研究** 3 も参照せよ。

研究 **1. have** も，I *have* a brother. のように「所有している」という意味で用いられているときは，受動態にはしない。しかし，「手に入れる」（＝obtain）などの意味で用いられる場合は，受動態にできる。

It cannot **be had** for nothing.	それはただで手に入れることはできない。

2. これに対して，同族目的語を伴う動詞の場合は，一般に受動態を作ることができる。

Songs were **sung**.	歌がうたわれた。
His last **fight** was **fought** in that cottage.	彼の最後の戦いはあの家の中で行われた。

§10 英語の受動態と日本語の受動態

日本語では通常受動態ではいわないのに，以下の例のような場合，英語は通常受動態を用いるから注意が必要である。扱い方としては，無理に直訳式に「～される」と訳す必要はなく，能動態に直して訳したり，自動詞を用いたりして，日本語としておかしくない言い方にするのがよい。

(1) 感情に関する動詞は，英語では他動詞のことが多い。

He **was amused**.	彼はおもしろがった。
I **was amazed**.	私はびっくりした。

同様に受動態で用いられるが，自動詞に訳すとよいものの例をあげる。

驚きに関するもの：alarm, shock, startle, surprise, etc.

怒りに関するもの：annoy, displease, offend, etc.

落胆・悲しみに関するもの：disappoint, grieve, etc.

喜びに関するもの：content, delight, please, satisfy, etc.

恐怖に関するもの：frighten, horrify, scare, terrify, etc.

当惑その他を表すもの：embarrass, excite, perplex, thrill, etc.

研究 「驚く」の意味を表す語でも，marvel, wonder は自動詞。また，上掲中，delight, grieve など，自動詞にも用いられるものもある。

参考 会話などでは，I don't *surprise* easy.（ぼくは簡単には驚きませんよ）などの，型の定まった言い方では，上掲のような動詞も自動詞に使われることがある。

(2)「従事する」の意味を表す動詞も，他動詞のことが多い。

He **is absorbed**〔**immersed**〕in the study.	彼はその研究に没頭している。
I **am occupied** with my work.	私は仕事で忙しい。

研究 employ, engage も同様に用いられる。ただし，後者は自動詞としても用いる。

(3) その他，それにあたる適当な他動詞が日本語にないこともある。

The station **was crowded** with passengers.	駅は乗客で込み合っていた。《直訳：乗客で詰めこまれていた》
The field **is overgrown** with weeds.	その畑は雑草がおい茂っている。《直訳：〜におい茂られている》
The summit **is crowned** with perpetual snow.	その山頂は1年じゅう雪をいただいている。《直訳：雪で冠をかぶされている》

参考 be let はめったに用いられない（§4，(3)**研究**）が，「let 〜 受動態」はしばしば用いられる。訳し方は次の例を参照せよ。

She *let* her hair *be ruffled* by the wind.	彼女は髪が風に乱されるのにまかせた〔のをかまわずにいた〕。
He *let* himself *be punched* and *kicked*.	彼はおとなしくなぐられたり，けられたりしていた。

§11 「get＋過去分詞」などによる受動構文

He **got left** behind.	彼はおきざりにされた。
She **got invited** to the party.	彼女はそのパーティに招待された〔を受けた〕。
The fact soon **became known**.	その事実はまもなく知られるようになった。

《注意》 get は，get old（年寄りになる）のように，形容詞（補語）もとるから，後続の過去分詞形が実際には形容詞の場合もある。

研究 **1.**「get＋過去分詞」はつねに動作の意味を表し，be を用いた場合のように，状態を表すことはない。また，これは口語的な表現である。訳し方は，ふつうの受動態と同じでよい。

2.「become＋過去分詞」の場合は，become 本来の「～になる」という意味は失われきってはいない。このときの過去分詞はむしろ形容詞に近づいたものと考えるほうが無難であろう。その他「grow, remain, stand, etc.＋過去分詞」の場合も同様である。

参考 「be＋過去分詞」と「get, become＋過去分詞」との相違点：上記以外に，両者の間には，だいたいにおいて，次のような違いが認められる。

① 後者の構文には，by ～がつくことはないといってよい。「become＋過去分詞」はことに，「だれかによって（～される)」という意味が少しでも予想されるような内容の文ではまず用いない。つまり，invite, pay など，当然特定の「招く人」「支払う人」を予想させる動詞は，become invited〔paid〕などのようにはいわない。

②「get＋過去分詞」は，その文の主語にとって喜ばしい，または悲しむべきことと見られるものをきわ立たせ，聞き手が驚くだろうといった期待を含んで用いられるが，be にはそれはない。

③ 前後の関係，または，動詞の表す行為の性質から，不可避と見られるようなできごとをいうときは，be を用い get は用いられない。

§12 受動態によらない受動表現

(1)「have＋目的語＋過去分詞」が「～される」を意味する場合

① He **had** *his watch* **stolen**. ｜ 彼は時計を盗まれた。
② They **had** *their ships* **des-** ｜ 彼らは船を破壊された。
 troyed.

《注意》 **1.** この構文は「～される」以外の意味に用いられることも多い。それらについては，p.319 を参照せよ。

2. 受動態との相違点：この構文とすでに述べた受動態の相違点は，受動態では主語そのものがある動作を直接受けるのに対し，この構文では主語は間接的に被害や影響を受けるだけで，動作を受けるものは，have の目的語である点である。①でいえば，彼という人間そのものが品物を盗むように盗み去られたわけではなく，彼は被害者であるだけで，盗まれたのは時計なのである。したがって，He was stolen（his watch）. などとはいえない。《His watch was stolen. はいえるが，例文のように，彼が被害を受けたという意味は，表せない》なお，steal が「盗まれた物」を目的語にするのに対し，rob は「盗まれた人」を目的語にするから，これの受動態ならば，*He was robbed* of his watch.となる。

3. このhaveを完了や未来時制などにすることもできるが，目的語があるからといって受動態にはできない。また，疑問文にするときは，英国の英語でもdoを用い，*Did* he *have* his watch stolen? のようにいう。

4. このhaveのかわりにgetを用いることもできるが，もっぱらアメリカの口語にかぎるように思われる。

5. 過去分詞のほか，動詞の原形や -ing のこともある。両者の使い分けについてはpp.319, 320を参照せよ。

I don't like to *have* them *stare* at me.	私は彼らにじろじろ見つめられるのはいやだ。
You will *have* him *calling* here soon.	きみは，まもなく彼にここへたずねて来られるだろう。

参考　まれには，haveの目的語が関係代名詞のこともある。すなわち，the ships which they *have destroyed* とあれば，たいていは「彼らが破壊した船」《現在完了》であるが，「彼らが破壊された船」《which は have の目的語》を意味しないとはかぎらない。

(2)let が用いられる場合

日本語の「～されるな」のような受動態による否定命令の言い方の場合，英語はふつう let を用いる。

Don't **let** them see you.	彼らに見られるな。
Don't **let** the others hear about it.	ほかのものたちに，そのことを聞かれるなよ。

《注意》　日本文では受動態にはならないが，次のような言い方も参照。

Don't *let* it disappoint〔bother〕you.	そんなことでがっかり〔心配〕するな。

(3) その他の場合

① 他動詞が特殊な場合に，受動の意味で自動詞に用いられることがある。(p.203, §9, ⑵, およびp.280, §10, ⑴ **参考**を参照)

②「be＋-ing」が受動《be being＋過去分詞》の意味で用いられることがある。(p.251, §13, Ⅱ, ⑴ **参考**参照)

ま と め　9

態(Voice)：能動態と受動態がある。

Ⅰ　受動態の作り方と注意点

　　1．S＋V＋O(能動態)⇨O＋be＋Vの過去分詞（＋by＋S）
　　　　　　　　　　　└→主格にする　　　　　　　　　　　　　　└→目的格にする

　　　過去・未来・完了形などは，それぞれbe動詞の時制を変えて作る。

　　2．「人(びと)」の意味の主語(one, they, etc.)はby〜とはしない。

　　3．「自動詞＋前置詞」「他動詞＋目的語＋前置詞」を1つの他動詞
　　　のように扱って受動態を作ることがある。

　　4．make（〜させる），感覚動詞(see, hear, etc.)を受動態にすると
　　　きは，後続の動詞の原形にtoをつけることが必要。

Ⅱ　受動態が2つ可能な場合

　　1．目的語を2つとる動詞のうち少数のもの(tell, giveなど)

　　2．that節を目的にできる動詞のうち少数のもの(say, expectなど)

Ⅲ　by〜がない場合

　　1．能動態の主語の積極的な行動が意味されていない場合

　　2．能動態の主語にあたるものがはっきりしない場合

　　3．特定の人などを明示することを避けたい場合

Ⅳ　受動態にできない他動詞

　　1．主語からの働きかけの意味をもたない他動詞（resembleなど）

　　2．目的語が再帰代名詞，each otherのとき

　　3．目的語がthat節，〈to＋動詞の原形〉の場合の一部または大部分

Ⅴ　その他の受動表現

　　1．「get＋過去分詞」　　2．「have＋目的語＋過去分詞」

　　《注》「be＋過去分詞」は，

　　　1．動作（〜される）と状態（〜されている）の意味がある。

　　　2．過去分詞が形容詞化して受動の意味が薄れたり，または失われているこ
　　　ともある。

Exercise 9 解答は p.670

(1) 次の英文を受動態に書き換えなさい。

1. They elected him chairman.
2. Snow covered the roads and fields.
3. The farmer gave me a tomato.
4. People soon lost sight of the fact.
5. The doctor told me to wait outside.
6. The accident has surprised us greatly.
7. His classmates were carrying him to the hospital.
8. Has anyone repaired the chair yet?
9. You ought not to tell them such things.
10. We often saw the couple strolling along the street.
11. People generally assume that money can buy happiness.
12. The new job scarcely interested the ambitious boy.

(2) 次の英文の誤りを正しなさい。

1. He was laughed by the other boys.
2. Their leader was lacked in courage.
3. He is well known by the world as a great pianist.
4. The spectators amused at the sight.
5. The girl is resembled by her mother.
6. The mother devoted to the education of her son.
7. We were marveled that he had achieved success.
8. She was caught with a shower on her way home.
9. My father disappointed when he heard me play the violin.
10. The elderly gentleman was his watch stolen in the train.

(3) 下線部に注意して，次の各組の英文を和訳しなさい。

1. { He has the watch stolen.
     He has stolen the watch. }

2. { She was dressed in black.
     She was dressed by her aunt. }

3. $\left\{\begin{array}{l}\text{He }\underline{\text{was possessed}}\text{ of a talent.}\\\text{He }\underline{\text{was possessed}}\text{ by a devil.}\end{array}\right.$

4. $\left\{\begin{array}{l}\text{The door }\underline{\text{was closed}}\text{ all day Sunday.}\\\text{The door }\underline{\text{was closed}}\text{ just as I was passing by.}\end{array}\right.$

5. $\left\{\begin{array}{l}\text{I picked up the letter that }\underline{\text{was written}}\text{ in black ink.}\\\text{The letter }\underline{\text{was written}}\text{ by the clerk while I was waiting.}\end{array}\right.$

6. $\left\{\begin{array}{l}\text{He }\underline{\text{is}}\text{ now }\underline{\text{buried}}\text{ in the cemetery of his native town.}\\\text{He }\underline{\text{was buried}}\text{ in the cemetery yesterday.}\end{array}\right.$

(4)　次の英文を能動態に書き換えなさい。

1. The business was taken over by a friend of mine.
2. Is there anything else that should be done ?
3. He was believed to be guilty.
4. The baby has been taken care of by the nurse.
5. The door was thrown open by a policeman.
6. He was made to give up his idea.
7. I hate being stared at.
8. The artist is said to have died in 1930.
9. The doctor was sent for at once.
10. Care must be taken of the children.
11. They will be deprived of the privilege by the new government.
12. Much will be made of what has been discovered by him.

(5)　次の各組の英文が同じ意味になるように，（　　）に適語を入れなさい。

1. $\left\{\begin{array}{l}\text{Do it at once.}\\(\quad)\text{ it }(\quad)\text{ done at once.}\end{array}\right.$

2. $\left\{\begin{array}{l}\text{The sight made the people shudder.}\\\text{The people }(\quad)\text{ made }(\quad)\text{ shudder }(\quad)\text{ the sight.}\end{array}\right.$

3. $\left\{\begin{array}{l}\text{It is necessary to make the fact known.}\\\text{It is necessary }(\quad)\text{ the fact }(\quad)\;(\quad)\text{ made known.}\end{array}\right.$

4. $\left\{\begin{array}{l}\text{The boys whose work is finished can go home.}\\\text{The boys }(\quad)\text{ have finished }(\quad)\text{ work can go home.}\end{array}\right.$

5. $\left\{\begin{array}{l}\text{This is the best opportunity for the new members to be introduced.}\\\text{This is the best opportunity }(\quad)\;(\quad)\text{ the new members.}\end{array}\right.$

第**10**章

法

法には，直説法，命令法，仮定法の3つがある。
特に仮定法は日本語にない表現で注意を要する。

§1 法とは何か，その種類

　法(Mood)とは，陳述される内容を，話し手がどのような気持で述べるか，それを表す動詞の語形上の変化のことをいう。

　英語の法には，通常，次の3種が認められている。

① 直説法(Indicative Mood)

② 命令法(Imperative Mood)

③ 仮定法(Subjunctive Mood)

《注意》 直説法は，事実を事実としてそのまま述べるもので，前章までにあげた例文はいずれもこれである。要するに，ふつうの文はすべて直説法なのであって，これは，仮定法に対立するものとして，名称だけを覚えておけばたりる。したがって，ここで改めてその説明はしない。なお，p.296の仮定法と直説法の対照表を参照せよ。

参考 直説法のことを叙実法，仮定法のことを叙想法と呼ぶ人もある。

§2 命令法の用法と形式

(1)基本的用法と形式

　命令・依頼・忠告などを表すのに用いられ，形式上の特徴は，原則として，①主語を伴わない，②文の最初に動詞の原形をおく，ことである。

Get up !	起きろ。
Do as I tell you.	私のいうとおりにしろ。
Be here at nine o'clock.	9時にここに来(てい)なさい。

《注意》　**1**．命令法を用いて述べられた上例のような文が命令文であるが，文末に感嘆符(Exclamation Mark《！の記号》)をおくこともよくある。

　2．現代の英語では，命令法は，とくに「法」と呼ぶほどの必要はないくらいで，動詞の原形の一用法と考えておいても十分である。とにかく，上記のような形式上の特徴をもつ文なら，まず必ず命令法・命令文と考えてよい。ただ，会話の文などでは，ふつうの文でも主語の略されたものがあるから注意。

　3．命令法といっても，目下の者への命令・さしずだけを表すのではない。

(2) 禁止(〜するな)を意味する場合

Do not〔Don't〕を動詞の前に加える。

Don't be so noisy !	そんなに騒がしくするな。
Don't leave it there.	それをそこに置いておくな。

研究　**1**．be にも **Don't** を用いる。Be not 〜ではない点に注意せよ。

　2．**Never** mind !（心配するな；何でもないよ）など型の定まった言い方では，don't のかわりに never が用いられる。このときは do は不要。

参考　古い英語や詩には，*seek not*（＝ don't seek）to know me（私を知ろうとするな）のように，do を用いない言い方が見られる。

(3) ていねいな言い方の場合

please などを加えれば「どうぞ〜してください」の意味になる。

Please come and stay with us.	どうぞ，私たちのところ〔うち〕へ泊まりにおいでください。
Ring the bell, **please**.	ベルを鳴らしてください。

研究　**1**．否定ならば，Please don't 〜. または Don't 〜, please. とする。

Please don't touch it.	どうかそれに触れないでください。

　そのほかに，*Please not to* touch it. のような言い方もあるが，古風な語法である。

　2．please のほかに，kindly, cordially, pray, if you please なども用いられることがあるが，please, kindly 以外は，現在では日常的に使われることはなさそうである。

Kindly refrain from smoking.	タバコはご遠慮ください。
Pray forgive me.	なにとぞお許しください。

　また，文末に will you ?, won't you ? を加える言い方もある。比較的よく

用いられるが, それほどていねいな言い方ではない。

> Stop the car, **will you**?　　│　車を止めてくださいよ。

3. 英語では, たとえ please がなくても, 必ずしも「～しろ」という失礼な響きをもつ言い方になるとはかぎらない。

4. 命令法ではないが, please を文中に用いると, if you will *please* do so (もしそうなさるおつもりなら) のように, そのまま動詞の前におく。

(4) 強調する場合

動詞の前に Do を加える。要請, 懇請などの気持を表す。

> **Do** give me one dollar !　　│　どうか〔ぜひ〕1 ドルください。
> **Do** be quiet !　　│　どうか静かにしてくれ。

研究 **1.** この do は, 通常, 強く発音される。

2. Give me one dollar, please *do* !のように, ときにはあとにつけることもある。

3. 命令文に加えた do は, 単に要請をふつうよりも強めるという働きをするのではない。最初の例文でいえば, 前に一, 二度ねだっても 1 ドルもらえなかったあとで, 重ねて懇願するような場合に do がつくのであって, いきなり do を加えるのではない。訪ねてきた人に, いきなり *Do* come in.とはいわない。はいるのを遠慮しているような客に向かっていうのである。したがって, 要請される相手にとって, 始めから不可能なことがわかっているような行動であれば, do を加えることはできないのがふつうである。

§3　主語を伴う命令法

とくに相手の関心を強く引くため, または「他の人はとにかく, おまえは」という対照の意味で, you が加わることもある。

> ① **You** go first.　　│　きみが最初に行け。
> ② Don't **you** do that again.　　│　二度とあんなことをするなよ。

研究 **1.** この場合の you は, ふつう強く発音される。

2. ②のように否定のときは, 疑問文と同形だが, ?がないからわかりやすい。しかし, ①は命令でない文と同形だから, 形の上だけでは区別がつかない。前後関係から判断することが必要である。

3. この形の命令文は, 特に相手をはっきり指定する意図, 説得または訓戒, 強いいらだち, などの含みをもっているのがふつうである。

4. 特定の人間に向かっての命令でない場合には, 次のようにいう。

① **Somebody** lend me a hand. ｜ だれか手を貸してくれ。
② Call a taxi, **somebody**! ｜ だれかタクシーを呼んでくれ。

《注意》 ①の文で, lends《3人称・単数・現在形》でないのに注意。②の somebody はむしろ呼びかけ語に近い。

(参考) 古くは, *Enter ye* in at the strait gate. (〔なんじら〕狭き門よりはいれ) のように,「動詞の原形＋2人称代名詞」で命令を表す言い方があった。現在でも, Mind you!(いいですか)など, 型の定まった言い方に残っている。

§4 命令法と時制・態

ほとんどすべての場合に, 能動態の動詞の原形を用いる。(例文省略)

(研究) **1**. Have done (with it)!(〔そんなことは〕やめろ!), Be gone! (立ちされ!)の場合だけ, **完了形が命令法**に用いられる。後者は古くさい言い方である。

2. 否定を伴うときには, **進行形が命令法**に用いられることがある。古くは否定を伴わない言い方もあった。

Don't **be talking**! ｜ しゃべ(っってい)るな。

3. 受動態の命令法は比較的まれである。

Please **be seated**. ｜ どうぞおかけください。
Be advised by me. ｜ 私の忠告を聞きなさい。

§5 Let を用いた命令法

(1) 単純に「〜に〔を〕…させよ」を意味する場合

① **Let** him come in. ｜ 彼をはいらせなさい。
② If there is anything you want, please **let** me know. ｜ 何でもほしいものがあれば, どうぞ私にお知らせください。

補足 ①のような「Let＋3人称」は, 3人称への命令といわれるが, この文句は聞き手《2人称》に向けていわれるのであって, 2人称に命じて「彼」を入れさせるのである。だから, 3人称に対する直接の命令ではない。

(研究) **1**. 否定の場合は, **Don't** let 〜 となる。Let me not 〜 はまれ。

2. **let go**(放す), **let drop**(落とす, もらす)などの成句的表現では, *let* the rope *go*(綱を放す), *let* a hint *drop*(ヒントをもらす)などのほかに, 同じ意味で, *let go* the rope, *let drop* a hint ともいう。なお, let go は, 次が代名詞なら, let go *of* me(私を放せ)のように of がはいる。

(2) **Let's**〔**Let us**〕は「〜しましょう」「〜しようじゃないか」という勧誘の意味を表す。

Let's go for a walk.	散歩に出かけましょう。
Let us be frank with each other.	お互いに包み隠ししないことにしようじゃないか。

研究　**1.** Let us 〜は「私たちに〜させてくれ」《(1)の用法》の意味のときもある。つまり，Let us go.は「行きましょう」の場合も「(私たちを)放してくれ」の場合もあるから，前後関係を見て判断することが必要である。しかし，Let's は必ず勧誘の意味である。

2. 否定の場合には，Let's **not** 〜，**Don't** let's 〜，Let's **don't** 〜などの言い方がある。2番目のはおもにイギリス英語で用いられ，最後のは米語で，強めた言い方として用いられる。

3. Let's 〜の文末には，shall we？を加えることがある。単なる Let's よりややていねいな言い方になる。

Let's sit down, **shall we ?**	すわりましょうかね。

4. Let us とほぼ同じ意味で We will が用いられることもある。*Let's* try it again.＝ **We'll** try it again.（もう一度やってみよう）Shall we はこれよりも弱くていねいだが，内容的にはほぼ同じ意味になる。*Shall we* try it again ?（もう一度やってみましょうか）

参考　**1.** Let's *you and me* help him.（きみとぼくで彼を助けようじゃないか）のように 's（＝ us）の同格が加わることもある。

2. 古くは，*Sit we* down.（腰をおろしましょう）のような言い方もある。

(3) let の注意すべき訳し方

let は，したいと思っていることを反対せずにさせてやる，というのがもっともふつうの意味で，基本的な訳し方は(1)に示したとおりだが，次に掲げるような訳し方をしないと，訳文がまとまりにくいこともある。

(a)「〜に…され〔させ〕て黙っている〔そのままにしておく〕」

Are you going to **let** him **insult** you like that ?	彼にあんなふうに侮辱されて黙っているのか。
I'll never **let** them **call** me a coward.	彼らに臆病者といわれて，そのままにしてはおかないぞ。

《注意》　この訳し方は，命令法のときの let には，まず用いない。

(**b**)「〜は…せよ」「〜は…するがよい」

Let the evildoers **beware**.	悪事をなす者たちは注意するがよい。
Let young men **bear** this in mind.	若者たちはこれを心に銘記せよ〔するがよい〕。
Let them **come** on.	(彼らは)かかってくるがいい。

《注意》 **1.** この訳し方は，命令法の場合にかぎる。やや改まった表現。

2. §6,(7),(b)の構文と比較対照せよ。

(**c**)「〜が…(ように)する」「〜が…(ように)しよう」

① Oh, **let** me **give** her a dime.	まあ，私が彼女に 10 セントあげましょう。
② **Let** us **hope** it is nothing.	それがたいしたことでなければよいと思う。《直訳：私たちはそれがなんでもないことを希望しよう》
③ I stopped and **let** her **catch** up with me.	私は立ち止まって，彼女が(私に)追いつくようにした。
④ **Let** there **be** perfect comradeship among us.	われわれの間に完全な同志愛が存在するようにしよう。

研究 ①でいえば，実質は，*I will* give her 〜というのと変りはないが，「自分」を主語にはっきり出さずに「私に〜させてくれ」《これが直訳の意味》と，下手(したて)に出て相手の許可を求めるような言い方をするほうが，ていねいでおだやかになる。

(**d**)「〜(のため)に…される」「〜(のため)に…する」

Don't **let** it **spoil** your chances.	そのためにおまえのチャンスを台なしにするな。
Don't **let** me **keep** you here.	私のためにここに長居をしないでくれ。
Don't **let** them **catch** you.	彼らにつかまるな。

《注意》 これは(c)の訳し方を受動態に変えたもので，もっぱら，否定を伴う場合にかぎり利用できる。なお，p.282参照。

§6　命令法を用いた主要な構文

(1) 命令法 〜 and ...「〜せよ。そうすれば…」「〜すれば…」

Make haste, **and** you will be in time.	急ぎなさい。そうすればまにあうでしょう。

研究 1. この構文では，**and** の次に主語をそなえた文句が続くことに注意。もし and の次も命令法ならば，上のような訳し方にはならない。

Walk in **and hand** it to him.	はいって行ってそれを彼に渡せ。

2. 例文は，*If you* make haste, you will 〜と同じ意味である。

3. この場合の命令法の動詞は省略されていることもある。

Another step and you will fall over the cliff.	もう一歩できみはがけから落ちるだろう。

これは，文頭に take を補うことができる。この省略は，命令法の動詞の目的語に，① one, another のように数を示す語，②比較級，などがつく場合にかぎる。

4. Let 〜 and ... の場合は，「〜すれば」ではなく，「〜しても…」が適することもある。((7), (b), **参考**参照)

参考 1. 次のような場合もまれにはある。*Look* at his face *and* tell me that he isn't an honest man. (直訳：彼の顔を見て(から)，彼が正直者でないといえ→彼の顔を見れば，(きみも)彼は正直者だというだろう)

2. and 以下が過去時制のこともある。*Give* him time *and* he *was* sure to answer all the questions. (時間を与えれば，彼はきっと全部の問題に答えた)

(2) 命令法 〜 or ...「〜せよ。さもないと〔なければ〕…」「〜しないと〔しなければ〕…」

Make haste, **or** you will not be in time.	急ぎなさい。さもないとまにあわないだろう。
Give me liberty, **or** give me death.	自由を与えよ。さもなくば死を与えよ。

研究 これらの文は，*If you don't* make haste, you will 〜，または，*If* you *do not* give me liberty, give 〜と同じ意味である。

(3) let alone 〜「〜はもちろん，〜はいうまでもなく」

He cannot read French, **let alone** Greek.	彼はギリシャ語はもちろん，フランス語も読めない。

研究　let 〜 alone ならば「〜をそのままにしておく」の意味である。

Let this bottle **alone**.	このびんにさわるな。

(4) say（＝ **let us say**）「まあ〔たとえば〕」

I'll take some, **say** a dozen or so.	いくつかもらおう。まあ1ダースかそこらね。

研究　say は，I say の略として，「ねえ」「おい」という意味にも使う。

(5) suppose ①「もし〜したら」（＝ if）
　　　　　②「〜したらどうだろう」

① **Suppose** you fail, what will they say?	もしきみが失敗したら，彼らは何というだろう。
② **Suppose** we try another.	もう一つやってみたらどうだろう。

研究　**1.**　①の意味では，コンマのあとに主語と動詞をそなえた別の文句がきているのに対し，②ではそれがないのに注意せよ。

　2.　①の用法では，**supposing** が用いられることもある。

　3.　②の Suppose we 〜は Let's 〜と同じ内容になる。

(6) fancy「〜とは驚いた，〜とはあきれるじゃないか」

Fancy her saying such things about you!	彼女がきみについてそんなことをいうとはあきれた〔驚いた〕ね。

研究　imagine, (to) think of にも類似の用法がある。

Think of my betraying my own father!	私が実の父親を裏切るなんてとんでもない話だ。

(7) 命令法＝「(たとえ) 〜しても」「〜でも」の構文
(a)「命令法（〜）＋関係代名詞〔関係副詞〕」の場合

Say what *you will of him*, there is not a better man.	きみが彼のことをどういっても，彼以上の男はない。
Be *its writer* **who** *he may*, the book is very good.	その著者がだれであるにしても，その本は非常によい。
Go where *he will*, he is sure to succeed.	どこへ行っても，彼はきっと成功する。

補足　be 以外なら，will, may の次に，文頭の動詞をもう一度加え，この部分を命令文のように「彼についてきみのいおうとするところのことをいえ〔いうがよい〕，だが彼ほどの〜」などと訳せば，一応の直訳文になる。なお，次ページの**研究**を参照。

(b) let を用いる場合

Let *them say what they will*, I will stand by him.	彼らが何といっても，私は彼の味方をするつもりだ。
Let *his motive be ever so patriotic*, we have to punish him.	彼の動機がどれほど愛国的であるにしても，われわれは彼を処罰しなければならない。

《注意》　直訳は §5, (3), (b) の let の訳し方，および，p. 293の 補足 参照。

（参考）　この言い方では，Let ..., *and* I will ~ のように and のはいることもある。その場合は，(1)の構文に類似してくる。

(c)「命令法（～）＋as」の場合

Try as *you will*, you won't manage it.	どれだけやってみても，それはきみには処理できないだろう。
Detest *him* **as** *we may*, we must acknowledge his greatness.	どんなに彼がきらいでも，われわれは彼の偉大さは認めなければならない。

補足 　これも，will, may のあとに文頭の動詞をくり返し，「きみが試みようと思うように試みるがよいが，～」とすれば直訳文を作れる。

(d)「命令法～＋ever so」の場合

Be *it* **ever so** *humble*, there's no place like home.	どんなにみすぼらしくても，わが家のような（よい）所はない。

《注意》　ever so は「どれほど」の意味である。

（研究）　**1.** 上記(a)～(d)の構文は，文中や文末にくることもある。

2. これらは，**come what may**（何が来ようとも，どんなことが起こっても），**be that as it may**（それはともあれ）など，型の定まったものを除き，現在はあまり用いられない。やや古風な，文語的な言い方である。

3. (b)の let を用いた構文は，他の構文に直すことができる。それには，be 以外の動詞ならば，「Let ＋目的語」を除去すればよく，be のときは，let を削ってそこへ be を移せばよい。(b)の例文でいえば，つまり，Say what they will《(a)の構文》，Be his motive ever so patriotic《(d)の構文》とすればよい。内容的には同じことである。また逆に，他の構文を let を用いた構文にすることも可能である。ただし，(a)の第1の例文のように，you を含むときはできない。Let you ~ とはいわないからである。

4. 上記の構文はすべて，複合関係詞《whatever, however, etc. (p.188参照)》を用いて書き換えることができる。ただし let を用いたものは，まず3の

方法で他の構文に直してから，さらに書き換える。その方法は，

① **what, who, where, etc.** を含むもの

{ 命令法（〜）＋ what〔who, etc.〕...《(a)の構文》
→ Whatever〔Whoever, etc.〕... may ＋命令法の動詞（〜）

例： 〔(a)第1の例文〕*Whatever* you *may say* of him, 〜

② **as, ever so** を含むもの

{ 命令法（〜）＋ as〔ever so〕...《(c), (d)の構文》
→ However ... may ＋命令法の動詞（〜）

例： 〔(c)第2の例文〕*However* we *may detest* him, 〜

however の次に適当な副詞を補えば，そのほうがふつうの言い方である。

③ 命令法の動詞が be のときは，その次にある名詞〔代名詞〕を，-ever のあとの主語にする。

例： 《(a)第2の例文》Whoever *its writer* may be, 〜

なお，この書き換えをする場合は，原文で will が使ってあっても，may にするのが無難である。

（参考）　**1.** この構文の冒頭の動詞を，仮定法または不定詞と見る人もある。

　2. 過去時制ならば，この構文中の命令法の動詞はそのままだが，will, may は当然過去形になる。しかし時には，He *was* determined to refuse it, come what *may*. のように，成句的な言い方として，時制の変化を受けない例もある。

(8) その他覚えておくべき言い方

Excuse me. （ごめんなさい；失礼します）

Look〔See〕here ! （なあおい；いいかい）《相手の注意を引くとき》

Let me see. （ええと；そうだね）《ちょっと返事を考えるようなとき》

§7　命令法によらない命令・要求・依頼などの表し方

　命令法を用いるとあまり強く響きすぎる場合もあるので，それにかわる婉曲な言い方が用いられることも多い。これは命令法ではないが，参考のために例文だけあげておく。

You **will** take it to him.	それを彼のところへ持って行きなさい。(p. 229参照)
You **can** cook me something to eat.	何か食べる物をこしらえてくれ。
You **are supposed to** be back by ten o'clock.	10時までには帰ることになっています。《だから帰れという気持》

| You **are to** go with him. | きみは彼と行くことになっている。 |
| | 《だから行かねばならないの意味》 |

《注意》 **1**. そのほか，**must, should, ought to** など，「べきである」「ねばならない」という意味の語は，当然，命令的に用いられることがある。

2. Will you ～ ? (p. 229)，および p. 331, (3), (b)の例なども同様である。

(参考) **1. You had better ～**；**You want to ～**は，命令の意味を含んで用いることがある。

| *You want to* change into another | 出かける前にほかの服に着がえなさい。 |
| suit before you go. | |

2. Down with him ! (彼を倒せ), Off with your jacket. (上着をぬげ), No smoking. (禁煙) など，**掲示・号令**などでは，動詞なしで命令の意味を表す言い方も多い。

§8 仮定法とは何か，その種類

事実をそのまま述べる《直説法》のではなく，自分の願望・不確実な仮想などとして述べるときに用いられるのが仮定法（Subjunctive Mood）である。

仮定法には，次の4種類がある。

① 仮定法現在 （Subjunctive Present）
② 仮定法過去 （Subjunctive Past）
③ 仮定法過去完了 （Subjunctive Past Perfect）
④ 仮定法未来 （Subjunctive Future）

(参考) 仮定法未来を認めない人もある。

§9 仮定法の基本的特徴

仮定法と直説法の相違点を表に示せば，次のとおりである。

| | 直　　説　　法 | | 仮　　定　　法 | |
	動詞の語形	意味する時間	動詞の語形	意味する時間
現在	am, are, is ; go, goes	主として現在	つねに be ; go	未来《または現在》
過去	was, were ; went	もっぱら過去	つねに were ; went	主として現在
過去完了	had been ; had gone	過去の一定時より前の時間	直説法と同じ	主として過去

補足 　要約すれば，つまり，次のようになる。

 ① **仮定法現在**では，人称などにかかわらず，動詞の原形を用いる。

 ② **仮定法過去**では過去形，be なら 1，3 人称単数でも were，を用いる。

 ③ **意味する時間**が 1 つずつずれて，仮定法過去は現在，仮定法過去完了は過去

  を意味する。この語形と意味のずれが仮定法の特徴である。

《注意》 　**1**．仮定法の場合は，過去とか過去完了といっても，用いられている動詞の形が過去形・過去完了形であるからそう呼ばれるだけで，意味がそうだということではないのに注意。

 2．助動詞も，形は過去で意味は現在ということがしばしばあるが，その場合も仮定法である。しかしこれは，あとの助動詞の項で一括して扱うことにする。

 3．仮定法といえば，すぐIf ～の構文を考える人が多いであろうが，上述のように，仮定法は動詞の語形とその意味に関することで，if と直接の関係はない。ただ，If ～で仮定法が用いられることが多いだけである。

§ 10　**If ～の中の仮定法(1)：仮定法現在**

形　式：If ＋動詞の原形..., ... will〔shall, may, etc.〕～

用　法：現在または未来についての**単純な仮定**を表す。

【訳し方】「…ならば，～だろう〔かもしれない，etc.〕」

If it **be** fine tomorrow, they **will** go on an excursion.	あす天気がよければ，彼らは遠足に行く（だろう）。

研究　**1**．この場合は，直説法《上文でいえば，If it is とした言い方》と同じものとして扱ってよい。訳し方も同じでよい。

 2．この構文は古風な，格式ばった文体の中で用いられる程度で，現在ではまれである。和文英訳では直説法を用いるのがよい。

 3．この構文は，「あすはまさか晴天ではあるまいが，もし万一晴天ならば」というような，強い疑いの気持は含まない。その点で，以下に扱う仮定法とは，性質が多少違うことに注目せよ。

 4．if need *be*（必要があれば）では，つねに仮定法現在が用いられる。

§ 11　**If ～の中の仮定法(2)：仮定法過去**

形　式： If ＋過去形《be 動詞なら were 》..., ... would〔should, might, could, etc.〕 ～

用　法：現在の事実と反対の想像，未来についての仮定を表す。

【訳し方】「(かりに)もし…なら，〜だろう」

「(もし)…ならば，〜のに〔だが〕」

① **If** he **were** honest, he **would** not do such a thing. ┃ もし彼が正直なら，そんなことはしないだろう。

② **If** I **had** more money, I **would** buy it. ┃ もっとお金があれば，それを買うのに。

③ **If** she **could** see the boy, she **would** be very happy. ┃ もしその子に会えれば，彼女はとても喜ぶだろう(に)。

④ **If** the rain **failed** to come, there **would** be a famine. ┃ もしも雨が来ないなら，ききんになることだろう。

補足 仮定法過去は現在の事実の反対の想像であるから，①でいえば，この文を述べる人は，内心かなりの程度まで「彼は正直ではない」と思っているが，「もしかりに正直とすれば」という気持なのである。これに対し，類似の内容を直説法でいうこともできる。

If he is honest, he *will* not do such a thing. ┃ 正直なら，彼はそういうことはしないだろう。

日本語訳の上では必ずしも明確な区別はつきにくいが，後者では「彼は正直ではない」という考えが裏にかくれてはいないで，単純な仮定を立て，「正直ならしないだろう(しかし，不正直ならするだろう)」といった気持である。

研究 **1.** ③④では，「会える」も「雨」も多少とも未来のことだから，不確定なことであり，「事実の反対」ではない。直説法と比べて，④なら「雨がない」ということを否定する気持《つまり，「来ないことはないだろうが，もし来ないときには」という気持》が強いだけである。和訳する上では，直説法と同じように扱ってよい。

2. 次のような時制の一致に注意せよ。

If I **said** I **was** right, they **would** think I **was** insane. ┃ もし私が正しいといえば，彼らは私を正気でないと思うだろう。

said, would は仮定法であるが，2つの was は，それらに時制が一致しただけで，仮定法ではない。しかし，仮定法過去は意味は現在なのだから，時制を一致させずに，am のままのこともある。

3. If John **came**, he **would** work in the garden. のような文では，「ジョンが来るようなことがあれば庭仕事をするだろうが」《仮定法》と解するのが自然であろうが，「ジョンは来るといつも庭仕事をしたものだ」《直説法》(would は過去の習慣)にもなりうる。文脈から判断することも必要である。

参考 If ... were のかわりに If ... was ということも，口語などではしばしば見ら

れる。if I were you「私(がきみ)なら」は慣用句で were がふつうだが，時には was
も見られる。

§ 12 If 〜の中の仮定法(3)： were to

形　式： If ＋ were to ..., ... would〔should, could, etc.〕〜
用　法：起こりそうもない未来のことがらの想定に用いる。
【訳し方】「もしかりに…すれば，〜だろう」
　　　　　「万一…するようなことがあれば，〜だろう」

If he **were to** lose his position, what **would** he do ?	もし万一彼がその地位を失うようなことになれば，彼はどうするだろう。

補足　この文を述べる人は，「彼が地位を失うようなことは，ほとんどありえない」
と考えているが，かりに万一そういうことが起こるとしたら，という気持を
were to が表している。

研究　起こりそうもないというのは，自然現象のように，自分の力の及ばな
いことばかりではなく，自分ではするつもりのないこと，なども含まれる。

If I **were to** let you know about it, you**'d** be amazed.	それについてきみに知らせたりしたら，きみは驚くことだろう。

参考　1．were to は強い仮定を表し，§11で述べた仮定法よりさらにいっそう実
現性の少ない仮定を意味する。あらたまった文章でしばしば用いられる。また，話し
手または聞き手にとって，あまり好ましくないことを想定する場合に，用いられるこ
とが多いようである。
　2．この構文を仮定法未来と呼ぶ人もある。意味は未来であるが，動詞の形が過去だ
から，仮定法過去と呼ぶほうがふつうである。
　3．if we〔you, they〕 *were to* ...では，語形が直説法と同じなので，were が直説
法と解される危険がある。いっぽう口語体では，if I〔he, etc.〕 *were to* ... の were
のかわりに was が用いられていることが少なくない。

§ 13 If 〜 の中の仮定法(4)：仮定法過去完了

形　式： If ＋過去完了形..., ... would〔should, could, etc.〕＋
　　　　現在完了形〜
用　法：過去の事実と反対の想像を表す。
【訳し方】「(もし)…たらば，〜ただろう〔たのに〕」

| ① **If** he **had followed** my advice, he **would have succeeded** in it. | 彼が私の忠告に従っていたならば彼はそれに成功していただろうに。 |
| ② **If** you **had left** earlier, you **could have caught** the train. | きみがもっと早く出かけていたならば，その列車にまにあっただろう。 |

補足　「私の忠告に従わなかったから，彼は成功しなかった」というのが過去の事実であって，その反対の場合を想像して述べたのが①の文。すでに確定した事実と反対のことを想定する点で，(1)～(3)の仮定法とは性格が違う。

研究　If ～の中に助動詞がくる場合は，次の例のようになる。

| If he **could have known** it, he **would have despised** you. | もし彼がそれを知りえたならば，彼はきみを軽べつしたことだろう。 |

「had ＋ can の過去分詞」は作ることができないからである。

参考　1. 仮定法過去完了は，現在のことがらについて，その実現不可能なことを強調して用いられることもある。

| If I *had* now *had* my wallet about me, I *would have paid*. | 今さいふを持ち合わせていれば，支払いをするのだが。 |

2. この構文のうちで，過去の事実の反対の意味を表すのは，厳密には「if ～＋過去完了」の部分であって，「would, etc.＋完了形」は過去の事実と反対のことを述べているとはいえない。if が「もし～ならば」を意味するときは，上に述べたことはだいたい当てはまるが，次のような場合は違う。

| *Even if* I *had known* it, I *would* not *have told* him. | たとえそれを知っていたとしても，彼にはいわなかっただろう。 |

「知らなかった」のは過去の事実だが，「いわなかったろう」は過去のことがらの推測にすぎず，「実際にはいった」ではない。これは次章で扱う助動詞の用法につながるものである。次のような例も参照。

If he *had stayed* in the army, he *would have taken* over the leadership when Tom retires next year. (もし彼が陸軍にとどまっていたなら，来年トムが退官すると，司令官の地位を引き継いだだろうに)

この文で，もし when 以下がなければ，地位の引継ぎがあるはずだったのは，この文が述べられたときより以前のことと解釈されよう。しかし，when ～があるために，引継ぎ《実際には軍を離任したから引き継げないが》はそのときよりも未来《明年のトムの退官後》に行われるはずのことになる。

要するに，主節については，あまり機械的に扱うと危険なのである。

§ 14　If ～の中の仮定法(5)：仮定法未来

形　式：**If ＋ should ～**

用　法：かなり実現性の薄い未来のことがらの仮定に用いる。

【訳し方】「万一～ならば」「もし～するようなことがあれば」

If he **should** come, I will tell you.	万一彼が来れば，きみに知らせましょう。
If you **should** fail, they would be disappointed.	万一きみが失敗したら，彼らはがっかりすることだろう。

🔲🔲 **1.** この構文では，上例のように結論「～だろう」を述べる部分の助動詞《will, shall, may, can, etc.》は，現在形がふつうだが，過去形もないではない。和訳する上でその相違を表すことは困難である。ときには，結論の部分が命令法のことさえある。

2. ふつう仮定法未来とは呼ばれていないが，should のかわりに，If＋would ～の構文もある。この場合の would は意志を表し，「～するつもりなら」の気持である。ただ，will を用いるのよりは弱い。

3. should が含まれているが，米語でもこの構文は使われる。

（参考）**1.** If＋should　が現在を意味する場合も，古い英語では見られる。

2. この should は，古い構文の If＋shall ～（p. 234，④参照）の shall が仮定法で過去形になったもの。したがって仮定法未来というより，これも一種の仮定法過去といえる。

■ **If ～の中の仮定法《§10～§14》全体に対する注意**

1. 次のことは，§ 10～§ 14のどの場合にもあてはまる。

① 用いられる動詞は，進行形や受動態のこともある。

You would have been sent to prison if it **had been detected**.	それが見つかっていたら，きみは刑務所へ送られていただろう。

② if は「～でも」「～ても」（＝ even if, even though）の意味のときもある。（§ 13，（参考）2参照）

③ if のかわりに，それと同等の意味を表す語《suppose, supposing, provided, providing, etc.》が用いられているときも，同様の構文が可能である。

④ if ～があとにおかれ，結論をいう部分が文の最初にくることもある。

2. 仮定法過去・仮定法過去完了の場合には，if ～の中の時制と，結論を述べる部分の時制とは，述べられている内容により，§ 11, § 13に示したような基本的な形式に一致しないことも多い。

①If I **had** brains, I **might have bought** the land.	私に才覚があれば，その土地を買っていたかもしれない。

 ② If they **had** not **been** able もし彼らがあの船を造ることがで
  to build those ships, the きなかったならば, 彼らの国の
  history of their country 歴史はずいぶん違っていること
  would be very different. だろう。

 ①の had《仮定法過去》は, 土地を買う買わないの問題が起こった過去
のときばかりでなく, 現在も含めて,「りこうな人間なら」という気持
だからであり, ②では,「できた」のは過去の事実だから, その反対の
想像はもちろん仮定法過去完了になるが,「歴史が違う」のは, その当
時だけではなくて現在も含めて,「変わっているだろう」ということだ
から, would have been にはなっていないのである。

§15　If〜の省略される場合

 If 〜 の中の were, should〔would, etc.〕, had を主語の前におけ
ば, If は省略される。

 Were he(＝ *If he were*) honest, he would not do such a thing.
 Were he(＝ *If he were*) to lose his position, what would he do ?
 Had you(＝ *If you had*) left earlier, you could have caught the train.
 Should he(＝ *If he should*) come, I will tell you.
 《注意》　この例文の意味は, §11〜§14 の例文の訳を見よ。

 🔲𝟭．このような if の省略は, 文語の言い方である。

 2．上の文は, What would he do, *were he* to 〜 ? のように, 逆の順序
になっていることもある。

 3．仮定法現在の場合については, §6,(7),(d)の例文を参照せよ。

 4．主語の前へ移すことができるのは, 助動詞《should, would, could, did,
etc.》と were, had である。他の動詞の場合にはできない。これらの語が主
語の前におかれているため一見疑問文のように見えるが, 上の第2の例文のよ
うに主節が疑問文の場合以外？はつかないから, すぐ見分けられる。

 （参考）　🔲𝟰にあげた以外の動詞の用いられている仮定法過去の if を省略するに
は, did が用いられる。cf. *Did* he go (＝ If he went) with me, 〜.

§16　If〜が含まれていない場合

 (1) but for, without（〜がなければ）, otherwise, or (else)

§ 16 If~が含まれていない場合 *303*

(さもなければ), etc.が用いられる場合

But for〔Without〕 your help, he *would have failed*.	きみの援助がなかったならば,彼は失敗しただろう。
But for〔Without〕 water, it *could* not grow.	水がなければ,それは育つことができないだろう。
I am busy, **otherwise** I *would* go.	私は忙しい。そうでなければ行くのだが。
They lost their way, **or** (**else**) they *could have arrived* before nightfall.	彼らは道に迷ったのだ。そうでなかったら日暮れ前に到着することができただろう。

《注意》 上の例文は,それぞれ,次のようにいったのと同じ意味である。
If you had not helped him, he would have failed.
If there were no water, it could not grow.
I am busy. *If I were not* (*busy*), I would go.
They lost their way. *If they had not* (*lost their way*), they could ~.

研究 **1**. この構文は,仮定法過去のときも仮定法過去完了のときも用いることができる。その区別は,動詞が「would〔should, could, etc.〕＋原形」か,「would, etc.＋現在完了形」か,によってつける。

2. without と同様に,with が「~があれば」を意味することもある。

With your good advice, he *would* not *have suffered* such a loss.	きみのすぐれた忠告があったならば,彼はあんな損失をこうむりはしなかっただろう。

3. but for は,もちろん,上述のような成句をなさない場合もある。前後関係と,助動詞の過去形《仮定法》が用いられているかどうかに注意。

But for them religion was an obstacle to progress.	しかし,彼らにとっては,宗教は進歩のじゃま物であった。

(2)「to ＋動詞の原形」《不定詞》の用いられている場合

① **To hear him talk**, people *might* think he was the manager.	彼の話すのを聞くと,人びとは彼が支配人だと思うかもしれない。
② He *would have done* anything **to win her heart**.	彼女の心を得るためなら,彼はどんなことでもやっただろう。

《注意》 不定詞(p.382)および助動詞(p.315以下)の項も参照せよ。

研究 ①を if を用いて書き換えれば,次のようになるが,②は原文の意味を

多少変えるか，よけいなことを加えないかぎり，書き換えることは困難である。

　If people heard him talk, they（＝ people）might think ～

なお，この場合も，(1)と同様に，動詞の形が見分けるための要点になる。

(3) その他の場合

① **An honest man** *would* not *do*〔*would not have done*〕so.	正直な男なら，そうはしないだろう〔しなかっただろう〕。
② **In former days**, *they might have worship*(*p*)*ed* him as a martyr.	昔だったら，彼らは彼を殉教者として崇拝したかもしれない。
It *would have been* better **to leave him alone**.	彼にかまわずにおいたら，そのほうがよかっただろう。《It ＝ to ～》
③ He'll overcome those difficulties from which **a timid man** *would* shrink.	彼は臆病な男ならしりごみするようなあの苦境を克服することだろう。

　　補足　If ～の部分はないが，§11～§13の構文のうちの，結論「～だろう」を示す部分と同一構文が用いられているのに注目。このような例は非常に多い。この場合の would, might も仮定法《語形は過去〔過去完了〕で意味は現在〔過去〕（§9，補足③)）》である。

研究 1. このような構文では，if ～の節を補うことができる場合もある《①と§11，①の文を比較》が，文の上にははっきりと述べられていないことを加えて，内容を多少とも変化させないかぎり，簡単には補いえないのがむしろふつうである。(2)の②の文もこれらと同類である。

　上の例文を if ～を用いて書き換えるとすれば，次のようにいうほかない。

　If he had been〔*were*〕an honest man, he would not ～

　If it had been〔*happened*〕in former days, they ～

　If you〔*they*〕*had left* him alone, it would have been better.

　He'll overcome ... which *he* would shrink *if he were* a timid man.

つまり，日本語で「～なら」と訳す部分に，なんとか if を用いるくふうをするのであるが，そうすると，原文でははっきり出ていないものを，はっきり if ～の中の主語として出さなければならない点で，無理が生じやすい。

　2. 上例のように，「～なら」を文中の適当な語句に加えて，**would, etc.** の仮定法の意味を日本文に表すようにするのがよい。ただ，それでは訳文がまとまらない場合は，表現を変えるより仕方がない。

　3. 前後の文中の動詞が現在・未来時制であるところに，would, should, might, could のような過去形の助動詞が用いてあれば，それはまず仮定法と

見てまちがいない。詳しくは，助動詞の項（p. 315 以下）を参照。

§ 17 願望を表す文で用いられる仮定法

仮定法は，I wish といっしょに用いて願望を表す。

「**I wish ＋仮定法過去**」は，実現しがたい**現在の願望**を表す。

【訳し方】「～ならよいのに」「～だといいのだが」

「**I wish ＋仮定法過去完了**」は，実現しなかった**過去の願望**を表す。

【訳し方】「～したらよかったのに」

I wish I **knew** it.	それがわかればいいのですが。
I wish I **could** go with you.	いっしょに行けるといいのですが〔行けなくて残念だ〕。
I wish I **had** never **seen** him.	あの男に全然会わなかったらよかったのだが。
I wish I **had known** it.	それがわかっていたらよかったのだが。

> 補足 最初と最後の例文を比較せよ。前者は「今わかっていればよいのに」の意味，後者は過去完了だから，「（以前のあのときに）わかっていたらよかったのに」の意味である。

研究 **1**. wish が過去になっても，仮定法の時制はもとのままで，wish という行為と仮定法の時間の関係は変わらない。

I **wished** I **knew** it.	それがわかればいいなと思った。
I **wished** I **had known** it.	それがわかっていたらよかったのにと思った。

前者は wish した時間に「知っていたらよい」の意味，後者は wish したとき以前に「知っていればよかった」の意味である。

2. I wish とあれば，必ず仮定法を用いるとかぎってはいない。

I **wish** you **may** not catch cold.	きみがかぜをひかないでくれるといいと思う。

また，*wish* to go（行きたいと思う），*wish* him to go（彼が行くことを望む）などのようにも用いる。

3. 「**If ＋仮定法**」も願望を表すのに用いられることがある。

If only he **knew** what I know !	私の知っていることを彼が知っていさえすればなあ。

　　If I **had remained** behind
　　　with you!

きみといっしょにあとに残っていた
　　ら(よかったのに)なあ。

　4. 願望を表すのに，仮定法現在が用いられることもある。だいたい，型の定まった言い方で，間投詞のように用いられることが多い。

　　Lord **save** us!(主よ，われらを救いたまえ)

　　Heaven **forbid**!(とんでもない)《直訳：天よ禁じたまえ》

　　God **damn**!(ちくしょうめ!)《直訳：神よ，のろいたまえ》

　動詞に3人称単数の -s がない点に注意。命令法と区別困難なこともある。

(参考) **1.** I wish I were《仮定法過去形》のかわりに I wish I *was* となっている例も，時おり見られる。

　2. 仮定法を用いて願望を表す言い方には，そのほか，次のようなものがあるが，いずれも文語的な，または古風なもので，あまり出てくることはない。

　　① Oh, *were* he only here!
　　② *Would* (to God) that I *could*
　　　die for you!
　　③ Oh, that I *had* but *known*.

彼がここにいさえすればなあ。
おまえのかわりに私が死んでやること
　　ができたら(よいのに)なあ。
知っていさえしたらばなあ。

　①は**研究** 3の構文の if を省略したもの，③は I wish の省略と思えばよい。

§18　that～(～ということ)などの中の仮定法現在

　忠告・提案・要求・決定などの内容を表す文句の中の動詞には，しばしば仮定法現在が用いられる。おもに米語の用法である。

　　① He **suggests**　　that the
　　　meeting **be** postponed.
　　② The doctor **insisted** that
　　　he **stop** smoking.

彼は会合を延期してはどうかといっ
　　ている。《直訳：延期を提案する》
医師は彼がぜひたばこをやめるよ
　　うにといった。《直訳：禁煙を力
　　説した》

研究 **1.** 次のような動詞の目的語になる that～の中でも，仮定法現在がしばしば見られる。これは，英国の英語でも見られることがあるが，英国では「should＋動詞の原形」をそのかわりに用いるほうがふつうである。

　　advise (助言する)　　ask (要求する)　　　　command (命令する)
　　decide (決定する)　　demand (要求する)　　desire (望む)
　　order (命じる)　　　propose (提案する)　　recommend (勧める)
　　request (要請する)　require (要求する)　　urge (うながす), etc.

　2. ②の文のように過去の場合でも，stop は仮定法であるため，過去形にな

らない点に注意。

3. この場合の仮定法現在は，that ～内のことがらを，実現の可能性はあるがまだ実現してはいない1つの考え・意見，として述べるために用いられるのであるが，和訳する上では，とくに注意する必要はない。

(参考)　**1.** that ～の場合のほかに，次のような例もあるが，これも，仮定法であってもなくても，意味の理解には支障はないであろう。なお，§19,(6)(参考)も参照。

I doubt *whether* it **be** possible.	私はそれが可能かどうかを疑問に思う。
We feared *lest* they **suspect** it.	私たちは，彼らがそれをあやしむのではないかと心配した。

そのほか，though, before, till, however などで始まる文句の中にも，仮定法現在が用いられていることがある。

2. 上記のような動詞が用いられていなくても，同等の内容を表すような構文ならば，やはり仮定法現在が見られる場合がある。

Their *decision*〔*suggestion*〕was that the prisoner **be** set free.	彼らの決定〔提案〕は，その囚人を釈放することであった。
It is *necessary* that the fact **remain** secret.	その事実は秘密にしておくことが必要である。

3. the powers that *be* (当局［者たち］，官憲) は慣用句である。

§ 19　仮定法に関する注意すべき成句・構文

(1) if it were not for ～ （～がなければ）
　　if it had not been for ～ （～がなかったならば）

If it had not been for your help, he would have failed.	きみの援助がなかったならば，彼は失敗したことだろう。
If it were not for water, it could not grow.	水がなければ，それは育つことができないだろう。

(研究)　**1.** これらは but for と同じ意味である （§16，(1)の例文と比較せよ）。but for ならば動詞が含まれないから句 (phrase) になるが，この構文は動詞を含んでいるから節である。したがって，but for と違って，仮定法過去と過去完了の区別がある。

2. この構文の if は§15の要領に従って略すこともできる。

(2) as if ～, as though ～ （まるで～のように）

① He talks **as if** he **knew** everything.	彼はまるで何でも知っているように話す。
② He looked **as though** he	彼はまるで病気でもしているよ

were ill.	うに見えた。
③ He looks **as if** he **had been** ill.	彼はまるで病気でもしていたような顔つきだ。

[補足]　この場合の though は if の意味である。①でいえば，この構文は，次のようにして生まれたものであるが，（　）内の部分が実際の文中に出ることはない。
　　　He talks *as* (he would talk) *if* he knew everything.
　　《直訳：彼は，何でも知っている場合に話すであろうようなふうに話す》

研究 **1.** ②，③でわかるように，仮定法過去ならば，look と同じときに病気のようなのであり，仮定法過去完了ならば，look するときよりも以前から病気だった《その他，場合に応じ，そのときまでの完了・結果・経験・継続（完了時制参照）》の意味である（§17，I wish の場合も参照）。as if 〜の中の動詞は仮定法だから，時制の一致は行わない。

　2. この構文の応用として，次のようなものもある。直訳の仕方を覚えて，あとは適当にその日本文を修正すればよい。

He made a move **as if to** hit me.	彼はまるで私をなぐりそうな様子を見せた。《直訳：まるで私を打つためみたいに行動をした》
She wept **as** bitterly **as if** she had lost her own mother.	彼女はまるで生みの母を失ったみたいに悲しげに泣いた。《直訳：自分の母を失った場合と同じくらいに悲しげに泣いた》

　3. as if 〜，as though 〜は，「実際にはそうではないがまるで〜のように」という，事実と反対という意味で用いるのがふつうであるが，seem, look（見える），feel などのあとでは，ほとんど that 〜（〜ということ）と同じような意味にも用いられる。この場合には，直説法の動詞が用いられることもある。次の例は，「実際は降らないが降るかのように」の意味ではない。

It looks **as if** it were〔was〕 going to rain.	雨が降りそうだ〔そうに見える〕。

(参考)　3に述べた場合以外にも，as if ... were 〜のかわりに ... was 〜の例は多い。

(3) **as it were**（いわば，いうなれば）（= so to speak）

It gave a new turn, **as it were**, to my lot.	それは私の運命に，いわば，新しい方向を与えた。

《注意》　これはやや大げさな言い方などをするときに用いられる。

(4) had better ～（～したほうがよい）

You **had better** go back home.	きみは家へ帰ったほうがいい。
I think I **had better** introduce you to him.	きみを彼に紹介したほうがよいと私は思う。

研究　1. had better は1つのまとまった成句として扱い，あとにくる動詞はつねに原形である。また，better があるが，何かと比較する意味はなくて，「～する必要がある」「～するべきだ」というのに近い意味を表す。

2.「行かないほうがよい」は had better *not* go だが，疑問文では，*Hadn't* you *better* ～? *Had* I *better not* ～? の2つがある。前者は「～したほうがよくはないか」，後者は「～しないほうがいいのではないか」の意味になる。

3. この had は時制の一致に支配されず，いつでも had である。

4. had better はやや高圧的な表現で，言外におどしの意味《さもないと痛い目にあわせるぞ，など》を含んで用いられることもある。自分より目上の人に対して用いるのはよくない。

（参考）　1. 口語では had が省略されて，'d となったり，さらにそれも省略されて better だけで同じ意味に用いることもある。

2.「～するのがいちばんよい」「～に越したことはない」には had best が用いられる。「～したほうがよかった（のに）」には「had better＋完了形」を用いる。

(5) had rather ～（むしろ～したい［と思う］）

I **had rather** wait here (than at the station).	私は（駅よりも）むしろここで待つことにしたい。

研究　1. had better と同じように，2語を1つのまとまったものとして扱う。否定・疑問の作り方も，had が'd と略されることも同じである。違う点は，これは2つのものの比較が可能で，than ～がなくてもその含みがある。いいかえれば，would prefer to ～ぐらいの意味合いである。

2. 現在のイギリス英語では had rather は用いられなくなって，would rather（p. 332 参照）が使われる。しかし，米語では今でも標準語で用いる。

（参考）　had〔would〕as soon；had〔would〕sooner も同じような意味を表す。

(6) その他

① **Suffice it（to say）that** his efforts were rewarded at last.	彼の努力がついには報われたといえばたりる〔いうにとどめておこう〕。
② **It is（high）time** you **got** up.	もう起きる時間だよ。

補足 ①はちょっと命令法と区別がつきにくいが，Let it be sufficient to say that ～ の意味（§5，⑶，⒞参照）。②の It is (high) time ～は，「～する時間〔しお時〕だ」の意味で，あとに仮定法の動詞《時には｜should ＋動詞」》を伴うのがつねである。

《注意》 仮定法の助動詞に関する成句などは，助動詞の項（p. 315 以下）で扱う。

参考 文語的な言い方では，そのほか，時によって次のような仮定法の用法も見られる。

He was visited with a doubt *whether*〔*if*〕she *were* worth advising.	彼女は忠告する価値があるかどうかという疑惑に彼はおそわれた。

§20　仮定法⇄直説法の書き換え

厳密な意味ではこれは不可能であるが，入試問題としても出題されているから，基本的な方法を述べておこう。結局は内容が同じになるように書き換えるのである。

① **If** I **had** any money, I **could** help him.	お金があれば，彼を助けることができるのだが。〔仮定法〕
→ **Since** I **don't have** any money, I **cannot** help him.	お金がないから，私は彼を助けることができない。〔直説法〕
② **If** I **had been** there, I **should have** seen him.	もしそこにいたら，私は彼に会っただろうに。〔仮定法〕
→ **Since** I **was not** there, I **did not** see him.	私はそこにいなかったから，彼に会わなかった。〔直説法〕
③ **I wish** I **were** a rich man.	金持ならいいのだが。〔仮定法〕
→**I regret** that I **am not** a rich man.	私は金持でないのが残念だ。〔直説法〕

補足 以上の書き換えの要領を簡単に個条書きにすれば，

① **時制の変更**。仮定法過去→直説法現在；仮定法過去完了→直説法過去
② if → **since, because, as,** etc.（～だから）に変える。
③ **否定と肯定を逆にする**。つまり，仮定法の動詞に not がなければ，直説法では not を入れる。仮定法に not があれば，直説法では not をとる。
④ if ～に対する結論をいう部分の助動詞は，文の内容を考えて適宜なおす。（②参照）
⑤ **I wish → I regret** と改める。

研究 **補足** ③の場合は反意語を利用することもできる。

If you had come **early**, you'd have found it.

早く来たなら，きみはそれを見つけただろうに。

→ Because you came **late**, you did not find it.

おそく来たから，きみはそれを見つけなかったのだ。

まとめ 10

法(Mood)には直説法，仮定法，命令法の3種類がある。

Ⅰ **命令法** 命令・要求などを表す。

1. **基本型** ①動詞の原形を文頭におく。 ②主語がない。

2. 否定の命令(〜するな)では Don't を原形動詞の前につける。

3. ていねいな表現では please などをつけ，強調では do を加える。

4. **時制と態** ① Have done (with 〜)！，Be gone！だけが命令法の完了形。 ②否定の命令では進行形もある。 ③受動態の命令法はまれ。

5. **命令法を含む主要構文** ①命令法 〜 and〔or〕＋主語＋動詞… ②命令法(〜) what など(＝ whatever …) ③命令法(〜)as (＝ however …)

Ⅱ **仮定法**

仮定法	基 本 型	基本的な意味
現在	If ＋動詞の原形 …, … will 〜	現在や未来についての単純な仮定(今ではまれ)
過去	If ＋過去形 …, … would 〜	現在の事態と反対の想像，未来についての仮定
〃	If ＋ were to ＋動詞の原形 …, … would 〜	実現しそうもない未来のことがらの想定
過去完了	If ＋過去完了形 …, … would ＋現在完了形〜	過去の事実と反対の想像
未来	If ＋ should ＋動詞の原形…, … will〔would〕〜	可能性のとぼしい未来の事態の仮定

1. **If … のない仮定法表現**

　①but for〔without〕＋名詞，主語＋ would …

　②if を省略して were, had, should などを文頭(主語の前)におく。

　③主語＋ would〔might など〕… だけで仮定の含みをもたせる。

2. **願望表現**(基本型) Ｉ wish ＋主語＋過去(完了)形

　達成できない〔できなかった〕願望を表す。

Exercise 10 解答は p.671

(1) 次の英文の(　　)に適する語(句)を a ～ d から選び, 記号で答えなさい。

1．If he had known my trouble, he (　　) me.
　　a. will help　　b. would help　　c. would have helped
　　d. would have been to help

2．I wish I (　　) listened to him.
　　a. am not　　b. have not　　c. had not　　d. won't have

3．You had better (　　) with them.
　　a. to go not　　b. go not　　c. not go　　d. not to go

4．She had requested that the door to her room (　　) left open.
　　a. was　　b. would be　　c. had been　　d. be

5．If I (　　) you, I would give no comment upon the present situation.
　　a. were　　b. had been　　c. would be
　　d. would have been

6．(　　) I had consulted my lawyer about the matter !
　　a. How　　b. Had　　c. If only　　d. Only if

(2) 次の日本文に合う英文になるように, (　　)に適語を入れなさい。

1．来ようと思えば, もっと早く来られたんだが。
　　I (　　) (　　) (　　) earlier if I had wanted to.

2．きみは自分の力に自信をもちなさい。そうすれば成功するでしょう。
　　(　　) confident of your own power, (　　) you will succeed.

3．彼がもう少し注意深かったら, こういうことは起こらなかっただろうに。
　　(　　) he (　　) a little more careful, this (　　) never have happened.

4．きみの忠告がなければ, 彼は大きなまちがいをしていただろう。
　　(　　) your advice, he (　　) (　　) made a big mistake.

(3) 次の英文の誤りを正しなさい。

1．Boys, be not noisy !
2．I think I had better to introduce you to him.
3．If she had been in the library at that time, he would see her.
4．"Do you know who sent you the gift ?" "No; I wish I know."

(4)　次の日本文に合う英文になるように，(　　)内の語を並べかえなさい。

1．愛してくれた父が生きていて，私の勝利を見てくれたらいいのになあ。

I (my, and, saw, were, wish, alive, loving, father) my victory.

2．もしきみの援助がなかったなら，私は事業に失敗していたことだろう。

Had (it, for, not, help, been, your), I would have failed in business.

3．彼がもし意志の強い男だったら，その困難に打ち勝てただろうに。

If (a, he, he, of, had, man, will, have, been, could, strong, overcome) the difficulties.

4．たとえ私の周囲の人たちが反対するようなことがあっても，私はこの計画を実行するつもりだ。

Even (I, if, me, out, will, carry, those, oppose, around, should) this plan.

(5)　次の各組の英文が同じ内容になるように，(　　)に適語を入れなさい。

1．$\begin{cases} \text{To hear him, you will think he is a professor.} \\ (\quad)(\quad) \text{ hear him, you may think he is a professor.} \end{cases}$

2．$\begin{cases} (\quad) \text{ the accident, I } (\quad) \text{ have arrived early enough.} \\ (\quad) \text{ of the accident, I could not arrive early enough.} \end{cases}$

3．$\begin{cases} \text{If you stay a few days with me, you will be able to see him.} \\ (\quad) \text{ a few days with us, } (\quad) \text{ you will be able to see him.} \end{cases}$

4．$\begin{cases} \text{I wish this set of furniture } (\quad) \text{ not so expensive.} \\ \text{It is a } (\quad) \text{ that this set of furniture is so expensive.} \end{cases}$

(6)　次の英文を，〔　　〕内の指示に従って書き換えなさい。

1．But for our help, they could not have succeeded in the enterprise.〔if を用いて〕

2．If you don't put on your coat, you will catch cold.〔命令法を用いて〕

3．She would have been delighted, had she been allowed to come with us.〔直説法を用いて〕

4．Another loss would have ruined him.〔if を用いて〕

5．Because he did not hurry up, he was not in time for school.〔仮定法で〕

第**11**章
助動詞

助動詞は未来形・進行形・完了形を作ったり，いろ
いろなニュアンスを表すなど多彩な働きをする。

§1 助動詞の種類

次に掲げるものが，英語の助動詞(Auxiliary Verb)である。
① be, have, do, dare, need
② will, shall, may, can, must, ought, used[juːst]
《注意》 **1.** 助動詞に対し，ふつうの動詞を**本動詞**（Main Verb *or* Full Verb）
という。
　2. 上の①に属するものは，本動詞として用いられる場合もある。②に属す
るものは，つねに助動詞として用いられる。
（参考） let を助動詞として扱う人もある。

§2 助動詞の特徴

助動詞は，一般的にいって，次のような特徴がある点で，本動詞と
異なっている。
① 本動詞の原形（または分詞形）といっしょに用いる。
② 疑問文・否定文でも do を用いない。（ただし，§3以下を参照）
③ 3人称単数現在でも -s がつかない。《be, have, do は例外》
④ 原形をもたない。ただし，現在形はある。《be, have は例外》
⑤ 分詞形がない。《be は例外》
　補足　これらの特徴をややこまかくいえば，① be, have は，進行形・完了形・受動
　　態を作る場合に分詞形と結合する。他の助動詞は，原形動詞を伴う。《ただし，
　　ought, used だけは to が必要》②疑問文なら *May* I come ?のように助動詞を
　　文頭におき，否定なら You *cannot* come.のように単に not を加えるだけでよ

い。④動詞の原形が用いられる場所《to *do*; see him *come*; had better *go*, etc.》に助動詞を用いることはできない。また，be, have を除いて，助動詞を2つ重ねること《may ought, will must, etc.》もできないわけである。⑤ be は have *been* working, is *being* built など現在分詞・過去分詞がある。また，have の現在分詞は分詞構文などで用いられる。その他の助動詞には分詞形はない。《is *having*, have *had* の having, had は本動詞の分詞形》

§3　Be の用法

　進行形・受動態・一部の完了形を作る場合，be は助動詞として用いるが，これについてはすでに述べた。ここでは，本動詞としての be の用法について述べる。

本動詞としての用法

(1)「～である」の意味の場合

They **are** kind (people).	彼らは親切(な人たち)だ。
What trade **is** he ?	彼はどういう商売ですか。

《注意》　**1.** この be は不完全自動詞で，補語が必要。(p. 203 参照)

　　2. be の活用については，p. 199 参照。

　　3.「be to ＋動詞の原形」については，不定詞(p. 379)の項を見よ。

研究　　be は状態を表す動詞であるが，次のような言い方では，動作《～する》のように訳したほうが，日本語としてよくまとまる。

I'll **be back** by six o'clock.	私は6時までには<u>帰る</u>つもりだ。
She said she **was off**.	彼女は<u>出かける</u>といった。
School **is over**.	学校は<u>終わった</u>。

　直訳は，「もどっている」「出発している」「終わっている」である。

参考　be が become(～になる)の意味で，次のように否定の疑問文に用いられた場合には do を用いることがある。(命令法の場合については p. 287 参照)

Why *don't* you *be* an actor ?	なぜきみは俳優にならないんだ。

(2)「存在する」の意味の場合

① You **were** in your room.	きみは自分のへやにいた。
② Time **was** when they wor-shipped their ancestors.	彼らが先祖を崇拝したときがあった。

研究　　**1.** この be は完全自動詞であるが，存在する場所を示す文句を伴う

(①)のがふつうで，それがない場合(②)はまれである。

2. there is の構文については，there の項(p.516)を参照せよ。

§4　Have の用法

完了形を作る場合に，have は助動詞として用いられるが，これは先に述べたので，ここでは本動詞としての have の用法について述べる。

本動詞としての用法

(1) 広い意味で「持っている」〔状態〕を意味する場合《例文省略》

研究　**1.** 口語ではかわりに have got を用いることも多い。(p.243参照)

2. 日本語では，「～がある」と訳すのがよいことも少なくない。

| He **has** two brothers. | 彼には2人の兄弟がある。 |
| The chair **has** four legs. | そのいすには足が4つある。 |

この用法と there is(～がある)との比較は，p.516，**研究**4 を参照せよ。なお，上掲の文を there are でいうことはできない。

3. 目的格補語をとって，直訳的には，「～を…の状態に持っている」という意味のときもある。この場合，場所や方向を表す語といっしょのときは，動作の意味《～にする》に訳したほうが，日本文としてまとまることが多い。(§3，(1)，**研究**参照)

　　　have him **in**（彼を中へ入れる）　**have** it **back**（それを取りもどす）
　　　have one's eyes **open**（目を開いている）
　　　have them **idle**（それらを遊ばせておく）

(2) 動作を表す他の動詞と同等の意味をもつ場合

　　have（＝ eat）supper（夕食を食べる）
　　have（＝ experience）a bad time（ひどい目にあう）
　　have（＝ receive）a lesson（授業を受ける）

研究　**1.** この場合の have は進行形にもできる。

2. 次の例のように，1語の動詞でもいえるところを，「**have a ＋その動詞の名詞用法**」の形を用いることは非常に多い。

| have a look（＝ look） | have a seat（＝ seat oneself） |
| have a talk（＝ talk） | have a walk（＝ walk），etc. |

この型の表現は，主語にとってよいこと，好ましいことについて用いるのがふつうである。たとえば，have a swim(ひと泳ぎする)といえば楽しみで泳

ぐことであって，強制されての泳ぎなどには使わない。

(3) have to ～ （～ねばならない）

He **has to** support himself.	彼は自活しなければならない。
I **had to** tell him everything.	彼に全部話さねばならなかった。

これの類語である must との比較は，must (p.363) の項を参照。

《注意》 **1.** 口語では，この have の場合にも，have got をよく用いる。(p.243参照)

2. only が加わって **have only to** となれば，「～しさえすればよい」（= need only to）の意味になる。また，**do not have to** ならば，「～する必要がない」「するに及ばない」である。

You **have only to** tell what you saw.	きみは自分の見たことを話しさえすればよい。

3. 「～にちがいない」の意味のこともある《比較的まれ》。must よりも意味が強い。

There *has to* be some mistake.	何かまちがいがあるにちがいない。

4. 「have ～ to ＋動詞の原形」の場合と混同しないように注意せよ。この場合は「to ＋動詞の原形」はその前の (代) 名詞を形容する働きをしている。

①	I *have many things to do*.	私はすることがたくさんある。
	I *have to* do many things.	私は多くのことをしなければならない。
②	I *have something to show* you.	きみに見せるものがある。
	I *have to* show you something.	あるものをきみに見せねばならない。

②では，両者の区別はかなりはっきりしている。しかし，①の「することがたくさんある」は，結局「たくさんのことをしなければならない」と実質的には大差ない。このように両者の相違があまり明確でない場合もある。なお，次のように，目的語が関係代名詞であるときは，いっそうの注意が必要である。

the money (that) he *had to give* her

① 彼女にやるために彼が持っていた金《that が had の目的語のとき》

② 彼が彼女に与えねばならなかった金《that が give の目的語のとき》

この区別は，文の内容や前後の関係を考えて定めるより仕方がないが，what I *have to say*（私の言い分——いうべく持っていること）のように，習慣的に用法がほぼ定まっているものもある。

(参考) **1.** 「**have yet to** ＋動詞の原形」は「まだこれから～せねばならない」と直訳して一応わかるが，要するに，「まだ～していない」という意味を含んで用いられる。

We *had yet to* come upon a horrible thing.	私たちはまだそれから恐ろしいものに出会わなければならなかった。

2. おもに口語の場合だが，have to の進行形の例もまれにはある。(p.260 **参考** 参照)

(4)「**have ＋目的語＋動詞の原形〔過去分詞〕**」

表す意味は次の３つである。

(a)「**～させる**」　**(b)**「**～される**」　**(c)**「**～してもらう**」

① I **had** him **mend** my watch.	私は彼に時計を直<u>させた</u>。
② I **had** my watch **mended**.	私は時計を直<u>させた</u>。
③ He **had** his watch **stolen**.	彼は時計を盗<u>まれた</u>。
④ I would like to **have** him **come**.	私は彼に来て<u>もらいたい</u>。

補足　上記の３つの訳し方のうち，どの場合にはどの訳を用いるかについては，規則はない。前後の文を訳した上で，日本語で考えて，いちばん適する訳し方を選んで用いればよい。したがって，たとえば②は，前後関係により，「直してもらった」でもよい。ただ，(b)の訳し方は，主語にとって好ましくない行為の場合(③参照)に用いられる。

《注意》　**1.** 上記の構文と完了形との形式上の相違に注意。完了形では，目的語が中間におかれることはない。ただし，(5)を参照。

2.「～される」の場合については，p.281，§12も参照せよ。

研究　**1.** 目的語の次に，動詞の原形《不定詞》を用いるのか，過去分詞を用いるのかは，その目的語と不定詞または過去分詞の表す動作との関係によってきまる。①のように，目的語《彼》が，「直す」という動作を行うという関係がある場合は，動詞の原形を用いる。これに対して，②のように，目的語《時計》が，「直す」という動作を受ける《修理する人によって直される〔受身の関係〕》場合には，過去分詞を用いるのである。同様に，③では「時計が盗まれる」のだから過去分詞である。④では，「彼が来る」〔能動〕のだから，ここの come は不定詞であって過去分詞ではない。

2.「～させる」「～してもらう」の意味では，「**get ＋目的語＋ to ＋動詞の原形**」も用いる。動詞に to がつく点と，「～される」とはならない点に注意。しかし，「to ＋原形」でなく過去分詞であれば「～される」のときもある。

I **got** him **to paint** the house.	私は彼に(いって)家にペンキを塗らせた。
I **got** the house **painted**.	私は家にペンキを塗らせた。

3. この have が完了形になっている例はしばしばある。しかし，進行形・受動態は作らない。ただし，get は，受動態を作ることもたまにはある。

参考　**1.**「～させる」「～してもらう」の意味で have を用いる構文が見られるの

は主として米語で，英国では，get を用いるほうがふつうである。しかし，意志を含んだ will がついて，will〔won't〕have ～となれば，英国でもいくらも用いる。

2. この構文の目的語が長いため，過去分詞を先にし，目的語を後置することも，たまにはある。そのときは完了形と同形になり，前後関係から判別しなければならない。また，目的語が関係代名詞のときにも，同様なことが起こる。

I use a special perfume that I *had made* up in Paris. ｜ 私はパリで作らせた特別な香水を使っている。

3. 目的語が疑問詞の場合は，What do you *have stolen* ?（きみは何を盗まれたか）などとなるはずだが，実際には，このような言い方を用いることはまずない。別の構文を用いるか，What *have* you *got stolen* ?などの言い方をする。

(5)「have ＋目的語＋過去分詞」が結果を表す場合

① They **have** no way **left**. ｜ 彼らには何も道は残っていない。
② The pilot **had** a leg **broken**. ｜ パイロットは足を折った。
③ He **had** the bag **opened**. ｜ 彼はその袋をあけた。

研究 1. この場合の have は，本来は，(1)，**研究**3 で述べた用法の have で，最後の例文の直訳は「袋を開かれた状態に持った」である。

2. この構文は，英国よりも米国の英語でいっそうよく見かけられるように思うが，完了形と意味上の区別が困難なことも多い。こちらのほうが，動作の完了よりは，結果に重きをおいた言い方とはいえよう。

3. (4)の用法との区別は，前後関係から判断する以外にない。たとえば，②は文脈によっては「足を折られた〔折らせた〕」の意味にもなるかもしれないが《暴行などの結果》，これだけの文で常識的に考えれば，事故などで「折った」と解釈するのが自然であろう。ただ，have ... left はよく用いられ，ここにあげた意味になるのがふつうである。

4. この have のかわりに get や have got を用いることもある。

I hurried to **get** it **done**. ｜ 私は急いでそれを仕上げた。
I've **got** everything **prepared**. ｜ 私は万事準備をととのえた。

これらも「人にさせた〔してもらった〕」の意味のこともありうる。

参考 「have ＋目的語＋-ing」は，だいたい，(4)の用法に準じて訳せばよいが，not を伴って用いれば，「（現在していることを）させない」の意味になり，not がなければ，「～するようにさせる」の意味になるのがふつうである。

She'll *have* you *doing* all the work. ｜ 彼女はきみに仕事を全部やらせるようになるだろう。

しかし，「～される」「～してもらう」が当てはまるときもある。(p.282参照)

(6) 疑問・否定の場合

米語では do を用いる。英国でも，改まった言い方は別として，現

在では(1)～(5)の用法のどれについても，do を用いることがめずらしくなくなってきている。

Do you **have** any money with you ?	お金を持ちあわせていますか。
Did you **have** a good time ?	楽しかったですか。《(2)の用法》
When **did** you **have** your hair cut ?	いつ髪を刈ってもらったのですか。　　　　　《(4)の用法》

研究 過去疑問文で Had ＋主語～ ？ということは，英国でもきわめてまれである。

参考 (1), (3)の用法の have の疑問・否定の場合については，今世紀なかばごろまでに英国で出版された usage などに関する本では，習慣的・一般的なことを述べる場合には do を用い，ある特定の時だけのもの〔こと〕を述べる場合には do を用いない，というルールが示されている。今ではもう当てはまらないが，参考までに例文を借用して挙げておく。

Have you any money ?	お金がありますか。《話しているそのときに》
Do you always *have* so much money with you ?	きみはいつもそんなにお金を持っているのか。《習慣的》
We *haven't* to go to school on Saturday.	土曜日は学校に行かなくてよい。《特定の土曜日だけに関して》
We *do not have* to go to school on Saturday.	私たちは，土曜日は学校に行かなくてよい。《習慣的にいつも》

§5　Do の用法

Ⅰ．形　式：現在形： do　　　3人称単数現在： does[dʌz]
　　　　　　　過去形： did　　過去分詞形： done[dʌn]

《注意》 1．3人称・単数・現在で -es をつけることについては，p.199参照。

　2．not を伴えば，don't, doesn't, didn't と1語に書くことも多い。

Ⅱ．助動詞としての用法

(1) 一般の動詞《助動詞と be は除く》が，① **not** を伴って**否定**になる場合と，②**疑問**の文を作る場合に用いられる。

They **did not** know it.	彼らはそれを知らなかった。
Does he mean to put it off ?	彼はそれを延期する気なのか。
Don't you want to come ?	きみは来たくないのか。

What **did** he say ?　　　　　｜　彼は何といったのか。

研究　**1.** have に do が用いられる場合については，§4，(6)を参照。なお，have が助動詞として用いられたとき《完了形》には，do は用いない。be については，§3，(1)，**参考**参照。

2. 否定の命令法では，be, have にも don't を用いる。(p. 287 参照)

3. ①疑問詞を主語にした疑問文，②疑問詞を含む文全体が主語や目的語になっている場合《間接疑問》には **do** を用いない　(p. 159 以下参照)。しかしその場合でも，not がはいれば用いる。

Who didn't pay for it ?　　　｜　だれがその代金を払わなかったか。
I don't know **why** he **did**　｜　彼がなぜ来なかったのか，私は知
not come.　　　　　　　　｜　　らない。

4. 否定でも，no, never など，not 以外の語のときは do は用いない。また，not が直接に動詞を否定しない場合も，do は用いない。

I saw him **not** in the house,　｜　私は家の中ではなくて，庭で彼を
but in the garden.　　　　　｜　　見たのです。
Not one (= None) of them　｜　彼らのうちのだれ1人それを止め
stopped it.　　　　　　　　｜　　なかった。

5. 〈Why ＋否定〉の構文，および一部の if 節では，don't be が可能の場合がある。

Why don't you **be** more careful ?　｜　どうしてもっと気をつけないの。
If you **don't be** quiet, I'll　｜　静かにしないと出て行かせるよ。
send you away.

Why don't ～ ? の文は理由を聞いているのではなくて，「気をつけたらどうなんだ」といった苦情あるいは泣きごとの意味である。

参考　**1.** do を用いずに，I know not (= I do not know) などというのは，古い英語である。ただし，次のような言い方と混同してはならない。

I *hope* not. (そうでないとよいと思う，そうでないことを希望する)
I *think* not. (そうではないと思う)

これらは，hope, think などのあとにくるべき動詞を含んだ文句のうち，すでに述べられた文句と重複する部分を省略し，重複しない not だけが残っているものであって，現在でもいくらも用いられる。

"Will they lose the game ?"　　｜　「彼らはそのゲームに負けるだろうか」
"I *hope* (they will) *not* (lose the　｜　「そんなことにならなければよいと思
game)."　　　　　　　　　　｜　　います」

2. 俗語では，doesn't のかわりに don't を用いることが多い。

(2) 現在および過去時制の場合に，動詞に加えて**強調**の働きをする。

① "You ought to get up early."	「早起きをしなくてはだめだよ」
"I **do** get up early."	「早起きしてますよ」
② He **did** come but didn't stay long.	彼は来るには来たが，長くはいなかった。
③ I've never seen anything like it, I **do** declare！	私はそれらしいものは何も見たことはない，本当だよ。

研究　**1．** be には，命令法の場合 (p. 289 参照) 以外，強調の do は用いない。

　2． 過去時制では do だけを過去形にし，本動詞は原形のままである。

　3． do は，重ねて要請する場合 (p. 288 参照) のほかに，①のように，前に述べられたこと《言外にこめられていることも含む》に対して，それとは対照的な自分の言い分を述べるときに用いる。②では，来たのか，来なかったのではないか，といった懐疑的な意見が前に出ていたと考えられ，それに対する反論である。このような用法が，強調の do のおもな用法であるが，③のように，特に反論すべき事柄がない場合も時折ある。その場合はある種の感情——不満，苦情，称賛など——を含んで用いられているように思われる。

参考　**1．** 次のように本動詞が主語の前におかれることもある。

How it faded no one exactly knew, but *fade* it *did*.	どうやって薄れたかだれも正確には知らなかったが，実際薄れたのだ。

　なお，このように同じ動詞を2度用いるとき，その一方によく do が加えられる。

　2． 本動詞の do につけて *do*〔*did*〕do 〜ともいえるが，まれである。

(3) nor の次では，主語の前にしばしば do, did がおかれる。

Nor did it seem that he wanted to make friends with them.	また，彼は彼らと友だちになりたいふうでもなかった。

《注意》　そのほかにも，文頭に主語以外の《ことに，否定的な内容の》語句がおかれた場合には，しばしばそのあとが「do〔did〕＋主語」になる。

Never did I doubt it.	全然私はそれを疑わなかった。
Little did I expect this.	こんなことは予想もしていなかった。

Ⅲ．本動詞としての用法

(1)「する」「行う」などを意味する。《例文省略》

《注意》　日本語の「する」と同様，非常にさまざまな場合に用いられるが，目的語の意味や前後の関係から，その場合の意味が推測できることも多い。do を含む次のような成句は覚えておくべきである。

　　do away with 〜（〜をなくする，除く）　　do with 〜（〜を処置する）

　　　do good〔harm〕(〔に〕益〔害〕がある)　　do without ～(～なしですませる)
　　　do one's best　　(最善をつくす)　　　　～ will do (～でよい〔まにあう〕)
　　　do justice to ～(～に公平な評価を与える)
　　　have something〔nothing〕to do with ～(～と関係が多少ある〔全然ない〕)

(2) 同じ動詞(＋目的語など)の**反復を避けるため**，かわりに do が用いられることがある。

① He knew more about it than we **did** (＝ knew).	彼は私たちよりももっとそのことについて知っていた。
② "Who invited her?" "I **did** (＝ invited her)."	「だれが彼女を招いたのだ」「私が招きました」

《注意》　この用法の do を**代動詞**(Pro-verb)という。

研究　**1．** 代動詞の do は，①比較の場合 (①)，②「～のように」の意味の as のある場合，などによく用いられるほか，③ do so, do it の形でしばしば用いられる。③の場合は，一応「そうする」「それをする」と訳してみれば，日本語訳から，この「そう」「それ」が何をさしているのか判断できる。

　2． 疑問・否定を作るときに do を用いない動詞《be，一部の用法の have，助動詞を伴っている動詞》の代動詞としては，do を用いることはできない。その場合は，be, have または助動詞だけを用いる。

He was as kind as you **were**.	彼はきみと同じくらい親切だった。
She has lived here longer than I **have**.	彼女は私よりも長くここに住んでいます。

　あとの例では，さされる動詞が have lived でも，have done (＝ lived) とはいわない。助動詞の have だけを用いる。ただし，次例を参照。

He was looking better than he had **done** (＝ looked) before.	彼は以前よりも元気そうに見えた。
You are running as much risk as I **did** (＝ ran).	きみは私が昔やったと同じくらいの危険をおかしている。

　ここでは，進行形のうちの動詞だけをさしているのだから，do が使える。

　3． 強調を表す do (Ⅱ，(2)) の次にくる動詞が省略されることがある。

They told me I could not see him; but I **did**.	彼に会うことはできないと彼らはいったが，でも私は会った。

　このような did が代動詞(＝ saw him)か，強調(＝ did see him の省略)かは，区別のつきにくいことも多いが，このように，not see〔否定〕に対し事

実はその反対であると力説するような場合は，強調の do〔did〕である。

　4．前ページ②のように，代動詞の目的語が前出の動詞の目的語と同じであれば省略するが，違っている場合には，次の例のように目的語を加える。

She loves me as much as I **do**(= love) **her**.	私が彼女を愛すると同じくらいに，彼女も私を愛している。

（参考）　完了形で用いられ，斜体で示した動詞（＋目的語）の部分の重複を避けた例もある。

　Should he disappear, the grass would *continue to grow* as it **has** always **done**. (Krutch) （彼がいなくなっても草はこれまでどおりはえ続けるだろう）

　She promised to *send a picture of the children*, but she **has**n't **done**. (Halliday) （彼女は子供たちの写真を送ると約束したがまだ送ってきていない）

§6　Dare の用法

　Ⅰ. 形　式：現在形： dare　過去形： dared 《古くは durst 》
　　意　味：「～する勇気がある」「大胆にも〔思いきって〕～する」

　Ⅱ. 用　法

助動詞としても本動詞としても用いられる。疑問と否定の文では助動詞として《つまり，§2 にあげた特徴を備えて》用いることもできるが，その他では本動詞として用いられる。

They **dared not** follow him.	彼らは思いきって彼について行こうとはしなかった。
Dare he go alone ?	彼ひとりで行く勇気があるのか。
He **dares to** insult me.	彼は生意気にも私を侮辱する。

《注意》　**1**．dare が使われることは英米ともにまれである。特に口語の場合はそうである。また，Dare you ～ ?, dare not ～のように助動詞として使える場合でも，Do you dare ～ ?, do not dare ～のように本動詞で使うほうが多い。

　2．上記の「否定の文」には，hardly などによる部分否定の文も含む。

（研究）　dare が名詞・代名詞を目的語にしているときは本動詞になる。

He **dared me to** jump over it.	彼は私にそれを(飛び越せるものなら)飛び越えてみろといった。

（参考）　**1**．*Do you dare try ～ ?* などのように，dare を本動詞扱いして do を用いながら，一方では助動詞扱いで *to try* としない，といった例も見られる。

2. dare は，このままの形で過去時制の文中に用いて，過去の意味を表す場合もある。cf. must (p. 361以下)

He *met* her yesterday but he *daren't* tell her about it.	彼はきのう彼女に会ったが，そのことを話す勇気はなかった。

Ⅲ．成句的な表現

(1) I dare say; I daresay（たぶん～だろう）（＝ probably）

I dare say there are some mistakes.	たぶん何か手違いがあるのでしょう。

研究　*I dare say* what I think. (思いきって自分の考えをいいます)のように，文字どおりに使う場合もないわけではない。

(2) How dare you ～ ?（よくもずうずうしく～できるね）

How dare you speak to me like that ?	私に向かってよくもそんなずうずうしい口がきけるね。

§7　Need の用法

Ⅰ．形　式：現在形：need　　過去形：なし
意　味：「(～する)必要がある」「(～し)なければならない」

《注意》　**1.** 過去形がないのは，助動詞の need の場合であって，ほかに本動詞の need もある。これには，もちろん needed という過去・過去分詞形がある。

　2. need not は，「(～する)必要がない」「(～する)に及ばない」の意味で，「ねばならない」の意味の must (§12)，have to (§4, (3)) の反対〔否定〕を意味する。

Ⅱ．用　法

疑問および**否定**の文では，助動詞として《つまり，§2にあげた特徴を備えた用い方で》用いることができるが，それ以外では，つねに本動詞として用いるのが原則である。

Need you keep these boxes here ?	これらの箱をここに置いておかなければなりませんか。
He **need not** wait for your reply.	彼はきみの返事を待つ必要はないのだ。
He **needs** to have a haircut.	彼は散髪する必要がある。

研究　**1.** 疑問や否定の文に用いるときにも，本動詞扱いをして，do を用い

たり，あとの原形動詞に to をつけることも可能である。事実，本動詞に扱うほうが現在ではふつうである。なお，p. 361を参照せよ。

2. 名詞または代名詞を目的語にする need は，もちろん本動詞である。

3. 過去時制の動詞を含む文中《たいてい間接話法の場合》では，そのままで過去の意味に用いられることがある。

I **asked** him whether he **need** go.	私は彼に行かなければならないのかどうか聞いた。

しかしふつうは，本動詞の need または have to, be necessary などの過去形を用いる。未来ならこれらに will を加える。

4. need の過去の意味を表すには，上記のほかに，「need ＋完了形」も用いる。

He **need** not **have come** all the way from Tokyo.	彼ははるばる東京からやって来ることはなかったのだ。

この言い方は，「来る必要はなかったのに来た」という意味である。これを，もし，He did not need to come ～（彼は～来る必要がなかった）とすれば，上文のように「実際には来た」という意味は含まない。標準英語ならば「来る必要もなく実際にも来なかった」の意味である。

5. need not (＝ needn't) は「～する必要がない」のほかに，「～とはかぎらない」の意味のことがある。《おもにイギリス英語の用法》

It **needn't** be hot in Florida now.	今フロリダが暑いとはかぎらない。

6. need to do と need doing の違いについては，p. 433参照。

(参考) 古めかしい英語には，need must go〔must needs go〕（行かなければならない）のような言い方もある。この need(s) は副詞である。

§8 Will, Would の用法

will は'll《例 we'll》，would は'd《例 we'd》と略記することもある。また，won't (＝ will not), wouldn't (＝ would not) と書くことも多い。

(参考) thou が主語のときは，wilt, would(e)st となる。

Ⅰ. Will の用法

「will ＋動詞の原形」の用法については，未来時制 (p. 227)，および will の用法(p. 229)を参照せよ。「will ＋完了形」は，①未来完了，②過去のことがらについての推測，を表す。それぞれ pp. 248，249を見よ。

Ⅱ.「would ＋動詞の原形」の用法

《注意》 仮定法過去(p.297)の場合と同じで，would は過去形だけれども過去《「〜した」》に訳すのは次の(b)(c)の場合だけで，他はすべて「〜だろう」になる。違っているのは if 〜がないことだけである。if 〜を補えることもあるが，補えない場合がいくらもある。would が過去形だからといって，単純に**過去に訳すと誤り**になる。

(1) 過去のことに関して用いる場合

(a) 単純未来・意志未来の will が，時制の一致によって過去形になっている場合

① He thought it **would** rain.	彼は雨が降るだろうと思った。
② She said she **would** come.	彼女は来る(つもりだ)といった。
③ There was some danger that it **would** be detected.	それが見つかる(であろう)危険が多少あった。

補足　①でいえば，彼は "It *will* rain." と考えたのであるが，その will が thought の時制に一致して過去形の would になった。彼が考えたときを基準にすれば，「雨が降る」のはそれより未来のことだから，この would は，**過去から見た未来**である。

研究　ある人が，考えたり話したりしたことがらを述べている文句の中にある would は，たいていこの用法である。なお，話法(p.449)を参照せよ。

(b) 過去の習慣的動作を表す場合

【訳し方】「〜したものだ(った)」「〜していたものだ」

When young, he **would** sit for hours without speaking a word.	彼は若いころ一言もいわずに何時間もすわっていたものだ。
In those days I **would** often lie long awake in the dark.	その当時私はよく，真暗な中で長い間目をさましたまま横になっていたものだ。

研究　**1.** これは，現在の習慣を表す will(pp.229，230)が過去になったもの。will と違い，人称にかかわらず，きわめてよく用いられる。ただし，1，2人称の場合は，3人称の場合ほどには見られない。

2. would は，習慣的動作といっても，規則的に反復されるものにはあまり用いない。used to との相違は，p.368 を見よ。

3. この would は時を表す語句を伴って用いられる。

(c) 推測・意志などを表す場合

He said, "What **would** she be doing over there last night ?"	「彼女は昨晩あそこで何をやっていたんだろう」と彼はいった。
He **would** not tell us where the money was hidden.	彼はどこにその金が隠してあるかを，私たちにいおうとしなかった。

研究　1．pp. 229～231にあげた推測・意志を表す will が過去になったものである。これらの用法では，同じ文または前後の文の中に，はっきり過去を意味する動詞，あるいは，その他の過去であることを明示する語句が必ず含まれている。

　2．訳し方は，推測を表す場合は，「～(した)だろう」「～(だった)だろう」《would ＋動詞の原形を「たであろう」と訳せるのはこの場合だけ》，意志の場合は，「どうしても～しようとした」でよい。

　3．(b)，(c)の would については，前後の内容をつかんだ上で，どの用法に解釈するのがもっとも適当かを，日本語で考えて定めるのがよい。

　4．意志を表す用法は，① not など否定を意味する語とともに用いられる，② would have という言い方で用いられる，ことが多い。これは意志を含む未来ではなく，過去のそのときにおける意志を表す点で (a) の場合と違う。しかし，この相違があまり明確に認められないときもある。

参考　能力を表す will (p. 231) が過去になる場合もあるが，きわめてまれである。

(2) 現在または未来のことに関して用いる場合

(a) 願望・意志などを表す

【訳し方】「～したい(と思う)」

① We **would** offer a few criticisms upon it.	われわれはそれについていくつかの批判を加えたい(と思う)。
② Do to others as you **would** be done by.	自分がされたいように他人にもせよ〔おのれの欲するところを人に行え〕。
③ Who **would** not have his youth renewed ?	若さをよみがえらせ(てもらい)たくない人があろうか。
④ If we **would** believe, we might move mountains.	私たちが信じ(ようとす)れば，山を動かせるかもしれない(のだが)。

研究 **1.** この would は現在の意志・意志未来 (p. 228以下参照) の will の仮定法の形で,「～しようとした」と過去に訳すのはいけない。will ほど強く「～するつもりだ」という自分の意志を主張しない,控えめでていねいな言い方になる。

2. 前後に過去を意味する語句があれば,通常,この用法ではなく,過去の意志を表す((1), (c))が,時には,would が仮定法で,かりに文の主動詞を現在時制にしても,would は過去形のままという場合もありうる。いっぽう,文中の動詞が現在形で would だけが過去形ならば,これはまず問題なく仮定法の would と思ってよい。

3. ④は If ～の中に助動詞が用いてある点が違うだけで,仮定法過去 (p. 297) の構文である。扱いも同じでよい。

4. ①～③のような文は,「もしでき〔許され〕れば」のような if ～の文句が省略されていると考えうる場合もあるが,いつでもこのような省略文句が補えると思ってはならない。(p. 304, (3)参照)

5. 次の文は「I wish ＋仮定法」(p. 305) の構文に準ずるもの。この would は,要求・命令を表す will (p. 229) の仮定法である。

I wish you **would** be more careful.	もっと気をつけてほしいものですな。

(b) 推測・可能性などを表す

【訳し方】「(あるいは)～でしょう」

① We **would** seem to live in an age of experiments.	われわれは実験の時代に住んでいるようです。
② I **would** be glad to scnd it to you.	喜んでそれをあなたにお送りいたしましょう。
③ That **would** be what most women do.	それはたいていの女の人がすることでしょう。
④ If anyone in London **would** know, he should.	もしロンドンでだれか知っている人がいるとすれば,彼のはずだ。

研究 **1.** 単純未来・推測などの will の仮定法の形である。will と同様に1人称に用いるのは米語では当然だが,英国でも見られる。

2. これらは,We seem, I'll be, That will be などに比べ,遠慮がちな,またはていねいな言い方である。また,話し手の自信のなさの気持もしばしば含む。

3. 日本語の訳文では,will との相違を出しにくい場合もあるが,文全体を

ややていねいに《「だろう」よりは「でしょう」など》訳せばよい。

4. ②などでは，前後にある文によって，p.304の例文のように，「私なら」と訳すのがよいこともある。

5. ④は(2)，(a)，④の文と同様に仮定法過去の構文になるが，If 〜は「ロンドンでは知っている人がいないだろう」という「現在の事実と反対の想像」ではなく，「〜がいるであろう，それならば」という推測である点に注目。

(3) 成句的な表現

(a) would like to 〜 (〜したい[と思う]；〜したがる)

I **would like to** see it.	私はそれを見たい(と思う)。
He **would like to** hear more of it.	彼はもっとそのことを聞きたがっている。

研究 1. I *would* like というのは米語で，英国では I *should* like が正しいという人もあるが，現在では当てはまらないようである。

2. 上記の用法以外に，*would like* some coffee (コーヒーがほしい)，*would like* you to know it (きみに知ってもらいたい)などの用法もある。

3. you would like はていねいな依頼の意味に用いることもある。

Perhaps **you'd like** to help me with this luggage.	(ご迷惑でなければ)この荷物を運ぶのに手を貸してくださいませんか。

4. Would you like 〜? は，「〜したいのですか」の意味から，ていねいな申し出・勧誘の意味を表すのにも用いられる。

Would you like to look at it ?	それをお見せしましょうか。
Would you like me to go with her ?	私が彼女といっしょにまいりましょうか。

(b) Would you 〜 ? (〜[ません]でしょうか)

Would you show me the way ?	道を教えていただけませんでしょうか。
Would you pass the salt ?	食卓塩をこちらへくださいませんか。

研究 1. この would は(2)，(a)の用法である。Will you 〜 ?が，相手の意志をきくことから依頼・要求・勧誘を意味すると同様に，これもそれらの意味を表す。ただ would のほうがずっとていねいな言い方になる。

2. 形は疑問文でも内容は依頼・要求などだから，?は略すこともある。

3. Would you の次に，please, kindly などを入れることもある。

4. Would you mind ＋ -ing ～ ? はていねいな要求・依頼を表す。

Would you mind open**ing** the window ?	窓をあけていただけませんか。《mind は「いやがる」の意味》

そのほか，ていねいな依頼・要求の言い方に，次のようなものがある。

Would you be kind〔good〕enough to〔do〕～ ?

Would you be so kind as to〔do〕～ ?

なお，次の Would you mind ～ ? と上例の場合を混同しないように。

Would you mind **my** open**ing**〔*if I open*〕the window ?	（私が）窓をあけてはいけませんでしょうか〔あけてもかまわないでしょうか〕。

(c) would rather〔sooner, as soon〕～（むしろ～したい）

I **would rather** drink tea **than** coffee.	（どちらかといえば）コーヒーよりもむしろお茶を飲みたい。
I **would sooner**〔**as soon**〕stay here **than**〔**as**〕go with them.	彼らといっしょに行くよりも，むしろここにいたい。

《注意》　これも願望を表す would である。cf. had rather (p. 309)

研究　**1.** than 以下は省略されていることが多い。また，would sooner〔as soon〕はまれである。

2. like など「好む」に似た意味の動詞が would rather に続くときは，イギリス英語では，「とても好きだ」の意味で，「むしろ」の意味は失われる。

3. あとに「主語＋動詞」がくることもある。He would rather **she go** with him.（彼は彼女がいっしょに行くほうを望んでいる）この場合，イギリス英語では **she went** というほうがふつうである。

Ⅲ.「would ＋完了形」の用法

(1) 未来完了の will が時制の一致で過去形になった場合

He thought that his youth was going and soon he **would have lost** it.	自分の若さは消えつつあり，まもなく自分はそれを失ってしまうだろうと彼は思った。

補足　彼は「…を失ってしまうだろう」(＝ will have lost) と考えた《自分に向かっていった》のであるが，その will が thought と時制の一致をして would となったもの。なお，話法(p. 449以下)を参照。

研究　**1.** 描出話法(p. 460)のときを除き，上例のように，つねに動詞の目的

語をなす文句の中だけで用いられる。

  2. この用法では「～し（てしまっ）ただろう」と訳してはいけない。

(2) 過去のことがらについての推測を表す場合

① She **would have stopped** there.	そこで立ち止まったことだろう。
② You **would**n't **have thought** I'd have survived him, would you ?	あなたは私が彼よりも長生きをする，などとは思わなかったことでしょうね。
③ He had just returned, so that he **would have had** no opportunity of reading it.	彼はちょうど帰って来たばかりでしたから，それを読む機会はなかったでしょう。

〔補足〕　「If＋過去完了」，またはそれにかわる語句のある場合には，この構文は通常「～しただろう（が事実はそうでなかった）」という過去の事実と反対の意味を含むが，上の例文は，「実際にしなかった」という裏の意味はなく，「～したであろう」という推測だけである。ただ，「彼女だったら，そこで立ち止まっただろう（実際はそうではなかったから立ち止まらなかった）」（p.304，(3)参照）の意味にもなりうる。なお，②の文の 'd have survived は(1)の用法である。

〔研究〕　**1.** これは「would ＋動詞の原形」（Ⅱ，(2)，(b)）の過去に当たるもので，同じように控えめでていねいな表現である。

  2. 訳し方は通常，「～た（こと）でしょう」でよい。（以下を参照）

  3. この場合の完了形も，時により，継続や経験を意味することもある。

〔参考〕　**1.** この「would ＋完了形」はたいてい推測・可能性を表すが，次のように意志・願望の意味を含むこともある。would の諸用法を念頭においてそれぞれの場合を判断せよ。

Deeply embarrassed, he *would have left* the bed; but he found that he could not rise.	ひどく困惑して，彼はベッドを離れようと〔たいと〕思ったが，起きられないことを知った。
He was one of the few men with whom I *would have trusted* it.	彼は私がそれを安心して任せようと思った，少数の男たちの1人であった。

  2. 次のような場合には，**〔研究〕** 2の訳し方に従わず，「～だろう」がよい。

"I thought you meant me to come with you." "You'*d have hated* that."	「私もいっしょに連れてゆくつもりだと思っていました」「おまえはそんなことはいやだろう」

これは，meant の時制に合わせて，「そのつもりだったら，いやだったろう」といったもの。しかし，条件を加えずに「いやだったろう」では，日本文としておかしい。

  3. 意志を含まない意味で1人称に用いた場合は，「～しただろう」ではおかしく，

単に「～した(のですが)」と訳すより仕方がない。ただ, 単純過去を用いるよりはていねいな言い方であることは, すでに述べた場合と同じである。

I had time to wonder what he was up to. I *would have expected* him to go down to the boathouse.	私には, 彼は何をたくらんでいるのかなと考えるひまがあった。彼はボート小屋へ行くだろうと私は思ったのです。

(3) 少数の動詞では, 願望・意図などが実現されなかった意味を表す。

I **would have liked** to hear what he had to say.	彼のいうことを聞きたかったのに。《実際は聞けなかった,の意味》

研究 **1.** このように用いられた場合は,「～たのに〔～たのだが〕」でよい。

2. would like to have heard という言い方もある。例文と意味は同じと考えてよいが, 厳密な人は, これは「聞きたかった」と現在思う意味で, 例文は「その当時思った」の意味だという。まれには, 例文の to hear が to have heard になっている例もある。

(4) 過去の事実と反対のことを表す場合《例文省略》

《注意》 例文は仮定法過去完了の項 (p.299) を見よ。はっきり「～たならば」を表す文句があればこの用法になるが, (2)との区別は必ずしも明確ではない。

§ 9 Shall, Should の用法

前の語と結合して, 'll, 'd となることはまれである。shan't (= shall not) は, だいたい英国の英語にかぎる。しかし, shouldn't は英米ともよく用いる。

参考 thou が主語のときは, shalt, should(e)st となる。

I. Shall の用法

「shall ＋動詞の原形」と「shall ＋完了形」の場合があるが, shall の用法 (p.232), 未来時制 (p.227), および未来完了時制 (p.248) を参照せよ。

II. 「should ＋動詞の原形」の用法

《注意》 should が過去の意味であるのは, 次の(1)の場合だけで, その他はすべて現在の意味である。語形が過去形なのに惑わされてはならない。日本語では文の末尾の動詞を過去にするだけで, 他は現在のままなのがふつうだから, (1)も通常は現在のように訳すことになる。

(1) 時制の一致により, 単純に各種の用法の shall が should になった場合

① I thought I **should** arrive there in time for dinner.	私は夕食にまにあうようにそこへ着くだろうと思った。
② I wanted things I **should** never have again.	私は二度と手にはいらない（だろう）ようなものがほしかった。
③ I asked him whether the boy **should** wait.	私はその少年を待たせておくのかどうか，彼に聞いた。

《注意》 would についての 補足 ，**研究** がこの場合にも当てはまる。§ 8，Ⅱ，⑴，⒜を参照。訳し方についても同様。

研究 **1.** この should は過去のことに関して用いられたもので，以下で述べる現在に関して用いる仮定法の should とは性質を異にする。

2. ③の should は2人称の意志をきく用法の shall《"*Shall* the boy wait ?"》からきたものだが，現在では shall のこの用法はない（p. 233参照）ので，このような should は⑵の用法に非常に近くなる。①②の should は，イギリス英語の shall（単純未来）が thought, wanted の時制に一致したもの。

(2) 義務・必要・勧告などの意味を表す。

【訳し方】「～べきである」「～するのがよい」

| You **should** make up for it. | きみはその埋め合わせをすべきだ。 |
| Applications **should** reach us before Feb. 15. | 願書は2月15日までに当方へ到着しなければならない。 |

研究 **1.** この should は，現在または未来のことに関して，どの人称の主語にも用いる。仮定法だから，文の時制が変化しても shall になることはない。

2. この用法の should は米語でもいくらも用いる。

3. not がつけば，「べきではない」「～するのはよくない」となる。

(3) 強い可能性・当然さなどを表す。

【訳し方】「～はずである」「（まちがいなく）～だろう」

| We **should** be there within an hour. | われわれは1時間たらずでそこに着くはずだ。 |
| He **should** succeed this time. | 彼も今度は成功するはずだ。 |

研究 次も同じ用法の should であるが，日本訳を少しくふうしないと，うまくまとまらない。《②はむしろ⑵の用法ともいえる》

| ① The result is not *what it* **should** *be*. | 結果は思わしいもの〔期待どおりのもの〕ではない。 |

② He is *everything* (*that*) *he* **should** *not be*.

彼は期待とはまるで反対の人間になった〔彼は<u>好ましくないものばかりを備えた人間だ</u>〕。

③ I **should** know that voice.

あの声は<u>確かに</u>聞きおぼえがあるの<u>だが</u>。

直訳すればそれぞれ次のようになる。

① 「結果はそれが<u>なるはずのものではない</u>」
② 「彼は<u>なってはならないあらゆるもの</u>〔なるべきものの逆〕になっている」
③ 「私はあの声を知っている<u>はずである</u>」

(4) 命令・決定・提案など，主語の意向を表す動詞の目的語になる文句《名詞節という》の中の動詞に加えられる。

① I *command* that you **should** act justly.

私はきみが正しく行動することを〔するように〕命ずる。

② It was *proposed*〔*decided*〕 that they **should** discuss the matter at once.

彼らがすぐにその問題を討議するようにとの提案〔決定〕が行われた。

③ They may *desire* that the boys **should** be admitted to the club.

彼らはその少年たちがクラブに入会を許可されることを〔されるよう〕希望するかもしれない。

研究　**1.** 訳し方は，上例のように，should を無視してもよく，または「～するように」としてもよい。

2. この should は，that ～を目的語とする動詞の時制には無関係である。

3. should のかわりに，米語ではとくに，ここに仮定法現在を用いるのがふつうである（p. 306参照）。また，①のように現在時制の動詞のあとでは，should のかわりに shall を用いた例もときには見られる。

4. 命令・仮定・提案などが，上例のように動詞ではなく，名詞で表されているときも，should は用いられる。

He took no notice of their *appeals*〔*decision*〕 that he **should** have some rest.

少し休養するようにという彼らの懇請〔決定〕を彼は無視した。

参考　**1.** この should は(2)の意味と本来密接な関係がある。that ～で述べられていることは，その時点では未実現の不確定なことだから仮定法の should を伴うので，やや古風な日本語で「行動<u>せん</u>ことを」のように未来の助動詞を伴うのと類似している。

2. やや古風な英語，または形式ばった英語では，過去時制の場合に，①関係詞節の

中の動詞, ② when, till, before など, 時間に関する接続詞のあとの動詞, ③ so that ～（～するために, ～するように), though ～などの中の動詞, の前にも should がおかれることがある。《現在時制なら shall を用いる, p. 234, ④参照》なお, If ... should 《仮定法未来》については p. 301 を参照。lest ～ should ...は p. 339 を見よ。

(5) 感情, または感情を含んだ判断を表す語を伴う that ～《名詞節》の中で用いられる。典型的な構文は, **It is ～ that ... should ...** である。

① It is *natural* that you **should** like it.	きみがそれを好むのは当然だ。
② It was *strange* that she **should** marry such an old man.	彼女があんな老人と結婚するとは不思議であった。
③ That any one **should** believe it seems almost *unthinkable*.	だれにしてもそれを信ずるなどとは, ほとんど考えられないことに思われる。
④ I *grieved* that you **should** be so angry.	きみがそんなに腹をたてるとは私には悲しかった。

研究 **1.** 訳し方は,「～する（など）とは」「～するなんて」とすればよいが, 前後関係により, ①のように should を無視して訳さなければ, 日本文としてまとまりの悪いこともある。

2. should をよく伴う語としては, 上例の natural, strange などのほかに, 次のようなもの, およびその類語がある。

absurd（ばかげた）　desirable（望ましい）good（よい）
impossible（不可能な）necessary（必要な）　odd（奇妙な）
a pity（遺憾なこと）　proper（適当な）　　regrettable（遺憾な）
right（正しい）　　　surprising（驚くべき）unfortunate（不運な）, etc.

3. この should は, 前後の動詞の時制によって shall になることはない。

4. It is ～が省略されていることもある。

　　That it **should** come to this !　｜　こんなことになろうとは。

　その場合は that ～に述べられていることを事実として受け入れているのであるが, should がつけば, 程度の差はあるが, that ～が信じがたいという気持が含まれて, その結果, 述べている内容が, 直説法の場合よりも緩和されるという。その「信じがたさ」がはっきり出る場合には, たとえば It is a pity *that he should* be ～は It is a pity *if he is* ～に近い意味であるという。

参考 **1.** should を用いずに, 直説法の動詞が用いられている例も時おり見られる。

　2. この構文での should は, that ～という事実のみならず, それに関する話し手

の驚き・後悔など種々の感情を表す用法であると一般にいわれているが，一方，これは，事実を単に事実として客観的に述べるのではなく，現実の事実とか事実でないとかいうことを離れ，話し手の1つのアイディアとして述べる言い方である，という説を述べる人もいる。

(6) ていねいな，または**自信のとぼしい言い方**に用いられる。

I **should** say he is over fifty.	彼はまず50過ぎでしょうね。
That's a pretty good idea, I **should** think.	それはなかなかいい考えだと思いますがね。
Should I get you an aspirin ?	アスピリンを取りましょうか。

研究　**1**．これは，通常，1人称《未来時制で shall を使える》が主語のときに用いられる。とくに **like, say, think, wish** などに伴うことが多い。

2．訳し方は，上例のように，いくぶんていねいな日本語，または多少ちゅうちょした言い方《「～です」ではなく「～でしょうかね」など》にすればよい。

3．It *should* seem that ～（～と思えますがね）の should もこの用法であるが，これはやや古い言い方である。現在は would がふつう。

(7) 疑問詞といっしょに用いて，**驚き・反語**などの意味を表す。

① *How* **should** I〔he〕know ?	私〔彼〕が知っているはずがないじゃありませんか。〔反語〕《直訳：どうして知っているはずがあろうか》
② *Why* **should** you help such a fellow ?	どうしてあんな男を援助しなければならないのか。〔驚き・反語〕
③ *Who(m)* **should** I meet but my teacher ?	会ったのはだれあろう，私の先生さ。〔驚き〕《直訳：先生以外 (but) のだれに会ったであろうか》
④ *Who* are you that you **should** speak thus to me ?	私に向かってそんな口をきくとはおまえは何ものなんだ。〔驚き〕

研究　**1**．how, why はしばしば上のように should を伴う。他の2つの例は，それぞれ but と that を伴う型の定まった言い方であるが，比較的まれである。とくに，最後の例文のような言い方は，やや古風なものである。いずれも，答えを期待する純粋の疑問文ではない。

2．②は，場合により「援助することはないじゃないか」でもよい。

(8) 成句的な表現

(a) lest ～ **should** ...（…しないように，…するといけないから）

| Take care **lest** you **should** fall asleep. | 眠らないように〔眠るといけないから〕気をつけなさい。 |

《注意》 **1.** これは文語的な言い方である。should のかわりに may, might を用いたり，または，助動詞を用いずに，仮定法現在を使うこともある。

 2. 同じ意味で，for fear (that) ～ should; so that ～ should not なども用いられる。

(b) as who should say ～ （～といわんばかりに）

| He nodded **as who should say** "That's it." | 彼は「それだ」といわんばかりにうなずいた。 |

Ⅲ.「should ＋完了形」の用法

(1) 未来完了《shall ＋完了形》が時制の一致で過去形になった場合

| He expected that I **should have finished** it by ten o'clock. | 彼は，10時までに私がそれをすませてしまうだろうと思った。 |

《注意》 §8，Ⅲ，(1)の 補足 ，⚙究 を参照せよ。そのまま，ここに当てはまる。また，話法(p. 449以下)も参照。

(2) 実現されなかった義務・必要・勧告を表す。(Ⅱ，(2) 参照)

【訳し方】「～べきだった(のに)」「～すればよかった(のに)」

| You **should have made** every effort to gain it. | きみはそれを得るためにあらゆる努力をすべきであった。 |
| You **should have seen** the festival. | きみもそのお祭りを見ればよかったのに。 |

補足 実際には「努力をしなかった」「見なかった」という意味が裏に含まれ，非難・後悔などの気持を表す。

(3) 過去のことがらについての確信ある推測を表す。

【訳し方】「～したはずだ」「きっと～しただろう」

| ① He **should have arrived** there by now. | 今ごろまでには，彼はそこへ着いたはずだ。 |
| ② The evidence **should have been** very clear to the jury. | その証拠は陪審員たちにとり，きっと非常にはっきりしていたのだろう。 |

⚙究 **1.** これはⅡ，(3)の用法の過去時制に当たるもので，後述する

「must ＋完了形」の意味と大差ない。

2. この用法では，実現されなかった過去のことがらを表すとはかぎらない。つまり，①でいえば，実際には到着していなかった場合も，到着していた場合もある。そのいずれであるかは，この文だけでは判定できないのである。

3. これと上の(2)の用法とを見分けるには，前後を訳した上で，日本語としてどちらがぴったりするかによって判定するのがいちばんよいが，だいたいにおいて，動詞の表す動作が主語の意志によって左右できるものの場合は(2)，そうでなければ(3)の用法である。

(4) 感情または感情を含む判断を表す語を伴って用いられる。

【訳し方】「～し(てしまっ)たとは」

It is a *pity* that he **should have failed**.	彼が失敗し(てしまっ)たとは残念だ。
I'm *surprised* that you **should have been** so foolish.	きみがそんなにばかだったとは驚いた。
It was *strange* that hate **should have been revived** by it.	そのために憎悪の念がまたよみがえったとは不思議であった。

研究 これは「should ＋動詞の原形」(Ⅱ,(5))の過去形または完了形に当たるものである。時制の点以外は，そこで述べたことがここにも当てはまる。

(5) ていねいな，または自信のとぼしい言い方に用いられる。

I **should have thought** it would be better.	私はそのほうがよかろうと思っ(てい)たのです(が)。
I **should** never **have expected** you to go out as a soldier.	きみが兵士として出て行くとは全然思っていなかったのに。
From their voices I **should have sworn** they were his daughters.	その声から，彼らはきっと彼の娘たちにちがいないと私は思いました〔いい切れるほどでした〕。

補足 最後の例は「もし聞かれたならば」のような if ～が裏に含まれている気持で「誓っていったでもあろう《それくらい確信があった》」の意味。

《注意》 **1.** これらは should think (Ⅱ,(6)) などの過去形に当たるもので，should を用いる関係上，だいたい1人称にかぎられるようである。

2. 訳し方は，「～して(いまし)た」「～してい(まし)たのに」「～するほどでした(のに)」などとすればよい。

3. ここの should have thought〔expected, sworn〕は，「実際には考え〔期待し・誓わ〕なかった」という意味ではなく，考えたりしたことは事実な

のである。ただ，事実は自分が予想したり，思っていたのとは相違していたということが，ふつう，前後で述べられていたり，または裏に含まれている。

4. should have liked〔to do または名詞〕(～したかった〔ほしかった〕)，should have intended〔hoped, etc.〕(～するつもり〔希望〕であった)なども同様で，自分の希望・意図などが実現されなかったという意味が，通常，裏に含まれている。(§ 8，Ⅲ，(3)参照)

(6) 疑問詞といっしょに用いて**驚き・意外**の意味を表す。

Why **should** he **have said** he had found the watch just there ?	いったいどういうわけで，彼はその時計をちょうどそこで見つけたなどといったのだろう。
I do not understand *why* he **should have drawn** our attention to it.	いったいなぜ，彼がわれわれの注意をそれに向けさせたのか理解がつかない。

研究　Ⅱ,(7)の用法の過去形に当たるもの。ただ，その場合と違って，はっきり反語の意味になることはないようである。

(7) 過去の事実と**反対の想像**を表す。(p. 299,「仮定法過去完了」参照)

参考　上述のほかに, if he *should have called* on her(もしひょっとして彼が彼女を訪問していたら)のように, if の中に用いられることもあるが, これは, if he *has called* または if he *happened to call* などと同じものと考えてよいだろう。

§ 10 May, Might の用法

《注意》　大きく分けて，可能性と許可を表すが，can がその領域に進出してきている。

Ⅰ.「may ＋動詞の原形」の用法 (Ⅲ も参照せよ)

(1) 推量・不確実を表す場合

【訳し方】「～かもしれない」

It **may** be true.	それは本当かもしれない。
He **may** show you the work.	彼はきみにその作品を見せるかもしれない。

研究　1. 否定のときは may not(～ないかもしれない)だが，米国では mayn't とも書く。英国ではこの短縮形は用いない。しかし, mightn't(過去形)は英米どちらでも用いる。

It **may not** rain tomorrow.	あす雨は降らないかもしれない。

2. 話している時点で「〜であるかもしれない」または(近い)将来に，「(あることが)起きるかもしれない」の意味を表す。この用法の may は，一般に疑問文には用いない。次のような表現は，やや古めかしい，堅苦しい言い方であると思われる。

How old **may** she be ?	彼女はいくつなのだろうか。
May the news not be true ?	その報道は本当ではないのじゃなかろうか。

(参考) may を2人称について用いた次のような疑問文は，相手を下に見た言い方になるといわれる。

And what *may* you want ?	ところでどういうご要件かな。

(2) 可能・容認を表す場合

【訳し方】「〜できる」「〜してさしつかえない」

You **may** go there by way of the town.	その町を経由してそこへ行くことができます。
We **may** call him a genius.	彼を天才と呼んでさしつかえない。
Samples **may** be obtained at the store.	見本はその店で手にはいります〔手に入れることができる〕。

研究 **1.** 疑問文では can, 否定文では cannot に変わる。

Can you get there in time ?	まにあうように，きみはそこへ着くことができるだろうか。
You **cannot** go there by way of the town.	その町経由でそこへ行くことはできない。

2. may と can：may の「できる」は，周囲の事情が許すから，あることが「起こりうる」「ありうる」「不当ではない」などの意味で，本来は，能力を備えているからなしうる，という意味の can とは性質がやや違う。しかし，実際には，両者の区別はそれほど明確ではないことも多く，上の例文，特に最初と最後の例文では，may のかわりに can を用いることも可能である。口語なら can のほうがふつうである。(p. 352 参照)

(3) 許可を表す場合

【訳し方】「〜してよい」

"**May** I come in ?" "Yes, you **may**."	「はいってもいいですか」「ええ，いいです」
They **may** borrow books from the library.	彼らは図書館から本を借り出してよい。

研究　**1.** この may のかわりにも，can が使われるほうが多いが，

① 許可を求めるときは，May I 〜 ? のほうがていねいな，改まった言い方である。しかしこれは，親と子，主人と召使といった上下関係，相手に対する敬意，などを暗示しやすい表現であり，現在では——とくに口語において——Can I 〜 ? のほうがよく用いられる。may ほどていねいではないが，対等の間柄などであれば，can で失礼ということはない。

② 許可を与えるときは，you may もあるが，これは返事をする人個人が与える許可という含みがあり，相手に対してある種の権限をもっている人物を思わせるので，一般には you can をよく用いる。とくに米語ではそうである。

③ 許可しないときには you may not もあるが，これは上記の you may の場合と同じ理由で，親が子供に対しては用いるが，一般に口語では（特に米語で）you cannot である。しかし，公文書などでは may not（= be not permitted to）もある。

"**May** I come in ?" "No, you **cannot**."	「はいってもいいですか」「いいえ，いけません」

2. ていねいな依頼・要求などには，この may がしばしば用いられる。

May I trouble you to pass the dictionary ?	お手数ですが，その辞書をこちらへ渡してくださいませんか。
May I help you ?	私でお役にたちましょうか。《困っている人などに向かって》
May I ask your name ?	お名まえは何とおっしゃいますか。
How much did you pay for this, if I **may** ask ?	こんなことをうかがうのはなんですが，これをいくらでお求めですか。

参考　**1.** if I may（お許しいただければ）のような型の定まった言い方《上例の if I may ask も》では，may を can にすることはできない。

2. 「なぜ私は〜してはいけないのか」のときは，Why mayn't I 〜 ? ではなく，Why *can't* I 〜 ? という。

3. 上記の(1)～(3)の用法は密接な関係があり，必ずしもその境目は明確ではなく，2つの用法の中間的な場合も少なくない。また，たとえば，He *may* come back. は「彼は帰って来る<u>かもしれない</u>」とも「帰って来<u>てもよい</u>」とも，なりうる。これらは，前後の文の内容から，どっちの意味かを判断しなければならない。

(4) 祈願の意味を表す場合

May God bless you !	きみに神の祝福のあらんことを！
May you have a good time !	楽しくお過ごしなさいますよう！

研究 **1.** 主語の前に may がおかれ，しかも疑問符《？》がないのに注意せよ。

2. これは形式ばった言い方で，現在ではまれである。単に God bless you！ Have a good time！ などというほうがふつうの言い方である。

Ⅱ.「**might ＋動詞の原形**」の用法（Ⅲも参照せよ）

(1) 時制の一致によって**Ⅰ**の諸用法の **may** が過去形になる場合

He said I **might** go.	私は行ってもよいと彼がいった。
I thought we **might** expect a good harvest.	よい収穫を期待できる〔してさしつかえない〕と私は思った。
I was told that he **might** recover.	彼はなおるかもしれないと私は聞いていた。

研究 **1.** might が過去に関して用いられるのは，上例のように，過去の動詞の目的語などになる文句《名詞節》の中に出てくるときにほぼかぎられる。この場合の訳し方は，現在形と同じでよい。

2. そのほかに，過去を明示する副詞(句)や過去形の動詞が前後にあるときにも用いられるが，1の場合よりまれである。この場合にだけ，訳し方は，「～かもしれなかった」「～してよかった」と過去になる。

Progress **might** be slow, but it *was* sure.	進歩はおそいかもしれなかったが確実であった。

3. その他の場合，might は以下に述べるように，現在の意味で用いられているのである。つまり，**語形は過去で意味は現在**であって，英文中に出てくる might のうち，圧倒的多数が現在の意味であることを銘記しておく必要がある。

参考 過去における許可を表すときに might を用いることは，**研究** 1，2の場合でさえもまれになってきている。

(2) 現在のことがらに関して，**Ⅰ**の(1)～(3)の用法の **may** よりも弱い意味を表すのに用いられる。

① It **might** rain tomorrow.	あすあるいは雨が降るかもしれない。
② He cannot solve it, but a better man **might**.	彼にはそれが解けないが，もっとすぐれた人ならあるいは解けるかもしれない。
③ **Might** I come in？	はいってもよろしいでしょうか。

補足 ①では，may の場合よりも，雨の降る可能性が少ないと話し手が思っているのである。訳し方は，「あるいは〔ひょっとしたら，もしかすると〕～かもしれな

い」などとすればよい。②でも，may というよりは自信のとぼしい言い方になるから，訳し方は「できる」ではなく「できるかもしれない」などとする。③も同様で，may に比べて，許可を得られる確信がとぼしい気持，または，おずおずと許可を求める気持が強い。したがって，may よりもていねいな言い方になる。

研究　③のように Might I 〜 ?で許可を求める言い方は現在ではまれで，すたれかけているようである。

(3) 提案・要求・不満などの意味を表すのに用いられる。

We **might** ask him to be chairman.	彼に議長になってくれるように頼んだらどうだろう。〔提案〕
You **might** try to remember that someone lives next door.	隣に人が住んでいるのを忘れないようにしてもらえませんかね。〔要求・抗議〕
You **might** buy me a packet of biscuits.	ビスケットを一包み私に買ってきてください。〔要求・依頼〕
He often leaves off when he **might** go on with the story.	彼はしばしば話をつづけたらよさそうな(ものだと思う)ときにやめてしまう。〔不満〕
You know nothing of the world; you **might** be a baby.	きみは何も世間を知らない。まるで赤ん坊も同然だ。

研究　**1.** 以上の用法は，肯定文《not などを含まぬ文》の場合にかぎる。

2. 上例の要求の仕方はある程度親しい間がらの人の間で用いられるのがふつうで，とくにていねいではないが，またぶしつけな言い方でもない。時には軽い批判や皮肉が含まれていることもある。最後の例文はそれで，「きみ」が baby というのはまったく事実に反したことなのである。

Ⅲ. May, Might を含む成句的表現

(1) may well 〜　(〜して無理もない，してもおかしくない)

You **may well** be surprised.	きみが驚くのは無理もない。
He **may well** attend the meeting instead of me.	私のかわりに彼が会議に出ても不思議ではない。

補足　この may は「できる」，well は「十分の根拠をもって」の意味である。

研究　It **may well** be true that ... (…はたぶん本当かもしれない)のような場合もある。この well は可能性を強める働きをしている。

(2) may(just)as well 〜　(〜したほうがよい)

| You **may**（**just**）**as well** stay with us. | きみは私たちといっしょにいたほうがいい。 |

(3) may（just）as well ～ as …（…と同様に～してもよい，…よりも～するほうがよい）

| One **may as well** not know a thing at all **as** know it imperfectly. | なまはんかに知っているよりも，全然知らないほうがよい。 |

補足　not の位置に注意。may *not* as well ではない。

(4) might（just）as well ～（～したほうがよい〔ました〕，～するようなものだ；～してもよかろう）

| I **might**（**just**）**as well** be a slave. | 私は奴隷になったほうがましだ。 |

研究　**1.** ⑵の may（just）as well ～と might（just）as well ～には，はっきりした意味の違いはないのがふつうである。しかし，⑷の例文のように，実際には望んでいない状態，実行する可能性がほとんどないような行為（⑸参照）があとに続く場合は，might に限るように思われる。

　2. これらの表現は，口語的なくだけた文の中で用いられる。「（2つの行為の）どちらも同じくらいにいい」が基本的な意味であっただろう。それから変化して，may〔might〕as well go now なら「今行く」「あとで行く」の2つのうち，まあ前者にするの意味になった。しかし，しばしば見られる用法は，2つの行為のうちどちらも気が進まないもので，仕方がないからしぶしぶそのうちの1つを選ぶ，といったものである。たとえば，may〔might〕as well go home が，楽しめると思って来たのが少しも楽しくなくて，まだそこにいる，というのと，家に帰る，という2つの中の1つを選ぶ場合の表現に用いられていれば，「家に帰ることにでもするか」といった含みになる。さらに，いやみ・皮肉などがこめられていることもある。

　3. 上記からわかるように，この表現は，had better「～したほうがいい」，would rather「（むしろ）～した（ほうがい）い」ほど積極的な意味はない。

参考　**1.**「～したほうがましだった〔過去〕」の場合は完了形を用いればよい。

| We *might*（*just*）*as well* **have** **stayed** at home. | 家にいたほうがましだった。《実際には外出してしまったの意味を含む》 |

　2. I said to them: "Comment allez-vou ?" I *might just as well* have been talking Greek to them. (J.Farrell) では，（フランス語で）「ごきげんいかがですか」と彼らにいったのだが（通じなくて,）ギリシャ語で話しかけているようなものだ

った，の意味。この場合，「～のほうがましだったろう」は不適切であろう。フランス語に比べて，ギリシャ語のほうが知っている人は少ないはずだから。'It's the first time I've ever traveled by air and I'm enjoying it.　We *might as well* be in the car.' (Crofts) の場合も同様であろう。

　3. 会話の文で相手の要求・提案などに対し，自分の案・意見を述べるときにも用いる。"Put it in the refrigerator." "We *might just as well* eat it all up now." 「冷蔵庫に入れなさい」「(それでもいいけれど) 今私たちでみんな食べちゃってもいいじゃないか」

(5) might (just) as well ～ as ...（…するより～したほうがましだ，…するのは～するようなものだ）

You **might as well** throw your money into the ditch **as** lend it to him.	きみは彼に金を貸すよりもどぶに捨てたほうがまし〔貸すのはどぶに捨てるようなものだ〕。

研究　(4), (5)の might は，(2), (3)の may と同様に，現在のことに関して用いられている。ただ，may は実行が十分期待できる行為などについて使われ，might は，実行される見込みがほとんどまたは全然ありえないような行為について用いる。(5)では，「金をどぶに捨てる」のはまず絶対にしないことだから，might を用いている。これは，「彼に金を貸す」のに強く反対するため，ことさらありえないことを引合いに出したもの。

(6)「～する〔しない〕ために」「～する〔しない〕ように」という意味の節《目的を表す副詞節》によく用いられる。

I stood up **so that** she **might** have the seat.	彼女が席につけるように私は立ち上がった。

研究　**1. in order that ～**（～するために）; **lest ～, for fear (that) ～**（～しないように，～するといけないから）などの場合も同様である。

　2. may, might 以外の助動詞が用いられることもある。(p. 593参照)

　3. so that の so をはぶくのは，現在ではもう古い言い方である。

(7)「～ても」「～けれども」の意味の文句《譲歩の文句》とともによく用いられる。

He **may** be only a peasant, **but** he is well educated.	彼はただの小作農にすぎないけれど教育は十分にある。

《注意》　**1.** この may は，彼が小作農にすぎないことは認めるが，という気持である。*Although* he is only a peasant, he ～でもほぼ同等の内容を表せるが，このときには，彼が peasant であるという事実が明確なものであるか

ぎり，may は用いない。

　2. そのほかに，whatever ～ may ...などの類の構文にも，よく may が用いられる。p. 189 を参照せよ。

(8) 希望・不安などを表す動詞の目的語になる節《名詞節》の中にしばしば用いられる。

I *hope* he **may** succeed.	彼が成功すればよいと願っている。
He *trusted* that the arrangement **might** meet with our approval.	その取りきめは，私たちの承認を得られるであろうと彼は信じていた。

研究　**1.** これはやや堅苦しい言い方である。may, might のかわりに will, would を用いるほうが，くだけた言い方になる。

　2. (6)～(8)の用法では，may, might だけを取り出して訳すことはできない。訳文を作る立場からは，これを無視して考えればよいであろう。

Ⅳ.「may ＋完了形」の用法

現在を基準にして過去のことがらを推測するのに用いる。

【訳し方】「～した（ことがある）かもしれない」

① He **may have seen** the phenomenon.	彼はその現象を見た（ことがある）かもしれない。
② I **may have said** that before.	私は前にそのことをいった（ことがある）かもしれない。
③ He **may** not **have been injured**.	彼はけがをしなかったかもしれない。

研究　**1.** ①でいえば，これは *Perhaps* he saw〔has seen〕the phenomenon.または *It is possible that* he saw〔has seen〕～というのに近い内容である。

　2. この構文のときの may は許可《～してよい》の意味にはならない。

　3. whatever he *may have said*（彼が何をいったにしても）《譲歩の意味》などの構文では，may を直訳しては日本文にまとまりにくい。

　4. 次の場合も同様である。これはⅢ,(7)の過去または現在完了にあたるもの。

He **may** have lived for five years in France, **but** he does not speak French well.	彼はフランスに5年住んでいたけれど，フランス語がうまく話せない。

V.「might ＋完了形」の用法

(1)「may ＋完了形」《上記Ⅳ》の**過去形**である場合

【訳し方】「〜した(ことがある)かもしれなかった〔しれない〕」

① He said he **might have said** so.	そういったかもしれない，と彼はいった。
② A serious trouble occurred that evening, and **might have had** a tragic ending.	重大事態がその晩起こり，悲惨な結末になったかもしれなかったのだ。

研究 これらは先行の動詞の時制に合わせて may が might になったもの。なお，「〜できたかもしれない〔なかった〕」と訳すのがよい場合もある。

(2)可能性のとぼしい**過去**のことがらを想像するのに用いる。

【訳し方】「あるいは〜した(ことがある)かもしれない」

① He **might have seen** the phenomenon.	彼はあるいはその現象を見た(ことがある)かもしれない。
② He **might** not **have been injured**.	もしかしたら，彼はけがをしなかったかもしれない。
③ He **might have done** it, but I'm sure he didn't.	ひょっとして彼がやったのかもしれないが，私はやらなかったと信じる。

研究 1. Ⅳの①の文に比べ，might を用いた上例①は，「彼が見た」のを疑う気持がいっそう強く，「おそらく見なかっただろうが，見た可能性も全くゼロではない」といった意味である。しかし，和訳上は違いを出しにくく，同じように扱ってもすむことが多い。

2. **as might have been expected** はよく用いられる言い方である。「予想どおりに」「案のじょう」などと訳せばよい。

3.「may ＋完了形」と「might ＋完了形」の使い分けでは，英語が母国語である人たちの間にも混乱がある《その点では，You may be right.と You might be right.をほとんど同じ意味と考えている人たちもあるという》。「may ＋完了形」は，話し手が「〜したかもしれない（が正確なことは知らない）」といっているのである。いっぽう，「might ＋完了形」では，たとえば，信号を無視して道路を横断した少年を見た人は，その子に向かって，You **might** have been killed. (ひき殺されたかもしれないんだよ)という。目の前にその少年が元気でいるのだから，be killed の可能性は消えているので，may ではおかしいのである。

(参考)　「might ＋完了形」には，(i)「may ＋完了形」の過去と，(ii)「might ＋動詞の原形」（Ⅱ，⑵）の過去に当たるものの2種類がある。これを書き換えれば，

(i)は，"**It was** possible that ～＋過去または過去完了"

(ii)は，"**It is** *rather vaguely* possible that ～＋現在完了，過去，または過去完了"となり，(i)は p. 349⑴，(ii)は⑵の用法である。それぞれの②の例文で示せば，

⑴ ... and it *was* possible that it (＝ trouble) had a tragic ending.

⑵ It *is* rather vaguely possible that he was not injured.

つまり⑴では，過去のある時期に「悲惨な結末になる」可能性が<u>あった</u>《しかし，この話をしているときには，その可能性はもうない》という含みであり，⑵は上記の**研究**のように，今でも「けがをしなかった」可能性は非常に少ないが，しかし皆無ではない，という含みである。しかし，和訳の立場では，「may ＋完了形」，⑴，⑵の三者の差異はふつうあまり気にする必要はない。

(3) if ～などを伴って，**過去の事実と反対の想像を表す。**

He **might have won** the prize if he had worked harder.	もっとせっせと勉強していたら，彼は賞を得(られ)たかもしれない。

《注意》　訳し方などについては，仮定法過去完了(p. 299)を参照。

研究　上文の if ～がなければ，前後関係により，「彼なら賞を得たかもしれなかった〔実は彼でなかったからだめだった〕」の意味(p. 304参照)にもなるし，または⑴，⑵の用法になって，過去のことに対する推測を表し，「実際には賞を得なかった」という「事実の反対」の意味が薄れる場合もある。

(参考)　一般に，過去の事実と反対といわれていて，大部分の場合にそれが当てはまるが，事実と反対なのは if 節に述べられていることだけで，主節の内容については，必ずしもそうとはいいきれない場合もある。

If you *had taken* any trouble, the job *might have been finished* long ago 〔by now; next week〕. (きみが多少とも努力していたら，その仕事はとうの昔に〔今までに；来週には〕片づいていたかもしれない)

の文では，long ago のかわりに〔　〕内の語句も可能で，next week なら未来時についての推測ということになる。いっぽう，「努力する」は明らかに過去の事実の反対である。

(4) 非難・不満などを意味するのに用いられる。

You really **might have telephoned**.	ほんとに電話して<u>くれれば</u>〔くれても〕よかったのに。〔非難・不満〕
He worked when he **might have been sleeping**.	眠っていればよさそうなときにも彼は働いた。　〔非難・不満〕
The old life meant nothing to him any more ― almost it	昔の生活はもはや彼にとって何の意味ももたなかった。それは<u>ま</u>

might have happened to someone else.

　　るでだれか他の人の身に起こったことみたいであった。

《注意》　Ⅱ．(3)にあげた用法を参照。これはその用法のうちの一部のものの過去に当たるものである。訳し方は，上の訳文の下線部分を参照せよ。

(参考)　**1.** 次は「〜ても」の意味に関連して用いられている例である。Ⅲ，(7)参照。

Whatever skill he *might have boasted*, he had no materials to exercise it upon.

　　彼がどれほど技術を自慢してみても，それを用いる材料がなかった。

His voice *might have been* ten times as powerful — the fear-crazed mob could not hear it.

　　彼の声が10倍も大きかったにしても(同じことで)，恐怖で気違いのようになった群集にはそれは聞こえなかった。

2. 既述事項と重複するかもしれないが，用例を多少追加しておく。

　(i) 過去の出来事についての(あまり自信のない)推測。その出来事が現実にあったか不明で，事実の反対とはいえない例。It was better than you(= one) *might have expected*.（それは予想していたよりよかった）。これを than you expected とすれば，その you は話し手の目の前にいる人をさすことになる，と英国人教授（日本文学専攻）はいう。She *might have found* the checkbook and filled it out herself.（E. Caldwell）（彼女はあるいは小切手帳を見つけて，自分で書き込んだのかもしれない），He had worked for a time... and had then returned to his house and gone to bed. That *might have been*, perhaps, as late as one o'clock,...（J. Hilton）（彼はしばらく仕事をして…それから家へ帰って寝たのだ。寝たのはおそくて，ひょっとすると1時だったかもしれない）

　(ii) 話し手が想像力を働かしている場合。「〜ように」(as, like)が出ている場合もあり，出ていない場合もあるが，事実の反対とまではいえまい。((4)の最後の例文も参照)。He was speaking now as he *might have spoken* to a business adversary.（A. Christie）（彼は今や商売がたきに向かってしゃべるような口のきき方をしていた），We stood waiting to be introduced, just like she *might have been* a famous film-star.（R. Dahl）（私たちは，彼女が有名な映画女優ででもあるかのように，紹介されるのを待って立っていた），The quiet street where my friend lived *might have been* a street in Charleston.（H. Fast）（友人の住んでいる静かな通りはチャールストンの通りを思わせるものだった）

§ 11　Can，Could の用法

《注意》　**1.** 大きく分けて，能力・可能性・許可を表す。

　2. 否定では，can't, cannot, can not の3つのつづりがあるが，イギリスでは can not は用いない。can't は口語体の文体でよく用いる。

3.「能力」の場合は，ほぼ同じ意味の「be able to ＋動詞の原形」を用いることもできるが，これは can よりはやや形式ばった言い方である。未来のことをいうときには will be able to 〜でなければならないが，未来に関しての現在における決定ならば，I **can** see you tomorrow.(あすなら会えます)のようにいえる。なお，〈be able to ＋受動態〉はあまり用いられない。

Ⅰ.「**can** ＋動詞の原形」の用法

(1)「〜する能力がある」の意味を表す。

【訳し方】「〜できる」

She **can** speak English very fluently.	彼女は非常に流ちょうに英語を話すことができる。
He **can** run a mile in four minutes.	彼は1マイルを4分で走ることができる。

🔲🔲　**1.** see, hear など感覚器官の働きを表す動詞や remember などでは，can が加わっても加わらなくても，意味上大差ないことも多い。

　2. 能力を表す場合は，may をそのかわりに用いることはできない。

　3. can は，上例のように，「いつでもできる(能力がある)」という，特定の場合だけにかぎらない能力の意味で用いるのがふつうで，I **can** do it !(ぼくにできるよ)のように目前の特定のことが「できる」の意味の場合は，それに比べると少ないようである。

(2)「可能性がある」という意味を表す。

【訳し方】「〜ことがあ(りう)る」「〜が可能である」

I know a place where you **can** rent a car.	私は車を借りられるところを知っているよ。
It **can** snow, even here, in spring.	ここでさえ，春に雪の降ることがあ(りう)る。

🔲🔲　**1.** 最初の例文では can のかわりに may を使うことはできないが，あとの例文では may も可能。しかし，may は多少とも自信を欠いた表現になり，can は話し手の強い確信を表すことになる。

　2.「ときどき好ましくない状態になることがある」という意味で用いられることがある。

She **can** be very sarcastic.	彼女はときによって，とても皮肉な口をきくことがある。

参考　ふつう能力と可能性とに分けて解説するが，知識・技術などに基づく能力を

働かせることは何かを生じさせる可能性に通じるので，両者の関連は密接で，はっきり区別できないことも多い。

Can you come to my office？の場合，you の健康状態が悪いようなら能力をたずねていることになろうし，時間の都合がつくかどうかなどを聞くのなら可能性ということになろう。Elephants *can* kill crocodiles.も，象はワニを殺す能力がある，と，ワニを殺すこともある，の両方の解釈が可能である。要は，文脈から判断するよりない，ということになる。

(3) 許可を表す場合

【訳し方】「～してよい」

You **can** go when you have finished it.	それをすませたらきみは行っていい。
Can I have a look at that？	あれをちょっと見ていいですか。

《注意》 許可を表す may との比較は，§ 10, I ,(3) **研究** を参照。

研究 **1**. 許可を意味する can は，英米とも，口語体の文では may よりもよく用いられるが，Can I ～ ?は聞き手によっては，教養の低さや子供っぽさを感じさせることもあるようで，May I ～ ?のほうが好ましい。また，許可を与える場合の You can ～は，書かれた文章の中でもふつうに用いられる。いっぽう，改まった言い方の場合は may が用いられるが，過去の場合は could が用いられる。might はまず用いない。

2. 許可をこばむ意味《禁止》には，英米とも cannot がふつうである。

(参考) あることが可能であるということは，それを行うについて反対や障害がないことを意味するわけで，これが可能性の意味が許可の意味と結びつく点だと思われる。つまり，「規則や習慣その他の障害がないからできる」から「問題ないからやっていい」へと一歩進んだのが許可の意味であろう。とにかく You can ～は，You may ～のもつ話し手個人による許可という権威主義的な意味を含まず，話し手の判断によらない，客観的事実に基づいた許可という感じを伴い，聞き手に対してそれだけものやわらかに響く点が，この表現が広く用いられる理由であろう。You cannot ～についても同じことがいえる。

(4) 軽い命令・要求を表す。

【訳し方】「～してくれ(ないか)」「～しなさい」

You **can** cook me something to eat.	何か食べるものをこしらえてくれ(ないか)。
You **can** tell him that we're leaving.	われわれは引きあげると彼にいってくれ。

研究 **1**. 本来，許可の can からきた用法。You *can* go.（行ってよい）な

ども，時によって，「行きなさい」の意味を含んで用いられることがある。ぶっきらぼうな，とげを含んだ表現である場合も少なくない。

2. Can you take out the garbage ?（生ごみを出してくれませんか）のように疑問文のときもある。Can't you 〜 ?ともいうが，Can you 〜 ?のほうがていねいな言い方である。

(5) 提案・申し出を表す。

We **can** send you a sample, if you wish.	ご希望なら見本をお送りします。
We **can** try asking him for help.	彼に手伝いを頼んでみる手もある〔こともできる〕。

研究　可能性を表す用法に含まれるものといえる。ただ，日本語としては(2)の場合と同じ訳し方ではまずそうである。

(6) not を伴う場合

上記の諸用法は，それぞれ not を伴って，その打消しの意味に用いられるが，(2)は「**〜はずがない**」，(3), (4)は「**〜してはいけない**」と訳すのがよい。

The news **cannot** be true.	その報道は正しいはずがない。
Stop !　You **can't** do that !	やめろ！　そんなことをしてはいけない。

研究　I cannot は，「できない」のほかに，「〜するわけにはいかない」という訳が当てはまることもある。

(7) 疑問文の場合

(1)〜(4)の用法の can を文頭に出して，それぞれの意味の疑問文を作ることができるが，そのほかに，**驚き・いらだち，当惑**などの気持を含む疑問文を作ることがある。訳し方は「**いったい〜だろうか**」などとすればよい。

Can it be true ?	いったいそれは本当だろうか。
How **can** you be so cruel ?	いったいどうしてきみはそんな残酷なことができるのか。
What **can** he mean ?	彼はいったい何をいおうとしているのか。

《注意》　1. Can I 〜 ?は，許可を求める用法（(3)）から「〜させてくれませんか」〔要求〕の意味（(4)）にも「〜しましょうか」〔申し出〕にもなり，その区別はつきにくい。

　2．Can you ～ ? は「～できるか」の意味((1))に用いられるのがふつうで，(3)，(4)の意味をいくぶん含むこともあるが，その場合でも(1)が中心的な意味である。要求を表すには，後述の could がふつう用いられる。

（参考）　How *can* you ? は「まあひどい」「なんていうことをいう〔する〕人でしょう」などの意味で，会話などにはしばしば用いられる。

Ⅱ．Can を含む成句的表現

(1)「cannot but ＋動詞の原形」（～せずにはいられない）

| I **cannot but** *feel* sorry for him. | 私は彼をきのどくだと思わずにはいられない。 |

(2) cannot help ～ ing （～せずにはいられない）

| I **cannot help** *feeling* sorry for him. | 私は彼をきのどくだと思わずにはいられない。 |

（研究）　1．この場合の help は avoid(避ける)の意味である。

　2．そのほか，同じ内容を表すものに「**can but ＋動詞の原形**」《形式ばった言い方》，「**cannot help but ＋動詞の原形**」《(1)，(2)の混同による。米語でよく使われる》，「**cannot choose but ＋動詞の原形**」などもある。

(3)「can do nothing but ＋動詞の原形」（～するよりほかに〔仕方が〕ない，～以外何もできない）

| She **could do nothing but** *weep* bitterly. | 彼女はさめざめと泣くよりほかなかった〔泣くばかりだった〕。 |

(4) cannot ～ too... （どんなに…してもしすぎはしない）

| You **cannot** be **too** careful. | どんなに注意してもしすぎはしない。 |

（研究）　似た言い方で，cannot ～ enough もある。「どんなに～しても～しきれない」などと訳せばよい。

| I **cannot** thank him **enough**. | 彼にはどれほど感謝してもしたりない。 |

Ⅲ．「could ＋動詞の原形」の用法

(1) Ⅰの用法の can の過去の意味で用いる。《例文省略》

（研究）　1．could が過去を意味して用いられるのは，might と同様に，過去の動詞の目的語などになる文句の中の場合，または，明らかに過去を表す語句が前後にある場合，にだいたいかぎると思ってよい。逆にいえば，現在形の動

詞が出ている文の中に過去形の助動詞《can にかぎらない》が使われている場合，それは過去の意味ではない，ということである。

2. Ⅰ.(1)の例文 He **can** run a mile in four minutes. の can を could にすれば過去の「できた」の意味を表すことができるが，それは「彼は 1 マイル 4 分で走る能力があった」ということであって，「(ある日の競技で) 1 マイル 4 分で走ることができた」の意味にはならない。その意味を表すには，could ではなくて，was able to を用いる必要がある。ある時にある 1 回の行為をすることができた，という場合は，could は不可なのである《習慣的行為ならよい》。だが，(部分)否定の「(ほとんど)〜できなかった」場合は，could not〔hardly could〕でよい。

(2) 現在〔未来〕における能力・可能性を控えめに表す。

【訳し方】「〜できるかもしれない」「〜できるだろう(に)」
　　　　　「〜のこともあ(りう)るだろう」

I **could** pass the examination.	試験に合格できるかもしれない。
They **could** help you in your work.	彼らはあなたのお仕事の手助けができるでしょう。
The new device **could** be dangerous.	その新しい装置は危険なこともあるでしょう。
It **could** snow, even here, in spring.	ここでさえ，春に雪が降ることがないでもない。

研究 **1.** これらは仮定法の could であって，語形は過去形だが意味は過去ではなく，can を用いるよりも遠慮深い，または，自信のとぼしい言い方である。もっとも，文の前後関係などから，if 〜が省略されていると考えられるときもある。上の最初の 2 つの例文でいえば，それぞれ「もっとしっかり勉強すれば」「彼らが暇ならば」など，ある程度はっきりした条件節(if 節)が裏に隠れている場合もある。

2. (1)と(2)の用法は 1 つの sentence だけをとって考えるとまぎらわしい。たとえば，He said that I **could** go.は，He said, "You **can** go." (「きみは行っていい」と彼はいった)の間接話法《could は過去の意味》なのか，He said, "You **could** go (if you wanted to)." (「〈行きたければ〉行ってもいい」といった)《could は仮定法，意味は現在》のどちらなのか不明であるが，和訳ではあまり問題になるまい。多くの場合，実際の英文では，前後にある動詞の時制や時を表す副詞語句などから判定がつく。また，まぎらわしさを避けるために，was able to, managed to, succeeded in など，他の言い方が利用されてい

ることも多い。

3. そのほか，I.⑺の用法のちゅうちょした言い方として，How *could* you be so cruel?（どうしてそんなに残酷なことができるのでしょうね），*Could* it be true?（本当なのでしょうかね）などとも用いられる。

(3) 疑問文に用いて，ていねいな**依頼・要求**などを表す。

【訳し方】「～していただけませんか」

Could you lend me a dollar?	1ドル貸していただけませんか。
Could I use your dictionary?	あなたの辞書を使わせていただけませんか。〔許可を求める〕

研究 **1.** Could I ～?は許可を表すcanの仮定法からできたもので，Can I ～?よりだいぶていねいな言い方である。返事はYes, you can.で，you couldではない。

2. Might I ～?（§10，Ⅱ,(2)）のほうがCould I ～?よりもさらにていねいな言い方であるが，今ではまれのようである。Could you ～?とWould you ～?（§8，Ⅱ,(3),(b)）では，前者のほうがくだけた言い方であるのに対し，後者は正式の言い方で，目上の相手に対しても十分用いうるもののように思う。

3. 疑問文ではない場合もある。このcouldはmightにかえても意味は同じことになる。

You **could** close the door.	ドアをしめてくれないか。

(4)「～できるほどだ」「～したい（くらいだ）」という意味を表す。

I **could** slap you in the face.	おまえの顔をひっぱたいてやりたいくらいだよ。
I really **could** not think of it.	ぼくはほんとうにそういうことは考えたくない。

研究 米語ではcanもこの意味に用いることがあるようである。

Ⅳ.「**can＋完了形**」の用法

(1) 否定の語《not, etc.》を伴って，現在の時点から，過去のあることがらをありえないと**推断**する意味を表す。

【訳し方】「～したはずがない」

He **cannot have gone** very far.	あまり遠くへ行ったはずはない。
The man you saw last night **can't have been** Mr. Smith.	きみが昨夜見た男はスミス氏であったはずがない。

研究 この用法では，「できなかった」〔能力〕，「～してよかった」〔許可〕と

いう意味にはならない。

(2) 疑問文に用いられる場合

【訳し方】「いったい～したのだろうか」

Where **can** he **have gone** ?	彼はいったいどこへ行っ(てしまっ)たのだろう。
Can he too **have been thinking** of the accident ?	(いったい)彼もまたその事故のことを考えていたのだろうか。

《注意》 これはⅠ, (7)の用法の完了に当たるものである。

(3) 過去における**可能性**または能力を表す。

【訳し方】「～することができた〔ありえた〕」
        「～したことがありうる」

① He **can have been** mistaken in his estimation, but that would be strange.	彼の評価がまちがっていたということもありうるが, そうとすればおかしい。
② I feel that I **can have seen** only the brightest side.	私はもっとも明るい面だけ見た可能性があると感じている。

研究 **1.** 否定文・疑問文以外で〈can＋完了形〉が用いられることはきわめてまれである。②では, only は nothing but と同等で, 意味上純然たる肯定の文ではない点に注意。

2. これは「can＋動詞の原形」の完了形に当たるもの。直訳的には, ①「まちがえた可能性も(今もって)存在している」, ②「見ることができるということが完了した」であるが, 訳の上では, 「could＋動詞の原形」と区別をつけにくいことが多い。なお, 上例は次のようにいいかえることも可能。

① It *is* possible that he *has been* mistaken ～
② I feel that I *have been* able to see ～ (*or* it *is* possible that I *have seen* ～)

Ⅴ.「could＋完了形」の用法

(1) Ⅳの言い方の **can** が**過去形**になった場合

【訳し方】 not のあるとき：「～したはずはなかろう」
        疑問文のとき　：「いったい～したのだろうか」

① He **could not have gone** very far.	彼はたいして遠くへ行ったはずはなかろう。
② It was certain that the wound	その傷が偶然によるものであるは

could not have been accidental.	ずのないことは確実だった。
③ Where **could** he **have gone**?	彼はいったいどこへ行っ（てしまっ）たのだろうか。
④ He wondered how such a father **could have produced** such a son.	いったいどうして，こういう父親から，こういうむすこができたのだろう，と彼は思った。

研究 この構文には，(i) 過去時制の動詞に合わせて can が could になった場合(②，④)と，(ii) 仮定法の could が用いられている場合(①，③)とがある。(i)では，傷が偶然のものではない，むすこはその父親の子である，というのが事実であるが，(ii)では，遠くへ行ったのかどうかは不明である。(ii)では，can よりも控えめな，自信のない言い方になるわけだが，両者の差は小さく，和訳上(i)，(ii)を区別して考える必要はない。

(2) 過去の事実と反対の想像を表す。

【訳し方】「(あるいは)～することができただろう」
　　　　　「(あるいは)～することがありえたろう」

① If I **could have gone** with him, I think I would have done so.	もし彼といっしょに行くことができたら，私はそうしたろうと思う。
② Things **could have been** different if he had arrived earlier.	彼がもっと早く着いていたら，事態は別なものになりえただろう〔なったはずなのに〕。
③ I **could have passed** my examination easily but I made some stupid errors.	やすやすと試験に合格できただろうに〔できたものを〕，私はばかなまちがいをいくつかやった。

> 補足 「彼に同行できなかった」「違わなかった」「合格できなかった」という過去の事実と反対の想像を述べている。仮定法過去完了(p.299)を参照。

《注意》 この用法の could は，I にあげた can の各種の意味を表す。

研究 この用法では，if ～などを伴うか，または，③のように，過去の実情を暗示する文句がある。それがなければ，(1)，(3)の用法になる。

(3) 過去のことがらについての**自信ある推断**を表す。

① She is so absent-minded that she **could** easily	彼女はぼんやりだから，招待されているのをあるいはあっさり忘

have forgotten that we've invited her.

② Those things **could** only **have been made** by one who loved his art.

れてしまっている(ということもありうる)だろう。

そういうものは，自分の技術を愛する人によってのみ作られることができただろう〔人だけが作れたろう〕。

研究 1．訳し方は，直訳としては一応(2)と同じでよいが，日本文としてあまりおかしくないものにするには，場合に応じ多少手を加える必要がある。

2．(2)と違って，過去の事実と反対の想像ではない点に注目せよ。

3．①の文では「can ＋完了形」も可能というが，「could《仮定法》＋完了形」のほうがはるかにふつう。前者はⅣ,(1),(2)の場合にほぼかぎられる。

4．②のように過去を意味する動詞といっしょに用いた「could ＋完了形」には，(i)「can ＋完了形」の過去，(ii)「could《仮定法》＋原形の動詞」の過去に当たるもの，とがあるはずだが，この区別は実際上はほとんど問題にならない。

5．次のように，日本文のまとまりをよくするため，could を訳文に出せないこともある。

He did not get as much exercise as he **could have wished**.

彼は，自分でしたいと思っていたほどの運動をしなかった。

《直訳：あるいは望むことが可能であったであろうと同じだけ～》

参考 次の例はⅣ,(3)の②のような「can ＋完了形」の過去で，まれな例である。「できただろう」〔推測〕ではなく，確実に「できた」〔完了〕ことをいっている点に注目。

The sound was so low that it was only in that stillness of night that we *could have heard* it.

その音は低かったので，私たちがそれを聞くことができたのは，ただ，あの夜の静けさのためだったのだ。

(4)「～したいくらいだった」という意味を表す。

I **could have torn** my hair and **beaten** my head in my despair.

私は絶望のために髪をかきむしり，われとわが頭をめった打ちしたいくらいだった。

《注意》 Ⅲ．「could ＋動詞の原形」の(4)を参照。その過去に当たるものである。

(5) 不満・苦情の気持を含む場合がある。

You **could have been** more careful. | もっと気をつけなくてはだめだ〔《直訳》もっと気をつけることもできただろうに〕。

研究 口語で用いる表現である。could を might にしても意味は変わらない。

§12 Must の用法

I. 必要・命令・義務などの意味を表す。
【訳し方】「～ねばならない」「～べきである」「～する必要がある」
must not の場合には，**禁止**の意味を表す。
【訳し方】「～してはならない」

I **must** tell him at once. | すぐ彼にいわなければならない。
Must you go already? | もう行かなければならないのか。
She **must not** stay here alone. | 彼女はひとりでここにいてはならない。

研究 1. must は，原則として，**現在形以外は用いられない**助動詞なので，現在以外の時制の場合には，そのかわりに，ほぼ同じ意味の **have to** を用いる。（例外についてはIIIを参照）

2. ただし，do not have to《have to の否定形》は「～するには及ばない」〔不必要〕の意味だから，must not のかわりに用いることはできない。

3. **need** と **must** の次の関係に注意せよ。
"**Must** you go at once?" | 「きみはすぐ行かなければならないのか」
"**Need** you go at once?" | 「すぐ行く必要があるのか」
に対する答えは，肯定の場合と否定の場合で助動詞を変える必要がある。
肯定の答え："Yes, I **must**." | 「そうです(行かなければならない)」
否定の答え："No, I **needn't**." | 「いや，それには及ばない」

否定の答えが mustn't でないのに注意。なお，Need you ～? は否定の答えを予想する言い方で，Must you ～? はそのような気持を含まない。

4. must not〔禁止〕の反対は may〔許可〕であるが，May I～? に対する拒絶の答えとしては cannot がよく用いられる。(pp.343, 353参照)

5. 話し手が熱意をこめて「ぜひ～なさい」という場合にも用いられる。義務・命令の意味は薄く，should よりもていねいな言い方になる。

| You **must** have some of this cake. | ぜひこのケーキを食べてみてください。 |

自信作のケーキを招待客に出すようなときの女性のことばである。

　また，これとは少し異なるが，会話でしばしば用いる表現に出る must も，意味はそれほど強くはないのがふつうである。

| I **must say** I'm surprised at you, Tom. | おまえは驚いたやつだな，トム。 |
| I **must admit** I don't like her. | 正直いって，彼女は好きじゃないんです。 |

　その他，I must ask you / You must understand などの must も同様である。

Ⅱ. 必然性・確実さ・強い可能性などを表す。

【訳し方】「～にちがいない」「きっと～(にきまっている)」

① The news **must** be true.	その報道は事実にちがいない。
② It **must** rain pretty soon.	まもなく雨が降るにちがいない。
③ This **must** be the book he has been looking for.	これがきっと彼が捜していた本に相違ない。
④ Stop betting; you **must** lose in the long run.	かけごとはやめなさい。結局はきっと損をするにきまっている。

🔲**研究**　**1.** この用法の must は，ふつう疑問文・否定文に用いられることはない。

　2. この意味の **must** の反対は **cannot**（はずがない）である。§ 11, Ⅰ, (6)の最初の例文と上の①の文とを比較せよ。

　3. ⅠとⅡの訳し方のどちらを選ぶかは，前後関係から，日本語で判断すればよい。だいたいにおいて，主語の意志を含まない動作・状態を表す動詞につく must はⅡの意味であるが，同じ動詞が時により主語の意志を含んだり含まなかったりすることもあるから，簡単には断定しにくい。

　4. 感嘆文《how〔what〕...》の中の must の場合は，「なんて…だろう」と訳しては日本語にならないのがふつうである。

| **What** a sensible Mum she **must** be. | きっととてももののわかったお母さんなんだね。 |
| We can imagine **how** rude he **must** be. | 彼はさぞかし無作法にちがいないと想像できる。 |

🔲**参考**　**1.**「must ＋動詞の原形」では必ず「ねばならない」となる場合も，同じ動

詞が「must＋進行形」に用いられると、「～しているにちがいない」の意味になることが少なくない。

He *must read* it 〔*come*〕.	彼はそれを読ま〔来〕なければならない。
He *must be reading* it 〔*coming*〕.	彼はそれを読んでいる〔来る〕にちがいない。

　しかし、「～しているべきだ」「しなければならない」の意味になることもある。とくに、近接未来を表すのによく進行形を用いる動詞(p. 252)の場合はそうである。
(例) I *must be going*. (出かけなければならない)

　2. must のやや特殊な用法として、次のようなものがある。
　① 「どうしても～(しようと)する」という意味の場合。

She is not content with a ring, but she *must* have rings every-where.	彼女は指輪1つで満足していられないで、いたるところに指輪をしなければどうしても承知しない。

　②皮肉な、または、いまいましい、という気持を含んで用いられる場合。

Why *must* she be so nasty to me ?	彼女はどうして私にあんなに意地悪をするのだろう。
Just when I was dropping off, a door *must* bang.	ちょうどうとうと眠りかけたとき、あいにく〔いまいましいことに〕ドアがばたんといった。

Ⅲ. must と have to, その他

(1) have to は、must とほぼ同じ意味を表し、そのかわりにしばしば用いられる。(例文は§ 4 ,(3)参照)

研究 **1.** have to は must と違って、had to(過去形)、will have to(未来形)のほか、完了形、do have to(強調)も作ることができる。今では be hav-ing to(進行形)も時には見られる。疑問文では、現在は do you have to が英米ともふつうで、have you to は古い。否定でも do not have to(＝ need not ＋動詞の原形(§ 7 参照))と do を用いる。

　2. 元来 have to は must のもつ「ねばならない」の意味を表すだけであったが、現在では、特に米語で「にちがいない」の意味でも用いられ、それがイギリス英語にも広まってきている。

Someone **has to** be telling lies.	だれかがうそをついているにちがいない。

　3. must は、過去時制の動詞の目的語になっている文句の中、または、さらにまれには、前後の過去の動詞が用いられている場合には、**そのままで過去の意味**に用いられることもある。

They *knew* that they **must** be caught sooner or later.	彼らはおそかれ早かれつかまるにちがいないことを知っていた。

　この must は，時制の一致の規則で，know と同様に過去形である。しかし，単に They *must* be caught ～だけなら「～にちがいなかった」〔過去〕の意味にはならない。

　4. **must** には，話し手がその身分・地位などによって個人的に人《時には自分自身》に何かを強制する意味が伴うことがある。いっぽう，**have to** にはその含みはなく，規則・協定・第三者の意志など，話し手とは無関係の事情によって「～しなければならない」という意味が裏に含まれる。したがって個人色のない強制である点が好まれる場合がある。実際には，しかし，文によって must と have to のどちらを使ってもよい場合があることも確かであり，この2つの間の差異を感じない英米人もあるという。

　5. have to とほぼ同じ意味で **have got to** もある。おもに口語で用いられ，have to よりも強いといわれる。これは過去形・未来形・不定詞・分詞は作れない《その場合は have to を使う》が，haven't got to《否定》，have (you) got to《疑問》は作れる。この have は 've のときもある。また，米語では got to《have の省略》もある。

（参考）　1. 「しなければならない」行為などが習慣的なもの，反復されるもの，であれば，have to，1回だけのものなら have got to，を用いるのが，イギリス英語ではふつうである。

　2. きわめてまれだが，didn't have to ～が「～してはならなかった」《禁止》の意味で用いられていることもある。

（2）must, have to に類する表現

研究　1. **be necessary** は，直接的な「命令」にはならない。もっと間接的で，したがって，ていねいな言い方になりやすい。ただ使い方に注意。You are necessary ～のように人間を主語にすることはできない。

You **must** pay for it.	その代金を払わなくてはいけない。
It is necessary for you to 〔that you should〕pay for it.	きみはその代金を支払うことが必要です。

　2. **be bound to** は「ねばならない」「ちがいない」の両方の意味を表せる。

① He **is bound to** be in his office.	彼は自分のオフィスにいるにちがいない。
② I **am bound to** say the situation is hopeless.	状況は絶望的といわなければならない。

①では「オフィス以外のはずはない」という確信が含まれていて，その点で must より強い。②は「残念ながら」といった気持が含まれている感じ。

3. be obliged〔compelled, forced〕to ～ などを用いれば, have to ～よりも一段と, 外部の事情によって「～しなければならない」「しないではいられない」の意味が強まる。なお, これらは人間を主語にして用いる。次に「**be to ＋動詞の原形**」も「ねばならない」の意味に用いることもあるが, それ以外の意味のことも多いから, 不用意に用いると誤りを犯すことになる。(p. 379参照)

4. must と should, ought to の相違点：訳語で区別もつこうが, だいたいにおいて, must を用いれば, その文の主語の自由を許さず,「どうしてもしなければならない」といった強制の気持を含む強い意味である《ある場合にはそれだけ押しつけがましく響くことにもなる》のに対し, あとの２つは,「～するべきだ」「～するのが望ましい」というだけで, いわれた相手は自分の意志でそれを実行しないこともできる。したがって, 指示などの場合, それだけあたりの柔らかい言い方になる。

（参考） must を強めた言い方で must needs や needs must を用いた例もあるが, 古風な言い方である。

Ⅳ.「must ＋完了形」の用法

(1) 過去のことがらについての推定を表す。

【訳し方】「(きっと)～したにちがいない」

He **must have been** a wise man.	彼は賢明な人物だったにちがいない。
They **must have gone** in that direction.	彼らはあの方向へ行っ(てしまっ)たにちがいない。

《注意》 これは前のⅡに掲げた用法の過去に当たるもので,「must ＋完了形」の用法は, 大部分がこれである。

(2) 過去の事実と反対の推定を表す。

If the rites were observed upon the island, they **must** certainly **have come** to my knowledge.	もしその儀式がその島で行われていたならば, きっと私にわかったにちがいない。

研究 **1.** 過去の事実は「わからなかった」ことであって, ここはその反対をいっている点で(1)と違う。(1)には事実は反対であったという意味は含まれていない。しかし, 訳し方は結局同じである。

2. これは if ～などの語句と併用されたときにほぼかぎられる。

（参考） もう１つの用法として, かなりまれだが, 次のようなものもある。

| Applicants *must* (not) *have studied* over a year in the U. S. | 志願者は，合衆国において，1年以上勉学したことがあることを要する〔あってはならない〕。 |

　これは「ねばならない」の意味の「must (not)＋動詞の原形」の完了形に当たるものであって，場合に応じ，それぞれ完了・経験・継続などの意味がはっきり含まれる。また，次の例はさらにまれなものであろう。

| The shipment *must not have left* New Orleans. (E. Price) | その船荷はニューオリンズを出なかった〔から積み出されなかった〕にちがいない。 |

　船倉にあるはずの相当量の綿花がないのを発見した男のことばの一部。これは，must not / have left ではなくて must / not have left だとみればわかりやすい。

§ 13　Ought の用法

　この語は，「べきである」「はずである」の意味の should の類語で，それのかわりに用いることができる。用法上，次の点に注意。

　① 次に「to ＋動詞の原形」を伴う。　② 過去形がない。

Ⅰ.「ought to ＋動詞の原形」の用法

義務・必要・勧告，当然，強い可能性を表す。

【訳し方】「～べきである」「～しなくてはいけない」
　　　　　「～するのがいい」「(当然)～のはずだ」

We **ought to** begin before six.	われわれは6時前に始めるべきだ。
You **ought to** eat much more.	きみはもっとたくさん食べなくてはいけない。
They **ought to** be here by now.	彼らは今ごろまでには当然ここに来ているはずだ。

研究　1. 疑問・否定の場合は，他の助動詞と同様に，*Ought* he *to* ～ ?および，He *ought not to* ～となるが，口語では to が省かれることもある。

　2. 過去形の動詞の目的語などになっている文句の中に用いる場合にのみ，ought はそのままの形で過去の意味になることができる。(must 参照)

| I *felt* that I **ought to** help him. | 私は彼を助けるべきだと感じた。 |
| She *wondered* whether she **ought to** let them know. | 彼らに知らせたものだろうかどうか，と彼女は思った。 |

　3. **ought to** と **should** の相違点：義務の意味を表す場合，ought のほうが意味が強いともいわれるが，実際は，両者は互いに入れかえて用いても意味

上何の変化もないのがふつうである。ただ，You *should* do it. ならば，話し手個人の意見として，することが望ましいこと，するのを求められている点，に注意を引く気持であり，You *ought to* do it. ならば，規則や法律などをよりどころにして「～すべきである」という感じで，時にはまだしないでいるということに注意を引く意味を含む感じになることもあるという。用いられる頻度は should のほうが高い。must との比較は p. 365。

Ⅱ.「ought to ＋完了形」の用法

実現されなかった**義務・必要・勧告**，または，**過去のことがらについての推測**を表す。

【訳し方】「～べきだった（のに）」「すればよかった（のに）」
　　　　　「～したはずだ」

You **ought to have kept** your promise.	きみは約束を守るべきであった（のに）。
You **ought to have invited** him.	きみは彼を招待すべきだった〔すればよかったのに〕。
They **ought to have finished** the work by now.	彼らは今ごろ（までに）は仕事をすませ（てしまっ）たはずだ。

《注意》「should ＋完了形」(p. 339)の(2), (3)の用法と同じ意味を表す。その項に述べたことがここにも当てはまるから参照せよ。

研究　**1.** どの訳し方を用いるかは，前後の関係による。前後関係によっては，たとえば最後の例文は，「すませるべきだった」にもなりうる。

　2.「べきだった」「すればよかった」の意味では，実際には「しなかった」のであって，それを後悔・非難する気持が含まれる。「したはずだ」は単なる推測で，実際にしたか，しなかったかは，この文だけではわからない。

§ 14　Used の用法

次に「to ＋動詞の原形」を伴って，**過去の習慣・状態**を表す。

【訳し方】「（いつも）～していた」「～し（てい）たものだ」

She **used to** live in Kyoto.	彼女はもと〔昔〕京都に住んでいた。
He **used to** take his children to the park every Sunday.	彼は日曜日ごとに子どもたちを公園へ連れて行ったものだ。

研究　**1.** 発音は[juːst]，次に to が続けば[júːs(t)tu]である。本動詞 use

[juːz] の過去・過去分詞と区別せよ。

2. 疑問の場合は *Used* (she) *to* live ～ ?は現在ではイギリス英語でもまれで，did を用いて，*Did*〔*Didn't*〕(she) *use to* live ～ ?が英米とも標準的な言い方である。**否定**では **didn't use to** live ～ を英米とも用いる《この use を used とするのは非標準英語とされている》が，英では **used not to** live ～も用いられる。過去完了形として had used to も時には見られる。

3. 次の2つの言い方を混同しないように注意せよ。注目点は，① be の有無，② to のあとが動詞の原形か，-ing(または名詞)か，である。

He **used to sleep** late.	彼はいつもおそくまで寝ていた。
He **was used to sleeping** late.	おそくまで寝ていることに慣れていた〔寝ぼうをしつけていた〕。

あとの used は，発音は同じだが，「慣れて」(= accustomed)の意味の形容詞である。なお，古い英語では，-ing のかわりに動詞の原形を用いた例もある。

4. used と to の間に副詞を入れて，used often to などともいう。

5. used to と **would**(p. 328)の相違点：どちらも過去の習慣を表す点で共通しているが，次のような相違がある。

① used to は，動作を表す動詞にも，状態を表す動詞《be, live, 感情に関する動詞など(p. 222 参照)》にも用いるが，would は，状態を表す動詞といっしょには用いない。つまり，次のような場合に would は使えない。

She **used to like** tea.	お茶が好きだった(ものだ)。
There **used to be** a house here.	もとここに家があった(ものだ)。

② used to が相当程度の期間にわたり習慣的に，そして通常規則的に，くり返される動作，または継続的な状態について用いられるのに対し，would は短期間または瞬間的に終わるような動作が時おり(不規則的に)反復される場合に用いられる。しかし，かなり長い期間を示す語句といっしょに用いられた would は，used to よりも反復の意味が強いほかは，たいして違わないように思われる。いっぽう used to は，期間を表す語句《for two years(2年間)など》といっしょに用いることはしない。

③ used to は，would よりもくだけた言い方で，事実を単に事実として客観的に述べるにとどまるが，would には主観的な関心や感情が含まれるのがふつうである。

④ used to は，昔はこうだったが現在はこうだ，という両者の相違を対照的に述べるのに用いられる。

⑤ この用法の would は，過去を示す語句——たとえば when I was trav-

eling with mother など——を伴っていることが必要である。そのほか，
would には，過去の習慣を表すほかに種々の用法があるから，前後関係上まぎ
らわしくなる場合には用いられない。

＝＝＝＝＝＝＝＝＝＝ **ま　と　め　11** ＝＝＝＝＝＝＝＝＝＝

助動詞：おもな用法と意味

1．**Would**　①過去の習慣的行為　②現在（または過去）の推測・意志・願望

　　would＋完了　①過去のことの推測　②実現しなかった意志・願望

2．**Should**〔過去の意味には用いない〕　①義務・勧告　②「はずである」　③一部の that 節で　④遠慮した表現で　⑤（疑問詞と共に）驚き・反語

　　should＋完了　①実現しなかった義務・勧告　②上記②～⑤の過去形

3．**May**　①推量　②可能性　③許可　④祈願

　　Might〔過去の意味には用いない〕：①上記①～③と同じ意味だがそれよりも弱い　②提案・要求・不満

　　may＋完了　過去のことがらからの推定

　　might＋完了　①「may＋完了」よりも自信のない推測　②非難・不満

4．**Can**　①能力　②可能性　③許可　④軽い要求・命令　⑤提案　⑥（＋not で）「はずがない」　⑦（疑問文で）いらだち・驚き

　　Could　①can ①の過去　②can ①②と同じだがそれよりもひかえめ　③（疑問文で）ていねいな要求など　④「～したいほどだ」

　　can＋完了　①（＋not）「したはずがない」　②（疑問文で）can ⑦の過去に相当　③（ふつう否定文で）過去の能力・可能性

　　could＋完了　①「can＋完了」の①②と大差ない　②過去のことへの自信ある推定

5．**Must**　①義務・必要　②（＋not）禁止　③強い可能性・必然性

　　must＋完了　過去のことについての推定

6．**Ought to**　should とほぼ同じ意味・用法

7．**Used to**　過去における習慣・状態

《その他》　**dare, need**　疑問文・否定文で助動詞に使うことがある。

　　be（助動詞）進行形，受動態；（本動詞）「～である」「存在する」

　　do（助動詞）一部の疑問文・否定文，強調；（本動詞）代動詞

　　have（助動詞）完了形で；（本動詞）「所有する」　have to など

Exercise 11 <small>解答は p.671</small>

(1)　日本文に合う英文になるように，a～d から適当なものを選びなさい。

　1．雨が降っているが行くつもりだ，と彼はいった。

　　He said that he (　　) go though it was raining.

　　　a. must　　b. need　　c. should　　d. would

　2．彼女は学校をやめざるをえなかった。

　　She (　　) not but leave school.

　　　a. could　　b. needed　　c. must　　d. might

　3．うちの近所は昔にくらべてずっと騒がしくなっている。

　　My neighborhood is much noisier than it (　　) to be.

　　　a. had　　b. used　　c. ought　　d. need

　4．彼の計画は考慮に入れなければならない。

　　His plan (　　) not to be left aside.

　　　a. do　　b. has　　c. may　　d. ought

　5．きみの見た女性が彼の妹だったはずはない。彼女は入院中なのだから。

　　The girl you saw (　　) not have been his sister, because she is in the hospital now.

　　　a. can　　b. may　　c. must　　d. would

(2)　下線部に注意して，次の各組の英文を和訳しなさい。

　1．{ a. I have something to tell you.
　　　 b. I have to tell you something.

　2．{ a. I would like to have him punished by them.
　　　 b. I would like to have him punish them.

　3．{ a. Why should you do the work for him?
　　　 b. Why did you do the work for him?

　4．{ a. He said he did not see what it meant, but I knew he did.
　　　 b. I do not know what he said, but I know what he did.

(3)　日本文に合う英文になるように，(　　)に適当な助動詞を入れなさい。

　1．フェスティバルを見に来ればよかったのに。

　　You (　　) have come to see the festival.

2. 彼は来なかった。きっと何が起こるか知っていたんだ。

He didn't come ; he (　　) have known what would happen.

3. 車は月曜日までには修理できているはずだ。

The car (　　) be repaired by Monday.

4. 妻が死んでからは, 彼はずっと娘といっしょに暮らしていた。

After the death of his wife, he (　　) to live with his daughter.

5. 子供たちは道に迷ったにちがいない。彼がついていってやってもよかったのに。

The children (　　) have lost their way. He (　　) have accompanied them.

(4) 次の各組の英文が同じ内容になるように, (　　)に適当な助動詞を入れなさい。

1. { Perhaps it is not impossible for him to support his family.
{ He (　　) be able to support his family.

2. { You are forbidden to play this piano.
{ You (　　) not play this piano.

3. { It is not necessary for you to come with us.
{ You (　　) not come with us.

4. { I did not have enough courage to tell her the truth.
{ I (　　) not tell her the truth.

(5) 日本文に合う英文になるように, 与えられた単語に, could, might, should, would の中から選んだ適当な助動詞を加えて正しい英文を作りなさい。

1. この机を動かすのを手伝ってくださいませんか。

me, you, move, mind, desks, these, helping

2. その問題について, どうしてわれわれは彼の提案に従わなけりゃならないんだ。

we, the, why, his, about, follow, matter, suggestion

3. この木に登ろうとしたなんて, おまえはばかだ。死んだかもしれないんだぞ。

to, you, you, try, are, this, have, tree, killed, stupid, climbing, yourself

4. 彼女はよく真夜中過ぎまで, 夫を待って起きていたものだった。

up, she, her, for, sit, till, after, husbsand, waiting, midnight

第**12**章
不定詞

不定詞は動詞の原形または〈to＋動詞の原形〉の形
をとり，文中で多彩な働きをする。

§1　不定詞とは何か，その種類

不定詞(Infinitive)とは，通常，動詞の原形と呼ばれるもので，主語
の人称・数などとの一致を示さない語形の１つである。

不定詞には，次の２つの種類がある。

① **to** なしの不定詞（Bare〔Plain, Root〕Infinitive）

② **to** つきの不定詞（To-infinitive）

《注意》　**1**．to なしの不定詞は特殊な場合(§15参照)以外は用いない。ふつ
う，単に不定詞といえば to つきの不定詞をいう。本書でもこれに従う。この
場合の to は，不定詞であることを示す記号と考えてもよい。

　2．不定詞および，後述する分詞・動名詞の３つを総称して**準動詞**（Verbals
or Verbids）という。

§2　不定詞の形式

上記の２種類の不定詞について，それぞれ，次の形式がある。《do を
例にして示す》

時制 態	単純形	進行形	完了形	完了進行形
能動態	(to) do	(to) be doing	(to) have done	(to) have been doing
受動態	(to) be done		(to) have been done	

《注意》　**1**．不定詞の態・進行形は，本動詞のそれと同じ意味を表すと考えて
よい。完了形(および完了進行形)については§14で述べる。

　　2．受動態の進行形・完了進行形として，理論上は (to) be being done,
(to) have been being done があってよいはずだが，実際には用いない。他
の形式を代用するか，being を getting に変えて用いる。

§3　不定詞の性質・特徴

　不定詞には，①人称・数の区別がない，②通常 to がつく(§1)という特
徴のほかに，次のような性質がある。
　③ 法による変化をしない。④ 過去形・未来形はない。
　⑤ 定形動詞(p.195)と違って，文や節のしめくくりをなす動詞《日本語な
　　らば，文や節の終りにくる動詞》にはならない。
　⑥ **否定の場合**には，to の前に not をおき，do[does, did]は用いない。
　⑦ 動詞の性質をもちながら，一方では，名詞・形容詞・副詞などの働き
　　ももっている。

§4　名詞的用法

　主語や**目的語**などとして用いられる場合が名詞的用法である。訳し
方は，原則として，「～(する)こと」でよい。

① He wanted **to read** the book.	彼はその本を読みたがった。
② **To explain** it fully is not very easy.	それを十分に説明することはあまり容易ではない。
③ My idea is **to put** him in your place.	私の考えは彼にきみのかわりをさせることだ。
④ I told him *not* **to go**.	私は彼に行くなといった。

補足　① wanted の目的語，② is の主語，③ is の補語，④ told の目的語，である。動
詞の目的語や主語になる品詞は(代)名詞だから，これらの不定詞は名詞的用法
と呼ばれるのである。しかし一方で，それ自身が目的語《the book, it, him》
をとり，副詞(句)《fully, in your place》を伴って，動詞の性質も失ってい
ない点に注目せよ。

研究　**1**．不定詞は動詞の目的語になるだけで，前置詞の目的語にはなれな
い。つまり，by to read(読むことによって)などとはいえない。
　2．目的語である不定詞を主語にして受動態を作ることも一般にできない。

(p.278参照)

3.②のように不定詞を主語に用いた言い方は，口語では比較的まれである。

(参 考) 一部の学者のいうように，be about to go(出かけようとしている)などの場合の about を前置詞と見れば，これだけは不定詞を目的語にしていることになるが，この about を副詞と考える人も少なくない。but が前置詞(＝ except)に用いられるときは，次に to つきの不定詞がくることもある。

§5 It ～ to ...の構文

不定詞が，①主語になるとき，②不完全他動詞の目的語になるときには，この構文がよく用いられる。(例文・説明は p.103を見よ)

《注意》 **1.**①の場合は，§4，②の文のように，この構文を用いないことも多いが，②の場合は，現在では必ずこの構文を用いると思ってよい。

2.この不定詞に意味上の主語が加わった場合については，§12，(3)，③，④参照。

§6 不定詞を目的語にする動詞

① 意図・決心・希望，②努力・試み，③好き・きらい，④開始・終了などを表す動詞には，不定詞を目的語にするものが多い。

① decide (決定する)，intend (意図する)，promise (約束する)，refuse (断る)，wish (望む)，etc.

② attempt (試みる)，endeavor (努力する)，try (しようと努める)，etc.

③ hate (きらう)，like (好む)，prefer (より好む)，etc.

④ begin (始める)，cease (やめる)，etc.

① He *decided* **to set** them free.	彼は彼らを釈放する決心をした。
② They *tried* **to remove** it.	彼らはそれをどけようとした。
③ He *hated* **to go** there.	彼はそこへ行きたくなかった。
④ It *began* **to rain**.	雨が降りだした。

《注意》 **1.**これらの動詞は，自動詞に用いられるときも，また，不定詞以外の目的語をとるときもあることを忘れてはならない。

2.辞書または文法書によって，同じ「動詞＋不定詞」の構文を，あるいは

「他動詞＋目的語の不定詞」と見たり，あるいは「自動詞＋副詞的用法の不定詞」と見たり，見解の一定していないことも少なくないが，本書ではそういう問題点には触れない。個々の動詞について，不定詞を伴う用法があることと，その意味を知れば十分であると考える。

3. tell, teach, etc.のように，2つの目的語をとれる動詞では，「目的語＋不定詞」の構文の不定詞は，やはり目的語と考えてよいだろう。

I *told* him *to leave*.	私は彼に立ち去れといった。
He *taught* me *to swim*.	彼は私に泳ぎを教えた。

しかしながら，ふつう，目的語を2つはとらない動詞の場合《たとえば，*remind* him *to answer* the letter (彼に手紙を書くことを思い出させる) cf. *remind* him *of* it, そのほか，p.214の例を参照》には，その不定詞がどの用法に属するか，なかなか決定困難になるが，これも本書では深く立ち入らないことにする。

研究 **know, say, think** は，ふつう，不定詞を目的語にはしない。ただし，次のような用法はふつうである。不定詞の前に目的語があるのに注目。

I know〔think〕*him* **to be** a doctor.	私は彼が医師であることを知っている〔医師だと思っている〕。

この構文は形式ばった固い言い方で，I know〔think〕that he is a doctor.のようにいうほうがふつうである。

また，次のような say の受動態はときどき見られる。(p. 272 参照)

They **were said to have** quantities of gold.	彼らは多量の金を持っているといわれた。

しかし，He said *them* to have ~ とはいえない。

参考 think = intend, say = order, request の意味のときは，不定詞を目的語にとる用法があるが，実例は比較的まれである。

§7 形容詞的用法

不定詞が前の**名詞・代名詞にかかる用法**(および補語になる場合の一部)が形容詞的用法で，日本文のまとまりをよくするために，ふつう，訳をくふうする必要がある。

① Give me something **to drink**, please.	どうか何か飲む物をください。
② There was not a man **to help** him.	彼を助けてやる人はいなかった。

③ The next thing **to be considered** is his report. 　｜　次に考慮すべきこと《直訳：考慮されるべき次のこと》は彼の報告だ。

補足 名詞を形容する語は形容詞だから，名詞を形容する不定詞は形容詞的用法。

《注意》 not to も同様に用いられる。(例) something *not to be ignored*（無視できないこと）

研究 **1.** 過去を表す本動詞が用いられている文でも，この不定詞は，過去に訳さないのがふつうである（②参照）が，それが形容する名詞に，first, second, last など，順序を表す語がついているときは違う。

He was the *first* man **to point out** the fact to me. 　｜　彼がその事実を私に指摘した最初の男〔最初に指摘した男〕であった。

2. この用法の不定詞は，関係代名詞を用いて書き換えることができる場合が多い。ただその際に，can, could, should などの助動詞を加えることがしばしば必要である。特に，修飾される(代)名詞が，意味の上で後続の不定詞の目的語の関係にある場合（上例①）はそうである。和訳では，その助動詞も訳に出したほうが日本文がまとまりやすい。

　① Give me something *that I can*〔*may*〕*drink*.
　② There was not a man *who helped*〔*could help*〕*him*.
　③ The next thing *that ought to be considered* is his report.

3. 不定詞が自動詞のときには問題は起こらないが，他動詞のときには問題が起きやすい。

　I have some letters **to write**〔**to be written** は不可〕.
　　　　　　　　　　　　　（私は何通か手紙を書かなければならない）
　There are some letters **to write**〔**to be written** も可〕.
　　　　　　　　　　　　　（書かなければならない手紙がある）
　He has a list of people **to invite**〔**to be invited** も可〕.
　　　　　　　　　　　　　（彼が招待客のリストを持っている）

など，習慣的としかいえないが，和訳には困難はあるまい。

　しかし，たとえば He is the best man **to choose**.などでは「（何かを）選ぶのに最適の人だ」にも「（自分たちが）選べる最善の人だ」の意味にもなりうる。つねに前後の文脈に注意しなければならない。

参考 **1.** 補語になるものには形容詞も名詞もあるから，補語に用いられた不定詞が名詞的用法か形容詞的用法か，は決定しにくい場合もある。He seems〔appears〕*to be* a brave man. (彼は勇敢な男らしい)は，まず形容詞的用法といえようが，To be a landless man seemed to him *to be* a slave all his life. (土地をもたない男

だということは，一生奴隷であることだと彼には思われた）では，同じ seem の補語でも，主語との関係から，名詞的用法というべきである。しかし，実用上は，seem が不定詞をよく伴うことを知っていればたりる。

なお，上の例文について付言すると，このように主語と補語がともに不定詞の語句の場合，補語の部分は主語の部分の特質を述べているのであって，したがって，上の例文の意味は，landless man なら，それは一生奴隷ということなのだ，ということになる。

2. §6にあげた種類の動詞が名詞に変わった場合，不定詞はそのまま用いられるのがふつうである。

decide to go（行く決心をする）⟶ decision to go（行く決心）
refuse to speak（話すのを断る）⟶ refusal to speak（話すのを断ること）

名詞のあとに続いてはいるが，このときの不定詞はやはり名詞的用法で，前の名詞と同格関係にあると考えるべきであろう。

§8 末尾に前置詞を伴う形容詞的用法

「自動詞＋前置詞」が，多少とも1つの他動詞の意味に近い場合(p. 267参照)，不定詞にはその前置詞も加えるのがふつうである。

There was no chair *to sit on*.	腰をおろすいすはなかった。
He had some friends *to talk it over* **with**.	彼にはそのことを一緒に話し合う何人かの友だちがいた。

補足 日本訳にあまり関係のない on や with が用いられている理由は，上の例文を
§7，研究2で述べたように関係代名詞で書き換えてみればわかるだろう。
There was no chair *on* which I could *sit*〔that I could *sit on*〕.
He had some friends *with* whom he could *talk* it over.
関係代名詞の場合と同様，いわばその簡略形の不定詞でも前置詞が必要なのである。

研究 **1.** 名詞的用法・副詞的用法では，このような前置詞は伴わない。

2.「不定詞＋前置詞」のかわりに，「**前置詞＋関係代名詞＋不定詞**」が用いられることもある。訳し方は前者と同じ。文語的な言い方である。

He gave them land **on which to live**.	彼は彼らに住む（べき）土地を与えた。
She must have a man **to whom to cling**.	彼女にはすがるべき男がいなくてはならない。

これらは，to live on〔on which they could live〕；to cling to〔to whom she could cling〕といい換えることもできる。

3.「自動詞＋前置詞」ばかりでなく，他動詞や形容詞のこともある。

a decent dress *to see him* **in**（彼に会うのに着る見苦しくない服）

words *to thank you* **in**（きみへのお礼[を述べるため]のことば）

things *to remember him* **by**

（彼を思い出すたねになるもの[＝彼のかたみ]）

He said I was extravagant, but he didn't give me anything *to be extravagant* **with**.	私は金づかいが荒いと彼はいったが, 荒く使えるものは何も私にくれなかった。

　これらも関係代名詞で書き直してみれば, 前置詞のある理由はわかろう。

　4. 末尾に前置詞を伴うのは「to …前置詞」の語数が少ないときで, 不定詞に長い目的語などがついて語数が多ければ, 前置詞は略す。また, 不定詞の前の名詞が場所・時間・金銭に関する語のときも, 略されることが多い。

（**参考**）末尾に前置詞を加えるか否かは, かなり不統一な場合が多い。次の例を参照。意味があいまいになるおそれのない場合には, 省略することが多くなってきているような印象である。

⎰ an excellent **place** *to learn German* **in**（Maugham）
| London was the best **place** *to live*. cf. live *in* a place.
⎱ He had found a **place** *to park*.（Farrell） cf. park *at* ～（～に駐車する）

§ 9 「be ＋不定詞」の構文

「取りきめができている」が原義で, それから次の意味を表す。

① 予定・運命【訳し方】「～はずである」「～ことになっている」

② 義務・命令【訳し方】「～ねばならない」「～べきである」

③ 可　能　　【訳し方】「～できる」

① I **am to leave** next week.	私は来週出発することになっている。
The day **was to decide** the fate of Japan.	その日は日本の運命を決することとなった。
② You **are** (not) **to avoid** the trouble.	きみはそのごたごたを避けねばならない(避けてはならない)。
③ Not a cloud **was to be seen**.	雲1つ見られなかった。

《注意》　**1.**　この場合は形容詞的用法であるが, be to ～にはそのほかに,

　① 「～することである」〔名詞的用法〕（§ 4, ③参照)の場合,

　② 「～するためである」〔副詞的用法〕（§ 10, ⑴参照)の場合,

It *was to avoid* unnecessary troubles.	それは不必要なめんどうを避けるためであった。

③仮定法の wcrc to (p. 299 参照)の場合，もあることを忘れぬこと。
「be ＋完了不定詞」については p. 391を参照。

2. 英文中に出てきた be to ～が上のどの用法かは，訳文としてどれが最適かを考えて決定するのであるが，次の識別方法が一応の参考になろう。

(i)「運命」の意味を表すときは，be は過去形のことが多い。

(ii) 不定詞が受動態のときは「～できる」の意味のことが多い。

3. be to blame などについては p. 389を参照せよ。

4. この表現は，イギリスで親が子供に注意・さしずを与えるときによく使われるという。

研究 **1.** ①の文は，主語の意志や希望によって出発するのではなくて，他から課せられた義務として出発するという意味である。

2. be still〔yet〕to ～の訳し方に注意。直訳は感心しない。

The worst **is still to come**.	最悪事態のくるのはまだこれからだ。

直訳は「最悪事態はまだくることになっている」である。

3. if ～の中に用いられた場合《仮定法の were to は除く》は，上に掲げた3つの意味は薄れて，単に「～しようと思えば」(＝ want to)「する(もの)とすれば」と訳してよいのがふつうであるが，目的の意味を含むこともある。

You must tell me the truth **if** we **are to remain** friends.	ずっと友だちでいようと思えば〔いるためには〕，きみは真実を話さなくてはいけない。

4. この be を完了時制や未来時制にすることはできない。

§ 10　副詞的用法

上記以外の用法，つまり，**動詞・形容詞・副詞または文全体にかかる不定詞**が副詞的用法で，次のような各種の意味を表す。

(1) 目的の意味を表す。

【訳し方】「～するため(に)」

① He went to the station **to meet** her.	彼は彼女を迎え(るため)に駅へ行った。
② I did my best **to help** them.	私は彼らを助けるために全力を尽くした〔全力を尽くして助けようとした〕。

③I wrote **to tell** him about | 私はそのできごとを彼に知らせる
the incident. | ために手紙を書いた。

《注意》 副詞的用法のうち，これがもっともよく出てくる用法である。

研究 **1.** to の前に in order または so as をつけて，目的の意味を強め，またははっきりさせることがある。not to ～ならば not の前につける。

He worked hard **in order**〔**so** | 彼は家族を養うため，一所懸命に働
as〕**to** support his family. | いた。

He got up early **in order**〔**so** | 置き去りにされないために〔よう
as〕not **to** be left behind. | に〕，彼は早く起きた。

2. 次のように省略の文句といっしょに用いることもある。

He raised his hand **as if to** | 彼は沈黙を命ずる（ためにである）
command silence. | かのように手をあげた。

(2) 原因・理由を表す。

【訳し方】「～して」「～する〔した〕とは」

①I am glad **to see** you. | お目にかかれてうれしいです。
②He smiled **to find** there | 彼はそのへやにだれもいないのを
was no one in the room. | 知ってにっこりした。
③You are a wise man **to** | 故郷に残っていて〔いたとは〕，き
stay at home. | みはりこうものだよ。
④He must be stupid not **to** | それがわからないとは〔なんて〕，
realize that. | 彼はきっとまぬけなんだ。

研究 **1.** ①のように，感情に関する形容詞〔分詞〕の次の不定詞は，この用法であることが非常に多い。なお，(3) **研究** 4 も参照せよ。

2. 次の例は①と形が似ているが，この不定詞が理由・原因を表すと考えては意味がまとまらない。こういう場合もあるから注意せよ（p.383 参照）。形だけでなく，意味を考えて用法を判断しなければならない。

I'll be glad to help you. | 喜んでお手伝いしましょう。

（**参考**） 同様の意味を表すのに分詞が用いられていることもある。

You must think I'm mad *talking* to you like this. （あなたにこんなおしゃべりをして，きっと頭がおかしいとお考えでしょう）(A. Christie)

(3) 結果を表す。

【訳し方】「～して〔すると〕…する」

He grew **to be** a great sci- | 彼は大きくなって〔なると〕偉大な
entist. | 科学者になった。

| I woke **to find** all this a dream. | 目をさますと，これはすべて夢だったことがわかった。 |

《注意》 **enough to ～**, **too ～ to …** の不定詞も結果を意味する場合がある。(§ 17参照)

🔲 **1.** この用法の不定詞の表す結果は，to の前の動詞の表す動作からは予想できにくい，思いがけない結果であるのがふつうである。

2. 結果を表すのか，目的を表すのか，どちらに解釈することもできて区別のつきにくいことは少なくない。その場合には，文法的な説明は別として，和訳の立場からは，どちらに解釈して訳してもさしつかえない。(1)の③の文でいえば，「知らせるために書いた」は「書いて知らせようとした」と内容的に同じであり，さらに「書いて知らせた」〔結果〕と訳してもかまわない。この日本語からは，彼が手紙を読んでそのできごとを知ったかどうかは不明で，英文の内容もその点では同じだからである。

3. never to ～, only to ～はもっぱら結果を表す。その前にコンマがあるときも多い。

| They parted, **never to see** each other again. | 彼らは別れて，それっきり再び会うことはなかった。 |
| He rose to his feet, **only to fall** as before. | 彼は立ち上がったが，また前のように倒れるだけであった。 |

4. 通常，結果を表す用法に扱われるが，(2)にきわめて近いものに次のような場合がある。類似の意味を表す that ～ should(p. 337)と比較せよ。訳し方は「～するとは」「～するなんて」で一応まとまる。

| Who am I **to argue** with a duke ? | 公爵に向かって理屈をいうなんて，私はどういう男なのか。〔私は…をいえるほどの身分ではないじゃないか〕 |

(4) 仮定・条件を表す。

例文は仮定法の§ 16,(2)(p. 303)を見よ。この用法のときは，不定詞が文頭にあったり，前後にコンマをおいて挿入句として用いられることも多い。また，たいてい助動詞の過去形《仮定法》がいっしょに出ているからわかりやすい。

(5) 文の他の部分から**遊離して用いられる**。《独立用法》

| **To do him justice**, he is not so reckless as you say he is. | 公平にいって，彼はきみがいうほど向う見ずではない。 |
| **To begin with**, he has had | まず第一に，彼には人を教えた経 |

no experience in teaching. ｜ 験がない。

そのほか，以下のようなものも，よく用いられる言い方である。

to be sure（確かに；なるほど）　　not to mention（～はもちろん）

so to speak（いわば）　　　　　　to conclude（結論をいうと）

to be frank with you（率直にいうと）　strange to say（変な話だが）

to make matters worse（さらに悪いことには）

to make a long story short（かいつまんでいうと）

to return to the subject（本題にもどるとして）

to say nothing of ～（～はいうまでもなく，～はもちろん）

to tell (you) the truth；to speak the truth（実をいうと）

《注意》　この用法は(1), (4)の用法とはっきり区別がつかないこともある。

§ 11　その他注意すべき用法

(a)「動詞＋不定詞」の場合

He **came to see** the danger.	彼はその危険をさとるに至った。
She **failed to answer** the letter.	彼女は手紙の返事を出さなかった。
They **proceeded to criticize** him.	彼らは彼を批判し始めた。
I **hesitated to ask** him a favor.	私は彼に頼みごとをするのをちゅうちょした。
I could not **bring myself to disappoint** her.	私は彼女を失望させるに忍びなかった。

(b)「形容詞＋不定詞」の場合

He is **anxious〔eager〕to go**.	彼はしきりに行きたがっている。
He is **apt to make** mistakes.	彼は誤りをしがちである。
It is **due to arrive** at ten.	それは10時に着くはずである。
She was **quick to sympathize**.	彼女はすぐ同情した。
I am **willing to pay** for it.	私は喜んでその代金を支払う。

参考　(a)(b)の不定詞は，「不定詞の表す動作の方向へ向かって〔動作の点で〕」という意味を表す用法で，to つきの不定詞の基本の用法である。すでに述べた目的・結果などを表す用法は，この用法から派生したものといえる。したがって，場合により，それらの用法とこの用法のどちらに属するのか，決定しにくいこともある。一定した訳し方はないので，個々の動詞・形容詞の用法として記憶しなければならない。

(c) it ＝「to ＋動詞...」の構文と取り違えやすい場合

① It was **difficult to read**.	それは読むのが困難だ。
② It is **boring to watch**.	それを見ているのは退屈だ。
③ The work is not **easy to do**.	その仕事はするのが容易でない。

《注意》 この構文《①≒ It was difficult to read *it*. ≒ To read *it* was difficult.》は，すでに p. 103 **研究** 2 でふれた。ここでは説明と類似の構文の追加をする。

研究 **1**．この構文では，不定詞に目的語がなく，動詞1つだけのような短いものであるのが通例で，それが it ＝ to ... と見分ける手がかりになる。不定詞の前に for ～で意味上の主語を加えることはある。

2．次のように，どちらの構文にも解釈可能なこともある。その場合はその文の前後に述べられている内容に基づいて判断するより仕方がない。

It is easy *to* say, but hard *to* do. (そういうことはいうことは容易だが，実行するのはむずかしい)《上掲の構文》，または，(いうということは容易だが，行うことはむずかしい)《it ＝ to ...》

3．上掲の①，③の例文では，it, work はいずれも，意味上は不定詞の目的語になる関係《to read it, to do the work などの関係》にある点に注目。これも，it ＝ to ... には見られない，この構文の特徴の1つである。

4．この構文は，文の主語についての話し手の判断を述べるもので，主語は明確な人・もの，または種類全体をいう名詞であることが必要。someone, people, a book など特定のものをささない語を主語にはできない。

5．be に続く形容詞は，たいていの場合，easy, hard, pleasant, sad, horrible, exciting, good, bad, useful など，およびこれらの類語である。ほかに，fun, pleasure, trouble など，同じように使われる名詞が少数ある。

6．次の例のように，名詞などが不定詞の前にきていることもある。

They gave me a lot of *pleasure* **to watch**.	彼らは〔を〕見ていると，非常に楽しかった。
That is *out of my power* **to do**.	それ(をすること)は私の力では及ばない。

7．不定詞のあとに語句が続かないことが多いが，次のような例外的なものもある。

Tom is hard **to consider** *competent*.	トムが有能と考えることはむずかしい。

Those stories would be hard **to tell** *the children*.	それらの話を子供たちに聞かせるのはむずかしいだろう。

(**d**) 上記(c)とはやや異なる構文

① The house was **lovely to look at**.　その家は見た目にとてもきれいだった。

② The air was **frosty to breathe**.　空気は息をすると冷たかった。

③ The food was **ready to eat**.　食べ物はすぐ食べられるようになっていた。

④ You are **free to choose**.　自由に選んでいいですよ。

研究　**1.** この構文が(c)と違う点は, to look at the house《①の文の不定詞＋主語》を主語にしても was lovely には意味上結びつかない点である。「家がきれいだ」はいいが, 「家を見ることがきれいだ」とはいえない。②以下の文も同じである。①②の不定詞は原因または条件を表す用法と考えるのが適当であろう。③④は be ready〔free〕to の成句として記憶すべきである。

2. 形容詞に名詞が加わっている例もある。しかし, 不定詞はむしろ形容詞にかかっている感じである。

He is not **a safe man to offend**.	彼は怒らせても大丈夫な男ではない〔怒らせると危険だ〕。
It was **a crazy kind of shoe to be wearing** in the country.	それは, いなかではくには珍妙なくつであった。

最初の例文で冠詞と man がなければ, To offend him is not safe.と書き直せるから(c)の構文になる。

なお, 「名詞＋形容詞＋不定詞」の語順をとっている場合もある。

He is **a man difficult to know**.　彼は理解しにくい人物だ。

(**e**)「疑問詞＋不定詞」の場合

I am at a loss (as to) **what to do**.　私はどうしたらよいものか困っている。

He didn't know **how to use** it.　彼はそれをどう使うのか〔それの使い方〕を知らなかった。

研究　訳し方を公式的にいえば, 「疑問詞の意味＋〜すべきか」である。

where to go (どこへ行くべきか；どこへ行ったらよいか；行き場所)

how much to give（どれだけ与えるべきか；どれだけ与えたらよいか）

which to choose（どちらを選ぶべきか；どちらを選んだらよいか）など。

(f) 不定詞に if 〜, when 〜などの文句がかかる場合

A regiment was stationed there **to render aids should any prove necessary**.	必要とわかった場合に援助を与えるため，一個連隊がそこに配置されていた。

補足　should any 〜(= if any aid should 〜)は render にかかる。was stationed にかけては意味が通らない。このような不定詞の例は比較的少ない。

(g) 単独で用いられる場合

To think that she should ever have conceived the base idea !	彼女がそういうさもしい考えをいだいたなどと考えると(情けない) !

補足　前に I am grieved (私は悲しい)などを補い，原因を表すと考えてもよい。ほかに imagine, fancy などもよく同じように用いられる。p. 293, (6)参照。

§12　不定詞の意味上の主語

(1) 不定詞には，定動詞の場合のような，主格におかれた正規の主語はなく，意味の上から推定するほかないが，文の主語が不定詞の意味上の主語でもあることがきわめて多い。

I have nothing **to do** now.	私は今何もすることがない。
He went there **to buy** it.	彼はそれを買いにそこへ行った。

補足　do, buy の動作をするのは，文の主語の I, He である。しかし，これは不定詞の意味上の主語であって，形式上〔文法上〕の主語ではない。

研究　次のように，意味上の主語がばく然としているときもある。

To see is **to believe**.	百聞は一見にしかず〔見ると信ずることになる〕。
The work is easy **to do**.	その仕事はしやすい。〔§11, (c)〕

(2)「他動詞＋目的語＋不定詞」の構文では，この目的語が不定詞の意味上の主語であることが多い。(例文は p. 213 を参照)

研究　ただし，次のような例外もまれにはある。《come back するのは I 》

I **promised him to come back**.	彼に帰って来ることを約束した。

(3)「for 〜＋不定詞」の構文では，for と不定詞の間にきているも

のが，不定詞の意味上の主語になる。

① **For** *the child* **to be brought up** here is not desirable.

その子がここで育てられることは望ましくない。〔名詞的用法；主語〕

② His suggestion is **for** *you* **to look after** them.

彼の提案はきみが彼らの世話をすることだ。〔名詞的用法；補語〕

③ It is not good **for** *him* **to live** there.

彼がそこに住むのはよくない。〔It ＝ to ...〕

④ That made it possible **for** *us* **to investigate** the matter.

それが私たちがその問題を調査することを可能にした。〔it ＝ to ...〕

⑤ That's a matter **for** *him* **to decide**.

それは彼が決める(べき)ことだ。〔形容詞的用法〕

⑥ I stood aside **for** *her* **to enter**.

私は彼女がはいるようにと，わきにのいていた。〔副詞的用法；目的〕

⑦ I was anxious **for** *it* **to be settled**.

私はそれが解決されることを切望した。〔副詞的用法；§ 11〕

研究　**1.** 不定詞の意味上の主語を表す必要があるとき《たとえば，文の主語と違うのでそれを明示しなければならないとき》この構文がよく利用され，他の場合には for を伴わない語のあとでも用いられる。そして，上例のように，既述の種々の用法の不定詞についてこの構文が可能である。

2. いうまでもなく，(1)，(2)の場合の不定詞には for ～は加えない。しかし，(2)の構文の目的語に for ～をつけた例は皆無ではない。

3. この for は，もともと「～のために」「～にとって」などの意味で，本来は，その前にくる語と密接に結合していた。①，②などではこの結びつきは完全に失われているが，たとえば，③，④のように形容詞などに続く for ～ to の場合などでは，現在でもこの結合のなごりが多分に感じられることが多い。その場合には，訳文の前後関係により for ～を「～にとって」と訳してもよい。

4. 次の例のように用いられた for ～ to では，for ～を「～が」と訳しては日本文がまとまらないのがふつうである。

It is not **for** *me* **to inform** against my friend.

私は友人の告げ口をするわけにはいかない。

It is **for** *the critics* **to criticize**.

批判するのは批評家の仕事だ。

上掲③の例と違い，for ～の前に形容詞などがない点に注目。公式的な訳し方は，「(to)～することは(for)～のすべきことだ」である。

（**4**）「**It is ＋形容詞＋ of ～＋不定詞**」の構文では，of と不定詞の間の語が，意味上は，不定詞の主語になる。

① **It is** very **kind of** *you* **to invite** me.
　私をご招待くださってありがとうございます〔ご親切さまです〕。

② **It was foolish of** *him* **to do** such a thing.
　あんなことをして，彼はばかであった。

研究　**1**．ある行為をほめたり，批判したりするときに用いられる構文で，①は礼を述べるようなときの型の定まった言い方である。You are very kind to ...《この不定詞は原因・理由を表す》といっても，その時の状況・文脈によるが，ほぼ同じ意味になる。

　2．いつも不定詞を伴うとはかぎらない。次のような言い方もある。

　　It's〔That's〕very kind of you.
　　どうもご親切さま〔ありがとう〕。
　　How silly of me !
　　なんてばかなことをしたんだろう。

　3．You are kind.といえば，その人の性質が親切だ〔状態〕ということになるが，上例の言い方は，人の性質もだが，行為のほうに重きをおいて，親切だといっているのである。この構文は，形容詞が人《of に続く》と行為の両方に使えるものでなければ成り立たない。

（**参考**）　**1**．この構文の文頭の it は，あとの不定詞をさすと考えるよりは，ばく然と状況をさすと考えたほうがよいと思われる。

　2．次のように，in が用いられている例もときどき見られる。

　　It is disgusting *in* a man to lie for personal decorations.
　　男が身の回りを飾るために，うそをつくことはいやらしい。

　1回の行為ではなく，永続的な真理に近いことをいうのだから of は不適当。また for では，「男にとっていやらしい」（(3)，**研究** 3）の意味に解されやすいのを注目。

　3．②では，類似の言い方として，(i) It was foolish *for him* to do ... (ii) *He* was foolish to do ...のような表現もある。実際にはあまり区別なく用いることもあるようであるが，(i)なら，「彼が〔にとって〕…すること」を「おろかであった」といっているのだが，実際に彼がその愚かなことを実行した，と明言しているのではない。本文の，of を用いた場合は，実行したのであって，彼とその行為を愚かだったといっているのである。この表現と(ii)はきわめて意味が近いが，(ii)は本来，彼をばかだったと判断する根拠はどういう点か，を述べている。したがって，of を用いた②の言い方のほうが，(ii)に比べて him に対する批判の程度はやや緩和されるという。

§13　不定詞の態

（**1**）不定詞には能動・受動の両形（§2参照）があり，それぞれ能動・受動の意味に用いられるが，そのほかに，能動形の不定詞が受動の意

味で用いられることがある。

① He is **to blame**. 彼が悪いのだ〔責を負うべきだ〕。
② The house is **to let**. その家は貸家です。
③ The reason is not far **to seek**. 理由は簡単に見つかる。

補足 ①でいうと，この文は「彼が(他人を)とがめる(= blame)べきである」の意味ではなく，「彼がとがめられるべきである」〔受身〕という意味で，結局，上の訳文のようになるから，to blame は受動の意味といえるが，この表現は現在では使われないようである。

研究 **1.** 能動形の不定詞の受身用法は限られていて，上例のような型の定まった言い方，または次に(2)で述べるような場合に見られるだけである。

2. 進行形にもこれに類する場合があること(p. 251)を思い出せ。

3. He is *to be blamed*. The house is *to be let*.という言い方もある。

参考 上掲の動詞の不定詞のほか，be to do〔compare, pay〕なども受動の意味で用いられていることがある。ことに古い英語では，能動の不定詞が受動の意味に用いられていることもしばしばある。

(2) 能動の不定詞によって形容される語が，意味上，その不定詞の目的語にあたる関係にある場合には，その不定詞は，能動形・受動形どちらも用いられることがある。(§7 研究 3 参照)

① There is no time **to lose** 〔**to be lost**〕. 一刻の猶予もならない。《直訳：むだにす〔される〕べき時間はない》
② He is not the man **to be trusted in** 〔**to trust in**〕. 彼は信頼できる〔信頼すべき〕人間ではない。
③ There is a lot **to do** 〔**to be done**〕 yet. まだすべきことがたくさんある。

補足 ③でいえば，「たくさんのことをする」という関係《to do のかかる a lot が do の目的語》がある。

研究 **1.** There is で始まる文の場合にとくに上述のような用法が多く見られる。③の文で There is を We have にかえるのは不適切なようである。

2. 訳し方は，(1), (2)とも，特殊な言い方《たとえば(1), ①の文》に注意すれば，あとは能動に訳せばよい。

参考 **1.** 不定詞が受動形でも能動形でも意味に変化のないことも多いが，次のように意味上多少の相違がある場合もある。

This is the man *to send*. これが派遣すべき(適当な)男だ。
This is the man *to be sent*. これが派遣される(予定の)男だ。

There is nothing *to see*.	見る（価値のある）ものは何もない。
There is nothing *to be seen*.	目にはいる〔見うる〕ものは何もない。
There is nothing *to do*.	何もすることがない。
There is nothing *to be done*.	すべき〔なしうる〕ことは何もない。

2. The work is not *easy to do*.のかわりに to be done を用いた例もあり，また，There was no work *for father to be had* in our town. (Anderson)（町で父がありつける仕事はなかった）のような例もあって，不定詞の態は，必ずしも規則的ではない面もある。実際に当たっては，訳文の内容に矛盾のないよう，常識的な判断を働かせることも忘れてはならない。

§14　完了不定詞の用法

(1) 動詞の表す「時」よりも以前のできごとであること，またはその「時」までの完了・継続・経験を示す。

【訳し方】「～した」

He seems **to have seen** it.	彼はそれを見たらしい。
He claimed **to have made** discoveries in those regions.	彼はその地域でいろいろな発見をしたと主張した。
It is one of the earliest materials **to have been used** for the purpose.	それは，その目的に用いられたもっとも古い材料の1つである。

> **補足**　上例で to see, to make といえば，「（これから）見るらしい」「（これから）発見をすると主張した」の意味で，動詞の示す「時」よりもあとのことを意味する。完了不定詞で，seem（見える；らしい），claimed（主張した）より以前に「見た」「発見した」ことが明示される。

> **研究**　上例は次のように書き換えることもできる。そうすれば，動詞と不定詞の時制の関係がはっきりわかろう。
>
> It seems that he *saw*〔*has seen*〕 it.
>
> He claimed that he *had made* discoveries in those regions.
>
> It is one of the earliest materials that *were used* for the purpose.

> **参考**　ふつうの不定詞と同じように訳さないと日本語としてまとまらない場合もある。
>
> | | |
> |---|---|
> | None of them had the skill *to have opened* it without a key. | 彼らはだれも，かぎなしでそれをあける技術をもってはいなかった。 |
> | A fight was not novel enough *to have called* them together. | けんかは彼らを呼び集める〔集めてしまう〕ほど目新しいことではなかった。 |
>
> to open, to call とすれば，この文が述べられたときには，まだ「あいていない」「呼び集められていない」可能性が多分にあるが，完了不定詞だから，すでに「あいて

いた」「呼び集められていた」ことは事実で，ただ，「あけたのは彼らではない」「集まっている原因はけんかではない」のである。しかし「あけた技術」などと訳したのでは日本語にならない。

(2) 実現されなかった意図・希望などを表す。

① He meant 〔intended〕 **to have done** so.	彼はそうするつもりだったのだ。《実際にはしなかった》
② She was **to have started** for Kyoto.	彼女は京都へ行くはずになっていた。(§9「be ＋不定詞」参照)
③ I should like **to have seen** it.	私はそれを見たかった（のに）。

研究　**1.** そのほか，**wish, expect** などの次でもよく見られる。

2. 上例のような言い方のほか，同じ意味で次のようにもいう。

He *had meant*〔*had intended*〕*to do* so.

He *had meant*〔*had intended*〕*to have done* so.

後者は比較的まれであり，あまりよい言い方ではないとされている。

3. ③は，「見られたらよかったのに」と現在思っている意味。

I **should have liked to see** it.　｜　私はそれを見たかった。(p. 341参照)
は，見られなかったという点では同じだが，過去においてそういう思いをいだいたことを表す。

参考　**1.** 実現しなかったことをいう点では同じだが，そのほか次のような用法もある。

① 意志・願望などを表す語が前にきていない場合もある。

He was cunning enough *to have done* so.	彼にはそうするだけの悪知恵はあった。《実際はしなかったが》
He struck a sufficient number of blows *to have killed* an ox.	彼は牛も死ぬくらいにさんざんになぐりつけた。《実際には殺さない》

enough またはその類語が使ってあるのに注目。次のように書き換えられる。

He was so cunning that he *could have done* so.

He struck such a number of blows that they *could have killed* an ox.

その他，It is impossible for him to *have solved* the problem. (彼がその問題を解いたということはありえない)では，話し手は，解いてはいないと思っているのである。

②「if ＋過去完了」の代用をする場合がある。(p. 299参照)

It might have aroused their suspicions *to have made* (＝ if I had made) another attempt.	もう一度試みたら，彼らの疑惑を呼び起こしたかもしれない。

次の用法も，これのやや特殊な場合にすぎない。

To have been able to reach it !　｜　それに届くことができたらなあ！

③「助動詞の過去形＋完了形」のあとで用いられることがときどきある。実現しな

かったことをいっそうはっきりさせる言い方であるが，完了形でない不定詞と同じに扱ってよい。

I *should have liked to have seen*(= to see) it. (**研究**3 参照)
You *would* not *have been* able *to have heard*(= to hear) them.

2. 次のように，未来完了の意味で用いられることもある。このときは，動詞は必ず現在形である。しかし，動詞が現在ならいつもこの意味に用いるとはかぎらない。

This day week I hope *to have finished* my work.	来週のきょうには仕事を終わってしまいたいと思う。
He is expected *to have left* by the time you get there tomorrow.	あすきみがそこに着くまでには，彼は出発して(しまって)いるものと思われる。

どちらの例文も未来時を表す語句を伴っている点に注目。

§ 15　to なしの不定詞の用法

(1) 感覚動詞《感覚器官の働きを表す動詞，つまり「見る」「聞く」「感じる」という意味の動詞》といっしょに用いる。

I **saw** him **tremble**.	私は彼が身ぶるいするのを見た。
She **felt** it **grow** hot.	彼女はそれが熱くなるのを感じた。

《注意》　**1.** これは§ 12, (2)の構文の特殊な場合で，訳し方は同じである。

2. 受動態にすれば to が必要であることは，p. 269を参照。

研究　**1.** このような不定詞をとる代表的な動詞は **see, watch, hear, feel** などであるが，単に感覚器官の働きをいうだけでなく，それによって何かを認識するという意味を含む場合には，不定詞に to がつく。

I **felt** my position **to be** unsafe.	私は自分の地位が不安定だと感じた。

2. behold, find, listen to, look at, notice, observe も to なしの不定詞を伴うことがある。

（参考）　**1.** イギリス英語では know も時によって to なしの不定詞をとることがある。

2. hear tell〔talk, say〕(〜といううわさを聞く)の場合には，感覚動詞の目的語《つまり不定詞の意味上の主語》が省略された言い方が見られる。

I *heard tell* that he was ill.	私は彼が病気だという話を聞いた。

(2)「〜させる」という意味の **let**, **make**《使役動詞》とともに用いる。

I **let** him **go** with them.	私は彼を彼らといっしょに行かせた。

He **made** me **speak** the truth.　│　彼は私に真実を語らせた。

《注意》　**1**. これも「他動詞の目的語＝不定詞の意味上の主語」の構文の１つである。

2. have が使役動詞として同様の構文をとることは p. 319 参照。

🈔究　**1**.「〜させる」の意味の動詞には, ほかに **allow, cause, compel, force, get, suffer,** etc.もあるが, これらはみな to のある不定詞を伴う。

2.「命じる」という意味の bid も to なしの不定詞を伴うが, この意味で bid を用いるのは, 現在では古い言い方である。

3. let は, 相手が望んでいることを望みどおりに「させてやる」気持であり, make はそういう希望をもたないものに「させる」意味である。

4. 米語では, help は to のない不定詞を伴う。しかし今ではイギリス英語でも同じ使い方の help の例はごくふつうに見られる。なお, help を受動態にすれば不定詞に to がつく。

　　I **helped** (him) **carry** it.　│　(彼が)それを運ぶのを手伝った。

5. let go (放す), let fall〔drop〕(落とす), make believe (見せかける)などでは, 使役動詞と不定詞が直結した例も見られるが, これらは成句として記憶するほうが実際的である。

　　let go of the rope(ロープを放す)　**let fall** a hint(ヒントをもらす)

（参考）　「help ＋目的語＋不定詞」で不定詞に to がついていてもつかなくても意味に変わりはないという人は少なくないが, 意味の違いがあるという説のほうがよいと思われる。それによると, *help* him *carry* the load《to なし》では, 彼といっしょになって荷物を運んでやることを意味するが, *to* carry とした場合は, それほど直接的に助けるよりは, 楽に運べるように荷車を使わせてやる, といった援助の仕方を思わせる, というのである。

(3) その他, 次の語句のあとで用いる。

(a) do nothing but 〜（〜するばかりだ, するよりない）

　　She **did nothing but** *cry*.　│　彼女はただ泣くばかりだった。

🈔究　次の文は上の例文のちょっとした変形である。

I **don't do anything except** *sell* fruits.	私はくだものを売るほかは何もしない。
There was **nothing** for him to **do but** *leave*.	立ち去るよりほかに彼にできることはなかった〔立ち去るより仕方がなかった〕。

《注意》　can do nothing but 〜もこの１つの場合である。p. 355参照。

参考 そのほか do nothing else than, not do other[more] than も，上とほぼ同じ内容を表し，than の次に to のない不定詞が用いられる。

(b) cannot but ～（～せずにはいられない）(例文などは p. 355 参照)

(c) had better ～（～したほうがよい）(例文は p. 309 参照)

(d) had[would] rather ～ than ...
　　had[would] sooner ～ than ... } （…よりむしろ～したい）

　　I **had rather** *die* **than** *sur-*　│ 私は降服するよりもむしろ死にた
　　render.　　　　　　　　　　│ い[死んだほうがいい]。

(e) be の補語になっている場合，米語ではしばしば to を略す。

　　What he has now to do *is*　│ 今彼がすべきことは，旅行かばん
　　pack his suitcase.　　　　│ に物をつめることである。

《注意》 そのほか，「助動詞＋動詞」のときの動詞も to なしの不定詞である。

研究 米語では，go の次でも同様の用法が見られる。and か to を補って考えればよい。なお，went, gone の次ではこの用法はない。

　　I will *go* **tell** my father.　│ おとうさんにいいに行こう。

§ 16　やや特殊な形の不定詞

(1) to つきの不定詞のうち動詞が略されて，to だけが不定詞の働きをすることがある。この to を代不定詞(Pro-infinitive)という。

　　"You go if you want **to**. I　│ 「行きたければきみは行きなさい。
　　don't care **to**."　　　　　　│ 　私は行きたくない」

補足 to のあとには，前に出ている動詞 go が略されている。to がなくて単に want, care だけでは，何を want, care するかが不明りょうになる。

研究 **1.** 代不定詞は文や節の末尾に用いられていて，その前には名詞・他動詞・形容詞などがあるのがふつうである。そして，前の文または同じ文のうちの前の部分にある動詞（＋目的語）を to のあとに補ってみればよい。

2. 次の場合には，代不定詞を用いることは，もちろんできない。

　① to の次に補われるべき動詞が，それより前の文中に出ていないとき。

　② to つきの不定詞をとらない構文のとき。たとえば，He'll go if you make him (go). (行かせれば彼は行くだろう)

3. そのほか，次のような言い方は，代不定詞をとらない。

　if you please[like] (よろしければ，ご希望ならば)

　as you please[like] (好きなように)

　if you wish (望むならば) 《ただし，if you wish *me to* はいう》

　4.「for ～＋不定詞」の構文では，代不定詞を用いた例はめったにない。

　5. 代不定詞を用いるのは，口語的な言い方である。

(2) 不定詞の to と動詞の間に他の語《副詞》がはいることがある。

He was forced **to** *duly* **carry out** the order.	彼はその命令をきちんと実行させられた。

　補足　duly を to の前におけば was forced を修飾すると解釈される可能性があり，文末におけば修飾すべき動詞から離れすぎて落ち着かない。carry out の次では，目的語と動詞を分割することになり，英語として不可なので，この場合duly を例文の位置におくのはやむをえないのである。

　研究　**1.** このような不定詞を**分離不定詞**(Split Infinitive)といい，to と原形動詞の間の副詞は不定詞にかかる。

　2. 不定詞にかかる副詞は，to の前，または不定詞(の目的語・補語)のあとにおかれるのがふつうであるが，それでは副詞がどの語にかかるのか不明りょうになる場合が起こる。この不明りょうさを避けるには分離不定詞は有用な手段であるが，そういう目的以外にこれを用いることについては，非難する人も少なくない。

　参考　The price of being eternally youthful is to *never* grow up. (いつまでも若々しいということの代償は，いつまでも大人にならないということである)では，never が grow up だけを打ち消していることが分離不定詞になっている理由である。never to ...ならば，「…の代償は大人になることではまったくない」《文全体の否定》になり，意味が大きく変わる。

§ 17　不定詞に関する注意すべき構文

(1) enough to ～

【訳し方】「～するほど〔くらい〕」

　① It was hot **enough to** burn my fingers.
　　　　それは指をやけどするくらい熱かった。

　② He made **enough** noise 〔noise **enough**〕 **to** wake the dead.
　　　　彼は死人も目をさますほどの騒がしい音をたてた。

　研究　**1.** enough はふつう「十分に〔な〕」と訳されるが，ありあまるほどたくさんなことではなく，ある目的にとって過不足のない程度を意味する。

　2. この場合の不定詞は副詞的用法で，目的を表す場合《「～するほど」と下から訳す》も，結果を表す場合《「～から〔ので〕」と上から訳す》もある。ど

ちらに解釈するのが適当かは，日本語に訳してみて考えればよい。どちらに訳しても矛盾がなければ，どちらに訳してもよい。

①の文は，前後の文からやけどしたことが明りょうならば，「熱かったので指をやけどした」〔結果〕と訳してさしつかえない。しかし②は，「騒ぎたてたので死人が目をさました」〔結果〕は不合理だから，目的に訳す以外にない。

3. 次のような成句的表現では，違った扱いをしなければならない。

be **ready enough to** do it（さっそく〔すぐさま〕それをする）

be **willing enough to** help（快く〔喜んで〕手を貸す）

なお，be kind enough to ～については p.332，および以下の(3)，**研究**7参照。

4. enough to ～は，しばしば，**so ～ that ... can** を用いて書き換えることができる。①，②の例文を書き換えれば，次のようになる。(p.645参照)

It was *so* hot *that* it *could* burn〔burned〕my fingers.

He made *so much* noise *that* it *could* have waked the dead.

5. enough は名詞のこともある。このときは上の書き換えはできない。

She had **enough to** live on without earning money.	彼女はお金をかせがないでも生活できるだけのものを持っていた。

6. 不定詞に for ～が加わることも多い。

It is not low **enough** *for me* **to** touch.	それは私がさわれるほど低くない〔低くないから私にはさわれない〕。

7. そのほかの enough の用法については p.487を参照せよ。

(2) too ～ to ...

【訳し方】「…にはあまりに～，（あまり）～ので…できない」

① He was **too** excited **to** think about it.	彼は興奮し(すぎ)ていたので，そのことを考え(られ)なかった。
② The stone is **too** heavy (for him) **to** lift.	その石は重くて(彼には)持ち上げられない〔持ち上げるには重すぎる〕。
③ He was **too** clever not **to** see it through.	彼はりこうだからそれを見抜いた。

補足　直訳は「…にはあまりに～」であるが，日本語らしくいえば，もう1つの訳し方になる。その場合，英文に not はないが，日本文では「ない」を入れることに注意。逆に，③のように not to とあれば，日本文は否定を入れない。too ～ to ...の間には形容詞か副詞が必ずある。

《注意》　この場合の不定詞は副詞的用法で，結果を表す。

研究　**1**．①では，不定詞の意味上の主語は he だが，②では，意味上の主語は，for him がない場合でも，stone ではない。stone は lift の目的語の関係にあって，これは § 11，(c)の構文である。too ～ to ...にはこの2種類の構文があることに注意せよ。

　2．これも **so ～ that ...** で書き換えることができる。

He was *so* excited *that* he could〔*did*〕*not* think about it.

The stone is *so* heavy *that* one〔he〕*cannot* lift it.

He was *so* clever *that* he *was able to* see it through.

②の書き換えでは，lift *it* と目的語を加えなければならない点に注目。

　3．名詞が加わっていることもある。冠詞の位置に注意。

It is **too** good a chance **to** miss.	絶好の機会だから見のがすわけにはいかない。

　この構文で〈too ＋形容詞〉を名詞の前におくのは a のついた名詞の場合だけで，複数や不可算名詞ならば〈too ＋形容詞〉はそれらのあとにつける。

　4．次の例のように，形は too ～ to ...でも，この構文でないときもある。とくに，only too ～ to ...と，不定詞を伴う成句の場合，にそうである。

It is not **too much to say** that he was a saint.	彼は聖人であったといってもいい過ぎではない。《It ＝ to ～》
He is **too ready to** suspect.	彼はすぐに邪推する。
She was **only too glad to** put me up.	彼女はまったく大喜びで私を泊めてくれた。《only too ＝ very》

(3) so ～ as to ...

【訳し方】「～ので…；…するよう〔ほど〕に～」

① He spoke **so** loud **as to** be heard by everyone.	彼は大声で話したので全員に聞こえた〔聞こえるほど大声で話した〕。
② She would not be **so** foolish **as to** take it amiss.	彼女はそれを誤解するほど，ばかではなかろう。

研究　**1**．これは主として結果を表す《「～ので」と訳す》といわれるが，目的を表す場合もある。(1)の場合と同様に，日本語で考えてどちらかよいほうに訳せばよい。名詞がついて〈so ＋形容詞＋名詞＋ as to ...〉のときもあるが，扱い方は同じである。

2.　②のように not のある場合は，結果に訳すときに注意せよ。「ばかでは<u>ない</u>から誤解はし<u>ない</u>だろう」と否定を重ねなければならない。

3.　so　as　to〜《so と as が直結している》(§ 10，(1)，**研究**1)との相違に注意。これはつねに目的《〜ために，〜ように》を表す。

4.　so と as の間には，副詞か形容詞が必ずはいる。もし名詞だけならば，so のかわりに such を用いる。

He is not **such** a fool **as to** do so.	彼はそうするほどばかではない。

5.　so 〜 as to …；so as to 〜の to の前に for 〜はまず加えない。

6.　was so 〜 as to …は，「〜にも…した」と訳すとよいことが多い。

He **was so** kind **as to** help me.	彼は親切<u>にも</u>私を助けてくれ<u>た</u>。
He **was so** bold **as to** touch it.	彼は大胆<u>にも</u>それにふれ<u>た</u>。

かわりに enough to 〜 を用いれば口語的になる。意味は同じである。

7.　Will〔Would〕you be *so* kind〔good〕*as to* 〜 ？　または Be *so* kind〔good〕*as to* 〜は，ていねいな要求・依頼を表す。(p. 332 参照)

8.　go so far as to 〜は，「〜ほどの(極端な)ことをする」を意味する。

She **went so far as to** call him a coward.	彼女は彼を臆病者とさえ〔まで〕いった。

まとめ 12

Ⅰ　不定詞：次の3種類のおもな用法がある。

名　詞	主語・目的語・補語に用いる。
形容詞	前の名詞・代名詞を修飾する。補語になることもある。
副　詞	動詞・形容詞・副詞・文全体を修飾。次の意味に用いる。 1．目的　2．原因・理由　3．結果　4．仮定・条件 5．独立用法

1．不定詞を含む慣用表現

　①be ＋不定詞(予定・義務など)　②how〔what など〕＋不定詞

　③「ready〔due など〕＋不定詞」のような成句的表現

　④enough ＋不定詞　⑤too ～ 不定詞　⑥so (～)as ＋不定詞

2．意味上の主語

　①他動詞～不定詞　②for ～ 不定詞　③「it is ＋形容詞＋ of ～＋不定詞」の～の部分の(代)名詞は不定詞の意味上の主語であることが多い。

Ⅱ　完了不定詞〈「to have ＋過去分詞」〉の2つの用法

1．文の動詞の示す時期より以前のできごと，または，それまでの完了・継続・経験の意味を表す。

2．実現されなかった意図・希望などを表す。

Ⅲ　to なしの不定詞の用法

1．感覚動詞(see, hear など)とともに(例：hear her **sing**)

2．使役動詞(let, make,〔help〕)とともに(例：let him **go**)

3．慣用的に do nothing but ; cannot but ; had better のあとに

Ⅳ　やや特殊な不定詞

1．代不定詞：同じ動詞をくり返すかわりに to だけですませる言い方

　例：You can keep it if you want **to**(= to keep it).

2．分離不定詞：to と原形動詞が直結しないで，副詞などが間にはいっているもの

Exercise 12 解答は p.672

⑴ 次の英文の(　)に適する語(句)をa～dから選び,記号で答えなさい。

1．He was so kind as (　) me the way.
   　a. show　　b. showed　　c. that showed　　d. to show

2．The poor old man had no son (　).
   　a. to depend　　b. to be depended　　c. to depend on
   　d. to be depended on

3．I could not but (　) at the fun.
   　a. laugh　　b. laughing　　c. laughed　　d. to laugh

4．Would you like (　) you to the actress ?
   　a. me introduce　b. me to introduce　c. to me introduce
   　d. for me to introduce

5．The questions were too hard for the boys (　).
   　a. answer　　b. answer them　　c. to answer
   　d. to answer them

6．She could do nothing but (　).
   　a. cry　　b. cried　　c. to cry　　d. to have cried

⑵ 次の1～6のあとに続ける文として適するものをa～fから選び, 記号で答えなさい。

1．He must be a fool　　　　a. to find the boy there.
2．There was no place　　　　b. to be returned in six weeks.
3．He rose to his feet again　　c. to have left it unsaid.
4．The people seemed relieved　d. to trust him with the key.
5．It might have been wiser　　e. only to fall as before.
6．The books borrowed at the　f. for her to work in.
　library are

⑶ 日本文に合う英文になるように, 次の文の誤りを正しなさい。

1．私はその少女が歌うのを聞いたことはない。
　I have never heard the girl sang.
2．彼女は母親の手伝いができるだけの年齢だった。
　She was enough old to help her mother.

3．私はぬれないようにかさを持っていった。

I took an umbrella with me not so as to get wet.

4．彼がいそいで寝室から出るのが見えた。

He was seen hurry out of the bedroom.

5．国王はその橋の修理を命令した。

The king ordered the bridge to repair.

6．彼は正午より前に到着するものと私は思っている。

I expect for him to arrive before noon.

(4) 次の各組の英文を，意味の違いに注意して和訳しなさい。

1．
{ a. I heard her play the violin at the hall.
{ b. I heard she played the violin at the hall.

2．
{ a. I have nothing to write.
{ b. I have nothing to write with.

3．
{ a. I'll have a secretary to take care of it.
{ b. I'll have a secretary take care of it.

4．
{ a. His plan is to be adopted by the committee.
{ b. His plan is to be back by ten o'clock.

5．
{ a. You ought to keep your promise.
{ b. You ought to have kept your promise.

6．
{ a. He seems to be a politician.
{ b. He seems to have been a politician.

(5) 次の各組の文の内容が同じになるように，（　　）に適当な語を入れなさい。

1．
{ This coffee is so hot that I cannnot drink it.
{ This coffee is （　） hot （　） （　） to drink.

2．
{ It is said that he stayed at that hotel for a week.
{ He is said to （　） （　） at that hotel for a week.

3．
{ Since she is rich, she can buy a grand piano.
{ She is rich （　） （　） （　） a grand piano.

4．
{ I want to learn the way to drive a car.
{ I want to learn （　） （　） drive a car.

5．
{ In the first place, you must memorize all these rules.
{ （　） begin （　）, you must memorize all these rules.

第**13**章
分　詞

準動詞のひとつである分詞には，現在分詞と過去分
詞があり，動詞と形容詞の働きをかね備えている。

§1　分詞の種類と形式

(**1**) 分詞(Participle)は動詞から作られ，現在分詞(Present Partici-
ple)と過去分詞(Past Participle)の2種類がある。

《注意》　現在分詞・過去分詞の作り方については，p.196以下を参照。

(**2**) 現在分詞は，時制・態によって，次のような形になる。

	単　純　形	完　了　形
能動態	doing	having done
受動態	being done	having been done

補足　受動形・完了形は，要するに，その助動詞《be, have 》を現在分詞形にすれば
よいのである。

《注意》　**1**. 過去分詞の形は1つだけで，時制・態によって形は変わらない。
2. 論理的には，進行形《be doing 》，完了進行形《have been doing 》に対応
する現在分詞形 being doing, having been doing があってもよさそうだが，
実際には，これらが用いられることはない。

§2　分詞の性質

分詞は，動詞と形容詞の働きをかね備えた性質をもつ。つまり，

①名詞・代名詞を形容し，また，補語にもなる。《形容詞の性質》

②目的語・補語などを伴うことができる。《動詞の性質》

《注意》　**1**．実例は以下の例文を参照せよ。

　2．進行形・完了形・受動態を作るのに分詞を用いることはすでに述べたから，本章では扱わない。

§3　現在分詞と過去分詞の基本的相違点

(1) 現在分詞は能動の意味「〜する，〜している」を表し，過去分詞は受動の意味「〜された〔る〕」を表す。

①	an **interested** look	興味をもっている目つき
	an **interesting** look	（人に）興味をいだかせる目つき
②	a man **reading** in the room	そのへやで本を読んでいる男
	books **read** in the room	そのへやで読む〔読まれる〕本
③	The news is utterly **surprising**.	その知らせはまったく驚くべきものだ。
	He was very **surprised**.	彼は非常にびっくりした。

［注］①③の分詞は，正確にいえば分詞に由来する形容詞であるが，説明を平易にするためにあえて分詞扱いにした。

　補足　能動の意味，受動の意味というのは，分詞の形容する名詞《③の例のように主格補語なら主語，また，目的格補語なら目的語》と，分詞になっている動詞の意味との関係についてである。

　　①でいえば，interest は「興味を起こさせる」だから，interest*ing* look は，「look が（人に）興味を起こさせる」〔能動〕の関係があり，直訳式には上の訳のようになり，くだけて訳せば「おもしろい」となる。他も同様で，「男が（本を）読んでいる」「知らせが（人を）驚かす」という関係があるから，現在分詞が用いられる。また，interest*ed* look は，「何かに<u>よって</u>興味を起こ<u>させられた</u>」〔受動〕という関係があるために過去分詞が用いられている。その他も，「本が（人に<u>よって</u>）読ま<u>れる</u>」「彼が（何かに<u>よって</u>）驚か<u>された</u>」という関係が成り立っている。

《注意》　**1**．日本語では自動詞を使うところに，英語では他動詞で受動態を用いることがある(p. 279 参照)が，このような他動詞の分詞形の用法には，とくに注意が必要である。

　2．「have ＋目的語」のあとの to なしの不定詞と過去分詞の使い分けについても，同様の基準があったことを復習せよ。(p. 319)

研究　**1**．本来動詞ではない語に -ed をつけて形容詞を作ることがある。と

くにハイフンで結んだものに -ed をつけて臨時の形容詞を作ることは多い。このときは上に述べたことは当てはまらない。

skilled（熟練した）　　　　　　　talented（才能のある）
blue-eyed（青い目の）　　　　　　good-humored（きげんのよい）

　2. 本来過去分詞でも，次のように，その語形・発音が形容詞としてだけ用いられるものは，もう完全な形容詞で，能動・受動の関係は問題にならない。

drunken（酔った）　　　　　　　learned [lə́:rnid]（学識ある）
sunken（へこんだ）　　　　　　　stricken（〈悲しみなどに〉打ちのめされた）

（参考）　次のような，2語が結合してできた形容詞のうちには，過去分詞だけを取り上げると，上に述べたことが当てはまらないものもある。

outspoken（無遠慮な）well-advised（思慮ある）well-behaved（行儀のよい）
well-read（博識の）　　well-spoken（ことばづかいの上品な），etc.
たとえば，well-read は「よく読まれた」ではない点に注目。

　(2) 自動詞の過去分詞は完了《～し〔てしまっ〕た》の意味を表すだけで，受動の意味にはもちろんならない。

decayed tooth（虫歯）　　　　　**fallen** leaves（落葉）
departed mother（死んだ母）　　**faded** flowers（色あせた花）
escaped prisoner（脱走した囚人）**retired** official（退職官吏）
days **gone** by（過ぎた時代，昔）

　（研究）　**1.** *falling* leaves, *fading* flowers のように現在分詞を用いれば，「（そのとき）落ちつつある葉」「色あせつつある花」を意味する。

　2. 自動詞の過去分詞で，このように名詞の前においてそれを形容するものには，ほかに assembled（集まった），returned（帰って来た），traveled（広く旅をした）などもあるが，一部の自動詞だけに限られている。これらの過去分詞は，むしろ形容詞として覚えておくほうが実際的であろう。

（参考）　「到着した列車」を the **arrived** train または the train **arrived** at ... のようにはいえないが，副詞（句）などが加わると，それが可能になる場合がある。

（例）the train **recently arrived**（少し前に着いた列車），a man **just gone** to India（インドへ行ったばかりの男）など。

§4　名詞・代名詞を形容する分詞

　単独で形容する場合は，通常その名詞・代名詞の前におくが，目的語・副詞などを伴った分詞は，そのあとにおく。

　① She was a **pleasing** lady.　　　彼女は感じのよい婦人であった。

② He had a **tired** look.	彼は疲れた顔つきをしていた。
③ The man **reading** *a book over there* is his teacher.	あそこで本を読んでいる人は彼の先生です。
④ They defeated the army **led** *by the king*.	彼らは国王の指揮する軍隊を打ち破った。

研究 **1.** 単独で用いた分詞は形容詞に接近し，例文①②の分詞や次のようなものは純然たる形容詞としてよく用いられる。このようなものを**分詞形容詞**(Participial Adjective)という。

amusing（おもしろい） excited（興奮した） astonished（驚いた）
interesting（おもしろい） pleased（喜んだ），etc.

そのほか，very で強められたり，比較級になっている分詞は，形容詞化したものといえる。

2. 直接に名詞・代名詞を形容する上例のような用法を**限定用法**(Attributive Use)という。§1, (2)に掲げた分詞形のうち，having done, having been done は，限定用法には用いない。being done も，次のように限定用法の例もあるが，まれである。

He was elected as president of the university **being** **built** at T.	彼は T に建設中の大学の学長として選ばれた。《built だけでは「建てられた〔完了〕と誤解される》

3. 形容詞をあとにつける代名詞《something, etc.》のときは，もちろん，単独の分詞でもあとにおかれる。

4. 時には，基本的な用法（§3, (1)）からはみ出したような分詞の使い方も見られる。

his **dying** words（彼の臨終のことば）

an **embarrassed** silence（気まずい沈黙）

an **outraged** denial（激しく怒って打ち消すこと）

It occupied his **waking** thought.（目のさめている間はそのことが彼の頭を離れなかった〔考えを占領した〕）

これらの例では，die しつつあるのは words ではなくて he であり，embarrass させられたのは silence ではなくて，その場にいる人たちである。しかし，embarrassing なら第三者を「当惑させる」意味になる。

5. 分詞と関係代名詞：限定用法の分詞は日本語の連体形に似ていて，「関係代名詞＋本動詞」とほぼ同等の働きをする。上の③，④の例文は次のように書き換えることも可能である。

The man *who is reading* a book over there is his teacher.

They defeated the army *that was led* by the king.

書き換えるには，本動詞の時制に分詞の部分の時制を合わせることが必要である。一般的にいって，現在分詞なら現在(進行)形，過去(進行)形，未来(進行)形に，過去分詞ならそれらの受動態にすることができるから，これらの中からその文に適合するものを選ぶことになる。ただし，単独で用いた分詞をこのように書き換えることは，理解のための手段としてはよいが，不自然な言い方になることもある。

6. 逆に，「関係代名詞＋本動詞」が必ず分詞でいえるわけではない。

(i)目的格の関係代名詞や「関係代名詞＋助動詞《be, have を除く》」のときは，分詞で書き換えることはできない。

(ii)「関係代名詞＋ be《本動詞》」を分詞で書き換えることはしない。

a man *who was* in the room は，書き直すとすれば，a man in the room であって，a man *being* in the room とはいわない。また have も，having とはめったにいわない。通常，with などで書き換えなければならない。

（参考）　分詞の前置と後置：分詞は単独の場合でも，ふつうの形容詞に比べて，形容する名詞のあとにおかれることが多い。あとにおいても，前においても，意味上の違いのないことも少なくない《たとえば，「翌日」の on the day *following* と on the *following* day 》が，前置された分詞は形容詞として名詞に密着するのに対し，後置された場合は，程度の差こそあれ，分詞の含む動詞的な性質が残るように思われる。

名詞を修飾する分詞(1語だけ)をその前におくかあとにおくか，に関するルールは，十分満足できるものが見つかっていないようであるが，次のような説がある。(あげられている例には過去分詞が多い)

(1) 分詞が，その修飾する名詞の，①習慣的な行動を意味するとき，②持続性のある特徴を意味するとき，には前置される。(例)① a working man, a barking dog (《よく》ほえる犬)　② a torn dress, burnt wood, a lost purse (裂けた〔焼けた，失った〕状態のままである～)

(2) しかし，分詞に副詞が加えられると，上記の条件にはずれた場合でも前置できる場合がある。(例) a (very) reassuring man, the (successfully) resolved problem (かっこ内の副詞があれば可，なければ不可，または疑問)。後置の場合も類似していて，an official *elected* は不可だが，次に by ～があれば可という。

(3) 心の動きを意味する動詞の分詞形は，ふつうは前置しない《(2)の場合を除く》が，この心の動きの原因が文の内容から察せられる場合は前置できる。(例)After the examination, the *relieved* students rushed to the nearest pub. (「試験がすむと」が relieved の原因を説明している)

(4) a *murdered* man は可だが，a *killed* man とはいえない。*dispatched* goods, *stolen* money は可だが，*sent* goods, *taken* money は不可，といった例に基づいて，

不可とされる動詞は意味が単純であるのに対し，murder なら「故意に」，dispatch なら「特別な目的で至急に」，steal なら「非合法的に」のように，kill などのもつ根源的な意味に付加的な意味が加わっている点に前置・後置のルールを求めようとする説もある。

(5)〈There is ＋名詞〉の次には，例外的に単独の分詞が続くことがある。《A man *shot* walked in. は不可だが，There's been a man *shot*. はいえるという》

しかし，以上によってすべての場合を説明できるわけではなさそうで，関係詞を用いていうよりない場合もある。また，ジャーナリズムや学術書などでとくに，上記のルールからはずれた例が見られる。

最後に次のような型のきまった表現もある。

$\begin{cases} \text{a gentleman } \textit{born}（= \text{by birth}）（紳士に生まれた人）\\ \text{a } \textit{born}（= \text{genuine}）\text{ gentleman}（生粋の紳士）\end{cases}$

problems *involved*（関連する問題）―― *involved* problems（複雑な問題）
people *concerned*（関係者たち）―― a *concerned* look（不安そうな目つき）
for the time *being*（さしあたり）
for three days *running*（3日間続けて）

§5 限定用法の分詞の訳し方

(1) 現在分詞の基本的な訳し方としては，「～する」「～している」の2つがある。

The man **making** a telephone call should first give his name.	電話を<u>かける</u>人は，最初に自分の名まえをいうべきである。
He talked to the man **sitting** by the fire.	彼はたき火のそばに<u>すわっている</u>男に話しかけた。

《注意》 **1.** どちらに訳すかは，日本語としてどちらがぴったりするかによってきめる。

2. 分詞は時制を明示しないから，本動詞の時制によってその分詞の時制を考える。

(2) 他動詞の過去分詞の基本的な訳し方としては，「～された」「～され(てい)る」の2つがある。

① In the village there is a house **haunted** by a ghost.	その村にはゆうれいの出る〔ゆうれいにしばしば訪れられる〕家がある。
② He is repairing the door **broken** by his son.	彼はむすこにこわされたドアを修理している。

研究　**1.** 瞬間的または比較的短時間に完了する動作を表す他動詞の過去分詞は「〜された」，状態または持続的な動作を表す他動詞の過去分詞なら「〜され（てい）る」が当てはまることが多い。

2. 自動詞《〜する》に訳したほうが日本文として自然な言い方になる場合は，そうするのがよい。（①参照）

(3) 分詞を動詞のように扱い，分詞が形容している名詞をその補語または目的語のように訳さなければならない場合もある。

He was a **supposed killer**.	彼は殺し屋だと思われている男だった。
He answered with **assumed calmness**.	彼は冷静さをよそおって答えた。
She looked back at me with an air of **injured innocence**.	彼女は悪くないのにひどいことをいわれたといった様子で私を見返した。

補足　やや複雑な用法であるが，上の訳は次のようにして生まれる。

（人々によって）推測されている殺し屋→殺し屋と〔補語〕思われている男

（彼によって）よそおわれた冷静さで→（彼が）冷静さをよそおって

（私に）傷つけられた無罪〔潔白〕の様子で→無罪〔潔白〕の状態を傷つけられた様子で

研究　**1.** このように用いられるのは，「思う」「〜と称する」という意味を含んだ他動詞の過去分詞にとくに多い。

2. これはおもに過去分詞の場合に見られる。現在分詞は，§8の構文のとき以外は，このように訳さなくてもすむのがふつうである。ただし，p.434，(2)，および p.481 の **研究** を参照。

3. *confirmed* drunkard（常習的な飲んだくれ），*decided* manner（断固たる態度），*devoted* wife（献身的な妻）などの過去分詞の用法も，ほぼ同様に説明できるが，これらは形容詞と見たほうがよい。

参考　次のように，単独の分詞だけではない例もあるが，比較的まれな用法である。

Three rascals *hanged in one day* is good work for society.	悪党が1日に3人絞首刑になったのは，社会にとってけっこうなことだ。

§6　補語としての分詞

分詞は不完全自動詞，不完全他動詞の補語にもなる。基本的な訳は「〜の状態で〔に〕」である。

《注意》 分詞のこの用法を叙述用法(Predicative Use)という。

(1) 不完全自動詞の補語の場合

(**a**) 「～して」「～しながら」《現在分詞》, 「～されて」《過去分詞》と訳せるもの。

He *stood* **facing** me.	彼は私と向き合って立っていた。
He *lay* on the lawn **exhausted**.	彼は疲れ切って芝ふに寝ていた。
She *ran away* **crying**.	彼女は泣きながら走り去った。
They *went home* **relieved**.	彼らは安心して家に帰った。
He *sat* there **smoking** a pipe.	彼はパイプを吸いながらそこにすわっていた。

補足 「私と向き合っている状態で」「疲れ切らされた状態で」などが直訳。

《注意》 この訳し方は, 上の例文の動詞のように, 完全自動詞として用いられるほうがむしろふつうである自動詞のときに, よく当てはまる。この場合の構文は, 次章で述べる分詞構文とよく似ており, 区別の困難なこともある。

(**b**) その他の場合

① His son *is* **missing**.	彼のむすこの姿が見えない。
② They *burst out* **laughing**.	彼らはどっと笑いだした。
③ The man *went on* **speaking**.	その男は話し続けた。
④ I *went* **fishing**〔**shopping**〕.	私は釣り〔買物〕に行った。

《注意》 **1.** これらも, 基本的な訳し方は同じであるが, むしろ, 動詞の使い方, または, 成句的な言い方として覚えるのがよい。

2. be mistaken (まちがっている), be gone (行ってしまっている) などについては, 時制・態の章を参照せよ。

研究 **1.** ①の例文のように, 形は進行形と同じだが意味は違うものがある。次の語もよく同じように用いる。(§4, **研究** 1 参照)

misleading (誤解を生じやすい) pleasing (感じのよい)
striking (著しい) wanting〔lacking〕(欠けた), etc.

2. be ＋-ing が進行形なのかどうかの区別は, 前後関係で判断するのが確実だが, この-ing に目的語があれば, それは進行形である。分詞形容詞は形容詞だから, 目的語はとらない。

He **is entertaining** his guest.	彼は来客を歓待している。
The book **is entertaining**.	その本はおもしろい。

$$
\left\{
\begin{array}{l}
\text{It } \textbf{is puzzling} \text{ us.} \\
\text{It } \textbf{is puzzling} \text{ to us.}
\end{array}
\right.
$$

It **is puzzling** us.	それは私たちを困惑させている。
It **is puzzling** to us.	それは私たちには見当がつかない。

3.「get ＋過去分詞」は，通常受動態の働きをするが，そのほかに，次のような用法のときもある。米語でよく見られる言い方である。

We *got started* (＝ started). Let's *get going* (＝ go).

(2) 不完全他動詞の補語の場合

基本的な訳し方は「～を…している状態に」《現在分詞》，「～を…される〔された〕状態に」《過去分詞》である。

He *made* himself **understood**.	彼は自分のいうことを理解させた。
I *saw*〔*heard*〕 him **quarreling** with them.	私は彼がその人たちといい争っているのを見た〔聞いた〕。
He *kept* me **waiting**.	彼は私を待たせ(ておい)た。
They *set* the machine **going**.	彼らはその機械を動かした。
She *wanted* them **protected**.	彼女はそれらが保護されること〔それらを保護すること〕を望んだ。
I *left* it **unfinished**.	私はそれを仕上げずにおいた。

補足　直訳は，「自分自身を理解される状態にした」「彼をいい争っている状態に見た」「私を待っている状態に保った」などである。

《注意》　「have〔get〕＋目的語＋過去分詞」の構文については p. 319 を見よ。

研究　**1.** 上例と次の例とを比較し，目的語と過去分詞の間の受動関係，目的語と現在分詞または to なしの不定詞の間の能動関係，に注意せよ。

I *made* him **understand** it.	私は彼にそれを理解させた。
I *heard* my name **called**.	自分の名が呼ばれるのを聞いた。
He *kept* it **closed**.	彼はそれをしめ(られ)たままにしておいた。
They *left* the fire **burning**.	彼らはその火を燃えるままにして〔消さずに〕おいた。

2. p. 392 にあげた感覚動詞はいずれも，同様に用いることができる。ただし，次のように分詞が限定用法のときも，もちろんある。

I *saw* a boy **called** Bill〔**living** next door〕.	私はビルと呼ばれる〔隣に住んでいる〕少年を見た。

3.「感覚動詞＋目的語＋-ing」の場合の現在分詞は，進行形と同じ意味である。p. 250 の「現在進行形」を参照。

$$\left\{ \begin{array}{l} \text{I } \textit{heard} \text{ the bell } \textbf{ring.} \\ \text{I } \textit{heard} \text{ the bell } \textbf{ringing.} \end{array} \right.$$

私は鐘が鳴るのを聞いた。
私は鐘が鳴っているのを聞いた。

なお，受動態にした場合，後者は The bell *was heard ringing.* である。

§7 分詞の副詞的用法と名詞的用法など

(1) 現在分詞は形容詞の前におかれて，程度を表す副詞のように用いられることがある。

piercing〔**freezing**〕cold（刺す〔凍りつく〕ように寒い）

piping〔**burning**〕hot（シューシュー音がする〔やけどする〕ほど熱い）

研究 このような言い方では，piercing*ly* などと -ly はつけない。

(2)「**the ＋分詞**」が名詞に用いられることがある。

the living（生きている人たち） the deceased（死者）〔ふつう単数〕

the accused（被告）〔ふつう単数〕 the unknown（未知のもの）

《注意》 これは「the ＋形容詞」の名詞的用法（p. 475）の 1 つの場合である。その項を参照。

(3) 次のような分詞形は前置詞として用いられる。

concerning（～に関して） failing（～がなければ，ないから）

considering（～を考慮すると） according to（～によると）

excepting（～を除いて） owing to（～のおかげで），etc.

《注意》 これらはむしろ分詞とは別個の語句として覚えるほうが実用的である。ほかに provided (that) ～＝if ～；given (that) ～（～があれば，ということを考慮すれば）なども参照。

§8 分詞を含む注意すべき構文

(1)「**with ～＋分詞…**」

状況の説明を追加するようなときによく用いられる構文である。基本的な訳し方は，「～が《分詞》の状態で（は）」。

I can't see **with** *you* **standing** *there*.

きみがそこに立っていては，ぼくは見えない。

He was sitting **with** *his arms* **hanging** *down by his sides*.

彼は腕を両わきにたらして〔腕が両わきにたれた状態で〕すわっていた。

| He fell asleep **with** **his can-dles lit**. | 彼はろうそくがついたまま〔ともされた状態で〕眠りこんだ。 |
| She sobbed **with** *her hands* **pressed** *against her eyes*. | 彼女は両手を目に押しあてて〔手があてられた状態で〕すすり泣いた。 |

補足　この訳し方については，§6，(2)の訳し方を参照。基本訳は「〜が」だが，日本文としては，「〜を…して」がよいときも多い。

研究　**1.** この with には，「（手などに）持って」の意味はない。

2. 次のように分詞のない場合も，この構文の応用形と考えればよい。分詞のかわりに前置詞(off は副詞)が用いられているだけである。頭の中で being でも補えば，この構文に還元できる。(p. 613 も参照せよ)

He came in, **with his pipe in his mouth**.	彼はパイプをくわえたまま〔パイプが口にある状態で〕はいって来た。
He left **with the parcel under his arm**.	彼はその包みをわきにかかえて立ち去った。
I worked **with my coat off**.	私は上着をぬいで〔上着が離れた状態で〕働いた。

最初の例文では，his pipe in his mouth, pipe in mouth などもっと簡略な言い方もある。例文のようなら，mouth までの部分は He came in とはやや遊離した，重要度の低い付け加えの感じになる。with がなければ，その時の he の様子・行動を述べるにとどまる。pipe in mouth となれば，he がよく見せる態度・癖の記述であると同時に，悠然と構えている，えらぶっている，といった he の特徴を暗示する表現になる。

(2)「There is 〜＋現在分詞…」

この構文は進行形と同じように訳してよいことが少なくない。

| The door opened, and **there was** his mother **waiting** for him. | ドアがあくと，彼の母が（いて）彼を待っていた。 |
| He did not like smoking in a room where **there were** ladies **dining**. | 彼は，婦人たちが（いて）食事をしているへやで，タバコを吸うのを好まなかった。 |

《注意》 訳し方は別として，英文の構造としては，there were ladies と ladies were dining の2つの文が1つに結びついたようなものである。

研究 **1**. 電話でよく用いられる次の構文も同類と考えてよい。

This is George **speaking**. ｜ こちらはジョージです。

2. 現在分詞のかわりに過去分詞ならば，状態を意味する受動態のように訳してよいこともある。

There is no money **left**. ｜ お金は全然残っていない。

There was very little work ｜ その朝はほんのわずかの仕事しかな
done that morning. ｜ 　されていなかった。

　この場合，分詞の前の名詞は，不定冠詞・不定代名詞のつく語，または，無冠詞の複数形など，不特定のものであるのがふつうである。

参考 there is ～ -ing は，ふつうの進行形に比べて，もっと冷静な第三者的な立場から進行または反復中の動作をながめ陳述している感じの言い方である。そして there is という導入があるため，いきなり「主語＋進行形」でいう唐突さが避けられる。

まとめ 13

Ⅰ 分詞：現在分詞と過去分詞の 2 つがある。

　1．語形：[現在分詞] -ing 　[過去分詞] -(e)d（規則動詞の場合）

　2．性質：① 動詞・形容詞両方の働きをあわせてもっている。

　　② 現在分詞は能動の意味，過去分詞は受動の意味，をもつ。

分詞	働　　き	形容詞用法の意味	補語の場合
現在	(代)名詞を修飾できる，	～する，している	～状態 $\binom{で}{に}$
過去	目的語・補語をとれる	～された，され(てい)る	

　《注》 　1．自動詞の過去分詞は完了の意味をもつ。

　　　2．分詞とそれに由来する形容詞は区別困難なこともある。

　　　3．構文により，進行形・受動形とまちがえやすいから注意。

Ⅱ 分詞のおかれる位置

　1．分詞 1 つだけのとき：ふつうそれが修飾する名詞の前におく。

　2．付随する語句があるとき：修飾する名詞のあとにおく。

Ⅲ よく用いられる構文

　1．with ～＋分詞 …：(付帯状況を示す)「～が〈分詞〉の状態で」

　2．There is ～＋現在分詞 …：「～が〈現在分詞〉している」

Exercise 13 解答は p.672

(1) 次の日本文に合う英文になるように，(　)に適する語(句)を a～d から選び，記号で答えなさい。

1. 彼は自分が正しいと確信している。

He is (　) that he is in the right.

 a. believed b. believing c. convincing d. convinced

2. 彼は旅行の準備で忙しかった。

He was busy (　) for the tour.

 a. prepared b. preparing c. to prepare

 d. to be preparing

3. 私は，その少年が，私がやった本に興味をもっているのを知ってうれしかった。

I was happy to find the boy (　) in the book I had given him.

 a. interesting   b. interested

 c. to be interesting d. to be interested

4. 彼が選挙結果を伝えてくれたが，それにはがっかりだった。

He informed me of the result of the election, which was (　).

 a. to be disappointing b. to be disappointed

 c. disappointing   d. disappointed

5. まだ1時間あるとその男がいった。

The man said that there was still one hour (　).

 a. leaving b. left c. to be leaving d. to have left

(2) 次の各組の英文が同じ内容になるように，(　)に適語を入れなさい。

1. {The noise made by the machine bothered me a lot.
I (　) bothered a lot by the noise (　) the machine made.

2. {The actress thought that the townspeople knew her well.
The actress thought (　) well (　) to the townspeople.

3. {I had an unexpected visitor yesterday.
Yesterday I had a visitor (　) had not (　).

4. {When I agreed to their request, they left my office in satisfaction.
I agreed to their request, and they left my office (　).

(3) 次の英文に誤りがあれば正しなさい。

1. ある日私は彼から英語で書いた手紙を受けとった。

One day I received from him a letter writing in English.

2. 彼は突風にぼうしを吹き飛ばされそうだった。

He almost had his hat blowing off by a gust of wind.

3. ぼくはただ, むざむざチャンスを見のがしたくなかったんだ。

I just hated to see the chance lose.

4. 彼らは現状には全く不満であった。

They were far from satisfying with the present situations.

5. きみが今歌うのを聞いた歌を作曲したのは彼だ。

It is he who composed the song which you have just heard sing.

6. 大聖堂は観光客で混雑していましたが, あれは700年前に建てられたのです。

The cathedral, which you found crowding with sightseers, was built 700 years ago.

(4) 日本文に合う英文になるように, 〔　　〕内の語を並べかえなさい。下線のある動詞は必要に応じ時制を変え, 分詞・不定詞などにして用いなさい。

1. 彼は山に登っているとき, 足を折ったという話だ。

I 〔 a, he, am, his, got, leg, that, when, told, <u>climb</u>, <u>break</u>, mountain 〕.

2. きみはどこで彼と知り合いになったのですか。

Where 〔 him, you, did, with, become, <u>acquaint</u>〕 ?

3. 彼女は私たちを30分待たせておいてから, 彼のへやに案内した。

She 〔 an, us, us, had, his, led, she, room, kept, hour, into, <u>wait</u>, half, before 〕.

4. そういうことを続けていれば, 彼は許可証を取り上げられることになるだろう。

If 〔 he, he, up, his, get, away, will, that, <u>take</u>, keeps, license 〕.

5. 私はその当時の人たちの生活を示す多数の絵を見た。

I 〔 in, of, the, saw, <u>show</u>, days, life, many, those, people, pictures 〕.

6. むすこが家を出ていってから, 彼女は表門をしめたきりにしている。

Since 〔 son, the, her, she, has, home, <u>keep</u>, gate, left, <u>close</u>, front 〕.

第**14**章
分詞構文

分詞構文は分詞の導く句が副詞節と同じ意味を表す
もので，文語的な表現として用いられる。

§1 分詞構文とは何か

分詞を含む文句が，時間・理由などを表す接続詞で導かれる文句
（副詞節という，p. 620 参照）と同等の意味を表す場合がある。このよう
な分詞を含む文が，**分詞構文**（Participial Construction）である。

§2 分詞構文の意味

（**1**）時を表す。

【訳し方】「～すると」「～しているときに」

Looking out, I saw a big dog.	外を見ると，大きな犬が見えた。
Walking through the woods, he came upon a curious insect.	森の中を通っているときに，彼は奇妙なこん虫を見つけた。
Left to itself, the baby began to cry.	ひとりきりにされると，その赤ん坊は泣きだした。

研究 上文は when, while などを用いて次のように書き換えられる。

When I looked out,～ / *While he was walking* through the woods,
～/ *When the baby was* left to itself, *it* began ～

（**2**）理由・原因を表す。

【訳し方】「～から」「～ので」

Not knowing what to say, I remained silent.	何といってよいかわからないので 私は黙ったままでいた。
Worn out with the labor, he went straight to bed.	その仕事で疲れ切っていたから, 彼はまっすぐ床にはいった。

🔳究 **1.** 上文は because, since (〜から) などを用いて太字の部分を書き換えることができる。

> *Since I did not know* what to say, 〜/ *Because he was〔had been〕* worn out with the labor, 〜

2. 分詞の否定形は, 上例のように, その前に not を加えたものである。

(3) 付帯状況を表す。

【訳し方】「そして〜」「〜しながら」

Muttering something to himself, he searched everywhere.	ひとりで何かぶつぶついいながら 彼は至る所を捜した。
He spent the evening **reading a novel**.	彼は小説を読んで〔読みながら〕 その晩を過ごした。
He sent me a telegram, **saying that he would arrive at ten**.	彼は私に電報をよこし, (そして) 10 時に着くといってきた。

🔳究 **1.** 最後の文のように, 動詞を並列させるかわりに一方を分詞でいっている場合は, and を用いていいかえることができる《... a telegram *and said* that 〜》が, 他の例では, 接続詞を用いての書き換えは困難である。

2. この用法の分詞は, 多くの場合, 現在分詞である。そして, 分詞構文の用法としては, この用法がもっともよく出てくるように思われる。

3. この用法と, p. 408 で述べた補語として用いられた分詞との境目は不明確で, どちらにも解釈できることがある。

(4) 条件を表す。

【訳し方】「〜すると」「〜すれば」

Turning to the left, you will see a large building.	左へ曲がると, 大きな建物が見えます。
Read between the lines, every book contains something of autobiography.	行間 (=裏に含まれた意味) を読み取れば, すべての本は自叙伝的なものをいくぶん含んでいる。

研究 **1.** 太字の部分を，if を用いて，次のように書き換えることもできる。
If you turn to the left, ～ / *If every book is* read between the lines, *it* contains ～

2. supposing（～とすれば），given（～を与えられれば）などは，条件を表すのにときどき用いられるが，分詞よりも接続詞・前置詞に接近している感じである。なお，p. 411，§7，(3)にあげた語も参照。

(5) 譲歩を表す。

【訳し方】「～しても」「～けれども」

Admitting what you say, I still think you are in the wrong.	きみのいうことは認めるけれども，それでも私はきみがまちがっていると思う。

研究 **1.** この意味の場合，(al)though（～けれども）または，even though（～にしても）を用いて，次のように書き換えることができる。
Though I admit what you say, ～

2. 譲歩を意味する分詞構文は，admitting, granting で始まる場合が大部分で，それ以外の分詞がこの用法になることは比較的まれである。

■分詞構文全般についての注意

1. 本来，分詞構文は，分詞を含む文句の部分と，「主語＋定動詞」を含む部分とが，つかず離れずに結びついた，文語的な構文であって，この2つの部分の間の関係は，接続詞を用いた場合のようにはっきりしたものではない。その点，「～して」という日本語のあいまいな表現と似ており《cf. (3)》，これを分詞構文のもっとも基本の訳し方と考えてもよいであろう。《上掲の例文にこの訳し方を当てはめてみよ》

2. 分詞構文は，どういう場合に，上掲の意味のうちのどの意味になる，という明確な規則はない《ただし，以下を参照》。1で述べた2つの部分のそれぞれの内容をつかんだ上で，両者をもっとも自然な形で結びつける接続詞を考えればよいのである。その結びつき方を分類すると，上に述べた5種類になるのであるが，1つの分詞構文の意味が二様に考えられることもまれではない。その場合はどちらに解釈してもかまわないが，考えようによっては，訳文でもどっちつかずの表現を用いたほうが，むしろ，分詞構文本来の特質に沿うものということもできる。

3. 分詞を含む文句が文中で占める位置は一定せず，文頭・文中・文末どこにもおかれることがあるが，だいたいの傾向として，
（i）(1)，(2)，(4)，(5)の意味のときは文頭または文中におかれる。

(ii) (3)の意味では通常文末におかれる。

4. 名詞の次におかれた分詞は，すでに述べた限定用法の場合もあるが，

A boy, *coming home from school*, saw the accident.

のように，分詞の前にコンマがあれば，これを boy にかけて，「学校から帰る少年が～」と訳しても文章はまとまるが，それよりは「1 人の少年が，学校から帰るときにその事故を見た」と，分詞構文として解釈するほうが適当である。このような場合の分詞構文は，連続用法の関係代名詞を用いた構文《A boy, who was coming ～》に非常に近い。

5. being を用いた分詞構文は，時を示すことはなく，もっぱら原因・理由を表す。なお，この being の省略と見てよい構文もある。§6, (2)参照。

Being kind, he is loved by us all.	親切なので，彼は私たちみんなに好かれている。

6.「be ＋過去分詞」で完了を表す用法のある自動詞の場合は，その過去分詞が分詞構文に用いられることがある。

Arrived there, he knelt down.	そこへ着くと彼はひざまずいた。

(参考) 分詞構文の分詞のあとに as ... is〔was〕が挿入されることがある。これは強めの働きをするもので，「実際」「まったく」(＝ indeed)ぐらいに訳せばよい。

Used, *as he is*, to all sorts of danger, he is not afraid.	まったく彼はあらゆる危険に慣れているので，恐れてはいない。

§3　受動形・完了形の分詞構文

受動・完了の意味がはっきり加わるだけで，表す意味の種類は前節§2と同じである。

In due course, **having** (＝ when he had) **purged his offense,** he was released.	やがてその罪をつぐない終わって彼は釈放された。
I reached the town shortly after noon, **having** (＝ as I had) **been given a lift by a car**.	車に乗せてもらったので〔もらって〕，私は昼少し過ぎにその町に着いた。
One of the dogs, **being** (＝ as it was) **mistaken for a wolf,** was shot dead.	その犬のうち 1 匹は，おおかみとまちがえられて射殺された。

研究 1. 上例で単に purging, given ならば,「罪をつぐなうと釈放される
のであった」「乗せてもらうと着くのであった」《過去における習慣的事実》と
解釈されるおそれがある点に注目せよ。

2. 受動形の分詞構文は,もっぱら動作(の継続)を表すのに用いることが多
く,受動の結果としての状態を表すには単に過去分詞だけでいうのがふつうの
ように思われる。もし上例が「まちがえられていたので」〔状態〕なら being は
必要なく,また逆に,次のような文で being を加えることもふつうではないで
あろう。

He came home, *utterly exhausted.*(彼はすっかり疲れ切って帰宅した)

3. having seen は,文頭におかれれば時を,文末ならば理由・原因を表す
のがふつうである。

§4 分詞構文の意味上の主語

(1) 文の主語と同じものが分詞構文の分詞の意味上の主語である場
合には,その分詞に改めて意味上の主語は加えない。《例文省略》

《注意》 §2, §3に掲げたのは,いずれもこれに属する例文である。

(2) 文の主語と分詞構文の分詞の意味上の主語が同一のものでない
場合には,その分詞の前に,意味上の主語を加えるのが原則である。

The two still knelt, **tears running** down their cheeks.	その2人はまだひざまずいていて涙がそのほおを流れ落ちていた。
All things considered, I began to think it reasonable.	いろいろなことを考え合わせると,私はそれをもっともと思い始めた。
We continued our discussion, **the chairman being interrupted** by one thing and another.	われわれは議論を続けたが,議長にはあれやこれやとじゃまがはいった。
The arrangements having been settled, they left the office.	その手はずが決まってしまうと,彼らは事務所を出た。

研究 1. この構文は**独立分詞構文**(Absolute Participial Construction) と
呼ばれるが,これも,表す意味は,§2に掲げた5つのうちのどれかである。上
例を接続詞を使って書き換えるとすれば,次のようになる。

..., *and* tears *were* running down ~/ *When* all things *were* considered, ~/..., *and* 〔*while*〕 the chairman *was* interrupted ~/ *When* the arrangements *had* been settled,~

2. 次の例のような成句的な言い方では，文の主語と分詞の意味上の主語が違う場合でも，分詞の主語はおかない。(なお，以下の(参考)を見よ)

| **Generally speaking,** they were blind to fine arts. | 一般的にいって，彼らは美術に対しては盲目だった〔がわからなかった〕。 |

よく用いられる同様の例を追加すれば，
　　strictly speaking（厳密にいえば）　judging from（～から判断すると）
　　speaking〔talking〕of（～の話のついでだが，～といえば）
　　counting〔including〕（～を含めて），etc.

3. 比較的まれであるが，人称代名詞がこの構文の分詞の主語になるときは，主格を用いるのが原則である。しかし目的格を用いた実例もある。なお，もしその分詞が過去分詞のときは，「代名詞《主格》＋ being ＋過去分詞」と being を入れる。

4. 独立分詞構文は文語的な表現であって，一部の型の定まった言い方以外には，口語では用いないと思ってよい。

5. 疑問詞・関係代名詞は分詞の意味上の主語にはならない。

(参考)　この構文の分詞の意味上の主語になるものが，①話し手《I, we》，または，②一般的に「人」「人びと」《one, they, people, etc.》③非人称の it である場合には，文の主語と同一でないときでも，省略してよいといわれている。研究2の例もその1つといえる。それ以外の場合に省略するのは正しくないといわれているが，実際には，そういう正しくない実例も時には見られる。科学関係の論文などでは上記のほかに，分詞の主語が読者をさす you のときにも省略するのが一般的である。あまり規則に固執せずに，前後関係から常識的な判断をすることも忘れてはならない。

§5　接続詞のついた分詞構文

分詞の前に接続詞をおいて，分詞構文の意味の結びつきを明示することがある。

| **While working at his desk,** he fell asleep. | 机に向かって仕事をしている間に彼は眠りこんだ。 |
| He rarely makes mistakes **when speaking English**. | 英語を話すとき，彼はめったにまちがいをしない。 |

研究　**1.** 用いられる接続詞としては，when, while がもっともふつうであり，「主語＋be」が省略されていると考えてもよい場合が多い。

2. after, before など，接続詞のほかに前置詞としての用法もある語のあとの -ing は動名詞である。

3. 独立分詞構文にはこのような接続詞のつくことはない。

§6 分詞構文に準じる構文

（1）「**with ～＋分詞…**」の構文は，付帯状況を表す独立分詞構文と同等の意味を表す。

《注意》 例文その他は p. 411，§8 を見よ。

（2）文の主語に先立って文頭に名詞・形容詞をおいた構文は，しばしば，分詞構文と同じ内容を表す。

The son of a well-to-do merchant, he was educated at Oxford.	裕福な貿易商のむすこで〔だった；だったから〕彼はオックスフォード大で教育を受けた。
Utterly friendless, the boy fell into evil ways.	全然友だちがなくて〔ないので；ない〕その少年は悪の道に陥った。

研究 **1.** この構文は，*Being* utterly friendless のように分詞 being を補って，分詞構文の一種と考えてよいことが多い。しかし，実際に being が文頭に用いられていることは非常に少ない。なお，p. 419, 5 参照。

2. この構文を作るのには，形容詞・名詞が1語だけということはなく（その場合については p. 419, 5 の例文参照），上例のように2語以上を必要とするのがつねである。

（3）形式上分詞は含まれていないが，独立分詞構文とまったく同じ働きをする構文がある。

He started back suddenly, **his face white**.	彼は突然ぱっとあとずさりをし，顔は血の気を失っていた。
His meal over, he turned to the hearth.	食事がすむと，彼は暖炉のほうを向いた。

補足 それぞれ，white, over の前に being を補って考えれば，独立分詞構文になる。接続詞を用いて書き換えれば，太字の部分は次のようになる。

... *and* his face *was* white./ *When* his meal *was* over,～

研究 **1.** His meal *being* over ということも可能である。ただ，こういうと，「食事が終わったので」〔理由〕の意味になるのがふつうのようである。

最初の例文で being を入れるのは不自然な言い方と感じられる。

2. この構文と，⑴で言及した with を伴う構文とは，だいたい同じ内容を表すのに用いられる（p. 412, 🔴㊎ 2 の最後の例文を参照せよ）。ただ，習慣上，一方の構文がよく用いられ，一方はあまり用いられないという場合がある。

■分詞についての１つの問題：

① stand **waiting**, come **running** などでは，-ing は補語と考えるのが当然で，一語だけで分詞構文とはいえない。② I'm awfully tired **waiting**. の -ing も同様に考えていいだろうが，この waiting は「待っている状態で」のほかに「待っていたので《理由》」と解することもできる。③ spend the time **reading** a magazine（雑誌を読んで時間を過ごす）は，和訳文からしても分詞構文と考えるのが自然な感じだが，分詞構文でふつうに見られるように -ing の前にコンマを入れることはしないし，reading の前に in を入れる改まった固い表現もある。古くはそのほうがふつうであって，「～を読むことに時間を費やす」ということになる。

また，④ spend a fortune **trying** to cure him（彼の治療をしようとしてひと財産使う）でも同様だが，これは「治療しようとすることで［に（よって）］」とも解釈できる。現在では②はもちろん，③④の -ing を分詞に扱っている。しかし，上記のようにコンマで区切らない点，-ing 以下を文頭などに移せない点で，一般の分詞構文とは異なる。しかし，また，一方では，前置詞が脱落した以上，この -ing を動名詞とみたのでは文法的に説明困難であるが，以下に類例を少し追加しておく。

I was lucky **meeting** you.	きみに会えて運がよかった。
He was busy **packing** his trunk.	彼はトランクに荷物をつめるのに忙しかった。
He had a little trouble **explaining** it to her.	彼はそれを彼女に説明するのにちょっと苦労した。
I made a bad mistake **giving** him the bike.	彼にバイクを与えてとんでもないまちがいをした〔与えたのは大失敗だった〕。
I had a pleasant time **telling** her about my collection.	彼女に私のコレクションの話をして楽しいひと時を過ごした。

以前には加えられていた in を省略する傾向は，次第に広がってきているように思われる。

まとめ 14

Ⅰ 分詞構文

　「分詞＋それに付随する語句」という構文で「接続詞＋主語＋動詞…」と同等の意味を表すものが分詞構文である。

Ⅱ 分詞構文の意味その他

種類	訳し方	書き換え方	コメント
1．時	～すると ～していると	when ＋主語＋動詞 while ＋ 〃	
2．理由 　原因	～から ～ので	because since ）＋ 〃	
3．条件	～すると ～すれば	if ＋ 〃	
4．譲歩	～しても ～だけれども	(al)though ＋ 〃	比較的まれ
5．付帯 　状況	～しながら そして～	and ＋(主語＋)動詞	最もよく用いられる

　《注》　1．上の5は書き換えにくい場合もある。
　　　　　2．完了形の分詞構文(having ＋過去分詞…)は完了の意味が加わるだけで，表す意味などは上と同じ。
　　　　　3．受動形の分詞構文(being ＋過去分詞…)が使われることはまれ。過去分詞だけですませるのがふつう。
　　　　　4．分詞構文の前に接続詞をおいて，本文との関係を明らかにしている場合もある。

Ⅲ 分詞構文の主語

　1．ふつう，文の主語が意味の上で分詞構文の主語でもある。
　2．分詞構文の前に名詞・代名詞(主格)がついていれば，それが分詞構文の主語になる。(独立分詞構文という)

Exercise 14 解答は p.672

(1) 各組の文の空所に適当な語を入れて，a の文を接続詞を用いた文に書き換えなさい。

1 . a. Writing a word or two on a slip of paper, he handed it to me.

   b. (　　)(　　)a word or two on a slip of paper(　　)handed it to me.

2 . a. Left alone, the little girl began to cry.

   b. When (　　) (　　) (　　) (　　) left alone, (　　) began to cry.

3 . a. The village being small, I had no difficulty in finding his house.

   b. (　　) the village was small, I had no difficulty in finding his house.

   c. The village was small, (　　) it was easy (　　) (　　) to find his house.

4 . a. Having arranged the affair, he went home with me.

   b. (　　) (　　) (　　) arranged the affair, he went home with me.

(2) 日本文に合う英文になるように，(　　)に適する語(句)をa～dから選び，記号で答えなさい。

1 . 宿題をすませたので，ぼくはテレビを見ていいといわれた。

   (　　) my homework, I was allowed to watch television.

     a. Being done　　b. Doing　　c. Had done　　d. Having done

2 . 急いで書いたらしくて，彼のおいていったメモはほとんど意味がわからない。

   Apparently (　　) in haste, the memo he left was hardly intelligible.

     a. wrote　　b. writing　　c. written　　d. had written

3 . 彼の電話番号を知らないので，彼に電話をしてその問題を話しあうことができない。

   (　　) his phone number, I can't call him to talk over the matter.

     a. No knowing　　b. Not knowing　　c. Not known

     d. Not being known

4. 離れた所から見ると，それはクマのように見えた。

(   ) from a distance, it looked like a bear.

    a. Seeing   b. Seen   c. To see   d. Having seen

5. バスの便がないので，私たちは歩かなければならなかった。

There (   ) no bus service, we had to walk.

    a. being   b. having   c. coming   d. giving

(3) 次の英文の誤りを正しなさい。

1. Working at it five hours a day, it will be completed in a month.

2. The sun setting half an hour ago, it was quite dark in the forest.

3. Robbing some money of him, the tramp disappeared into the night.

4. Frightened by the noise, the cup dropped out of her hand.

(4) 日本文に合う英文になるように，(   )内の語を並べかえなさい。必要ならば動詞を分詞に変えなさい。

1. 彼を怒らせたくなかったから，私は何もいわなかった。

(to, him, not, make, want, angry), I didn't say anything.

2. 足にけがをして，少年は外で遊べなかった。

The boy, (in, leg, the, hurt), could not play outdoors.

3. 彼は草の上に横になって，空を流れる雲をながめていた。

He lay on the grass, (the, the, sky, sail, watch, across, clouds).

4. おいしい食事に満足して，彼はたくさんチップを置いていった。

(food, with, good, please), he left a large tip.

(5) (   )に適語を入れて，上の英文と同等の内容の分詞構文を作りなさい。

1. When the dog saw me, it ran up to me.

(   ) me, (   ) (   ) ran up to me.

2. If the boy were born in better times, he would be a great scholar.

(   ) in better days, (   ) (   ) would be a great scholar.

3. Because I have been deceived by him so often, I cannot trust him.

(   ) (   ) (   ) so often, I cannot trust him.

第**15**章
動名詞

準動詞のひとつである動名詞は〈動詞の原形＋-ing〉
の形をとり，動詞と名詞の働きをかねる。

§1　動名詞の形式と種類

動名詞(Gerund)は動詞の原形に -ing を加えて作り，次のような種類がある。《do を用いて示す》

	能　　動　　態	受　　動　　態
単純形	doing	being done
完了形	having done	having been done

《注意》　**1.** つまり動名詞は，形の上では現在分詞とまったく同じである。p. 402参照。また，-ing のつけ方については p. 198を見よ。

　2. 現在分詞の場合と同様に，理屈の上からは having been doing という形があってよいはずである《文法書によっては，この形をあげているものもある》が，実際に用いられることはないと考えてよい。

（参考）　現在では，外国人または初学者向けの文法書を除くと，伝統的な動名詞(Gerund)という名称は用いないのが一般的である。著者によって用語は多少違うが，現在分詞と動名詞を一括して **-ing** 分詞《過去分詞は **-ed** 分詞》などと呼び，動名詞は -ing 分詞の名詞用法とされる。しかし，そのような分類による実利はまったく期待できず，かえって混乱するおそれもあると考え，本書では従前どおり動名詞は動名詞として扱うことにする。

§2 動名詞の性質と一般的用法

動名詞は，動詞の働きと名詞の働きをかね合わせた性質をもつ。

① **Doing** nothing is **doing** ill.

何もしないことは，つまり，悪いことをすることである。〔ことわざ〕

② I like **getting** up early.

私は早起きをするのが好きだ。

③ There is no possibility of their **coming** back.

彼らがもどって来る可能性はない。

|補足| 名詞的な働きとは，具体的には次のとおりである。(p. 18参照)

(i) 主語・目的語・補語になることができる。《①の doing は主語・補語，②の getting は like の目的語，③の coming は of の目的語である》

(ii) 冠詞・所有格の名詞または代名詞・形容詞などを伴うことができる（③参照）。動詞的な働きとは，目的語（①），副詞・補語（②，③）などを伴うことができることである。p. 402,「分詞の性質」を参照。

《注意》 **1.** 訳し方は，だいたいにおいて，「〜(する)こと」でよい。

2. 受動態・完了形の動名詞も，受動・完了時制の意味が加わるだけで，働き方や訳し方は同様である。§5，§6参照。

3. 動名詞は動詞的な性質をもつ点で，動詞から作られた抽象名詞とは違った用い方をするが，動名詞の名詞的性質が強いと，両者の扱い方には共通点が多い。以下の説明を p. 33，(3)以下の記述と比較せよ。

研究 動名詞が主語の場合，仮主語 it を文頭におき，動名詞を含む部分は文末におくことがある。(pp. 107，442参照)

It is no good **hiding the truth**.

本当のことを隠してもだめだ。

It will be a sad thing, **parting with the car**.

その車を手離すことは悲しいことであろう。

§3 動名詞の動詞性と名詞性

動名詞は，動詞の性質が強い場合も，名詞の性質が強い場合もある。またさらに，完全に名詞になってしまっているものもある。

① **building** a bridge （橋を造ること）

② the **building** of a bridge （橋の建造〔橋を造ること〕）

③ a **building** near the bridge （橋の近くの建物）

|補足| 同じ動名詞でも，目的語をとる場合(①)に比べて，それをとらない言い方 (②)

は，それだけ動詞的性質が薄いといえる。③では，もはや完全な名詞である。

研究　**1.**　②の bridge は，意味上は building の目的語であるが，このように動名詞に **the** がつけば，現在の英語では，この **of** を省略して **the building a bridge** ということはできない。また一方，①で of を入れることもできない。ただし，やや古い英語には，これら 2 つの構文もしばしば見られる。

2.　動名詞に形容詞がついた場合にも同様のことがいえる。

①　*occasionally* **worshiping** idols（ときどき偶像を礼拝すること）

②　*occasional* **worshiping** of idols（ときどき偶像を礼拝すること）

①のように副詞を伴えば，動名詞の動詞性が強いから目的語をとるが，②のように形容詞ならば名詞性が強くなり，-ing は直接に目的語はとれず，of が必要である。両者の中間的な occasional worshiping idols は，やや古い英語にはあるが，現在では正しくない言い方である。

3.　「the（または形容詞）＋他動詞の動名詞＋ of」は，「他動詞から作られた抽象名詞＋ of」（p. 35）に準じて扱えばよい。

4.　完全に名詞化すれば，もちろん，複数にしたり，所有格を作ることもできる。この場合の -ing は，通常，

　(ⅰ)　その動作の結果生ずるもの：feeling（感情），painting（絵），saying（ことわざ），savings（貯金），writing（著作），etc.

　(ⅱ)　その動作の特殊な場合：meeting（会合），reading（読書），etc.
などを示すが，これらは別個の単語として覚えるほうが実際的である。

　なお，(ⅰ) に掲げた語も，場合により，「感ずること」「描くこと」など動名詞・抽象名詞としても用いられることはいうまでもない。

参考　動名詞と抽象名詞《cf. thinking — thought 》を比較すると，もちろん前者のほうが動詞的性質が強いから，一般的にいって，動名詞はその動作・行為などを継続的に行う意味を強調し，抽象名詞は，①短時間で終わる 1 回の行為，または，②その行為によって生じたもの・状態，を表すのがふつうである。

cf. $\begin{cases} \text{thinking（考えること）《行為》} \\ \text{thought（思想）《考えたこと》} \end{cases}$ $\begin{cases} \text{speaking（話す行為をすること）} \\ \text{speech（話，演説）} \end{cases}$

しかし，両者の区別は，とくに訳文の上では，つけにくいことも多い。

§ 4　動名詞の意味上の主語

（1）意味上，動名詞の主語になるものが次のどれかに該当する場合には，それを文の上に表すことはしない。

①　定形動詞の主語と同じ場合　　②　一般的な「人」などの場合

③ 前後関係から明りょうである場合

①I am fond of **smoking** a pipe.	私はパイプタバコをすうことが好きだ。
He objected to **being treated** like a child.	彼は子どもみたいに扱われることに対し苦情をいった。
② **Seeing** is **believing**.	見ることは，信じることである〔百聞は一見にしかず〕。 〔ことわざ〕
③I thank you for **coming** here.	あなたがここへ来てくださったことを感謝します。

《注意》　この場合は，和訳するのにも，動名詞の主語をとくに考える必要はない。

(参考)　I hate *lying*. (うそをつくのはきらいだ) のような文では，lying の主語を省略できるために，「自分がうそをつくこと」の意味か「(漠然と) 人がうそをつくこと」の意味か，はっきりしない。

(2) そのほかの場合で，意味上の主語が**人称代名詞**のときは，通常**所有格**にして動名詞の前におく。

①I cannot imagine their **refusing** such an offer.	彼らがそんな申し出を断ることは想像もつかない。
② Your **saying** so alters nothing.	きみがそういうことは何の変更も生じない〔そういってもどうにもならない〕。

(研究)　**1.** 代名詞の所有格が主格の関係に用いられることは p.36 参照。なお，この構文は，① they (should) refuse such an offer, ② You say so 全体を，動名詞を用いて名詞化したものと考えてよい。(動名詞を利用しての文の書き換えについては，p.638, (d)以下参照)

2. 逆に，動名詞の前の所有格の代名詞は必ず意味上の主語，とはかぎらない。意味上の目的語のときもあるから，前後関係に注意しなければならない。

He knew little about ships and *their* **handling**.	彼は船のことも，その扱い〔船を扱うこと〕も，ほとんど知らなかった。

3. そのほかに，目的格が用いられるときもある。これは口語の場合にとくによく見られるが，それ以外でも，その代名詞が同格を伴うようなとき《cf. us boys 》は，目的格を用いなければならない。

He doesn't like *me* **coming** so often.	彼は私があまりひんぱんに来ることを好まない。
There is danger of *you* **being dismissed**.	きみが解雇される危険がある。

あとの例文のように前置詞の目的語のときは，目的格をよく用いるが，上の②の Your saying のように主語になる動名詞では，目的格はあまり用いない。また，意味上の主語を強めるときは目的格が用いられるともいう。

（参考）　代名詞の主格が用いられることもある。しかし，動名詞が動詞・前置詞の目的語の場合にはあまり用いられない。

He **being** absent rather complicates matters.	彼が不在だということが，少々ことをめんどうにする。

(3) 人称代名詞以外の代名詞，および一般の名詞は所有格にせずに，そのままの形で動名詞の前におくのがふつうである。

① I don't approve of *my daughter* **marrying** like that.	私は自分の娘がそんなふうな結婚をすることには賛成しない。
② *John* **coming** home tomorrow will make all the difference.	ジョンがあす家へ帰って来るのでは，事情はまるきり変わるだろう。

研究　**1**．-'s を加えて所有格を作れる名詞(p. 84 参照)の場合《とくに，②の例のように，それが主語に用いた動名詞につくとき》は，所有格になることもある。

　2．of, by が意味上の主語の前についていることもある。(p. 35 以下参照)

the *coming* **of** the angel（天使の訪れ）《自動詞の動名詞の場合》

the *helping* of man **by** man（人が人を助けること）

　《目的を表す of がある場合》

（参考）　I dislike *Brown* painting his daughter.は「ブラウンが自分の娘の絵を描くことが気にくわない」だが，この Brown を Brown's とすれば，上記の意味のほかに「ブラウンの自分の娘の描き方」の意味にもなるという。

§5　動名詞の時制

(1) 単純形の動名詞は，時制《過去・現在・未来》の区別がないから，それの表す時は，いっしょに用いられている定形動詞の時制や意味によって決定される。

① She hates **shopping**.	彼女は買物がきらいだ。
② He was hanged for **killing** a man.	彼は人を殺して絞首刑になった。
③ He insists on my **coming**.	彼は私にぜひ来いという。
④ I remember **seeing** him.	私は彼に会った覚えがある。

[補足]　**1**．①，②の動名詞は，それぞれの定形動詞の示す時と同じく，現在および過去の意味を含んでいる。このように，定形動詞と同じ時を意味するのがもっともふつうである。

　　2．③の「ぜひ～せよという」は，当然これから行われる動作についていうのであり，④の「覚えている」は過去のことにきまっているから，これらの動名詞はそれぞれ未来と過去の意味を含むといえる。

　　3．しかし日本文は，文末の動詞で過去・未来を表示するだけで，文中の動詞は，英語の動名詞と同様に，時制を明示しないでよいことが多いから，和訳の立場からは，ここに扱ったことはたいして問題にしなくてすむ。最後の例文《過去のことを現在思い出す》のような場合だけ注意を要するが，これは特定の動詞の用法として覚えればよい（p. 436，②以下を参照）。

《注意》　時の表示が不完全なのは準動詞の特徴である。不定詞・分詞の項を参照。

研究　④では seeing のかわりに having seen もいうが，意味はまったく同じである。

(2) 完了形の動名詞は，定形動詞の表す時までの動作の**完了**，または，**経験・継続**の意味を表す。

① Not **having seen** her brothers since the war was not her fault.	戦争以来兄弟に会ったことがなかった〔会わなかった〕のは，彼女の罪ではなかった。
② The importance of his **having proved** the possibility is not to be ignored.	彼がその可能性を証明したことの重要性は無視できない。

[補足]　①では，完了形の動名詞によって，過去のある時までの経験の意味がはっきり出ている。②で単に his proving とすれば，これから証明するという意味に誤解されるおそれが多分にある。

研究　完了形の動名詞は，おもに時間的な関係のまぎらわしさを避けるために用いられるもので，(1)の④の例，または，次の例のように，前後関係から見て誤解のおそれのないときには，単純形の動名詞ですませることが多い。

After closing〔**having closed**〕 the windows, she went out of the house.	窓をしめたあと, 彼女はその家から出た。

(参考)　完了形の動名詞は前置詞のあとにくることが多いようである(②の例参照)。

§6　動名詞の態

能動形は能動の意味を表し, 受動の意味は受動形の動名詞によって表される《今までの用例を参照》。しかし, 特定の動詞などの目的語になった場合は, 能動形の動名詞が受動の意味を含む。

① The shirt *wants*〔*needs*〕 **washing**.	そのワイシャツは洗たくの必要がある。
② It is *worth* **doing**.	それはする価値がある。

補足　①でいえば, wash するのは人であって, 主語の shirt の立場からは,「洗濯されることを必要とする」の意味だから, washing は受身の意味を含むといえるわけである。事実, need は不定詞を用いれば受動形になる。cf. The shirt *needs to* be washed.《want にはこの用法はない》。なお,「不定詞の態」(p. 388)を参照。

研究　**1.** 次の動詞の場合にも同様の用法が見られる。
bear, stand (〜に堪える) 《疑問文・否定文で》
deserve, merit (〜に価する)　　　require (必要とする)
2. 上の訳文からもわかるとおり, 日本文でも受動態にする必要はないのだから, 英文和訳の立場からは, これはたいした問題ではない。
3. 上掲の動詞は, 不定詞を目的語にする用法もある。p. 439, 5参照。

(参考)　**1.** 古い英語では, ここに述べたような制限なしに, 単純形の動名詞が受動の意味にしばしば用いられている。
2. 次の hearing も受動の意味であるが, むしろ成句と考えてよいだろう。

The young violinist had no way to *get a hearing*.	その若いバイオリニストは人に聞いてもらう方法がなかった。

§7　動名詞と現在分詞

(1)「-ing ＋名詞」の結合では, この名詞が-ing の示す動作をしている〔する〕という関係が成立する場合には, その-ing は現在分詞, さもなければ動名詞である。

$$\begin{cases} \text{a sleeping car (寝台車)} & 〔動名詞〕 \\ \text{a sleeping baby (眠っている赤ん坊)} & 〔現在分詞〕 \end{cases}$$

$$\begin{cases} \text{the running competition (徒競走)} & 〔動名詞〕 \\ \text{running water (流れている水)} & 〔現在分詞〕 \end{cases}$$

> **補足** それぞれ最初の例は，その次の例と違って，車が眠っていたり，競技が走っているのではなく，「(人が)眠るための車」(＝a car *for* sleeping)，「走ることの競技」(＝a competition *in* running)なのに注目。

研究 **1.** 発音するとき，「分詞＋名詞」はその両方を同程度に力を入れて発音するのに対して，「動名詞＋名詞」では，動名詞のほうによけい力を入れて発音する。

2.「動名詞＋名詞」は，しばしばハイフンで結ばれる。(例) dining-room

(2)「名詞＋-ing」の結合には，①「名詞＋それを形容する分詞」と，②「意味上の主語である名詞＋動名詞」の2つの場合がある。二様に訳した上，日本文として自然な表現になるほうに解釈すればよい。

I was unable to understand **an Indian chief crying**.	私はアメリカ先住民の首領が泣くということが理解できなかった。
You must not encourage **these things happening** in your office.	きみはこういうことが自分の事務所で起こることを助長してはならない。
I hate **my sons getting up** late Sunday mornings.	私はむすこたちが日曜日の朝おそく起きるのを好まない。

> **補足** 上の訳文は -ing を動名詞に扱ったものであるが，もし分詞として扱えば，「泣いている首領を」「事務所で起こるこれらのことを」「おそく起きるむすこたちを」となる。この2種類の日本文を，もし前後に他の文が続いていればそれらも考慮に入れた上で比較し，日本語の言い方としていっそうすっきりしていて，内容もおかしくないほうを訳文として選ぶのである。

研究 単純な-ingのかわりに「being＋過去分詞」，「having been＋過去分詞」の場合は，分詞構文か受動・完了の動名詞か，が問題になりうる(pp. 419, 420参照)。このときも同じ方法で判別すればよいが，分詞構文ならその部分がコンマで区切られているのがふつうであり，コンマなしで上例のように目的語のあとにきていれば動名詞と見てよいから，実際には上の場合よりも問題は少ないはずである。

(3) もともと「前置詞＋動名詞」の構文であったものが，前置詞が省略されて，分詞構文と区別がつきにくくなっている場合がある。

（p. 423参照）

He was not long (**in**) **making up** his mind.	彼が腹をきめるのに長くはかからなかった。
We've had some difficulty〔trouble〕(**in**) **convincing** him.	われわれは彼を納得させるのに少々ほねをおった。

《注意》　その他すでに述べた go fishing（つりに行く）(p. 409)，spend … -ing (p. 417)などの言い方も，成り立ちは同じである。

研究　**fall**（**to**）**thinking**（考え始める），**get** it（**to**）**running**（それを走らせる），**set** his heart（**to**）**thumping**（彼の心臓をどきどきさせる）などの語法にも，同じことが見られる。ただし，fall は to のあるほうがふつうのようである。また，set には不定詞をとる言い方もある。

（**4**）「**be ＋-ing**」の結合には，①進行形，② be ＋分詞形容詞，③ be ＋動名詞，の３つの場合がある。それぞれに訳してみて，日本文の内容から，どう解釈するのが適当かを判断するほかはない。

例文省略。①は p. 250，②は p. 409，(b)，①と**研究** 2，③は§2，①参照。

§8　動名詞と不定詞

どちらも，主語・補語・目的語になれる点で共通した働きをするが，不定詞は例外的な場合を除き，前置詞の目的語になれず，また動名詞には副詞的用法がない点，がおもな相違点である。(p. 441(5)も参照せよ)

（**1**）動詞により，目的語として，①不定詞をとるもの，②動名詞をとるもの，③どちらもとるもの，とがある。

①目的語に不定詞をとる代表的な動詞

afford（できる）	care（好む）	decide（決める）
decline（謝絶する）	desire（望む）	determine（決心する）
endeavor（努力する）	learn（～できるようになる，覚える）	
manage（どうにか～する）	offer（申し出る）	promise（約束する）
refuse（断る）	seek（しようとする）	
want（望む）	wish（望む），etc.	

《注意》　上記の動詞は目的語として動名詞と不定詞のうち不定詞をとる，ということであって，それ以外に一般の(代)名詞を目的語にとることもあるのはあ

らためていうまでもない。これは②以下についても同様である。なお，一部の
動詞は〈目的語＋不定詞〉をとることもある。

研究　1．want は§6の場合とは意味が違うのに注意。

　2．afford は can を伴って上の意味に用いる。care は，この意味では，も
っぱら疑問文・否定文に用いられる。

　3．次の動詞のように，目的語としては不定詞をとるが，ほかに，「**動詞＋前
置詞＋動名詞**」の用法があるものもある。

He **failed to keep** his word.	彼は約束を守ら〔守れ〕なかった。
He **failed in getting** help.	彼は援助を得るのに失敗した。
She **agreed to go**.	彼女は行くことに同意した。
She **agreed on going**.	彼女は行くことに同意した。

　そのほか，米語では aim to do（～しようとする）というのに対し，英国で
は，aim *at* doing という。

②目的語に動名詞をとる代表的な動詞（1）《肩の数字は類語を示す》

avoid[1]（避ける）	delay[2]（遅らせる）	detest（きらう）
enjoy（楽しむ）	escape[1]（避ける）	excuse[3]（許す）
finish（終わる）	forgive[3]（許す）	give up（あきらめる）
help[1]（避ける）	leave off[4]（やめる）	mention（言及する）
mind（気にする）	miss（しそこなう）	pardon[3]（許す）
postpone[2]（延期する）	practice（練習する）	put off[2]（延期する）
quit[4]（やめる）	recollect（思い起こす）	relish（好む）
resent（立腹する）	resist[5]（がまんする）	risk（賭ける）
stop[4]（やめる）	tolerate[5]（がまんする）	

研究　1．この用法のときの help, resist, tolerate は，もっぱら cannot
を伴う（p. 355，(2)参照）。「助ける」の意味の help は不定詞をとる。

　2．これらの動詞も，目的語ではない不定詞《～するために》を伴うことはいく
らもある。

He **stopped** *smoking*.	彼はタバコをすうのをやめた。
He **stopped** *to smoke*.	彼は一服するために仕事をやめた〔立ち止まって一服した〕。
She **practiced** *singing*.	彼女はうたうことを練習した。
She **practiced** *to sing* the song.	その歌をうたうため練習した。

3. 動名詞に意味上の主語が加わる場合もある。

Please excuse〔forgive, pardon〕*my* **disturbing** you.	私がおじゃまするのをお許しください。
I recollect *his* **telling** me about it.	彼がそのことについて私に話したのを覚えています。

そのほか次のように，動名詞とは離れているが，つねにその意味上の主語があるものもある。

　　prevent *him* **from** coming（＝ prevent his coming）（彼が来るのをさまたげる）

　　prohibit *him* **from** coming（彼が来るのを禁ずる）

　なお，上の my disturbing のかわりに me *for* disturbing ともいう。

（参考）　上掲の動詞のうち，delay, mention, postpone, resist などには，不定詞を目的語にした用法も見られることがあるが，よい言い方ではないとされている。

③目的語に動名詞をとる代表的な動詞(2)

　目的語としては動名詞をとるが，そのほかに，「**目的語《名詞・代名詞》＋不定詞**」をとることもできる動詞がある。

I **advised** *him to go* at once.	私は彼にすぐ行くように勧めた。
I **advised** *his going* at once.	私は彼がすぐ行くことを勧めた。
He did not **permit**〔**allow**〕 *us to talk* here.	彼は私たちがここで話をすることを許さなかった。
He did not **permit**〔**allow**〕 *staying* here.	彼はここにいることを許さなかった。
She **considered** *it to be* silly.	彼女はそれをばかげていると考えた。
She **considered** *giving up*.	彼女はあきらめることを考えた。

（研究）　**1.** consider の場合は用法が違うと同時に，意味もかなり違うことに注意せよ。このときの不定詞はほぼ to be にかぎられ，用法は目的格補語である。これと同じ用法の動詞の例を次に掲げる。

　　admit *seeing*〔*having seen*〕him（彼に会ったことを認める）

　　admit it *to be* wrong（それがまちがっていることを認める）

　　deny *knowing* it（それを知っていることを否定する〔知らないという〕）

　　deny it *to be* true（それが真実であることを否定する〔うそだという〕）

　　understand your *wanting* it（きみがそれをほしいのはわかる）

　　understand him *to be* a gentleman（彼は紳士だと了解している）

2. forbid も permit などと同じ用法が可能である。cf. prohibit

> **forbid** her *to speak*（彼女が話すのを禁ずる）《このほうがふつう》
> **forbid** her *speaking*（彼女の話すのを禁ずる）

3. suggestは動名詞のほか, that節を目的語にすることができる。

> **suggest** *using* it（それを用いてはどうかという）
> **suggest** that he (should) *use* it（彼はそれを用いてはどうかという）

④**目的語に不定詞も動名詞もとる代表的な動詞**

attempt（試みる）	begin（始める）	cease（やめる）
choose*（選ぶ）	commence（始める）	continue*（続ける）
dislike（きらう）	dread*（恐れる）	endure（耐える）
fear*（恐れる）	forget（忘れる）	hate（きらう）
intend*（意図する）	like（好む）	love（好む）
mean(意味〔意図〕する)	neglect*（怠る）	omit（はぶく）
prefer(～するほうを好む)	propose（提案する）	regret（悔やむ）
remember（思い出す）	start（始める）	try（試みる）, etc.

研究　**1.** 上にあげた動詞のうち, (*) 印のものは, 不定詞をとる用法のほうがふつうである。

2. commence, dislike は動名詞をとるのがふつうである。

3. 目的語が動名詞か不定詞かによって意味に相違のある動詞も多い。

(i) **attempt**：不定詞を用いたほうが意味が強い。

(ii) **begin**：動名詞が用いられるのは, 主語になるものが多少とも自分の意志をこめてその動作を開始して, それがある程度の間続くことを思わせる。不定詞なら「～しかける」ぐらいの意味のときもある。don't (even) *begin to* understand は「さっぱりわからない」（直訳：わかりかけ（さえ）もしない）である。**start** についても似たようなことがいえる。*started* kick*ing* it なら, 1回ではなくて何回かけったのである。いっぽう *started to* kick it は, 身構えて「けりかけた」のであって, 次に but stopped などと続けば, はっきりける前にやめたことになる。したがって, 次のような場合には, 動名詞は用いられない。

> It *began to* rain.（雨が降りだした）, *begin to* feel hungry（空腹になり始める）

(iii) **hate, like, prefer**：不定詞を用いれば特定の場合にかぎっていっているのであり, 動名詞ならば一般的なことがらを述べている。

⎰ I don't **like** *to smoke*.	タバコはすいたくない。《現在だけ》
⎱ I don't **like** *smoking*.	タバコがきらいだ。《現在にかぎらない》

同様に，hate *walking* なら「習慣的に歩くことがきらい」の意味で，hate *to walk* ならば「今は歩きたくない」の意味である。また，不定詞のときはその意味上の主語は文の主語だが，動名詞のときはそうとはかぎらない。つまり，上の smoking は，自分がすうことをいう場合もあるが，他人がすうことを意味する場合もある。

(iv) **forget**：不定詞は「～することを忘れる」の意味。動名詞のことはまれだが，口語表現では「～したことを忘れる」の意味になるという。-ing を目的語にとる場合は，その前に about が必要と記している米語の語法辞典もある。筆者は forget ～ ing の実例を見た記憶は1回しかない。

(v) **mean**：mean *to wait* は「待つつもりである」，This means *waiting*. は「これは待つことを意味する」（＝これじゃ待たねばならない）。

(vi) **regret**：regret *to say* は「残念ながらいわなければならない」の意味。regret *saying*〔*having said*〕は「いったことを遺憾に思う」。

(vii) **remember**：remember *to see* him は「忘れずに彼に会う」《未来のこと》，remember *seeing* him は「彼に会ったことを覚えている」《過去のこと》である。後者の意味では，remember *to have seen* him もあったが，現在ではもう使わない。

(viii) **try**：try *to dig* a hole は「穴を掘ろうとする」，try *digging* a hole は「（ためしに）穴を掘ってみる」

4. 1語の動詞ではないが，次の場合にも注意。

⎰ **be accustomed to** *get* up early（早起きするのがつねである）	
⎱ **be accustomed**（＝ used）**to** *getting* up early（早起きになれている）	
⎰ **go on** *to talk* about it（［中断したのち］続いてその話をする）	
⎱ **go on** *talking* about it（［休みなしで］そのことを話し続ける）	

5. 次の用法を§6の例文と比較せよ。

She **wanted** *to wash* the shirt.	シャツの洗たくをしたく思った。
He **deserves** *punishing*〔*to be punished*〕.	彼は処罰されるだけのことはある〔処罰は当たりまえだ〕。

(2) 一部の成句などには「**to ＋動名詞**」をとるものがある。不定詞ではない点に注意しなければならない。

She **objected to marrying** him.	彼女は彼と結婚するのをいやがった。
I **look forward to hearing** from you.	あなたからのおたよりを心待ちにしています。

研究 そのほか，次の言い方でも，to の次には動名詞がくる。

　　be averse to（～いやがる）　　with a view to（～する目的で）

参考 やや古い英語や口語・俗語では，上記の場合に不定詞を用いた例もある。

(3) 名詞を形容するのには，不定詞を用いることができるほか，「of ＋動名詞」が用いられる場合もある。

Soon the *opportunity* **to say** it had passed.	まもなくそれをいう機会は過ぎ去ってしまった。
I had no *opportunity* **of examining** them.	私にはそれらを調べる機会がなかった。
I was unable to think of any *way* **to do** it.	私にはそれをやる方法がなにも思いつかなかった。
There was no *way* **of finding** it out.	それを発見する方法がなかった。

研究 **1.** have the misfortune to do「不幸にも～する」(＝ be unfortunate enough to do ; be so unfortunate as to do) のタイプの言い方ではつねに不定詞を用いる。

　2. 上例のように，「～する＋名詞」という場合の「～する」に，不定詞と「of ＋動名詞」のどちらも使える名詞は少なくないが，次のような語では，かなり明確に定まっているように思われる。

ふつう不定詞をとるもの：

agreement（同意）	decision（決定）	determination（決意）
freedom（自由）	invitation（招待）	need（必要）
ability（能力）	occasion（理由，機会）	permission（許可）
proposal（提案）	refusal（拒絶）	reluctance（気乗り薄）
tendency（傾向）	will（意志）	wish（願望），etc.

ふつう「of ＋動名詞」をとるもの：

fear（不安）	habit（習慣）	hope（希望）
idea, notion（考え）	means（手段，方法）	necessity（必要）
plan（計画）	possibility（可能性）	purpose（目的）
risk（危険）	responsibility（責任）	thought（考え），etc.

参考 chance, desire, right などは to do とも of doing ともいう。不定詞を目的語にとる動詞，あとによく不定詞が続く形容詞などから作られた名詞は，名詞になっても不定詞を伴うことが多いが，必ずそうとはかぎらない。determination は to do がふつうのようだが of doing の例もある。intention は，an, the, his などがついていれば，もっぱら of doing だが，それらがつかなければ intention to do がふつうのようである。修飾される名詞の意味する行為や出来事が，人の意志によって支配できるもの《たとえば decision 》であれば不定詞を用い，それはできなくて，人はその出来事が起こるか否かの判断をするだけ《たとえば risk 》の場合は，〈of ＋-ing〉を用いる，ともいうが，どちらもとれる名詞，動詞や形容詞に由来しない名詞もあるから，実際にはあまり役に立ちそうもない。この問題については事情はきわめて複雑で，本書で十分に扱うことは不可能であるが，どちらを用いるか迷う場合は，「of ＋動名詞」を用いたほうが安全だともいわれる。

(4) 一部の形容詞では，あとに続くものが不定詞であるか「of ＋動名詞」であるか，によって意味が違ってくる。

He **is sure**〔**certain**〕 *to come.*	彼はきっと来る。《話し手の確信》
He **is sure**〔**certain**〕 *of their coming.*	彼は彼らがやって来ることを確信している。《he の確信》
He **was quick** *to hear* it.	彼はすぐにそれを聞きつけた。
He **was quick** *of hearing.*	彼は耳ざとかった。
I **am afraid** *to wake* him up.	私は彼を起こすのは心配だ〔気が進まない〕。
I **am afraid** *of waking* him up.	私は彼を起こしはしないかと思う〔心配だ〕。

研究 be afraid の場合，後続の不定詞・of ＋動名詞として用いられる動詞の意味によっては，上例のような意味の差がほとんどないこともある。

(5) 動名詞と不定詞の相違点：両方とも主語・補語・目的語として用いるが，

① 不定詞は，ふつう，文の定形動詞（本動詞）の示す時間よりは先《未来》の時を意味し，したがって不定詞は未実現の行為や出来事—頭の中で考えただけのもの—などを表す。《(例) want to go：go が実行されるのは want という意欲の起こるよりあと》

② 動名詞は，一般に，すでに実現した，または実現することが確実な行為や出来事をいうが，時間に無関係な恒常的・習慣的なことをいうのにも用いる。《(例) enjoy fishing：釣りを enjoy するからには，fish することが実現している必要がある》

研究　**1.** *Reading* 〔*To read*〕 the book was a valuable experience. の文では，-ing なら実際にその本を読んだのである。だが，不定詞ならば，やや誇張していえば「読む機会があれば」「読むことができたら」といった含みで，実際に読んだかどうかは不明確である。また，

To hesitate would be fatal, and they will regret it. では，would 《仮定法》があるから「ちゅうちょすれば致命的なことになろう」の意味《p. 303⑵参照》で，まだはっきり hesitate してはいないのであるが，この部分を *Hesitating had been* fatal とすれば，実際に hesitate したのである。この部分の Hesitating を To hesitate とすることはできない。それでは had been fatal が明確に「fatal であった」といっているのと矛盾する。

　2. 上掲のルールは，文の内容や用いられている定形動詞によって，当てはまりにくい場合もある。

　① believe〔expect, assume, find, etc.〕 him *to be* a doctor のような場合，不定詞が状態をいう動詞であるため，be のほうが未来とはいえまい。《want to be ～なら未来の意味になる》

　② 否定の意味が含まれる本動詞の場合，たとえば refuse *to go* などでも同様であろう。

　③ I'm glad *to see* you〔*hear* it〕. などでは，be glad と see〔hear〕はほとんど同時か，後者のほうが早いだろうと思われる。

§9　動名詞を含む慣用的な表現

(1) there is no ～ing（～できない）（＝ it is 〔would be〕 impossible to ～）

There is no *knowing* what will happen.	何が起こるかわからない。

研究　時には上記とは別の解釈が可能のこともある。前後関係に注意が必要である。*There is no writing* on the blackboard today. は，上記のように「きょうは黒板に書くことができない」の解釈もできるが，「黒板には書かない」「黒板には書いたもの (writing) がない」の意味にもなりうる。

(2) there is no use (in) ～ing
it is no use ～ing　}（～してもむだである）

There is no use (in) *complaining* about it.	そのことをぶつぶついってもむだだ。

研究 **1.** no use のかわりに no good も用いられる。この場合の it は，あとの動名詞をさす形式主語である。また，上記のほかに，It is (of) no use to ～という不定詞を用いる言い方もある。

2. There is no **point** in -ing もほぼ同じことで，「～しても無意味である」の意味である。

(3) cannot help ～ing （～しないではいられない）

I **could not help** *smiling* at his ignorance.	私は彼の無知を見てほほえまずにはいられなかった。

研究 **1.** この場合の help は avoid, stop の意味である。(p. 355参照)

2. I could not help it. （それは仕方がなかったのだ）のように，ふつうの名詞・代名詞がくるときもある。

(4) on ～ing （～すると〔すぐに〕）

On arriving at Kyoto, he went to see one of his old friends.	京都へ着くと(すぐに)，彼は旧友の1人に会いに行った。

研究 **1.** これは文語的な言い方で，次のようにいいかえられる。

When〔As soon as〕 he arrived at Kyoto, ～

2. 動名詞にかぎらず，on his return home （彼が帰宅すると〔すぐ〕），on arrival （到着すると），on examination （調べてみると）などのように，抽象名詞が用いられている場合もある。

(5) in ～ing （～しているときに）

He was drowned **in crossing** the river.	その川を渡っているときに彼は溺死した。

研究 **1.** これは ... *when*〔*while*〕 *he was* crossing ～と書き換えることができる。

2. そのほか，次のように，特定の動詞・形容詞と結びついて用いられることも少なくない。この場合は，成句をなしているときもあり，また，一応「～することにおいて」と直訳してから考えればよいときもある。

He's justified **in defending** them.	彼が彼らを弁護するのは無理もない〔正当である〕。
You are right **in saying** so.	きみがそういうのは正しい。
I'ᴍ slow **in understanding**.	私は理解がおそい。

(6) not ... without ～ing （…するときっと～する）

| The two brothers **never** meet **without** *quarreling*. | その2人の兄弟は会うときっとけんかをする。 |

研究 1. この文は, whenever ; every time または when ... always〔invariably〕を用いていいかえることもできる。

Whenever the two brothers meet, they quarrel.

2. この構文でも, 直訳式の「～せずには…しない」がよいこともある。

| You **cannot** succeed **without** *working* hard. | 一所懸命働かなくては成功することはできない。 |

(7) feel like ～ing (～したい気がする)

| I don't **feel like** *talking*. | 私は話すのが気が進まない。 |

(8) it goes without saying (いうまでもない)

| **It goes without saying** that health is everything. | 健康が第一〔すべて〕であることはいうまでもない。 |

研究 it は that 以下をさす。**It is needless to say that** ～ともいえる。

(9) その他の言い方

make a point of ～ing (きまって～する［ことにしている］)
(＝ make it a rule to ～), (～することをやかましくいう) (＝ insist on ～ ing)

| We **made a point of** *visiting* him once in a while. | 私たちは時おり彼を訪れるように心がけた。 |
| He **made a point of** our *turning* up on time. | 彼は私たちが定刻どおりに来ることをやかましくいった。 |

on the point of ～ing (今にも～しそうで) (＝ be about to ～)

| She was **on the point of** *getting* off the bus. | 彼女はちょうどバスから降りようとしていた。 |

of one's own ～ing (自分が～した)

| I had to reap the harvest **of my own** *sowing*. | 私は自分がまいた種を刈り入れなければならなかった。 |

in the act of ～ing (～しかけて)

| He was **in the act of** *pouring* the wine. | 彼はぶどう酒をつぎかけていた。 |

come into being（生じる；生まれる）

　　A new party **came into being**.　│　新しい党が生まれた。

for the asking（くれといえば，請求すれば）

　　You can get it **for the asking**.　│　請求すればそれを手に入れること

　　　　　　　　　　　　　　　　　　│　　ができる。

まとめ 15

Ⅰ 動名詞

1．語形：現在分詞と同じ（原形動詞＋-ing）

2．性質：動詞と名詞の働きをかねる。

動詞性	① 完了形・受動形を作れる	② 目的語・補語・副詞をとれる
名詞性	① 主語・目的語・補語になる	② 冠詞・所有格・形容詞をとれる

3．意味上の主語

①前後関係で主語がわかるときはつけない。《原則》

②人称代名詞の場合：所有格を用いる。

③その他の代名詞・名詞の場合：そのまま動名詞の前におく。

4．動名詞の時制・態

［時制］　①文中の定形動詞の時制と同じ。

②完了形では①の時制が示す時までの完了・経験・継続を表す。

［態］　①受動の意味は受動形の動名詞（being ＋過去分詞）で表す。

②特定の動詞の目的語のときに限り，能動形で受動の意味になる。

Ⅱ 動名詞と現在分詞

1．「be ＋-ing」は次の３つに区分できる。意味を考えて用法を判断する。

a．進行形　　b．be ＋分詞形容詞　　　　c．be ＋動名詞

2．次のような語順の場合も，意味を考えながら判断する。

-ing ＋名詞 ⎰ -ing が名詞を修飾　　　名詞＋-ing ⎰ 名詞は -ing の主語
　　　　　　⎱ 名詞は-ing の目的語　　　　　　　　　⎱ -ing が名詞を修飾

Ⅲ 動名詞と不定詞

共通点		1.主語・目的語・補語になれる		2.完了形・受動形がある	
相違点	不定詞	1.	前置詞の目的語になれない	2.	副詞的用法がある
	動名詞		〃　　　〃　　　なれる		〃　　〃　　ない

動詞には目的語に ⎰ ① 動名詞をとるもの(stop, finish etc.) ⎱
　　　　　　　　　⎰ ② 不定詞をとるもの(hope, expect etc.) ⎱ がある。
　　　　　　　　　⎱ ③ どちらもとるもの(begin, like etc.) ⎰

③の動詞では，動名詞と不定詞とでしばしば意味に多少の差がある。

Exercise 15 解答は p.672

(1) 日本文に合う英文になるように, ( ) に入れるのに適するものを a ～ d から選び, 記号で答えなさい。

1. 私たちはピクニックに行くのをあきらめなければならなかった。

We had to give up ( ) a picnic.

　　a. go　　b. going　　c. go on　　d. going on

2. 彼の行った演説は聞くだけの価値があった。

The speech he delivered was worth ( ).

　　a. to listen to　　b. to be listened to　　c. listening to

　　d. being listened to

3. 彼はぼくに, ぜひとも少年たちといっしょに行くようにいった。

He insisted ( ) with the boys.

　　a. for me to go　　b. me to go　　c. in my going

　　d. on my going

4. 彼女は午後うたた寝をする習慣である。

She has the habit ( ) a nap in the afternoon.

　　a. to take　　b. to taking　　c. of taking　　d. for taking

(2) 次の各組の英文が同じ内容になるように, ( ) に適語を入れなさい。

1. { He hurried home as soon as he received the letter.
   He hurried home ( ) receiving the letter.

2. { You should be careful when you cross the road.
   You should be careful ( ) crossing the road.

3. { It is impossible to tell what will happen.
   There is no ( ) what will happen.

4. { He did not go to school, but went to see a movie.
   ( ) of going to school, he went to see a movie.

(3) 下線の部分に注意して, 各組の英文を和訳しなさい。

1. { a. He <u>stopped to watch</u> the game.
   b. He <u>stopped watching</u> the game.

2. { a. She <u>wants to wash</u> the shirt.
   b. The shirt <u>wants washing</u>.

3. $\begin{cases} \text{a. } \underline{\text{Remember to send}} \text{ in a report.} \\ \text{b. I } \underline{\text{remember sending}} \text{ in a report.} \end{cases}$

4. $\begin{cases} \text{a. This medicine can } \underline{\text{help to bring}} \text{ his temperature down.} \\ \text{b. I cannot } \underline{\text{help bringing}} \text{ the meeting to an end.} \end{cases}$

5. $\begin{cases} \text{a. I don't } \underline{\text{regret telling}} \text{ her what I thought of her.} \\ \text{b. I } \underline{\text{regret to tell}} \text{ you that we are not interested in the project.} \end{cases}$

(4) 次の各2文と同じ内容を表す1文を動名詞を使って完成させるとき，
　（　　）に適する語を入れなさい。

　　[例] You may make mistakes. Don't be afraid of it.
　　　　→Don't be afraid of making mistakes.

1. She was deeply admired. She was very proud of it.
　→She was very proud of (　　) deeply admired.

2. He heard the news. Then he turned pale.
　→(　　) hearing the news, he turned pale.

3. He is going to win the prize. He is sure of it.
　→He is sure of (　　) the prize.

4. He told me a lie. He is ashamed of it.
　→He is ashamed of (　　) (　　) me a lie.

5. He was warned. But he is taking a swim in the river.
　→He is taking a swim in the river in (　　) of (　　) (　　) warned.

6. I showed him a photo. I took it myself.
　→I showed him a photo of (　　) own (　　).

(5) bの文の空所に適当な語を入れて，aの文を動名詞を含まない文に書き換えなさい。

1. $\begin{cases} \text{a. In picking the flowers, her hand trembled.} \\ \text{b. (　　) (　　) was picking the flowers, her hand trembled.} \end{cases}$

2. $\begin{cases} \text{a. I was afraid of making mistakes.} \\ \text{b. I was afraid (　　) (　　) make mistakes.} \end{cases}$

3. $\begin{cases} \text{a. The thought of her suffering is intolerable to me.} \\ \text{b. It is intolerable to me to (　　) (　　) is suffering.} \end{cases}$

4. $\begin{cases} \text{a. I regret giving such a promise to my wife.} \\ \text{b. I regret that I (　　) such a promise to my wife.} \end{cases}$

第 **16** 章
話 法

話法には，直接話法と間接話法があり，相互の話法
の転換の仕方がポイントとなる。

§1 話法とは何か，その種類

話法(Narration)とは，他人の述べたことばの伝達の仕方であって，
直接話法(Direct Narration) と間接話法 (Indirect Narration)の2
種類がある。

直接話法とは，人のいったことばをそのまま伝える方法であり，間
接話法とは，人の述べたことばを自分の立場からいいかえ，自分のこ
とばとしてその内容を伝達する方法である。

① He said, "I will go."	彼は「ぼくが行く」といった。
② He said (that) he would go.	彼は(自分が)行くといった。

> **補足** ①が直接話法，②が間接話法の例である。直接話法では，he のいった文句《I
> will go.》を，日本語の「 」にあたる記号である " " の中にそのまま入れ
> てある。間接話法は，この文全体を話す人の立場《文の主語 he の立場ではな
> い》から見て，人称などを適当に変化させる結果，he のいった文句どおりでは
> なくなるが，内容的には同じものである。なお，訳文も比較せよ。

研究 **1.** **直接話法の特徴**は，①引用符(Quotation Marks)《" "(または
' ')の記号》を用いる。②引用符の中はふつうの文と同じで，大文字で書き
始め，疑問文・感嘆文ならば，それぞれ，末尾に？，！の符号をつける。

間接話法の特徴は，①引用符を用いない。②もとのことばの人称・時制など
を適当に変化させる（§3参照）。

2. 上例の " " の中にはいる部分，および(that)以下の部分は，said の目
的語である。

参考）　1. 上例の said を**伝達動詞**(Reporting Verb), said の目的になる部分を**被伝達部** (Reported Speech) という。

　2.「話す」「述べる」という意味を含む動詞ならば，いずれも伝達動詞として用いることができるが，そのほか，I think (that) he is young. の think なども，これに準ずるものと考えてよい。また，時には「話す」とはあまり関係のない，次のような例も見られる。

"You may be right," he *smiled*.	「きみが正しいかもしれない」と（いって）彼はにっこりした。

　3. Quotation Marks のことをイギリスでは Inverted Commas と呼ぶことがある。

§2　引用符とその用い方

(1) 引用符には " " (Double Quotation Marks) と ' ' (Single Quotation Marks)の2種類がある。

《注意》　" " は米語で用いられることが多く，' ' はイギリス英語でおもに使われる。

(2) 直接話法の伝達動詞とその主語は，引用符の前あとどちらにもおくことができる。またその部分が長いときはその中間におかれることも多い。

① **He said**, "No, you must stay."	「いや，きみはここにいなければいけない」と彼はいった。
② "No, you must stay," **he said**.	
③ "No," **he said**, "you must stay."	

《注意》　**1.** 最初の例のように伝達動詞が被伝達部の前におかれるときは，「主語＋動詞」の語順になるが，新聞などでは「動詞＋主語」の例も見られる。その他の場合には，「動詞＋主語」のこともきわめて多い。ただし，主語が代名詞の場合は，現在では「主語＋動詞」の順にかぎる。古くは逆の順もあった。

　2. 引用符と句読点の用い方については，次の点を注意せよ。

　（ⅰ）" " と「主語＋伝達動詞」の間はコンマで切り，①のような場合はコンマは外側《, "》，②のようなときは，通常，内側《, "》におく。

　（ⅱ）" " 末尾のピリオドは，その内側《 " . "》におくのがアメリカ式で，《 " " . 》外側におくのがイギリス式である。

　（ⅲ）被伝達部末尾にコンマ・ピリオド以外にも符号がくれば，...?"または...!"などとし，コンマ・ピリオドは略す。そのほかにも，" " の末尾に2つの符号を重ねて用いることはしない。

　（ⅳ）③のような場合，前の " " にはいる部分が完結した1つの文であれば，

said の次のコンマはピリオドのことも少なくない。そして，あとの“　”の中
は大文字で始まる。

(参考)　**1.** Did he say, "You must stay"? のように，被伝達部そのものが疑問文で
なければ，…"? が当然だが，時にはこの場合でも…?" が見られる。なお，この文の“
"の部分も疑問文であれば，…?"とする。?を重ねることはしない。

2. 上掲②のような場合でも，用いられているのがふつうの伝達動詞でないとき
（§1，(参考)2参照）には，コンマのかわりにピリオドがしばしば用いられる。

(3) 被伝達部の中にさらに被伝達部があるとき，前者に“　”を用
いた場合は後者には‘　’を用い，前者が‘　’なら後者は“　”に
する。

He said, "When I entered the store, a clerk said, ' May I help you ?'"	「私がその店にはいると，『何をお求めでしょうか』と店員がいったのだ」と彼はいった。

(4) 被伝達部が長く，その中に段落があって行が変わる場合は，そ
れぞれの段落の初めに“をつけるが，"は最後だけにつける。

[補足]　4，6行目で行が変わる場合，次のようになる。3，5行目末に"がない。

He said, "〜〜〜〜〜〜〜〜〜〜〜〜〜〜〜〜〜〜〜〜〜〜〜〜〜〜〜〜〜〜〜〜〜〜〜〜.	"〜〜〜〜〜〜〜〜〜〜〜〜〜〜〜〜〜〜〜〜〜〜. "〜〜〜〜〜〜〜〜〜〜〜〜〜〜〜"

(5) 引用符のその他の用法

①出版物の名，船の名など一部の固有名詞，②標準英語の表現中に
臨時的に用いられた方言・俗語，③皮肉な意味を含めて用いられた語，
などにもしばしば引用符が用いられる。

(参考)　**1.** 人の述べた文句をそのまま伝達するのに必ず引用符を用いるとはかぎら
ない。作家の中には，少数だが，これを用いない人もある。この場合は“　”がない
だけで，その他の点は引用符のあるときと同じである。

2. 文体的な効果をねらって，次のように書かれていることもしばしばある。

I won't show it to Bill, Jimmy thought, *unless he asks me.*	頼まれなければそれはビルに見せないことにしよう，とジミーは思った。

3. “　”の部分全体が主語に用いられていることもある。

"I did my best" was the answer.	「最善を尽くしたんだ」というのが返事であった。

4. いったことばが1語か2語だけのときは，引用符を用いないこともある。

Some would say *more.*	人によっては「もっと（くれ）」というだろう。

§3　話法転換の考え方の基本

　　直接話法を間接話法に書き換える場合の主要な着眼事項は，①人称，②時制，③場所・時の副詞，であるが，さらにその基礎になるのは，話法を転換しようとする文全体を，現在自分がだれかに向かって述べるのだと想像して" "内の文句に対処することである。

[補足]　具体的な例によって説明することにしよう。

(i) He said, "I'll ring her up tomorrow."	「あす彼女に電話しよう」と彼はいった。　　　　　　　　〔直接話法〕
(ii) He said that *he would* ring her up *the next day*.	彼は，彼女にあす電話しよう，といった。　　　　　　　　〔間接話法〕

　　　　まず注意すべきことは，(i)の" "内の文句をいった人は主語の he だが，He said を含む (i)の文全体を述べるのは he ではなく，1人称の I だということである。(i)全体は1人称が2人称に向かって述べている文句なのだ。I, you, he の三者がいる所で (i)の文を述べることを想像すれば，このことが理解できるだろう。したがって，(i)を間接話法に直すには，
　　　　①" "内は he のいった文句そのままだから，この I は he が自分のことをさしていったもの。これをそのままにしておいては，こんどは，その I は間接話法に直した文全体を述べる1人称をさすことになってしまうから改める。
　　　　②時制の一致の法則によって，時制を変えることも必要。
　　　　③ tomorrow は，「彼がいった」時期から見ての「あす」であって，ある時間をへたのちに1人称がこの文全体を述べるときには，多分もう過ぎ去った日である。だからこれも改める。tomorrow のままでは，1人称がこの文を述べる日の次の日を意味することになってしまう。

§4　間接話法への転換の基本方法

(1) 伝達動詞が **say** だけならばそのまま **say that ～**とし，**say to a person** ならば **tell a person that ～**とする。

He **says**, "That's all right." （彼は「それはかまわない」という）	→ He **says that** that's all right.
He **says to me**,"That's all right." （彼は私に「それはかまわない」という）	→ He **tells me that** that's all right.

《注意》　ここで扱うのは疑問文・感嘆文などではないふつうの文《平叙文とい

う (p. 627, §2参照)》の場合である。

研究　 " " の中が「主語＋動詞... and〔but〕主語＋動詞」という構文の場合には，and〔but〕の次にもう一度 that を入れるほうが，まぎらわしさを防ぐことができてよい。しかし that を入れなければならないということはない。なお，and〔but〕の次に主語がなければ，that はくり返さない。

参考　第2の例文でも says to me that ～と全然いわないわけではない。

(2) 次の方法によって**代名詞の人称**を改める。

① " " 内の1人称は，伝達動詞の主語と同じ人称にする。

② " " 内の2人称は，**say to** ～の～の人称と一致させる。

③ " " 内の3人称の代名詞は，通常，そのままでよい。

He says to me, "**I** know **you** very well." (「私はあなたをよく知っています」と彼は私にいう)	→ He tells me that **he** knows **me** very well.
You must say to him, "**I** will help **her** if **you** like." (きみは彼に「よければ私が彼女を手伝います」といわねばならない)	→ You must tell him that **you** will help **her** if **he** likes.

研究　**1.** 代名詞の数は変化させない。もとの代名詞が単数なら，人称が変化してもやはり単数に，複数ならば複数にする。

　2. 第1の例文のように，代名詞の人称の変化につれて，動詞に-(e)s のつく場合に注意せよ。

　3. to ～が出ていない文では，" " の部分がだれに向かって述べられているのか，前後関係から判断し，それに従って " " 内の you の人称を変化させなければならない。しかし，前後にその判断の手掛りになるようなものがなければ，1人称に向かって《to me》述べられたものと考えて処理すれば，だいたいよい。

He says, "I'll give it to **you**."	→ He says that he'll give it to **me**.

参考　特殊な場合には，上に掲げた規則が当てはまらないこともある。たとえば，
He'll say to you, "*We* will do it for you."
(「私たちがやってあげます」と彼はきみにいうだろう)
の文では，この we に含まれるのが，主語の he のほかにだれであるか，が問題になる。

もし，その中にこの文全体の話者《1人称》が含まれているのなら，

　　He'll tell you that *we* will do it for you.

となるのが当然であり，もしも1人称が含まれていないのなら，上掲の規則どおりに，they になる。どちらにするかは前後関係で定めるのであるが，入試問題などでは，前者のような解答が要求されることはまずないであろう。

　　You say to her, "I'll invite *him*." （「彼を招待します」と彼女にいいなさい）

でも，この him が，この文全体を述べている人間であることも不可能ではない。そのときは，間接話法にすれば，You tell her that you'll invite *me*. となる。要するに，あまり機械的に考えず，§3 の考え方を基礎に，自分をその場の状況においてみて考えることが必要である。

(3) 次に掲げる時制の一致の法則によって時制を変える。

(a) 伝達動詞の時制が現在・現在完了・未来・未来完了の場合は" "内の動詞の時制はそのままでよいが，伝達動詞が過去・過去完了のときには，" "内の現在・未来・未来完了の動詞は過去形に，現在完了・過去の動詞は過去完了形にする。

You **said** to him, "**I'll** help her if you **like**." 《cf. (2)》	→ You **told** him that you **would** help her if he **liked**.
He **said**, "I **have been** waiting for two hours." （「私は2時間前から待っている」と彼はいった）	→ He **said** that he **had been** waiting for two hours.
She **said**, "I **bought** you a new pair of shoes." （彼女は「あなたに新しいくつを1足買いました」といった）	→ She **said** that she **had bought** me a new pair of shoes.

(b) ただし，" "内に述べられていることが次のどれかに該当する場合には，時制の一致は行わない。

① 一般的な真理をいう場合　　　　③ 歴史上の事実

② 現在でも変わらない習慣・性質など　④ 仮定法の場合

① He **said**, "The earth **moves** round the sun." （「地球は太陽のまわりを回る」と彼はいった）	→ He **said** that the earth **moves** round the sun.

② She **said** to me, "I **live** with my aunt now."
（「今はおばといっしょに住んでいます」と彼女は私にいった）

→ She **told** me that she **lives** with her aunt now.

③ The teacher **said**, "Columbus **discovered** America."
（その先生は「コロンブスがアメリカを発見した」といった）

→ The teacher **said** that Columbus **discovered** America.

④ He **said**, "If I **were** there, I **could** go on the trip with them."
（「もしそこにいれば, いっしょに旅行に行けるのに」と彼はいった）

→ He **said** that if he **were** there he **could** go on the trip with them.

⑤ She **said**, "He **might** be back."
（「彼はあるいは帰って来ているかもしれません」と彼女はいった）

→ She **said** that he **might** be back.

研究　**1.** ②の例では, この文全体を述べる時期にも「彼女がおばといっしょにいる」場合にだけこういえる《その場合でも lived ということも多い》のであって, そうでなければ lived となる。

2. ⑤のような場合には, 間接話法を直接話法に直すのに, "He *might* ～" とすべきか, "He *may* ～" とすべきか判断しにくいことも起こる。同様に, 間接話法中の would, should, could を訳すには, それらが直接話法でも過去形《つまり仮定法》ではないかどうかを考えなければならない。

3. must, ought to はそのまま過去形として用いてよい。とくに「ちがいない」の意味の must の場合は had to には変えられない。

4. ④のような文では間接話法で " " の部分を仮定法過去完了にする場合もある。特に, he が " " の発言をした時からある程度の時間があったあとに, 話し手《he ではない》が He said that if...といったのであれば, if 以下に述べられていることが実現する可能性は全くなくなっているので, 仮定法過去完了を用いるのが当然である。

5. 意志未来の場合には, 人称の変化で助動詞を変えることはしない。

He said, "I **will** not surrender."
（「私は降服しない」と彼はいった）

→ He said that he **would** not surrender.

6. イギリス英語の単純未来で，もし "I *shall* ～" となっていれば注意が必要である。

He said to me, "I **shall** arrive at ten."（彼は私に「10時に着くだろう」といった）	→ He told me that **he would** arrive at ten.

I が he に変わるのに合わせて shall は3人称の would にしなければならない。

(4) 場所・時などに関する語句を次のように改める。

this〔these〕 → that〔those〕　　here → there　　now → then

today → that day（その日）　　　　　～ ago → ～ before

tomorrow → the next〔following〕day（その翌日）

yesterday → the day before; the previous day（その前日）

last night → the night before; the previous night

next（week, etc.）→ the next〔following〕（week, etc.）

last（week, etc.）→ the（week, etc.）before ;（in）the previous（week, etc.）

He said, "I saw her in **this** room **yesterday**."（「私はきのうこのへやで彼女に会った」と彼はいった）	→ He said that he had seen her in **that** room **the day before**.

補足　これらは，§3で述べたことを公式的に示したもので，基準になる時・場所が変わるから，上のように改めることになるのである。

《注意》　次の（参考）に述べるような場合もありうるから，その文または前後の文に用いられた時・場所に関する語句に注意して書き換える必要がある。

研究　ago は今を基準にして，「今から～以前」，**before** は，過去のある時を基準にして，「その時から～以前」を意味する。

参考　大学入試問題に対処するためには，上記の程度で十分と思うが，個々のケースについて細かくせんさくすれば，上記のルールに対する例外もないわけではない。たとえば，上掲の間接話法の文を，彼が彼女に会ったへやに1人称がいて述べる場合には，that ではなく，直接話法そのままに this になる。また，きのう彼に会ったとき，彼が "I am leaving *tomorrow*." といったのを，その翌日他人に伝達するなら，He said he was〔is〕leaving *today*. となるわけで，公式どおりの the next day ではない。(2)でも述べたように，話法転換に先立って，状況をよく理解することが必要である。

§5 疑問文の場合の話法の転換

この項以下で扱うことについても，§4，(2)～(4)に述べたことはそのまま当てはまるが，以下ではそれ以外に注意しなければならない点だけを述べることにする。

① **say** (to a person)を **ask** (a person)に改める。

② 疑問詞で始まる疑問文は「主語＋動詞」の順に直す。**do**, **did** は取り除く。

③ 疑問詞を用いていない疑問文は **if** か **whether** を前に加え，②と同様，「主語＋動詞」の順序に改める。do, did は用いない。

④ 文末の疑問符(？)は取り去る。

He **said** to her, "**When are you** leaving ?"
（「いつ出発ですか」と彼は彼女にいった）
→ He **asked** her **when she was** leaving.

You **said**, "**What do you** think about it ?"
（「それについてどう思うか」ときみはいった）
→ You **asked what I thought** about it.

She **said** to me, "**Have you** ever **been** in Tokyo ?"
（彼女は「東京にいたことがありますか」と私にいった）
→ She **asked** me **if〔whether〕I had** ever **been** in Tokyo.

研究 **1.** ask のほか，inquire (of a person)「(人に)たずねる」なども用いることができるが，実際上は ask だけを覚えておけばたりる。

2. 自問自答の場合には，wonder などを用いればよい。

I said (to myself), "Can it be true ?"
（「本当かしら」と私は思った）
→ I **wondered〔asked myself〕** if (= whether) it could be true.

参考 **1.** ②の場合には，「動詞＋主語」の語順のこともある。ことに，主語になる部分が長いときは，そのほうがふつうである。

2. 次のような言い方が用いられている場合もある。直接話法と間接話法の混成物といえよう。

The question is, *what are we to do* ?

> 問題は, われわれはどうすべきか, である。

He asked me *was I willing to take on the job.*

> 彼は, 私にその仕事を引き受けてくれる気があるか, と聞いた。

He said *would she kindly leave him alone.*

> どうか私にかまわないでください, と彼はいった。

What did I think of this place ? he asked.

> (私が)ここをどう思うか〔ここの感想はどうか〕, と彼は聞いた。

§ 6 命令文の話法の転換

① **please** を含む命令文《ていねいな依頼を表す》の場合は,**say to** を **ask** におきかえ, please は取り除く。

② その他の命令文では **say to** を **tell** におきかえる。

③ その命令が向けられている人《say to ~の~》を目的語として ask, tell の次におく。

④ 命令法の動詞に to《否定命令ならば not to》をつけ, さらにその次におく。末尾の感嘆符(!)は取り除く。

He **said** to the boys,"**Be** quiet !"
（彼は少年たちに「静かにしろ」といった）

→ He **told** the boys **to be** quiet.

I **said** to him, "**Don't enter** the room !"
（「そのへやにはいるな」と私は彼にいった）

→ I **told** him **not to enter** the room.

She **said** to me,"**Please help** yourself to whatever you like."
（彼女は「どうぞ何でもお好きなものをご自分でお取りください」と私にいった）

→ She **asked** me **to help** myself to whatever I liked.

研究 1. ask, tell の目的語は, この場合ぜひ必要なので, もし直接話法に say to ~の~が出ていなければ, ~に当たるものが何であるかを適当に判断して, 目的語として用いなければならない。

2. Let's ~ （~しようじゃないか）は suggest を用いて書き換える。

| He said to me, "**Let's** go to the movies." （「映画に行こうじゃないか」と彼は私にいった） | → | He **suggested** that we (**should**) go to the movies. |

3. この場合の動詞は，ask, tell だけにしぼっておくのが実際的であるが，そのほか，それらの類語である次のようなものを用いることもできる。

    beg（たのむ，請う）　command（命ずる）　order（命令する）
    pray（懇願する）etc.

また，否定命令文では，not to を用いるかわりに，forbid a person to ～（人が～することを禁ずる）などを用いることもできる。

4. Will you please ～? Could〔Would〕you ～? などが依頼・要求などを表す場合も，命令文に準じて話法を転換すればよい。

5. had better（～したほうがよい）も，しばしば婉曲な命令の意味を含むが，これは advise を用いて転換する。

| I said to him, "You **had better** pay for it." （「きみはその代金を払ったほうがいい」と私は彼にいった） | → | I **advised** him **to pay** for it. |

6. 命令を強調する do《cf. *Do* be quiet !》は無視する。ただその気持をくんで，by all means（ぜひ）などの文句を加えればよい。

§7　感嘆文の話法の転換

この転換は公式としては述べられない。感嘆の気持をくんで説明的にいいかえるより仕方がないのだが，一応の基準は次のとおりである。

① say を **cry, exclaim**（叫ぶ），**sigh**（ため息をつく）などの動詞におきかえる。

② 間投詞を取り除き，そのかわりに内容を考えて，**with regret**（悔やんで），**with joy**（喜んで），**with a sigh**（悲しげに）などの文句を適宜加える。

| He **said**, "**What** a fool I've been !" （「ぼくはなんてばかだったんだろう」と彼はいった） | →① He **exclaimed** that he had been a **big** fool. ② He **exclaimed** what a fool he had been. |

She **said**,"**Alas** ! He is dead." → ① She **cried with a sigh**
（「ああ，彼は死んだ」と彼女　　　〔**sighed and said**〕that
はいった）　　　　　　　　　　　　 he was dead.

　　　　　　　　　　　　　　　　② She **exclaimed bitterly**
　　　　　　　　　　　　　　　　　 that he was dead.

He **said** to me. "**Hello** !" →　He **greeted** me.
（「やあ」と彼は私にいった」）

研究　**1.** 間投詞ではないが，Yes, No なども，通常このまま間接話法には
ならないので，次のようにいいかえることが必要である。

I said, "**Yes** 〔**No**〕."　　　　→　I **answered in the affirm-**
　　　　　　　　　　　　　　　　　ative〔**negative**〕.

He said, "Will you come ?" I　→　He asked me if I would come.
said, "**Yes**."　　　　　　　　　　 I said I **would**.

もっとも，I said yes.といったような言い方も時おり見られる。

　2. 間投詞を含まず，what, how で始まる感嘆文だけならば，第1の例文の
②のように，人称・時制などを改めただけで間接話法にすることもできる。そ
のときの主動詞には，exclaim 以外に，say も使える。

§8　祈願を表す文の話法の転換

say のかわりに **pray**, **wish**（to God）などを用いる。

She **said**, "(May) God bless　→　She **prayed** that God
you !"　　　　　　　　　　　　　　**might** bless me.
（「あなたに神の祝福のあらんこ
とを」と彼女はいった）

He **said** to me, "Good luck !"　→　He **wished** me good luck.
（「お元気で」と彼は私にいった）

《注意》　これも一定の型はなく，内容をくんで適当にいいかえるほかはない。

§9　描出話法

　描出話法（Represented Speech）とは，直接話法と間接話法の中間
的な話法で，ある人の述べた，または考えたことを，時制・人称を間
接話法のときのように改める以外は，ほとんどそのままの形で提示す

る言い方である。

| Then one day my telephone bell rang, and a female voice greeted me. **Had she interrupted me? Would I forgive her, please? This was Gloria Brown speaking.** | するとある日，私の電話のベルが鳴って，出ると女の声が聞こえてきた。おじゃまでしたでしょうか。どうぞお許しくださいませね。グローリア・ブラウンでございます。 |

[補足] 太字の部分が描出話法。これは電話の女がいった文句で，①直接話法，②間接話法でいえば，次のようになるところである。斜体の部分に注意。②のほうは，既述の方法だけで１つの文にまとめるとあまり拙劣になるので，多少高等手段を用いた。

① She said《または前文に続けて，saying 》，"*Have I* interrupted *you* ? Would〔Will〕*you* forgive *me*, please ? This *is* ～"

② She asked if she had interrupted me and wished me to forgive her, giving her name as Gloria Brown.

①と比較するとわかるとおり，例文の言い方は，直接話法の人称・時制だけを変えて，「地の文」として出したものである。

《注意》 描出話法は，生き生きした表現にするために，小説などの中でよく用いられる手段である。直接話法と違って，

①" "を用いない，②通常《必ずではない》時制・人称を変化させる，が一方，間接話法とも違って，③疑問文・命令文・感嘆文の構文はそのまま用いる。④yes, no のほか§４, ⑷に掲げた語句も，直接話法のときのまま用いる。

まとめ 16

話　法：直接話法と間接話法とがある。

1．**直接話法**　人がいったことばをそのまま伝える。

2．**間接話法**　人がいったことばを自分のことばにして伝える。

(例)
- ① He ₍₁₎<u>said to</u> me, "₍₂₎<u>I</u> will help ₍₃₎<u>you</u>."
- ② He ₍₄₎<u>told</u> me that ₍₅₎<u>he</u> would help ₍₆₎<u>me</u>.

Ⅰ　話法転換のための要領(上例の数字と次の2の数字を対応させよ)

1．《伝達動詞》 ₍₁₎**say to** someone, "..." ⇨ ₍₄₎**tell** someone **that** ...

2．《人称》

直接話法	₍₂₎<u>I</u>	₍₃₎<u>you</u>	he, they, etc.
⇩	⇩	⇩	⇩
間接話法	₍₅₎<u>say の主語</u>	₍₆₎<u>someone の人称</u>	もとのまま

3．《時制》 say が過去・過去完了の場合の" "内の動詞の時制：
(i)現在形⇨過去形　　(ii)現在完了形・過去形⇨過去完了形
上記以外は時制の一致は不要。また，仮定法・歴史上の事実・一般的真理などをいう場合も同様。

4．《指示代名詞・場所・時などの語句》
this ⇨ that,　here ⇨ there,　now ⇨ then,
〜 ago ⇨ 〜 before,　yesterday ⇨ the day before, etc.

Ⅱ　疑問文の場合(上記の要領のほかに)

1．**say to** someone ⇨ **ask** someone

2．

疑問詞のある疑問文	do, did	主語・動詞	疑問詞を最初に
〃　〃　ない	〃 をとる	の順にする	if〔whether〕〜

Ⅲ　命令文の場合(上記の要領のほかに)

say to someone, "(Don't)＋動詞の原形 ..."
⇨ **tell** someone (not) **to** ＋動詞の原形 ...

Ⅳ (1)感嘆文, (2)祈願文の場合

簡便な方法はない。(1)ではその感情に合った動詞・副詞などを用い，(2)では pray などの動詞を用いて書き換える。

Ⅴ　描出話法　直接話法と間接話法の中間といえる話法。

Exercise 16 解答は p.673

(1) 各組の上の文に対する間接話法になるように，下の文の空所に適当な語を入れなさい。

1. { You said to me, "You are right."
   { You (　) me that (　) was right.

2. { He said to me, "I will go with you."
   { He (　) me that (　) (　) go with (　).

3. { You said to me, "I will go with you."
   { You (　) me that (　) (　) go with (　).

4. { She said to him, "You made a mistake."
   { She (　) him that (　) (　) (　) a mistake.

5. { He said to me, "Do you want to go with me?"
   { He (　) me (　) I wanted to go with (　).

(2) 次の各直接話法を間接話法に書き換えた文として，正しいものを(a)〜(c)から選びなさい。

1. He said to me, "Will you sing the song to me?"
   (a) He said to me that you would sing the song to me.
   (b) He told me to sing the song to him.
   (c) He asked me to sing the song to him.

2. She said to me, "I saw your sister at the theater."
   (a) She told me that she had seen my sister at the theater.
   (b) She told me that she saw your sister at the theater.
   (c) She told me that she had seen your sister at the theater.

3. He said to me, "What did you buy for her yesterday?"
   (a) He asked me what did I buy for her the day before.
   (b) He asked me what I bought for her yesterday.
   (c) He asked me what I had bought for her the previous day.

4. I said to him, "Is it true that you are leaving tomorrow?"
   (a) I asked him that was it true that he was leaving tomorrow.
   (b) I asked him if it was true that he was leaving tomorrow.
   (c) I asked him if it was true that he was leaving the next day.

5. He said to me, "Don't give me any more trouble !"

   (a) He told me that I don't give him any more trouble.

   (b) He told me not to give him any more trouble.

   (c) He told me to not give him any more trouble.

6. She said to me, "Let's take a walk after school is over."

   (a) She told me to let us take a walk after school was over.

   (b) She suggested that we (should) take a walk after school was over.

   (c) She suggested to me to take a walk after school was over.

7. He said, "How beautiful she is !"

   (a) He exclaimed that how beautiful she was.

   (b) He cried how she was beautiful.

   (c) He exclaimed (in admiration) that she was very beautiful.

(3)　次の各組の英文が同じ意味になるように，(　　)に適語を入れなさい。

1. { He says to me, "I happened to find your handkerchief on the path."

   He tells me that (　　) happened to find (　　) handkerchief on the path. }

2. { He will say, "I have read the novel before."

   He will say that (　　) (　　) read the novel before. }

3. { I said, "If I were you, I would not agree to the plan."

   I said that if (　　) (　　) you, (　　) (　　) not agree to the plan. }

4. { Mother said to me, "I think you are a little better today."

   Mother (　　) me that (　　) (　　) (　　) (　　) a little better (　　) (　　). }

5. { I said to him, "Will you kindly lend me your bicycle ?"

   I (　　) him (　　) he (　　) kindly lend me (　　) bicycle. }

6. { He often says that he is too busy to help me.

   He often says, "(　　) (　　) too busy to help (　　)." }

7. { The doctor advised me to stay there.

   The doctor said, "(　　) (　　) better stay here." }

8. { She asked me where I had been the previous night.

   She (　　) to me, "Where (　　) (　　) (　　) night ?" }

第**17**章

形容詞

形容詞には，名詞を修飾する限定用法と，補語になる叙述用法，という２つの用法がある。

§1　形容詞とは何か，その特徴

　形容詞(Adjective)とは，名詞および一部の代名詞に加えて，その意味を限定または修飾する働きをし，そのほかに，次のような特徴を備える語である。
　　① 大部分のものは，比較級・最上級を作ることができる。
　　② 主語・目的語にはならない(ただし§8参照)が，補語になることはできる。
　　③ あとに名詞がこないかぎり，不定冠詞・前置詞が前につくことはない。
　　④ 形容詞を形容するには，副詞が用いられる。
　《注意》 名詞が他の名詞の前におかれてそれを形容する場合 (p.19，⑨参照)，形容詞と区別が困難なこともある。

§2　形容詞の種類

　形容詞は大別して，次の３種類がある。
　　① **性質形容詞** （Qualifying Adjective）
　　② **数量形容詞** （Quantitative Adjective）
　　③ **代名形容詞** （Pronominal Adjective）
　《注意》 1．冠詞も形容詞の一種といえるが，すでに扱ったので今は省略する。
　　2．代名形容詞は，一部の代名詞《my, his, which, what, some, etc.》が次に名詞を伴う場合の名称である。これはすでに，それぞれの代名詞の項で扱ったの

で，ここでは省略する。数量形容詞は数・量に関する形容詞で，やや特殊な問題を含むから別途に扱うこととし（§12以下），その他の形容詞は，実用上からは，さらにこれを細分する必要はないので，性質形容詞の中に一括して扱うことにする。

参考　代名形容詞は，人称代名詞からきたものを**所有形容詞**，指示代名詞からきたものを**指示形容詞**，そのほか同様に，**疑問形容詞**，**関係形容詞**，**不定形容詞**の5種類に分け，性質形容詞は，**記述形容詞**《もっともふつうの形容詞》，**物質形容詞**《物質名詞に由来するもの》，**固有形容詞**《固有名詞に由来するもの》，**分詞形容詞**《分詞からきたもの》に通常分類されている。しかし，実用的な立場からは，これらの分類や名称はたいして重要ではない。

§3　形容詞の2つの用法

　形容詞には，限定用法（Attributive Use）と叙述用法（Predicative Use）の2つの用法がある。前者は，名詞に直接形容詞を付加する用法であり，後者は，形容詞だけが補語などになる場合の用法である。

She is a **young** lady.	彼女は若い婦人です。〔限定用法〕
She is **young**.	彼女は若い。　　　　〔叙述用法〕
She married **young**.	彼女は若くて結婚した。〔同上〕
I found her **young**.	私は彼女が若いのを知った。〔同上〕

《注意》　主格補語・目的格補語など叙述用法の用例は，p.210 も参照せよ。

研究　**1.** 叙述用法では，次のように，動詞から離れ，コンマなどをおいてやや遊離した形で用いられていることも少なくない。(p.422 参照)

He came down after nine o'clock, **pale and haggard**.	彼は9時過ぎに，青い顔をしてやつれた様子で降りて来た。

　2. 次のように，名詞のあとにおかれた形容詞は，多少とも叙述用法に近づき，どちらの用法なのか定めにくいこともある。(p.471, (4), (5)も参照)

Doctor Benton, **safe and elderly**, was on the verge of retiring.	ベントン医師は，信頼できる，年配の人であったが，引退間近であった。

これらは，連続用法の who was safe ～と同じように考えてもよい。

§4　限定用法または叙述用法だけをもつ形容詞

(1) 限定用法だけに用いられるもの

① 「**物質名詞＋(e)n**」で作られた形容詞

golden [góuldn]（金の）　silken（絹の）　wooden（木の）
brazen（真ちゅうの）　leathern（皮革の）　woolen[wúlən]（羊毛の）, etc.

研究　物質名詞にかぎらず，一般に名詞から作られた形容詞は限定用法だけのものが多い。

② **-en** で終わる分詞形容詞など

drunken（酔っぱらった）　　olden（昔の）　　sunken（沈んだ）, etc.

③ その他

elder（年長の）　　eldest（最年長の）　　former（前の）
inner（内の）　　latter（あとの）　　live [laiv]（生きている）
lone（ひとりの）　　mere（単なる）　　main（主要の）
only（唯一の）　　outer（外の）　　sheer, total, utter（まったくの）
utmost（極度の）　very（まさにその）

《注意》　③に掲げた多くの語は，日本語で考えても，叙述用法になりにくいことがわかろう。「それは単なる〔まったくの〕だ」では意味をなさない。

（参考）　③の形容詞のうち，-er, -est で終わるもの《sheer を除く》は，元来は比較級・最上級であったものである。

(2)叙述用法だけに用いられるもの

① 接頭辞 **a-** のついた多くの形容詞

afraid（恐れて）　　alike（類似して）　　alive（生存して）
alone（ひとりで）　　ashamed（恥じて）　　asleep（眠って）
averse（きらって）　awake（目ざめて）　　aware（気づいて）, etc.

② その他

content（満足して）　　　ill（病気で）　　　　liable（傾向のある）
subject (to)（～に服して） unable（できない）　well（健康で）
wont（～をつねとして）　worth（価値のある）

研究　**1.** これらの形容詞も，次のように，名詞のあとにおいて限定用法に使われることはある。そのほか，まれには限定用法の例もある。

a man **alive**（生きている人）　　　books **alone**（本だけ）
a boy **ill** of smallpox（天然痘にかかっている少年）
a lady **subject** to whims（気まぐれを起こしやすい婦人）

　2. alert（敏速な），**aloof**（超然とした）は①の例外で限定用法もある。また，①の形容詞でも，副詞が加われば限定用法の可能なものがある。

（例）a *fast asleep* baby（ぐっすり眠っている幼児），a *somewhat afraid* look（多少不安そうな目つき）

well は, 米語では, 限定用法にも用いる.（例）a *well* child（じょうぶな子ども）. ill も, *ill* news（悪い知らせ）のように意味が違えば, 英米ともに, 限定用法に用いられる.

glad（喜んで）は, a *glad* cry（喜びの叫び）のように, 人間以外のものを表す名詞のときは限定用法もあるが, 比較的まれで, ほとんどの場合, 叙述用法である.

(3) 限定用法と叙述用法とで意味の違う形容詞

- the **present** king（現在の国王）
- He is **present**.（彼は出席している）
- his **right** hand（彼の右の手）
- He is **right**.（彼は正しい）
- a **sorry** sight（哀れなありさま）
- I am **sorry**.（残念です；すみません）
- an **apt** reply（適切な答え）
- He is **apt** to make errors.（彼はまちがいをしがちだ）

- a **certain** boy（ある少年）
- It is **certain**.（それは確かだ）
- the **late** Mr. Carr（故カー氏）
- He is **late**.（彼はおそい）

《注意》 ill については(2)の**研究** 2 参照.

研究 certain, late, right については, 上掲の限定用法の場合の意味は, 叙述用法にはない. しかし, 逆は成りたたなくて, 上掲の叙述用法の意味は, 限定用法のときにもあるから注意せよ.

certain evidence（確かな証拠）　**late** marriage（おそい結婚）

right answer（正しい答え）

なお, 限定用法の present も, 名詞のあとにおけば, 叙述用法の場合の意味になる. cf. the members *present*（出席している会員）, the *present* members（現在の会員）

§5　限定用法の形容詞の位置

形容する名詞の前におくのが原則《本来叙述用法のものを除く》であるが, 次のような場合には, 形容詞があとにおかれる.

《注意》 形容詞が前置されている例はきわめてふつうだから省略する. なお, いくつかの形容詞がある場合には, and, but などの接続詞が用いられていることもある.

a *young and beautiful* girl（若くて美しい少女）

a *poor but very happy* man（貧しいが非常に幸福な人）

a *successful, if dull,* farming life（単調だとしても, うまくいっている農耕生活）

an *amusing though doubtless inexact* account
（明らかに不正確だがおもしろい報告）

(1) 形容詞に，それと密接に結びつく語句が続く場合

a mind **full of doubts**（疑惑に満ちた心）

cf. a *full* cup（いっぱいはいっているコップ）

a book **useful to students**（学生たちに役だつ本）

persons **famous on stage or screen**（舞台や映画で有名な人たち）

🔲究　**1.** この場合も，修飾される名詞の次に「関係代名詞＋be」が省略されているように扱ってよい（§3 🔲究 2参照）。

2. 形容詞により，それと関連する語句（前置詞など）を切り離して，形容詞だけを名詞の前においてよい場合もある。とくに「too〔so, as〕＋形容詞」「形容詞＋enough」のときは，名詞の前後どちらにもよくおかれる。

$$\left\{\begin{array}{l}\text{a } \textbf{new} \text{ idea to me} \\ \text{an idea } \textbf{new} \text{ to me}\end{array}\right\}$$（私には目新しい考え）

$$\left\{\begin{array}{l}\text{a } \textbf{different} \text{ opinion from his} \\ \text{an opinion } \textbf{different} \text{ from his}\end{array}\right\}$$（彼とは違った意見）

$$\left\{\begin{array}{l}\textbf{too dark} \text{ a room for them} \\ \text{a room } \textbf{too dark} \text{ for them}\end{array}\right\}$$（彼らには暗すぎるへや）

$$\left\{\begin{array}{l}\text{a } \textbf{large enough} \text{ force to oppose them} \\ \text{a force } \textbf{large enough} \text{ to oppose them}\end{array}\right\}$$（彼らに対抗できるだけの　大きな勢力）

同様に上記の例で，a *useful* book *to students* ともいえる。しかし，a *full* mind *of doubts* などとはいえない。full なのはあくまで doubts であって mind ではないのだから。

（参考）　一群の形容の文句をハイフンでつないで名詞の前におくこともある。

a *good-for-nothing* fellow（なんの役にもたたないやつ）

hard-of-hearing people（耳の遠い人たち）

しかし，ハイフンを用いずに，他の形容詞と並べて，そのまま名詞の前においている例もときどきある。(p.609（参考）も参照)

signs of a severe and *far from recent* stroke（ひどいそして決して最近のものではない卒中のなごり）

His cheeks had a greyish, *dirty in the grain* look.｜彼のほおは，灰色がかかって，しんからよごれきったふうであった。

(2) 型の定まった言い方の場合

$$\left\{\begin{array}{l}\text{ten years } \textbf{old}（10歳） \\ \text{two inches } \textbf{deep}（深さ2インチ）\end{array}\right.$$　ten feet **high**（高さ10フィート）

six miles **long**（長さ6マイル）

things **Japanese**（日本の事物） poet **laureate**（桂冠詩人）
from time **immemorial**（大昔から） sum **total**（総計）
China **proper**（中国本土） Asia **Minor**（小アジア）
Alexander **the Great**（アレクサンダー大王）

研究 **1.** そのほか, anything, something など, **-thing のつく不定代名詞**の場合には, 形容詞はそのあとにおく。(p. 152 参照)

2. あとのグループのような言い方では, 抽象名詞を用いて, それぞれ, of age, in depth〔height, length〕ともいう。なお,「10歳の少年」は a *ten-year-old* boy ; a boy *ten years old* ; a boy *of ten years* で, 最後の言い方に old はつけない。

3. その他, **面積・厚み・幅**などには, square, thick, wide などの形容詞が, 上例と同様に用いられる。(例) six inches *thick*（厚さ6インチ）, etc.

参考 最初のグループのような言い方は, フランス語などの語順をそのまま用いるか, またはそれをまねたものが多い。

(3) 分詞および -able, -ible で終わる形容詞はしばしば後置される。

① Her fingers glittered with rings **innumerable**.	彼女の指は無数の指輪にきらきら光っていた。
② He was the only person **visible**.	彼が目にはいる唯一の人間であった。
③ He traveled in the cheapest way **possible**.	彼はこれ以下はないくらい安上がりの方法で旅行をした。

研究 **1.** ③の例のように最上級を強めるには, そのほか, **conceivable, imaginable** も用いられ, 名詞の前後どちらにもおかれる。

2. ②のように only のほか, all, the few などを伴う名詞のときは, 後置することはきわめてふつうである。

3. 上記の語尾をもつ形容詞でも, remarkable（著しい）, valuable（貴重な）など, 動詞的な意味の薄められている語の場合は, 前におくのがふつうである。

4. 形容詞として用いられた分詞の後置については p. 406, **参考** を見よ。なお, appointed（指定された）, required（要求された）, following（次の, 以下の）, preceding（〔その〕前の）, past（過去の）なども後置されることがよくある。

5. 意味が違う場合もある。(説明は以下の(5)を参照)

{ the *visible* stars （肉眼で見える星）〔天候とは無関係〕
{ the stars *visible* （〔そのときに〕見える星）〔天候などに左右される〕

{ the *responsible* man （信頼のおける人）
{ the man *responsible* （〔あるできごとなどに〕責任のある人）

{ the *navigable* river （船が航行できる川）〔一般的に〕
{ the river *navigable* （ 同 上 ）〔そのときまだ氷結していないなどで〕

(4) and《時には **but** 》で結ばれた2つの形容詞は，しばしば名詞の
あとにおかれる。

| ① The sea, **blue and still**, is spread before me. | 海は，青く静かに，私の前に広がっている。 |
| ② What he saw was a wretched bum, **penniless and desperate**. | 彼の目にはいったものは，一文なしでやけくその，哀れな浮浪者であった。 |

研究 この場合の形容詞は多少とも叙述用法に接近するので，日本語の表現
が許せば，①の訳のように，叙述用法的に訳すほうがよい。これらは連続用法
の「関係代名詞 (p. 179 以下参照)＋be」の省略のように考えることもできる。

(5) 人・ものの**一時的状態**をいう場合は，ふつう後置される。

① Mary **beautiful** is something hard to imagine.	メアリーがきれいだなんていうことは想像しがたいことだ。
② A man **unhappy** is seldom in control of his emotions.	みじめな気持の(とき)人は，めったに感情をおさえられない。
③ Lions are always fearsome beasts but a lion **hungry** is the terror of the jungle.	ライオンはいつでも恐ろしい獣だが，腹をすかせた(ときの)ライオンはジャングルの恐怖の的である。

研究 **1.** この場合の形容詞は，前置のときほど名詞と密接に結合しないで，
仮定の気持《～なら，～のとき》，意外の気持(例文①)などを含むことが多い。

2. things, events, times(時代), matters など，きわめて意味の幅の広い
名詞では形容詞が後置されることがある。

3. (副詞＋)形容詞が前後にコンマを伴って，次のように用いられていることもある。

① *Angry*, the man left the room.

② The man, *angry*, left the room.

①は分詞構文の一種《being を補ってみる》, ②は who was の省略のように考え, angry が直接 the man を修飾しないようにして和訳すればよいだろう。(副詞＋) 形容詞が文末にきているときもあるが, 扱い方は同じである。②のような位置にある場合は, 男が怒っているというばかりではなくて, 部屋を出て行く態度にも怒りが現れているという感じがする。

　4. そのほか, 文体的な効果などのために後置されることもある。

（参考）　**1.** 2つの形容詞のうち, 一方だけが後置されていることもある。(例) the twelve good men *and true*（12人の陪審員たち）, an ill thing *and a hideous*（悪質ないまわしいこと）

　2. 一時的な状態をいう形容詞は後置されることは, 一般に認められているようだが, He was simply an old man *dead.*（彼〔の場合〕は年寄りが1人死んだというだけだった）(J. Baldwin) では, dead は永久的な状態のはずだが, 後置されている。

(6) やや変わった形容の仕方

時には, 形容詞がすぐ次に続く名詞を形容していないこともある。

　a **nice** glass of beer （一杯のうまいビール）

　a **good** pair of boots （上等なブーツ一足）

nice なのは beer だから, a glass of *nice* beer となるところだが, 例文のようにいうのがふつうである。glass of beer 全体を nice が修飾しているというべきであろう。しかし, an *expensive* cup of coffee といえば「高価なカップに入れたコーヒー」と解するのが常識的である。

研究　上例とは性格が違うが, an *indignant* response （怒りを含んだ応答）, a *wicked* leer （悪意のこもった薄笑い）などでは, response ではなくて response をする人が indignant の状態なのである。日本語にも類似の言い方がある。

　また, a beautiful dancer は, dancer が beautiful という意味のほかに, 「美しい dance を見せる人」の意味もある。後者なら beautiful は dance《名詞》を修飾するといえる。

§6　形容詞の配列順序

(1) 形容詞は, 通常, 次の順序で並べる。

代名形容詞＋数量形容詞＋性質形容詞

those three big trees （あの3本の大きな木）

his many good suggestions （彼の多数のすぐれた提案）

研究 a long nineteen hours のような例外もある（p. 53 参照）。*full* three days（まる 3 日間）の full は，副詞と考えられている。cf. three *whole* days（まるまる 3 日）《the whole of the three days などともいう》

(2) 性質形容詞の配列は，だいたい，次の順序になる。そして，形容詞と形容詞との間には，コンマをおくか，and などの接続詞を入れるのがふつうである。

① **大小**に関するもの　② **形状**を表すもの　③ その他

　a tall, thin, dark man（背の高いやせて色の黒い男）

　a large, round and beautiful table（大きな円形の美しいテーブル）

研究 **1.** この順序は絶対的なものではなく，話者の好み，全体の口調のよしあし，などによって変わることもある。

　2. 同種の形容詞が並ぶときは，ふつう，短いものが前，長いものがあとになる。

(3) little, old, young などの形容詞は，通常，名詞に密着して用いられ，また，その前にくる形容詞との間にコンマをおかない。

　the good **old** days（昔のよき時代）

　an honest **young** man（正直な若者）

研究 **1.** この場合の little, old は，一種の感情をこめて用いられることが多く，必ずしも「小さい」「年とった」を意味しない。前者は「かわいい」という気持，後者は親愛の気持を通常含む。後者は，しかし，「いやらしい」という気持で用いられることもある。両者を並べるときは little old の順になる。

　2. 色・材料・国籍などを表す形容詞は，上掲の形容詞のあとにくる。

　old *wooden* boxes（古い木箱）　a young *English* lady（若い英国婦人）

　3. その他，「形容詞＋名詞」が 1 つのまとまった言い方である場合には，他の形容詞でこの両者をへだてることはしない。(例) horrible *black art*（恐ろしい魔法）《black art ＝ magic》

参考 形容詞を並べる順序は多分に習慣的な要素もあるようでわかりにくい。「きれいな長い髪」は beautiful *long* hair のほうが好まれ，「まっすぐな長い髪」は形容詞をおきかえた *long* straight hair のほうが好まれるという人があるが，和訳する立場からはあまり問題ではあるまい。また，his new *yellow* car はごくふつうの「新しい黄色の車」だが，his *yellow* new car は「彼の新しい車《複数》のうちの黄色い車」と解され，her long *Italian* dress は「イタリア製の long dress」だが，*Italian* long の順にすると「彼女の長いドレス《複数》のうちのイタリア製のもの」の意味になるという人もある。

§7 形容詞と目的語

(1) 大部分の形容詞は目的語をとらないが，少数の例外がある。

A bird in the hand is **worth** two in the bush.	手の中の1羽の鳥はやぶの中の2羽に値する。 〔ことわざ〕

研究 類語の worthy は of をとる。(例) worthy *of* praise (賞賛に値して)

参考 次の like, near, opposite も本来形容詞だが，今は前置詞に扱う。
like his father (彼の父のように〔な〕) ; *near* me (私の近くに〔の〕) ; *opposite* the house (その家の向い側に〔の〕)
《near **to** ＋(代)名詞, opposite **to** ＋(代)名詞》の用法もある。》なお，最近の辞典で上掲の worth も前置詞としているものがある。

(2) 名詞・代名詞が続く場合は前置詞を必要とする形容詞も，**that** ～（～ということ）とは直結して用いられる。このときの that ～は，現在では，形容詞の目的語のようにみなしてよい。

I am **sure** (**that**) he is honest.	彼は正直だと私は信じている。
She was not **aware that** he was angry with her.	彼女は彼が自分のことを怒っているのを知らなかった。
Be **careful** (**that**) you don't drop it.	それを落とさないように注意しなさい。
He was **desirous** (**that**) his conduct should meet with approval.	彼は自分の行動がよいと認められることを希望していた。

補足 名詞・代名詞ならば，be *sure of* it (それを確信している), be *aware of* the fact (その事実に気づいている) など，of が必要で，careful, desirous も同様である。なお，この that ～は目的語の働きをしているとはいえるが，受動態にはもちろんできない。

研究 **1.** この that はよく略される。とくに afraid の次では省略するほうがふつうである。

2. 次の形容詞も同様に that ～または「of ＋(代)名詞」をとる。

afraid (恐れて)	ashamed (恥じて)	confident (自信のある)
conscious (意識した)	glad (喜んで)	ignorant (無知で)

一方，fond (好んで) などのように，「of ＋(代)名詞」はとるが，that ～はとらないものもある。

3. 分詞または分詞形容詞の場合も同じである。

She was **pleased that** her son was so good to her.	彼女はむすこがとてもやさしくしてくれるのを喜んでいた。
He was **disappointed that** he could no longer see them.	彼はもう彼らに会えないことにがっくりしていた。
I was **scared that** the girl would recognize me.	その少女が私がだれであるか気がつくことを私はおそれていた。

4. 疑問詞《who, how, etc.》や whether で始まる文句もしばしば形容詞の目的語のようになる。(p. 161 参照)

I am not **sure where** he is.	彼がどこにいるのか私ははっきり知らない。
We felt **curious how** he would receive the suggestion.	彼がその提案をどう受け取るか，われわれは興味があった。
He was **dubious whether** he could supply the information.	彼はその情報を提供できるかどうか自信がなかった。

ただし，これらの場合は，that ～とは違って，about, of, as to（～に関して）などが形容詞と疑問詞の間にはいっていることもある。とくに what のときはその傾向が強い。

参考 **研究**2のような場合には，「～だから」という，この場合の that ～本来の意味が，まだ多少とも感じられる。

§8 形容詞の名詞化

(1)「**the ＋形容詞**」で「～の人びと」の意味を表す。

① **The rich** are not always happy. / 金持が必ずしも幸せではない。
② **The young** seldom know what youth is. / 若者たちはめったに若さとは何かということを知らない。

(例) the poor（貧しい人びと），the old（老人たち），the wise（賢人たち），the just（正しい者たち），the brave（勇者たち），the dead（死者たち），etc.

研究 **1.** 例文の動詞が複数形であるのに注目せよ。

2. 分詞形容詞，比較級・最上級の形容詞の場合も同様である。(例) the wounded（負傷者たち），the wisest（もっとも賢い人たち）

3. この用法は，②の文でいえば，とくに制限をつけずにばく然と「若い人

たち（全体）」（＝ young men）をいうのがふつうであって，特定の若者たちをいうのなら the young ones などとなる。

4. この用法の形容詞も，２つを対句的に用いるときは，冠詞を略す。

young and old（老人と若者）　　rich and poor（富者と貧者）

（参考）　**1.** the *idle* rich（何もしない金持たち），the *physically* handicapped（からだの不自由な人たち）のように，形容詞や副詞を伴っている例もある。

　2. the old world and *the new*（＝ the new world）（旧世界と新世界）のような省略を伴ったやや古い言い方もある。ここで扱ったものと混同してはならない。

(2)「**the ＋過去分詞**」は１人の人を意味する場合がある。

the accused（被告）　　　　　the condemned（死刑囚）

the deceased（故人，死者）　　the departed（故人，死者）

（研究）　**1.** これは法律関係の語に多く，型の定まった言い方である。

　2. the dead（死者），the living（生存者）など，「the ＋形容詞」が１人の人をさすのに用いられていることもある。一方，the deceased が複数の意味のこともある。

(3)「**the ＋形容詞**」が，この形容詞に対応する抽象名詞と同等の意味，または，その形容詞の表す性質を備えたものをさす意味，になることがある。

① **The beautiful** can never die.	美はけっして滅ぶはずはない。
② Life is an attack on **the unknown**.	人生とは未知（なるもの）を攻略することである。
③ He resented the intrusion of **the new**.	彼は新しいものの侵入してくることを腹だたしく思った。

補足　ふつう，この言い方は抽象名詞の意味になるといわれているが，次に thing を補って考えるほうがよい。①は beauty（美）ほど抽象性の高い意味ではなくて，ばく然と「美しいもの」ぐらいの意味である。③の文を「新しさ」では，日本語として考えても少々おかしい。これは「new なる性質を備えたもの・ことがら」をさしていっているのである。

《注意》　これと，(1),(2)の用法とは，前後関係で判別するよりない。

（研究）　上例のほか，次のようなものは，比較的よく出てくる。

the good（善）　　　　　　　　the impossible（不可能なこと）

the inevitable（必然的なこと）　the true（真，真実）

(4) 国籍を表す形容詞《つねに大文字で書き始める》の場合

(a) そのまま，その**国語名**を表す名詞として用いる。

English（英語）　　Japanese（日本語）　　Spanish（スペイン語）
German（ドイツ語）French（フランス語），etc.

研究 **1.** これらには the はつけない（ただし p.56，(2)，**研究**2を参照）。しかし，language を加えれば，*the* English *language* のようにいう。

2. たとえば，スイスのように，独，仏語などが話されていて，スイス語というような国語のない場合には，もちろん，上述の用法はない。

(b) 大部分は，そのままで，その国籍を有する人間を意味する。

an American（米国人）　　　　a Chinese（中国人）
two Germans（2人のドイツ人）　two Italians（2人のイタリア人）

研究 **1.** -ese で終わるものは，単数・複数が同形である。

a Japanese（日本人）―― two Japanese

a Portuguese（ポルトガル人）―― two Portuguese

2. -sh, -ch で終わる語は，1人の人間を表すのには用いないで，-man《複数なら-men》を加えるか，または，他の語形を用いる。

English：Englishman（英国人）　French：Frenchman（フランス人）
Danish：Dane（デンマーク人）　Spanish：Spaniard（スペイン人）
Dutch：Dutchman（オランダ人）Swedish：Swede（スウェーデン人）
Scotch, Scottish：Scot, Scotsman（スコットランド人），etc.

ただし，これらの語を形容詞として用いて，次のようにいうことはある。

He is *English*.　　　　│　　彼はイギリス人だ。

(c) -sh, -ch, -ese で終わるものの大部分は the を加えるだけで，その他は「the＋複数形」で，その国民の全体または一部を表す。

the Japanese（日本人[全体]）　　the Americans（米国人[全体]）
the English（英国人[全体]）　　the French（フランス人[全体]）

研究 **1.** この場合の the の用法については，p.56を参照せよ。

2. the English[French] のように，(b)**研究**2にあげたタイプの語では，だいたいその国民全体を表すと考えてよいが，the Japanese などは，日本人全体も，特定の1人《または多数》の日本人もさすことができる。the Americans なども，全体のことも，特定のいく人かの米国人のこともありうる。これらは，前後関係から判断するほかはない。

（参考）the English が，全体ではなく，ある場所[時期]における不特定の数の英国人をいうときもある。その場合は，(the) Englishmen とたいして違わなくなる。

(5) **海洋名**を表す固有形容詞は，後続の Ocean, Sea を略し，しば

しば名詞として用いられる。

the Pacific (Ocean) (太平洋)　　　　the Atlantic (Ocean) (大西洋)
the Mediterranean (Sea)(地中海)

《注意》 海洋名以外でも，the Arctic (Circle) (北極圏)，the Rockies (= the Rocky Mountains) (ロッキー山脈) などのように，名詞化した例もあるが，実用上は，とくに形容詞の名詞化と考える必要もないであろう。

(6)特定の成句をなす場合だけ名詞に用いられるものがある。

at large (詳細に；一般の)　　in general (だいたいにおいて)
in particular (とくに)　　　for good (永久に)，etc.

《注意》 上例のほか，単語としても，a white (白人)，necessaries (必需品) など形容詞に由来するものは多いが，いずれも，(5)の場合と同様に，個々の単語・成句の意味として記憶するほうが実際的である。

§9　注意すべき形容詞

(1)「**nice**〔**fine**〕＋ **and** ＋形容詞」は，しばしば，「nicely〔finely〕＋形容詞」の意味に用いられる。

| The room was **nice and** (= nicely) **warm**. | そのへやは心地よい暖かさであった。 |

《注意》 これは口語的な言い方で，ほかにも，be *good and* tired(とても疲れた)などがある。

(2) **-able**，**-ible** で終わる形容詞は，しばしば，受身の意味《that can be -ed 》を表す。

He is a **respectable** man (=a man that can be respected).	彼はりっぱな(=[人によって] 尊敬されうる)人だ。
The heat is **intolerable** (= cannot be tolerated).	暑さは耐えがたい(=[人によって]がまんされえない)。
He was lost in admiration at the **indescribable** beauty (= beauty that cannot be described).	彼はその何ともいいようのない(=[人によって] 描写されえない)美しさに見とれていた。

　補足　英和辞書には，これらの形容詞に，「～されうる」という直訳の訳語は与えてないのがふつうであるが，そこにあがっている訳語のもとになるものを理解しておくことが必要である。さもないと，「私はとても耐えられない」「私には何と

もいいようがない」《「私」の動作－能動の意味》などを英訳するのに，I を主語にして，上例の形容詞を用いるような誤りを犯すことになる。

研究 1. 上例の形容詞と，次の例の中の太字の形容詞とを比較せよ。

| The man was very **respectful**. | その男は非常に腰が低かった。 |
| He was **intolerant** of laziness. | 彼は怠惰を容赦しなかった。 |

a book **descriptive** of the event（そのできごとを記している本）

これらはいずれも能動の意味《showing respect, not tolerating, describing》である。多少の類例を追加しよう。

- contemptuous（軽べつ的な）
- contemptible（つまらぬ）

- credulous（すぐ[人を]信用する）
- credible（信用でき[されう]る）

- imaginative（想像力にとむ）
- imaginable（想像し[され]うる）

- useful（有用な）
- usable（利用でき[されう]る）

2. 次のように，受身の意味にはならないものもあるから，個々の語について注意することが必要である。

agreeable（感じのよい）	changeable（変わりやすい）
comfortable（気持のよい）	favorable（好都合な，有利な）
possible（可能な）	terrible（恐ろしい），etc.

(3) 叙述用法の場合，① 「人」を主語にはできないもの，あるいは，② 「人」を主語にしなければならないものがある。

① Is it **convenient** to〔for〕you ?	きみはそれで都合がいいですか。
It will be (**im**)**possible** for him to come.	彼は来ることができる〔ない〕だろう。
② He was not **able** to come the next day.	彼はその次の日来ることができなかった。
I am **sorry**〔**glad**〕that he has given up the business.	彼がその仕事をやめたのは残念だ〔喜ばしい〕。

補足 英文和訳上は問題は比較的少ないが，和文英訳のとき，日本文の主語にごまかされて，①で you, he を主語にしたり，②で It is ～の書き出しを用いてはならない。

研究 1. He is *impossible*.といえば，「彼はとてもつき合いきれない」「彼は鼻もちならない」という意味である。

2. むしろ個々の形容詞の用法として記憶すべき事項であるが，上掲のほか，次のような日本文の場合にも注意せよ。

> The trip *was pleasant.* ｜ 旅行は楽しかった。
> I *enjoyed myself.* ｜ 私は楽しかった。
>   cf. He was *pleasant.* ｜ 彼は感じがよかった。
> Sleep *is necessary to* health. ｜ 睡眠は健康に必要である。
> You *need* some sleep. ｜ きみは睡眠が必要である。

この日本文を I was pleasant 〜；You are necessary 〜と訳すのは誤りである。

§10 訳し方に注意すべき場合

(1) 形容詞によっては，名詞に直接かけないで訳すのがよいものがある。

> We lost a **whole** regiment. ｜ 私たちは一個連隊全部を失った。
> They drove the **poor** girl out of the village. ｜ 彼らはかわいそうにその少女を村から追い出した。

研究 そのほか，副詞のように訳すと訳文のまとまることは多い。
in this **particular** case（この場合にかぎって）
wait an **unnecessary** day（不必要に1日待つ）
draw **endless** sketches（次々と果てしもなく写生をする）, etc.

(2) 成句またはそれに準ずるものに含まれる名詞に加えられた形容詞は，副詞のように訳すとよいことが多い。
give a **ready** answer（すぐに答える）
have〔take〕a **good** look at 〜（〜をよく見る）
make **right** use of 〜（〜を正しく利用する）
pay **immediate** attention to 〜（〜に直ちに注意を払う）
take **full** account of 〜（〜を十分に考慮に入れる）

《注意》 抽象名詞についた形容詞は，副詞に訳すとよいことがある。p.32 参照。

(3) 一部の形容詞は，「形容詞＋名詞」を「主語《または目的語》＋動詞」のように訳すと，訳文がまとまることがある。

> He was aware of possible **dangers**. ｜ 彼はいろんな危険があるかもしれないことを知っていた。
> The man groaned, probably without **conscious pain**. ｜ その男は，多分痛みを意識してはいないのだろうが，うめいた。

| He brought around **prospective buyers** to the vacant house. | 彼はそのあき家へ<u>買いそうな人たち</u>を連れて来た。 |
| She took a sort of **comprehensive glance all** around her. | <u>彼女はあたりの様子を一わたり見てとるようにぐるっと見まわした。</u> |

補足 　上例のような訳文は，次のような考え方を経てでき上る。

「可能な〔ありうる〕危険」→「危険がありうること」
「意識した〔意識的な〕苦痛」→「苦痛を意識すること」
「見込みある買い手〔買う人〕」→「買う見込みのある人」
「包括的な〔多くのものを収容する〕まなざし」→「まなざし<u>が</u>(あたりの)多くのものを包含する」→「一目であたりの様子を広く目に入れる」

《注意》 辞書に与えられている訳語をそのまま用いたのでは日本文がすっきりしない場合に，上例のように訳すのであって，そうでないときにまでこのような訳し方をすることは，避けたほうが無難である。

研究 　分詞形容詞の場合には，この訳し方を利用するとよいことが多い。なお，p. 408, (3)も参照せよ。

cf. *intending* settlers（定住<u>するつもりの</u>人たち）〔cf. intend to settle〕
　a few moments of *agonizing* suspense（不安に<u>苦しむ</u>数刻）

参考 　次の例のように，形容詞の意味と名詞の意味がやや矛盾しているような表現のときも，いくぶん説明調に訳さないと，日本文の内容がはっきりしなくなる。

| They talked on in *amiable disagreement*. | 彼らは，意見は一致しないながらも仲よく話し続けた。 |

§ 11　形容詞に準じる語句

名詞のほか，いろいろな語句が名詞の前におかれて形容詞の働きをしていることが多い。

①名詞：road show（ロードショウ〔映画の特別独占興行〕），career woman（職業婦人），custom(s) house（税関），life imprisonment（終身刑），mother country（母国），night watchman（夜警員），その他，例は無数にある。前の名詞が複数のこともある。この2つの名詞の間に形容詞を入れることはない。

② 句　：*round-the-clock* service（24時間営業），a *ten-year-old* boy（10歳の少年），the *behind* (-) *the* (-) *scenes* leader（黒幕的な指導者），a *down to earth* policy（現実的な政策）．

③ 文　：a *do-it-yourself* kit（日曜大工用具セット），the *all's-fair-in-war* tactics（「戦争では手段を選ばない」式の戦法）

②③のタイプは特にアメリカの新聞などに多いようである。

§ 12 数量形容詞

　数量形容詞には，のちに述べる数詞のほかに，次のように，不特定の数または量を表すものがある。

① 数だけを表すもの《可算名詞だけに用いる》

　　many, (a) few, several

② 量だけを表すもの《不可算名詞だけに用いる》

　　much, (a) little

③ 数・量どちらも表すもの

　　all, enough, some, any, no

> |補足| 「数」とは，普通名詞・集合名詞のように，1つ2つと数えられる場合であり「量」とは，そのように数えることはできず，物質名詞・抽象名詞のように，分量・程度などでいう場合であると思えばよい。

《注意》 1. 上掲の語のうち，all, some, any, no は，すでに不定代名詞の項で扱ったので，ここでは省略する。これらの語が数量の観念を表し，その次に名詞を伴うときに，数量形容詞と呼ばれるのである。

　2. 上掲の語は，no 以外は，いずれも形容詞《次に名詞を伴う》用法のほか，単独でも主語などとして用いられる。その場合には形容詞とはいえないわけであるが，ここでは，両用法を一括して扱うことにする。

研究 数量形容詞には次のような特徴がある。

① many, much, few, little 以外は比較級・最上級を作れない。

② a few, a little 以外は，前に不定冠詞をおかない。

③ 上の③に掲げた語の前には，定冠詞・所有格・指示代名詞などもおかない。(p. 64 参照)

§ 13 数量形容詞 —— Many, much の用法

(1) many は複数名詞を伴って多数を，**much** は単数名詞を伴って多量を意味する。

　　many books（多数の本）　　**much** water（大量の水）

　　{ **many** of the boys（その少年たちのうちの多くのもの）
　　{ **much** of his money（彼の金のうちの多くの部分）

研究　**1.** 上例で many of boys, much of money とはいわない。ただし，代名詞ならば，many of us, much of it などといえる。

　2. *the* many boys I met（私が会った多くの少年たち）のように，定冠詞はつくこともある。

　3. 次の表現は many, much よりも多数・多量を表すのに用いる。

　　a great many（非常に多数の）　　a great deal of（非常に大量の）

　　a good many（相当多数の）　　a good deal of（相当多量の）

　　a great〔large〕number of（きわめて多数の）

　　a large quantity of（きわめて大量の）

　なお，a number of には「多数の」「いくらかの」の2つの意味がある。*the* number of ～ならば単に「～の数」の意味である。

　4. a lot of, lots of, plenty of は，数・量のどちらも表し，しばしば many, much に代用される。

参考　**1.** 否定を含まない平叙文では，とくに口語の場合，much は用いられず，上記 3, 4 にあげた言い方が通常用いられる。many についても，質問に対する答えなどの短い文では，同じことが見られ，There are many. とはいわずに a lot などを用いる。しかし，much, many に比較的長い形容語句などがつくとき，および too, so, as などが加わるときは，この規則は当てはまらない。

　2. many の次のような用法は古い。《man も動詞も単数なのに注意》

Many is the man who has thought so.	そう思った（ことのある）人は数多い。

(2) many, much に関する成句的な言い方

(a) many a ～（多数の～）

I have been here **many a** time.	私はいくたびとなくここに来たことがある。

研究　単数名詞を伴うのに注意。もしこれを主語に用いれば動詞も単数形である。これは，古風な，文学的な言い方である。

(b) much of ～：用いられる場所により種々の意味になる。

There is not **much of** it.	それはたくさんはない。《直訳：そのうちの多くは存在しない》
I saw **much of** him in those days.	私はその当時はよく彼に会いました〔彼を見かけました〕。
He is not **much of** a poet.	彼はたいした詩人ではない。
They are **much of** an age.	彼らはほぼ同年配である。

研究 1. see *something* of ～（～に時々会う）, *something of* a poet（まずまずの詩人）などの言い方と比較せよ。

2. 最後の例文の much は副詞, of *an age* の不定冠詞は p.45 参照

3. そのほか, **make much of** ～（～を重要視する, ～をちやほやする, ～を大いに利用する）, **think much of** ～（～をたいしたものと思う, ～を尊重する）, などの成句もある。

(c) as many（同数の）; as much（同量の；それだけ）

To me the five minutes seemed **as many** hours.	私にはその5分間が5時間みたいに思われた。
It will cost you **as much** money.	それも同額の費用がかかるでしょう。
I will give you **as much**.	きみにもそれだけあげよう。
I thought **as much**.	そんなことだと思った。

補足 直訳して「同数〔量〕の」では訳文にならないのがふつう。最初の例では「minutes の数と同数の時間」の意味である。それ以下も,「もう1つのにかかるのと同量」「彼に与えるのと同量」「きみがいったのと同量」など, 前後に明示または暗示されている比較の対象と「同じだけ」の意味を含み, それから上例のような訳文が生まれる。

《注意》 ここに扱ったのは, あとに as を伴わない場合である。as many（～）as, as much（～）as となれば,「～と同数〔量〕の」のほか, 別の用法もある。p.532 を参照せよ。

(d) so many ; so much：用い方によって, 次のように種々の意味になる。

① **So many** people believe it.	非常に多くの人たちがそれを信じている。
② They sell eggs at **so many** for a hundred yen.	卵は100円でいくつで売っている。《不特定の数を表す》
③ Don't worry **so much**.	そんなにくよくよするな。
④ She loved them **so much**.	彼女は彼らを非常に愛していた。
⑤ **So much** for today.	きょうはそれだけ（にする）。《直訳：きょうについてはそれだけの分量》
⑥ He works for **so much** a week.	彼は1週いくら（ということで）で働く。《不特定の量をいう》
⑦ That is **so much** nonsense.	あれはただのたわごとだ。

《注意》　**1.**　③，④の much は明らかに副詞である。

　2.　②，⑥のような例は比較的まれである。

研究　　このほか，not so many〔much〕～ as …（p. 529 参照）や，so ～ that の構文と組み合わさった次のような場合もあるから注意せよ。

| There were **so many** books **that** he could not read them all. | たくさん本があるので，彼には全部は読めなかった。 |

参考　**1.** *So many* countries, *so many* customs.（所変われば品変わる）のように，ことわざなどで対応的に用いることもある。

　2. too many, too much は，数・量が「多すぎる」という意味のほかに，for ～ を伴って「～には手に負えない」の意味もある。その他，This is *too much*.（これはひどすぎる），He's *one too many*.（あいつはじゃまだ）などの用法もある。

(e) like so many；like so much（まるで～のように）

| The boys climbed the tree **like so many** monkeys. | 少年たちはまるでサルのようにその木に登った。 |
| He threw it back to me **like so much** dirt. | 彼はまるでごみみたいにそれを私に投げ返した。 |

《注意》　**1.**　直訳は「同数〔量〕の～のように」である。この場合は，上の(c)の場合の as とはちがって，so を用いるのがふつう。

　2.　訳し方は両方同じだが，可算名詞・不可算名詞に従って使い分ける。

§ 14　数量形容詞 —— A few, few；a little, little の用法

(1) (a) few は少数，**(a) little** は少量を意味する。

　a few, a little は，「少数〔量〕～である」という**肯定**の意味，**few, little** は，「少ししか～ない」「ほとんど～ない」という**否定**の意味，を強く含めて用いる。

He has **a few** good friends.	彼には何人かのよい友人がある。
He has **few** good friends.	彼にはよい友人は少ししかない。
She gave me **a little** trouble.	彼女は私を少してこずらせた。
She gave me **little** trouble.	彼女は私をたいしててこずらせなかった。

研究　**1.**　これらは many, much に対する反意語である。(a) little は不可算名詞についたとき上記の意味になるのであって，*a little* bird（小さな鳥），*little* children（小さな子どもたち）など，可算名詞についた場合と混同して

はならない。

2. a few は，だいたい，3～10 程度の数をいうが，「予想よりも少数」または「多数の中の一部をなす少数」の意味を含んで用いている場合は，数字的にはかなりの数をさしていることがある

3. few, little が主語に用いられているとき，日本語では「～は少ししかない」のように，否定を文末に回すのがよい。

Few people have ever seen it.	それを見たことのある人は少ししか〔ほとんど〕いない。

4. 定冠詞・代名詞がつくこともあるが，little にはめったにつかない。それらがついたときの few, little は a はないが，否定的な意味ではない。

the〔**these, my**〕**few** books （その〔これらの，私の〕少数の本）

5. あとに名詞を伴わずに，単独でも用いられる。

I saw **a few** (of the pictures).	私は(その絵のうち)少数を見た。
He did **little** (of the work).	彼は(その仕事を)ほとんどしなかった。

この場合 of の次の語は，定冠詞・(指示)代名詞などを伴うのがふつうである。

6. few, little を疑問文に用いて，Are there few boys in the room? などとはいわない。このような場合には any を用いる。

(2) (a) few，**(a) little** に関する**成句的**な言い方

(a) $\begin{cases} \textbf{not a few} （相当の数(の)，少なからぬ） \\ \textbf{not a little} （相当の量(の)，少なからぬ） \end{cases}$

He read **not a few** books on the subject.	彼はその問題について少なからぬ〔かなりの数の〕本を読んだ。
It made **not a little** noise.	それは少なからぬ〔相当な〕騒音をたてた。
He was **not a little** pleased.	彼は少なからず喜んだ。

《注意》 **1.** ... *did not* read〔make〕～ではない点に注目せよ。

2. あとに名詞がくれば，*not a* little のかわりに **no little** もよく用いられる。*not a few* のかわりの **no few** はまれである。

3. 最後の例文のように，not a little は副詞的に用いられることも多い。

4. **quite a few, quite a little** は，それぞれ，「相当な数(の)」「相当な量(の)」の意味で用いられる。訳に注意。

5. **but few, but little** は，それぞれ，only a few, only a little を意味

する文語的表現である。

(b) 副詞に用いた **little** を動詞の前においた場合は，**強い否定**になる。

He **little** dreamed (= *Little* did he dream) that it would bring about his ruin.	それが身の破滅を招くことになるだろうとは，彼は夢にも思わなかった。

研究　**1.** このような little が用いられるのは，think, know, expect（予想する）, care（気にかける）およびその類語の場合にかぎられる。

2. know little のように動詞のあとなら，「ほとんど知らない」となる。

§ 15　数量形容詞── **Several** の用法

(1)「いくらか（の）」「数個（の）」「数人（の）」を意味する。

I stayed there for **several** weeks.	私はそこに数週間滞在した。
Several of us decided to walk home.	われわれのうち数名の者は歩いて帰ることにきめた。

《注意》　通常 3 ～ 6 程度の数をさし，some, a few に比べると，いくぶんさしている数が明確な感じである。

(2)「それぞれの」「めいめいの」を意味する。

① They went to their **several** homes.	彼らはそれぞれ自分の家へ行った。
② Each has his **several** ideal.	各人それぞれの理想がある。

研究　**1.** この用法のときは，上例のように，前に代名詞などがつき，また，あとに必ず名詞を伴う。several 単独でこの意味には用いない。

2. ①のように，次に複数の名詞を伴うのがふつうで，②のような場合は少ない。(1)との区別は，前後関係・内容から判断する。

3. そのほか，「さまざまな」「異なった」という意味もある。

§ 16　数量形容詞── **Enough** の用法

(1) 必要な数・量に，過不足なくちょうどたりる程度を意味する。

I had **enough** to eat.	食べるには十分なものがあった。
He did not pay **enough** attention.	彼は十分な注意を払わなかった。

| We have **enough** men and weapons. | われわれには十分な人員と武器がある。 |

研究 名詞にかかる enough は，その前におくのが現在ではふつうである。しかし，後らにおけないわけではない。次の言い方では必ず名詞の次におく。fool に冠詞がないのに注意。fool enough のかわりに enough of a fool でもよい。

| He was fool *enough* to believe it. | 彼はそれを信じるほどばかだった。 |

(参考) 「たくさんだ」「あきあきした」という意味で用いられることがある。

| I've had *enough* of it. | それはもうたくさんだ。 |

(2) 動詞・形容詞にかかる**副詞用法**もある。

| You are not old **enough**. | きみは年齢がたりない。《直訳：十分年をとってない》 |
| The hall was large **enough** to hold them all. | 広間は彼ら全部を収容するだけの〔に十分な〕大きさがあった。 |

《注意》 そのほか副詞にかかる場合もある。形容詞・副詞にかかるときは，必ずそのあとにおかれる。

(3) 「**enough ＋不定詞**」（〜ほど；〜だけ）→不定詞(p. 395)の項を見よ。

§ 17　数　　詞

数詞(Numeral)には，次の2種類があり，形容詞として名詞にかかる用法も，名詞として単独に用いる用法もある。

① 基数詞(Cardinal Numeral)　② 序数詞(Ordinal Numeral)

(参考) そのほか，**倍数詞**《double, threefold, etc.》，**反復数詞**《once, twice, thrice 》，**部分数詞**《分数を表すもの》などを認めている人もある。

(1) 1 〜 99 の数詞の場合

〔基数詞〕	〔序数詞〕	〔基数詞〕	〔序数詞〕
1　one	first	21　twenty-one	twenty-first
2　two	second	32　thirty-two	thirty-second
3　three	third	46　forty-six	forty-sixth
9　nine	ninth	57　fifty-seven	fifty-seventh
14　fourteen	fourteenth	68　sixty-eight	sixty-eighth
15　fifteen	fifteenth	99　ninety-nine	ninety-ninth

補足 基数詞の覚え方については，一応次のルールが役にたとう。

① 1～12には規則はない。② 13～19は thirteen, fifteen 以外は4～9に -teen（8では-een）をつける。③ 20～90では，0で終わる数は-ty《twenty 以外は，13～19の -teen を-ty にすればよい。ただし forty では u が落ちる》，その他はハイフンで1～9の語と結びつける。

　　序数詞は，①1～3は不規則，その他は基数詞に -th を加えればよい。ただし，-ty →-tieth, eight → eighth [eitθ]，nine → ninth（e なし）[nainθ] などに注意。

研究　**1.** 1けたと2けたの数は上例のように，文字で書くのがふつうであるが，新聞などでは10～99に数字を用いることも多い。

2. 序数詞は，1st（= first），2nd（= second），3rd（= third），21st（= twenty-first），46th（= forty-sixth）のように，数字と文字を併用してしるされることもある。しかし，**国王の名**などは，George Ⅲ（ジョージ3世）であって，Ⅲrd などとはしない《George the Third とは書くこともある》。なお ⑸の年号・数式の項を参照。

3. 序数詞の前には，原則として，つねに the がつく。（例）*the* fourth (man)（第4番目〔の男〕）もし不定冠詞を用いて *a* fourth (man) とすれば，最初から数えて4番目にはちがいないが，「次の」「今度の」といった意味が強くなる。

4. **teens** は13～19をさす。その他 **twenties, thirties** など -ty の複数形は「20(年)代《20～29》」「30(年)代《30～39》」を表す。その他の数詞も，成句をなす場合，単なる数だけの意味ではない場合，は複数形をとることがいくらもある。

　　by **twos** and **threes**（三々五々）　　on all **fours**（四つんばいで）

5. 数詞の配列の仕方は他の数量形容詞と同じである（§6, ⑴参照）。ただし，次のように，他の数量形容詞があるときの順序に注意。

　　all the *three* boys　　　　*no two* birds（どんな2羽でも～ない）
　　some twenty girls（およそ20人の少女たち）

6. 基数詞と序数詞を並列するときは意味に注意。
　　the *first three* chapters（〔1冊の本の〕最初の3章）
　　the *three first* chapters（〔3冊の本それぞれの〕最初の3章）

しかし，この区別は厳守されているわけではなく，前者の意味で後者の言い方が用いられていることもある。

7. 次のような場合の first の訳し方に注意せよ。
　　at the *first* opportunity（機会がありしだいに）
　　with the *first* fair wind（順風になりしだいに）

参考　**1.** やや古い英語では，21～99を，one-and-twenty（= 21），two-and-twenty（＝22）などのように，1位の数を先に出した例がよく見られる。

2. 前後関係からわかるときは，数詞だけですませることも多いから注意を要する。

The room is *ten* by *twelve*. ┊ そのへやは（間口）10 フィートの（奥行）
┊　12 フィートだ。

その他，5時，5歳，5インチ，5ドル紙幣，5セントの切手，などの意味で，単に five というようなことも多い。

(2) 100 以上の数詞の場合

〔基数詞〕	〔序数詞〕
100　one〔a〕hundred	one hundredth
105　one〔a〕hundred and five	one hundred and fifth
238　two hundred and thirty-eight	two hundred and thirty-eighth
1,000 one〔a〕thousand	one thousandth
1,012 one〔a〕thousand and twelve	one thousand and twelfth

1,673 ＝ one〔a〕thousand, six hundred and seventy-three

3,851 ＝ three thousand, eight hundred and fifty-one

10,000 ＝ ten thousand

1,000,000 ＝ one〔a〕million

243,614,857 ＝ two hundred and forty-three million(s), six hundred and fourteen thousand, eight hundred and fifty-seven

研究 **1.** 10 位以下の数と **hundred** との間には **and** を入れ《米語では入れないこともある》，million, thousand の次には and を入れない。ただし，1,019 のように 100 位が 0 のときは and を入れる。

2. **hundred, thousand** は，前に 2 以上の数詞がついても，-s はつけないが，million は，-s をつけることも，つけないこともある。しかし，「いく百も」「何千も」という不特定の数の場合は，前者も複数形をとる。

　　hundreds of bees（何百ものみつばち）

　　thousands of people（何千もの人びと）

なお，dozen（ダース），score（20）も，数詞がついた場合は，two **dozen** of these eggs（これらの卵 2 ダース）のように，複数にしないが，「何十も」の意味では，**dozens**〔**scores**〕of eggs のように複数にする。そのほか dozen は，純粋の数詞のように two **dozen** eggs とも用いる。

3. 100 以上の数は，簡単に文字で書けるもの《末尾に 0 が多いもの》を除き，通常は数字で示される。その場合，数字 3 つごとにコンマがはいるのに注意。ただし，番地，電話番号，西暦〜年，を表す数字ではコンマを入れない。

参考 **1.** 4 けたの数《ことに 1,900 まで》は，よく百位を単位にして数えられる。た

とえば上記の 1,673 は，sixteen hundred and seventy-three と読むこともある。

2．million 以上には，billion（《米》10 億，《英》兆），trillion（《米》兆，《英》100 万兆）などの語もあるが，実際にはそれほど必要ではないから省略する。

(3) 倍数の表し方

「〜倍」を表すには，原則として，〜 **times as ... as** を用いる。

| He has *ten* **times** as *many* books **as** I have. | 彼は私の 10 倍の本を持っている。 |
| The bridge is *three* **times as** *long* **as** that one. | その橋はあの橋の 3 倍の長さがあります。 |

補足 as ... as の間には，数が何倍というのか，量が何倍というのか，長さ・速さ・高さなどが何倍というのか，に従って，それに応じた適当な形容詞または副詞を入れなければならない。

《注意》 1．「2 倍」をいうときは，two times のかわりに **twice** を用いる。

| It went up *twice as* high *as* that. | それはあれの 2 倍高く上がった。 |

そのほか **double** も利用できることがある。冠詞の前におく点に注意。

| He asked for *double* the usual fare. | 彼は普通料金の倍額を請求した。 |

なお，double には倍数を表す以外の用法もあるから注意。

そのほか，*as* large *again as* this（これの 2 倍の大きさで〔の〕）のような表現もある。

2．1 倍半は次のように表す。しかし，後者は「半分」（＝ half as much 〔many〕）と誤解されやすいので好ましい言い方ではない。

one and a half times as old as 〜（〜の 1 倍半の年齢で）

half as much〔*many*〕 *again*（1 倍半）

3．倍数を表すには，そのほか，次のような言い方も用いられる。

The new building is *twice the size* of the old one.	新しい建物は古いものの 2 倍の大きさである。
He is *three times your age*.	彼の年齢はきみの 3 倍だ。
This wheel turns *ten times faster* than that.	この車はあれよりも 10 倍速く回る。
That is *tenfold better*.	あれのほうが 10 倍もいい。

しかし，これらを模倣することは，あまりすすめられないように思う。

(4) 分数の表し方

分子には基数詞，分母には序数詞を用い，ハイフンで結ぶときも結

ばないときもある。分子が 2 以上の数ならば，分母の序数詞は複数形
にする。

$\dfrac{1}{3}$　one-third〔a third〕　　$\dfrac{7}{8}$　seven-eighths

$\dfrac{2}{3}$　two-thirds　　　　　　$\dfrac{3}{10}$　three-tenths

研究　**1.** $\dfrac{1}{2}$ は one〔a〕half, $\dfrac{1}{4}$ は one〔a〕quarter というのがふつうである。
したがって，$\dfrac{3}{4}$ は three-quarters となる。

2. half の用法に注意。冠詞の前におくときも，あとにおくときもある。

　　　half an hour；**a half** hour（半時間）《英国では前者がふつう》
　　　half (of) the apple(s)（そのリンゴの半分《単複どちらも可能》）
　　　half as big **as** the animal（その動物の半分の大きさで）《cf.(3)》
　　　half the amount〔price〕（半分の量〔値段〕）

　なお，a half hour, etc. は，イギリスではハイフンを入れて a half-hour とするのが正しいとされている。

参考　帯分数なら，「整数 and」の次に上記の要領で分数の部分を加える。分子・分母とも大きな数なら，どちらも基数詞を用いて，「分子 over 分母」の順に読めばよい。

(5) 年号・数式などの読み方

① **年号**：1998 ＝ nineteen ninety-eight
② **月日**：Feb. 5 ＝ February the fifth
③ **時間**：1 時 20 分＝ twenty minutes past one（**参考** 3 参照）
　　　　　　3 時 50 分＝ ten minutes to four　　　（同 上）
　　　　　　11：15 a.m. ＝ eleven fifteen a.m.〔éiém〕
　　　　　　 8：07 p.m. ＝ eight oh〔ou〕seven p.m.〔píːém〕
　　　　　　20：00　　　＝ twenty hundred
④ **電話番号**：$\begin{cases} 2514 ＝ \text{two-five-one-four} \\ 3036 ＝ \text{three-oh-three-six} \end{cases}$
⑤ **金銭**：＄1.50 ＝ a dollar (and) fifty (cents)
　　　　　　£6 36p ＝ six pounds, thirty-six (pence)
⑥ **その他**：205 号室＝ Room two-oh-five
　　　　　　　41 ℃＝ forty-one degrees centigrade
　　　　　　　－8°F ＝ eight degrees below zero Fahrenheit
　　　　　　　12.345151 …＝twelve point three four five one, five one
　　　　　　　　　　　　recurring
　　　　　　　Chapter 5 ＝ Chapter five

研究 p. 25 = page twenty-five, World War Ⅱ (= Two)など，および上の最後の例のように，数詞があとにおかれた場合は，基数詞で読むのがふつうである《ただし，(1)，**研究**2の George Ⅲ は例外》。数詞を前におけば，the *fifth* chapter, the *Second* World War などのように，序数詞を用いる。

参考 1. 年号は，10位が0のときは，通常 and を入れて読む。《1906 = nineteen hundred and six》また，1000 ～ 1099 年については，thousand を入れて読むことも多い。そのほか，ふつうの数を読むときのような読み方を絶対にしない，というわけではない。なお，year が加われば，in the year 1998 であって，year の次に of を入れることはしない。《ただし，「月」では month が入れば，in the month *of* May という》

2. ②は February five と読むこともある。日付の書き方は，上記のほかに，Feb 5th, 5 Feb., 5th Feb.などもある。書いてある順に読めばよい。また，文の中で書くときは，the fifth of February もよく用いる。

3. ③の時間については，アメリカでは，past のかわりに after, to のかわりに till, of をよく用いる。

4. 温度は，アメリカでは，カ氏を使うことが多いが，最近ではアメリカでもセ氏がしだいに一般化しつつあるようだ。

5. ここに扱った数字の読み方は，実際にはある程度幅があって，上に述べた以外の読み方は絶対にないといったように窮屈に考えないでほしい。

⑦ **数　式：**

$5+6=11$	Five and six is〔are, make, makes〕eleven.
	Five plus six is〔equals〕eleven.

$6-4=2$	Four from six is〔leaves〕two.
	Six minus〔less〕four is〔are, equals〕two.

$6 \times 4=24$	Six times four is〔are, equals〕twenty-four.
	Six multiplied by four is twenty-four.

$20 \div 5=4$	Five into twenty goes four times.
	Twenty divided by five is〔equals〕four.

$9^2=81$	Nine squared is eighty-one.
	The square of nine is eighty-one.

$3^3=27$	Three cubed is twenty-seven.
	The cube of three is twenty-seven.

a^n	the nth power of a

$\sqrt{64}$	the square root of sixty-four

$\sqrt[3]{8}$	the cube〔third〕root of eight

まとめ　17

形容詞：次の２つの用法がある。
　　１．限定用法：名詞に直接つけてそれを修飾する用法
　　２．叙述用法：形容詞だけを，補語などとして単独で用いる用法
　　　大多数の形容詞にはこの２つの用法があるが，例外も少数ある。
Ⅰ　１用法だけの形容詞
　　１．限定用法だけのもの
　　　①物質名詞＋(e)n の形容詞
　　　②-en で終わる分詞形容詞など
　　　③elder, mere, sheer など特定の形容詞
　　２．叙述用法だけのもの
　　　①語頭に a- のついた多数の形容詞（名詞のあとならつけられる）
　　　②ill, content など特定の形容詞
　　３．限定用法と叙述用法で意味の違うものもある。(例) present
Ⅱ　限定用法の形容詞の位置
　　１．単独の形容詞は一般に修飾する名詞の前におく。
　　２．形容詞に付随する語句があるときは名詞のあとにおく。
　　３．その他，次の場合に形容詞を後置することがしばしばある。
　　　(ⅰ)-ible, -able で終わるもの
　　　(ⅱ)「形容詞＋ and ＋形容詞」の場合
　　　(ⅲ)形容詞が一時的な状態を意味する場合
Ⅲ　形容詞と目的語：一般には目的語をとらないが，次の場合に注意
　　１．後続の that 節，whether 節，間接疑問文を目的語とみなせる。
　　　(比較)　be **sure of** it ： be **sure** that ...
　　２．worth は例外的に目的語をとる。(例) be **worth** ten dollars
Ⅳ　形容詞の名詞化
　　the ＋形容詞 ｛①形容詞の意味するような「人びと」　(例) the poor
　　　　　　　　　② 〃 　　 〃 　　　 〃 　「もの」「こと」
Ⅴ　数量形容詞：名詞を修飾する場合，一般の形容詞より前におく。
　　１．《数》many, (a) few, several　２．《量》much, (a) little
　　３．《数・量とも》all, some, any, no, enough

Exercise 17 解答は p.673

(1) 次の日本文に合う英文になるように，(　　)に適する語をa～dから選び，記号で答えなさい。

1．エンジンにどこか悪いところがあるにちがいない。

There must be something (　　) with the engine.

    a. bad　　b. ill　　c. weak　　d. wrong

2．アメリカは18世紀後半に独立を獲得した。

America gained its independence in the (　　) half of the eighteenth century.

    a. last　　b. late　　c. later　　d. latter

3．彼にはその2つの署名の相違点はほとんど認められなかった。

He noticed hardly (　　) difference between the two signatures.

    a. any　　b. little　　c. no　　d. none

4．ハリケーンは私たちの町にはたいして被害を与えなかった。

The hurricane did (　　) damage to our town.

    a. little　　b. minor　　c. scarcely　　d. small

(2) 次の日本文の英訳の誤りを正しなさい。

1．おまえは馬がこわいのか。

Do you afraid of horses ?

2．きみは，彼らがきっと来ると思っているのかね。

Are you sure of that they will come ?

3．彼らはそこに着いたとき，疲れきって腹をすかしていた。

When they got there, they were exhausted and hunger.

4．父は，倒産したその銀行にはたいして預金していなかった。

My father had a little money in the bank that failed.

5．トムにはこの湾を泳ぎ渡ることは不可能だ。

Tom is impossible to swim across this bay.

(3) 次の各組の英文が同じ内容になるように，(　　)に適当な形容詞を入れなさい。

1．$\begin{cases} \text{He knows that the relics are historically important.} \\ \text{He is (　　) of the historical importance of the relics.} \end{cases}$

2. {
Those kind of suggestions are of no particular value to us.
Those kind of suggestions are not particularly (　　) to us.
}

3. {
She said that you never broke your promise.
She said that you were always as (　　) as your word.
}

4. {
We can hardly see the tiny creatures with the naked eye.
The tiny creatures are hardly (　　) to the naked eye.
}

(4) 日本文に合う英文になるように，〔　　〕内の語を並べかえなさい。

1. 湖の深さは100フィートです。

The lake is 〔 one, feet, deep, hundred 〕.

2. 地震のあと，その村で生きている人は1人もなかった。

After the earthquake, there was 〔 a, in, the, man, not, alive, village 〕.

3. 昔の友達と話すうちに，彼は昔のよい時代を思い起こした。

While talking with old friends, he 〔 of, the, was, old, days, good, reminded 〕.

4. あともう2週間で彼女が帰ってくるだろう。

She will 〔 in, be, two, back, more, weeks 〕.

5. 議長の説明のあとで，出席のメンバー全員が彼の提案に賛成した。

After the explanation of the chairman, 〔 to, the, all, his, agreed, present, proposal, members 〕.

6. それはこの問題と取り組むには最高最善の方法だ。

It is 〔 to, way, the, this, best, problem, possible, approach 〕.

(5) 次の各組の英文の(　　)に，a～dから適語を選んで入れなさい。

1. {
A dragon is an (i) creature.
He was an (ii) designer.
}
　　　a. equal　　b. indirect　　c. imaginary　　d. imaginative

2. {
She taught her children to read at the (i) age.
You are likely to get a (ii) reply, if you phone him.
}
　　　a. fast　　b. early　　c. quick　　d. rapid

3. {
The water of the stream is so (i) that you can see tiny pebbles on its bed.
You had better use a (ii) piece of paper for wrapping it.
}
　　　a. cold　　b. clean　　c. clear　　d. cleanly

第**18**章
副　詞

疑問副詞と関係副詞は解説ずみなので，ここでは問
題のありそうな単純副詞について述べることにする。

§1　副詞とは何か，その種類と性質

　副詞(Adverb)とは，場所・時間・様態・程度などを表す語で，動
詞・形容詞・他の副詞・文全体などを修飾《または形容》して，それら
の意味を限定または拡充する働きをするものである。

He *walked* **quickly**.	彼は速く歩いた。〔動詞〕
He is **very** *diligent*.	彼は非常に勤勉だ。〔形容詞〕
She sang **rather** *beautifully*.	彼女はなかなかみごとに歌った。〔副詞〕
Probably they *will understand*.	たぶん彼らはわかってくれることだろう。〔文全体〕

《注意》　1.　副詞には種々の意味の語が含まれているから，ある語が副詞であ
るかどうかは，上の定義によって判断するよりも，ひんぱんに出てくる語につ
いては，これこれは副詞であると覚えておくほうが実際的である。

　2.　副詞の種類：**疑問副詞**(Interrogative Adverb)，**関係副詞**(Relative Ad-
verb)，**単純副詞**(Simple Adverb)があるが，疑問副詞・関係副詞は，それぞ
れ疑問詞，関係詞で扱ったので，ここでは単純副詞だけについて述べる。その
ほか，副詞の種類として**指示副詞**(Demonstrative Adverb)《here, there など》
を認める人もあり，また，意味に従って，時に関する副詞，理由を表す副詞，
などと分類する人もある。

研究　1.　副詞が名詞・句・節を修飾することもある。

Even *a child* can do it.	子どもでさえそれができる。　〔名詞〕
I arrived **just** *at ten o'clock*.	私はちょうど 10 時に着いた。　〔句〕

| He left home, **partly** *because he hated rural life.* | 彼は，ひとつにはいなかの生活がきらいだから，家を出た。　　〔節〕 |

2. 副詞の**性質**は形容詞と共通する点が多いが，次の点でそれと異なる。

① 補語になれない。（補語と副詞の相違については p. 211 参照）

② 少数の例外《even, alone, etc.》を除き，名詞にはかからない(p. 506 ,(6) 参照)。

③ 文中の位置がかなり自由である。

ただし，次のような表現のときには，① の例外が見られる。

| The storm is **over**. | あらしは過ぎた〔終わった〕。 |
| The flower is **out**. | 花が開いた。 |

なお，away, down, in, off, on, up, along；abroad, upstairs などにも，類似の用法がある。

3. 場合によって，他の品詞にいわば臨時に転用されることもある。

till **now**（今まで）　　　from **there**（そこから）　　　by **far**（ずっと）

up train（上り列車），etc.

§ 2　副詞の語形

(1) 時間・場所などに関するものには，本来副詞である語が多いが，様態・程度などの副詞は，「形容詞＋**-ly**」の形をとることが多い。

〔時間〕now（今）　　　then（そのとき）　yesterday（きのう）
〔場所〕here（ここに）　there（そこに）　　underground（地下に）
〔様態〕gaily（陽気に）　purely（純粋に）　beautifully（美しく）
〔程度〕widely（広く）　mainly（おもに）　extremely（極度に）

研究 　**1.** -ly をつけて副詞を作るには，次の点に注意。

① **-y → -ily**：happy → happily（幸福に），busy → busily（忙しく）

② **-le → -ly**：idle → idly（何もせずに），feeble → feebly（力なく）

③ **-ll → -lly**：full → fully（十分に）

④ **-ue → uly**：true → truly（本当に）

ただし，shy → shyly（はにかんで），sole → solely（単に）などのように，少数の例外もある。

2. **-ly** のついた形容詞もあるから，取り違えてはならない。

cleanly [klénli]（きれい好きな）　　　kindly（思いやりのある）
poorly（健康のすぐれない）　　　　　lively [láivli]（活発な）

friendly（親しい）　　　　　　　　lonely（さびしい），etc.

なお，同形の副詞があるものもある。《副詞の cleanly は [klíːnli]》

（参考）[d, t] と発音する -ed をもつ過去分詞に -ly をつけて副詞を作る場合，-ed のすぐ前の母音にアクセントがあれば，-edly を [idli] と読むのが通例である。

assuredly [əʃúəridli]　fixedly [fíksidli]　resignedly [rizáinidli]，etc.

(2) 副詞の中には形容詞と同形のものもあるが，そのおかれている位置によって通常見分けがつく。

He works **hard**.	彼はせっせと働く。　　〔副詞〕
cf. The work is *hard*.	その仕事はきつい。　　〔形容詞〕
He delivers milk **early** in the morning.	彼は朝早く牛乳を配達する。〔副詞〕
cf. He is an *early* riser.	彼は早起きだ。　　　〔形容詞〕

補足　形容詞は不完全動詞の補語に用いられたり名詞の前におかれるのに対し，副詞はそうでないことから，区別ができる。

研究　**1.** fast（速い，速く），long（長い，長く），much（多量の，非常に），straight（まっすぐな〔に〕），doubtless（疑いない〔く〕）なども同様である。

2. 色その他の程度を表す場合には，形容詞をそのまま副詞的に用いるのがつねである。(p. 411, §7 参照)

red hot（まっ赤に焼けた）　*stark* naked（まるはだかの）

dark brown（濃褐色の）　　*pale* blue（薄青色の），etc.

（参考）米語や俗語では，形容詞のままの形を副詞に用いることがある。(§3, (4)参照)

§3　2つの語形をもつ副詞

(1) 2つの語形の意味が全然違うもの

He came back **late**.	彼はおそくにもどって来た。
He has come back **lately**.	彼は最近帰って来た。
They tried **hard** to win.	彼らは懸命に勝とうとした。
They **hardly** tried to win.	彼らはほとんど勝とうとしなかった。

次のような副詞も同類である。

free（無料で）	just（ちょうど）	most（もっとも多く）
freely（遠慮なく）	justly（正しく）	mostly（たいてい）

$\begin{cases} \text{near（近くに）} \\ \text{nearly（ほとんど）} \end{cases}$ $\begin{cases} \text{pretty（相当に）} \\ \text{prettily（きれいに）} \end{cases}$

(2) 文字どおりの意味に用いるときは形容詞と同形，比喩的な意味に用いる場合は **-ly** のつくもの

$\begin{cases} \text{① He jumped } \textbf{high}. \\ \text{② He valued it } \textbf{highly}. \\ \text{③ She buried it } \textbf{deep} \text{ in the} \\ \quad \text{earth.} \\ \text{④ She was } \textbf{deeply} \text{ moved.} \end{cases}$ 　　彼は高くとんだ。
　　彼はそれを高く評価した。
　　彼女はそれを地中深く埋めた。

　　彼女は深く感動した。

| 補足 | ①，③では，何メートルと測ることができる文字どおりの意味で用いられているのに対し，②，④では，物差しでは測れない比喩的な意味に用いているのが相違点。

研究　**1.** 次の副詞の用法もだいたい上記のルールに従うが，例外もある。

$\begin{cases} \text{dear（高く）《金銭的に》} \\ \text{dearly（高価に）《犠牲など》} \end{cases}$ $\begin{cases} \text{low（低く）《高さ》} \\ \text{lowly（へり下って）} \end{cases}$

$\begin{cases} \text{wide（広く）《幅が》} \\ \text{widely（広く，大きく）《相違など》} \end{cases}$

　2. direct(ly) は，「すぐに」「直接」の意味では directly，「まっすぐ（に）」の意味では direct, directly の両方用いる。米語では，directly を「すぐに」の意味に用いることもある。

(3) おかれる位置によって語形が変わる場合

He **rightly** guessed.
He guessed **right**(**ly**).
　　　$\left.\begin{array}{}\\\\\end{array}\right\}$ 彼は正しく推測した〔彼の推測は正しかった〕。

We were **tightly** packed.
We were packed **tight**(**ly**).
　　　$\left.\begin{array}{}\\\\\end{array}\right\}$ 私たちはぎゅう詰めにされた。

研究　**1.** 動詞・過去分詞の前におけば -ly が必要だが，それらのあとにおかれれば，-ly のない形も用いられるのに注目。前者の場合は明らかに副詞と感じられるのに対し，後者は動作の結果，到達する状態《補語の意味》を表すようにも感じられるからである。

　2. wrong, wrongly も同じように用いられる。

(4) 成句的な言い方の場合だけ形容詞と同形の副詞が用いられ，それ以外では **-ly** のつくものを用いる場合

$\begin{cases} \text{He looked me } \textbf{full} \text{ in the face.} \\ \text{He } \textbf{fully} \text{ understood what I said.} \end{cases}$ 　　彼はまともに私の顔を見た。
　　彼は私の話を十分理解した。

{ I followed **close** upon his heels. | 私は彼のすぐあとに続いた。
{ I watched him **closely**. | 私はじっと彼を見守った。

研究 1. そのほか, play fair (正々堂々の勝負をする), stop short (急に止まる), be sound asleep (ぐっすり眠っている) など例は多いが, それぞれ1つの言い方として記憶すべきである。(1), (3)と区別のつきにくいことも少なくない。

2. 口語では, slow (ゆっくりと), quick (速く), cheap (安く) などを -ly のついた副詞のかわりに用いる。このほうが, 力強い言い方にはなるが, -ly のあるほうが教養のある言い方のようである。米語では *real* (= really) nice, *awful* (= awfully) slow のように, 形容詞形のまま副詞に用いる例がよく見られる。

§4 副詞の位置

　文中における副詞の位置はかなり自由であって　個々の場合を細かく述べればぼう大な紙数を要し, かえって基本的な事実を見失うことになる。それだからここでは, だいたいのルールを述べるにとどめた。したがって, 諸種の理由からここにしるす規則を破っている実例も, しばしば見られるであろうが, その場合は, その副詞を何にかけて訳すのが適当かを, その文の内容と前後の関係から判断してほしい。

　一方, 和文英訳では, 次に掲げるルールをできるだけ守るほうが無難である。

(1) 形容詞・副詞にかかる副詞はその前におく。

They fought **very** bravely. | 彼らは非常に勇敢に戦った。
It made him **strangely** ner- | それは彼を妙に落ち着かない気持
vous. | にさせた。

研究 1. ただし, **enough** はそのあとにおかれる。例文は p. 488 参照。

2. 句や節を修飾する副詞の場合も同様にその前におく。例文は §1, **研究** 1 を参照。

(参考) 次のように, あとにおいた例もたまには見られるが, 前置した場合とはいくぶん意味の相違が感じられる。

Their problems were similar | 彼らの問題は, われわれが取り組ん
basically to those which we | でいるものと基本的には類似して
were tackling. | いた。

(2) 様態・程度などを表す副詞が動詞にかかる場合は, ①自動詞な

らばそのあと，② 他動詞ならばその目的語（＋補語）のあとにおくのが
ふつうである。

① He spoke **loud(ly)**.	彼は大声で話した。
She stood up **abruptly**.	彼女はいきなり立ち上がった。
② He speaks English **fluently**.	彼は流ちょうに英語を話す。
I don't like it very **much**.	私はそれをあまり好まない。

研究　**1.** 原則として，他動詞とその目的語の間に副詞を入れることはしな
い。ただ，目的語になる部分が長くて，その末尾に副詞をおいては離れすぎる
ような場合に，やむをえずこの原則が破られることがある。なお，「動詞＋前
置詞」が1つの他動詞として働く場合，副詞を両者の中間に入れることもでき
るが，これは上記の規則に反してはいない。(p. 202,《注意》3 参照)

　　smile **sweetly** at him（にこやかに彼に向かって微笑する）

　　search **busily** for the letter（せかせかとその手紙を捜す）

　2. 様態・程度を表す副詞《とくに -ly のつくもの》は，他動詞の前におか
れることもしばしばある。その場合は，上記の位置におくのに比べ，一般に，
副詞の動詞を修飾する力がいくぶん弱まるようである。

He admitted his error **frankly**.	⎫ 彼は率直に自分の誤りを認め
He **frankly** admitted his error.	⎬ た。
He regretted it **deeply**.	⎫ 彼は深くそれを後悔した。
He **deeply** regretted it.	⎭

　-ly のつく形とつかない形と両方ある副詞（§3. 参照）の場合，-ly のつかな
い形を動詞の前に用いることはしない。

　3. 自動詞でも，往来などの運動を表すものに，場所その他の副詞（句）がつ
いている場合は，様態の副詞を動詞の前におくことも多い。

He came in **quietly**.	⎫ 彼は静かにはいって来た。
He **quietly** came in.	⎭
I went **slowly** up the hill.	⎫ 私はゆっくりと丘を登った。
I **slowly** went up the hill.	⎭

　4. 上記の**研究** 2, 3 の場合の動詞が助動詞を伴っている場合には，助動詞
のあと，中心になる動詞の前，におかれる。もちろん，動詞（＋目的語）のあと
におかれることもある。

She was **obviously** frighten-	彼女は明らかにその物音にびくっ
ed at the sound.	とした。
I have **carefully** examined it.	私は注意深くそれを調べた。

| The quarrel could have been **easily** settled. | そのけんかは簡単に解決できたことだろうに。 |

5. とくに副詞を強めていう場合には，文頭におくこともできる。前出の例文でいえば，*Abruptly* she stood up. ／ *Quietly* he came in. ／ *Carefully* I have examined it.などともいう。

6. 不定詞・動名詞にかかる副詞も上記の場合と同じ位置におかれるが，不定詞では，そのほかに，to の前におかれるときと，分離不定詞を作るとき，とがある。(p.395 参照)

(3) 時・頻度に関する副詞，およびその他の一部の副詞は，通常，動詞の前におく。

He **always** goes to bed at ten.	彼はいつも 10 時に床につく。
She **seldom** writes to me.	彼女はめったに手紙をくれない。
I **soon** found his house.	私はほどなく彼の家を見つけた。

研究　**1.** 動詞が be の場合だけは，そのあとにおく。

| He was **always** cheerful. | 彼はいつも快活だった。 |
| She is **sometimes** here in the afternoon. | 彼女は午後ときどきここに(きて)いる。 |

2. 同じように用いられる副詞には，そのほか次のようなものがある。

already (すでに)	barely (かろうじて)	certainly (確かに)
ever (かつて)	frequently (しばしば)	generally (一般に)
hardly (ほとんど〜ない)	just (ちょうど)	lately (最近)
never (けっして〜ない)	now (今)	often (しばしば)
once (かつて)	probably (たぶん)	rarely (まれに)
recently (最近)	scarcely (ほとんど〜ない)	
still (まだ)	surely (確かに)	usually (通常)

3. 助動詞を伴うときは，助動詞と本動詞の間におき，助動詞が 2 つあるときはその中間におくのがふつうである。

He has **just** returned.	彼は今帰って来たばかりだ。
I can **hardly** understand it.	私はそれをほとんど理解できない。
If anything suspicious had been going on, it would **certainly** have come to my knowledge.	もし何かあやしげなことが行われていたのなら，きっと私にわかったことだろう。

この certainly の位置と (2) **研究**4 の easily の位置とを比較せよ。

4. これらの副詞も，文頭または文末におかれることがある。また，助動詞の前におかれることもある。その場合は，助動詞が強く発音される。

5 時間に関する副詞でも，明確な日時を示すものは，通常，文頭または文末におく。

I saw him **yesterday**.	私はきのう彼に会った。
Today the trial is expected to end.	きょうその裁判は終わるものと予想されている。

6. 否定の意味を含むもの《never, hardly, scarcely, seldom, rarely 》を文頭に移して強調する場合には「助動詞＋主語」の語順転換が必要になる。これは文語的表現である。

Seldom *did* he fail us.	彼が私たちの期待にそむくことはめったになかった。

(4) 場所・方向に関する副詞は，通常，動詞(＋目的語・補語)のあとにおかれるが，時により文頭におかれる場合もある。

He placed the suitcase **there**.	彼はそこに旅行かばんをおいた。
They marched **southward**.	彼らは南へ向かって行進した。

研究 **1.** 場所に関する副詞と，明確な日時を示す副詞が，いっしょに用いられている場合は，つねに場所の副詞を先にする。

He came **here yesterday**.	彼はきのうここへ来た。
She'll arrive **there tonight**.	彼女はそこに今夜着くだろう。

2. away, off, out, up など，前置詞と同形または前置詞に類似する副詞もこれに属する。これらは動詞と結合してしばしば成句を作り，目的語が代名詞ならば，「動詞＋目的語＋ away, etc.」となる。目的語が名詞の場合は，「動詞＋ away, etc.＋目的語」も用いられる。

> **keep it out** (それをしめ出す)
> **keep out** the cold (寒気を防ぐ)

> **fill** it **up** (それを満たす)
> **fill up** the bottle; **fill** the bottle **up** (そのびんを満たす)

なお，*run over* him([車が]彼をひく)のように，前置詞本来の具体的な意味が十分感じられる《彼の上を走る》場合は，上記の規則は当てはまらない。cf. *think* it *over* (それをよく考える)

参考 上記 **研究** 2の場合の副詞が，文字どおりの意味のときは，目的語を間におき，比喩的な意味のときは「動詞＋副詞」のあとにおくのがふつうだという人もある。

$$\begin{cases} \textit{take} \text{ one's brother } \textit{out} \text{ （弟〔兄〕を連れて出る）} \\ \textit{take out} \text{ one's brother } \text{（弟〔兄〕を除外する）} \end{cases}$$

(5) 文全体にかかる副詞は，文頭，または，本動詞の前《be の場合は
そのあと》におかれる。

① **Happily** he did not die.	幸いにして彼は死ななかった。
② **Generally** he made himself agreeable.	だいたいにおいて，彼はあいその よい態度をとった。
③ **Frankly**, this is a grave disappointment.	正直なところ，これにはひどくが っかりした。
④ He **naturally** wanted to know the reason.	彼は当然のことながら，その理由 を知りたがった。
⑤ She was **apparently** satis-fied with the result.	彼女は一見したところ，その結果 に満足していた。

《注意》 (3)で扱った副詞も文全体を修飾する副詞である。

研究 **1.** 文全体にかかる副詞を含む文は，**It is〔was〕＋形容詞＋ that** ～
と書き換えた文と内容的に大差のないことがある。④，⑤の文でいえば，

It was natural that he should want to know the reason.

It was apparent that she was satisfied with the result.

としても，ほぼ同じことである。しかし，いつもこのように書き換えられると
はかぎらない。

2. 文全体にかかる副詞は，文末におかれることもある。そのときは，その
前にコンマを入れることも多い。

3. 文頭におかれたときは，読む場合に，その副詞のあとでちょっとことば
を切ることが多い。また，コンマを入れてそれを示してあることもある。

4. 次の文では，同じ副詞が，語《die, agreeable 》を修飾するのに用いられ
ている。上の例文と比較せよ。

He did not die **happily**.	彼は幸福な死に方をしなかった。
He made himself **generally** (＝ in all ways) agreeable.	彼はすべての点で，あいそのよい 態度をとった。

なお，動詞が be の場合は，この区別が不明りょうになり，前後の内容から
判断しなければならないこともある。

He is **naturally** wild.	彼は生来乱暴だ。《wild を修飾》
	彼は当然ながら乱暴だ。《文修飾》

5. therefore（それだから），accordingly（したがって），consequently（その結果），なども文全体にかかる副詞と見てよいが，上に扱ったものと違って，接続詞的な働きもかねる。文頭(近く)におかれるのがふつうである。

(6) 一部の副詞は名詞・代名詞を修飾することができる。その場合は，その(代)名詞の前またはあとにおく。

Only children do such things.	子どもだけがそんなことをする。
He is **quite** a gentleman.	彼はなかなかの紳士だ。
I'll be here at **precisely** nine o'clock.	私は9時きっかりにここへ来ます。

《注意》　上例は，Children *only*；nine o'clock *precisely* のように，副詞をあとにおいてもよい。

🈐🈎　**1.** このように用いることのできるのは一部の副詞にかぎられる。上例のほか，おもなものは次のようなものである。

alone（〜だけ）	also（また）	else（ほかに）
even（さえ）	exactly（正確に）	just（単に）
not（ない）	too（〜もまた）	

2. alone, too（〜もまた）はつねに修飾する語のあとにおかれる。just, not, quite は「(冠詞＋)修飾する語」の前におく(not の用例は p. 486 参照)。even も，ほとんどつねにそうである。

He **alone** can carry it out.	彼だけがそれを実施できる。
She was **just** an ordinary girl.	彼女はただふつうの娘であった。

3. 場所・時を表す副詞は名詞のあとにおかれることがある。

his return **home**（彼の帰郷），the restaurant **below**〔**downstairs**〕（下〔階下〕のレストラン）; their party **yesterday**（きのうの彼らのパーティ）

（参考）　only は，その修飾する語の前かあとにおくのが論理的には正しいわけであるが，その位置を離れて動詞の前にきていることがしばしばある《only ほどではないが，even も修飾すべき語から離れていることがある》。機械的に考えずに，前後関係に注意して判断しなければならない。

It *only* took me five minutes.	私はそれにたった5分かかっただけだ。
He *only* died a week ago.	彼はほんの1週間前に死んだ。

これらは厳密には only five minutes; only a week となるところである。

(7) 強調その他の理由により，正常の位置以外に移動している場合

もある。

① However **hard** you try, you cannot finish it in a day.	どんなに懸命にやっても，1 日でそれを終わることはできない。
② You do give me a marvelous present **always**.	本当にいつもすばらしい贈り物をくださいますね。
③ **Down** came a pouring rain.	ざあっとどしゃ降りがきた。
④ **Hardly**〔**Scarcely**〕had he heard the sound before 〔when〕he rushed out.	その物音を聞くか聞かないうちに，彼は外へ飛び出した。

研究　**1.** however《および how 》の場合は，必ず上の語順になる。However you try *hard* とはいわない。

　2. ④ は，He had *hardly* heard ～ともいう。③ は，A pouring rain came *down*. となればふつうの語順である。

(**8**) 副詞の位置とその意味

　文中における副詞の位置は，他の品詞に比べて比較的自由であるが，位置が変わると意味も変わる場合がある。

① He **kindly** offered me a ride.	彼は私にお乗りになりませんかといった。
② She spoke **kindly** to the children.	彼女は子どもたちにやさしく話しかけた。
③ **Really** they work during the term.	実際，彼らは学期中勉強をする。
④ They **really** work during the term.	彼らは学期中本当に勉強する。
⑤ They can't **possibly** leave now.	彼らはとても今出発はできない。
⑥ They **possibly** can't leave now.	彼らはおそらく，今出発することはできない。

研究　**1.** ① の kindly は，Will you *kindly*（＝ please）close the door ?（ドアをしめてくださいませんか）の kindly と同じ。儀礼的な用法で，② の kindly とは意味が違う。③ の really は「実際のところ」「事実なのだが」といった意味。④ では work を強めていて「一所懸命に」の意味である。⑤ のように can't, couldn't に続く possibly は強調の働きをするが，⑥ のような語順であれば，通常の「おそらく」の意味になる，という。

2. 文頭にコンマを伴って用いられている副詞は，後続の文とはある程度分離したものである。ふつうの訳し方では日本文のまとまりが悪いことがある。

① **Seriously**, does he believe it ?	まじめな話だが，彼はそれを信じているのか。
② **Frankly**, I can do nothing about it.	正直いって，その件で私には何もできない。
③**Regrettably**, he refused to make a speech.	残念ながら，彼はスピーチを断った。
④ **Bitterly**, they buried their mother.	つらい思いで彼らは母を埋葬した。
⑤ **Predictably**, the children are enjoying the game.	予想どおり子どもたちはそのゲームを楽しんでいる。

　①～③は，その次に述べることについての話し手の気持を最初にいっているもの。④は話し手ではなくて they の心情をまずしるしている。⑤のような -ably で終わる副詞を文頭におく言い方は，近ごろはよく見かける。ほかに arguably（ほぼまちがいなく），preferably（なるべくなら），presumably（おそらく），understandably（もっともなことだが）などもしばしば同様に使われている。

（**参考**）②の kindly で見られるように，一部の副詞は，動詞よりあとにおかれた場合，強調語としてではなくて，本来の意味で使われる傾向があるように思われる。
　They *violently* attacked him.（彼らは彼を激しく責めたてた）の文で，violently を文末に移すと「暴力的に襲った（＝彼をなぐった）」と解釈されるという。また，He *completely* denied it. の completely は「強く（strongly）」に近いが，これを文末に移せば「何もかも（残らず）」の意味になるという。

§5　注意すべき副詞(1)──諾否・程度・頻度に関するもの

(1) Yes, No
自分の返事が否定を含むときは **No**，含まなければ **Yes** を用いる。

① "Don't you come ?" "**Yes**, I do."	「来ないんですか」「いいえ，行きます」
〔"**No**, I don't."〕	〔「ええ，行きません」〕
② "Is he in ?" "**No**; he is out."	「在宅ですか」「いいえ，留守です」

補足　質問の文句に否定《not》が含まれていない場合は，Yes, No は日本語の「はい」「いいえ」と同じ使い方になるから問題はない(②を参照)が，①のよう

に，質問に否定が含まれている場合に少々問題が起こる。つまり，日本語では，「～ないか」という質問をすなおに受け入れて「～しない」というときは「ええ」，質問の内容に逆らって「～する」と答えるときは「いいえ」となるが，英語では，相手の質問とは無関係に自分の答えの中に not が含まれなければ Yes，含まれれば No を用いるのである。この点では，②の文も例外ではない。これは，"*No*, he is *not*; he is out." のうち，質問に対する直接の答えである he is not が省略されたものだからである。要するに，**質問に not があれば，Yes, No は日本語と逆になる**と覚えておけばよい。

研究　**1.** Yes, No には次のような用法もある。

①相手の述べたことばに同意を示す場合。そのことばに否定が含まれていれば No，含まれていなければ Yes を用いる。

"That's a nice dog." **"Yes."**	「あれはいい犬だね」「うん」
"He's **no** fool." **"No."**	「彼はばかじゃない」「うん」

この場合，"Yes?" "No?" とあれば，「そうですか」の意味である。

②"Yes?" が相手をうながすのに用いられることがある。「それで？」「それから(どうしましたか)？」「(ご用は)何でしょうか」などと，訳せばよい。

③Yes はそのほか，自分のいうことを強調したり，相手に念を押す意味で用いられることがある。また，No は，「まさか」「まあいやだ」などの意味で用いることがある。これらは，かなり間投詞に近い用法である。

2. 出席をとる場合，返事の「はい」は Yes. ではなく，"Here." または "Present." である。しかし，「給仕さん！」「はい」のように，用件で呼ばれたときの「はい」は "*Yes*, sir !" である。

(2) Very, much, too

very, much はともに程度の高いことをいうが，**very は形容詞・副詞・分詞形容詞に用い，much は動詞を修飾する**のに用いる。

too は程度の高さだけではなく，過度であることを意味し，(分詞)形容詞・副詞だけを修飾する。動詞は修飾しない。

The trip was **very** pleasant.	その旅行はとても楽しかった。
It is a **very** exciting story.	まったく手に汗をにぎる話だ。
They were very **much** excited.	彼らは非常に興奮した。
He suffered **much** from that.	彼はそのために非常に悩んだ。
You arrived **too** late.	きみは到着がおそすぎた。

《注意》　**1.** too ～ to ... の構文は p. 396 を参照。なお，too ＝「～もまた」の場合は，上記のことは当てはまらない。

2. 「be ｜-ing」が進行形の場合，または -ing が動名詞のときは，もちろん動

詞だから very は使えない。なお，比較級の場合は p. 535，最上級は p. 547 を参照。

（研究）　**1.**「be ＋過去分詞」の過去分詞が純粋の動詞なのか《much を用いる》，分詞形容詞なのか《very を用いる》は，区別しにくい場合もあるが，感情などに関係ある語《delighted, disappointed, pleased, surprised, etc.》では，very が用いられるようになってきている。

2. 形式ばった文の場合を除き，much は否定文・疑問文で用いられ，肯定の文では一般に用いられなくなっている。つまり，I like it **much**. とはいわず，much のかわりに a lot などを使う。名詞の much の場合も同じで，*much* snow ではなくて，a lot〔lots, plenty〕of snow のようにいう。これは much 単独の場合で，very much など修飾語がつけば上記のことは当てはまらない。《なお，many についても同様の傾向が見られ，far も walk far とはあまりいわず walk *a long way* がふつうである》

3. too のついたものを強めるには much を用いる。

| It came about **much too** soon. | それはあまりにも早く起こりすぎた。 |

4. not too ～; **none too** ～は not very とほぼ同じ意味で，おもに米語で用いる。

| It is **not too** warm today. | きょうはあまり暖かくないね。 |

実質上，これは rather cold（少々寒い）と同じである。

（参考）　different は純然たる形容詞だが，強める場合 *much* different ともいう。

（3）**Hardly, scarcely, seldom**

hardly, scarcely はどちらも通常「ほとんど～ない」と訳し，程度がきわめてわずかであることを表す。**seldom** は「めったに～ない」の意味で，頻度がごく少ないことをいうのに用いる。

| I was **hardly**〔**scarcely**〕able to rise to my feet. | ほとんど立ち上がることができなかった〔できないくらいだった〕。 |
| He **seldom** goes to church. | 彼はめったに教会へ行かない。 |

（研究）　**1.** これらは完全な否定ではないが，かなりそれに近いため，たとえば，

| **Hardly anybody** can answer it. | ほとんどだれもそれに答えることができない。 |

のように，somebody ではなく anybody を用い，準否定語の扱いになる。

2. **hardly ever** は seldom とほぼ同じ意味で用いられる。

3. これらの語を用いたうえに no, not を重ねて用いてはならない。

4. **rarely, barely** も同じような訳し方をしてよいことが多い。

(参考)　これらの副詞をいつも上記のように訳したのでは，訳文の内容がおかしくなる場合もある。そのときは「かろうじて」「わずかに」「まれに」という基本の意味に帰って考えるべきである。次の文を「ほとんど間にあわなかった」では意味が通じまい。

He *scarcely* caught the train.　│　彼はかろうじて列車に間にあった。

(4) Almost, nearly

どちらも「ほとんど」「もう少しで」とふつう訳され，多くの場合，意味上たいして差はない。

It is **almost**〔**nearly**〕ten o'clock.　│　もうかれこれ10時になる。

(研究)　**1**. almost のほうが，よりいっそう目標《上例でいえば10時》に近いことを意味する，という人もある。また，人により，almost は10時少し前またはあと，nearly は10時より少し前を意味する，ともいう。

2. 米語では no, not など否定語を almost といっしょに用いることがあるが，英国では，その場合に hardly, scarcely を用いるのがつねである。

3. 次のような用法・訳し方に注意。

I **nearly** ran over the dog.　│　もう少しで犬をひくところだった。

I **almost** wish I had taken your advice.　│　きみの忠告に従えばよかったと思うくらい〔ほど〕です。

前者では almost を用いることもある。後者のように，気持・感情をいう動詞・形容詞といっしょの場合は，nearly は用いない。また *almost* nobody〔any time〕などはよいが，この almost を nearly にかえることはできない。

(5) Quite, rather

quite には，「すっかり」「まったく」と「なかなか」「相当に」の意味とがある。**rather** にも次に続く形容詞の意味を，① やや強める用法，② やや弱める用法，の２つがあり，quite よりやや意味が強いといわれるが，「かなり」「だいぶ」などと訳せばよいだろう。

The theater was **quite** full last night.　│　昨晩劇場はすっかり〔かなり〕満員だった。

This room is **rather** warm.　│　この部屋はかなり暖かい。

(研究)　**1**. quiteは，それが修飾する形容詞の意味の中にいろいろな段階が含まれている場合《たとえば，dark（暗い）は真っ暗から物の形などがわかる程度の暗さまでを含む》には，上記の２つの意味のどちらなのか，前後関係など

で判断するよりない。だが，perfect, impossible, alone, finished のような段階を含まないもの《たとえば perfect（完璧な）は唯一最高の状態だけ》の前に用いれば「まったく」の意味である。

2. rather は，*rather small apples*（だいぶ小さなリンゴ）などでは small の程度をやや強めるが，The effect was *rather* amazing.（その効果は驚くべきものだった）のように，後続の形容詞が意味の強いもの《amazing は surprising よりかなり強い》であれば，それをやや弱める働きをする。rather amazing は amazing よりは弱く，rather good はただの good よりも「よさ」が劣る。

3. rather は，後続の形容詞の意味する状態を，話し手が好ましく思っていない場合に用いられることが多い。上の例文の *rather* warm は「暖かすぎる」ということにもなる。She is *rather* tall.なら「背が高すぎる」という含みになる。好ましく思っている場合は rather ではなくて fairly を用いる。なお，この用法はおもにイギリス英語の場合にかぎるようである。

4. rather は比較級といっしょにも用いる。quite は quite better 以外は比較級と併用しない。

5. これらの語と冠詞の配列順序については，p.61 を参照。

6. rather は would〔had〕rather ～ than ...（p.394 参照），rather than などの成句も作る。次の例文の than の次の動詞の語形と訳し方に注意。

He made a mistake **rather than** acted dishonestly.	彼は不正直な行動をしたのではなくて，むしろ過失をしたのだ。
He suffered death **rather than** betray us.	彼は私たちを裏切るようなことをするよりはむしろ死を選んだ。

§ 6　注意すべき副詞(2)——時に関するもの

(1) Ago, before

時間に関する語句のあとにこれらの語を用いた場合，**ago** は現在を基準にして，「～以前」を意味し，**before** は過去のある時を基準にして，「（その時より）～以前」を意味する。

① He left a moment〔a week〕**ago**.	彼はちょっと〔1週間〕前に出かけた。
② When I came back, I found that he had left a week **before**.	帰ってきて，私は彼が1週間前に出かけたことを知った。

補足 ① では, この文を述べている時《現在》が基準。② では, 私が帰ってきた時《過去》が基準で, その時から 1 週間前の意味。

《注意》 話法の転換の場合の ago ⇄ before(p. 456)を参照せよ。この書き換えが必要であるのも, 上記の理由によるのである。

研究 **1.** ago は単独で副詞には用いないが, before, since はいくらも用いられる。その場合の before は, 現在を基準にして「以前に」を意味するのにも用い, また, 前置詞・接続詞にも用いる。

I have seen them **before**.　│　私は以前に彼らを見たことがある。

2. since を ago, before と同意に用いることもあるが, 過去の動作の現在における結果の意味を含んで, 現在完了を伴う。

This type of rifle has **long since** been out of use.　│　この型のライフル銃はとうの昔に用いられなくなった。

It has **since** been cut down.　│　それはその後切り倒された。

そのほか, 少々古いように思うが, twenty years *since* (＝ ago)のような用法もある。これは明確な過去の時を表すから, 現在完了には用いない。なお, 「～以来」の意味の前置詞・接続詞としての用法と混同しないこと。

(2) Yet, still, already

(a) yet は, 基本的には「今までのところ(では)」の意味で, 完了の意味を含み, 通常, 疑問文・否定文に用いる。疑問文ではふつう「もう」, 否定文なら「まだ」と訳せばよい。

Are you ready **yet** ?　│　もう用意ができましたか。

He has not finished it **yet**.　│　まだ彼はそれを終わっていない。

研究 **1.** この語の意味の上から, 状態を表す動詞または進行形以外の場合は, ふつう完了形といっしょに用いるが, 米口語では動詞が過去形のこともある。また, 文末におくことが多い。完了形を伴わない例をあげておく。

They can't locate him **yet**.　│　彼のいどころはまだつかめない。

2. 肯定文に用いて,「今に」の意味になることがある。

They laugh at his labor, but he will surprise them **yet**.　│　彼らは彼の努力を笑うが, 今に彼らを驚かせるだろう。

3. 現在時制・過去時制の, 疑問または疑問でない肯定文に, yet ＝ still(まだ)の意味で用いることもある。

4. そのほか,「さらに」(p. 535)「しかし」(p. 582)などの用法もある。また, **and yet**(それでも), **as yet**(まだ)などの成句にも注意。

(b) still はおもに肯定文に用い，「ある時期までずっと」という継続の意味を含む。「まだ」「今でも」と訳せばよい。

He is **still** working.	彼はまだ仕事をしている。
Were you **still** in bed when they called for you?	彼らが呼びに来たとき，きみはまだ寝床の中にいましたか。

研究　**1.** 否定文に用いられることは，比較的まれであるが，もし用いてあれば「もう」と訳せばよい。yet と違って，still はふつう文中におく。

He is not **still** working.	彼はもう働いてはいない。《直訳：まだ仕事をしているわけではない》

2. 「それでも」の意味もある。また，p. 535 の用法も参照。「静かな」「じっとして」の意味の still は形容詞である。

(c) already は肯定文に用い，「もう」「すでに」を意味する。

I have **already** read through the book.	私はもうその本を通読してしまいました。

研究　**1.** 疑問文に用いた already は，yet を用いた場合と違って，動作の早く終わったことに対する驚きなどの感情を含むのがふつうである。

Have you finished it **already**?	もうすませてしまったのかい。

2. 否定文では，already を用いないで，yet がこれに代わる。ただし，if 〜 not の中では，yet を用いることもできるが，already も可能である。

I'll take you to see the film if you have **not** seen it **already**〔**yet**〕.	もしまだきみが見ていないなら，その映画を見に連れて行ってやろう。

3. 否定疑問文に用いることはある。

Have**n't** you seen him **already**?	もう彼に会ったんじゃないのか。

(3) Once, ever

(a) once には「一度」と「以前に」「かつて」の意味がある。後者の意味は，肯定の平叙文だけに用いる。

I have read it **once**.	一度それを読んだことがある。
I **once** went there with him.	私はかつて彼とそこへ行った。

研究　**1.** 「一度」の意味のときは通常文末に，「かつて」の意味のときは，通常，動詞の前におかれる。

2. 「一度」の意味の once は，not を伴って「ただの一度もない」を意味することができる。この場合は語順を転換するのがふつうである。

Not once has he kept his promise.	彼はただの一度も約束を守ったことがない。

3. once を含む成句では，次のようなものがよく用いられる。

at **once**（すぐに；一度に）　　　all at **once**（突然に；同時に）

once in a while（時たま）　　　**once** more（もう一度）

once（and）for all（きっぱりと）　for **once**（一度だけ）

(b) ever は，否定を含む文・疑問文・条件《if ～》を表す文句・比較構文，の中で once のかわりに用い，「かつて」「今までに」の意味を表す。

No one has **ever** seen it.	だれもそれを見たことはない。
Have you **ever** read it ?	それを読んだことがありますか。
If you（should）**ever** find it, please let me know.	もしそれを見つけるようなことがあったら，お知らせください。
It is the best book I have **ever** read〔I **ever** read〕.	それは私が今まで読んだうちのいちばんよい本だ。

研究　**1.** ever は「過去のあるときからずっと」がもとの意味で，それから，上記のようにも，また次のようにも用いる。

ever since（それ以来ずっと）　　　**ever** after（その後ずっと）

as kind as **ever**（相変わらず親切で）

harder than **ever**（今まで以上に〔ますます〕困難で）

2. 意味を強めるのに用いられることもある。上例の ever にも，多少ともその働きが感じられる。疑問詞のあとに用いられた ever は，話し手の強い関心や困惑を表す。

Who **ever** can it be ?	いったいだれだろう。
He is a statesman, if **ever** there was one.	（政治家というものがいるとすれば）彼こそ本当の政治家だ。

参考　**1.** 改まった文体では，ever が always と同じ意味で用いられていることがある。

2. ever が本来あるべき場所より前におかれていることがある。I don't *ever* remember seeing her.（私は彼女に会った覚えがない）では，ever は seeing の前におくほうが文法にかなう。

§7　注意すべき副詞(3)——場所に関するもの

Here, there

文中または文末に用いられたときは，単に「ここに〔で〕」「そこに〔で〕」を意味するが，文頭におかれた場合は，それとは多少とも離れた意味を含んでいるのがふつうである。

① **Here** is the book you are looking for.
　はい(これが)あなたの捜していらっしゃる本です。

② **There** were some of my friends **there**.
　そこには私の友人が何人かいました。

> 補足　①は，問題の本を相手に手渡しながらいうような場合の言い方である。もし，The book ... for is here.と here を末尾へおけば，単に「…の本がここにある」という事実を述べるだけになる。②では，末尾の there は「そこに」という場所をいうが，文頭の there は導入の文句として用いられるもので，それ自体にはほとんど意味はなく，[ðə]と弱く発音される。

研究　**1.**　名詞のあとにおかれて，その名詞を修飾することもある。

these boys **here**（ここにいるこれらの少年）

that man **there**（あそこにいるあの男）

これを these *here* boys, that *there* man などというのは，きわめて無教養な言い方である。

2.　There is ～ の構文は，聞き手がまだ知らないものについて，その存在をいうのに，いつも用いられるものである。真の主語になるもの《上例②では some (of my friends)》は動詞のあとに通常おかれる。この真の主語が複数の場合は There are ～ とするのが原則であるが，その場合でも単数形の is を用いてある例も時おり見られる。訳すには，真主語のあとにくる，場所を示す語句《②では there 》から始めて，「～に…がいる」とするのがよい。

3.　次の2つの文を比較せよ。

　There is **a** boy at the door.　ドアのところに少年が1人いる。
　The boy is at the door.　その少年はドアのところにいる。

あとの例文では the が用いてあり，聞き手にどの少年かわかっているから，上のようにいえるが，前の文のように，特定の少年でない場合は，There is で始めるのがふつうで，A boy is at the door. ということはまれである。

4.　日本語の「人間には足が2本ある」「彼には両親がある」などの「ある」は，所属関係をいうのであって，単なる存在をいうのではないから，there is

では訳せない。have〔has〕を用いなければならない。しかし，どちらにも解釈でき，したがってどちらの言い方でも訳せるものもある。

5. There is に準じた，次のような言い方もしばしば見られる。

① **There seems** (to be) some difference between them.	それらの間にはいくらか相違があるようである。
② **There came** a terrible storm.	ひどいあらしがやってきた。
③ I don't want **there to be** any trouble.	私は何もめんどうなことが起こらないことを望む。

③は p. 213，(2)の構文を参照。なお，**there being 〜** の分詞構文も可能。

6. here, there を名詞扱いして前置詞をつけることもある。訳文では，この前置詞を訳し出すことが困難な場合も少なくない。なお⦅参考⦆2参照。

He is working **in here**.	彼は(中の)ここで働いている。
She was standing **up there**.	彼女は(上の)あそこに立っていた。

⦅参考⦆ **1.** 次のような表現もしばしば見られる。訳し方は，前後関係により，必ずしも一定してはいない。

Here you are！(やあ，お着きになりましたね；はい，これです《手渡す時》)

Here we go！(さあ出かけるぞ) cf. *Here* goes.(それ行くぞ，さあ始めるぞ)

Here we are！(さあ，着いたぞ)《「ああここにある」「(われわれは)ごらんのとおりだ」などの意味のこともある》

Here he comes！(それ，彼が来たぞ)

There you are！(さあこれです；そうれこれでよし；そうらこのとおりだ)

There it is！(そうれこれだ；ごらんのとおりのありさまだ)

cf. *There*'s your knife, the way I promised.

(約束どおり，そら，おまえのナイフだよ)

There's a good boy！(いい子だね)

There's a woman for you！(〔あれは〕りっぱな女だ)

That's all *there* is to it.(それだけのことさ)

そのほか there は，子どもなどをたしなめる場合《There, there！(これ，これ)》や，呼びかけ《Hi, there！(よう〔そこの人〕)!》などにも用いる。

2. ⦅研究⦆6の in などを，辞書ではふつう前置詞と見ているので，そのように扱ったが，むしろこれも副詞で，here, there など，いっそう限定された場所をさす前に，もっと大ざっぱに方向・位置などを示すものとして加える，と考えるのが至当のように思われる。cf. *out* there(〔そとの〕あそこで)，*down* there(〔下のほうの〕あそこで)，*over* here(〔こちらの〕ここで)，*over* there(〔向うの〕あそこで)，etc.

§8 その他注意すべき副詞

(1) So

(a) 形容詞・副詞の前について，「それほど」《おもに否定文・疑問文の場合》，「非常に」「とても」《おもに肯定文の場合》を意味する。

He is not **so** clever.	彼はそれほどりこうではない。
She was **so** kind.	彼女はとても親切だった。

(参考) 口語的表現では，I love you *so*. (きみをとても愛している) のように動詞を直接修飾する用法もある。

(b)「そのように」《前に出ている語句や事情をさして》を意味する。

I am afraid **so**.	そうではないかと思います。
I have been **so** informed.	私はそのように聞いています。

研究 **1.** あとの例文が informed so ではないのに注意。この so は過去分詞の前によくおかれる。また，代動詞の do と結合して，do so《〔前に述べた動作をさして〕そうする》の形でもよく用いられる。

2.「so ＋助動詞(*or* be)＋主語」と「so ＋主語＋助動詞(*or* be)」の意味の差異に注意。前者は also の意味を含み，後者は同意を表す。

You are young and **so am I**.	きみは若いし，私もそうだ。
"We worked hard." "**So we did**."	「せっせと働いたな」「そうだな」

3. so を含むおもな成句

and so on〔forth〕(～など) **so to speak**(いわば)

〔a week〕or so(〔1週間〕かそこら) **even so**(そのとおり；それでも)

そのほか，so ～ as to ... (p. 397), so as to ～ (p. 381) ; not so ～ as ... (p. 529) ; so ～ that, so that ～ (p. 594) ; so far as ～ (p. 599) なども参照。

4. 以上のほかに，「だから」「それじゃ」など接続詞的にも用いる。

(2) Now

「今」のほかに，「さあ」「ところで」などの意味で用いる。

Now listen to me.	さあ私のいうことを聞きなさい。
Now what do you mean by that ?	ところでそれはどういう意味だ。

研究 過去の話の中では，now が then の意味に用いられることがある。ま

た，now (that)が接続詞に用いられるときもある。

(3) Certainly, surely

He has **certainly** been in that house sometime.	いつごろだったか，彼は確かにあの家にいたことがある。
Surely no one will doubt it.	まさかだれもそれを疑いはしないだろう。
Surely these people knew it.	きっとこの人たちはそれを知っていたのだ。

certainly(確かに)は，明確な事実として知っている，という含み。It is certain that...と書き換えることも可能。surely は certainly と同じ意味に使われることはまれで，話し手自身が信じ(たいと思っ)ている，という含みがある。この意味の場合，文頭または主語の次におかれるのがふつうで，相手の確認を求めるような場合によく用いられる。not があれば「まさか」，not がなければ「きっと」「本当に」などが訳語になる。

§9 訳し方に注意すべき場合

形容詞から作られた副詞の場合は比較的単純で，たいてい，「〜に」「〜(し)く」と訳してすむが，動詞と関連のある副詞は，訳し方に注意しなければならないときがある。

(1)「〜ほど〔くらい〕に」「〜の態度で」などと，多少補って訳すと訳文がまとまる場合

He was **visibly** irritated.	彼はそれと(見て)わかるほどにいらだっていた。
She was very slender and **ridiculously** young.	彼女はとてもほっそりしていて，おかしくなるくらい若かった。
He stared **reflectively** into the fire.	彼は何か物思いにふけるような態度で火をじっと見つめていた。

(2)「動詞＋副詞」を「形容詞＋名詞＋動詞」のように訳す場合

You **guessed wrong**.	きみはまちがった推測をした〔推測をまちがえた〕。
I **dreamed horribly**.	私は恐ろしい夢を見た。《直訳：恐ろしく夢見た》
He **spoke truly**.	彼は本当のことをいった。

（3）動詞に関連のある副詞《とくに過去分詞から作られたもの》が文全体の副詞に用いられていて，もとの動詞に還元するようにして訳すとよい場合

He was **supposedly** backed up by them.	彼は彼らの支援を受けていると推測されていた。
They should **preferably** be left as they are.	それらはそのままにしておくほうが望ましい。
Many of these portraits are **admittedly** great works of art.	これらの肖像画の多くは偉大な芸術作品と認められている。

補足　直訳に近くいえば，それぞれ，「推測されるところでは」「好ましくは」「認められているところでは」である。

研究　上例は次のようにいうのと実質的に同じことである。cf. p. 505
It was supposed that he was backed up by them.
It is preferable that they should be left as they are.

（4）結果を表す文句のように訳すとよい場合

He **vainly** tried to cut the rope.	彼はその綱を切ろうとしたがだめだった。《直訳：むなしく～した》
He **unsuccessfully** led his army against the fort.	彼は軍をひきいてその要塞を攻めたが，不成功であった。
It may be **safely** said that health is everything.	健康が何よりも大切であるといってさしつかえないだろう。

補足　「不成功で導いた」「安全にいわれうる」が「導いて不成功」「いって安全」となり，さらに上例の訳のようになる。直訳では日本文がまとまりにくいときの１つの訳し方である。

（5）婉曲に否定の意味を含む場合

It **ill** becomes you to do such a thing.	そんなことをするのはきみに似つかわしくない。
He addressed us like a patriot, but his real intention was **thinly** veiled.	彼は私たちに向かい愛国者のような演説をしたが，真の意図は十分隠しきれてはいなかった。

補足　「薄くおおわれていた」とは，逆にいえば，「（おおいが薄いから）十分隠されていない」「一部分がすけて見える」ということ。

まとめ 18

副詞：おもに動詞・形容詞・他の副詞，時には文全体を修飾する。

Ⅰ 副詞の語形

  1．様態・程度をいう副詞は，形容詞＋ly のことが多い。

  2．時間・場所の副詞はもともとからの副詞がふつう。

  3．形容詞と同形のものもある。(例 much, fast, early, etc.)

  4．語形が2つあって，意味の違うものがある。(例 near：nearly)

Ⅱ 副詞の位置 かなり自由である。下記のルールは一応の基準。

一般の副詞	動詞(＋目的語)のあと；時にはその前
時・頻度の副詞	動詞の前(often, always など)
文全体の副詞	文頭，または，主語(＋助動詞)のあと

その他，①形容詞・副詞を修飾する副詞はそれらの前におく。

        ②強調のために文頭におくこともある。

        ③明確な日時をいう副詞(today, etc.)は文頭か文末におく。

Ⅲ よく使われる副詞についての注意点

yes, no：否定の疑問文に答えるときに，使い方を注意。

much：動詞・過去分詞を修飾するが，much を単独で肯定の平叙
文に使うことはしなくなっている。very much なら可。

almost, nearly：否定を含む文では nearly は使えない。almost
nothing はよいが，ここに nearly は不可。

quite, rather：2つの意味のどっちなのか，文脈で判断すること
が必要。

ago, before：基準になる時を考えて使い分ける。

yet, still：ふつう yet は「(今までのところでは)まだ」で，疑問
文・否定文に用い，完了形を伴う。still は「(今まで続いてい
て)まだ」で，おもに肯定の平叙文で用いる。

once, ever：once は肯定の平叙文で用い，「一度」の意味を含ん
で「かつて」，ever は否定文・疑問文・if ～の節などで用い
「(過去の時から)今までに」の意味。強調にも用いる。

Exercise 18 解答は p.6/3

(1)　次の英文の（　　）内から，適する語（句）を選びなさい。

　1．"Won't you have some cake ?" "(Yes, No), I will."

　2．"Has he woke up ?" "(Yes, No), he is sleeping."

　3．"You are tired, aren't you ?" "(Yes, No), I am."

　4．He is the (very, much) best runner of us all.

　5．The dance of the little girls was (very, much) admired by the guests.

　6．The juice tastes very (good, well).

　7．She came back (home, to home) yesterday.

　8．He is not here; he left an hour (ago, before).

(2)　次の日本文の英訳として正しいものを選び，記号で答えなさい。

　1．いつも独りで暮らすのはよくない。

　　　a. It is not always good to live alone.

　　　b. It is not good always to live alone.

　2．率直に彼は自分に責任があることを認めた。

　　　a. Frankly, he admitted his responsibility.

　　　b. He admitted frankly that he was responsible.

　3．棚にのっている本はほとんど全部が新本だった。

　　　a. Almost all the books on the shelf were new.

　　　b. All the books on the shelf were almost new.

　4．彼らの意見は私たちのとは大きく違っていた。

　　　a. Their opinion was widely different from ours.

　　　b. Their opinion was different wide from ours.

(3)　日本文に合う英文になるように，（　　）に適する語（句）をa～dから選
び，記号で答えなさい。

　1．ここのりんごはまだ熟していない。

　　　The apples here are not ripe (　　).

　　　　a. already　　b. by now　　c. still　　d. yet

　2．ぼくの兄は彼女を好きでないが，ぼくもそうだ。

　　　My older brother doesn't like her, I don't (　　).

　　　　a. also　　b. at all　　c. either　　d. too

3．その地方では激しい雨が降っている。

It is raining （　　） in that part of the country.

    a. deeply　　b. hardly　　c. heavily　　d. strongly

4．彼女は15だ。もう子供じゃない。

She's fifteen, and she's not a kid （　　）.

    a. already　　b. anymore　　c. still　　d. yet

5．雪に妨げられて，列車は終着駅に遅れて到着した。

Hindered by snow, the train arrived （　　） at the terminal.

    a. delaying　　b. late　　c. lately　　d. slowly

6．きみとは前にたしか会ったことがありますよね。

（　　） I've met you before.

    a. Certainly　　b. Definitely　　c. Duly　　d. Surely

7．同じホテルの中で私を見つけて，彼は少なからず驚いた。

He was （　　） surprised at finding me in the same hotel.

    a. more than　　b. no less　　c. not a bit　　d. not a little

8．京都行のこの列車は，あとどのくらいで出ますか。

How （　　） does our train leave for Kyoto ?

    a. early　　b. fast　　c. quickly　　d. soon

9．彼が何をする計画でいるのか，確実なことはぼくにはわからない。

I do not know （　　） what he is planning to do.

    a. correctly　　b. evidently　　c. for certain　　d. surely

10．最後に１つのエピソードを話して私の講演を終わりたいと思います。

（　　）, I would like to end my lecture with an episode.

    a. After all　　b. At last　　c. Finally　　d. In the end

(4)　下線の語の副詞形を用いて，次の英文を書き換えなさい。

    ［例］　read it with <u>delight</u>　→　read it <u>delightedly</u>

1．The boy climbed the tree with <u>ease</u>.

2．She gave me a <u>polite</u> answer.

3．It is <u>fortunate</u> that he survived the plane crash.

4．She led a <u>happy</u> life after she married him.

5．He tried in <u>vain</u> to get himself out of the water.

6．I had a <u>narrow</u> escape from death in the fire.

7．It was not his <u>intention</u> to give you extra trouble.

第19章
比　較

比較表現には，原級を用いる比較，比較級を用いる
比較，最上級を用いる比較，の３種類がある。

§1　比較とは何か，その種類

　２つ以上のものの程度・数量・性質などをくらべる言い方を比較
(Comparison)といい，その場合に形容詞・副詞の語形を変化させる
ことを，**比較変化**という。比較変化には，次の３つの段階がある。
　① 原　級(Positive Degree)　② **比較級**(Comparative Degree)
　③ **最上級**(Superlative Degree)
　《注意》　**原級**とは，形容詞・副詞のもとのままの語形のことで，これは17,
　18章で述べたから，ここでは同等比較(§3)だけを扱う。

§2　比較級・最上級の作り方

　I．規則変化
　(1) 比較級を「原級＋ **-er** [ər]」，最上級を「原級＋ **-est** [ist]」で
作る場合

〔原　級〕	〔比較級〕	〔最上級〕
long（長い）	long**er**	long**est**
narrow（狭い）	narrow**er**	narrow**est**

　《注意》　-r で終わる原級では発音は [rər][rist] となる。cf. clearer [klíərər]
　(a) ただし，原級の語尾に **e** があれば，単に **-r, -st** をつける。発音
はやはり [ər], [ist] である。

free（自由な）	free**r**	free**st**

large （大きい）	large**r**	large**st**

(b)「短母音＋子音字 1 つ」の場合は，その子音字を重ねる。

big （大きい）	big**ger**	big**gest**
sad （悲しい）	sad**der**	sad**dest**

(c)「子音字＋ **y**」は **y** を **i** にかえて -er, -est をつける。

heavy （重い）	heav**ier**	heav**iest**
early （早い）	earl**ier**	earl**iest**

《注意》 規則動詞の活用(p. 196)の規則と比較対照してみよ。

（参考） cruel － cruel*ler* － cruel*lest*; sly － sly*er* － sly*est* のように，上記のルールの例外もごく少数はある。しかし米語では，これらも，通常，規則的な変化をする。

(2) 比較級を「**more ＋原級**」，最上級を「**most ＋原級**」で作る場合

〔原級〕	〔比較級〕	〔最上級〕
eager （熱心な）	**more** eager	**most** eager
beautiful （美しい）	**more** beautiful	**most** beautiful
gently （おとなしく）	**more** gently	**most** gently

研究 **1.** -er, -est を用いるべきか more, most を用いるべきか，に関しては，厳格な規則はない。同じ語について両方の比較変化が見られる例はきわめて多いが，だいたいにおいて，次のように考えればよい。

① 1 音節の語は**-er, -est**，3 音節以上の語は **more, most** を用いる。ただし，un-, in- など否定を意味する接頭辞のついたもの《cf. *un*happy, *im*polite, etc.》は，3 音節語でも -er, -est をとることがある。

② **2 音節の形容詞**のうち，よく用いられる形容詞の語尾《-able, -al, -ed, -ful, -ing, -ish, -ive, -less, -ous, etc.》のついているものは more, most を用いる。その他のものについては，どちらも用いるものもあり，習慣的に一方のほうがよく用いられるもの《たとえば，-y, -le で終わるものは通常，-er, -est を用いる》もあるが，もし和文英訳などでどちらを用いるべきか迷う場合は，more, most を用いるほうが安全である。

③ **2 音節の副詞**でも，「形容詞＋ **-ly**」のものは，more, most を用いる。

2. 修飾する名詞のあとにおかれた形容詞，および叙述用法の形容詞の比較変化は，1 音節語でも more, most を用いることがときどきある。なお，これと関連することだが，a- のつく形容詞(p. 467 参照)は，つねに more, most を用いる。また，real, right, wrong, 形容詞用法の分詞，もそうである。

3. 意味上程度の差が存在しない形容詞は，通常比較変化をしない。

　(例) complete(完全な), dead(死んだ), whole(全部の), etc.

4. 複合語《2 つ以上の要素が結合して 1 語になっている語》の形容詞は，2 音節

以上だから，通常，more, most を用いる比較変化をするが，一方の要素《大部分の場合，最初の要素をなす形容詞・副詞》に-er, -est をつけることもあり，一定していない。

> kind-hearted（心のやさしい）　more kind-hearted *or* kinder-heart-ed － most kind-hearted *or* kindest-hearted

5. 次のような場合もあるから，意味を取り違えないように注意せよ。

> **more big** islands（もっと多数の大きな島）《big の比較級ではない》
> **bigger** islands（もっと大きな島）

(参考) 俗語では，-er, -est をつけた語に，さらに more, most を加えることがある。

Ⅱ. 不規則変化

次に掲げる形容詞・副詞は，不規則な比較変化をする。

〔原　級〕	〔比較級〕	〔最上級〕
good, well	better	best
bad, ill	worse	worst
many, much	more	most
little	less〔lesser〕	least
old	older, elder	oldest, eldest
far	farther, further	farthest, furthest
late	later, latter	latest, last

(研究)　**1.** これらの語を含む複合語の形容詞の比較変化では，上記の比較級・最上級が用いられることが多い。

> **well**-known（有名な）　　**better** known　　**best** known

しかし，far-fetched（こじつけの）のように far の場合は，more, most が用いられる。それ以外でも more, most を用いることもある。

2. 比較級・最上級が2つある場合の意味上の違いは次のとおりである。

> **older, oldest**：単に年齢の多いのをいうのに用いる。
> **elder, eldest**：家族関係で「年上の」を意味するのに用いるのがふつう。

> cf. *elder* sister（姉），*eldest* brother（長兄），*eldest* son（長男）

elder, eldest はふつう限定用法だけに用い，叙述用法では She is *the* elder.（彼女が年上）のように the が必要。eldest は家族関係だけに使うが，elder は an *elder* statesman（長老政治家）のような型の定まった表現もある。比較級だが elder than ～とはいえない。eldest は，しかし，the *eldest* of ～（～の中の最年長）のようにも用いる。米語では，elder を for-mer（以前の）の意味で用いることがある。また，家族関係でも，米語では

older, oldest を用いるほうがふつうのようである。

- **farther, farthest**：距離について用いる。
- **further, furthest**：程度など，物さしで計れないものに用いる。

が基本的な使い分けで，形容詞と副詞のどちらにも用いる。

- the **farther** bank（向う岸）
- **further** information（これ以上の〔今後の〕情報）

しかし今では，further, furthest のほうがよく用いられ，「（さらに）それ以上の〔に〕」の意味のほかに，距離についても用いられるようになっている。

- **later, latest**：時間的におそいことに関して用いる。
- **latter, last**：順序があとであることをいうのに用いる。

later, latest の反対は earlier, earliest であり，latter, last の反対はともに first《latter の場合は former のときもある》である。これらは，次のように訳語で区別をつけておくのがよい。

- later（よりおそい〔く〕，よりあとの〔に〕）
- latest（いちばんおそい〔く〕）
- latter（後半の，後者の）
- last（最後の，最後に）

なお，latter は限定用法だけに用いられる。

less(より少ない)は量が少ない意味で不可算名詞に用い，数を意味するのは fewer であるはずだが，現在では，less mistakes などのように，fewer よりも less を数にも用いるのがふつうになっている。

(参考) **lesser** は less と違って，単に分量の少ないのをいうのに用いるのではなく，価値・重要性の低いのをいう，やや改まった語である。つねに限定用法の形容詞として用い，副詞または lesser than 〜のようには用いない。また，これを用いた場合は，それに対応する greater 〜が明りょうに意識されているのがふつうである。

cf.
- the *lesser* light（小さいほうの光；月）
- the greater light（大きいほうの光；太陽）

§3　同等比較の基本形式：**as ＋原級＋ as**

2つのものの程度・数量などが同等であることを表す。

① She is **as** *busy* **as** I (am).	彼女は私と同じくらい忙しい。
② He ran **as** *fast* **as** I (did).	彼は私と同じくらい速く走った。
③ This is **as** *good* an idea **as** his.	これは彼のと同じようなよい思いつきだ。
④ I enjoy **as** *much* freedom in this country **as** you do in yours.	きみがきみの国で享受しているのと同じだけの自由を，私はこの国で享受している。

補足　as ～ as... の間には形容詞か副詞がこなければならないが，必ずしもそれだけにかぎらず，それに結びつく名詞その他もはいってくる点に注意せよ。和文英訳の場合は「～と同じくらいの」の部分を除いた残りをまず英訳し《③でいえば「これはよい思いつきだ」（＝ This is a good idea）》，次に，その形容詞の前に as《冠詞に注意》，文末に「…と同じくらい」に当たる as...をおくようにすればよい。

研究　1.　①，②のように，as の次に代名詞の主格がくるときは，be, have, 助動詞または代動詞 do, を加えるほうがふつうのように思われる。

2.　形容詞のあとに普通名詞が続くときは，ふつう *as* large a house *as* that （あれと同じくらいの大きな家）のほかに a house *as* large *as* that もいえる。（§7, **参考**2 も参照）

3.　まれだが，次のような場合の as の次の代名詞の格に注意。

I hate him as much as (I hate) **her**.	私は彼女（を憎む）と同じくらいに彼を憎む。
I hate him as much as **she** (does).	私は彼女（が彼を憎む）と同じくらいに彼を憎む。

4.　和文英訳では，日本語の表現にごまかされず，論理的につっこんで考えないと失敗を招く場合がある。たとえば，「彼の信念はきみと同じくらい堅い」では，「信念」と「きみ」《人間》の比較ではなく，「きみの信念」との比較と考えるのが論理的だから，次のように訳さなければ誤りである。

His belief is *as* firm *as* **yours**(＝ your belief).

次も同様で，in を落とせば，the hall is warm の意味になってしまう。

「ここは広間と同じくらいに暖かい」→ It is *as* warm here *as* **in** the hall.

参考　1.　日本語と違って，as ～ as ... は2つの異なった性質の同等比較にも使える。

Socrates was **as** *wise* **as** he was *ugly*.	ソクラテスはみにくいこともみにくかったが，賢さもそれに劣らなかった。

2.　as ～ as ... はしばしば比喩《直喩(simile)という》に用いられる。

　　as cool *as* a cucumber （〔きゅうりみたいに〕平然として）

　　as thin *as* a lath （〔木ずりのように〕やせこけて）

この場合，あとの as の次にくるものは，上例の cucumber のように，論理的にはほとんど意味をなさないものであることも多い。この用法の as ～ as ... では，前の as が省略されることもある。

§4 同等比較の否定

not as〔so〕 ～ as ...（…と同じくらいには～ない；…ほど〔には〕～ない）

He is **not as〔so〕** *tall* **as** I (am).	彼は私ほど背が高くはない。
He does **not** speak English **as〔so〕** *fluently* **as** you (do).	彼はきみほど流ちょうには英語を話さない。
There is **not as〔so〕** *much* water here **as** there used to be.	ここには以前（にいつもあった）ほどたくさんの水はない。

研究 **1.** not as ～ as ... は正しくなく，not so ～ as ... が正しいとされた時期があったが，現在ではどちらも用いる。意味は同じと考えてよい。

2. so ～ as ... は原則として not, no, without など否定を表す語がなければ用いないが，so ～ as to ...（p. 397）は必ず so を用い，as にはしない。

（参考）否定の気持を含む疑問文，および，同等比較の意味ではなく，きわめて程度が高いことを表す場合は，否定を表す語がない文でも so ～ as ... を用いることがある。

But are you *so* tall *as* she ?	でもきみに彼女と同じだけの背の高さがあるかな。
In a country *so* large *as* America there must be a great variety of climate.	アメリカみたい〔くらい〕に大きな国の中には，非常に多種多様な気候があるにちがいない。

§5 as の省略

前後の文脈から判断のつくときは，as〔so〕 ～ as ... のあとの as 以下が省略されていることもある。その場合は，残りの as を「同じくらいに」《so なら「それほど」》と訳せばよい。

He is a rapid reader, but I can read **as rapidly**.	彼は本を読むのが速いが，私も同じくらい速く読める。
It winked into sight and **as quickly** slipped out of sight.	それはひょいと現れてはまた同じくらいに速くさっと消えた。

補足 as rapidly *as he reads*; slipped out of sight as quickly *as it winked into sight* の省略《および語順転換》である。

《注意》 **1.** so の場合については p. 518 参照。

2. as much(p.484), may as well ～(p.345)などの成句も，成り立ちは同じである。

研究 前の as が省略されていることもある。

You are pretty **as ever**.	きみは相変わらず「今までと同じに」きれいだ。
It was clear **as crystal**.	それは水晶のように澄んでいた。

これらは pretty, clear の前の as が省略されている。口語体の文で，動詞が be, turn, look など不完全自動詞で，as のあとに動詞が省かれている場合に多い。しかし，as には「～のように(like)」の意味もあり，上例の as をそう解釈しても和訳上問題はない。

§ 6　as ～ as …; so ～ as … に関する注意すべき言い方

(1) as ～ as possible〔a person can〕（できるだけ～）

He walked **as** *rapidly* **as possible〔he could〕**.	彼はできるだけ速く歩いた。

研究 形の似た言い方に as ～ as can be(＝ very ～)がある。

They are **as poor as can be**.	彼らはとても貧乏だ。

なお，as poor as poor can be ともいう。同じ意味である。

参考 次のような場合もまれにある。could《仮定法》であるのに注意。

Its unpopularity is *as* complete *as it could be*.	その不人気はこれ以上はないほどだ。《なりうるであろうと同程度に，が直訳》

(2) as ～ as any …（どんな…にも劣らないほど～）

She was always singing **as** *merrily* **as any** lark.	彼女はいつもどんなひばりにも負けないほど陽気に歌っていた。
He is **as** *brave* **as any** man.	彼はだれにも負けぬほど勇敢だ。

補足 any man(どんな人)の中には，もっとも勇敢な人も含まれているわけで，その人とも同じくらい勇敢というのだから，この言い方は一種の最上級になる。

参考 次のように仮定法を伴う例もある。《あとの文は any を含まない》

He is *as* good a student *as any* teacher *could wish for*.	彼は，どんな先生でもこれ以上欲はいえないくらいの優秀な学生だ。

| He rode through *as* pleasant a country *as one would wish* to see. | これ以上のものは見たいと思っても見られないような快い田園地帯を，彼は馬に乗って通った。 |

(3) as ～ as ever ... （今まで…しただれ〔どれ〕にも劣らないほど～，今まで…したことがないほど～）

| He is **as** *great* a statesman **as** *ever* lived. | 彼は今までのだれにも劣らない〔古今にまれな〕政治家である。 |

《注意》 as ～ as ever ... には，しかし，次のような場合もある。

| She is *as* busy *as ever*. | 彼女は相変わらず忙しい。《直訳：今まで(ever)と同じくらいに》 |
| Take *as* much *as ever* you like. | いくらでも好きなだけ取りなさい。《ever は強意用法》 |

(4)「否定主語 ＋ so ～ as ...」 （…ほど～はない）

| ① **No country** suffered **so** *much* **as** England. | イギリスほど多大の苦しみを味わった国はなかった。 |
| ② **None** are **so** *deaf* **as** those who will not hear. | 聞こうとしない人たちほど耳の遠い人はない。　　〔ことわざ〕 |

補足 ①の直訳は「どの国も英国と同じだけ多く苦しみはしなかった」である。

研究 結局，「イギリスがいちばん損害を受けた」「聞こうとしない人がいちばん耳が遠い」の意味だから，これも一種の最上級になる。p. 551 参照。

(5) as well （そのうえ（＝ also）；ほうがよい）

| He is a poet **as well**. | 彼はまた詩人でもある。 |
| You cannot always be with me and perhaps it is **as well** that you cannot. | おまえはいつも私といっしょにいられるとはかぎらないし，あるいは，いられないほうがいいかもしれない。 |

《注意》 1.「ほうがよい」の意味では通常 may, might を伴う。p. 345 参照。
　　 2. as well as については p. 584 参照。

(6) as good as ～ （～も同然）などの意味に用いる。

| He was **as good as** dead. | 彼は死んだも同然だった。 |
| He was **as good as** his word. | 彼は約束を守った〔どおりにした〕。 |

《注意》 もちろん文字どおりに「～と同じくらい good」の意味でも用いる。

(7) as early〔late〕as 〜; as many as 〜, etc.（〜もの早い〔最近の〕時期に；〜もの多数）などの意味に用いる。

① As early as the eighteenth century, he warned of the danger.	早くも 18 世紀に　すでに彼はその危険について警告を発した。
② The custom remained **as late as** the days of Shakespeare.	その習慣はシェークスピアの時代になってさえも残存していた。
③ He collected **as many as** fifty specimens.	彼は 50 もの（多数の）標本を採集した。

補足　①では、18 世紀というのが非常に早い時期であるという気持を含み、②ではシェークスピア時代を非常におそいと見る気持を含んでいる。③の as many as も、50 というのが非常に多数だという気持でいっているのである。

《注意》　as 〜 as if ...（p. 308）, go so far as to 〜（p. 398）なども参照。また、倍数を表す〜 times as ... as は p. 491 を見よ。

研究　**1.** as 〜 as のかわりに so 〜 as が用いられていることもある。後者のほうが意味が強いといわれるが、訳文にその違いを出すのは困難である。

　2. そのほか次のようなものもあるが、接続詞の働きをすることが多い。例文は pp. 589 , 599 を参照せよ。

　　so〔as〕far as（〜するかぎり）　　so〔as〕long as（〜するかぎり）
　　as〔so〕often as（〜するたびに）　as〔so〕soon as（〜するやいなや）

　3. 上掲の言い方には、もちろん、もとの意味である「〜と同じくらい早く〔長く, etc.〕」という文字どおりの用法もある。

(8) so much as（さえ）（＝ even）

They left without **so much as** saying good-bye.	彼らはさようならさえいわずに立ち去った。

研究　ほとんどの場合に not など否定を意味する語といっしょに用いる。

(9) not so much _A_ as _B_（A よりはむしろ B, A ではなくてむしろ B）

Happiness depends **not so much** on circumstances **as** on one's way of looking at one's lot.	幸福というものは、境遇によるよりはむしろ、自分の運命の見方によるものである。

研究　**1.** 同じ内容は、not _A_ but rather _B_; rather _B_ than _A_ および

less *A* than *B* (p. 543 , ⑶) などでも表現できる。

2. ⑻の so much as と違って，much と as が他の語でへだてられている
のに注目。なお，次のように文字どおりに用いた，よく似た構文に注意。

He may **not** have **so much** experience **as** you have.	彼はきみと同じだけの経験をもって いないかもしれない。

§7 比較級の基本的用法

「比較級＋**than**」で，2つのもののうち一方が他方「よりもいっ
そう…」の意味を表す。

I got up **earlier than** he (did).	私は彼よりも早く起きた。
He has **more** information about it **than** I (have).	彼はそれについて私よりもたくさ ん情報を得ている。
The nation was **more** prosperous in the seventeenth century **than** it is now.	その国は現在とくらべて17世紀 のほうがもっと繁栄していた。

研究 §3に述べたことがほとんどそのままここにも当てはまる。

① than の次の代名詞の格に注意。

⎰ I love her more than **him**.	彼(を愛する)より彼女を愛する。
⎱ I love her more than **he**.	彼(が彼女を愛する)よりも私のほう が彼女を愛している。

②和文英訳のとき，日本文の表現にごまかされないこと。

「アメリカの気候は日本よりも乾燥している」

→ The climate of America is drier *than* **that of** Japan.

参考 **1.** 1つのものの異なった2つの性質を比較するのに用いることもある。こ
の場合は -er よりも more を用いるほうがふつうである。(§15, ⑶も参照)

The windows were *wider than* they were *high*.	その窓は高さにくらべて幅のほうが広 かった。

2. I have never seen *a dog more friendly than* your cat. (犬で，きみのネ
コほど人なつこいのを見たことがない) のように，種類の異なるもの《犬とネコ》を比
較する場合は，斜体部分のような語順でなければならない。a more friendly dog
than は不可である。これは同等比較 as ～ as でも同じで，dog を as より前におか
なければならない。

3. that of が省略された例もあるが，まれである。

The skull of modern man is three times larger than the Australopithecine hominid.（現代人の頭骨はオーストラロピテクス原人の3倍の大きさがある）

§8　than 以下の省略

（**1**）前後関係から比較の対象がわかるときは，than 以下を省略することもある。「もっと」「いっそう」などと訳して，比較級の意味を訳文のうえに出すようにすればよい。

Please speak **more slowly**.	もっとゆっくり話してください。
He has seen **better** days.	彼にはもっとよい時代もあった。
That'll be **more effective**.	そのほうが効果的だろう。

（**2**）比較すべき対象がないか，またはきわめてばく然としていて，つねに than ～を欠く場合がある。

the **upper** class（上流階級）	**higher** education（高等教育）
the **greater** part（大部分）	the **younger** generation（青年層）

《注意》　このように単にばく然と程度の高いことを示す比較級を**絶対比較級**という。絶対比較級は，だいたい，型のきまった言い方だけで用いられる。意味は原級とたいして変わらないこともある。

（**3**）than のあとの主語が省略されているときがある。

He held her hand longer than ∧ was customary.	彼は彼女の手をふつうやるよりも長く握っていた。
More people own houses than ∧ used to ten years ago.	10年前の状態に比べて，もっと大ぜいの人たちが家を持っている。

研究　上例では it, they が省略されていると考えてよい。

§9　比較する両者の差を表す語句

（**1**）その語句をそのまま比較級の前におくのがもっともふつう。

She is **three inches** *taller* than you.	彼女のほうがあなたよりも3インチ背が高い。
I am **five years** *older* than he.	私は彼よりも5つ年上だ。
The train arrived **half an hour** *later* than the scheduled time.	列車は予定の時刻よりも30分おくれて到着した。

(**2**)by ～としてあとにおくこともある。

She is taller than you **by three inches**.	彼女はあなたよりも3インチだけ背が高い。
I am older than he **by five years**.	私は彼よりも5つだけ年上だ。

§ 10　比較級の強め方

(**1**)**much,**（**by**）**far, a good〔great〕deal** など，多くの副詞（句）をその前において強めることができるが，**very** を用いることはできない。

Science has made it **much**〔**far,** etc.〕*easier* than it used to be to keep a despotic rule.	科学は，独裁的支配を維持することを，以前よりもずっと容易にした。《注：it = to keep ～》

《注意》　「*very* much ＋比較級」は可能である。

(**2**)「**even**〔**still, yet**〕＋比較級」は「さらに一段と～」「なおいっそう～」の意味になる。

He acted **even more** *stupidly* than usual.	彼はいつもよりもなおいっそうおろかな行動をした。
His delight was **still greater** than mine.	彼の喜びは私よりもさらにいっそう大きかった。

研究　still と yet は比較級のあとにおかれることもある。

§ 11　-ior で終わる比較級

次の語も「～よりも…」という比較の意味を表すが，than は伴わず，そのかわりに **to** をとる。

inferior（劣った）	junior（年下の）
superior（すぐれた）	senior（年上の）

This boat is **superior** in speed **to** that one.	この船は速力の点であれにまさっている。
He is ten years **senior to** me.	彼は私よりも10歳年上だ。

研究 **1.** 比較の意味がはっきりしているときは，強調のためには much などを用いるが，そうでなければ very superior などといえる。

2. これらはラテン語に由来する比較級で，同種のものには，anterior（以前の），exterior（外側の），interior（内側の），prior（先の），posterior（うしろの），etc.があるが，これらは純粋の比較の意味では用いられない。

3. そのほか，prefer *A* to *B*（B よりも A を好む），survive（より長生きする）など，比較の意味を内に含んだ動詞もある。

§12 劣勢比較

「less ＋原級」を用い，程度・数量などが劣っていることを表す。
【訳し方】「（よりも）〜でない」

He is **less** *diligent* **than** he was.	彼は以前よりも〔ほど〕勤勉ではない。《直訳：勤勉の程度が劣る》
He moves **less** *quickly* now.	彼は今ではそれほど敏速には動かない。《直訳：敏速さが劣って》

《注意》 **1.** 劣勢比較は，一般の比較に比べて使われることは非常に少ない。

2. 比較級を作るのに more を用いない形容詞・副詞《good, tall, etc.》は，ふつう劣勢比較を作らない。more を用いるものでも，適当な反意語があればそれを用いるのが一般的である。

研究 **1.** これは文語的な固い表現である。内容的には次のようにいうのと同じことで，人によっては，次の言い方のほうがよいという人もある。

He is *not so〔as〕 diligent* as he was.（彼は以前ほど勤勉ではない）
He doesn*'t* move *as quickly* now.（以前ほど敏速に動かない）

2. 次のような，形容詞の less《little の比較級》と取り違えてはならない。これは単なる比較級である。less の次に形容詞がない点に注目。

He now gives us **less** trouble **than** before.	彼は今では以前ほど私たちに迷惑をかけない。

（**参考**） これに対して，ふつうの比較を優勢比較と呼ぶこともある。

§13 否定の比較構文

(1)「否定主語＋比較」の構文は「〜ほど…はない」の意味になる。

Nothing is **more precious**	時間ほど貴重なものはない〔何も

than time.

No boy is able to jump **higher**
than he.

｜のも時間以上に貴重ではない〕。

｜彼ほど高くとべる少年はいない
｜〔どの…も彼より高くとべない〕。

研究　**1.** この場合の「比較級＋than」は，「as〔so〕＋原級＋as」でおきか
えることもできる。(§ 6, ⑷ 参照)

　Nothing is *as*〔*so*〕*precious as* time.

　No boy is able to jump *as*〔*so*〕*high as* he.

　この構文は結局，「than 以下のものがいちばん～である」という最上級の意
味なのに注目。

　2. 劣勢比較のこともある。扱い方は同じである。

No young man was **less**
interested in life about him
than he.

｜彼ほど周囲の生活に興味をもたない
｜若者はなかった〔どの若者も彼より
｜興味を少なくもちはしなかった〕。

　3. there is の構文では，否定語は is の次におかれ，あとに(p. 541)述べる
no more ～ than ... の構文に類似してくるから注意を要する。

For me *there was* **no more**
fascinating experience
than the walk.

｜私にとっては，その散歩ほど魅力あ
｜る経験はなかった。

(2)「not ＋比較級」は，単に程度・数量などがまさっていることを
否定するだけで，基本的な訳し方は「～より以上に…ではない」「せい
ぜい～と同じくらいに…」である。

① He is **not richer than** you.

｜彼はきみ以上の金持ではない〔金
｜はあってもきみと同程度だ〕。

② Brown is **not** a **better** man
than Smith.

｜ブラウンがスミスよりもりっぱな
｜男ということはない。

③ They can**not** have **more**
than a hundred cattle.

｜彼らには100頭以上の牛がいるは
｜ずはない〔せいぜい100頭程度
｜だ〕。

《注意》　③ の文の more は名詞で，have の目的語である。

研究　① の文では he は you ほどに金持ではない可能性もある。また，not
any richer than といえば，否定の意味がさらに強まる。

(3)「no ＋比較級」には次の２つの意味がある。

① 「as ＋反対の意味の原級＋ as」と同等の意味の場合

② 前記(2)の用法と同じ意味の場合

① He is **no richer than** (＝
as poor as) you.

彼もきみと同様に貧乏だ〔金持で
ないことはきみと同じだ〕。

It was **no later than** (＝
as recently as) yesterday
that he paid us a visit.

彼がわれわれを訪ねて来てくれた
のはつい昨日のことだった。

② **No more horrible** torture
could be devised **than** that.

あれ以上に恐ろしい拷問を考え出
すことはできないだろう。

The farmer is **no better
than** the soil on which he
lives.

農民はその生活基盤の農地(の優
秀さ)以上に優秀ではない〔畑
(で作る自家用の作物)の優劣が
農耕者の優劣をきめる, が大意〕。

《注意》 ①と②の用法を判別するには, 結局, 両様に訳してみて, どちらが日
本文としてその文脈に適合するかで決めるのがもっともよい。

研究 **1.**「no ＋比較級＋ a ＋名詞」の構文をとる場合もある。これは通常
①の用法であるが, ②のこともある。

He gave up the attempt for
no better a reason than
(＝ as poor a reason as)
that it was getting dark.

暗くなってきたというだけのつまら
ない理由で, 彼はその企てをあき
らめてしまった。(cf. (2))

2. そのほか, 次のような言い方も, 比較的よく用いられる。

no fewer than (＝ as many as) (cf. p. 532)
no greater than (＝ as small as)
no worse than (＝ as good as)
no smaller than (＝ as great as), etc.

次のような成句的表現も, 成り立ちは同じである。なお, §15 も参照。

They have **no more than**
(＝ as few as; only) three
sons.

彼らには3人しかむすこがいない。
((2)③の例文参照)

They have **no less than** (＝
as much as) ten thousand
dollars.

彼らは1万ドルも持っている。

He is **no better than** (＝ as
bad as) a beggar.

彼はこじきも同然だ。
cf. as good as 〜 (p. 531)

（**参考**）「no ＋叙述用法の比較級＋ than」の場合は①のことが多い。また，「no ＋more を用いた比較級＋名詞」の場合は，ほとんどいつも②の用法である。

§ 14　比較級と the

「比較級＋名詞」に the がつくことがあるのはいうまでもない。この場合の the の用法・意味については定冠詞の項に述べたことが当てはまる。ここで扱うのは，名詞を伴わない「the ＋比較級」である。

(1)「the ＋比較級＋ of ～」の構文

「～のうち…のほう」を意味するのに用いられる。

John is **the taller of** *the two.*	ジョンは 2 人のうち背の高いほうだ。
Of *gold and silver,* the former is **the more precious**.	金と銀では，前者のほうが価値が高い。

研究　**1.**「2 つのうち」を表す of ～は文中に出ていないこともある。

It was hard to say whether he or she was *the more shocked.*	彼と彼女のどちらがよけい驚いたかはっきりわからなかった。

これらの the がつくのは，比較級のあとに，名詞《または one 》が略されている含みによる。

2. そのほか，次のような場合にも注意せよ。

change for the *better* 〔*worse*〕（好転〔悪化〕する）
get *the better* of ～（～を負かす，～を出し抜く）
the less fortunate（＝ less fortunate people）（あまり恵まれない人びと）(p. 475 参照)

（**参考**）　上例のような構文で，比較級のかわりに，the tallest, the most precious と最上級を用いている例も，時おり見られる。

(2) the ＝「それだけ」の場合

① He felt **the better** for taking the medicine.	彼はその薬を飲んだため（にそれだけ）気分がよくなった。
② We don't think **the less** of him because he is ignorant of it.　(think little of ～ ＝～を軽んじる)	彼がそれを知らないからといってわれわれは（それだけ）彼を軽んじることはしない〔知らなくてもやっぱり尊敬する〕。

③ If you begin now, you'll fin-
ish it **the sooner**.

今始めれば，それだけ早くすむこ
とだろう。

|補足| 「それだけ」というのが「どれだけ」であるのかは，その前後に述べてある
ことから容易にわかる。上例では，それぞれ，①「薬を飲んだだけ」，②「知ら
ないだけ」，③「早く始めただけ」の意味である。しかし，「それだけ」を訳文
のうえに出すことは必ずしも必要ではない。

研究　**1.** この場合は，①，②の例文のように，理由を表す文句を伴ってい
ることが非常に多い。

2.「all the ＋比較級」の形をとることも多い。「なおさら」「かえって」な
どと訳せばよい。この場合の all は副詞である。

If he is young, it is **all the
better**.

彼が若ければ，なおさら〔かえって〕
けっこうだ。

I grew **all the more confi-
dent** because of his ner-
vousness.

彼がそわそわしているので，私はな
おさら自信を深めた。

そのほか，**so much the** better（それだけいっそうよい）などの言い方
もある。

3.「none the ＋比較級」「not ～ the ＋比較級」
【訳し方】「それだけ～ということはない」
否定を強めて，「not ～ any（＝ in any degree）the ＋比較級」ともいう。

He felt he would be **none
the worse** for a drink.

彼は一杯飲んでも悪くはなかろうと感
じた。《直訳：飲んだためそれだけ悪
くなることはないだろう》

I do **not** like him （**any**） **the
better** for it.

だからといって（少しも）彼を好きには
ならない。《直訳：（少しでも）そのた
めにそれだけ好みはしない》

He has many faults, but I
love him **none the less**.

彼は多くの欠点があるが，でもやっぱ
り私は彼が好きだ。《直訳：欠点が
あるだけ彼を少なく愛することはな
い》

（参考） **1.** この場合の the の品詞は副詞であって，定冠詞ではない。
2. この用法の the が乱用されて，「それだけ」の意味にはなりえない場合にまで，
「the ＋比較級」が用いられていることもある。

(3)「the ＋比較級～，the ＋比較級...」の構文

【訳し方】「～すればするほど（ますます）…」

The more you have, **the more** you want.	たまればたまるほどほしくなる。〔ことわざ〕
The sooner you come, **the better** it is.	早く来れば来るほどよい。
The farther he went on, **the narrower** the path became.	彼が先へ進めば進むほど，道は狭くなってきた。

研究　**1.** 動詞が be《の活用形》である場合，および，主語・動詞が it is の場合には，それを省略することも少なくない。

The sooner, the better.	早ければ早いほどよい。
The bigger it is, the better.	それが大きければ大きいほどよい。

　2.「the ＋比較級」のあとは，「(助)動詞＋主語」の語順になるときもある。

参考　あとの the は (2) の the と同じ指示副詞，前の the は関係副詞である。

§ 15　more, less の注意すべき諸用法

(1) no more ～ than...; not ～ any more than... （～ないのは…ないのと同じである）

A man can **no more** live without sleep (＝ can**not** live without sleep **any more**) **than** he can live without food.	人が睡眠なしで生きられないのは食物なしでは生きられないのと同じである〔食べずには生きられないと同様眠らずには生きられない〕。
He is **no more**〔**not any more**〕 popular **than** you are.	彼はきみ(が人気がないの)と同様に人気がない。

研究　**1.** 次のような言い方と混同してはならない。

　not *more than* (＝ at most) six（せいぜい6つ）《cf. § 13, (2)》

　no *more than* (＝ only) six（わずか6つ）《cf. § 13, (3)》

これらの場合は，more と than が直結している点に注目。

　2. § 13, (1) **研究** 3 および § 13, (3), ②などの場合もある点に注意。要するに，「no more ＋形容詞」の場合は，機械的な判断は危険である。

　3. この構文も § 13, (3), ①の一種だが，この than 以下では，(少なくとも

当事者には)明らかに成り立つ可能性のないはずのことが比較の対象になる。そして「可能性のないそのこと以上には…ない」から，上記の意味になる。

4. not ～ any more than は no more ～ than よりも強い表現である。

(2) no less ～ than ...（…に劣らず～）

The love of some wild creatures is **no less** deep **than** that of human beings.	一部の野生動物の愛情は，人間の愛情に劣らず深いものである。

研究 **1.** 次のような表現とはっきり区別しておくことが必要である。

　not *less than* (＝ at least) ten（少なくとも 10）

　no *less than* (＝ as much〔many〕as) ten（10 も）《cf. §13,(3) 研究 2》

　none *the less*（でもやっぱり）(§ 14,(2) 研究3)

2. 次のような用法もある。上記の用法との区別は，結局，前後関係と意味から判断しなければならない。

He was **no less** a personage **than** the king.	彼こそは，ほかならぬ国王その人であった。

なお，little は「量」を表す語だが，「no less than ＋数詞＋複数普通名詞」《例： no less than ten persons（10 人も）》はいくらも用いられ，正しいはずの fewer を用いるほうが少ない。しかし，no less men than のように，直接，普通名詞に less をつけることはしない。

3. 次のように，no less than と直結しているときもある。

The spirit, **no less than** the body, requires rest.	精神も，肉体に劣らず〔と同様に〕，休息を必要とする。

これと，研究 1 の no less than, および次の場合との区別も，前後関係から判断しなければならない。

It is **no〔nothing〕less than** robbery.	それはどろぼう行為〔盗み〕も同然だ〔にほかならない〕。

(参考) She is **not〔no〕less** beautiful **than** her sister. はことばの上では no, not どちらでも同じといえる。だが，発言の行われる situation によるのでもあろうが，no なら「少なくとも同じ程度，ひょっとするともっと美しい」の含みになるという。したがって，not ならふつう，no はそれより強いといえよう。

(3) 2つの異なる性質を比較する場合

① He is **more clever than** he is fair.	彼は公正なことは公正だが，それよりもりこうなのだ。

これを clever **rather than** とすれば，「fair ではなくて」という含

みが強くなる。なお, than のあとの he is は省略も可能。

② She was **less** hurt **than** frightened. ｜ 彼女は痛くなかったわけではないが, むしろこわかったのだ。

補足　訳文は似ているが, 訳す順序が, 一方は下から, 一方は上からであるのに注意。②を more 〜 than を用いて次のようにもいえる。She was *more* frightened *than* hurt.

研究　**1.** ①では, *more* clever がふつうだが, than のあとに主語・動詞がそろっていれば, clever*er* ともいわないことはない。

2. この用法の less 〜 than は not so much 〜 as と同じ意味を表す。したがって上例は次のようにもいえる。§ 6, (9) 参照。

She was *not so much* hurt *as* frightened.

3. more, less のあとに直接名詞がくるときは, しばしば of がはいる。

He is **more of** a poet **than** a philosopher. ｜ 彼は哲学者というよりはむしろ詩人である。

しかし, この of はない場合もある。less についても同様である。

He is **less of** a fool **than** he looked. ｜ 彼は見かけほどばかではない。

He is **less** a fool **than** I thought. ｜ 彼は思ったほどばかではない。

なお, He is **as much of** a fool **as** I thought.（思ったとおり〔と同程度〕のばかだ）という表現もある。

(4) more ＝「もう〜」の場合

once **more**（もう一度）　ten **more** days（もう 10 日）
ten days **more**（もう 10 日）, etc.

研究　**1.** この用法は § 9 に述べたものと基本的には同じであって, 数詞, またはそれに準ずる語《a few, several, etc.》を伴う。

2. *another* ten days といっても, 上と同じ意味になる。

参考　less についても, five times *less*（5 回少なく）のような言い方があるが, 比較的まれである。なお, この場合は必ず less で, fewer は用いない。

(5) その他

He visits you **no more**.
He does **not** visit you **any more**. ｝彼はもう<u>きみ</u>を<u>訪れはしない</u>。

I expected **no less** (= as much).	その程度のことは予期していた。
They were **more or less** impressed.	彼らは多少とも〔大なり小なり〕感銘を受けた。
He was **more than** kind to us.	彼は私たちに対し十二分に親切であった。
It is easy to understand his books, **much**〔**still**〕 **more** his lectures.	彼の著書は理解しやすい。まして彼の講演はそうである（＝理解しやすい）。
It is not easy to understand his books, **much**〔**still**〕 **less** his lectures.	彼の著書を理解することは容易ではない。まして彼の講演はそうである（＝理解が容易でない）。

研究　**1.** no more, no less は，以上のほかに，no more（〜）than, no less（〜）than の省略のこともある。

　2. more or less は，数詞を伴えば，about の意味になる。(例) *ten* hours *more or less*（およそ10時間，10時間前後）

　3. much〔still〕less は，前に否定を含む場合に，「まして〜でない」の意味で用い，much〔still〕more は前が肯定の場合に用いるのが原則である。しかし日本訳では同じになることが多い。

§16　比較級を含むその他の注意すべき構文・成句

(1)「比較級＋ than any other ＋単数名詞」《cf. § 24 》

Mt. Fuji is **higher than any other mountain** in Japan.	富士山は日本の(ほかの)どの山よりも高い。

研究　**1.** any other mountain のかわりに any mountain といえば，その中に富士山を含み，富士山が富士山よりも高いという不合理を生ずる。したがって other を入れるのがよいが，実際には，other のない例も見られる。次のような場合は，other はないのが当然である。

Mt. Everest is higher than **any mountain** in Japan.	エベレスト山は日本のどの山よりも高い。

　2. any の次には単数も複数もくるが，any other の次ではつねに単数であると思ってよい。しかし，まれに例外もないことはない。

(2)「比較級＋ and ＋比較級」（だんだん〜）

| It grew **darker and darker**. | だんだん暗くなった。 |
| The road got **worse and worse**. | 道はだんだんひどくなった。 |

研究　get *better every* day（日に日によくなる），*ever deeper* love（ますます深い愛情）なども同じ意味になる。

参考　「gradually〔increasingly, progressively〕＋原級」などもほぼ同じ意味。

(3) no sooner ～ than ...（～するかしないかに…；～やいなや…）

| **No sooner** had I entered the room **than** he closed the door. | 私がそのへやにはいるやいなや，彼はドアをしめた。 |

研究　1.　I had *no sooner* entered　～のような語順も用いられる。

　2.　scarcely ～ when〔before〕..., hardly ～ when〔before〕..., as soon as ～, the moment～（いずれも p. 589）なども同様の意味を表す。

(4) その他

prefer **the former** to **the latter**（後者よりも前者を好む）
know better than to say so（そんなことをいうほどばかではない）
think better of the attempt（その試みを考え直す）
sooner or later（おそかれ早かれ）

| I'd **sooner** die **than** live in disgrace. | 私は恥を受けて生きるよりは，むしろ死にたい。 |
| I can **no longer** put up with it. | 私はもうそれに耐えられない。 |

研究　the former, the latter は複数名詞をさすこともある。その場合は複数扱いになる。

§ 17　最上級の基本的用法

(1)「いちばん～」「もっとも～」の意味を表す。

She is his **eldest** daughter.	彼女が彼のいちばん上の娘です。
That is the **most practical** way to deal with the matter.	それがその問題を処理するのにもっとも実際的な方法だ。
He laughs **best** who laughs **last**.	最後に笑うものがもっともよく笑うものだ。〔ことわざ〕

研究　日本語では，「もっともよい本」などといえば，1つしかないと感ずるが，英語の最上級はもう少し幅があり，次のような用法も可能である。なお，one of のかわりに among を用いることもある。

It is **one of the best** books on the subject.	それはその問題に関するもっともよい本の1つである。
That's **the second〔next〕 best** way.	それは次善の方法だ。

(2) of を伴って「～のうちでいちばん…」を表す。

He is **the tallest of** the boys.	彼はその少年たちのうちでいちばん背が高い。
It is **the most beautiful** rose **of** them all.	それはそれら全部のうちでいちばん美しいばらだ。
Of all these horses this runs **fastest**.	これらの馬全部のうちでこれがいちばん速く走る。

研究　1.「～のうちで」に当たる前置詞としては，of がもっともふつうであるが，among も用いられる。また，集合名詞の前では，in もよく用いられる。

He is the youngest boy **of〔among〕** us all.	彼はわれわれのうちでいちばん年の若い少年である。
He is the tallest **in〔of〕** his class.	彼はクラスでいちばん背が高い。

2. 最上級は，3つ以上のものを比較して，「その中でいちばん」の意味を表すのが原則である。2つのものの比較には，前述の比較級が通例である。(1)の例文では，of〔among〕～が表面に出ていないだけである。

3. § 16,(1)の比較級と違い，最上級では other を用いない点に注目せよ。

参考　1. 2つのものについて最上級を用いた例も時おり見かけられる。
　　Which do you like *best*？（どっちのほうが好きですか）
　　She is the *youngest* of the two.（彼女は2人のうちの若いほうです）

2. of の次の（代）名詞は，通常，複数形または複数の意味を含むものであるが，時には in the best *of health*（最良の健康状態で）のように単数も見られる。また，of に続く名詞は通常定冠詞またはそれにかわるものがつくが，時には無冠詞のものも見られる。
　　the smallest of *cabins*; the loveliest of *Southern towns* (L.Bromfield)
　　The leopard is the cleverest of *predators*.（ヒョウは肉食獣のうちで最も頭がいい）(J.D.Scott)

§ 18 最上級の強め方

(1) **much, (by) far** などを用いる。定冠詞があればその前におく。

It was **much**〔**by far**〕*the most* amazing sight.	それは類のないほどの〔群を抜いてもっとも〕驚くべき光景であった。

(2) 比較級の場合と違い，**very** も可能。定冠詞の次におく。

He drank it to the **very** *last* drop.	彼はそれをまったく最後の一滴まで飲んだ。

(3) possible(可能な)，imaginable(想像しうる)，conceivable(考えうる)などを用いることもある。(例文は p. 470 参照)

§ 19 最上級と定冠詞

(1) 限定用法の形容詞の最上級は必ず the をとると思ってよい。
(例文省略，前掲の用例を参照)

研究 **1.** 最上級の次に名詞がきていなくても，何か名詞または one などを補って考えることができる場合《たとえば，§ 17, ⑵ の最初の例文》は，やはり the をとる。この場合の最上級は多少とも名詞化しているといえるが，そういう用例はきわめて多い。

2. 定冠詞といっしょには用いられない語《たとえば，my, this, some, no, etc.》があれば，もちろん，the はつかない。

(例) one of *his biggest* mistakes (彼の最大の誤りの 1 つ)

参考 日常会話などでは，限定用法の最上級でも the がないことがある。

(2) 叙述用法の形容詞の最上級には，the のつかないときもしばしばある。

Its view is **most wonderful** just before sunset.	そのながめは日没の直前がもっともすばらしい。
I think it **best** to leave now.	今出かけるのがいちばんよいと思う。
She feels **happiest** in early summer.	彼女は初夏のころいちばん浮き浮きした気分になる。

研究 次のように，the の有無で意味の相違を生じることもある。

$$\left\{\begin{array}{l}\text{The lake is \textbf{deepest} here.} \\ \text{The lake is \textbf{the deepest}} \\ \text{(one) here.}\end{array}\right.$$

The lake is **deepest** here.	湖はここがいちばん深い。
The lake is **the deepest** (one) here.	その湖がここではいちばん深い（ものだ）。《湖が多数ある》

(3) 副詞の最上級にはふつう the をつけない。

He arrived **earliest**.	彼はいちばん早く到着した。
You worked **hardest** of them all.	きみが彼らのうちでいちばんせっせと働いた。

（参考）　時により，とくに米語では，作家にもよるが，the をつけた例が見られる場合が少なくない。

(例) ... man who interested her *the most*（E. Caldwell），I like ... plane trees（プラタナスの木）*the best*（E.Hemingway）

(4) most が「たいていの」の意味のときは the はつかない。

Most people will take pity on her.	たいていの人たちは彼女をかわいそうに思うだろう。

研究　**1.** この most はつねに複数の名詞を伴い，叙述用法はない。

2. *most* of the boys(少年たちの大部分)のように名詞用法もある。

3. 次のような場合に意味を取り違えないようにせよ。

most civilized men （たいていの文明人）《cf.§ 21, (2) 研究 3 》

the most civilized men （もっともひらけた人たち）

4. most が「もっとも多数〔多量〕の」を意味する場合は，通常 the がつく。しかし，例外もしばしばある。

5. この意味の most は副詞には用いない。そのときは mostly である。

Most houses were small. （たいていの家は小さかった）
The houses were *mostly* small. （家はだいたい小さかった）

(5) last が時間に関する語について「この前の〜に」という副詞句（p. 612）を作るときは無冠詞である。

He phoned me up **last night**.	彼は昨夜電話をかけてきた。
I stayed there **last summer**.	私は去年の夏そこに滞在した。

研究　**1.**「最後の」の意味なら the がつく。

last Sunday （先週の日曜日）── **the** *last* Sunday （最後の日曜日）

2. 前置詞がついて初めて副詞句を作れる場合も the がつく。

in **the** *last* century （前世紀に）

for **the** *last* ten years （過去10年間にわたって）

3. next《これも元来は最上級, 原級 nigh, 比較級は near 》も, 「次の〜に」という副詞句を作るときは the がつかない。しかし, 話題にのぼった過去または未来の時を基準にして「その次の〜に」という場合は, the がつくのが原則である。しかし, 例外もある。

He lives **next door**.	彼は隣に住んでいる。
School will begin **next week**.	学校は来週始まります。
I arrived there on a Monday and **the next day** I left for Rome.	私は月曜日にそこへ着き, その翌日ローマへ向かった。《現在が基準ではなく, 過去の月曜が基準》

§ 20　劣勢最上級

「(the) least ＋原級」の形式をとり, 程度・数量がもっとも劣ることを表す。

【訳し方】「(〜のうちで)いちばん〜でない」

I am **least happy** now.	私は現在がいちばん楽しくない。《直訳：幸福の程度が最少だ》
This is **the least amusing** of all these stories.	これらの話全部のうちでこれがいちばんおもしろくない。

《注意》　この言い方が用いられることは, 実際にはかなりまれである。

§ 21　最上級のやや特殊な意味・用法

(1)「〜さえ」(＝ even)の意味を含む場合がある。

The **best** lawyer will be unable to save him from the gallows.	もっとも優秀な弁護士でさえ, 彼を絞首台から救うことはできないだろう。
The **slightest** error would have cost him his life.	きわめてわずかなまちがいでさえ彼に一命を失わせただろう〔ちょっとまちがっても彼の命はなかったろう〕。

《注意》　日本語の言い回しとして, 「さえ」を入れたほうがまとまりがよいかどうかによって判断する。どの場合に「さえ」を加えるという規則はない。

（2）単に程度が非常に高いという意味を表す場合がある。「きわめて」「非常に」などと訳せばよい。

He was **a most brave** man.	彼はきわめて勇敢な男であった。
She lost her **dearest** son.	彼女は最愛のむすこを失った。
He behaved **most rudely**.	彼は非常に無作法にふるまった。

研究　**1.** この用法は，「～のうちで（いちばん）」という比較の対象がない場合で，絶対最上級といわれる。

2. 絶対最上級は，最初の例文のように，1音節語でも most を用いるのがふつうである。また，冠詞がつく場合は，通常不定冠詞であるが，the，または無冠詞《後続の名詞が複数のとき》もある。the だと「もっとも～な」のか，単に強め《非常に》の意味なのか，判断できにくいことになる。

3. most civilized men（§19, ⑷ **研究** 3）は，「非常にひらけた人びと」《絶対最上級》の意味にもなりうる。

§22　注意すべき最上級の訳し方

He is the **last** man to desert his post.	彼は自分の持ち場を捨てるような男ではない。
That was the **last** thing (that) we had expected of him.	それは彼がするとは予想もしていなかったことであった。
Mathematics was the subject that I fancied **least**.	数学は私がいちばん好きではない学科であった。
The man could **best** be called a hero.	その男こそ英雄と呼ぶのがもっともふさわしいだろう。

補足	持ち場を捨てそうな人間を順番に並べると「彼はその最後になる男である」が直訳的な意味で，結局，上のようになる。least は「もっとも少なく」が直訳。best は副詞を結果の意味に訳す（p. 520）のがよい場合である。

研究　**1.** 「last＋不定詞または関係代名詞」の場合に，いつも上の用法になるとはかぎらない。前後関係から判断することが必要である。

He was the *last* man to come.	彼が最後に来た男であった。

2. last を「この前（の）」と訳すのがよいときがある。

She was in good health when I *last* saw her.	この前彼女に会ったときには元気だった。

§ 23 最上級を含む注意すべき成句

(1)「**at（the）＋最上級**」（いちばん〜のところで（も））

 at best（せいぜい） at the latest（おそくとも）

 at least（少なくとも） at most（多くても，せいぜい）

> 補足 「いちばん少ないところで5つ」は「少なくとも〔せめて〕5つ」（＝ at least five）である。

> 研究 the を入れるかどうかは一応習慣的にきまっているが，例外もある。

(2) その他の主要な成句

He **did his best**.	彼は<u>最善を尽くした</u>。
The roses are **at their best**.	ばらは<u>まっ盛り</u>である。
I prepared for it **as best I could**.	私は<u>できるだけ〔せいいっぱい〕</u>それに対する準備をした。
He **made the best of** the situation.	彼はその事態に<u>せいいっぱい善処した</u>。
It is **last but one**.	それは<u>終りから2番め</u>だ。 《直訳：1つを除いて最後》
He is **not in the least** anxious about it.	彼はそのことについて<u>少しも不安</u>に思っていない。
Their goods are, **for the most part**, of good quality.	彼らの品物は，<u>だいたい〔大部分〕</u>，品質がよい。
I **made the most of** the chance.	その機会を<u>せいいっぱい活用した</u>。

 to the best of one's knowledge〔ability, belief〕（〜の知っている〔できる，信ずる〕かぎりでは）

> 研究 make the *best* of は，通常，不利な状況や好ましくない事態について不平をいわずに善処するのをいい，make the *most* of は，「不利な」といった意味を含まず，単に現在あるものを活用することをいう。

§ 24 比較に関する文の書き換え

 否定＋ as〔so〕〜 as; 比較級＋ than; 最上級の三者は，原則として，内容を変化させずに相互に書き換えが可能である。

He is **the tallest** of all the boys in his class.	彼はクラスの少年たちのなかでいちばん背が高い。
⇄ He is **taller than** any other boy in his class.	彼はクラスの（ほかの）どの少年よりも背が高い。《cf. § 10, ⑴》
⇄ **No** other boy in his class is **taller than** he.	クラスの他の少年はだれも彼より背が高くはない。
⇄ **No** other boy in his class is **as〔so〕 tall as** he.	クラスの他の少年はだれも彼ほど背が高くはない。
Nothing is **as〔so〕 good as** this.	これほどよいものはない。
⇄ **Nothing** is **better than** this.	これ以上によいものはない。
⇄ This is **better than** anything else.	これはほかのどんなものよりもよい。
⇄ This is **the best** (**thing**).	これがいちばんよい。

補足 これは書き換えの公式の１つである。とくに次の点に注目せよ。
　　① 原級《および一部の比較級》には，否定が含まれていることが必要。
　　② 最上級にするには as または than の次の語を主語にすればよい。
　　③ 最上級以外では通常 other や else がはいる。《cf. § 16, ⑴研究》

《注意》 **1.** ２つのものの比較ならば，もちろん，not as〔so〕 ～ as ⇄ 比較級＋ than の書き換えだけしかできない。

　2. ほかに次のように less を用いることも可能なはずだが，ふつうはいわない。
　　All the other boys in his class are *less tall* than he.

研究 **1.** そのほか，次のようなやや特殊な構文の場合には，上記以外の書き換えが可能なこともある。

I have **never** seen **as〔so〕 beautiful** a woman **as**〔a **more beautiful** woman **than**〕 she.	私は彼女くらい〔彼女以上に〕美しい女性を見たことがない。
⇄ She is **the most beautiful** woman **that I have ever seen**〔ever saw〕.	彼女は私が今までに見た（ことのある）いちばん美しい女性だ。
He is **the greatest** poet that ever lived.	彼は史上最大の詩人だ。
⇄ He is **as great** a poet **as** ever lived.	彼は史上のだれにも劣らない偉大な詩人だ。

もちろんこれらは，than any other を用いて書き換えもできる。

She is *more beautiful than any other* woman that I have ever seen.

He is *greater than any other* poet that ever lived.

2. 次のような長文でも，これを応用して，as 以下のものがいちばん likely である，という意味になるはずだと判断できれば，解釈しやすいだろう。

No government is **so** likely to remain a government **as** one which convinces its citizens of the effort it is making to satisfy their demands.	市民たちに，彼らの要求を満足させるために政府の払っている努力を，十分納得させるような政府が，いちばん政府として存続することになりやすい。

まとめ 19

比較変化：原級・比較級・最上級の３つがある。

Ⅰ　比較級・最上級の基本的な作り方

		１音節の語	２音節	３音節以上	不規則なもの
比較級	-er	dry−drier free−free**r**	-erまたは more 〜	more 〜	good−better little−less, etc.
最上級	-est	big−big**g**est	-est または most 〜	most 〜	best least, etc.

Ⅱ　同等比較：**as ＋原級(＋〜)＋ as** ...「…と同じくらい〜」
　　否定では，「not as (または so)＋原級＋ as」となる
　１．あとの as の次が代名詞のときはそれの格に注意。
　２．あとの as 以下が省略されていることもある。
　　《成句》　as 〜 as possible〔one can〕; as well ; not so much
　　　A as *B*, etc.

Ⅲ　比較級：**比較級(＋〜)＋ than** ...「…よりも〜」
　１．**劣勢比較**：less ＋原級(＋ than 〜)「(〜よりも)…でない」
　　（文語的な表現。用いられることはまれ）
　２．**-ior の語尾の比較級**：senior などは than のかわりに to をとる。
　　《成句》　no ＋比較級(〜)＋ than ; the ＋比較級〜, the ＋比較
　　　級 ..., etc.

Ⅳ　最上級：**the ＋最上級(〜＋ of ...)**「(…のうちで)いちばん(〜)」
　　副詞の最上級に the はつかない。叙述用法でもないことがある。
　　《成句》　at best〔most, least〕; not 〜 in the least ; for the
　　　most part ; make the most of, etc.

Ⅴ　比較を含む文の書き換え
　　最上級，否定を含む原級，比較級は，意味の変化なしに互いに書
　　き換えられることが多い。

　　This is **the best** of all these stories.
　　⇄　This is **better** than any other story.
　　⇄　No other story is **as good as** this one.

Exercise 19   解答は p.673

(1) 次の各組の英文の内容が同じになるように，（   ）に適語を入れなさい。

1. ｛ This house is not so large as that one.
     That house is (   ) than this one.

2. ｛ Human life is more precious than any other thing.
     Nothing is (   ) precious (   ) human life.
     Human life is (   ) (   ) precious of all things.

3. ｛ It is less cold today than yesterday.
     It is not (   ) cold today (   ) it was yesterday.

4. ｛ I am more fond of coffee than tea.
     I (   ) coffee to tea.

(2) 次の英文の誤りを正しなさい。

1. きみは彼に比べて 5 インチ背が高い。

   You are taller five inches than he.

2. これは彼が送ってきたいちばん最近の報告です。

   This is the last report he has sent us.

3. 彼の娘は 2 人のうちの若いほうだ。

   His daughter is younger of the two.

4. この品は見本よりも悪い。

   This article is more inferior than the sample.

5. ニューヨークはアメリカの都市のうちでもっとも大きい。

   New York is the largest of any city in the United States.

(3) 次の英文の（   ）に適する語(句)を a ～ d から選び，記号で答えなさい。

1. The subway is safe during the day but (   ) at night.

   a. less safe   b. lesser safe   c. less safer

   d. more safer

2. He could not (   ) much as write his own name.

   a. as   b. so   c. that   d. too

3. Robert is a good scholar, and, (   ), a good teacher.

   a. what not   b. still less   c. what is more

   d. that is

4. (　　) a man grows, the more forgetful he becomes.
　　　a. As older　　b. The older　　c. When old　　d. If old
5. She couldn't pay for her own lodging, (　　) for that of her sister.
　　　a. much more　　　b. no less than　　　c. much less
　　　d. still more

(4)　次の各組の英文の内容が同じになるように，(　　)に適語を入れなさい。

1. { He had as many as six brothers.
　 { He had (　　) (　　) than six brothers.

2. { She can play the piano best of all the girls.
　 { (　　) (　　) girl can play the piano as well as she.

3. { John is three years my senior.
　 { John is three years (　　) (　　) I am.

4. { As soon as his father died, he took over his business.
　 { No (　　) had his father died (　　) he took over his business.

5. { The girl is more shy than unsociable.
　 { The girl is shy (　　) than unsociable.

(5)　日本文の英訳になるように，与えられた語(句)を正しく並べて(　　)
内に入れなさい。

1. 彼はできるだけ彼女にやさしくしようとした。
　　He tried to (　　　　).
　　　as, to, be, her, kind, as possible
2. 彼が怠慢だとは思わない。まして不正直だとは思わない。
　　I don't think that (　　　　).
　　　is, is, he, he, less, still, negligent, dishonest
3. 世の中で金から幸せを手に入れるほど簡単なことはなさそうにみえる。
　　(　　　　　) to get happiness out of money.
　　　in, the, than, seems, world, easier, nothing
4. 犬は，私たちより10倍もはっきり音が聞こえる世界に住んでいる。
　　Dogs live in a world in which (　　　　) them.
　　　we, are, as clearly as, hear, heard, sounds, ten times

第**20**章
前置詞

前置詞には，at, in, などのように１語のものと，２語
以上が集まってできた群前置詞がある。

§1 前置詞とは何か，その種類

名詞・代名詞，または，それと同等の働きをするもの《名詞句・名
詞節（pp. 607, 616）》の前につけて，それらと他の語を種々の関係で結
びつける働きをする語が前置詞（Preposition）で，たとえば次のような
語である。

after	at	by	for	from	in
of	on	over	to	under	with, etc.

補足 具体的にいうと，a man *in* the car（車の中の男）の in は a man と the
car を結びつけるとともに，両者の位置関係を示しており，また It is made *of*
wood.（それは木でできている）では，of は動詞と名詞を結びつけて，材料関
係を表しているわけである。純粋の前置詞は比較的少数であり，ひんぱんに用
いられるから，定義などよりも，これこれは前置詞だと覚えておくのがよい。

研究 **1.** 本来の前置詞のほか，次のような，分詞に由来するものもある。

concerning（～に関して）	considering（～を考慮すると）
during（～の間じゅう）	excepting（～を除いて）

2. ２語以上が集まって１つの前置詞と同等の働きをしている場合がある。
これを群前置詞（Group Preposition）と呼ぶが，次にあげるもののほかにも数
は多い。

according to ～（～に従って）	because of ～（～のため）
by means of ～（～によって）	for the sake of ～（～のために）
for want of ～（～のないために）	in spite of ～（～にもかかわらず）
out of ～（～から）	with regard to ～（～に関して）

群前置詞は「前置詞＋名詞＋前置詞」の形をよくとるが，同じ形をとるものとして p.35, **研究** 3 の表現を参照。両者の境界線はあまり明確ではない。

（**参考**）like（〜に似た），near（〜の近くに），opposite（〜の向い側に）など，形容詞に由来する前置詞も少数ある。

§2　前置詞の目的語

前置詞のあとにおかれ，意味上これと結合する語句が前置詞の目的語である。ふつうの名詞・代名詞のほか，疑問詞などで始まる動詞を含んだ文句《名詞節》も，前置詞の目的語になる。

He took it **with** *him*.	彼はそれを持って行った。
Be careful **about** *what you eat*.	食べるものに気をつけなさい。

研究　1. 人称代名詞の場合は，目的格にすることを忘れてはならない。

2. 不定詞は，名詞的用法でも，前置詞の目的語にはなれない。(p.374 参照) その必要がある場合は，動名詞を目的語として用いる。

3. that 〜（〜ということ）は，次の場合以外，前置詞をとらない。

besides **that** 〜（〜ということのほか）　but **that** 〜（〜ということ以外）

except **that** 〜（〜ということ以外に）　in **that** 〜（〜という点で，〜ので）

それ以外の前置詞の場合は，the fact that 〜（〜という事実）などの言い方を用いて，「前置詞＋ that 〜」となるのを避けなければならない。

It was due to **the fact that** she was not trusted.	それは彼女が信用されていない（という事実の）せいであった。
I'll see to **it that** he is duly punished.	彼がしかるべく処罰されるようにします。《it (形式目的語)＝ that 〜》

4. 通常は名詞として用いられない語句が，いわば臨時に名詞扱いを受けて前置詞を伴うこともある。ことに，「〜として」の意味の as, for の次に形容詞や分詞がくることは多い。

at large（自由で，詳細に，一般の）	in general（概して）
in public（公に）	for long（長い間）
take 〜 for granted（〜を当然と思う）	of late（最近），etc.

He regards it **as** *useless*.	彼はそれを無益と思っている。
I gave him up **for** *lost*.	私は彼をなきものとあきらめた。
The moon emerged **from** *behind the clouds*.	月が雲のうしろから現れた。

| I waited **till** *after eleven*. | 私は11時過ぎまで待った。 |

5. 前置詞の目的語の位置は，つねにその直後であるが，①目的語が疑問詞・関係詞の場合，②前置詞が不定詞に伴う場合，③動詞句の受動態の場合（p. 267 参照），④強調の場合，には目的語から離れることもある。

① the house (**which**) he lives **in** （彼が住んでいる家）

| **What** did he do that **for** ? | 彼はなぜあんなことをしたのか。 |

② **a chair** to sit **on** （すわる〔べき〕いす）

| ④ **This** I believe **in**. | これをよいと私は信じている。 |

§3 前置詞と副詞

大部分の前置詞はそのままの形で副詞として用いられる。この場合は，動詞と結合して動詞句（p. 267）をなすことが多い。

He almost fell **off**.	彼はもう少しで落ちそうだった。
She went **up** to the stairs.	彼女は階段のところまで進んだ。
I turned **on** the radio.	私はラジオをかけた。

補足　これらを次の文と比較して見れば，前置詞と副詞の相違がわかろう。

① He fell *off* the ladder.	彼ははしごから落ちた。
② She went *up* the stairs.	彼女はその階段を登った。
③ The door turns *on* hinges.	ドアはちょうつがいで動く。

　①，②では，off, up は「～から（離れて）」「～の上方に」という本来の意味で用いられているばかりでなく，次に目的語を伴っているから前置詞であるが，上の例文では off は目的語がなく，up は次に直接名詞がきていないからやはり目的語がなく，ともに副詞である。③でも，直訳すれば「ちょうつがいの上で回る」だから，hinges は on の目的語で，on は前置詞だが，上例の on は「ラジオの上に」などの意味ではないから副詞。on だけに格別の意味はなく，turned on で初めて意味をなす点が違うし turn the radio *on* とあとにおくこともできるのに対し，③で turn hinges *on* とはいえないのも相違点である。

研究　**1.** at, against, from, into, of, upon, till, toward(s), until などのように，副詞としては用いられない語もある。for, with も，be done *for*（へたばる，やられる），get ～ over *with*（～をすませる）など例外的な場合に副詞的に使われるほかは，もっぱら前置詞としてのみ用いられる。

　2. この種の副詞は，大部分の場合に，前置詞とほぼ同じような意味を表すのがふつうであるが，次のように，中にはそうでないものもある。

walk **on** (＝ *continue to* walk) （歩き続ける，どんどん歩く）

eat **up** (＝ eat *completely*) （食べ尽くす）

3. 補語に用いられる場合もある。

He is **in**.	彼は在宅だ。
The play is **on**.	その劇は上演中だ。

4. up, down は, 細長いものに沿って上りまたは下るという意味を表す場合以外は, 通常副詞として用いられる。

$$\begin{cases} \text{look } \textbf{down} \text{ the table （テーブルを〔端まで〕見通す）〔前置詞〕} \\ \text{look } \textbf{down} \text{ at the table （テーブルを見おろす）　　〔副　詞〕} \end{cases}$$

（参考） 副詞か前置詞か判定の困難なこともある。たとえば, talk it *over* (それについて相談する) の over は副詞, weep *over* his death (彼の死んだのを泣く) の over は前置詞である《weep ～ over とはいえない》が, talk *over* the matter (その問題について相談する)は over をあとに回せる点で前者と似ているのに対し, over を「～に関して」《前置詞》と解して意味が通ずる点では後者と共通している。

§4　前置詞と動詞・形容詞・名詞

特定の動詞・形容詞に伴う前置詞は習慣的にほぼ定まっていて, それらの派生語についても同じ前置詞を用いるのがふつうである。

$$\begin{cases} \text{believe } \textbf{in} \text{ ～ （～を信じる）} \\ \text{belief } \textbf{in} \text{ ～ （～に対する信念）} \\ \text{a believer } \textbf{in} \text{ ～ （～を信じる人）} \end{cases} \quad \begin{cases} \text{attend } \textbf{to} \text{ ～ （～に注意する）} \\ \text{attentive } \textbf{to} \text{ ～（～に注意を払って）} \\ \text{attention } \textbf{to} \text{ ～（～に対する注意）} \end{cases}$$

$$\begin{cases} \text{depend } \textbf{on} \text{ ～ （～に依存する）} \\ \text{dependent } \textbf{on} \text{ ～ （～に依存して）} \\ \text{dependence } \textbf{on} \text{ ～ （～への依存）} \end{cases} \quad \begin{cases} \text{differ } \textbf{from} \text{ ～ （～と違う）} \\ \text{different } \textbf{from} \text{ ～ （～と違って）} \\ \text{difference } \textbf{from} \text{ ～ （～との相違）} \end{cases}$$

研究 しかし例外もまれではない。

dependent **on** ～ ― independent **of** ～（～に依存しない, ～から独立した）
resemble(似る)《 他動詞 》― resemblance **to** ～ （ ～ に似ること ）
superior **to** ～（～にまさった）― superiority **over** ～（～にまさること）

§5　おもな前置詞のよく用いられる意味・用法

すべての前置詞の意味・用法全部を述べるのは, 文法よりむしろ辞書の領分である。ここでは, よく用いられる意味だけを取り上げ, それぞれの前置詞の中心的な意味に結びつけることで, 知識の整理をはかるにとどめた。前置詞の意味・用法全部を網羅したわけではない。

（1）At：「ある一点(の狭い場所)に」が基本の意味。それから,

① 静止状態に関しては「(場所・状態・時間)に；〜に接して」
② 運動に関して用いると「〜に向かって；〜を目がけて」
を意味する。

① put up **at** an inn（宿屋に泊まる）　be **at** work（仕事中である）
at rest（休息して）　　　　　　　　**at** one o'clock（1時に）
be surprised **at** the sight（その光景を見〔に接し〕て驚く）
be delighted **at** the news（その報道を聞い〔に接し〕て喜ぶ）
② look **at** 〜（〜に視線を向ける）　laugh **at** 〜（〜を笑う）
aim **at** 〜（〜をねらう）　　　　fly **at** 〜（〜に飛びかかる）
throw a stone **at** a dog（犬に〔向かって〕石を投げる）

(2) For ：①「〜を求めて」「〜に向かって」《目的》が基本の意味で，
②「〜と引換えに」《交換》，③「〜に代わって」「〜のために」《利益》，
④「〜のために」《理由》などの意味を表す。

① ask **for** 〜（〜を要求す〔求め〕る）　leave **for** Tokyo（東京に向かう）
a letter **for** me（私あての手紙）　go **for** a walk（散歩に出る）
② pay **for** 〜（〜〔と交換〕に代金を払う）in return **for** 〜（〜と引換えに）
③ act **for** him（彼の代理をする）　speak **for** 〜（〜のために話す）
④ famous **for** 〜（〜で有名な）　　**for** want of 〜（〜のないために）
blame him **for** the error（その誤りのために〔のことで〕彼を非難する
→彼の（その）誤りをとがめる）

研究 中心的な意味からいっそう遠ざかるが，次の意味もよく用いられる。
（ⅰ）**期間・区間**：*for* a week（1週間），*for* a mile（1マイル）
（ⅱ）「〜に関して；〜にとって」：bad *for* one's health（健康に悪い）
（ⅲ）for 〜 to ... で不定詞の意味上の主語を表す（p.386）

参考 for のもっとも古い意味は，be*fore* などに残る，「〜の前に」である《現在で
はこの用法はない》。あるものの「前に」ということは，「それを求めて」ともなり，
「それを保護して」（③）ともなる。また，「それを求めて代金を払う」は「それと
引換えに代金を払う」（②）と変化し，「その誤りと引換えに罰する」は「そのた
めに罰する」（④）につながるわけである。

(3) In ：「(ある範囲)の中に」が基本の意味。それから，場所・時
間・衣服・状態・形状などについて，「〜(の中)において」「〜の点で」
を意味する。

in the air（空中に）　　　　　　**in** the north（北部に）
in the morning（午前中に）　　**in** autumn（秋に）

in one's boots （くつをはいて）　　**in** black （黒服〔喪服〕を着て）

in comfort （安楽に）　　　　　　　**in** haste （急いで）

in a circle （輪になって）　　　　　**in** a drop （しずくになって）

研究　**1.**「～の中へ」《運動》のときは通常 into を用いるが，in もまれではない。

　2. 時間の経過《「～たつと；～で」》を表すことがある。

　　I'll be back **in** an hour.　　┊　　1時間で〔すれば〕帰って来ます。

　3. そのほか，① 材料《「～で」》，② やり方《「～で」》にも用いる。

　　① write **in** ink （インクで書く），② speak **in** English （英語で話す）

　　② **in** this manner〔way〕（こういうやり方で，こうして）

参考　次のように，「～のために；～だから」《理由》に訳すのがよいときもある。

　　In this character he was the　　┊　　こういう性格だから，彼が最初に私を
　　first man to help me.　　　　　　┊　　助けてくれた。

(4) Of：①「～から」《分離》が基本の意味である。それから，②「～のうちの」《部分》，③「～から(の)」《材料》，④「～の持つ」《所有》などを意味する。

　① west **of** the town （町の西に）　　be born **of** ～ （～から生まれる）

　　demand a dollar **of** him （彼に1ドル要求する）

　　rid the town **of** him （町から彼を《直訳：彼から町を》除く）

　② one **of** us （私たちの1人）　　　　all **of** them （彼らの全部）

　③ a house **of** wood （木造の家）　　consist **of** ～ （～から成り立つ）

　　make a lawyer **of** his son （彼のむすこを弁護士にする〔←むすこから弁護士を作り上げる〕）

　④ the floor **of** the kitchen （台所の床）

研究　**1.**「いう」「思う」などの意味を含む動詞に続く of は，「～について」の意味を表すことが多い。

　　hear **of** ～ （～について聞く）　　　inform ～ **of** ... （…を～に知らせる）

　　know **of** ～ （～のことを知っている）　speak **of** ～ （～について述べる）

　　talk **of** ～ （～について話す）　　　think **of** ～ （～のことを考える），etc.

　2. 同格《～という》を意味することもある。

　　the city **of** Tokyo （東京の町，東京という都市）

　　the idea **of** examining it （それを調べる〔という〕考え）

　3. 主格関係・目的格関係を表す用法もある。p.86 参照。

参考　「私たちからの1人」《分離・出発点》は，「私たちのうちの1人」《部分》や，

「木(から)の家」《材料》を生み出し，さらに「台所のうちの床」《部分》が「台所の持つ〔に所属する〕床」《所有》へと変わってきたわけである。

(5) On ：上に乗った状態をいうのが基本。それから，**静止状態で，**①「～の上に」《接触状態》，②「～に基いて」「～によって」《基礎》，③ 運動に関して用いて「～の上へ」「～に向かって」などを意味する。

① **on** the surface （表面に）　　　　**on** the〔one's〕way （途上で）
② rely **on** ～ （～にたよる）　　　　**on** a principle （原則に基づき）
③ an attack **on** him （彼への攻撃）smile **on** ～ （～にほほえみかける）

研究　**1.** 英語でいう on(～の上に)の観念は，日本語とはだいぶ違う面があり，線・行為・状態などに関しても，「～に接触して」の意味で用いられる。

His home is **on** Fifth Street.	彼の家は五番街にある。
On examination it turned out to be harmless.	調べて見ると，それは無害であることがわかった。
They were **on** the alert.	彼らは警戒していた。

　したがって，on the river〔street〕は「川〔通り〕の上に」の意味にも「川〔通り〕に面して」の意味にもなる。そのほかにも，日本語では，ふつう，単に「に」の場合にも on が用いられることがある。

　　a fly **on** the ceiling （天井の〔にいる〕はえ）
　　a picture **on** the wall （壁の〔にかかっている〕絵）
　　on the outside of the gate （門の外側に）
　　そのほか例は多いが，むしろ慣用的表現として記憶するのがよい。

　2. ① 時間に関して，②「(主題)について」の意味，でも用いる。
　　① **on** Sunday （日曜日に）　　**on** the night of ～ （～の夜に）
　　② speak **on** the subject （その問題について話をする）
　　　　congratulate him **on** his success （彼の成功を祝う）

(6) Over ：離れて上をいうのが基本的な意味である。それから，①「～の上に」「～をおさえて」「～を見おろして」，②「～の上全体に」などを意味する。運動に関して用いれば，そのほか，③「～の上を越えて〔こちらから向うへ〕」の意味になる。

① the sky **over** it （その上の空）　　　　reign **over** ～ （～に君臨する）
　a victory **over** ～ （～に対する勝利）watch **over** ～ （～を見張る）
　bend **over** one's work （背をかがめて仕事をする）《直訳：仕事の上にかがみこむ》
② all **over** the world （世界じゅうに）look out **over** ～ （～を見わたす）

spread the cloth **over** the table （食卓の上に布を広げる）

③ jump **over** ～ （～を飛び越える）　　run **over** ～ （〔車が〕～をひく）

fall **over** a cliff （がけから〔がけの縁を越えて〕落ちる）

研究 **1.** ②，③の意味では，「離れて上」ではなくてもよい。

2. 「～を見おろして」からきた「～しながら」「～に関して」の意味もよく用いられる。

quarrel **over** the matter （その件についていい争う）

talk **over** a cup of tea （お茶を飲みながら話す）

(7) With：①「～と（いっしょに）」を基本的な意味と考えてよく，②「～を持って（いる状態で）」，③「～で」《道具》に結びつく。

① consult **with** ～ （～と相談する）　go **with** him （彼といっしょに行く）

② a boy **with** blue eyes （青い目をした少年）

speak **with** conviction （確信をもって話す）

③ hear **with** one's ears （耳で聞く）

研究 **1.** 上記のほか，「～に対して；～にとって」もよく用いられる意味である。前には形容詞のきていることが多い。

He is angry **with** me.	彼は私に対し腹をたてている。
It was customary **with** him.	彼にはそれは習慣的であった。
With them, truth is no longer important.	彼らにとっては，真理はもはや重要ではないのだ。

2. 次の用法も，「～といっしょに」のやや特殊な場合と考えればよい。

With this, he stood up and left the room.	こういうと，彼は立ち上がってへやを出た。
cf. *at* this （これを聞く〔見る〕と）	

3. with ～が分詞構文に類似する働きをして，付帯的状況を表す例は p. 411 を見よ。これは上記②の用法の1つの場合である。

4. そのほか②の意味は，前後関係によって，「ありながら」「あるのだから」「あれば」などと訳す必要がある。この with も，having ～という分詞構文に相当するものと思ってよい。

With all his wealth, he is not happy.	たくさんの財産がありながら〔あるけれども〕，彼は幸福ではない。（with all で成句と考えてもよい）
With his experience he is sure to succeed.	彼ほどの経験があるのだから，きっと成功する。

She cried **with** pain.	彼女は痛くて〔痛いので〕泣いた。
With your help he would have accomplished it.	きみの援助があったならば，彼はそれをなしとげただろうに。

(**参考**)　①の意味から派生した「～のところに」もときどき用いられる。《cf. stay *with* him「彼といっしょに滞在する」→「彼のところに滞在する」》

　　leave the money *with* him（その金を彼に預ける〔のところにおいていく〕）

　　get a job *with* a tailor（洋服屋〔のところ〕で職を見つける）

§ 6　意味・用法上の注意すべき相違点(**1**)《英語を中心に》

(**1**) After ; Behind

after は順序「～の次に」，追求「～を追って」の意味。**behind** は単に位置を示し，しばしば，「～の陰に（かくれて）」の意味を含む。

He sat down **after** me.	彼は私のあとですわった。
He sat down **behind** me.	彼は私のうしろにすわった。
They ran **after** him.	彼らは彼を追いかけた。
They ran **behind** him.	彼らは彼のあとを走った

(**研究**)　behind を時間に用いることは少ないが，**behind** time は「時間におくれて」，**after** the time は「その時間の（過ぎた）あとで」を意味する。

(**2**) Among ; Between

among は 3 つ以上のものに囲まれて「～の中に」の意味を含み，**between** は 2 つを単位に考えて「～の間に（はさまれて）」である。

(**研究**)　**1.** among は 3 つ以上，between は 2 つの間，という区別は，厳密には守られていない。3 つ以上のものについても，その 1 つ 1 つと他のものとの間を考えるとき《個別的》は between を用い，全体的に見ていうとき《集合的》は among を用いる。

　2. among の次には複数の語または集合名詞がくるのが通例で，抽象名詞などの場合は amid, in the midst of, etc. を用いなければならない。

　　amid the confusion（混乱のさなかに）

だが，物質名詞がきている例は時おり見られる。

　　bury one's head *among* the hay（干し草の中に首を突っ込む）（G. Orwell）

　　A seal lay *among* unbroken ice.（アザラシが割れ目のない氷に囲まれた中で寝そべっていた）（F. S. Stuart）

(3) Before ; In front of

単に，具体的なものが，何か「～の前に」あることをいうには，**in front of** がふつう。**before** を用いるのは，単なる存在だけの意味ではないとき，比喩的に「～の前に」という場合，が多い。

There was a car **in front of** the door.	ドアの前に車が1台あった。
There was a chance of quiet life **before** him.	彼の前〔未来〕には静かな生活を送るチャンスがあった。
He had to tackle the problem **before** him.	彼は目前の問題に取り組まなければならなかった。

研究　この2つは，場合によってどちらも使えるときもあるが，時間・順序についての「～の前に」には before を用いる。反対は after である。

(4) Beside ; Besides

beside は「～のかたわらに」（＝ at the side of），**besides** は「～のほかに」（＝ in addition to）の意味で，現在の用法ははっきり違う。

《注意》　besides は副詞に用いて「そのうえ」の意味にもなる。

(5) From ; Off ; Out of

from と off，および from と out of は互いに大差なく用いることも少なくないが，**from** は本来1つの起点《場所・時間その他》「～から（分離して）」の意味。**out of** は「～の中から（外へ）」の意味。**off** はむしろ副詞として用いることが多いが，「（表面にそって）～から」の場合にはよく前置詞に用いる。

I received a letter **from** him.	私は彼から手紙を受け取った。
The train ran **off** the line.	その列車は脱線した。
The ball rolled **off** the table.	ボールはテーブルからころがり落ちた。
He walked **out of** the shop.	彼はその店から〔を〕出た。

研究　**1.** out of は「～のそとで」《静止状態》の意味にも用いる。

Fish can't live **out of** water.	魚は水から出ては生きられない。

2. 米語では out of のかわりに out をよく用いる。

3. 離れている状態に重きをおいていう場合はもっぱら off である。

{ **off** the coast （岸を離れて，沖合いに）
{ **from** the coast （岸から《離れる，など》）《岸＝起点》

$\begin{cases} \textbf{off} \text{ the point （要点をはずれて）} \\ \textbf{from} \text{ the point （その点から《出発する，など》）《その点＝起点》} \end{cases}$

しかし，動詞と結合して用いると，両者の区別はないことも少なくない。

borrow money **from**《時に **off** 》 him（彼から借金をする）

a house set back **off**〔**from**〕the road（道路から引っ込んだ家）

4．負担を軽くするという意味を含む場合は off が用いられる。

take the matter **off** his hands（その問題を彼の手から引き取る）

(**参考**) やや俗っぽい言い方では，off from, off of もいう。

(6) In ； For ； During《時間に関して》

in は①「～すると」「～で」と，②「～(の間)に」の意味，**for** はある期間をくぎって「～の間(継続して)」の意味である。**during** は「～の間ずっと」の意味を表す。

I take a nap **in** the afternoon.	私は午後に昼寝をする。
I'll be back **in** a moment.	私はすぐ〔一瞬間で〕もどる。
I waited **for** a moment.	私はちょっと〔一瞬間〕待った。
They were due to sail **in** three days〔three days' time〕.	彼らは 3 日すると船出するはずであった。
They sailed **for** three days.	彼らは 3 日間航海した。
He guarded us **during** the night.	彼は一晩じゅう私たちの番をした。

(**研究**)　**1**．①の意味の in は，次に数詞またはそれに準ずる語を伴うのがふつうである。それがなければ②の意味になる。

$\begin{cases} \textbf{in } a \text{ week } or \text{ two （1，2 週間で）} \\ \textbf{in } \text{the week （その週に）} \end{cases}$ $\begin{cases} \textbf{in } a \text{ few years （数年で）} \\ \textbf{in } \text{A.D. 2000 （紀元 2000 年に）} \end{cases}$

2．for も次に数詞またはそれに準ずる語をよく伴う《この for は略されることも多い》。それがなければ「～に関して」などの意味に近づく。

He worked at it **for** *two* days.	彼は 2 日間その仕事をした。
My work is over **for** *the* day.	きょう《直訳：その日に関して》は私の仕事は終わった。

3．during は，for および②の意味の in と類語であるが，「ずっと」という継続の気持を強く含む。

4．during には，「継続した時間のうちの一時点で」という意味もある。また，時間に関する語以外のものをよく伴う。for にはこれらの用法はない。

during the lesson（授業中ずっと；授業中〔のある時点〕に）

during the war（戦争中ずっと；戦争中〔のある時期〕に）

参考 1. 米語では, for のかわりに in を用いた例がめずらしくないが, in のこの用法はイギリス英語にも侵入してきている。

In two hours I didn't move from the chair. (Saroyan) | 2時間のあいだ, 私はそのいすから動かなかった。

2. ①の意味の in は通常 at the end of ～ (～の終りに, ～たつと) と in the course of ～ (～の経過するうちに)の意味であるが, within(～以内に)のときもある。

(7) Over ; Above

over は「～の頭上に」から支配などの意味(§5, (6)参照)を表し, **above** は単に位置・水準が「～より上で」を意味する。

He is **over** me. | 彼は私の上役だ。《支配》
He is **above** me. | 彼は私より上だ。《地位など》

研究 1. 両者は実質的に大差のないこともある。とくに訳文ではそうである。

The bird flew **above**〔**over**〕the trees. | その鳥は木よりも高く〔の上を〕飛んだ。

2. 比喩的に用いた場合, above は「超越」を意味する。

above my comprehension (私の理解を越えて→私にはわからない)

above asking a question (質問を超越して→質問するのを恥じて)

(8) Till ; By

till は「～まで」, **by** は「～までに(は)」である。つまり, 前者は動作などがそれまで続く意味, 後者はそれまでに終る意味である。

I'll be here **till** six o'clock. | 私は6時までここにいます。
I'll be here **by** six o'clock. | 私は6時までにここに来ます。
I had arrived **by** then. | その時までには私は着いていた。

研究 by は,その意味上,完了形《完了・結果》といっしょによく用いられる。

(9) Under ; Below

under は「(あるもの)の真下」またはそれにおおわれて「下に」あること, **below** は位置・水準が「～より下に」あることを意味する。

He stood **under** a tree. | 彼は木の下に立っていた。
The sun sank **below** the horizon. | 太陽は地平線の下に沈んだ。

研究 under は over の反対, below は above の反対である。両者は, over, above と同様に, どちらを用いても大差のないこともある。

§ 7　意味・用法上の注意すべき相違点(2)《日本語を中心に》

　ここで述べるのはだいたいの話である。特殊な動詞や成句について
は，別の前置詞が用いられる場合もある。それらは個々に記憶しなけ
ればならない。

　(1)「～に」「～へ」

　(a) 場所《静止状態》の場合： at, in, on, within, etc.を用いる。周囲
を囲まれているという観念を伴わずにいう場合《狭い場所・地点・遠
い場所》には at，周囲を囲むものを意識する場合《広い場所》には in,
接触して上の気持ならば on を用いる。

He is staying **at** the hotel.	彼はそのホテルに滞在中だ。
I live **in** Tokyo.	私は東京に住んでいる。
The town lies **on** the coast.	その町は海岸にある。

　研究　**1.** 狭い場所でも，自分が生まれた所，今いる所，前に行ったことの
ある所をいうときは，通常 in を用いる。

　2. 動作そのものに重点がおかれ，中でとか，外でとかが，あまり問題でな
いときは，at を用いる。(例) buy it *at* a department store（デパートでそ
れを買う）

　3. continent（大陸），farm（農園），shore（岸）など輪郭のはっきりしな
いものは on をとる。また，chair, ground, street, train, island など，見方
により on, in 両方とるものも多い。

　4. 存在の場所に従って，そのほか，above, by, near, over, under, within,
etc. 多数の前置詞が利用できる。

　(b) 時間の場合：時間以下の単位には at，日には on，それより上の
単位には in を用いる。

　at half past six（6時半に）　　　　**on** such a day（こんな日に）
　in September（9月に）

　研究　**1. at** noon（正午に），**at** midnight（真夜中に），**at** night（夜分
に）などは at を用いる。

　2. morning, afternoon, evening は，単に1日の区分をいうときは in をと
るが，ある一定の日の午前などをいうときは on を用いる。

　　get up at six **in** the morning（朝6時に起きる）

　　on a fine morning（ある晴れた日の朝に）

on the evening 〔morning, night〕 of May 15 （5月15日の夕刻〔朝・夜〕に）

3. day が24時間単位の「1日」を意味しないときは in をとる。

in these days （このごろは） **in** one's day （若いころには）

(c) 方向の場合：そこまで到達する意味なら to，単に目的地に向けての意味なら for，目的地を含まないただの方角なら to, in, toward(s)，「～の中へ」の意味には in または into を用いる。

I went **to** the post office.	私は郵便局へ行った。
It led him **to** the conclusion.	それは彼をその結論に導いた。
He started **for** Osaka.	彼は大阪に向かった。
They went **in** this direction.	彼らはこの方角に行った。
The house looks **to** the south.	その家は南に向いている。
Pour some water **in**(**to**) the bottle.	そのびんの中に水を注ぎこみなさい。

補足 for の場合は，大阪に到着したという意味は含まれないのに注意。

(d) 変化をいう場合： into （または to）を用いる。

break **into**〔**to, in**〕 pieces （こなごなに砕ける）

turn water **into** steam （水を蒸気に変える）

(2)「～から」

(a) 場所・人間の場合： from, off, out of, etc. を用いる。（例文省略，§6,⑸参照）

研究 **1.** 「（人）から」が「（人）によって」《直接的》の意味なら by，「（人）を通じて」《間接的》ならば through が用いられる。

2. 次の場合は，日本語は「から」でも from は用いない。

begin **at**〔**in, with**〕 （～から始める）《場所・時間》

enter **at**〔**through, by**〕 （～からはいる）《入口・窓など》

3. of も時によって用いられる。§5,⑷参照。（例） within ten miles *of* the town （町から10マイル以内に）

(b) 時間の場合：単に「～から」は from，「～以来ずっと」の意味を含むときは since を用いる。

They worked **from** morning till〔to〕 night.	彼らは朝から晩まで働いた。
I haven't seen him **since** the beginning of the month.	今月の初めから（ずっと）彼に会っていない。

研究 1. since は，過去の時を基準にして，その時「から」の意味にしか用いないが，from は，過去・現在・未来のいずれも基準にできる。

2. since は，その意味上，完了形《継続》と併用されるのがふつう。

参考 from には，since のような継続の気持が全然含まれないともいいきれない。上例の from ～ till ... や from that time onward(あの時以後)などを参照。また，I know him *from* a child.（子どもの時から彼を知っている），*from* my childhood（子どもの時から）などもある。ただ since と違い，ふつう完了形には用いない。

(c) 理由・動機の場合：「ために」(p. 572 を見よ)

(3)「～まで」

(a) 場所の場合：to を用いる。《用例省略。(1)，(c)と同じ》

研究 **as far as** ～も用いられる。to が目的地までの意味を含むのに対し，これは目的地はまだ先だが「～のところまで(は)」といった意味を含む。

They went **as far as** Nagoya.	彼らは名古屋まで行った。

(b) 時間の場合： till, until《ときには to 》を用いる。

We stayed awake **till** midnight.	私たちは真夜中まで起きていた。
She had no doubt up **to** that time.	彼女はそのときまで何の疑いもいだいていなかった。

研究 1.「～までに(は)」の場合は by を用いる。§6,(8)参照。

2.「～までずっと」という継続の意味でなければ，before を用いる。

We have to wait a long time **before** his arrival.	彼の到着まで長いこと待たなければならない。

3. そのほか，継続の意味の完了形で，「～まで」を表せることもある。

(4)「～で」

(a) 材料の場合： from, of, in, etc. を用いる。

Wine is made **from** grapes.	ぶどう酒はぶどうで作られる。
The box is made **of** wood.	その箱は木でできている。
They spoke **in** English.	彼らは英語で話した。

研究 「～で〔から〕作る」のときの前置詞は from または of であるが，製品を見てすぐ材料がわかるような場合は **of**，原料がわからないほど変わってしまっている場合は **from** を用いるのが通則である。

(b) 手段・道具の場合：道具をいうには通常 with，手段は by, by means of などを用いる。

He drove a nail in **with** a hammer.	彼は金づちでくぎを打ち込んだ。

He came over **by** plane	彼は飛行機でやって来た。
We express our ideas **by means of** words.	われわれはことばで〔によって〕思想を表現する。

研究　「～を通じて」《間接的》の意味なら through,「～のやり方で」には, in a way〔manner〕など, in を用いる。

(c) 金額の場合：for《交換》を用いる。(§5,(2)参照)

He sold〔bought〕the book **for** a pound.	彼は1ポンドでその本を売った〔買った〕。
I would do it **for** ten dollars.	10ドルでそれをやりましょう。

研究　for は金額のくるときだけに用い, 金額をいわずに「値段(= price) で」の場合は at を用いる。また, 金額があっても, 単位を示す語が続いていれば, at が用いられる。

He sold it **at** a good price.	彼はそれをいい値段で売った。
It is sold **at** two dollars a yard.	それは1ヤード2ドルで売られている。

(d) 原因・理由の場合：下の「ために」を見よ。

(e) その他

場所・時間《日本<u>で</u>起こる, 6時<u>で</u>終わる, など》は「～に」と同じ扱い。「時間で雇う」(= hire *by* the hour)(p.50 参照),「～の速度で」(= *at* or *with* (a) speed of ～)などもある。

(5)「ために」

(a) 目的の場合：「～を得るために」を表すには, しばしば for が利用できる。その他の場合には種々の群前置詞《下記》がある。

The colonists fought **for** independence.	植民地の人びとは独立の〔を得る〕ために戦った。
He went out **for** wood.	彼はたきぎを取るために外へ出た。
She bought the land **for the purpose of** building on it.	彼女は家を建てるためにその土地を買った。

研究　この場合に for を濫用するのは危険。次のようなものの利用を考えよ。(in order) to ～, so as to ～《以上, 不定詞》, with a view to -ing, with the intention〔object, view, idea〕of ～, etc.

(b) 原因・理由・動機の場合：少数の特定の場合以外, for は用いない。感情に関する語では, with をよく用いる。その他では以下に掲げ

るような群前置詞を多く用いる。間接的・消極的な原因には through
も用いられる。

She was beside herself **with** grief.	彼女は悲しみのために狂ったようになっていた。
They put off their departure **on account of** the weather.	彼らはその天候のために出発を延期した。
Because of〔**Owing to**〕his poor health, he cannot work.	からだが弱いために彼は働くことができない。
He lost his position **through** his idleness.	彼は怠惰であるためにその職を失った。

《注意》 **1.** そのほか, **due to ~**, **thanks to ~**, **on the ground of ~**
などもある。「~のないために」ならば **for want〔lack〕of ~** がある。

2. 次のような言い方のときだけは for も使える。§5,(2), ④も参照。

tremble *for*〔*with*〕fear (恐怖のために震える)

cry *for*〔*with*〕joy (うれしさのために泣く〔うれし泣きする〕)

all the better〔worse〕*for ~* (~のためになおさらよい〔悪い〕)

3. from も用いられる。形容詞の次ではとくによく用いるようである。

Her eyes were red *from* crying.	彼女の目は泣いたために赤かった。
The street showed dark *from* a fine rain.	街路はこまかい雨のために黒く見えていた。

その他, 次のような成句的表現にも用いられている。

suffer *from* the heat (暑さ〔<u>のため</u>〕に苦しむ)

die *from* hunger (飢え<u>のために</u>死ぬ)

4. 感情に関する語は in も伴うが, この場合は, 原因よりはむしろ「~の状
態で」の気持のほうが強いように思われる。

look up *in* surprise (驚い<u>て</u>見上げる)

exclaim *in* despair (絶望し<u>て</u>叫ぶ)

5. 「~したことのために」〔結果〕の場合は, **as a result of ~**, **in
consequence of ~** などが利用できる。

(c) 利益の場合:「~の利益をはかって」の意味を表すには for もあ
るが, 多数の群前置詞を利用できる。

He laid down his life **for** his country.	彼は国のために命を捨てた。
Society exists **for the sake of** the individual.	社会は個人のために存在する。

研究 1. for だけ単独に用いることは，成句的な表現を除いて，あまりない。単独だと，代理・目的など，他の意味に誤解されやすいからである。

2. 群前置詞としては次のようなものがある。

for the benefit〔good〕of ～　　in〔on〕behalf of ～

in the interest(s) of ～　　in favor of ～（～に賛成して）

in honor of ～（～に敬意を表して）

3. for the sake of ～は「目的」の意味にも用いる。

(6)「～にとって」

to または for が用いられる。どちらを用いるか，習慣的に定まっている語もあり，どちらを使っても大差ないものもある。

① His fame became a burden **to** him.	名声は彼にとって重荷になった。
② It is essential **to** the maintenance of farmlands.	それは農地の保全にとって不可欠である。
③ It is essential **for** our lives.	それは私たちの生活には必須だ。
④ It was a good lesson **for**〔**to**〕him.	それは彼に（とって）はよい教訓だった。
⑤ The place had a peculiar charm **for** me.	そこは私に（とって）は独特の魅力があった。

研究 1. 「～見える」の意味の appear, seem は必ず to を伴う。

2. difficult（困難な），necessary（必要な），(im)possible（〔不〕可能な），useful（役にたつ），etc. は通常 to をとるが，It is ～ for ... to の構文（p. 386 以下）の場合《to 以下は文中に出ていないときもある》は for を用いる。

3. 「～にとって」が文頭におかれる場合は for が多いようである。

4. 「(他人はとにかく)～にとっては」「～の場合には」の意味では，with が用いられる。文頭にくることが多い。（§ 5, (7) **研究** 1 参照）

With God, nothing is impossible.	神には不可能なことはない。
The first object **with** him is to make a profit.	彼にとって第一の目的はもうけることである。

参考 to, for どちらも可能の場合でも，for には，その目的語になるものの利益を思う気持が多少とも含まれるのに対し，to には，それがないように思われる。たとえば，上の例文の④で for を用いれば，彼自身の考えはどうであるにせよ，この文の話者が「彼のためになる」と判断している気持である。次の例でも，to なら淡々と事実を述べるだけであるが，for は his wife 自身の受けとり方は別として，he が妻の利益になると判断したことを思わせる。

| No doubt the feat was *easy to* him. | 明らかにその芸当は彼に(とって)はたやすいことだった。 |
| He did his best to make it *easy for* his wife. | 彼は極力, 妻にとって, それがつらいことにならないよう努めた。 |

(7)「〜について」

あるテーマ「について」講演するなどの場合には on, そのほかでは about, of などを用いる。(例文省略, §5, (4), (5)参照)

研究 **1.** of は単に触れる程度, about はそれよりもくわしい意味で「〜について」という気持である。

2. そのほか, 次のような(群)前置詞も about の類語である。

concerning 〜   as to 〜   in〔with〕regard to 〜
with reference to 〜   with〔in〕respect to 〜

3. as for 〜はむしろ「〜については」と訳すと当たることが多い。as to 〜と違う点は, 文〔節〕の最初だけに用い, 文中にはおかれない点である。

(8)「〜に対して」

to, for, with, toward(s) などがあるが, いっしょに用いる動詞・形容詞によって習慣的に定まっていることが多い。敵対・反抗などの気持を強く含んでいうには against が用いられる。

He was indifferent **to** the distress of others.	彼は他人の苦悩に(対して)無関心であった。
She was kind **to**〔**toward**〕the poor.	彼女は貧しい人たちに(対して)親切だった。
He was rude **to**〔**with**〕me.	彼は私に(対して)無作法だった。
I felt sorry **for** him.	私は彼に対して気の毒に思った。
They struggled **against** the forces of nature.	彼らは自然の力に対して悪戦苦闘した。

研究 「〜に備えて」の意味では, for, against を通常用いる。for はふつうあるものを受け入れる覚悟での意味, against は好ましくないものについてそれを受け入れないつもりでの気持である。

prepare **against** disaster (災害に対して備える)

prepare **for** the examination (試験に対して準備する)

ま と め 20

前置詞：名詞・代名詞・名詞句〔節〕の前につけて，それらと他の語句
　　をさまざまな意味関係で連結させる語。

〔種類〕① もとからの前置詞 （例）at, by, on, to, etc.

　　　　② 分詞などに由来するもの （例）during, concerning, etc.

　　　　③ 2，3語で前置詞的に働くもの （例）in spite of, etc.

Ⅰ　前置詞の目的語　名詞・代名詞・動名詞のほか，次のものがある。

　1．thank him *for* **what he did** 〈関係詞による名詞節〉

　2．*from* **under** the bed 〈前置詞の重複〉

　3．*in* **that** he is too young 「彼は若すぎるから」〈特定の前
　　置詞以外，that 節を目的語にはできない〉

Ⅱ　前置詞の位置　目的語の前が定位置だが，次の場合は例外もある。

　　目的語が，① 疑問詞・関係詞のとき　② 強調のため前へ移るとき

　③ a house to live <u>in</u> の型の構文で。

Ⅲ　おもな前置詞の基本的な意味

　　　上記①の種類の前置詞の意味はたくさんあってなかなか手におえ
　ないが，特定の動詞・形容詞は特定の前置詞をとるのがふつうであ
　るから，それらと前置詞をあわせて覚えるのが実際的である。

　　　at「(ある一点)のところに」　　　**on**「〜の上に」

　　　for「〜を求めて」「〜に向かって」　**over**「(離れて)〜の上に〔を〕」

　　　in｜(ある範囲)の中に」　　　　**with**「〜と(共に)」「〜で」

　　　of「〜から(の)」「〜について」

Ⅳ　意味の似た前置詞の用法について

　1．**after** は順序・追跡など，**behind** はうしろの位置をいう。

　2．**in front of** は具体的なもの，**before** は無形のものが「〜の
　　前に」の意。

　3．**for** a week は「1週間の間」，**in** a week は「1週間で」「1
　　週間以内に」

　4．**over** は「〜の頭上に」，**above** は位置が上。頭上にかぎらない。

　5．**till** one o'clock は「1時まで(ずっと)」，**by** one o'clock は
　　「1時までに(は)」

Exercise 20 解答は p.673

(1)　次の英文の(　　)に適する語(句)を，a～dから選び，記号で答えなさい。

1．We began to sail (　　) the direction of the port.

　　　a. in　　b. to　　c. for　　d. with

2．This city is 1,600 meters (　　) sea level.

　　　a. on　　b. to　　c. up　　d. above

3．He looks rather grim today. I wonder what's wrong (　　) him.

　　　a. for　　b. of　　c. to　　d. with

4．I have been quite ignorant (　　) the fact.

　　　a. at　　b. of　　c. on　　d. to

5．We are often spoken (　　) Americans on our campus.

　　　a. by　　b. to　　c. by to　　d. to by

6．It is heartless (　　) him to say such a thing to the sick man.

　　　a. in　　b. on　　c. of　　d. about

(2)　日本文に合う英文になるように，(　　)に適当な前置詞を入れなさい。

1．その船は1週間でホノルルに着くでしょう。

　　　The ship will arrive at Honolulu (　　) a week.

2．彼の名は，彼の国ではだれでも知っている。

　　　His name is quite familiar (　　) everybody in his country.

3．彼女はその事故とは何の関係もないとぼくは思います。

　　　I don't think she has anything to do (　　) the accident.

4．ある晴れた日の朝，私はその小道を古い教会の所まで散歩した。

　　　(　　) a fine morning, I took a walk along the path to an old church.

(3)　次の各組の英文を下線部に注意して和訳しなさい。

1．{ We <u>suffered</u> a loss.
We <u>suffered from</u> the loss.

2．{ He does not care <u>about</u> money.
He does not care <u>for</u> tea.

3．{ He threw the ball <u>to</u> me.
He threw the ball <u>at</u> me.

4. $\begin{cases} \text{I \underline{believe} my friend.} \\ \text{I \underline{believe in} my friend.} \end{cases}$

(4) 次の各組の英文の（　　）に共通して適する前置詞を入れなさい。

1. $\begin{cases} \text{He arrived before the meeting was (　　) an end.} \\ \text{I wondered (　　) his remarkable memory.} \end{cases}$

2. $\begin{cases} \text{They took him (　　) my brother.} \\ \text{(　　) all that, I still love her.} \end{cases}$

3. $\begin{cases} \text{What do you think (　　) his idea ?} \\ \text{All (　　) a sudden he lost all interest in life.} \end{cases}$

4. $\begin{cases} \text{I have been (　　) good health for years.} \\ \text{She went out of the room (　　) haste.} \end{cases}$

(5) 次の各組の英文の（　　）に適当な前置詞を入れて，2つの文が同じ意味になるようにしなさい。

1. $\begin{cases} \text{I shook hands (　　) him.} \\ \text{I shook him (　　) the hand.} \end{cases}$

2. $\begin{cases} \text{We supplied food (　　) the refugees.} \\ \text{We supplied the refugees (　　) food.} \end{cases}$

3. $\begin{cases} \text{I went to search (　　) my comrade.} \\ \text{I went in search (　　) my comrade.} \end{cases}$

4. $\begin{cases} \text{His opinion is different (　　) mine.} \\ \text{He and I are different (　　) opinion.} \end{cases}$

5. $\begin{cases} \text{He studied law (　　) order to be a barrister.} \\ \text{He studied law (　　) a view to be a barrister.} \end{cases}$

(6) 次の英文の（　　）に適する群前置詞を下から選び，記号で答えなさい。

1. He gave a dinner (　　) the celebrated statesman.
2. (　　) the absence of competition they prosper greatly.
3. He worked all day (　　) a splitting headache.
4. The farmer bought a tract of land (　　) farming.
5. All the vegetables withered away (　　) rain.
6. I will repeat my advice (　　) being tedious.
   a. in spite of　b. for the purpose of　c. out of　d. thanks to
   e. by means of　f. for want of　g. in honor of　h. at the risk of

第**21**章
接続詞

接続詞には，語・句・節を連結する等位接続詞と，名詞節・副詞節を導く従位接続詞の2つがある。

§1 接続詞とは何か

語・句・節を連結する働きをする語が接続詞(Conjunction)である。

① They are poor **but** happy.	彼らは貧しいが幸福である。
② It was a book both of interest **and** of value.	それはおもしろくもあり，また価値もある本であった。
③ **If** it is fine, we'll go.	天気がよければ私たちは行く。

補足 ①では but が poor と happy の2つの語を結びつけているが，②の and は of interest と of value《両方とも book を形容する》をつないでいる。そして，それらは interesting, valuable《形容詞》と同じ働きをしているが，2語だから形容詞句と呼ばれる。and は句を連結しているわけである。③では，それぞれ主語・動詞を含んだ文句《節》を if が連結している。①でも，もし but の次にもう一度 they are があれば，but は節を連結していることになる。句・節については p.606 以下を参照。

《注意》 接続詞には本来の接続詞のほかに，次のように，副詞その他に由来するものもある。

once （いったん〜すると） directly （〜するとすぐに）
now （〜したからには） provided （〜ならば), etc.

§2 接続詞の種類

語・句・節を対等の関係で連結するものを等位接続詞 (Coordinate Conjunction)，接続詞で導かれる節を文の他の部分に従属する関係で連結するものを従位接続詞(Subordinate Conjunction)という。

《注意》　**1**．2つの語が互いに呼応し合って連結の働きをするものがある。これらを相関接続詞(Correlative Conjunction)という。これにも等位接続詞と従位接続詞の種類がある。

〈例〉等位：both ~ and ... ; either ~ or ... ; not only ~ but ... , etc.

　　　従位：so ~ that ... ; as ~ as ... ; whether ~ or ... , etc.

　相関接続詞といっても，大部分の場合，本当の接続詞はそのうちの一方で，他は副詞などであることが多い。意味・用法は§4以下を見よ。

　2．2語以上が集まって1つの接続詞の働きをするものがある。群接続詞(Group-conjunction)と呼ばれる。群接続詞はほとんど全部が従位接続詞である。用法・意味は§6以下を参照。

〈例〉等位：as well as ~

　　　従位：as soon as ~ ; in order that ~, etc.

研究　**1**．等位接続詞は，**and, but, for, or, nor** の5つだけと考えてよい。あとはこれらを含んだ相関接続詞(§4参照)などが少数あるだけで，そのほかの接続詞は，すべて従位接続詞である。そのほか，両者の用法には次の相違点がある。

　①等位接続詞は，for を除き，語・句の連結にも用いることができる(§1の例文参照)が，従位接続詞は節の連結だけである。

　②等位接続詞は接続する語・句・節の間におくが，従位接続詞は節と節の間にはさまっているとはかぎらない。(§1の③の例文参照)

　③等位接続詞は，文頭におかれて，その前の文との意味上の連結を示すことができるが，従位接続詞は，1つの文の中で連結の働きをする以外には用いない。

　2．接続詞と前置詞の両方に用いられるものに次の語がある。

after, before, since, till, for, (as) 前置詞に用いた場合には，そのあとに，①目的格がくる，②定形動詞はこない，の点で接続詞と異なる。なお，but(~を除いて)は，前置詞か接続詞か，区別の困難な場合がある。

He arrived **after**〔**before**〕 *me*.	彼は私よりあと〔前〕に到着した。〔前置詞〕
He arrived **after**〔**before**〕 *I did*.	彼は私が着いたあと〔着く前〕に到着した。〔接続詞〕
I cannot wait **for** *her*.	私は彼女を待てない。〔前置詞〕
I cannot wait, **for** *she hurries me*.	私は待つことはできない。というのは彼女がせきたてるから。〔接続詞〕

参考　次のような副詞《接続副詞と呼ばれる》も接続詞と同等の働きをするので，これらも接続詞に加える人もある。

however（しかし）　　nevertheless（それでも）　so（だから）
therefore（したがって）　otherwise（さもないと）　yet（しかし）

§3　等位接続詞の用法⑴——単純形の接続詞

（1）And ：「と；そして」が基本的な意味であるが，「ところが」「すると」「しかも」などの訳が適合する場合もある。

I found the book **and** read it.	私はその本を見つけ（そし）て読んだ。
He told her **and** she wept.	彼は彼女に話した。すると〔話すと〕彼女は泣いた。
I said it **and** I meant it.	私はそういったし，しかも本気でいったのです。

《注意》　次のような用法の and にも注意せよ。

①a watch *and* chain（くさりつきの時計），bread *and* butter（バターを塗ったパン），a needle *and* thread（糸を通した針）(p.62 参照)

②try *and* ～＝try to ～；come *and* ～＝come to ～ (p.649 ,⒝参照)

③nice *and* warm ＝ nicely warm, etc. (p.478 参照)

④命令法～ *and* ＝ If ～, (p.292 参照)

研究　A・B・C の3つの語・句または節を並べるときは，「A, B (,) and C」とするのがふつうであるが，「A and B and C」もある。また，まれには，「A and B, C」「A, B, C」とも書く。

（2）But ：「しかし」「～だが」が基本的な訳し方である。

He failed **but** (he) was not discouraged.	彼は失敗したが，（しかし）落胆はしなかった。
She lives in an old **but** beautiful house.	彼女は古いが〔けれど〕美しい家に住んでいる。

研究　**1.** not ～ but ... は，多くの場合，but を「しかし」とせずに，「～しないで…」と訳すのがよい。

He did **not** go, **but** stayed (at) home.	彼は行かないで家にいた。

2. but は前に述べたことと多少とも矛盾または対立することを述べるのに用いる。日本語では，「のどが乾いたが〔けれど〕，水を一杯くれませんか」のように，対立的でない文句を軽く結ぶのにも，「が」「けれど」を用いる《「の

どが乾いたが水はなかった」なら対立的》が，これを but で訳すのは正しくない。2つの文にするか，and などを用いるところである。

3．同じような働きをするものに，**however, yet, still, nevertheless, nonetheless** などがある。however は but より意味が弱く，文頭に出ることはまれで，通常，主語や助動詞の次に挿入的におかれる。そのほかの語は but より意味が強く，「しかも」「それでも」などの意味である。

4．等位接続詞ではないが，次の用法にも注意せよ。(§ 10, ⑵も参照)

① but = only, ② but = except, ③ but that = that（§ 5）

参考　感情のこもった短い文では，ほとんど無意味の but が用いられることがある。

To be shot so young ; *but* it is frightful, John !	あんな若さで銃殺されるなんて。恐ろしいことだわ，ジョン。

(3) Or : 「〜か（または）…」「あるいは」が基本の意味。

① He told me **or** I read it somewhere.	彼から聞いたか（または）どこかで読んだのだ。
② No one saw you **or** me.	だれもきみや私を見なかった。

研究　**1**．②の例のように否定の文に用いた or は，通常，「どちらも〜ない」の意味になる。この場合は or のかわりに nor を用いてもよい。なお，この場合の or は and と意味は似てくるが，この文のように否定を含む文で，接続詞のあとに主語・動詞のないときは，一般に and ではなく or を用いるのが正しい。

2．「換言すれば，すなわち」の意味で用いられることもある。

　　one pound, **or** one hundred pence（1ポンドつまり100ペンス）

　　geology, **or** the science of the earth's crust（地質学すなわち地殻についての科学）

3．①命令文のあとに用いた場合(p.292 の例文参照)，②肯定と否定の2つの節を結ぶ場合，には「さもなければ」(= or else)の意味になる。

① I can't stay longer **or** (= if I stay longer) I'll be late.	これ以上はいられない。さもないと〔いれば〕おくれてしまう。
② He told me himself, **or** (= if he didn't) I would not believe it.	彼が自分でいったのでなければ，私はそれを信じないだろう。

4．「〜にせよ…にせよ」(= whether 〜 or ...)の意味のときもある。

The reports, true **or** false, will be believed.	報道は，ほんとうでもうそでも，信じられることだろう。

(4) Nor : 「〜もまた…ない」の意味。

① He does not smoke **nor** drink.	彼はタバコもすわず酒も飲まない。
② It cannot be ignored, **nor**	それは無視できないし，また見く

should it be underestimated. ┊ びるべきでもない。

研究 　**1.** nor の次に主語・動詞があれば，②のように，「助動詞＋主語」の語順になる。本動詞として用いられた be, have でも同様である。それ以外の本動詞の場合は，do〔does, did〕を用いて上記の語順を作る。

　2. ①では，drink は前の does not と直接結びつきうるから，nor のかわりに or でもよいが，②のように改めて主語・動詞を備えたものがあとに続くときは，or を用いることはできない。

(5) For : 「(というのは) ～だから」の意味。

He felt no fear, **for** he was a
　brave man. ┊ 彼は恐怖を感じなかった。(というのは)彼は勇敢な男だったから。

《注意》 because との比較については，because (p. 591)の項を参照。

研究 　**1.** for は節と節を連結するだけで，語・句の連結に用いることはできない。

　2. 前置詞の for には種々の意味・用法があるが，接続詞の for は上掲の意味だけである。

§4　等位接続詞の用法(2)──相関および群接続詞

(1) both *A* and *B* (AもBも〔両方とも〕)

① **Both** John **and** Tom were
　there. ┊ ジョンもトムもそこにいた。

② He is remarkable for **both** his
　intelligence **and** his skill. ┊ 彼はその頭も技量も(ともに)きわ立っている。

《注意》 both だけについては p. 132 を見よ。

研究 　**1.** これは *A* and *B* を強めた言い方で，A と B 両方に等しく重点をおく。だから，A, B が単数名詞でも複数の動詞をとる。①参照。

　2. この場合の A と B に当たる語句は，それぞれが both の前にある部分と直接結びつきうることが必要とされている。したがって，②の語順を入れかえて *both for* his intelligence and (his) skill とするのは正しくないといわれる。(his) skill が直接 remarkable に接続できないからである。その場合には，... remarkable both for his intelligence and *for* his skill とするのが正しいことになる。しかし，この規則には例外も見られる。

　3. これに対応する否定の「A も B も～ない」は neither ～ nor ... である。

　4. 同様の内容を表すのに，次のような相関接続詞もある。

It is **at once** good **and** cheap ╮
It is **alike** good **and** cheap.　╯　それはよいと同時に安くもある。

You **as well as** he are wrong.　　╮
Not only he **but**（**also**）you　　├　彼ばかりでなくきみもまちがってい
　are wrong.　　　　　　　　　╯　る。

ほかに what with ～ and（what with）... もある。（p.185参照）

これらの相関接続詞については，次の諸点に注意。

① *A* as well as *B* ではAのほうに重点があり，動詞の数はAに一致する
のが原則であるが，A＋Bとみて複数の動詞を用いた例もある。

② not only *A* but（also）*B* ではBのほうに重点があり，動詞の数はBに
一致するのが原則。しかし①と同じ見方で複数の動詞を用いた例もある。

③ not only ～ but ... のかわりに not *merely* ～ but ... も用いられる。

④ It is not only *not* correct but misleading.（それは正しくないばかり
でなく誤解を招く）のように否定を加えることもできる。

⑤ as well as ～ ; not only ～ but（also）... は主語・補語・目的語のどれ
に加えて用いることもできるが，at once ～ and ... ; alike ～ and ... を主語と
いっしょに用いることはないようである。

（**参考**）　both ～ and ... を3つのものに用い，both *A* and *B* and *C* のようにいうこ
ともまれにはある。

（**2**）indeed ～ but ...（なるほど～だが，しかし…）

Indeed he is young, **but** he is　╎　なるほど彼は若いことは若いが，
　competent.　　　　　　　　　╎　　しかし有能です。

《注意》　indeed のかわりに，（**it is**）**true, to be sure, of course** などを
文頭または文中において，ほぼ同じ意味を表す言い方もある。

（**3**）either *A* or *B*（AかBかどちらか）

① He is **either** in London or　　╎　彼はロンドンかパリ（のどちらか）
　in Paris.　　　　　　　　　　╎　　にいる。

② **Either** you **or** he is wrong.　╎　きみか彼かどちらかがまちがって
　　　　　　　　　　　　　　　╎　　いる。

③ I'll **either** do it by myself　╎　私はひとりでそれをやるかそれと
　or give it up.　　　　　　　╎　　もあきらめることにしよう。

研究　**1.** either ～ or ... が主語のときは，②の文のように，動詞は or の次
の語に一致するのが原則であるが，動詞の数の問題を避けて，

　Either you are wrong *or* he is.

のようにいったり，また時には，複数の動詞を用いた例もある。

 2. both ～ and ... の🔬2で述べたことはここにも当てはまる。

 3. not ～ either ... or は次の neither ～ nor ... と同意になる。

 (参考)　次の2つの文の相違点に注意せよ。

Is he an Englishman *or* an American ?	彼は英語人かそれとも米国人か。《そのどちらかであるのがわかっている》
Is he *either* an Englishman *or* an American ?	彼は英国人か米国人なのですか。《それとも違うのか，という質問》

(4) neither *A* nor *B*（AもBもどちらも～ない）

① **Neither** you **nor** he is fitted for the task.	きみも彼も（どちらも）その仕事に適してはいない。
② It is **neither** good **nor** cheap.	それはよくもないし安くもない。

 🔬　動詞は，①のように，nor の次の語に一致させるのが原則とされているが，意味上は結局 both ～ and ... の否定に当たるので，複数形を用いることはきわめて多い。

§5　従位接続詞の用法(1)──名詞節を導くもの

 名詞と同じように文の主語・目的語・補語になることができる節が名詞節である。（くわしくは p.616 以下において扱う）

(1) that（～ということ）

That she was afraid of them was certain.	彼女が彼らを恐れているということは確かであった。
I expected **that** he would come.	彼は来るだろうと私は期待した。
I knew nothing of the fact **that** he had made away with it.	私は彼がそれを持ち逃げしてしまったという事実を全然知らなかった。

 補足　「名詞＋ that ～」のときは，その that が接続詞なのか関係代名詞なのかを判別する必要があるが，その場合の注目点は次の2つである。

  ①接続詞の that のあとでは，主語・補語・目的語が全部そろっているが，関係代名詞の that のあとでは，それらのうちどれか《目的語は前置詞の目的語のこともある》が欠けている。p.172 以下の例文参照。

  ②接続詞の that の前にくる名詞は，fact, idea などのほか，「考える」「述べる」という意味に関係のある動詞から作られた名詞にほぼかぎられる。この場合の that ～はその前の名詞と同格である。

《注意》　次の事項については，それぞれの個所を参照せよ。

　　① it ～ that … の構文～→ p. 104　　②形容詞の目的語の that ～→ p. 474

　　③前置詞と that ～→ p. 558

（参考）　**1. but, but that, but what, lest** は，その前にくる動詞《または同格の名詞》によっては，that と同じ意味に用いられる。そのほか，how ＝ that のときもある（p. 164 参照）。but what が俗語的な言い方であるほかは，いずれも文語的な古風な言い方である。

I do not deny *but* it is true.	私はそれが正しいことを否定しない。
I fear *lest* he (should) be murdered.	私は彼が殺害されはしないかと心配している。

　　but (that) ＝ that は，doubt, deny, question などを含む否定文または否定的な疑問文で，lest ＝ that は fear かその類語のあとで，用いられる。ただし，but (that) は，上記以外の場合に，that ～ not（～でないということ）の意味にも用いられる。

　　2.（**it is**）**not that** ～は「～というわけではない（が）」の意味で用いられる。

(*It is*) *not that* I don't want to see them.	私はそれらを見たくないというわけではない（のだが）。

　　3. 俗語では as を that のかわりに用いることがある。

（2）**whether, if**（～かどうか）；**whether ～ or not**（～か〔～ないか〕どうか）

① I do not know **if** he will come.	彼が来るかどうか私は知らない。
② He asked me **whether** it was right **or not**.	彼は私にそれが正しいかどうかと尋ねた。
③ **Whether** he will succeed **or not** makes no difference to me.	彼が成功するかしないかは，私にはどうでもよいことだ。

（研究）　**1.** if をこの意味に用いることができるのは，例文①のように，それが，動詞の目的語として，そのあとにくる場合にほぼかぎられる。もし，「～かどうか」の部分を文頭に移すならば，次のように whether を用いる。

　　Whether he will come (or not) I do not know.

　そのほかには，if のほうが口語的な言い方であるという以外，両者は同じ意味と考えてよい。

　　2. whether ～ or not の or not は省略されることもよくある。

　　3. if の場合は，if ～ or not という例もないではないが，まれである。

　　4. ③のように，whether ～ (or not) が文の主語のときは，形式主語の it を文頭において whether ～を文末に移すことも多い。

　　5. or の次が not でないこともある。「～かそれとも…か」と訳せばよい。そ

の場合，or の次に主語・動詞があれば，ふつう whether をくり返す。

<table>
<tr><td>I wonder **whether** he'll go himself **or**(**whether**) he'll send me.</td><td>彼は自分で行く気なのかしら，それとも私を行かせるつもりなのかしら。</td></tr>
</table>

6. 前の名詞と同格をなす場合もある。

<table>
<tr><td>There is *the question* **whether** he is alive **or not**.</td><td>彼が生きているのかどうかという問題がある。</td></tr>
</table>

7. doubt, be doubtful が節を目的語にするときは，not を伴えば that 〜をとるが，そうでなければ，whether, if を用いるのが通則である。

<table>
<tr><td>I **doubt whether** it is true.</td><td>それが正しいかどうか疑問だ。</td></tr>
<tr><td>I do **not doubt that** it is true.</td><td>私はその正しいことを疑わない。</td></tr>
</table>

これに対し，I *doubt that* it is true. といえば，「それは真実でないと思う」（＝I do not think it is true.）の意味である。

8. whether 〜 or not のかわりに whether or not 〜ともいう。また，これらの not のかわりに no を用いた例も見られる。

§6　従位接続詞の用法(2)——時間に関するもの

　すでに p. 224 で述べたとおり，ここで扱う接続詞で始まる節の中では，単純未来時制は原則として用いることはできない。

(1) **when** （〜と〔きに〕；〜〔する〕と）
　　 while （〜する間に；〔ところで〕一方）
　　 as （〜と〔きに〕；〜〔し〕ながら）

<table>
<tr><td>① **When** I came back, they were watching television.</td><td>私が帰って来たとき(に)，彼らはテレビを見ていた。</td></tr>
<tr><td>② He studied French **while** (he was) in Paris.</td><td>彼はパリにいる間に，フランス語の勉強をした。</td></tr>
<tr><td>③ He is in England, **while** his father is in Australia.</td><td>彼はイギリスにいるが，(一方)彼の父はオーストラリアにいる。</td></tr>
<tr><td>④ **As** (he was) a child, he lived in this village.</td><td>子どものとき彼はこの村に住んでいた。</td></tr>
<tr><td>⑤ We talked **as** we walked along.</td><td>私たちは歩きながら話した。</td></tr>
</table>

《注意》 when には，上記のほかに，疑問詞《いつ》としての用法(p. 158)と，関係副詞(〜ところの《制限用法》，〜とそのとき《連続用法》，〜ところのとき《先行詞を中に含む》)としての用法(p. 176)もあるのに注意。

研究　1. 接続詞の次の「代名詞《主語》＋be」は，意味があいまいにならない場合には，省略されることもある。

　2. **as** が「～になる」という意味の動詞《become, grow, etc.》といっしょに用いてある場合は，「～につれて」と訳すのがよいことが多い。

As he *grew* older, he took more pleasure in it.	年をとるにつれて，彼はいっそうそれが楽しみになった。

　3. **while** は，さらに「～けれど」(though)と訳してよい場合もある。

参考　1. when は「～のに」という訳し方が適合することがある。

The statue seemed to have a heart in it, *when* there was no such matter.	その像には，心なんていうものはないのに，心があるみたいだった。

　2.「～ときに」の as は，when におきかえられる場合もあるが，as のほうが，2つの動作が時間的に接近して，または同時的に，行われる意味を含むのがふつうである。

　3. while のかわりに the while が用いられることもまれにある。

(2) whenever （いつでも～〔する〕ときに）(p. 188 参照)
every time （～〔する〕たびごとに）

Come **whenever** you like.	いつでも来たいときに来なさい。
They cheered **every time** she appeared.	彼女が現れるたびごとに，彼らは歓声をあげた。

研究　1. この2つはほぼ同じ意味を表すが，every time のほうが，「何度でも」といった反復の気持を明りょうに表す。

　2. **as often as** ～も同じ意味の群接続詞として用いることがある。

　3. 時間に関する語は，上の every time のように，2語で群接続詞のように用いられることが非常に多い。以下の(4)も参照。

Crumbs of biscuit flew out **each time** he opened his lips.	彼が口をあけるたびにビスケットの粉が飛び出した。
I'll take it with me **next time** I go.	今度行くときにはそれを持って行こう。
I met him **the day**〔**week**〕I arrived at Chicago.	私はシカゴに着いた日〔週〕に彼に会った。

そのほか，次のようなものもある。

　　last time （この前～にしたとき）　　by the time （～するまでには）
　　the first time （～したらさっそく）　　any time （＝ whenever）, etc.

これらは，each time that ～, the day that ～などの that（＝ when）《関係副詞》の省略の結果，群接続詞に接近したもの。中にはもはや that は全然伴わないものもあるし，that があるときもないときもあるものもあって，どれが群

接続詞でどれはそうでないか判定しにくい。

(3) as long as ～；so long as ～（～する間〔かぎり〕は）

I will not forget his kindness **as long as** I live.	生きている間〔かぎり〕，私は彼の親切を忘れないだろう。
So long as he can rely on his army, he will do anything.	軍隊をたよりにできるかぎり，彼はどんなことでもやるだろう。

研究 1.「～が続いている間は」という，時間を表す本来の意味から多少とも離れて，as long as ～ は限界をくぎる意味《～するかぎり》を含むことが多く，so long as ～ は条件の意味《～ならば》が強いことが多い。

2. これらは while の類語で，本来の意味で用いられている場合には，これにおきかえることもできる。

(4) as soon as ～；no sooner ～ than …；scarcely ～ before …；directly ～；hardly ～ when …；immediately ～；the moment ～；the instant ～（～やいなや；～したとたんに；～するかしないうちに）

He came back **as soon as** he (had) heard of it.	そのことを聞くとさっそく〔やいなや〕，彼はもどって来た。
No sooner had he heard of it **than** he came back.	
Scarcely〔**Hardly**〕had he fallen asleep **before**〔**when**〕he was waked up.	彼は眠りこむか眠りこまないうちに起こされた。
Directly〔**Immediately, The moment, The instant**〕the button is pressed, it explodes.	そのボタンを押したとたんにそれは爆発する。

研究 1. no sooner ～ than …；scarcely ～ before …；hardly ～ when …《scarcely ～ when …；hardly ～ before … もある》では完了形がふつうで，単純時制はまれである。また，no sooner, scarcely, hardly は，上例のように文頭におかれ，助動詞もそれにつれて主語の前にくることが多いが，主語・助動詞のあとにおかれる場合もある。

2. as soon as ～では，完了時制・単純時制のどちらもよく用いる。

3. 上記1，2にあげたもの以外は，たいてい単純時制を用いる。

4. 上掲のほかに，**the minute, instantly** も同様に用いられる。

5. no sooner ～ than には驚き・意外感が含まれる。意味は同じだが，as

soon as にはそれはない。

(参考) **1.** directly, immediately, instantly のこの用法はイギリス英語である。

2. hardly〔scarcely〕 ~ than ... は，no sooner ~ than ...との混同によるものであるが，口語でときどき見られる言い方である。

(5) after（～したあとで）　　**before**（～する前に）
　　　since（～して以来）　　**till, until**（～するまで）

I found it **after** he went off. ｜ 彼が行ったあとでそれを見つけた。
Think well **before** you decide. ｜ 決める前によく考えなさい。
I've been here **since** he left. ｜ 彼が立ち去ってからずっとここにいる。

I'll be here **till** you leave. ｜ きみが出かけるまでここにいる。

《注意》 あとに主語・動詞を含むもの《節》がきているという以外，これらの語の用法は，前置詞の場合と同様に考えてよい。その項参照。

研究 **1.** 最初の例文で，went は found より時間的に前のことだから，had gone としてもよい。しかし，after があるため，時間的関係にまぎれはないので，単純過去でいくらもいう。before の場合も同じである。

　2. 次のような慣用的表現に注意せよ。

It was not until〔**till**〕**the** ｜ 船が見えなく<u>なってはじめて</u>彼女は
ship had gone out of sight ｜ <u>泣いた</u>。《泣いたのは～まででではな
that she wept. ｜ かった→まで泣かなかった》

I had **not** gone **far before** it ｜ <u>たいして行かぬうちに</u>雨が降りだし
started to rain. ｜ た。《直訳：降りだす前に遠くへ行
　｜ ってしまわなかった》

I had **not** waited **long be-** ｜ <u>たいして待たないで</u>〔待つことほど
fore he came in. ｜ <u>なくして</u>〕彼がはいって来た。

It was some time〔**not long**〕 ｜ <u>しばらくたってから</u>〔ほどなく〕彼は
before he saw what it meant. ｜ それが何を意味するかを知った。

(参考) **1.** 接続詞の till〔until〕ではまぎらわしさはないが，前置詞に用いた from May *till* October（5月から10月まで）のような場合は，10月が含まれるのか含まれないのか，はっきりしない。

　2. since の含まれた文の時制(p. 242 参照)は多様である。

It *is*〔*has been*〕three years since he died. はどちらもいえる。is なら単に経過した時間を伝えるにとどまるが，has been なら「3年に（も）なる」という話し手の感慨が含まれるように思われる。

He *is going* to work by bus *since* his car broke down.（車が壊れてからはバス通勤をしている）は，has been going ももちろんある。

He *has become* a good driver *since* he *has had* his own car.（自分の車を持ってから運転がうまくなった）は，has had は had でもよいが，had だと今では車を手放している場合もありうる。has had なら今も持っていることがはっきりしている。《この相違は，状態の動詞の場合だけで，動作を表す動詞では認められない》

米語では，次のような，正規の言い方から外れていると思われる例も見られる。

> *Since* I last *saw* you, my mother *died*.（since ＝ after の感じ）

ほかに，これは前置詞の場合だが，

> *Since* the fall of the dollar I *occupy* a furnished room.
> （ドル下落以来，家具調度つきの一室に住んでいる）

§7 従位接続詞の用法(3)——原因・理由を示すもの

(1) because （～だから，～ので）

She is loved by them, **because** she is kind.	彼女は親切なので，彼らに好かれている。
Because he has a taste for arts and music, he thinks he is superior to us.	彼は美術や音楽に趣味があるから，自分は私たちよりすぐれていると思っている。

研究 **1.** **not ～ because ...** は，多くの場合，「…だからといって～ない」「…だから～というわけではない」を意味する。しかし例外もある。

You should **not** despise him **because** he is poor.	貧しいからといって，彼を軽べつすべきではない。(not は poor まで)
cf. He will *not* go out, *because* it is raining.	雨が降っているから，彼は外出しないだろう。(not はコンマまで)

2. 次のような言い方にも注意せよ。

partly because ～ （1つには～ので）

only〔simply〕because ～ （ただ～だから）

not because ～ but because ... （～だからではなくて…だから）

3. because of ～と混同しないこと。これは群前置詞である。

4. **because** と **for** の相違点：for は改まった文章語で，口語では通常用いないが，because はどちらにも用いる。そのほか，次のような相違点がある。

① because ～ は文頭にもおけるが，for は連結する2つの節の間以外にはおけない。

② for は，あとから思いついたようにして理由や説明を追加する場合に用い，その前に述べたこととの密接な因果関係はないが，because は明確な因果関係の意味を含む。

③　because はある事実の原因をいうのに用いるが，for は自分の考えの根拠や説明を与えるのに用いる。

たとえば，「暗くなってきたから雨が降るだろう」では，「暗くなってきた」は，「雨が降るだろう」という自分の考えの根拠を示すのであって，「雨が降る」ことの(直接)の原因ではないから，ここで because は使えない。

It is going to rain, *for* it is getting dark.とする。

だが，「事実の原因＝自分の意見」の場合も多い。そのときは，どちらも使えることになる。

(参考)　正しくないとはいわれるが，次のような用法も時には見られる。

| The reason is *because* (= that) he is ill. | そのわけは彼は病気だからです。 |
| *Because* (= The fact that) you like him is no excuse. | きみが彼を好きだということは言いわけにはならない。 |

(2) as ; since（～だから）
now（that）～（～したからには；～だから）

As you are tired, you had better take a day off.	きみは疲れているのだから，1日休みを取ったほうがよい。
Since you insist, I will consider the matter.	きみがしきりにいうから，その問題を考慮しよう。
Now (that) he is ill, we have to do it by ourselves.	彼が病気だから，私たちだけでそれをやらなければならない。

(研究)　**1. as** は，聞き手にもわかっていることを，理由としてちょっと触れるような場合に使われるが，現在の米語では，他の2つに比べ，使われることはかなりまれである。as の表す理由の意味はきわめて弱く，上例を You are tired ; you had ～ といっても意味はたいして変わらない。

2. since は because よりずっと意味が弱い。米語では，上記 as と同様の意味で，そのかわりによく用いる。

3. now（that）～ は，本来 because のように直接的に理由を表すのではなく，「～した結果」「～した今となっては」が，より直訳的な意味である。

(3) その他

上掲のものよりは比較的まれなものとして，まだ次のようなものもある。

① **seeing（that）～；considering（that）～**：「～を考えると」という動詞本来の意味を残しているが，それから派生して「～だから」を意味する。

② **lest ; for fear（that）～**：「～するといけないから」の意味に用

いることがあるが，目的を表す場合と明確には区別しにくい。p.594 を見よ。

③ **inasmuch as ~**：「~だから」文語的な古めかしい言い方。

④ **in that ~**：「~だから」(= because)の意味。等位接続詞の for と同様に，すぐ前にいったことの理由を述べるのに用いる。やや改まった表現で，使われる頻度は少ない。

そのほか，**on the ground that ~**；**for the reason that ~**でも理由を表せるが，これらは群接続詞とはいいにくい。

⑤「~とは」「~なんて」と訳せる **that**(次例参照)も，判断・考えなどの理由・根拠を表すものといえる。p.337，④の構文などと比較せよ。

What can be the matter **that** he does not come ?	彼が来ないとは，いったいどうしたのだろう。

§8　従位接続詞の用法(4)——目的を表すもの

(1)so that … can ~
in order that ~ 　(~するために；~するように)

I stepped aside **so that** she **could** go in.	彼女が中にはいれるように，私はわきへ寄った。
I showed it to them **in order that** they **should** be convinced.	彼らが納得するように，私はそれを彼らに見せた。

研究　**1**．that のあとには，その文の内容に従って，may, might, should, will, would, can, could の助動詞が用いられる。やや古くは，may, might を用いることが多かったが，現在では can, could, should などを用いるほうが多い。時には，助動詞のないこともある。can, could を用いるのは口語的である。

2．**in order that ~**はもっとも文語的な言い方。so をはぶいた **that ~ may** … は古い言い方で，現在では用いられない。

3．that を省略した **so ~ can** … が目的を表すのによく用いられる。助動詞は can 以外のもののことも少なくない。

He held it up high **so** they **could** see it.	彼は，彼らが見ることができるように，それを高くかかげた。
He hurried **so** he **would** be in time.	彼は間にあうように急いだ。

so ~ can は米語に多いが，イギリスでも用いる。無教育の人や子どもが特

によく使うようで，正しくないという人もある。

（参考） 米国の俗語では，so as〔so's〕〜も目的を表すのに用いられる。

(2) lest ... should 〜 ; for fear（that）〜（〜しないように）

The enemy retreated **lest** they **should** be surrounded.

He hid himself behind the bushes **for fear**（**that**）they **should** see him.

敵軍は包囲されないように後退した。

彼は彼らに見られないように，茂みのかげに身を隠した。

研究 1. lest は文語的で固い古風な表現である。米語では，should を使わずに仮定法現在形の動詞が用いられることが多い。for fear（that）〜も形式ばった言い方であるが，あとに続く助動詞は should とはかぎらない。主動詞の時制により，will, would なども用いる。fear のもつ「不安感」の意味が働いて「〜がこわい」の含みがある。

2. これらは，「〜するといけないから」《理由》に解せる場合も多い。

3. **in case** 〜は，イギリス英語では，「〜する場合に備えて」の意味に用いて目的を表すことができる。口語的な言い方で，助動詞はなくてもよい。なお，§ 10,(2)参照。

I'll take my umbrella **in case** it rains.

降ったときの用意に〔降るといけないから〕かさを持って行こう。

§ 9　従位接続詞の用法(5)──結果を表すもの

so 〜 that ...
such 〜 that ... ｝（〔非常に〕〜なので… ; …ほどに〜）

so that 〜　　（〔それだ〕から〜 ; ので〜）

He spoke **so** loud **that** I heard him even here.

He spoke in **such** a loud voice **that** I heard him upstairs.

He went early, **so that** he got a good seat.

彼は（非常に）声高に話したので，ここでも彼の声が聞こえた。

彼は（非常に）大きな声で話したので，私には2階で聞こえた。

彼は早く行ったから，よい席をとった。

補足 1. so 〜 that ... と such 〜 that ... は,意味は同じであるが，用法が違う。前者では〜の部分に必ず形容詞か副詞がはいるのに対し，後者では名詞を含んだものがくる。形容詞は必ずしも必要ではない。次の例を参照。

She had *such* a fright *that* she fainted.	彼女は，とても恐ろしかったので気絶した。

2. such ～ as … 「…のような～」(p. 186)と混同しないように。cf. in *such* easy English *as* they can understand（彼らにわかるようなやさしい英語で）

研究 **1.** 文頭から順に「～なので」と訳すか，さかのぼって「～ほど」と訳すかは訳文のまとまりのよさで決めればよいが，どちらの訳し方でもまとまるなら，「～なので」が無難であろう。その理由は，補足 に掲げた文などで「気絶するほど」と訳すと，日本語では，ただ恐怖の強さを誇張しただけで，実際には気絶しなかったような印象を与えるからである。しかし，次のように，so ～ that … の前後に not がある場合は，日本文の構造上，「～ほど」でないとまとまりにくいのがふつうである。なお，参考 も参照せよ。

He is **not so** poor **that** he cannot buy it.	彼はそれが買えないほど貧乏ではない。

2. so that ～は結果・目的の両方に用いられる《cf. §8》。that 以下に，助動詞があるときは目的を表し，ないときは結果を表すことが多いが，次のような例外もまれではない。

It has cleared up beautifully, **so that** he **may** come.	きれいに晴れ上がったから，彼は来るかもしれない。 〔結果〕

また，結果の so that ではその前にコンマを入れ，目的の so that には入れないように，という人もあるが，前者の用法でコンマのない例もないではない。

両者を識別するには，結局，両様の訳をつけたうえで，内容におかしい所がなく前後の文脈に適合するものを選ぶのが最善である。どちらでも適合する場合は，どちらでもよい。

3. so ～ that … ; so that ～ の that は省略されることもある。

He was **so** startled he dropped his cigar.	彼はびっくりしたので，葉巻きを落とした。

4. such と that が直結している場合もある。訳し方は次例を参照。

His progress was **such that** it surprised his teacher.	彼の進歩はたいしたものだったから，先生を驚かした〔先生を驚かせるほどであった〕。

5. 例文の spoke *so* loud *that* ～ のかわりに spoke loud, *so that* ～ ということもできる。ただ，後者は純粋に結果の意味だけであるのに対し，前者は「～ほどに」といった「程度」の意味を多少とも含んでいる。

参考 **1.** 例文の in *such* a loud voice that ～ のかわりに，in *so* loud a voice *that* ～ということも可能であるが, しかしめったに用いられない。むしろ, in a voice *so* loud *that* ～のように, 後置した例のほうが多いようである。なお, 名詞が複数ならば, *such* loud は前におくが, *so* loud なら必ずそのあとにおかなければならない。次例参照。

| There are gains to us *so* great *that* we can't afford to let the chance go. | 私たちにとって非常に大きな利益があるので, その機会を見送るわけにはゆかない。 |

2. そのほか, 次のように不定代名詞などがつく場合も, 「so ＋形容詞」はあとにおく。

| We can't hear any note *so* high *that* it has more than 20,000 vibrations. | われわれは, 振動数20,000以上の高い音はどれも聞くことができない。 |

3. so ～ that ... の中間に動詞などがきている場合は, むしろ様態を表す言い方で, 「…するように」と that 以下から先に訳す。

| We should *so* act in this matter *that* we shall have nothing to regret. | われわれは, この問題において, 何も後悔することがないように行動すべきである。 |

なお, It *so* happened that ～の場合は, so を無視して「たまたま～」だけでよい。

4. まれではあるが, so ～ that ... の前だけに否定のあるときがある。そのときは, その文の内容と前後の文脈に注意して対処しなければならない。次の文を結果に訳すのには, that 以下の訳文中に, 否定がもう一度必要なのに注目せよ。

He loved no man *so* much *that* he would offer him a share.（彼はだれもたいして好かなかったから, その男に分け前をやろうとはしなかった）または, （彼は, どんな人間でも, 分け前をやろうと思うほどに愛してはいなかった）

5. 次のような表現が, 形式ばった文で用いられることがある。

| The magician placed the balls in a peculiar way *such that* the white one was touching all of the red ones. | 奇術師はその球を並べたが, 白い球が赤い球全部に接触しているという奇妙な並べ方だった。 |

このままの文なら such 以下は way と同格ということになろうが, 扱い方としては such を in の次に移して考えればよいだろう。

6. 次の構文も文語的な固い文章で見られる。

| ① It *so* reflects the light *that* the rays are gathered to one point. | それ〔＝鏡〕は光線が一点に集まるように光を反射させる。 |
| ② He *so* upbraided her *that* they have not been on speaking terms since. | 彼が彼女をひどくしかりつけたので, それ以来2人は口もきかない間柄になっている。 |

① では so ＝ in such a way であり, ② の so は強調用法で, どちらもここで扱っているものとは少し性質が異なる。② の so はあとの that の直前におかれることもいくらもある。

§ 10　その他の従位接続詞

今までに述べたもの以外は，ほとんど，接続詞だけの意味がわかればたりるものか，他の章で扱ったものなので，次に例文あるいは接続詞だけを掲げる。

(1) 譲歩（〜けれども；〜ても）の意味を表すもの

Though〔**Although**〕he is poor〔Poor **though**〔**as**〕he is〕, he is quite happy.	貧しいけれども，彼はまったく幸福である。
We will go, **even if**〔**even though**〕it rains.	（たとえ）雨が降っても私たちは行きます。
Whether you like it **or not**, you will have to do it.	好きでもきらいでも，きみはそれをしなければならないだろう。

> 補足　whether を「〜ても」「〜にせよ」《上例》と訳すか「〜かどうか」《§ 5，(2)》と訳すかは，前後関係で判断することが必要。上例と次の文を比較。
>
> | | |
> |---|---|
> | *Whether* you like it *or not* is of no importance. | きみがそれを好きかどうか，は問題ではない。 |

研究 　**1.** even if 〜, even though 〜の even はないときもある。

　2.「名詞＋ though〔as〕」もある。その場合，名詞は無冠詞である。

Orphan though〔**as**〕she was, the girl was kind of heart.	孤児だったけれども，その娘は心がやさしかった。

　3. however, whatever, whoever, no matter how, etc.も譲歩を表すのに用いられる(p.189 以下参照)が，これらは接続詞ではない。(ほかに p.293 〜 4 も参照)

　4. 上掲のほか，**granted**〔**granting**〕**that** 〜も譲歩の接続詞になる。

研究 　**1.** 米語では as 〜 as を though の意味に用いることがある。

As beautiful *as* she was, she had always dressed modestly. （彼女は美人だったけれども，いつも目立たない服装をしていたのだった）(R.L.Levin)

　2. *Tired as they were*, they went to bed as soon as they came back. （疲れていたから，彼らは帰るとすぐベッドにはいった）のように，理由の意味のこともある。

(2) 条件（〜ならば）の意味を表すもの

If he comes, I will tell him.	（もし）彼が来れば話しましょう。
I'll come, **unless** it rains.	雨が降らなければ来ます。

In case it rains, I can't go.	雨が降れば行けません。
I can do it **so long as** you give me time.	時間をくれさえすれば，それをすることができる

《注意》仮定法(p.296以下)を参照。ほかに，If＝even if；if＝whether があるのに注意。

研究 1. イギリスでは in case ～ は「～するといけないから」の意味に用いるほうが多い(§8, (2)**研究** 3参照)が，アメリカではその意味には用いない。if の意味だけである。

2. そのほか，次のようなものも条件を表すのに用いられる。

provided〔providing〕　supposing〔suppose〕　in the event that ～
given that ～　　　　　granted that ～

3. unless は一般に〈＝if … not〉といわれ，和訳する場合もそれですむのがふつうであるが，正確には〈＝except that … 〉(…する場合を除いて)である。If you hadn't helped me, I would never have succeeded. のような仮定法の文を *Unless* you had helped … とはいえない。

参考 1. if 節では単純未来の will は用いないと一般にいわれているが，現在では次のような，例外ともいえそうな例が時おり見られる。

If you *will* be alone on Christmas Day, let us know now.	もしクリスマスの当日ひとりぽっちになるようなら，今お知らせください。
If the lava *will* come down thus far, all these houses will be swallowed up.	もし溶岩がここまで流れてくることになれば，この家々は全部飲み込まれることだろうよ。

if 節にあるできごとが主節に記されているできごとより以前，または，それと同時ならば if ～ の中に will を加えることはしないが，上の例文の場合は，主節の部分はこの文の述べられた時点《現在》での判断・決定などであり，if ～ に述べていることはそれよりも未来の時点で起きる可能性のあるできごとである。もし上例で単純現在形を用いれば if ～ 中のできごとが現実に起きることを仮定していることになり，will を加えた場合とは意味に多少の変化が生じる。最初の例文でいえば，知らせるのは今で，クリスマスにひとりになるのは未来に属するという時間関係がある。また，will があるほうが多少とも当りの柔らかい表現になることもあるようである。

以上は最近の文法書・論文などからの要旨であるが，これでは説明しきれない例もあるようである。

2. 否定を含んだ文中で but, but that ～ は「～しなければ」「～せずには」の意味に用いることがある。後者の意味は結果を表すものともいえる。

But that I saw it, I could not have believed it.	それを見なかったならば，信ずることはできなかったろう。
Justice was never done *but* someone complained.	だれかが不平をいわずには，正義が行われたことはない〔公平な裁きをしてもだれかきっと不平をいう〕。

3. if は次のような構文に用いられていることもある。

I'll be damned〔hanged〕if I tell you.	おまえなどに教えてやるものか。

「おまえに教えれば地獄に落とされるだろう」が表面上の意味で、「だからいやだ〔教えない〕」という意味になる。口語でときどき見られる表現。

(3) 場所に関するもの

where, wherever を用いる。関係詞の項参照。接続詞としての用法と関係詞としての用法の境界は、必ずしもはっきりしない。

(4) 程度・限度を表すもの

as ～ as ...；so ～ as ... が代表的。比較の項(p.527 以下)を参照。

as long as ～；so long as ～（～するかぎり）(§ 6 ,(3)；§10 ,(2)参照) ⎫
so far as ～；in so far as ～（～するかぎり〔では〕） ⎭

は限度を表す。long を用いれば「～の続いている間は」《時間》の意味であり、far のほうは「～する範囲では」《横の広がり》の意味である。

(5) 様態を表すもの

as（～〔する〕ように），**as if ～；as though ～**（まるで～ように）(p.307)が代表的なもの。**as ～，so ...**（～のように…）は古風な文語調の言い方。

研究　否定文に as がある場合は、訳文に注意を要することがある。

The dog does *not* run **as** he did two years ago.	その犬は、2 年前の〔に走った〕ようには走らない。

この文を、単に「2 年前のように」だと、「2 年前にも走らなかったが、今も同じように走らない」の意味に誤解されやすい。英文では、not は as 以下にはかからない。もし、かけるなら、as 以下にも not が必要。

ま と め 21

接続詞：語・句・節を連結する。

Ⅰ　種類　等位接続詞と従位接続詞の2つがある。等位接続詞は節のほかに，for, (so)を除いて，語・句を連結できる。従位接続詞は節を接続するだけ。

　　形態は，1語だけの一般の接続詞のほかに，特定の語と呼応しあって働く相関接続詞，2語以上からなる群接続詞がある。

Ⅱ　用法

等　位	and, or, nor, but, for, (so)			
接続詞	相関接続詞	both ～ and …, etc.	群接続詞	as well as

従位接続詞		名詞節	that, whether, etc.		
	副詞節	時	after, before, when, till, since, while, etc.	群接続詞・相関接続詞	as soon as, every time, the moment, etc.
		理由	as, because, since, etc.		in that, etc.
		様態	as, like (口語)		as if〔though〕, the, way, etc.
		条件	if, unless, provided (that), etc.		in case, so long as, etc.
		譲歩	(al)though, (even)if, while, as		granted that, for all that, etc.
		目的	that, lest		in order that, for fear (that), etc.
		結果			so (～)that, such (～)that, etc.

《注》　as, since など2つ以上の用法のあるものに注意。

Exercise 21   解答は p.674

(1) 次の英文の(   )に適する語(句)をa～dから選び, 記号で答えなさい。

1. Will you please wait (   ) I have written this letter ?
    a. before   b. for   c. till   d. while

2. Dark (   ) it was, we managed to find our way back.
    a. as   b. for   c. in   d. since

3. The boy was sleeping so soundly (   ) I left him as he was.
    a. as   b. or   c. that   d. though

4. He had not gone far (   ) he found that he had left the important papers on his desk.
    a. after   b. before   c. but   d. until

5. She must have had some accident on the way, (   ) she would have been here by now.
    a. and   b. before   c. if   d. or

6. It is quite absurd to wonder (   ) great artists are born or made.
    a. as   b. but   c. that   d. whether

7. It was not until he had arrived home (   ) remembered his appointment with the doctor.
    a. when he   b. and he   c. that he   d. he

(2) 次の各組の英文の内容が同じになるように, (   )に適語を入れなさい。

1.
    (   ) sooner had the commander got the report (   ) he ordered a retreat.
    (   ) had the commander got the report before he ordered a retreat.

2.
    The new shoes were (   ) small (   ) me to put on.
    The new shoes were (   ) small (   ) I could not put them on.

3.
    The night was (   ) dark (   ) we lost our way.
    It was (   ) a dark night (   ) we lost our way.

4.
    He did not mend his ways, (   ) we advised him from time to time.
    He did not mend his ways (   ) spite (   ) our occasional advice.

(3)　次の英文の(　　)に適する語句を，下の〔　　〕内から選んで入れなさい。ただし，同じものを2回用いてはならない。

1．It matters little what a healthy man eats, (　　) he does not eat too much.

2．The dog of my neighbor barks (　　) a man approaches the front door.

3．I hope you will wait here (　　) I need you later.

4．(　　) he was going to die, he wanted to leave behind him a published book.

5．I would like to invite your sister (　　) you to the birthday party.

6．He started to run toward me (　　) he got off the train.

7．I am not going to let my wife suffer (　　) my mother suffered.

8．He is studying hard (　　) he is sure to pass the final examination.

　　〔 the moment,　　 the way(＝ as),　　 now that,　　 in case,
　　　according as,　　 as well as,　　 so long as,　　 the next time,
　　　so that,　　 every time 〕

(4)　次の各組の英文が同じ意味になるように，(　　)に適語を入れなさい。

1．{ I made a mistake through my ignorance.
　　I made a mistake (　　) I was (　　).

2．{ During my stay in London I came to know him.
　　(　　) I was (　　) in London I came to know him.

3．{ He insisted on my attendance at the meeting.
　　He insisted (　　) I (　　) (　　) the meeting.

4．{ With their help, you could have removed the rock.
　　(　　) they (　　) (　　) you, you could have removed the rock.

5．{ There was still some doubt of his success.
　　(　　) was still somewhat (　　) (　　) he would (　　).

6．{ The darkness made it impossible for him to proceed.
　　(　　) was impossible for him to proceed〔(　　) (　　) (　　) dark.

7．{ In spite of the obvious unfairness of the offer, we were forced to accept it.
　　(　　) the offer was (　　) (　　), we were forced to accept it.

第**22**章
間投詞

さまざまな感情から，しばしば無意識に口をついて
でることば。意味のある単語の場合もある。

§1 間投詞とは何か，その種類

　さまざまの感情の表現として，他の語と文法上の関係なしに文中に
挿入される語が間投詞(Interjection)である。
　間投詞には，本来の間投詞と，他品詞の語からきたものとある。
《注意》 ah, (ああ), oh (おお) など，もともと間投詞であるものは問題ない
が，他品詞に由来するもののうち，どこまでを間投詞とみるかについては，人
によって意見が違う。Good morning (おはよう), So long (さよなら) など
のあいさつの文句，bang(バタン，ドカン)などの擬声語《ある音をまねして作
られた語》まで間投詞に加える人もある。しかし，英文理解の目的からは，と
くにこの分類を気にすることはない。

§2 間投詞の表す感情・意味

　本来の間投詞の場合は，同じ語が驚き・悲しみ・喜びなど種々の感
情を含んで用いられることがよくあるから，前後の文の内容から判断
するよりない。以下には，他品詞からきて，比較的よく用いられるも
のの意味を掲げておく。

Come （さあ）〔激励・抗議など〕	Damn （ちくしょう，くそっ）
Dear me （まあ，おやおや）	Go on （ばかいうな）
Goodness gracious （まあたいへん）	Hang it （くそっ）〔いら立ち〕
Hush （シーッ）〔静かに〕	Let me see （そうですね）
(Oh) my （おやおや；まあ）〔驚き〕	〔考えこむとき〕

Nonsense（何をばかな！）

There, there（これこれ）〔なだめ〕

Well
- ① ええっ；まあ〔意外〕
- ② やれやれ；さて〔安心感〕
- ③ それで；それから〔相手をうながす〕
- ④ じゃあ；まあ；ところで〔譲歩・あきらめ〕

There（そうれ）〔満足感など〕

Tut（ちえっ）〔舌打ちの音〕

Why
- ① おや；おお〔意外な発見〕
- ② そりゃあ；それなら〔結論を出すとき〕
- ③ ええと；そうねえ〔ちゅうちょ〕
- ④ なあに；なんだい〔抗議・憤慨の気持〕

II

文章編

第**1**章

句

句には名詞句，形容詞句，副詞句の３種類があり，
それぞれ名詞，形容詞，副詞と同じ働きをする。

§1 句とは何か，その種類

主語・定形動詞を含まない２つ以上の語が集まって，１つの品詞と
同等の働きをするものが句(Phrase)であって，次の３種類がある。

① **名詞句**(Noun Phrase)　　② **形容詞句**(Adjective Phrase)
③ **副詞句**(Adverb〔Adverbial〕Phrase)

補足 次のそれぞれの (a), (b) の文を比較せよ。

① {
(a) I don't know **what to do**.　　私はどうしてよいかわからない。
(b) I don't know *its name*.　　私はそれの名前を知らない。
}

② {
(a) He is a man **of learning**.　　彼は学者である。
(b) He is a *learned* man.　　彼は学識のある男だ。
}

③ {
(a) He acted **in a strange way**.　　彼は奇妙な行動をとった。
(b) He acted *strangely*.　　彼は奇妙な行動をした。
}

①の what to do は，これだけがひとまとめになって，(b)の its name と同
様に know の目的語である。動詞の目的語になるものは(代)名詞だから，これ
は**名詞句**と呼ばれる。《もし what *I ought* to do といえば，内容的には同等
だが，主語・定形動詞がはいるから句ではなく節になる》②の of learning は，
(b)の learned と意味も働きも同じで，これがひとまとめになって名詞 man を
修飾する。名詞を修飾《または形容》するものは形容詞だから，of learning は
形容詞句である。③も同様で，(a)の太字の部分は，strangely と書き換えるこ
とができるからというばかりではなく，動詞を修飾するから**副詞句**なのである。

《注意》 **1.** ①，(b)で its name は２語で動詞の目的語であるが，これを名詞
句とはいわない。句とは，いくつかの語が集まり，全体として，その中心をな
す語の品詞とは異なった品詞の働きをするものをいうのであって，中心になる

語《ここでは name 》が(代)名詞で，それを含む全体も名詞の働きをしているような場合には，句と呼ばないのである。同様に「副詞＋形容詞」を形容詞句ともいわないし，「副詞＋副詞」を副詞句ともいわない。

2. set out(出発する), look for(捜す) などの「動詞＋副詞〔前置詞〕」を**動詞句**，for the sake of ～(～のために) などの群前置詞を**前置詞句**などと呼ぶ場合もある。

§2 名詞句

名詞と同じように，**主語・補語・《動詞・前置詞などの》目的語**として用いられる。名詞句の冒頭には，通常，次のようなものがくる。

(1) 動名詞または不定詞

He began **climbing the hill**.	彼は丘を登りだした。
To lose it is **to lose everything**.	それを失うことはすべてを失うことだ。

《注意》 類例は動名詞・不定詞の名詞的用法の項を見よ。なお，形式主語・形式目的語として，it があわせて用いられていることも多い。

(2)「疑問詞＋不定詞」

He didn't know **where to go**.	どこへ行ったらよいのか彼にはわからなかった。
How to begin the story was the point.	その話をどう切り出すかが問題点であった。

《注意》 §1，補足 も参照。

研究 次のように，同格的に用いられることもある。

I had no *notion* **what to say**.	私には何といったらよいのかわからなかった。
Then there was the *question* of **what baggage〔luggage〕 to take with me**.	それから，どんな荷物を持って行くべきかという問題があった。

§3 形容詞句

(1) (代)名詞を形容する場合と，**補語に用いる場合**とがある。
　形容詞句は，通常，次のようなもので導かれる。

(a) 分詞または不定詞

The house has no garden **to speak of**.	その家にはいうに足る〔庭といえる〕ほどの庭はない。
She had a sister **married to a Mr. Philips**.	彼女にはフィリップスという人と結婚している姉〔妹〕があった。

《注意》　類例は不定詞の形容詞的用法(p. 376)および分詞(p. 404)を見よ。

(b) 前置詞

① I introduced him to the gentleman **from Chicago**.	私は彼をシカゴから来た〔出身の〕その紳士に紹介した。
② She picked up a letter **on the desk in the corner**.	彼女はすみの机の上の手紙を取り上げた。
③ There is only one piece **of evidence in your favor**.	きみに有利な証拠がただ1つだけある。

補足　②でいえば, in the corner は desk を修飾し, さらに on the desk は letter にかかる。それぞれが形容詞句である。

《注意》　副詞句との比較は§4を見よ。

研究　前置詞で始まる形容詞句が2つ並ぶ場合, 上例のようにあとの句が前の句の中の名詞にかかるとかぎっているわけではない。

This means the loss **by the masses of their liberties**.	これは大衆の〔による〕自由の喪失を意味する。

　ここでは, by ～も of ～も, ともに loss を修飾すると考えなければ意味が通らない。なお, この構文については p. 36, (c)参照。

(c) 前置詞のない場合

① His eyes were **the same color** as the sea.	彼の目は海と同じ色であった。
② It requires apparatus **the size** of a large washing machine.	それには大型洗濯機の大きさの装置が必要である。
③ They are well-mannered for the children **their age**.	彼らはあの年齢の子どもにしては行儀がよい。

《注意》　上掲のほか, p.212, (3)の例文も参照。

研究　**1.** このように用いられるのは, 年齢・大小・形状・色・価格などに関する名詞で, ①のように補語として用いられることが多く, ②③のように直

接名詞にかかることは，それに比べて少ない。

2. これらは，やや古い英語ではとくに，*of* the same color などと of を伴っている例も見られる。

3. 同格的にあとから追加したような用法もある。①の用法と②③の用法との中間的なものといってよかろう。

The picture of the lady, almost **life size**, stood in the corner.
（ほとんど等身大のその婦人の絵がすみに立っていた）

I found a black box about three feet long, **the shape** of a child's coffin.
（長さ3フィートくらいの，子どものひつぎの形をした黒い箱を見つけた）

(2) 形容詞句の位置は，（代）名詞を直接に修飾するときは，それらの直後がふつうであるが，場合により，他の語句でへだてられていることもある。

① Then you will see *the necessity* which confronted us **to supply the poor with work**.
（そうすればきみは，私たちが直面した，貧しい者たちに仕事を与える必要性がわかることだろう）

② I wish she would drop **the way** she has **of biting her fingernails**.
（彼女が指のつめをかむくせをやめてくれたらいいのに，と私は思う）

③ **Of all the modern inventions** *the one* that gives the most general pleasure is television.
（現代におけるすべての発明のうち，もっとも広くみんなに楽しみを与えているものはテレビジョンである）

《注意》 **1.** ①，②のように，関係詞の（略された）短い節が中間にきた例は時おり見られる。また，③のように，「～のうち〔で〕」《部分》の意味の of ～が文頭に移された例も，まれではない。この場合の of ～は副詞句に近い感じである。

2. (1),(b),(c)の **研究** の例文も参照せよ。

研究 次のような of ～も③の用法の1つの場合である。

It was surprising that *she*, **of all persons**, should have succeeded.
（人もあろうに，彼女が成功したということは驚くべきことであった）

参考 もし形容詞句をその修飾するものの前におくときは，an *out-of-the-way* place （へんぴな場所）などのように，ハイフンで結ぶのがふつうであるが，次のような例もときには見られる。とくに，固有名詞を含むものを形容詞的に用いる場合，(i) の型の言い方は多い。このときはハイフンは用いない。(p. 469, **参考** も参照)

(i) the *University of California* campus （カリフォルニア大学の構内）

(ii) the most *talked of* person（いちばん評判になっている人）

§4　副詞句

副詞と同様に，**動詞・形容詞・副詞**および**文全体**などを修飾する。通常，次のようなものがその最初にきている。

(1) 不定詞または分詞

不定詞については，副詞的用法の不定詞(p.380以下)，分詞については分詞構文(p.416以下)がこれに属する。用例・意味はそれぞれの項を見よ。

研究　長文では，副詞的用法の不定詞句の中に，さらに同じ用法の不定詞が用いられたり，分詞構文中にさらに分詞構文が含まれているような場合もある。

They shuddered **to see** that he was prepared **to betray** his own father **to fulfil** his ambition.

（彼が野心を達成するためには実の父親も裏切る覚悟でいるのを知って，彼らは身震いした）

He began to walk up the slope of the lane, the dog **pulling** ahead, **showing** the way in the dark.

（彼は坂になったその小道を登り始めた。そして犬はやみの中の道案内をして，先に立って引っぱった）

(2) 前置詞

I sat down **on my bed** to drink it **at my leisure**.	私はゆっくりそれを飲むために，ベッドに腰をおろした。
He was bound **about arms and shoulders with a rope**.	彼は腕や肩のあたりをロープでしばられていた。
He walked **across the fields, over the hills** and down **to the river**.	彼は野原を横切り，丘を越えて，川の所まで降りて行った。

研究　**1.** 副詞句の位置は，副詞(p.501参照)に準ずると考えてよい。後者と同様にかなり自由である。次のような場合にはとくに注意が必要。

① 密接に結びつく動詞と前置詞が副詞句で隔てられていることがある。

The mourners went up the aisle to **look** *for the last time* **on** the deceased.

（会葬者たちは死者の見おさめをするために通路を進んで行った）

② 動詞または形容詞とその目的語をなす that ～の中間に副詞句がはいるこ

とも少なくない。

> I became **aware**, *by a slight friction between my body and the seat of my chair*, **that** the ship had started rolling.
> (私は，自分のからだとすわっているいすとがかすかにこすれ合うことから，船が横ゆれを始めたのに気がついた)

2. 副詞句と形容詞句は，この場合，形の上ではまったく同じである。

He was standing with his son **on the rock**.	彼は息子といっしょにその岩の上に立っていた。〔副詞句〕
He shot at a bird **on the rock**.	彼はその岩の上の鳥を撃った。〔形容詞句〕

　その句の前の語が(代)名詞以外のときは副詞句であることが多いが，これも絶対確実な基準ではない。結局，日本文に訳すには，その句を(代)名詞にかける《形容詞句》ほうがよいか，動詞などにかける《副詞句》ほうが訳文がまとまるか，二様に訳してみてよいほうを選ぶよりない。どちらに訳しても訳文がまとまれば，副詞句・形容詞句どちらに解釈してもよい。上の例文も「岩の上で〔副詞句〕鳥を一羽撃った」と解することもできる。

　3. 次のように，コンマなどを伴って叙述用法的に用いられると，本来形容詞句であっても，副詞句に接近し，どちらであるか決定困難なことも多い。

> It was nine o'clock when the girl, **in her best clothes**, left her home.
> (その娘が晴れ着を着て家を出たのは9時であった)

　4. 前置詞に導かれる句の中には副詞句だけに用いられる成句もある。

above all（とりわけ）　　after all（結局）　　at first（最初は）

in fact（実は）　　　　　　on no account（決して～ない），etc.

cf. { on the contrary（それどころか，これに対して）〔副詞句〕
　　{ to the contrary（それと反対の〔に〕）〔副詞または形容詞句〕

cf. { by the way（途中で；ついでに）〔副詞句〕
　　{ on the〔one's〕way（途中で〔の〕）〔副詞句または形容詞句〕

(3) 前置詞を伴わない場合

(a) 時間・距離・程度などに関する語

It began to rain **an hour later**〔afterward〕.	1時間後に雨が降り始めた。
Ten years previous to that December morning he had visited the museum.	その12月の朝から10年前に，彼はその博物館を訪れたことがあった。

He was dragged **a hundred miles** in the mountains.	彼は山の中を100マイル引きずって行かれた。
The carpet stretched **the whole length** of the hall.	そのじゅうたんは，廊下の端から端まで〔長さいっぱいに〕敷いてあった。
She loves these things **a great deal**.	彼女はこういったものが非常に好きだ。
His face was **a shade** whiter than usual.	彼の顔はいつもより心持ち血色が悪かった。

《注意》 比較級の前について程度の差を表す語句もこれである。p.534, §9を参照。

研究 **1.** この種の語は，Sundays(日曜日に)，nights(夜間に) など1語で副詞に用いることもまれにはあるが，2語以上なのが原則である。

2. この種の副詞句は，きわめて多数あるが，頻出するものに次のようなものがある。

yesterday morning（きのうの朝）　　last night（ゆうべ，昨夜）
the day after tomorrow（あさって）　next week（来週）
this day week《英》(来週のきょう)　one day（ある日）
a week ago today（先週のきょう）　　a week from today《米》(来週
a moment（ちょっとの間）　　　　　　　　　　　　　　のきょう）
a lot（非常に）　　　　　　　　　　　　a trifle（わずかに），etc.

3. 時間・距離に関する語に this, that, a few, some, any, etc. がつけば，その前の前置詞は必ず，またはしばしば略される。

this morning（けさ）　　　　　　　that evening（あの晩）
these ten years（この10年間）　　(at) any moment（すぐにでも）
(for) some hours（数時間）　　　　(for) a few miles（数マイル）

しかし，in a few days（数日で）などの in は略せない。

4. 様式・やり方を表す語の場合も，しばしば前置詞が略される。

You can't have everything **your own way**.	何もかも自分の思うとおりにはならないよ。
He waved his arms around, **windmill fashion**.	彼は風車のようなぐあいに腕を振り回した。

way はそのほかの意味のときにも，look this way（こっちのほうを見る）など，前置詞を伴わないことが非常に多い。

5. 口語・俗語などではことに，上記以外の種類の語の場合にも前置詞が略されていることがある。また，この種の副詞句は，用いられている場所により，目的語と区別しにくいこともある。

(b) with（＋代名詞の所有格または冠詞）**の省略と考えてよい場合**

① He sat there on the sofa, **his hands on his knees**.
彼はひざの上に手をおいて，そこのソファにすわっていた。

② He strolled in, **cigar in mouth** and **whip in hand**.
彼は葉巻きを口にくわえ手にむちを持ってぶらりと入って来た。

③ I stretched myself on the bed, **face upward**.
あおむけになり，ベッドの上にからだを伸ばした〔長々と寝た〕。

④ She turned it (**the**) **wrong side out**.
彼女はそれを裏返しにした。
《直訳：まちがった側を外にして》

《注意》 以上のほか，p.411，§8の用例・説明を参照せよ。

研究 1. このような言い方は，大部分の場合に，**人間のからだの一部**を表す語または **side** を含んでいる。

2. これには，大別して，①，②のような「名詞＋前置詞＋名詞」の型と③，④のような「名詞＋副詞」の型がある。ほかに，次のような分詞がくることもあるが，これは分詞構文と見てもよいだろう。

The stranger was standing in the garden, **arms folded**.
その見知らぬ人物は腕組みをして庭に立っていた。

3. 次のような成句も，これの一種と考えてよいであろう。

face to face（向かい合って）　　hand in hand（手をつないで）
hand over fist（〔綱を〕たぐって）　side by side（並んで），etc.

(c) 分詞構文の being の省略と考えてよい場合

He went first, **the younger brother close behind him**.
彼が最初に行き，弟がすぐ彼のあとに続いた。

《注意》 そのほか p.422, (3)の用例を参照。これと(b)との区別は必ずしも明確でない。

まとめ 22

句：名詞句，形容詞句，副詞句の3種類がある。

《特徴》 ①主語(主格)・定形動詞がない。

②2語以上から成り立つ。

Ⅰ 名詞句

文法的な働きは名詞と同じで，主語・目的語・補語になる。

名詞句を作るもの	動名詞（＋目的語など）	不定詞（＋目的語など）	疑問詞＋不定詞(句)

Ⅱ 形容詞句

形容詞と同じように，名詞・代名詞を修飾したり，補語の働きをしたりする。

形容詞句を作るもの	分詞(句)	不定詞(句)	前置詞(句)	(年齢・形状・色・大小などの)名詞

Ⅲ 副詞句

副詞と働きは同じで，動詞，形容詞，副詞，文を修飾する。

副詞句を作るもの	分詞構文	不定詞(句)	前置詞(句)	時間・距離・程度などの語句で前置詞を省略して

第**2**章

節

節には名詞節，形容詞節，副詞節の3種類があり，
それぞれ名詞，形容詞，副詞と同じ働きをする。

§1 節とは何か，その種類

(1) それ自身の中に主語・定形動詞をそなえながら，文の構成要素
をなす文句が節 (Clause) である。節には次の3種類がある。

① 等位節 (Coordinate Clause)

② 従属節 (Subordinate Clause)

③ 主 節 (Principal Clause)

> 補足 等位節は等位接続詞で結合されたそれぞれの節のことであり，従属節は従位
> 接続詞・関係詞で導かれる節のことである。主節とは文のうち従属節以外の部
> 分のことである。

《注意》 等位節については，等位接続詞で述べたこと以外に格別の問題はない
ので，以下では従属節についてだけ述べる。主節も単に従属節に対する名称に
すぎず，とくにこれに関して述べるべきことはない。

(2) 従属節には下記の3種類があり，文中の他の語句との関係にお
いて，それぞれ，1個の品詞と同等の働きをする。

① 名詞節 (Noun Clause)

② 形容詞節 (Adjective Clause)

③ 副詞節 (Adverb〔Adverbial〕Clause)

> 補足 1個の品詞と同等の働きをするということは，名詞節ならば，名詞と同様に
> 文の主語・《動詞・前置詞の》目的語・補語などになり，形容詞節なら形容詞と
> 同様に1個の名詞を修飾し，副詞節なら動詞・形容詞・文〔主節〕全体を修飾す
> る働きをするということであって，1個の名詞・形容詞などで書き換えること

ができるということではない。従属節のこのような働きについての例は，従位
接続詞・関係詞の項を見よ。

§2　名詞節

名詞節の最初には，通常，次のような語がくる。

① **that**（～ということ）; **whether, if**（～かどうか）, etc.

② 疑問詞《what, who, which ; when, where, how, why, etc.》

③ 関係詞《what ; where, how, why ; whatever, whoever, whichever, etc.》

《注意》　**1**．これらの語についてはすでに品詞編で述べたので，基本的な例
文・用法はそれぞれの個所を参照せよ。以下では，それよりもやや複雑な場合
の例をあげる。

2．接続詞の that はしばしば省略されることがある。

3．形式主語・形式目的語の it が併用されることも多い。

研究　　what, how は疑問文ばかりではなく，感嘆文に用いた場合もある。

Little did he foresee **what a difference it would make**.	それがどれほどの相違を生じるか彼は予想もしなかった。
The striking fact is **how late the revolution was**.	注目すべきことは，その革命が実におそかったことである。

(1) 名詞節が並列している場合

① I do not know **whether such a thing is going to happen** or **when it will happen if it does happen**.

（そういうことが起こるものなのかどうか，また，もし実際に起こるとすればいつ起こるのか，私にはわからない）

② We may find **that the reform deadens their sense of responsibility** and **that the total effect is at best one of futility**.

（その改革は彼らの責任感をにぶらせ，全体としての効果はせいぜいゼロ〔マイナスではなくても無益なもの〕だということがわかるかもしれない）

研究　　②の場合は，前またはあとの that が省略されていることもある。

You must not forget *that a man usually spends what he earns, and in spending he gives others employment.*

（人はたいていかせいで得たものを使い，そして使う際に他人に仕事を与

えるものだ，ということを忘れてはならない)

このような場合は，forget の目的語になる名詞節が earns までなのか，employment までなのかは，二様に訳した上で内容から判断しなければならない。もし and *that* in 〜とすれば，その点でのまぎらわしさはなくなるが，and 以下の部分に主語がない場合は，この that を入れることはできない。

なお，上文の what he earns や，①の文の if ... happen のように，節の中にさらに節が含まれることもまれではない。

(2) 名詞の同格に用いられた場合

① I have no *idea* **who(m) he had the appointment with**.
(彼がだれと会う約束があったのか，私には全然わかりません)

② We sanctioned their traffic on the *condition* **that it should not disturb our social order**.
(われわれの社会秩序を乱さないという条件で，われわれは彼らの往来を認可した)

《注意》 上記のほか，p. 585 ,(1)；p. 587 , **研究** 6 などの例文を参照せよ。

研究 1. 次の例文の of は純粋に同格関係を表す(p. 562)とはいえないが，かなりそれに近いから，これを同格の場合の一種と考えてもよいだろう。なお，①の文も no idea *of*〔*as to*〕 who(m) 〜ともいえる。

You must answer the *question* of **what you have done with it**.
(きみはそれをどうしたのかという質問に答えなければならない)

2. 次のように，同格になるべき名詞と名詞節が離れていることも多い。

What is remarkable is the *discovery* by men and women who are by no means too intelligent **that there is something wrong in the foundations of our civilization**.
(注目すべきことは，あまり頭がよくはない男女が，われわれの文明の基礎には，何かいけないところがあるということを発見したことである)
《直訳：…男女による〜という発見である》

§3 形容詞節

形容詞節は，通常，次のような語によって導かれる。

① 一部の関係代名詞《who, which, that, but, as 》

② 一部の関係副詞《where, when, why, that 》

③ 一部の従位接続詞《ふつうは副詞節を導くものの臨時的用法》

《注意》　**1.**　①，②の例文・用法については関係詞の章を見よ。以下では品詞編で扱わなかったやや複雑な例文だけを掲げる。

　2.　関係代名詞・関係副詞が省略された場合(p. 177 参照)は，どこから形容詞節が始まるかを明示するものがなくなるわけだが，この省略の見つけ方については p. 177 を見よ。

研究　③はたとえば次のような場合である。このように用いられるのは，もっぱら「時」に関する接続詞である。

　　The morning **after I arrived there**, I went to see the man.
　　(そこへ着いた次の朝，私はその男に会いに出かけた)
　　This represents the stage in man's progress **before pottery was invented**.
　　(これは人間の進歩における陶器発明以前の段階を示している)

そのほか，a look *as if he would murder me*（まるで私を殺してくれようとでもいった目つき）なども同様である。

(1) 形容詞節が並列している場合

① Among the old inscriptions he found a singular one **which he could read**, but **which he could not understand**.
　　(その古い碑銘の中に彼は，読むことはできるが意味のわからない奇妙な碑銘を見つけた)

② We live in a period **which regards rationalism as absurd** and **which mocks at free thought**.
　　(われわれは合理主義をばかばかしいとみなし，自由思想を嘲笑する時代に生きている)

研究　**1.**　①の but の次の which he，②の文のあとの which，は省略することもできる。どちらの which も，その前の which と格が同じだからである。しかし，①では which だけを略すことはできず，he もいっしょに略さなければならない。次の例を参照。

　　I read a tale of a nun **who broke her vows and was buried alive in the wall**.
　　(誓いを破って生きたまま壁の中にぬりこめられる尼僧の話を読んだ)

and の次に who があればまぎれはないが，そうでない場合は，どこまでが形容詞節かに注意しなければならない。前後関係によっては，and 以下は文の主語の I に結びつくのかもしれないからである。しかし，「先行詞＋関係詞〜等位接続詞…」が文頭にきていれば，等位接続詞以下の部分もつねに形容詞節

の中に含まれる。

2. ①のような文では，前の which《目的格》だけが略されていることもある。

(2) 形容詞節の中にさらに従属節が含まれている場合

We live in a period *which disregards human rights* **which were secured in the eighteenth century**.

（われわれは18世紀に確保された人権を無視する時代に生きている）

He cherished a belief *which he dared not express* **because he was afraid of being thought to be a heretic**.

（彼は異端者と思われることを恐れるために，表明することをはばかっていた1つの信念をいだいていた）

研究 形容詞節の中の副詞節は，その末尾にくることが多いが，その場合はその副詞節がここのように形容詞節内の副詞節なのか，主節《上例ならば，He cherished a belief》にかかる副詞節なのか，によく注意する必要がある。

(3) 二重限定の場合

There was nothing, however tiresome, *that you asked him to do for you* **that he would not do with pleasure**.

（どんなにやっかいなことでも，やってくれと彼に頼んだことで，彼が喜んでしないことは，何一つなかった）

研究 that ... you で限定された nothing に，さらに that ... pleasure がかかっている構文。(1)の例と違い，形容詞節の間に and などのない点に注目。この構文は，否定を含む文に多い。訳し方は，通常，上例のように，「…する《先行詞》で～する《先行詞》」と，先行詞をくり返すとよい。

(4) 形容詞節と先行詞がへだたっている場合 （p.172 ,(2)も参照）

He was a tall man with *that* in his carriage, even as he sat, **which bespoke the drill ground**.

（彼は，すわっているときでさえ，その姿勢に練兵場〔軍人としてのしつけ〕を思わせるものを備えた，背の高い男であった）

(5) 関係詞の前にかなり長い文句がついている場合

He will tell you about South America, **from a tour in which he has just returned**.

（彼はきみに南米のことを話すだろう。彼はそこの旅から今帰ったばかりなのだ）《現在ではまれな構文》(which の先行詞は「南米」)

§4 副詞節

副詞節の最初には，通常，次のような語がくる。

① 従位接続詞《as, before, because, since, though, as soon as, etc.》

② 複合関係詞《however, whatever, whoever, etc.》

③ 動詞または助動詞《語順倒置により節の冒頭におかれて》

《注意》 副詞節を作る接続詞《群接続詞を含む》の例および例文は p. 587, §6 を見よ。また，複合関係詞が「〜しても」という譲歩の意味の副詞節を作ることについては p. 189 を参照。③の例については p. 292, p. 302 を見よ。以下では従位接続詞に関してのやや複雑な構文をあげることにする。

研究 **1.** whether, if, that ; whatever, whoever, whichever は，名詞節・副詞節の両方を導くことがある点に注意せよ。

2. 上記のほか，やや特殊なものに，次の構文がある。(p. 597, (1)参照)

Poor as〔though〕he was, he was quite contented.	貧しかったけれども，彼はまったく満足していた。
Child as she was, she was of much help.	子どもだったけれども，彼女は非常に手助けになった。

3. 副詞節は文頭または文末におかれるのがもっともふつうであるが，ときには，文中におかれていることもある。通常，その前後にはコンマがある。

Science, **in so far as it consists of knowledge**, must be regarded as having value.

(科学は，知識から成り立っているかぎりにおいては，価値を有するとみなされなければならない)

Suddenly he was aware **as he had never been before** of the deep affection which bound him to his father.

(突然彼は，今までになかったことだが〔ほどに〕，自分と父を結びつける深い愛情に気がついた)

(1) 副詞節が並列している場合

① I have dwelt upon it so long **because it is one of our greatest problems** and **because we are liable to hold a mistaken view about it**.

(それがわれわれの最大の問題の1つであり，また，われわれはそれについて誤った見解をいだきがちだから，私はこんなに長くそれに

ついてこと細かに述べたのである）

② He felt, **as he went along the street, as if something had drained every ounce of blood out of him**.

(彼は通りを歩きながら，まるで何かが彼のからだから1オンス残らず血を抜いてしまったような感じがした)

研究 　**1.** 副詞節が2つの場合は，①のように同一の接続詞で始まるものの場合以外は，次のようにそれぞれ主節の前とあとにおくほうがふつうである。

When a reform fails to bring what people expect, they are disappointed, *even if very solid advantages are secured.*

(改革が人びとの期待するものをもたらさないと，たとえしっかりした中身のある有利な条件が確保されたにしても，彼らは失望する)

　2. 次のように，従位接続詞が1つだけのこともある。①の文でも，あとの because は省略してもよい。

No specialized knowledge is required to solve political problems *if the state need not intervene in economic issues* and *the questions on which decisions have to be taken are matters of general political principles.*

(もし国家が経済上の問題点に介入する必要がなく，また，決定をおこなわなければならない問題が一般的な政治上の原則についての問題であるならば，政治問題の解決のために，なにも専門的知識は要求されない)

　このような場合には，and《またはそれ以外の等位接続詞》以下の部分は，副詞節の中にはいるときもあり，はいらないときもあるから注意を要する。

(2) 副詞節の中にさらに副詞節がある場合

① *If,* **as he confirms**, *there can be no doubt as to their identity*, it must be the outcome of an astonishing accident.

(もし彼が確言するように，それらが同一であることについて何の疑いもありえないとすれば，それは驚くべき偶然の結果にちがいない)

② I have no objection to any person's religion, *so long as the person does not insult any other person*, **because that other person does not believe it also**.

(私はどんな人の宗教に対しても，その人が，それを信じないからということで他の人を侮辱しないかぎり，反対はしない)

研究 　**1.** ①のように節の中に挿入されているときはまぎれはないが，②のような場合には，because 以下が主節に結びつくのか，ここのように副詞節の中にはいるのか，内容に基いて判断しなければならない。

2. この場合には，(1)のように，2つの副詞節が and などの等位接続詞で結合されていることはない。

(3) 副詞節が**不定詞・動名詞**などにかかる場合

① I promised to *invite them* **as soon as she came back**.
　　(私は,彼女が帰って来たらさっそく彼らを招待することを約束した)

② He ordered the policeman to *carry the girl to the hospital* **so that they could operate on her at once**.
　　(すぐにその少女の手術ができるように彼女を病院に運ぶことを,彼はその警官に命じた)

③ The incident prevented him from *doing* **as he had been instructed**.
　　(その事件のため,彼は指示されたとおりにすることができなかった)

研究　副詞節が主節の定形動詞にかかるのか不定詞などにかかるのかは，前後関係から判断するより仕方がない。①では，「帰るやいなや約束した」と解釈することも可能である。

(4) 形容詞にかかる場合

① He saw that his hair, *coal-black* **when he went to bed**, had turned grey.
　　(彼は,髪の毛が，床につくときにはまっ黒だったのに,しらがまじりになってしまっているのを知った)

② A *useful*, **if somewhat unsatisfactory**, clue was provided by the piece of metal.
　　(やや不満足ではあっても役にたつ手がかりが,その金属片によって与えられた)

補足　①は ... hair, *which was* coal-black when ~, ②は A clue *which was* useful (even) if *it was* somewhat unsatisfactory was ~のように補ってみれば，わかりやすい構文になるだろう。

研究　②のように名詞の前におけば，副詞節の中の主語・動詞は略されるのがつねである。いずれにしても，上例のような場合は比較的少ない。

まとめ 23

節：文と同様に主語・定形動詞をもっていながら，文中の働きの上で
は1語の主語・目的語・補語と同じであるものが節である。

節の種類━┳━等位節　┏━名詞節
　　　　　┗━従属節━╋━形容詞節
　　　　　　　　　　┗━副詞節

名詞節の最初にくる語	that, whether	疑問詞(what, who, why, etc.)	関係詞(what, whoever, etc.)
形容詞節の最初にくる語	関係代名詞(what を除く)	関係副詞(when, where, etc.)	
副詞節の最初にくる語	従位接続詞(第21章参照)	複合関係詞(however, etc.)	倒置による動詞，助動詞

《注意》　①第21章・接続詞を参照。

②節の中にさらに節があるような文は少なくないことを念頭
においておくことが必要。

Exercise 22 解答は p.674

(1) 下線の部分の句・節の種類をいいなさい。

1. <u>To love</u> is <u>to be loved</u>.
2. She was surprised <u>to hear the news</u>.
3. He was reading a book <u>written by a famous author</u>.
4. He refused <u>to work in my shop</u>.
5. The bus was running <u>at full speed</u>.
6. Make hay <u>while the sun shines</u>.
7. They say <u>that the president is seriously ill</u>.
8. We saw the house <u>where the great artist used to live</u>.

(2) 次の英文の(　)に適する語(句)をa～dから選び，記号で答えなさい。

1. I cannot join in the movement (　) asking my father about it.
　　　a. except　　b. unless　　c. without　　d. for want of
2. The newspaper says that traffic was paralyzed (　) heavy snow.
　　　a. because　　b. for　　c. in favor of　　d. on account of
3. A young student came in (　) the professor went out for dinner.
　　　a. after　　b. behind　　c. until　　d. next to
4. You must play your part (　) the instructions he has given you.
　　　a. as　　b. like　　c. due to　　d. according to

(3) bの空所に適当な語を入れて，aと同じ内容で，句(phrase)を使った文を作りなさい。

1. { a. He was clever enough to solve the problem easily.
　{ b. He was so clever as to solve the problem with (　).
2. { a. The machine is so old that it is useless now.
　{ b. The machine is so old that it is (　) no (　) now.
3. { a. The result of the election will be announced publicly.
　{ b. The result of the election will be announced (　) public.
4. { a. Lately, an idle rumor has been floating in my town.
　{ b. (　) late, there has been an idle rumor afloat in my town.

5.
  - a. The doctor told me that Tom would soon get well.
  - b. The doctor told me that Tom would get well (　　) long.

6.
  - a. I asked them to handle the pottery carefully.
  - b. I asked them to handle the pottery (　　) (　　).

7.
  - a. She consulted him because she knew he was a sensible man.
  - b. She consulted him because she knew he was a man of (　　).

8.
  - a. The teacher says that such words are no longer used.
  - b. The teacher says that such words are (　　) of (　　) now.

(4)　bの空所に適当な語を入れて，aと同じ内容で，節(clause)を使った文を作りなさい。

1.
  - a. His collection was sold after his death.
  - b. His collection was sold after (　　) (　　).

2.
  - a. He works hard so as to support his family.
  - b. He works hard (　　) (　　) he can support his family.

3.
  - a. In case of rain, the excursion will be put off.
  - b. (　　) it (　　), the excursion will be postponed.

4.
  - a. The task was too hard for him to carry out.
  - b. The task was so hard (　　) he could not carry (　　) out.

5.
  - a. The boy was ashamed of having made the mistake.
  - b. The boy was ashamed (　　) (　　) had made the mistake.

6.
  - a. With all his efforts, the enterprise ended in failure.
  - b. (　　) he made every (　　), the enterprise failed.

(5)　bの空所に適当な語を入れて，aと同じ内容で，節(clause)を使わない文を作りなさい。

1.
  - a. Can you tell me why he has retired ?
  - b. Can you give me the (　　) for his (　　) ?

2.
  - a. They envy him because he has succeeded.
  - b. They are envious of him on (　　) of his success.

3.
  - a. As it snowed heavily, their arrival was delayed.
  - b. (　　) to the (　　) snow, they arrived late.

4.
  - a. The boys shouted with joy when they saw the sea from the hilltop.
  - b. The boys shouted with joy (　　) the (　　) of the sea from the hilltop.

第**3**章

文

英語の文には基本五文型があり，内容によって分類
すると，平叙文，疑問文，命令文，感嘆文がある。

§1　文とは何か，その基本型式

　1つまたはそれ以上の語が集まって1つの完結した意味を伝えるも
のが**文**(Sentence)である。ふつうの英語の文は，次の5つの基本型の
どれかに当てはまる。

　①　第1文型：**主語＋完全自動詞**

　　　〈例〉The man came. (その男が来た)

　②　第2文型：**主語＋不完全自動詞＋補語**

　　　〈例〉I am a student. (私は学生です)

　③　第3文型：**主語＋完全他動詞＋目的語**

　　　〈例〉The cat caught a mouse. (ねこがねずみを捕えた)

　④　第4文型：**主語＋完全他動詞＋間接目的語＋直接目的語**

　　　〈例〉I gave him a book. (私は彼に本を与えた)

　⑤　第5文型：**主語＋不完全他動詞＋目的語＋補語**

　　　〈例〉They elected him king. (彼らは彼を国王に選んだ)

《注意》　**1.** 実際上は，大文字で始まる最初の語からピリオドその他の末尾の
記号までが1つの文である，と考えて対処すればよい。

　2. 文型については，品詞編の動詞の章(p. 202以下)も参照せよ。

　3. 実際の英文の場合は，さらに形容詞(句)・副詞(句)などを伴って，もう
少し複雑な形をとるのがふつうである。また，文の種類によって，上記の基本
型とはやや形式を異にしていることもある。

研究　**1.** この基本型は文だけでなく，節についても成り立つ。ただし，関

係代名詞で導かれる形容詞節では，その関係代名詞が目的語の場合，目的語が
その節の主語より前にくるというように，上記の語順と違う点もある。

2. 上記の主語・補語・目的語は，単純な「(形容詞＋) 名詞」ばかりではな
く，句や節の場合も，またはそれらを伴った(代)名詞のこともある。

3. 主語が次のようなもののときは訳し方に注意を要することがある。

① 無生物が主語のとき：その文中の人間を表す語を主語にして訳文を作る
と日本文の表現がまとまる場合が少なくない。

The next morning found them dead in the hut.	翌朝になると，彼らはその小屋の中で死んでいた。
What has brought you here ?	どうしてきみはここへ来たのだ。
The achievement of success left him a prey to boredom.	成功者になったあと彼は退屈に悩むことになった〔成功達成が彼を…の状態にした〕。

② 否定を意味する語が主語についているとき：訳文では動詞を否定するよ
うに変えなければならない。

No words can conceal the fact.	口でどういっても，その事実を隠すことはできない。
No two opinions can be more widely different.	これほどかけ離れた2つの意見はない。《直訳：どんな2つの意見もこれ以上違うことはできない》
Few men have ever thought of such a thing.	そんなことを考えたことのある人はほとんどいない。

§2 文の種類

文は，基準の立て方によって，次のように種々に分類される。

(1) 構造による分類

- ① 単文(Simple Sentence)：節を含まない文
- ② 重文(Compound Sentence)：等位節を含む文
- ③ 複文(Complex Sentence)：従属節を含む文
- ④ 混文(Mixed Sentence)：等位節と従属節を含む文

《注意》 例文はこれまでの諸章にいくらもあがっているのでここでは省略する。
重文は，要するに，2つの単文が等位接続詞などで結合されたものであるが，
時には，接続詞などを用いずに，コンマ・セミコロンなどですませてある場合

もある。

(2) 内容による分類

① 平叙文(Declarative Scntence)：事実を述べる

② 疑問文(Interrogative Sentence)：疑問を表す

③ 命令文(Imperative Sentence)：命令・禁止などを表す

④ 感嘆文(Exclamatory Sentence)：強い感情を表す

さらに，平叙文については，次の区分がある。

肯定文(Affirmative Sentence)： no, not などを含まない

否定文(Negative Sentence)： no, not などを含む

《注意》　**1.** これらについては，品詞編ですでに要点を述べた。本章では，その簡単なまとめをするとともに，今までに触れなかった事項についてしるすことにする。

　2. 平叙文とは，文末がピリオドで終わるごくふつうの文のことで，とくにその肯定文については，例文もすでに多数出ており，いまさら述べる必要はないから省略する。

§3　疑問文

(1) 疑問文の基本形式《要約》

(a) 疑問詞を含む疑問文《特殊疑問(Special Question)》

　(i) 疑問詞が主語のとき：

　　「疑問詞＋動詞〜？」

　(ii) 疑問詞が主語以外のとき：

　　「疑問詞＋助動詞または be, (have)＋主語＋動詞〜？」

(b) 疑問詞を含まない疑問文《一般疑問(General Question)》

　(i) 「Do またはその他の助動詞＋主語＋動詞〜？」

　(ii) 「Be, (have)＋主語〜？」

《注意》　**1.** 例文・説明などについては，疑問詞(p. 158)，be(p. 316)，have(p. 317),do(p. 321)，およびその他の助動詞の項を見よ。

　2. 疑問文は,純粋に相手の答えを求める場合ばかりでなく,勧誘・要求(p. 229)や驚き・怒り(p. 338)などの感情を大なり小なり含んでいることが多いから，その前後の会話の応酬に注意して意味を判断しなければならない。

(2) 間接疑問 (Indirect Question)

(a) 疑問詞を含む疑問文のとき：

　　　　「疑問詞＋主語＋動詞～」

(b) 疑問詞を含まない疑問文のとき：

　　　　「whether〔if〕＋主語＋動詞～」

《注意》　**1.** 例文などは疑問詞 (p. 158)，話法 (p. 449) を見よ。

　2. 間接疑問は独立の文としては用いられない。これは名詞節の一種であって，主語，目的語・補語などに用い，したがって，これを含む文は複文である。

　3. (1)に掲げた直接疑問がそのまま間接疑問に代用されることもある。p. 457 参照。

(3) 付加疑問

平叙文の末尾に追加した「助動詞, be, have ＋主語(代名詞)？」の形式の短い疑問形が**付加疑問** (Tag-question) で，口語的表現である。

(a) ① 肯定文では付加疑問に否定を入れ，② 否定文では付加疑問に否定を入れない場合

　(i) 自分の述べることに対し相手の確認を求める気持を表す。

① We *met* at the party, **didn't we ?**	例のパーティでお会いしましたっけね。
② You *don't want* to join them, **do you ?**	きみは彼らの仲間入りはしたくないんでしょ。

　(ii) 相手の同意を当然のこととして要求する気持を表す。

① You *are* ready, **aren't you ?**	用意ができたんだな。
② You *haven't told* him yet, **have you ?**	彼にはまだ話していないんだろ。

研究　**1.** 付加疑問の作り方は上記のほか次の点に注意。**参考**も見よ。

　① 付加疑問の主語は，その文の主語と同じ代名詞にする。もし文の主語が名詞なら，それをさすことのできる代名詞にする。

　　Mary is coming, isn't **she** ?　｜　メアリーが来るんでしたね。

　② その文と同じ助動詞または be, have をくり返す。助動詞がない文ならば，do を用いる ((i), ①参照)。ただし，疑問文を作るのに do を用いる have (p. 320, (6)参照) は，付加疑問でも do を用いる。

　　You **had** no lunch, **did** you ?　｜　昼食を食べなかったんでしょ。

　2. (i), (ii)は活字の上からはまったく区別がないが，実際の会話では，(i)

は尻上がりの調子《didn't we↗?》に発音され，(ii)は調子を下げるようにして《aren't you↘?》発音される。

3. (i)は(ii)ほどではないが，どちらも程度の差こそあれ，かなりの確信を持って述べる言い方であり，付加疑問の前の部分に否定がなければ((i), ①)"yes"，否定があれば((i), ②)"no"の答え《どちらも述べられたことを承認する答え》を予想しているのである。しかし，もちろん，問いかけられた人が相手の予想に反する答えをすることもありうる。

4. 長い文では付加疑問を文の中におく。その場合，前後にコンマをつけて，"?"だけは文末にまわすのがふつうである。

（参考）上の（研究）1の補足および例外の例文だけを次に掲げる。斜体の語に注目。

He *can hardly* speak English, *can* he ?	彼はほとんど英語を話せないんでしょう。 《hardly は否定の扱い》
I *am* some painter, *aren't*〔*ain't*〕 I ?	ちょっとした絵かきでしょ。 《amn't とはいわない》
That's clear, isn't *it* ?	それははっきりしているでしょ。 《this, that のかわりの it はふつう》
You *used* to smoke, *didn't*〔*usedn't*〕 you ?	もとはタバコをすっていましたね。
Let's dance, *shall we* ?	踊りませんか。《よく用いる語法》
I *suppose* you're not joking, *are you* ?	冗談をいってるんじゃないでしょうね。 《don't I ではない》

(b) ① 肯定文では肯定, ② 否定文では否定の付加疑問の場合

① Oh, Morgan *told* you, **did he ?**	まあ，モーガンが話しましたって。
② So he *wouldn't* come, **wouldn't he ?**	じゃあ，彼は来ない(っていう)んですか。

（研究）これは，意外であるとか，信じられないといった気持を含む言い方である。例文のように，oh や so で始まる文のことが多い。場合によっては，皮肉や叱責を意味することもある。ふつう尻上がり《did he↗》に発音するが，必ずしも相手の返事を期待してはいない。

(4) 修辞疑問

相手の返事を期待せず，自分の意見を反語的に述べる，形式上だけの疑問文が**修辞疑問**(Rhetorical Question)である。

Who does not love his own country ?	自分の国を愛さない人があろうか。 《直訳：だれが～を愛さないだろう》
Why should I ask permission	どうして私が彼に許可を求める必

of him?	要があろうか。
Can the leopard change his spots?	ヒョウがそのはん点を変えることができようか。

研究 1. 修辞疑問であるかどうかは，前後の関係から判断しなければならない。訳し方は，日本文でも反語に訳せばよいが，それでまとまりが悪ければ，内容をとらえた平叙文に訳してもさしつかえない。

2. why should ～はもっぱら上例のような修辞疑問に用いられる。

3. 純粋の疑問ではないので，文末の "？" は "！" やピリオドのことも少なくない。

(5) その他の疑問形

(a) 平叙文のままの疑問

① I suppose I can get some tobacco?	タバコをもらってもいいでしょうね。
② You are not going yet?	まだ行かないんですか。

研究 1. この形式の疑問は，①のように，相手の承認が当然えられるものと予想した質問の場合と，②のように，驚きや信じられないといった気持をこめて発せられる場合とがある。どちらの用法であるかは，前後の文との脈絡から判断しなければならないが，両方とも，疑問詞を含まない疑問文の場合と同様に，文末にかけて尻上がりの調子で発音される。

2. ①の場合は，(3)，(a)の言い方にくらべ，相手の承認を予想する気持がいっそう強い。②のタイプの言い方では，be が省略されることもある。

(参考) ②の型の表現の場合は，次のように動詞の原形が用いられていることもある。

An Englishman *betray* his country?	英国人が自分の国を裏切るだって？

(b) He has, has he ? の型

"Mary says she can speak six languages fluently."	「メアリーは6か国語を流ちょうに話せるといってますよ」
"Oh, **she does, does she ?**"	「まあ，そうですか」

研究 1. この場合に用いられる代名詞《主語》と(助)動詞は，(3)の付加疑問のときと同じである。

2. この表現は，相手がその前に述べたことば《上の場合は Mary...fluently 》に対する興味・関心・驚き・疑惑・怒りなどの感情を表す。ときによって末尾の "？" は "！" のこともある。

3. 上掲の言い方をちょうど2つに分けた "**She does ?**〔!〕" と "**Does she ?**" も，それぞれ，それと同じ意味によく用いられる。後者は，しかし，

もっと弱い意味で, really? や indeed? の意味になることもある。

　4. 先行の文に否定があれば, こちらの文にも否定がはいる。

"You **can't** catch me."	「きみにはぼくはつかまらないよ」
"I **can't, can't** I ?"	「そうかな〔そうですかね〕」

(c) 語順を変えて考えればよい場合

Open the door, **can't you ?**	ドアをあけてもらえんかね。
Carry this to my room, **will you ?**	これを私のへやへ持って行ってくれないか。
He is a nice guy, **don't you think ?**	彼はいいやつでしょ。

　[補足]　太字の部分を文頭に移したのとほぼ同じ意味と考えてよいが, このほうがいっそう口語的な表現である。

§4　感嘆文

　基本的な形式は次のとおりである。

　① **What a** ＋(形容詞)＋名詞＋主語＋動詞～！

　② **How** ＋形容詞または副詞＋主語＋動詞～！

《注意》　**1.** 例文その他については疑問詞の章(p.161)を見よ。

　2. ①の不定冠詞は, あとの名詞が不可算名詞なら, もちろん用いない。また, 主語と動詞の語順は, 上記の逆になっているときもある。

　3. §3の(3)(b), (5)(b)など, 意味上感嘆文と変わりない疑問形もあるのに注意。その他一般の文でも, 末尾に！をつけて感嘆の気持の加わっているのを示すことは多い。

　研究　**1.** 主語が代名詞, 動詞が be の場合は, 両方とも略すことがある。

How beautiful (it is) !	なんてきれいなのだろう〔まあきれいだこと〕！
What a coward (he is) !	なんという臆病者だ！

　2. how は次に形容詞・副詞を伴わないこともある。和訳するには, 適当な形容詞・副詞を補って訳すか, または, how を「ほんとに」「まったく」などと訳すのがよい。

How it blows !	なんてひどい風だろう。
How I detest them !	あの人たちはほんとにいやだ。

　参考　次のような感嘆の表現もある。

① "And what shall I do ?"	「ところで私は何をいたしましょう」
"*What shall you do* !"	「何をいたしましょうだって！」
② "It is nasty weather !"	「ひどい天気だ」

"Yes, *isn't it !*"	「うん，まったくだ」
③ I told Ed about the secret. And *was Ed pleased !*	私はエドにその秘密を話してやった。エドの喜んだのなんのって！
④ *He a gentleman !*	彼が紳士ですって！

①は§3で扱ったものと密接な関係がある。②は前の文が肯定文のときにかぎる言い方。③，④は比較的まれである。

§5　命令文

主語をはぶき，原形動詞を文頭におくのが基本形式である。

《注意》　1．例文・説明などはすべて命令法の項(p. 286)を見よ。

　2．平叙文の形式で命令文の意味を表すものもある。p. 295 を参照。

§6　否定文

否定文の基本的な作り方《要約》

① be, (have), 助動詞を含む文 →単に not を加える

② その他の動詞を含む文　　　　　→ do〔does, did〕が必要

③ not 以外の否定《no, never, etc.》なら do は不要

《注意》　do(p. 321), may(p. 341), must(p. 361) などを参照せよ。また，few, little, hardly, etc. にも注意。

🔬**研究**　日本文の「ない」を英訳するには，no, not, never ばかり利用することを考えずに，場合により，**unless**《文語的》，**without** なども使えること，また，次のような言い方もあることを記憶しておきたい。

He is the **last** man to do that.	彼はそういうことはし<u>ない</u>男だ。
It is the **best** book I (**have**) **ever read**.	それは私が今までに読んだことの<u>な</u>いほどのいい本だ。《直訳：読んだもっともよい》
He **failed to** come the other day.	先日彼は来<u>なかった</u>。
The report is **far from** (being) true.	その報道はまったく正しく<u>ない</u>〔まったくでたらめだ〕。
He **denied** that he had seen the lady.	彼はその婦人を見たことは<u>ない</u>といった。
You must leave **before** he arrives.	きみは彼の来<u>ない</u>うちに出かけなければいけない。

その他，stop, cease, forbid, prevent も前後関係によっては利用できる。

ま と め 24

文：いくつかの語が集まって１つの完結した意味を表すものが文である。

Ⅰ　**文型**　修飾語句を除外した，英語の文の骨格といえるものは，次の５つの型のどれかにあてはまる。

　　１．主語＋完全自動詞　　　　　　　　　　　……第１文型
　　２．主語＋不完全自動詞＋補語　　　　　　　……第２文型
　　３．主語＋完全他動詞＋目的語　　　　　　　……第３文型
　　４．主語＋完全他動詞＋間接目的語＋直接目的語　……第４文型
　　５．主語＋不完全他動詞＋目的語＋補語　　　……第５文型

Ⅱ　**文の種類**

　　１．文の構造を基準にした分類 (接続詞の章を参照)
　　　　①単文：節を含まない文　　③複文：従属節を含む文
　　　　②重文：等位節を含む文　　④混文：等位節と従属節を含む文

　　２．文の意味を基準にした分類
　　　　①平叙文

　　　　②疑問文┬ 特殊疑問文(疑問詞を用いた疑問文)
　　　　　　　　└ 一般疑問文(疑問詞のない疑問文)

　　　　③命令文
　　　　④感嘆文
　　　　《注》 (i)そのほか，否定語の有無を基準にして，肯定文・否定文の区別もある。
　　　　　　 (ii)疑問文には修辞疑問文もある。また，文ではないが，付加疑問などもある。

第**4**章
文の書き換え

ここでは文の書き換えとして代表的な単文・複文・
重文の相互の書き換え方を学ぼう。

　文の書き換えとは，与えられた文とは異なった表現方法を用いて，
ほぼそれと同等の内容を表すことである。個々の文を取り上げれば，
書き換えの方法は多種多様であるが，本章では，利用範囲の広い代表
的な単文⇄複文⇄重文の転換に問題をかぎって述べることにする。な
お，次に掲げる書き換えについては，それぞれのページですでに触れ
てあるので，そこを参照してほしい。

① 原級⇄比較級⇄最上級(p.551)　　⑤ 直接話法⇄間接話法(p.452)
② 連続用法の関係詞⇄接続詞(p.180)　⑥ 仮定法⇄直説法(p.310)
③ it ～ that による強調(p.105)　　⑦ 分詞構文⇄接続詞＋動詞(p.416)
④ 能動態⇄受動態(p.266)

§1　単文⇄複文の転換

　基本方針は，複文→単文の場合には，従属節中の定形動詞を不定
詞・動名詞またはその動詞の名詞形《be ＋形容詞のときはその形容詞の
名詞形》に変え，その他の部分をこの変化に適合するように改めること
である。単文→複文ならばその反対で，文中の不定詞・動名詞・抽象
名詞を定形動詞《場合により be ＋形容詞》にすることをねらう。

> 補足　複文は主節と従属節《名詞節・形容詞節・副詞節のいずれか》とから成り立つから，
> それぞれの節に定形動詞が１つずつある《もしなければ，それは節ではない》。
> これに対し，単文は節を含まない文のことだから，従属節の定形動詞を消去す
> ることができれば，それは節ではなくなり，自動的に単文ができるわけである。

(1) 名詞節の場合(1)： that で導かれるもの

(a) It seems that he ～ ⇄ He seems to ～の型

① It *seems* that they are hon- ⇄ They seem **to be honest**.
   est.

② It *happened* that I met him. ⇄ I happened **to meet him**.

③ It *is certain* that he will come. ⇄ He is certain **to come**.

《注意》 ①の書き換え方については p. 390 , (1) **研究** も参照。

研究 **1.** この書き換えができるのは，次の2に述べる場合を除き，特定の少数の語にかぎられる。単文にする場合に，不定詞を用いることと，that の節の中の主語が単文の主語になること，が注目点である。

2. 主節の動詞が受動態の場合《次の(b)の構文の受動形に当たる》には，この書き換え方を利用できることが多い。p. 272 も参照せよ。

It *is believed* **that he was** ⇄ He is believed **to have been**
right.   **right**.

It *is expected* **that he will suc-** ⇄ He is expected **to succeed**.
ceed.

3. ①では，to be を省略して，They seem honest もいう。しかし，to be 以外の不定詞は省略できない。

(b) I know that he is ～ ⇄ I know him to be ～の型

① I *expect* **that he will succeed**. ⇄ I expect **him to succeed**.

② I *knew* **that he was a poli-** ⇄ I knew **him to be a police-**
   ceman.   man.

③ He *ordered* **that they should** ⇄ He ordered **them to be sum-**
   be summoned at once.   moned at once.

《注意》 p. 213 , p. 272 も参照せよ。これらの複文の受動形は，上の(a) , **研究** 2に示したようにして単文に書き換えられる。

研究 **1.** 従属節中の主語と動詞を目的語と不定詞に変えるのが特徴で，「思う」「いう」の意味を含む多くの動詞について上記のような書き換えが可能である。たとえば，次のようなものである。

   believe（信じる） command（命じる） desire（望む）
   find（見いだす）   intend（意図する） wish（希望する）

think を think him to be ... のように用いるのは可能だが，固い表現で，比較的まれである。《その場合，be に続く語は「彼」の恒常的な性質をいう語であることが必要で，一時的な状態をいうものではこの構文は使えない》しかし，受動態の

he *is thought to be* ... はいくらも用いられる。

　「望む」の意味を含む動詞の場合は that の節の中に will〔would〕，「命じる」《1人称の意志》の意味を含む動詞のあとの that の節中には should《または仮定法現在》，が用いられる。(p. 336 , (4)参照)

　2. believe, find, know, think に関しては，名詞節中の動詞が be 以外のものの場合は，この書き換えはできないのがふつうである。つまり，

I know (that) she **lies**.	私は彼女がうそをつくことを知っている。
I believed that you **need** it.	きみはそれが必要だと私は信じた。

などを I know *her to lie*. などとすることはふつうできない。しかし，受動態の She is known to lie. は可能である。

　3. 不定詞の to be は省略されることもある。

We believe〔think〕him (to be) clever.	彼はりこうだと思う。
He ordered me (to be) quiet.	彼は私に静かにすることを命じた。

　次のような場合は，it の次に to be はないのがつねである。

　　I find that *it is difficult to get* ⇄ I find *it difficult to get* there in there in time.　　　　　　　　　　　time.

　4. この型の場合は，名詞節の前に間接目的語はないが，次のような例外的なものもある。

　　I **promised him** *that I would* ⇄ I promised him *to be here* at *be here* at ten o'clock.　　　　ten o'clock.

（**参考**）　この書き換えが可能かどうかは，結局，個々の動詞の用法によるのである。上掲のようなタイプの複文・単文だからといって，機械的に書き換えられるものと思ってはならない。たとえば次のような文を上記の方式に従って複文または単文にすることはできない。

①I *want* him to go.	私は彼が行くことを望む〔彼に行ってもらいたい〕。
②He *told* me to come.	彼は私に来いといった。
③He *explained* that it had been delayed by the weather.	それは天候のために遅延した，と彼は説明した。
④I don't *doubt* that he will come.	私は彼が来ることを疑わない。

ただし，②は He told *me* that I should come. なら可能であろう。

(c) It is necessary that he ～ ⇄ It is necessary for him to ～ の型

It is *natural* that they should welcome him. ⇄ It is natural for them to welcome him.

It is *impossible* that he should misunderstand it. ⇄ It is impossible for him to misunderstand it.

《注意》 この書き換えが可能な範囲については p.105，(参考)を参照せよ。

(d) that ～ ⇄ (前置詞＋)動名詞または抽象名詞の型

① I *regret* that I am not able to help you. ⇄ I regret being unable to help you.

② He is *sure* that they'll come. ⇄ He is sure of their coming.

③ She *insisted* that I should accompany you. ⇄ She insisted on my accompanying you.

(研究) **1.** 単文に直した場合に前置詞が必要かどうか，必要ならばどういう前置詞を用いるか，はそれぞれの動詞・形容詞の用法により一定しない。それぞれの動詞・形容詞の用法として記憶すべきである。

2. この型の書き換えができるおもな動詞・形容詞には，上掲のほかに次のようなものがある。単文の場合に用いられるもっともふつうの前置詞をかっこ内に掲げておく。

afraid（of）（恐れて）　　　　ashamed（of）（恥じて）
aware（of）（知って）　　　　complain（of）（不平をいう）
confident（of）（確信して）　　hear（of）（聞く）
ignorant（of）（知らないで）　　proud（of）（誇りにして）
remember（覚えている），etc.

3. 主節の主語と従属節の中の主語が違う場合は，従属節内の主語が名詞ならそのまま，代名詞なら通常所有格に変え，意味上の主語(p.429)として動名詞の前に加える。上例②，③参照。

I remember that I saw him. ⇄ I remember *seeing* him.
I remember that he stayed here. ⇄ I remember **his** *staying* here.

4. 従属節の動詞・形容詞に対応する名詞形を用いるのがよい場合もある。

I was aware *that he was determined* to go. ⇄ I was aware *of his* determination to go.

He insisted *that he was* **willing** ⇄ He insisted *on his* **willingness**
to back me up.　　　　　　　　　*to back me up*.

He confessed *that he was* ⇄ He confessed *to his* **guilt**.
guilty.

　名詞節といいきるのはやや問題だが，次のように，感情を表す形容詞・分詞のあとの that 〜 の場合は，この方法が利用できることが多い。

I am **glad** *that he has succeed-* ⇄ I am glad *of*〔*at*〕*his* **success**.
ed.

　5．従属節の動詞の表す「時」が，主節の動詞の表す「時」より以前である場合は，動名詞の完了形を用いる。ただし，remember は例外。

I *am* ashamed that I **agreed** to ⇄ I am ashamed of **having**
the project.　　　　　　　　　　**agreed** to the project.

He *admitted* that he **had done** ⇄ He admitted **having done** it.
it.

She *denies* that she **wrote** it. ⇄ She denies **having written** it.

　6．名詞節の前に(間接)目的語を伴う動詞も少数ある。

He *warned*〔*convinced*〕*me* **that** ⇄ He warned〔convinced〕me **of**
it was dangerous.　　　　　　　**its danger**.

I *informed them* **that he was** ⇄ I informed them **of his ill-**
ill.　　　　　　　　　　　　　**ness**.

I *reminded her* **that he was** ⇄ I reminded her **of his arriv-**
arriving at six.　　　　　　　　**ing**〔**arrival**〕at six.

I *assured him* **that they were** ⇄ I assured him **of their ex-**
extremely diligent.　　　　　　**treme diligence**.

　7．先行の名詞と同格の that 〜 も，この書き換えができる場合がある。

There is no *hope* **that he will** ⇄ There is no *hope* **of his**
recover.　　　　　　　　　　　**recovery**.

I have no *doubt* **that he is** ⇄ I have no *doubt* **about his**
honest.　　　　　　　　　　　**honesty**.

It is due to the *fact* **that I** ⇄ It is due to the *fact* **of my**
saw him.　　　　　　　　　　　**having seen him**.

(2) 名詞節の場合(2)： **that 以外で導かれるもの**

　疑問詞，関係詞，whether, if で始まる名詞節は，それと同等の内容を表す適当な名詞を利用して書き換える以外にない。

① He asked me **what it meant.** ⇄ He asked me **about its meaning**.

② I don't know **where he is now.** ⇄ I don't know **his present whereabouts**.

③ Please let me know **when you will arrive.** ⇄ Please let me know **the time of your arrival**.

④ I cannot see **why he has failed.** ⇄ I cannot see **the reason for his failure**.

⑤ I am not sure **whether he can do it** (or not). ⇄ I am not sure **of his ability to do it**.

《注意》 ②の now は副詞だから，単文に直した場合の名詞《whereabouts》に加えることはできない。したがって，形容詞の present を代用する。

研究 **1.** この書き換えには(1)のような公式はなく，また，書き換えが困難なことも少なくないが，次のような方針でのぞめばよい。

（ⅰ）名詞節中の動詞・形容詞の名詞形を利用する。《上例⑤では，can の名詞はないが，can＝be *able* to から able → ability を考える》

（ⅱ）**where → place** ; **when → time〔day, etc.〕** ; **why → reason** ; **who →「人間」**を表す適当な語，におきかえることをねらう。

しかし，上例②や，what he says ⇄ his words など，この方法ではすなおに書き換えのできないものもある。

2. what の場合はその節中の動詞の名詞形を利用できることが多い。

what he *did*（彼が行ったこと）⇄ his *deed*(s)（彼の行為）

what he *invented*（彼が発明したもの）⇄ his *invention*（彼の発明）

3. what he should say ; **where she ought to go** ; **how I am to drive** などは，それぞれ，what to say ; where to go ; how to drive などとすれば複文 → 単文の転換が可能である。

4. whether, if の名詞節は，書き換えられない場合のほうがむしろふつうである。その他のものも，その節が長い場合は，書き換え不能のことが多い。**複合関係代名詞による名詞節**も，書き換えられる場合《たとえば，whatever is necessary → everything〔anything〕necessary など》はむしろ例外である。

(3) 形容詞節の場合

(a)「関係代名詞＋動詞」⇄ 分詞の型

① She has a friend **who works in the office.** ⇄ She has a friend **working in the office**.

② They caught a boy **who was** ⇄ They caught a boy **standing by**
   standing by the door.   **the door.**

③ He picked up a book **which** ⇄ He picked up a book **left on the**
   was left on the table.   **table.**

研究 **1.** 動詞が be の場合は次のようにし，being は用いない。

a man **who is honest** ⇄ an **honest** man

a picture **that was on the wall** ⇄ a picture **on the wall**

a thing **that is good for health** ⇄ a thing **good for health**

そのほか，have, seem なども，分詞を用いるよりは，ほかの言い方を用い
て書き換えるほうがふつうである。

2. 関係代名詞が目的格の場合，上記の書き換え方をそのまま適用すること
はできないが，その形容詞節を受動態に変えて③を利用しうることもある。

   a letter *which she wrote* ⇄ a letter *which was written by her*
   ⇄ a letter *written by her*

(b)「関係代名詞〔関係副詞〕＋動詞」⇄ 不定詞の型

① He was the last man **that** ⇄ He was the last man **to leave**
   left the house.   **the house.**

② He had no children **who were** ⇄ He had no children **to look**
   to look after him.   **after him.**

③ It is time (that〔when〕) **you** ⇄ It is time **to go to school.**
   ought to go to school.

④ There was no bed **where I** ⇄ There was no bed **to lie on.**
   could lie.

研究 **1.** first, second, next, last など順序を表す語(のついた名詞)のあと
では，(a) の方法によらずに不定詞を利用するのがよい。(①参照)

2. この方法を利用する場合，形容詞節の中には will, shall, can などの助動
詞またはそれと同等の働きをする語句が含まれているのがつねである《上記1
にあげたような語を伴う場合は除く》。その点で (a) の型が適用される構文と相
違している。

3. この書き換えが可能なためには，形容詞節中の動詞の表す動作は，その
文全体が述べられた時よりも以後に行われるものでなければならない。つまり，
③でいえば，「学校へ行く」という動作は，「時間である」ということがいわれ
たときよりもあとで行われるのであるから，この書き換えができる。これに対
して，たとえば (a) の①では，この文が述べられたときに彼女の友人はすで

にその事務所に勤めているのだから，不定詞は利用できない。

4. 不定詞の意味上の主語を明示する必要がある場合は for ～を加える。

It is time **for you** to go to school. (③参照)

There was no bed **for me** to lie on. (④参照)

That is the first thing **that you** $\rightleftarrows$ That is the first thing **for you**
should learn. 　　　　　　　　　 **to learn**.

(c)「関係代名詞〔関係副詞〕＋動詞」$\rightleftarrows$「前置詞＋（動）名詞」の型

① That's a meal **that she** $\rightleftarrows$ That's a meal **of her own**
has cooked herself. 　　　　 **cooking**.

② He stated the reason **why** $\rightleftarrows$ He stated the reason **for his**
he had failed. 　　　　　　 **failure**.

③ He exhibited some of the $\rightleftarrows$ He exhibited some of the
curios **he had**. 　　　　　　 curios **in his possession**.
　　　　　(curio ＝骨とう品)

《注意》　**1.** この方法はやや特殊な構文の場合にほぼ限られ，利用価値は少ない。

　2. 通常，副詞節を作るものが，たまたま形容詞節をなす場合(p.617)の書き換えは，副詞節の項を見よ。

(4) 副詞節の場合

(a) 時に関するもの

(i) when〔as soon as〕～$\rightleftarrows$「**on ＋動名詞**」(p.443 参照)

When〔As soon as〕he returned $\rightleftarrows$ **On returning home**, he went
home, he went straight to bed. 　　straight to bcd.

研究　　on his *return* home などのように，動名詞以外のものも使える。

　cf. on examination (調べてみると) ＝ when it is examined

　　　pay on delivery (着荷払い) ＝ pay when it is delivered

(ii) when〔while〕～$\rightleftarrows$「**in ＋動名詞**」(p.443 参照)

He fell **when〔while〕he was** $\rightleftarrows$ He fell **in crossing the street**.
crossing the street.

研究　**1.** (ii)は「～する〔している〕ときに」《動作の途中》，(i)は「～すると」《動作の完了後》，の意味の when の clause の書き換え方である。

　2. 動名詞を用いずにいうほうがふつうの場合もある。

　　while he is sleeping　$\rightleftarrows$　**in** his **sleep**

　　while〔when〕he is staying there　$\rightleftarrows$　**during** his **stay** there

3. over を利用できるときもある。(p.564 参照)

He slept **while〔when〕he was** ⇄ He slept **over his work.**
working.

(iii)「前置詞＋名詞」の成句を利用する

I was startled **when I saw** ⇄ I was startled **at the sight of**
the monster. **the monster.**

He shuddered **when he** ⇄ He shuddered **at the thought**
thought of the accident. **of the accident.**

She took charge of them **while** ⇄ She took charge of them **in**
the manager was away. **the absence of the man-**
ager.

研究 at だけで「～を見〔聞い〕て」の意味に使える場合もある。

(iv) **whenever〔every time〕** ⇄ **not ～ without** (p.443 参照)

Whenever〔Every time〕I ⇄ I do **not** read it **without**
read it, I learn a lesson. **learning a lesson.**

(v) **since** ⇄ **from〔since〕**;完了形《継続》

① We have been friends **since** ⇄ We have been friends **since**
we were children. **〔from〕our childhood.**

② It is five years **since he came** ⇄ He **has been** back for five
back. years.

研究 ②の方法で単文にするには，状態を表す動詞を用いなければならない
《has come でないことに注意》。もしそれができないような文なら，この書き換
え方法は成立しない。

(vi)「**after〔before〕＋動詞**」⇄「**after〔before〕＋（動）名詞**」

After he came back, he took ⇄ **After coming back,** he took a
a bath. bath.

The man left a message **before** ⇄ The man left a message **before**
he departed. **departure〔departing〕.**

研究 意味のまぎれを避ける必要があれば，(動)名詞の意味上の主語を加える。
(p.429 参照)

(vii) 分詞構文

分詞構文が時を表す副詞節と同等の意味になることがあるのを利用

して複文→単文の転換ができる。(例文は p. 416 参照)

(b) 条件を表すもの

If he is absent, you must ⇄ **In case of his being absent** wait for him to come back. 〔**absence**〕, you must ～.

研究　**1.**「**if ～仮定法**」の節の書き換えには **but for, without,** 不定詞などを利用できる場合がある。p. 302 を見よ。

2. やや特殊なケースだが、次の例も参照。

　　provided (that) I share in ⇄ **on condition of sharing** in
　　the profits 　　　　　　　 the profits

3. mind の場合は動名詞が利用できる。

　　I don't *mind* **if you go**. ⇄ I don't mind **your going**.

4. weather permitting (= if weather permits)(天気がよければ)などのように、分詞構文を利用できることもある。(p. 420 参照)

(c) 譲歩を表すもの

(a1)though ～ ⇄ **in spite of ～** 〔**for all ～**〕

He felt chilly **though the sun** ⇄ He felt chilly **in spite of the** **was shining brightly**. **sun shining brightly**.

Though it was dangerous, ⇄ **For all its danger**, he ven- he ventured on the work. tured on the work.

研究　**1.** 上記のほか、**notwithstanding, with all ～**でも単文を作れる。

2. 複合関係詞を用いた譲歩構文は一部少数の場合を除き、一般に書き換えは困難である。

(d) 理由・原因を表すもの

because〔as, since〕～ ⇄ **because of ～〔on account of ～〕**

The parade was called off ⇄ The parade was called off **because it rained**. **because of rain**.

He could not come **because** ⇄ He could not come **on** **he was ill**. **account of illness**.

研究　**1.**「(原因が)～のせいで」の句を作るには、そのほかに、**owing to ～, due to ～, thanks to ～**なども利用できる。

2.「～がないために」には **for want of ～**が使える。

The flowers withered away ⇄ The flowers withered away **for** **because there was no** **want of water**. **water**.

(e) 目的を表すもの

(i) so that ... can ～ ⇄ so as to ～〔in order to ～〕

He hurried **so that he could** ⇄ He hurried **so as to**〔**in order** **catch the train**. **to**〕**catch the train**.

研究 1. この書き換えができるのは，上例のように，主節の主語と従属節の主語が同じものである場合だけにかぎられる。

2. 主節の主語と従属節の主語が異なる場合は，for ～ to ... を利用できることがあるが，これはつねに可能なわけではない。また，so に続く形容詞・副詞の意味によっては，書き換えることは可能でも，もとの文とは意味が少し違ってくる場合がある。

I held the horse **so that he** ⇄ I held the horse **for him to** **could dismount**. **dismount**.

3. so that ... may not ～（～しないように）には so as not to ～, in order not to ～を用いればよい。

4. そのほか，**for the purpose of -ing**（～する目的で），**with the intention of -ing**（～するつもりで），**with a view to -ing**（～の目的で）などの成句を用いて単文に書き換えてよい場合もある。

(ii) lest ... should〔for fear that〕～ ⇄ for fear of ～

He did not stir **lest he** ⇄ He did not stir **for fear of** **should be seen**. **being seen**.

研究 lest ... should ～は，「～するといけないから」という「理由」の意味にもなる(p. 594 参照) が，目的と解すれば，so as not to ～などで書き換えることもできる。

(f) 結果を表すもの

(i) so ～ that ... ⇄ so ～ as to〔enough to〕...

① I was **so** stupid **that I was** ⇄ ⓐ I was **so** stupid **as to be** **deceived by him**. **deceived by him**.

⇄ ⓑ I was stupid **enough to be** **deceived by him**.

② The doll was **so** pretty **that** ⇄ The doll was pretty **enough** **she decided to buy it**. **for her to decide to buy it**.

《注意》　これらの相関語句の用法，とくに，必ずしも結果に訳すとはかぎらないことについては p.397，p.594 を参照せよ。

研究　**1.** enough to ～ には，意味上の主語を表す for ～を加えることはできるが，so ～ as to ... の場合にはできない。したがって，②のように主節と従属節の主語が違うときは，so ～ as to ... で書き換えることはできない。

　2. enough to ～で書き換えることができるためには，that ～の節の内容が，「ある行為をなしとげ(ることができ)た」といった意味を含んでいることが必要である《can, could は用いなくてもよい》。次のように，その意味の含まれない so ～ that ... では，上記の書き換えはできない。

He was **so** weak **that** I had to carry him on my back.	彼は弱っていたので，私は彼を背負って行かねばならなかった。

　3. such ～ that ... も上記に準じて書き換えることができる。

　　I was **such** a fool **that** I was deceived by him.

　　　⇄　I was **such** a fool **as to** be deceived by him.

　　　⇄　I was fool **enough to** be deceived by him.(p.65, (5), **研究** 参照)

(ii) so ～ that ... not ⇄ too ～ to ...

① He was **so** tactful a 〔such a ⇄ He was **too** tactful a man **to** tactful〕man **that he did** 　　　　**mention it**.
　　not mention it.

② He was **so** excited **that he** ⇄ He was **too** excited **to sleep**.
　　could not sleep.

③ The question is **so** hard **that** ⇄ The question is **too** hard **for**
　　I cannot solve it. 　　　　**me to solve**.

《注意》　too ～ to ... については p.396 を参照せよ。

研究　**1.** 主節と従属節の主語が異なるときは，不定詞の前に，③のように意味上の主語を示す for ～をおく。

　2. ③のように，too ～ to ... の構文では，主語をさす代名詞《solve *it*》は残さない点に注意。それ以外の場合(①参照)は代名詞をそのまま残す。

(g) 場所に関するもの

　　They talked about it **where** ⇄ They talked about it **in his**
　　he could hear. 　　　　　**hearing**.

研究　場所に関する副詞節は，通常，句で書き換えることは困難であるが，上掲のほか，次のような場合には，たまたま書き換えが可能である。

> where the hill could be seen ⇄ within the sight of the hill
>
> where I can reach ⇄ within my reach

(h) その他の書き換え方

上に掲げたのは，いずれも，応用範囲の広い書き換えの公式である。個々の文についていえば，そのほかにもいろいろの場合があるが，それらについては，p. 635 に掲げた基本方針により，種々の成句・語法を活用して対処するよりほかはない。以下にそのような例をいくつか掲げておく。

① The movement ceased **when he died**. ⇄ The movement ceased **with his death**.

② I was surprised **when I heard the news**. ⇄ I was surprised **at〔to hear〕 the news**.

③ He failed, **so that we were disappointed**. ⇄ He failed, **to our disappointment**.

④ I acted **as I was instructed**. ⇄ I acted **according to the 〔my〕 instruction(s)**.

⑤ **So far as I know**, this is the only way of producing it. ⇄ **To the best of my knowledge**, this is the only way of producing it.

§2 複文・単文⇄重文の転換

等位接続詞が次のような意味を含んで用いられる点に注意して書き換えを行えばよい。

① **and** ：それだから，そのために〔理由・原因・結果〕；《命令法のあとで》そうすれば〔条件〕

② **but** ：～だけれども，～にかかわらず〔譲歩〕

③ **or** ：《命令法のあとで》さもないと〔否定の条件〕

《注意》 **1**．これらに副詞を加えた次のような言い方を利用できる場合も少なくない。and yet（しかも，しかし），and so（だから），and therefore（したがって），and then（それから）

2．以下の例にはおもに複文を掲げるが，§1に述べた方法によってそれらを書き換えて作った単文も，同様にして重文に転換することができることはいうまでもない。

3．複文⇄重文の転換は前者の中の従属節が副詞節の場合以外はできない。

(1) 時に関するもの《when, after, as soon as, etc.》

When〔After〕he stepped out, I locked the door.	⇄	He stepped out **and then** I locked the door.

研究 **1.** 2つ(以上)の動作が，時間的に順序を追って行われる場合には，「and（＋副詞）」の利用を考えるのがよい。たとえば，上記 when のかわりに **as soon as** ～などなら，**and immediately〔instantly〕**～などとすればよい。

2. till, until は，場合により，and at last と書き換えられる。

The baby cried and cried, **till it went to sleep**.	⇄	The baby cried and cried **and at last it went to sleep**.

(2) 条件に関するもの《if, unless, etc.》

If you work hard, you will succeed.	⇄	**Work hard, and** you will succeed.

《注意》if ～ not；unless ならば or を用いる。この構文については p.292 を参照。

(3) 譲歩に関するもの《though, in spite of, etc.》

Though he was rich, he was not happy.	⇄	**He was rich, but〔and yet〕** he was not happy.

(4) 原因・理由に関するもの《because, because of, etc.》

I drove more slowly **because it was getting dark**.	⇄	**It was getting dark and so** I drove more slowly.

研究 **1.** and だけでも理由の意味が表せないこともないが，上のようにいったほうがいっそう明確になる。

2. so, therefore は副詞なので，and を入れずにこれらを接続詞に用いるのは，実例に見られるけれども，あまり好ましくはない。and を入れないなら，前にセミコロンをおくのがよいであろう。

3. for, because どちらも用いることができる場合 (p.591 参照) ならば，もちろん，それをおきかえるだけで複文⇄重文の転換が可能である。

(5) 結果に関するもの《so ～ that ..., too ～ to ..., etc.》

①
I rose **so** early **that I was** in time.	⇄	I rose **very** early **and so I was in time**.

②
It was **so** hot **that he** could not drink it.	⇄	It was **very** hot **and so he could not drink it**.

③ He awoke **to find** himself ⇄ He awoke **and found** himself
　on the sofa. 　on the sofa.

④ I struggled to get myself ⇄ I struggled to get myself out
　out of water **in vain**. 　of water, **but I could not**.

⑤ He failed, **to our dis-** ⇄ He failed **and we were**
　appointment. 　**disappointed**.

《注意》　③の単文は結果を表す不定詞(p. 381 参照)が用いられた場合，④は結果の意味に訳すとよい副詞(句)(p. 520参照)の場合である。⑤はp. 647，③の例文参照。

(6) その他の書き換え方

次のような単文も重文に書き換えることができる。

(a) 分詞構文

Looking over the lake, I ⇄ **I looked over the lake and**
saw a boat coming toward 　saw a boat coming toward us.
us.

《注意》　分詞構文は時・条件その他の意味を表すから，当然，(1),(2)などと同様に重文に書き換えられる場合もあるわけである。類例は p. 416 参照。

(b) 目的の意味を表す不定詞

Come along with me **to listen** ⇄ Come along with me **and lis-**
to his lecture. 　**ten** to his lecture.

研究　目的を表す句・節は，go〔come〕*to* see him ⇄ go〔come〕*and* see him ; try *to* take it ⇄ try *and* take it のような特定の言い方のとき以外は，上例のような命令文の場合を除き，一般に重文には書き換え困難である。

(c) instead of ～

Instead of defending the ⇄ **They did not defend** the
town, they ran away. 　town **but** ran away.

(d) besides ～ ; in addition to ～

He gave me some books **besides** ⇄ He gave me **not only** those
those pictures. 　pictures **but** (**also**) some
　books.

《注意》　besides のあとの(代)名詞を not only と but の間におくのである。

(参考)　上文は，そのほか，次のように書き換えることも可能である。
He gave me those pictures *and* some books *into the bargain*.

まとめ 25

文の書き換え〈複文 ⇄ 単文の場合〉

《基本》 複文→単文では，従属節の中の動詞を消去する。(単文→
複文ではその逆で，従属節を作る)

1．従属節の動詞，be ＋形容詞 ⇄ 動名詞，不定詞，抽象名詞
2．従位接続詞 ⇄ 前置詞
3．文中の他の語を1，2にあわせて変える。

Ⅰ 名詞節(that 〜)：動詞・形容詞の用法に従って次のようにする。

1．It *seems* **that he** ... ⇄ **He** *seems* **to** ...
2．I *expect* **that he will** ... ⇄ I *expect* **him to** ...
3．It *is natural* **that he should** ... ⇄ It *is natural* **for him to** ...
4．I *am sure* **that he will come.** ⇄ I *am sure* **of his coming.**

疑問詞，whether の名詞節では適当な名詞を用いて書き換える。

Ⅱ 形容詞節(which〔who, etc.〕〜)

関係代名詞 ⎱
関係副詞 ⎰ (＋主語)＋動詞 ┬ ⇄ 分詞
├ ⇄ (for ＋主語＋)不定詞
└ ⇄ 前置詞＋(動)名詞

Ⅲ 副詞節(従位接続詞〜)

[時] when, while, etc. ⇄ 分詞構文，in〔on〕＋(動)名詞
[条件] if ⇄ in case of　　[理由] because ⇄ because of
[譲歩] though ⇄ in spite of
[目的] so that ... can ⇄ so as to ...
[結果] so 〜 that ... ⇄ so 〜 as to ...[enough to ...]

Ⅳ 複文・単文 ⇄ 重文(等位接続詞を用いることをねらう)

[時] when ... ⇄ ... and then
[理由] because ... ⇄ ... and so 〜
[譲歩] though ... ⇄ ... but 〜[and yet 〜]
[結果] so ... that 〜 ⇄ ... and so 〜

Exercise 23 解答は p.674

(1) 次の複文の中の従属節を書き換えて，それぞれの文を単文になおしなさい。

1. He lost his job because he was lazy.
2. There is no hope that they will win the race.
3. No one told me that he was dead.
4. I had no one I could consult about the matter.
5. Something may happen while you are away.
6. He lived in this town when he was a child.
7. The man imagined that he was quite safe from danger.
8. He is not ashamed that he was very poor when he was young.

(2) 次の2文を適当な前置詞などで結んで，1つの単文にしなさい。

[例] { He collected seashells.
      { He spent a lot of time in it.
   → He spent a lot of time (in) collecting seashells.

1. { He entered the room.
   { He did not greet anybody.
2. { She was in bad health.
   { So she was unable to attend school regularly.
3. { How can I master English ?
   { Will you tell me the way ?
4. { The sun went down.
   { The wind, getting colder, blew against his face.

(3) 次の英文の(　)に適する語(句)をa～dから選び，記号で答えなさい。

1. The game starts at five, (　) it ?
   a. won't　　b. doesn't　　c. hasn't　　d. hadn't
2. Let's play cards, (　) ?
   a. don't we　　b. can't we　　c. shall we　　d. will we
3. Bill (　) ever played the drums, has he ?
   a. can't have　　b. won't have　　c. hasn't　　d. hadn't
4. Nobody phoned while I was out, did (　) ?
   a. they　　b. some　　c. one　　d. he

(4) 次の各組の英文が同じ内容になるように, (　　)に適語を入れなさい。

1. { No river in Japan is longer than this one.
   { This is (　　) (　　) river in Japan.

2. { You need not work with them.
   { It is (　　) (　　) you to work with them.

3. { I know he never fails his friends.
   { I know he is the (　　) man that fails his friends.

4. { It makes no difference to me.
   { It is all the (　　) to me.

5. { The goods are not good at all.
   { The goods are (　　) from good.

6. { I haven't heard from him for a long time.
   { It's been a long time since he (　　) to me.

(5) 次の(　　)に適語を入れて, 複文を単文に書き換えなさい。

1. { If he had attended the party, it would have delighted them.
   { His (　　) (　　) the party would have delighted them.

2. { The sound was so loud that he could not fail to hear it.
   { The sound was loud (　　) (　　) (　　) to hear it.

3. { I do not know the day when he is leaving.
   { I do not know the day of (　　) (　　).

4. { Do you know how large this national park is ?
   { Do you know the (　　) of this national park ?

5. { The traffic in our city was held up yesterday, because there was a snowstorm.
   { (　　) (　　) a snowstorm, the traffic in our city was held up yesterday.

(6) 次の(　　)に適語を入れて, 重文を単文に書き換えなさい。

1. { Tom did not hit me, but threw the stick aside.
   { Instead (　　) hitting me, Tom threw the stick aside.

2. { His story is really strange and I cannot believe it.
   { His story is (　　) strange (　　) me to believe.

3. { I tried to make him change his mind but he didn't.
   { I tried in (　　) to make him change his mind.

第5章
特殊構文

ここでは，倒置構文，省略，共通語句，挿入語句・
挿入節，同格およびそれに類する構文について学ぶ。

§1 倒置構文

　文の基本形式(p. 626)に示した語順に従わない構文が倒置構文であ
る。英文の理解上，とくに次のような場合に注意を要する。

(1)「目的語＋主語＋他動詞(に相当する語句)」の場合

The warm nights of summer he spent, as often as not, in
field or coppice.

(暖かい夏の夜を彼はしばしば野原や雑木林で過ごした)

**Whether the priest honestly interpreted what he believed
the god said to him** I am not sure.

(その聖職者が，神が自分に対していっていると信ずることを正直に通
訳したのかどうか，私には確信がない)

研究 **1.** 互いに直接には結びつくはずのない，前置詞を伴わない(代)名詞
または名詞句〔節〕が2つ並んでいるのが，形の上での着眼点である。ただ，以
下に掲げるような，取り違えやすい場合もあるから注意。

　2. 上例のような倒置は，実際にはそれほど多くはない。いいかえれば，大
部分の場合に，前置詞のついていない文頭(近く)の「(形容詞＋)名詞」は，その
文の主語とみてよい。

　3.「主語＋目的語＋他動詞」または「目的語＋他動詞＋主語」の語順になる
ことは，詩など特殊な場合を除き，絶対にない。

　4. 次のような場合と上記の倒置構文を取り違えてはならない。

① 「前置詞を伴わない副詞句＋主語＋動詞」の場合

That evening I was waiting alone in the woods.　│　その晩私は森の中でひとり待っていた。

② 「先行詞＋(関係詞の省略＋)形容詞節の主語＋他動詞」の場合

The people you depict remind me of some of the men I knew.　│　きみの描く人物は以前知っていた何人かの人を思い出させる。

(2)「補語その他＋自動詞＋主語」の場合

① **Closely connected with this moral end** is the intellectual aim of education.

（この道徳的な目的と，教育の知的な目的は，密接に結びついている）

② **On their very efforts** depends the future success of the enterprise.

（まさに彼らの努力にその事業の将来の成功はかかっているのだ）

研究　**1.** この場合は，「主語になりえないもの《形容詞(句)・副詞(句)など》＋自動詞」の形をとっているから，まぎれは比較的少ないはずである。

2. 前の文に述べられていることと関連のある事柄が次の文の文頭におかれて，そのあとに〈自動詞＋主語〉が続くことはよくある。①でも，スペースの関係で省略してしまったが，this moral end は前の文で取り上げた問題で《だから this といっている》それとのつながりでこの部分が前に出ているのである。

3. 動詞と密接な関係にある「前置詞＋(代)名詞」《②の場合なら depend on の on 以下》が，強調その他の理由で文頭におかれることは多い。

4. 次の文は上記とはやや違った語順をとっているが，やはり，定形動詞の前にある語句がいずれも主語にはなりえないもの《前置詞や分詞が名詞の前にある》であるのに注目すれば，容易に構文を理解できよう。

> To this cause perhaps, united to their frequent bathing, **is** ascribable, in a great measure, their marvelous purity and smoothness of skin. (彼らの皮膚が驚くほどきれいでなめらかなのは，彼らがひんぱんに水浴することとあいまって，この原因によるところが大きいのだろう)
> 《文中の this cause とはからだに油を塗ること》

(3) 習慣的に倒置の行われる場合

次のような語句・表現の用いられるときは語順転倒が起こるが，これについてはすでに触れてきたので，それぞれの項を参照せよ。

① 疑問文・感嘆文　　　　　　　　② nor が用いられたとき(p. 582)

③「the ＋比較級 ～，the ＋比較級 ...」(p.540)

④ scarcely ～ before ... などの構文 (p. 589)

⑤ 一部の譲歩構文 (p. 189, p. 597)

⑥ 直接話法での says he など

⑦ if を省略した仮定法 (p. 302)　　　⑧ 関係代名詞の目的格 (p.177)

参考　主語・目的語などのうちの一部の語句が，文のつりあい上，分離しておかれていることもある。

> They walked on until the outskirts of the village were reached *and the solitary cabin of the old man.*
> （村はずれに着き，さらにぽつんと建っている老人の小屋へ来るまで歩き続けた）
> He cannot have found *life easy with his uncle.*
> （彼がおじといっしょの生活を気楽だと思ったはずはない）

§2 省　　略

(1) 習慣的にしばしば省略される語句

(a) 副詞節の中の「**代名詞《主語》＋ be**」はよく省略される。

When (*you are*) **in Rome,** do as the Romans do.	郷（ごう）に入っては郷に従え。〔ことわざ〕
However good (*it may be*), a copy is a copy.	どんなによくても，複製は複製だ。

研究　主語が名詞なら，次のように，be だけが略される場合もある。

Whatever the result (*may be*), the experiment is worth trying.	結果がどうであれ，その実験はやってみる価値がある。

(b) **成句的表現**の中には，もっぱら省略形で用いるものがある。

as usual （いつものように）　　　　of course not（むろんそうでない）
if anything （どちらかというと）　　if ever （あるとしても）
How about it？（それはどうだい？）What for？（どうしてだ），etc.

(c) その他の場合

次のような場合にも省略が行われるが，改めて説明するほどでもないこと，または，すでに触れたことなので，項目を掲げるにとどめる。

① at my uncle's (*house*)（おじの家で）などの表現 (p.88)

② 関係詞の省略(p.177)　　　③ 冠詞の省略 (p.64)

④ 接続詞の that(p.474, p.616)　⑤ 仮定法のときの if (p.302)

⑥ He is ten (*years old*), at ten (*o'clock*) など

⑦ be (*of*) a dark red (濃い赤である) などの表現 (p. 212)

⑧ そのほか会話文の中の主語，あいさつの文句など

(2) 前出の語句と重複するために省略されるもの

After rain comes sunshine ; after winter, (*comes*) spring.

　(雨のあとには陽光が訪れ，冬のあとには春がくる)

In this world the possibilities of good are almost limitless, and the possibilities of evil (*are*) no less so.

　(この世の中では善の可能性はほとんど無限であり，悪の可能性もそれにおとらず無限である)

We have learnt to control the forces of nature outside us, but (*we have*) not (*learnt to control*) those that are embodied in ourselves.

　(われわれは，自分たちの外部にある自然の諸力を支配できるようになったが，自分自身の中に含まれている力のほうはだめである)

《注意》 I hope not.などについては，p. 322，(1) (**参考**) 1 を参照せよ。

研究　**1.** (1)では，省略される語も省略が行われる場合も，ほぼ一定しているから，比較的わかりやすいのに対し，(2)は種々の場合があって一概にいいにくいが，次のような特徴があるのがふつうである。

　① 省略は，対称的な内容の，並列された2つの文句の中の後者で見られる。

　② 省略があるから，もちろん，節としての完結した体裁を備えていない。

　2. 比較の場合は，当然対照的な内容になるので，省略はきわめてふつうである。ただ，英文理解の方便として省略を考えるのはよいが，実際上は，その英文が省略なしの形で出てくることはない。(p.527 以下の例文参照)

　　You are much more likely to fail if you feel fear than if you don't (*feel fear*).

　　(恐怖を感ずると，感じない場合にくらべて，ずっと失敗しやすいものだ)

§3　共通語句

　同一の語・句などが文中の2つ以上の語句に同時に結びつき，いわばA(B＋C)，(A＋B)Cのような関係をなす場合がある。《これを省略の一種と見ることもできる》

(1) A (B ＋ C) 型の場合

① **I** *struggled* to my feet and *went* up the stairs.

(私はやっとのことで立ち上がり，階段を上った)

② The equality of man **implies** *many things*, but never *its literal meaning.*

(人間の平等ということはいろいろな意味を含むが，文字どおりの意味は絶対に含まない)

③ He **dragged** it *across the living room* and *through the door.*

(彼はそれを引きずって居間を通り，ドアから出た)

④ I **cannot** *put* my hand on my heart and *say* that the experience was pleasant.

(私は胸に手をおいて(考えて)みて，その経験が楽しかったとはいえない)

《注意》　**1**．①～③の例は，もちろん，省略とみなすことも可能である。

　2．p. 618, (1)の例文などもこの１つの場合である。

研究　**1**．この場合は，等位接続詞またはコンマなどを用いて並列されており，和訳上からもあまり問題は起こらない。

　2．④の例では，「手をおくことはできないし，いうこともできない」では意味をなしにくい点に注意。次例も同様である。

　　I *can*not *go* off and *leave* all my family.

　　(私は家族みんなを捨てて立ち去ることはできない)

　3．この型では，２つの語句は同じ語で始まっていることがきわめて多い。

　　You *run the risk* **of driving** the honest to despair, and **of turning** the poor into mobs.

　　(あなたは，正直な人たちを絶望に追いやり，貧しい人たちを暴徒に変えてしまう危険をおかしているのだ)

　4．次のように，同格(§5)と区別の困難なものもある。

　　He **is** clearly *a meticulous person,* probably *a banker,* or perhaps *a solicitor like myself.*

　　(彼は明らかに細かいところまで神経のよくとどく男で，おそらくは銀行家，あるいは私みたいに弁護士だろう)

参考　次のように，節でへだてられている例はまれで，通常，代名詞をくり返す。

　　We *turn* our attention away from our own defects and when we are forced by some event to consider them *find* it easy to condone them.

　　(われわれは自分自身の欠点からは注意をそらし，何かあるできごとのためにそれを考えざるをえなくなったとき，それを許すことが容易なことを知る)

(2) **(A ＋ B) C** 型の場合

① I had a vague sentiment that *seemed,* but *was not,* **remorse**.
(私は悔悟の念みたいではあるが,それとは違うあいまいな気持だった)

② He had *heard so much, known so much,* **of how a prisoner was treated there**.
(彼は,囚人がそこでどんな扱いを受けるかについて,いろいろなことを聞いていたし,知ってもいた)

③ Passions *weaken*, but habits *strengthen*, **with age**.
(年齢とともに情熱は弱まるが,習慣は強まる)

④ This has led some people to *maintain,* and many more to *believe* practically, **that in such matters it is impossible to be objective**.
(このことは,そういった問題では客観的であることは不可能なのだと,一部の人びとに主張させ,また,さらに多くの人びとにほとんど(そう)信じこませるようになった)

研究 この型では,自動詞と補語《①の例》,他動詞と目的語《④の例》などのように,本来密接に結合し,間にコンマなどがおかれるはずのないところにコンマがあるのがふつうで,構文を理解する上の重要な注目点である。

§4 挿入語句・挿入節

文のつりあい・修辞的な効果などの目的で,諸種の語句や節が文中に挿入されることが多い。その長さも挿入される場所もさまざまであるが,前後にコンマや――(ダッシュ)の記号をおいて挿入文句であることを示していることが多い。

(1) 副詞句・副詞節

I caught sight of a man who, **though in civilian dress**, was plainly a policeman.
(一般人の服を着ているけれども明らかに警官である男を私は見た)

Richard, **noticing that the boss was coming,** vanished, **from sheer habit**, into his office.
(リチャードは,上司の来るのに気づくと,いつもの癖で,自分の事務所の中へ姿を消した)

I remember **before the night fell** looking at the ship in the bay.
(私は日が暮れる前に湾内のその船を見たことを覚えている)

研究 1．挿入の文句では，副詞句・副詞節がもっとも多い。大多数の場合に，分詞・接続詞・前置詞がその最初にあるから，発見は容易のはずである。ただし，中には独立分詞構文(p.420)や，what で始まる文句(p.185,(3)参照) などもある。

2．上例のような挿入文句は，その節または文の最初か最後へ移して考えればよい。内容上の差はないのがふつうである。

3．次のような慣用句と§2,(1),(b) の一部のものもよく挿入句を作る。

    as it were（いわば）   so to speak（いわば）

    if any（もしあっても）

4．文全体にかかる副詞が挿入的におかれることもある。「～なことには」「～のことだが」などと訳せばよい。

He was, **quite rightly**, very grateful to them.	彼は，まったく当然のことだが，彼らに非常に感謝していた。
The message, **unfortunately**, failed to arrive in time.	そのメッセージは，あいにくなことに，まにあわなかった。

(2) 形容詞句・形容詞節

形容詞・形容詞句がコンマにはさまれて名詞に後置された場合と，連続用法の関係詞節とが，挿入語句・挿入節をなすが，いずれもすでに扱ったのでここでは省略する。p.180, および p.471, (4)を見よ。

(3) その他の場合

① The opening of our country to their capital **they believe** will lead to the increase of our wealth.

  （彼らの資本に対しわが国を開放することは，われわれの富を増大させるに至るであろう，と彼らは信じている）

② We must go on to assert, **and to assert emphatically,** that such an aggressive attitude ought to be abandoned.

  （われわれは，続いて，そんな押しつけがましい態度は捨てるべきであると主張，しかも力をこめて主張，しなければならない）

③ Sitting under an old towering tree, I was, **I did not know why,** seriously tempted to acknowledge the reasonableness of esteem for everything that is strong enough to preserve itself for ages.

  （そびえ立つ古木の下にすわっていると，私は，なぜだか知らないが，長年月の間ながらえ続けるほどのたくましさをもつすべてのものへの尊敬の念は，本当に無理もないものだ，と認めたい気持になった）

《注意》　**1.** 関係詞の次にⅠthink などの文句が挿入される例は p.182を参照せよ。

　2. ②の文は§3,(2)の構文とも密接な関係がある。

研究　　この種の挿入文句は，補足または説明的にちょっとつけ加えられるもので，あまり長いものはない。しかし，形の上で(1)のような特徴はない。

§5　同格およびそれに類する構文

同格(Apposition)とは，通常，名詞またはそれと同等の働きをするもの《代名詞・名詞句・名詞節》で，他の名詞または名詞相当語句に併置され，それを説明または限定する語句のことをいう。

(1) もっとも純粋な形での同格

① I met *Mr. Smith*, **a friend of yours**.

　　（私はあなたの友人(の1人)のスミス氏に会いました）

② The story was written by *a teacher*, **Kate Brown by name**.

　　（その物語は名をケート・ブラウンという先生によって書かれた）

③ This will establish *the fact* **that the chemical is harmless to men**.

　　（これでその薬品が人間に無害であるということが確立されるだろう）

④ I have *a doubt* **whether he will succeed** (**or not**).

　　（私は彼が成功するかどうか疑問をもっている）

《注意》　**1.** We are *both* young.（われわれは2人とも若い）などの型の同格については p.132, of の同格用法については p.562を見よ。

　2. *A born leader*, he ～ （天性の指導者である〔なので〕彼は～）；*Desperately hungry*, the boy ～ （とてもたまらないほど空腹な〔なので〕その少年は～）のような構文については p.422を参照。これらを同格と見ることも可能であろう。

研究　　**1.** 同格におかれるものが句や節の場合は，コンマはないのが原則である《③，④の例》が，そうでないときは①，②のようにコンマがあるのがふつうである。ただし，in the year 1923（1923年に）のようにつねにコンマのないものもある。

　2. ③のように that で導かれる名詞節が同格になることは多い。この that を関係代名詞と混同してはならない。

　3. 純粋の同格というよりは，同じものをもう一度いい直した感じの場合もある。次の(2)の用法に近い。《§3の構文とも解せる》

But there was *this fellow*, **this stranger** sitting on the seat.	ところが，そいつ，その見知らぬ男が，その席にすわっていた。

It was last Tuesday, **the Tuesday after Easter**.	それはこの前の火曜日，復活祭のあとの火曜日のことであった。

（参考）　次のような，代名詞があとにきている場合もある。同格の一種とみてよいであろうが，比較的まれである。

A strange and difficult woman, **that**'s what she is.
（風変りな扱いにくい女だよ，あの女は）

To show a child what has once delighted you, to find in the child's eyes the glow of trust and affection, **this** is happiness.
（かつて自分が楽しい思いをしたものを子どもに見せてやり，子どもの目の中に信頼と愛情の輝きを見いだすこと，これが幸福というものだ）

(2) 同格的に解説の文句や説明を補足した場合

① He remembered *something else* — **a remark that his friend had made to him at the meeting**.
（彼はほかに思い出したことがあった，(つまり)彼の友人が会合のときに彼にいった文句である）

② It was travelling *slowly* across the plain, **so slowly he could hardly see it move**.
（それはゆっくりと平原を進んで行った。非常にゆっくりなので，動くのが見えないくらいだった）

③ With a *quick* hand, **so quick he never even saw it coming**, she smacked him across the face.
（手ですばやく，飛んで来るのが全然見えないようなすばやさで，彼女は彼の顔をピシリとたたいた）

④ *He looked up at me,* **a quick surreptitious glance**, then over at my friend.
（彼は，気がつかれないようにチラリとだが，私を見上げ，それから私の友人のほうを見た）

⑤ *She went to the party alone,* **a rare thing for her to do**.
（彼女はひとりでパーティへ行った。彼女にはめったにないことだ）

［補足］　①はダッシュが用いてある以外は，正規の同格と大差ない。②，③は，いったん用いた副詞・形容詞について，もう少し説明をつけ加えたもので，同じ語がくり返されているのに注目。比較的よく見られる言い方である。この太字の部分は，挿入の文句とみなすこともできよう。④，⑤はその前の文〔節〕全体に対する同格とも見るべき構文である。

（研究）　**1.** ②～⑤の場合には，太字の部分を，前に it being《または it was 》を補って，分詞構文《または独立の文》のように扱うのがよい。

2. ②, ③のような副詞・形容詞の場合と違って, 名詞の場合は, 同じ語を反復させずに説明を追加することも多い。

> I remember hunting for **shells** on the beach, *each one so fine and perfect it became a jewel to me.*
>
> （私は砂浜で貝がらを捜し歩き, 1つ1つの貝がらがすばらしくみごとなので, 私にとっては宝石になったことを覚えている）
>
> このような場合も each one *being so* ～ と扱えばよい(p. 613, (c)参照)。

(3) 同格的な語句が分離している場合

We shall have a little celebration, **us three**.

（ちょっとしたお祝いをしましょう, 私たち3人で）

Those were the pleasant years, **the years between the wars**.

（楽しい年月でした, 戦争と戦争の間の何年間かは）

He was standing at the foot of the bed, **a huge man with heels together, dressed in his dark suit**.

（その男はベッドのすそのところに立っていました。かかとをつけて黒っぽい服を着た大きなからだの男でした）

《注意》 **1.** it が後続の句・節をさす場合(p.107 参照)も, これらと同類といえる。

2. 一度用いた語に説明を補足したり, またはそれをいいかえるもので, その点, (2)または(1) **研究** 3の場合と似ている。違うのは両者が分離していることだけである。

（参考） 内容は違うが, これと形のよく似たものに, **追加陳述**(Appended Statement)と呼ばれるものがある。自分の述べることに対する確信を強調する。

He is a remarkable man, *is young John Clay*.	あれはたいした男ですよ, ジョン・クレイ青年は。
You look full of sense, *you do*.	きみは分別くさい顔をしているよ, まったく。

付加されるものが名詞なら, 「(助)動詞＋名詞」, 代名詞なら「代名詞＋(助)動詞」の語順をとるのがふつうである。

(4) 分離した語句が補語に近い性質を有する場合

① The *two men* parted **the best of friends**.

（その2人の男はこの上ない親友として別れた）《けんか別れの反対》

② After long unemployment, I was given a job in a factory. The next morning *I* marched down the road, **once more somebody**.

（長い失業ののち，私はある工場に仕事を得た。翌朝私は，再びひと
かどの人間になって，その道を胸を張って歩いていった）

③ Having purged his offence, *he* was released and let loose on
the world again — **a changed man**.

（その罪をつぐない終わると，彼は釈放されて，またしゃばへ出たが，
人が変わっていた〔見違えるようになっていた〕）

補足　斜体の語と太字の語とは，同一人物であるにはちがいないが，「～という」や
「すなわち」と訳しては，訳文上でも結びつけにくい点で，同格と性質を異にす
る。また，元来補語を必要としない動詞とともに用いられていることに注意せ
よ。

研究　**1.** 解釈上は前に as（～として）を補って考えるのがよい。つまり，②
「もう一度ひとかどの人間として」，③「一変した男として」である《③は，前が
コンマではないので，上のように訳してみた》。

　2. 形容詞が同じように用いられているときもある。その場合はいっそう補
語に近い感じで，「～の状態で」と一応直訳してから，訳文を適当に修正すれば
よい。

He lay turning in the darkness ; wondering **utterly miserable
and afraid**.

（彼は暗やみの中で横になって寝返りをうち，まったくみじめな不安な
気持で，どうしたものかと思っていた）

まとめ 26

特殊構文

Ⅰ　倒置構文　基本文型の語順とは異なる語順をとる構文。

　1．目的語＋主語＋他動詞

　2．補語・副詞句など＋自動詞＋主語

　が代表的なもの。

　　《注》「目的語＋他動詞＋主語」「主語＋目的語＋他動詞」という語順

　　をとることはない。

Ⅱ　省略

　　次の場合には，しばしば省略が見られる。

　1．副詞節の中の「代名詞(主語)＋be」。

　2．同じ文中にすでに出ている語句のくり返しを避ける場合。

　　そのほか，型のきまった表現・成句でも省略が見られる。

Ⅲ　共通語句

　1．**A(B＋C)**型：先行するAがB・Cそれぞれと結びつく。

　2．**(A＋B)C**型：A・BそれぞれがあとのCと結びつく。

　　意味から判断するのが最善だが，使われているコンマが手がかり

　になることも多い。

Ⅳ　挿入語句・節

　1．副詞(句・節)は文中に挿入されることも多い。

　2．多くの場合，前後のコンマで挿入の文句であることがわかる。

Ⅴ　同格およびそれに類する構文

　　　基本的には，2つの名詞(句・節)を並べて，あとの名詞(句・節)

　が前のものの追加説明的な役割をしている関係を**同格**という。

　　(例)　my brother John ／ the fact that ... (…という事実)

　　上記に類似する構文として次のようなものもある。

　1．前半の記述(の一部)に対する同格的な説明追加

　2．同格的な2つの名詞(句など)が分離している構文

　3．分離した語句が補語に近い構文

Exercise 24 解答は p.674

(1) 次の英文に省略されている語を〔　　〕内から選んで補い, その全文を書きなさい。なお, 同じ単語を 2 回以上使ってもよい。

1. Some of them speak English; others German.
〔 are, does, speak 〕

2. If wisely used, it will do us a lot of good.
〔 it, is, one, work 〕

3. You must listen attentively when spoken to.
〔 is, are, something, you 〕

4. The bird looked much smaller dead than it had alive.
〔 it, was, when, looked 〕

(2) 挿入語句に注意して, 全文を和訳しなさい。

1. I must have read several thousand books in my life, yet of all that I have read, and it has been most various, I discover that little sticks in my mind.

2. All worry simply consumes, and to no purpose, just so much physical and mental strength that might otherwise be given to effective work.

3. The excessive increase of books and magazines, on the one hand a blessing, has, on the other, a tendency to debase our attitude toward reading.

4. Our history, as it has been fed to our children, has not always been altogether fair to the other side.

(3) 日本文に合う英文になるように与えられた語の中から適当な数語を選んで (　　) に入れた場合の語順を記号で答えなさい。

1. 人はどんなに金持でも, もう十分だと思うことはない。
(　　　　), they don't think they are rich enough.
a. are　b. rich　c. people　d. however　e. whenever

2. その事故ではだれが悪いときみは思うか。
(　　　　) is to blame for the accident ?
a. do　b. you　c. who　d. whom　e. will　f. think

3. 自然は注意深く研究すればするほど，広く秩序が守られていることが
わかるだろう。

  (   ), the more widely will order be found to prevail.

   a. is b. the c. more d. nature e. learned

   f. studied g. carefully

4. 「彼はとても暑くてのどが渇いているようだ」「きみも日なたで2時間
働けばそうなるだろうよ」

  "He looks very hot and dry." "(   ) worked two hours in
the sun."

   a. if b. so c. you d. you e. will f. would

(4)　倒置構文を通常のS＋V（＋O／C）の語順に書き換えなさい。

1. Had I been with you, I could have helped.

2. On a steep cliff above us stood a lighthouse.

3. Under no circumstances do I accept such invitations.

4. Hate them perhaps we shall not, but despise them we must.

5. It is wrong to say that happy is the nation that has no history.

(5)　次の文中の斜体の語は，その前の語とは直結しない。それがどの語に接
続するかを答えなさい。

1. Many examples can be found in all languages *of* words whose
range of meaning has become narrower in course of a few hun-
dred years.

2. I had that queer feeling that one sometimes has when sitting
in an empty room *that* one is not by oneself.

3. In those days my experience of life at first hand was small, and
it excited me to come upon an incident among people I knew
of the same sort as I had read in books.

(6)　斜体の語句は文中のどの語句または節と同格かを答えなさい。

1. *The son of a well-to-do landowner*, Castro was already active in
politics.

2. An unusual present was given him for his birthday, *a book on ethics*.

3. This marked the beginning of a system of government that was
to operate throughout Spanish America until the wars of inde-
pendence ——*a period of nearly three centuries*.

Exercise

Exercise　1

(1)　1．act*ion*　2．agree*ment*
3．announce*ment*　4．careful*ness*
5．depend*ence*　6．differ*ence*
7．difficul*ty*　8．disappoint*ment*
9．discuss*ion*　10．happ*iness*
11．hones*ty*　12．invent*ion*
13．kind*ness*　14．punish*ment*
15．suggest*ion*

(2)　1．ウ，b)　2．ア，b)　3．エ，b)
4．ウ，a)　5．ア，a)　6．イ，a)

(3)　1．express　2．high　3．useful
4．discovered

(4)　1．in → in a　2．a sun → the
sun　3．clothings → clothing　4．light
→ a(*or* the) light　5．many → large

(5)　1．a)彼は紙になにか書いていた。b)
彼はいくつかの書類に署名を求められた。
2．a)私は煙突から煙が上っているのを見
た。b)ちょっと休んで一服しよう。3．a)
彼は中国史の権威だ。b)彼は古陶磁器の権
威だ。4．a)小屋のわきには薪（まき）の山
があった。b)その森にはたくさんの獣や鳥
が住んでいる。5．a)農夫たちは東が明る
くなる前に目をさました。b)私はタバコを
指の間にはさんで彼に火を貸してくれとい
った。

(6)　1．pair　2．glass　3．slice　4．
cup　5．flock

(7)　1．彼は見るのもいやだ。2．らくだ
は砂漠に住む人たちには非常に貴重なもの
だ。3．彼女にはむすこがぜひともアメリ
カの大学にはいりたいというわけがわから
なかった。

Exercise　2

(1)　1．an　2．an（ひとりっ子）　3．a
4．an　5．a　6．a　7．a

(2)　1．old → an old　2．a breakfast
→ breakfast　3．a chairman → chair-
man　4．a good → good　5．great →
a great　6．the stone → stone　7．
Pacific → the Pacific, an yacht → a
yacht　8．a reliable → reliable, on →
on the　9．the morning → morning,
the night → night　10．all → all the,
students → the students

(3)　1．such → such a　2．hurry → a
hurry　3．chance → a chance　4．
glass → a glass　5．What → What a
6．right → the right　7．mere → a
mere　8．sight → a sight　9．fact →
a fact　10．Fact → The fact（口語なら
もとのままでも可）

(4)　1．a train 単に「列車」。話し手とは無
関係。the ～ 自分たちが乗る列車など。
2．a hotel 単に一軒の hotel。the ～ 宿泊
予定の hotel など。3．a student 最初の
A student とは別人。the ～ なら同一人。

(5)　1．犬は人間の友である。2．医師は
その人たちを週に1回訪問する。3．パー
トの女性たちは週給だ。4．私たちはみん
な年が同じだ。5．死者の数はほぼ100人
であった。6．私の妻は母親や妻としての
義務は果たさなかったが，有能な職業人と
しての地位を確立した。7．手中にある1
羽の鳥は茂みの中の2羽に値する。（こと
わざ）8．列車は時速100マイルで走って
いた。

Exercise 3

(1) 1．babies　2．leaves　3．lives
4．heroes　5．roofs　6．dishes　7．
teeth　8．mouths　9．benches　10．
oases　11．pianos　12．chiefs　13．
bombs　14．valleys　15．policemen
16．phenomena

(2) 1．bus　2．army　3．shoe　4．
deer　5．means　6．mouse　7．ca-
noe　8．half　9．bridge　10．goose
11．example　12．enterprise　13．cri-
sis　14．ox　15．echo　16．prairie

(3) 1．b　2．b　3．a　4．c　5．d
6．a　7．b

(4) 1．daughter　2．goddess　3．
heroine　4．hostess　5．queen　6．
female　7．gentleman　8．actress
9．bridegroom　10．aunt　11．wid-
ower　12．princess　13．niece　14．
wife　15．landlord

(5) 1．for　2．house　3．shop　4．
education of their son　5．would
〔might〕refuse

(6) 1．ライオンは威厳のある動物だ。
2．その手紙はヘンリーの友人のだれかか
らのものだ。3．私の車のほうがきっとチ
ャーリーのよりも速く走ると思う。4．彼
はかつては教皇がもっていた権力を握って
いた。5．法人は神が作りだしたものでは
ない，人間が作り出したものだ。6．クラ
リッジの名は，ロンドンの一流ホテルとし
て世界中に知られている。7．1時間半の
議論の後われわれはその結論に到達した。
8．音楽の先生の退職を知ったとき，彼女
はとても悲しかった。9．いとこたちがい
っしょにいる間，母は夜十分に眠ったこと
はないと思う。10．その町を占領すれば
敵軍は必ず降伏すると彼は確信している。

Exercise 4

(1) 1．all　2．are, both　3．the,
girls; each　4．one, the

(2) 1．きみはここで何冊か本を借りるこ

とができる。／きみはここでどんな本でも
借りることができる。2．どこかの会社が
このポロシャツを作った。／いくつかの
会社がこのポロシャツを作った。3．だれ
かが彼を手伝うだろう。／だれでも彼を手
伝うだろう。4．それらの中には好きでな
いのもある。／それらはどれも好きではな
い。5．恋愛と戦争ではどんなことをして
も正しい，といわれている。／彼らは彼女
の結婚式に出席するために昨日テキサスか
らやって来た。6．彼は両手を伸ばして彼
女を抱きしめた。／彼は両手を伸ばして彼
女の両手を握った。7．私自身は彼がわれ
われと組まなくてもかまわない。／私は
子どもを救うことができれば自分のことは
かまわない。8．今月のいつか釣りに行き
ましょう。／私たちは夏にはときどき釣
りに行きます。

(3) 1．ladie's → lady's　2．I → me
3．the all → all the　4．stared →
stared at　5．blame you → blame
yourself　6．his brother → that of his
brother (or his brother's)　7．it → one
8．yourself → you

(4) 1．it　2．You　3．others　4．
those　5．none　6．mine, one　7．
another　8．those

(5) 1．Each a → Each　2．Both of
→ Both (or Both of the)　3．same →
the same　4．read them → read　5．
nice → a nice　6．enjoyed → enjoyed
herself (or it)

(6) 1．in itself　2．by himself　3．
beside herself　4．for himself　5．of
itself　6．herself

(7) 1．その場にいる人たちはみんな心を
動かされて涙を流した。2．月は自分では
光らない。3．本を読むことはたやすく，
考えることは骨のおれる作業であるが，考
えることをしなければ読書は役に立たな
い。4．これはきみに関係のないことだ。
5．そのバッグは重くて，子どもたちはだ
れも持ち上げられなかった。6．二人とも
そのドアを開けようとしたが，二人ともだ

めだった。7．彼は外国人だから，きみは彼を外国人として扱うべきだ。8．人は自分の義務を果たすためにベストを尽くすべきである。9．私はこれまでいつも正直な政治家であったし，そういう者でずっといたいと思う。10．年をとるにつれて人生の楽しみは少なくなっていくが，私の経験では，人はその残っている楽しみをよりいっそう楽しく味わうものである。

Exercise 5

(1) 1．Who said she lived in Kyoto？ 2．Who did you hear that from？ 3．Who do you think gave him the book？ 4．What do you want to keep it for？ 5．Did he tell you where he had found it？ 6．They will ask me when and where I saw the foreigner.

(2) 1．far 2．much 3．if (*or* whether, why) 4．What 5．what 6．how 7．How

(3) 1．Who saw a man coming out of the room？ 2．When did she buy a big table？ 3．Why did he not come？ 4．How long has the girl been in hospital？ 5．How many students were there in the library？ 6．How high is the mountain？ 7．Whose idea is it to have a party tomorrow？

(4) 1．Do you think what → What do you think 2．Who of → Which of 3．could I → I could 4．what a → what 5．正しい（didは強調の助動詞）

(5) 1．その町まで列車で行くとどのくらい時間がかかるか。2．なんで彼がきみのオフィスへ来たのか。3．どうして私が友人の弁護をしてはいけないのか。4．新しい先生はどんなふうだい。5．彼はどうやって新しいビールスを発見したと思うかね。6．彼がこの件とどういう関係があるのか私は知らない。7．少年たちは，洞窟の中で何を発見したといったのか。8．彼

は手紙でいつ帰ってくるといっているのか。9．退職したその教授はベッドに横になって，これからの余生をどうしたものかと考えていた。10．彼らが自分たちの任務を遂行するのにどれほどの勇気を必要としたかを実感することは，私には容易なことではない。

Exercise 6

(1) 1．that 2．that 3．of whom 4．as 5．that

(2) 1．We welcomed a friend of my son's who lives next door. 2．He received a letter which〔that〕he had been waiting for. 3．I picked up a magazine which〔that〕someone had left on the bench. 4．This is a fact which〔that〕we are well aware of. 5．She lives in the house the roof of which〔whose roof; of which the roof〕you see among the trees.

(3) 1．a)それが，彼が私たちにいった欠席の理由です。b)彼は母の病状が重いという理由で欠席した。2．a)彼女のアドバイスを求めた人はだれでも満足して彼女のオフィスを出た。b)だれが彼に会合に出てくれと頼んでも彼はどうしても出ようとしなかった。3．a)木々の葉が赤や黄色になり始めると，まもなくその季節の初雪が降る。b)気の毒な父子は秋に故郷を出たが，その時には木々の葉が赤や黄色になってきていた。4．a)彼女がその店で何を買ったと思いますか。b)彼女はその店で買ったものを私に見せるのを拒んだ。

(4) 1．read it → read 2．as → that 3．whomever → whoever 4．however he may be rich → however rich he may be 5．live → live in

(5) 1．what 2．that 3．where 4．whoever 5．when

(6) 1．(nothing) of 2．in (which) 3．to (whom) 4．(the efficiency) in (which)

Exercise　7

(1)　1．worked　2．studied　3．offered　4．chose　5．waited　6．buried　7．occurred　8．fought　9．compelled　10．stopped　11．prayed　12．missed　13．limited　14．stood　15．drove

(2)　1．[d]: a, g, h, i, j　2．[t]: b, c, d, e　3．[id]: f

(3)　1．cutting　2．giving　3．preferring　4．beginning　5．lying　6．covering

(4)　1．a.彼はあとに残った。b.彼は黙ったままだった。2．a.彼は私のほうに向いた。b.彼は青ざめた。3．a.父は私に何も残さなかった。b.父はそれをいわずにおいた。4．クルーソーは彼を忠実な召使にした。b.彼は彼女にいい靴を1足作ってやった。5．a.(彼らは)その基金で病院を創設するのだと彼はいう。b.彼らはその川の近くで洞窟を見つけた。6．a.彼はその腰かけの上に立つことができなかった。b.彼はそんなくだらないことには耐えられなかった。7．a.私たちは空港で彼を見送った。b.枝を切り落とすときにきみに手を貸そう。8．a.彼らは忠実にその約束を守った。b.彼らは征服した部族の者たちを心服させた。9．a.小川が曲がりくねって森の中を抜けていた。b.彼女は彼の気持を傷けるようなことをいうのを心配している。

(5)　1．b　2．a　3．c　4．c

(6)　1．are → is　2．sweetly → sweet　3．was → were　4．rid ... town → rid their town of the wicked men

(7)　1．for　2．with　3．on, my　4．of

(8)　1．彼女は楽しい夢を見た。2．彼は聖者として生き，殉教者として死んだ。3．彼女は子供たちにおとぎ話を読んでやった。4．われわれには彼の母親に話をして彼女の決定をやめさせることはできなかった。5．彼は手でひざをたたいた。6．私たちが夜遅くまで働いていたので，上司がコーヒーとサンドイッチを私たちに差し入れてくれた。

Exercise　8

(1)　1．He has been to the station to see his friend off.　2．When I returned home, I found he had already left.　3．The girl was wearing a dress she had made herself.　4．Yesterday she left her umbrella in the train.　5．As soon as he has finished the book, he will lend it to me.

(2)　1．do → have　2．happened → had happened　3．have → did　4．will rain → rains　5．finish → have finished　6．won → had won

(3)　1．d　2．a　3．d　4．c

(4)　1．a.彼が来れば私たちはとてもうれしい。b.もし彼が来るつもりなら私たちはとてもうれしい。2．a.私は前にこの本を読んだことがある。b.私は10時からずっとその本を読んでいる。　3．a.私はアメリカにいたことがある。b.私はアメリカへ行ったことがある〔行ってきた〕。　4．a.そのビルは私の父のものだった。b.そのビルは10年前から私の父の所有になっている。　5．a.彼女を見ると泣いているのがわかった。b.彼女を見ると泣いていたのがわかった。　6．a.彼が午後6時の電車に乗れば，8時までにはここへ戻ってくるだろう。b.学校の規則だから，8時までにはここに戻ってきなさい。

(5)　1．was studying　2．saw, haven't seen　3．had been　4．had heard　5．took　6．have been building

Exercise　9

(1)　1．He was elected chairman.　2．The roads and fields were covered with snow.　3．I was given a tomato by the farmer.／A tomato was given (to) me by the farmer.　4．The fact was soon lost sight of.　5．I was told

by the doctor to wait outside. 6.
We have been greatly surprised at the
accident. 7. He was being carried to
the hospital by his classmates. 8.
Has the chair been repaired yet? 9.
Such things ought not to be told (to)
them by you./They ought not to be
told such things by you. 10. The
couple was often seen strolling along
the street by us. 11. It is generally
assumed that happiness can be bought
with money. 12. The ambitious boy
was scarcely interested in the new job.
(2) 1. laughed → laughed at 2.
was lacked → lacked 3. by → to
4. amused → were amused 5. is
resembled by → resembles 6. devot-
ed → was devoted (or devoted herself)
7. were marveled → marveled 8.
with → in 9. disappointed → was dis-
appointed 10. was → had
(3) 1. 彼は時計を盗まれた。/彼はその
時計を盗んだ。2. 彼女は黒い服を着てい
た。/おばが彼女に服を着せてやった。
3. 彼は才能を持っていた。/彼は悪魔に
とりつかれた。4. ドアは日曜日には1日
じゅう閉まっていた。/ちょうど私が通り
かかったときにドアが閉められた。5. 私
は黒インキで書かれているその手紙を拾い
上げた。/その手紙は私が待っている間に
事務員が書いた。6. 彼は今彼の生まれた
町の墓地に葬られている。/彼はきのう墓
地に埋葬された。
(4) 1. A friend of mine took over the
business. 2. Is ... that I (we, they,
etc.) should do? (or Is...else to do?)
3. People (They) believed him to be
guilty. 4. The nurse has taken care
of the baby. 5. A policeman threw
open the door. 6. They (People)
made him give up his idea. 7. I hate
people staring at me. 8. They say
(that) the artist died in 1930.
9. They sent for the doctor at once.

10. They (Someone, We, etc.) must
take care of the children. 11. The
new government will deprive them of the
privilege. 12. People will make much of
what he has discovered.
(5) 1. Let, be 2. were, to, at 3.
for, to, be (or that, should, be) 4.
who, their 5. to, introduce

Exercise 10

(1) 1. c 2. c 3. c 4. d 5. a
6. c
(2) 1. could, have, come 2. Be,
and 3. Had, been, would 4.
Without, would, have
(3) 1. be not → don't be 2. to in-
troduce → introduce 3. would see →
would have seen 4. I know → I
knew
(4) 1. wish my loving father were
alive and saw 2. it not been for
your help 3. he had been a man of
strong will, he could have overcome
4. if those around me should oppose,
I will carry out
(5) 1. If, you 2. Without, could,
Because 3. Stay, and 4. were,
pity
(6) 1. If we had not helped them
(or If it had not been for our help),
they ... 2. Put on your coat, or you
will ... 3. She was sad (aggrieved),
because she was not allowed to come
with us. 4. If he had had (suffered)
another loss, he would have been ru-
ined. 5. If he had hurried up, he
would have been in time for school.

Exercise 11

(1) 1. d 2. a 3. b 4. d 5. a
(2) 1. a.きみに知らせることがある。b.
きみにあることを知らせなければならな
い。2. a.彼らに彼を処罰してもらいたい
ものだ。b.彼に彼らを処罰してもらいたい

ものだ。　3．a.どうしてきみが彼のために仕事をしてやる必要があるんだ。b.なぜきみは彼のために仕事をしてやったんだ。4．a.それがどういうことなのかわからないと彼はいったが，私には，彼はわかっているのだということがわかった。b.彼がなんといったか知らないが，何をしたのかは知っている。

(3)　1．should　2．must　3．should　4．used　5．must, might

(4)　1．might　2．must　3．need　4．dared

(5)　1．*Would* you mind helping me move these desks ?　2．Why *should* we follow his suggestion about the matter ?　3．You are stupid to try climbing this tree. You *might* have killed yourself.　4．She *would* sit up till after midnight waiting for her husband.

Exercise　12

(1)　1．d　2．c　3．a　4．b　5．c　6．a

(2)　1—d, 2—f, 3—e, 4—a, 5—c, 6—b

(3)　1．sang → sing　2．enough old → old enough　3．not so as → so as not　4．hurry → to hurry　5．repair → to be repaired　6．for him → him

(4)　1．a.私は彼女が公会堂でバイオリンを演奏するのを聞いた。b.私は彼女が公会堂でバイオリンを演奏するという話を聞いた。2．a.私は何も書くことがない。b.私は書くもの〔用具〕を持っていない。3．a.私はそれを処理する秘書を雇うことにしよう。b.私は秘書にそれを処理させよう。4．a.彼の計画は委員会で採用されることになっている。b.彼の案では10時までには戻るというのである。5．a.きみは約束を守るべきである。b.きみは約束を守るべきだった。6．a.彼は政治家のようだ。b.彼は政治家だったらしい。

(5)　1．too, for, me　2．have, stayed　3．enough, to, buy　4．how, to　5．To, with

Exercise　13

(1)　1．d　2．b　3．b　4．c　5．b

(2)　1．was, that〔which〕　2．herself, known　3．I, expected　4．satisfied

(3)　1．writing → written　2．blowing → blown　3．lose → lost　4．satisfying → satisfied　5．sing → sung　6．crowding → crowded

(4)　1．*I* am told that he got his leg broken when climbing a mountain.　2．*Where* did you become acquainted with him ?　3．*She* had kept us waiting half an hour before she led us into his room.　4．*If* he keeps that up, he will get his license taken away.　5．*I* saw many pictures showing the life of people in those days.　6．*Since* her son left home, she has kept the front gate closed.

Exercise　14

(1)　1．He, wrote, and　2．the, little, girl, was, she　3．b. Since (*or* Because) c. so, (*or* and), for, me　4．When, he, had

(2)　1．d　2．c　3．b　4．b　5．a

(3)　1．Working at it → Worked at　2．setting → having set　3．some money of him → him of some money　4．the cup dropped → she dropped the cup

(4)　1．Not wanting to make him angry　2．hurt in the leg　3．watching the clouds sailing across the sky　4．Pleased with good food

(5)　1．Seeing, the, dog　2．Born, the, boy　3．Having, been, deceived

Exercise　15

(1)　1．d　2．c　3．d　4．c

(2)　1．on　2．in　3．telling　4．Instead

(3) 1．a.彼はゲームを見るために立ち止まった〔仕事（など）をやめた〕。b.彼はゲームを見るのをやめた。2．a.彼女はそのシャツを洗いたいと思っている。b.そのシャツは洗濯が必要だ。3．a.忘れずにレポートを提出しなさい。b.私はレポートを提出したことを覚えている。4．a.この薬は彼の体温を下げるのに効力がある。b.私は会合を終了させるよりほかない。5．a.私は私が彼女をどう思っているかを，彼女にいってやったことを後悔してはいない。b.いいにくいことだが，私たちはその計画には興味がないのだ。

(4) 1．being 2．On 3．winning 4．having, told 5．spite, having, been 6．my, taking

(5) 1．When〔While〕, she 2．I, might 3．think, she 4．gave

Exercise 16

(1) 1．told, I 2．told, he, would, me 3．told, you, would, me 4．told, he, had, made 5．asked, if〔whether〕, him

(2) 1．(c) 2．(a) 3．(c) 4．(c) 5．(b) 6．(b) 7．(c)

(3) 1．he, my 2．he, has 3．I, were, I, would 4．told, she, thought, I, was, that, day 5．asked, if〔whether〕, would, his 6．I, am, you 7．You, had 8．said, were, you, last

Exercise 17

(1) 1．d 2．d 3．a 4．a

(2) 1．Do → Are 2．sure of → sure 3．hunger → hungry 4．a little → little 5．Tom is impossible → It is impossible for Tom

(3) 1．aware 2．valuable 3．good 4．visible

(4) 1．one hundred feet deep 2．not a man alive in the village 3．was reminded of the good old days 4．be back in two more weeks 5．all

the members present agreed to his proposal 6．the best possible way to approach this problem

(5) 1．i－c, ii－d 2．i－b, ii－c 3．i－c, ii－b

Exercise 18

(1) 1．Yes 2．No 3．Yes 4．very 5．much 6．good 7．home 8．ago

(2) 1．b 2．b 3．a 4．a

(3) 1．d 2．c 3．c 4．b 5．b 6．d 7．d 8．d 9．c 10．c

(4) 1．... tree with ease →... tree *easily* 2．She *answered me politely*. 3．It is fortunate that ...→ *Fortunately* he... 4．She led a happy life ...→ She *lived happily* ... 5．He tried in vain ...→ He tried *vainly* ... 6．I had a narrow escape ...→ I *narrowly* escaped ... 7．It was not his intention to give ...→ He did not *intentionally* give ...

Exercise 19

(1) 1．larger 2．more, than ; the, most 3．as *(or* so), as 4．prefer

(2) 1．taller five inches → five inches taller 2．last → latest 3．younger → the younger 4．more inferior than → inferior to 5．any city → all cities

(3) 1．a 2．b 3．c 4．b 5．c

(4) 1．no, less 2．No, other 3．older, than 4．sooner, than 5．rather

(5) 1．be as kind to her as possible 2．he is negligent still less he is dishonest 3．Nothing seems easier in the world than 4．sounds are heard ten times as clearly as we hear

Exercise 20

(1) 1．a 2．d 3．d 4．b 5．d 6．c

(2)　1．in　2．to　3．with　4．On
(3)　1．われわれは損失をこうむった。／われわれはその損失に苦しんだ。2．彼は金銭に無関心だ。／彼はお茶が好きではない。3．彼は私にその球を投げた。／彼は私をめがけてその球を投げつけた。4．私は友人のいうことを信じる。／私は友人を信頼している。
(4)　1．at　2．for　3．of　4．in
(5)　1．with／by　2．to（or for）／with　3．for／of　4．from／in　5．in／with
(6)　1．g　2．d　3．a　4．b　5．f　6．h

Exercise　21

(1)　1．c　2．a　3．c　4．b　5．d　6．d　7．c
(2)　1．No, than／Scarcely（or Hardly)　2．too, for／so, that　3．so, that／such, that　4．though／in, of
(3)　1．so long as　2．every time　3．in case　4．Now that　5．as well as　6．the moment　7．the way　8．so that
(4)　1．because, ignorant　2．While, staying　3．that, should, attend　4．If, had, helped　5．It, doubtful, if（or whether), succeed　6．It, because, it, was　7．Although（or Though）, obviously, unfair

Exercise　22

(1)　1．名詞句(両方とも)　2．副詞句　3．形容詞句　4．名詞句　5．副詞句　6．副詞節　7．名詞節　8．形容詞節
(2)　1．c　2．d　3．a　4．d
(3)　1．ease　2．of, use　3．in　4．Of　5．before　6．with, care　7．sense　8．out, use
(4)　1．he, died　2．so, that　3．If, rains　4．that, it　5．that, he　6．Although（or Though）, effort

(5)　1．reason, retirement　2．account　3．Due（or Owing）, heavy　4．at, sight

Exercise　23

(1)　1．He lost his job because of laziness.　2．There is no hope of their winning the race.　3．No one told me of his death.　4．I had no one to consult about the matter.　5．Something may happen in your absence.　6．He lived in this town in his childhood.　7．The man imagined himself to be quite safe from danger.　8．He is not ashamed of his having been very poor〔of his poverty〕in his youth.
(2)　1．He entered the room without greeting anybody.　2．Due to her bad health, she was unable to attend school regularly.　3．Will you tell me the way〔how〕to master English ?　4．The sun going down〔With sundown〕, the wind, getting colder, blew against his face.
(3)　1．b　2．c　3．c　4．a
(4)　1．the, longest　2．needless(or unnecessary), for　3．last　4．same　5．far　6．wrote
(5)　1．attendance, at　2．enough, for, him　3．his, departure　4．size　5．Owing〔Due〕, to
(6)　1．of　2．too, for　3．vain

Exercise　24

(1)　1．Some of them speak English ; others *speak* German.　2．If *it is* wisely used, it will do us a lot of good.　3．You must listen attentively when *you are* spoken to.　4．The bird looked much smaller *when it was* dead than it had *looked when it was* alive.
(2)　1．これまでに私は数千冊の本を読んだにちがいないが、それでも読んだ本全部

—それはきわめて多種多様だが—のうちほんのわずかしか心には残っていないのに気づくのである。2．すべてくよくよ心配するということは，そんなことをしなければ効果のあがる仕事に使えるはずの体力・気力を，その〔心配した〕分だけ使ってしまう，しかもむだに使ってしまうことになるだけである。3．本や雑誌の度のすぎた増加は，一方ではありがたいことだが，また一方では，読書に対する私たちの態度を堕落させる傾向がある。4．子供たちに教えこまれてきたようなわが国の歴史は，相手方に対して，いつも完全に公平なものとはかぎらなかった。

(3)　1．d, b, c, a　　2．c, a, b, f
3．b, c, g, d, a, f　4．b, f, c, a, d
(*or* b, f, d, a, c)

(4)　1．If I had been with you, I could have helped.　2．A lighthouse stood on a steep cliff above us.　3．I do not accept such invitations under any circumstances.　4．Perhaps we shall not hate them, but we must despise them.　5．It is wrong to say that the nation that has no history is happy.

(5)　1．Many examples　2．that queer feeling（that《関係代名詞》... room と同格関係になる）　3．an incident

(6)　1．Castro　2．An unusual present　3．until the wars of independence

文 法 事 項 さ く い ん

語句さくいん

著者

杉山忠一　Chuichi Sugiyama

1923年生まれ。東京大学名誉教授。1948年
東京大学文学部英文科を卒業。第一水産講習
所（現、東京海洋大学）、東京大学教養学部、
電気通信大学で英語を担当した。専門は英語学
（特に現代英語の語法）。趣味は英語の例文収
集のほか、家族と軽登山を楽しみながら、山や雲、
高山植物の写真を撮ることなど。2014年逝去。

英文法詳解

新装復刻版

［旧版編集スタッフ］
本文デザイン
長谷川洋一

編集協力
今福仁
鎌田文子
川瀬栄子
渡辺以津子
松井泰美

装幀
水戸部功

データ作成
株式会社四国写研
奥村印刷株式会社

編集協力
渡辺泰葉

企画編集
田中宏樹